図説 世界文化地理大百科

中　　国

Caroline Blunden
中国の壁画についての権威ある女性研究者。北京の中央美術学院で2年間研究し、中国各地を広く旅行し、調査した。

Mark Elvin
オックスフォード大学の中国史講師兼セント・アントニー・カレッジ特別研究員。著書に『旧中国の型』(1973年) および『二つの世界の間に介在する中国都市』(1975年) がある。

口絵 中国の伝統的な影絵人形。ふしぶしにつけた棒をあやつって、さながら生ける人間のように、自在に動かす。

Editor Graham Speake
Art editor Andrew Lawson
Map editors Nicholas Harris, Zoë Goodwin
Text editors Jennifer Drake-Brockman, Robert Peberdy
Picture research Diana Morris, Mel Cooper
Index Jennifer Drake-Brockman
Design Adrian Hodgkins
Production Clive Sparling

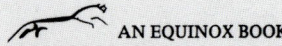
AN EQUINOX BOOK

Published by Phaidon Press Ltd, Littlegate House, St Ebbe's Street, Oxford, England, OX1 1SQ

Planned and produced by Equinox (Oxford) Ltd, Littlegate House, St Ebbe's Street, Oxford, England, OX1 1SQ

Copyright © Equinox (Oxford) Ltd, 1983
Text copyright © Caroline Blunden and Mark Elvin, 1983

All rights reserved. No part of this publication may be reproduced, stored in a retrieval system, or transmitted, in any form or by any means, electronic, mechanical, photocopying, recording or otherwise, without the prior permission of the Publishers.

図説 世界文化地理大百科

中国

Cultural Atlas of CHINA

キャロリーン・ブランデン　著
マーク・エルヴィン

戴　國　煇
小島晋治　編・訳
阪谷芳直

朝倉書店

目　次

　8　年表
　12　序

第1部　空　間

　14　土地とその人民

第2部　時　間

古代世界
　50　文化の礎
　53　新石器時代の美術
　73　同族関係と王権
　76　青銅器時代の美術
　80　秦帝国
　84　地下の軍団

中華帝国時代
　90　政治と権力
　104　大運河
　106　王朝時代，中華帝国時代の美術
　120　社会の発展
　136　帝国後期の美術

現　代
　144　回顧と展望
　148　事件の映像
　172　現代の芸術
　174　現代の絵画

第3部　シンボルと社会

　178　言語，書体，書道
　184　詩の傾向
　186　孔子から儒教まで
　188　宗　教
　190　寺廟と宮殿建築
　192　医学と地相占い
　194　数学の原理
　198　発明の才
　200　陶磁器
　202　社会と音楽
　206　演　劇
　208　農業と食物
　214　家族生活
　220　中国と西洋

　222　図版リスト
　224　引用文献
　227　編・訳者のことば
　228　地名索引
　238　索　引

地図リスト

- 11 中国の自然
- 15 内中国と外中国
- 16 黄河の水路の変化
- 17 自治区と自治県
- 22 北部中国と南部中国 1
- 23 北部中国と南部中国 2
- 24 19世紀および20世紀の中国の地域的構成
- 25 1926年の諸軍閥
- 25 「五代十国」として知られる時代(紀元920年)の初期の中国
- 26 742年の唐の道と822年の「州」
- 26 元代の省：1300年ごろ
- 27 北宋の路：1100年ごろ
- 27 清代に主要な変更を加えられた明代(1550年ごろ)の省境
- 28 小麦の播種と収穫
- 28 気候上から見た諸地帯
- 29 J.L.バック指導の調査に基づく1930年代の農業地域
- 29 桃の開花時期
- 30 前漢および唐王朝のもとでの人口分布
- 31 北宋王朝のもとでの人口分布
- 32 20世紀における満州の開発
- 33 1660年ごろの満州における中国境界柵の位置
- 33 1859年以前の満州境界柵
- 33 19世紀の台湾
- 34 ユーラシア〔欧亜〕における帝国主義の角逐
- 36 18世紀の貴州
- 36 清代における貴州の反中国運動
- 39 中国の海外世界との関係
- 41 19世紀における回教徒の独立運動
- 52 仰韶式遺跡と龍山式遺跡
- 54 前1300年ごろの商王朝
- 62 春秋戦国時代の中国における都市のひろがり
- 71 戦国諸国と秦の興起，前350—249年
- 92 中華帝国の過度な拡張
- 94 明朝のもとでの中華帝国の駅伝制
- 95 拓跋族の北魏
- 98 遼と西夏，ならびに南宗/金時代における中国の二地域への政治的分裂
- 102 宋の太祖と太宗の遠征
- 103 唐による淮西の再征服
- 104 大運河
- 110 1世紀から5世紀の中国における仏教
- 123 三国時代および北宋の市場圏
- 149 19世紀なかばの諸反乱
- 150 イスラム教の普及
- 152 義和団の起源，1898—1900年
- 158 1911年の革命
- 164 1940年の日本の華北占領状況
- 179 中国語の方言

表リスト

- 14 年間平均気温の変化
- 26 唐の道：紀元742年
- 26 元代の省：1300年ごろ
- 27 北宋の路：1100年ごろ
- 27 明代の省：1600年ごろ
- 37 紀元2—1953年の南北間の人口移動
- 38 7世紀から17世紀にかけての漢族支配に抗する部族蜂起
- 59 商の王位継承
- 81 清政府の組織
- 90 紀元前221年以来の中国本土の統一と分裂
- 154 経済成長
- 164 中国共産党による社会の政治的区割リ
- 166 中国の超インフレーション
- 215 中国の血縁制度

年 表

| | -2000 | -1600 | -1200 | -1000 | -800 | -600 | -400 | -200 | 紀元前 0 紀元後 | 200 | 400 | 600 | 800 |

| 時代 | (夏?) | 商(華北) | | 周(華北) 春秋時代 | 戦国時代 | 秦 | 前漢 | 王莽 | 後漢 | 三国時代 | 南北朝 | 隋 | 唐 |

図版:
- 山東省出土の商代の銅鉞〈おの〉
- 秦の始皇帝の陵墓近くから出土した戦士の等身大陶俑
- 後2世紀, 後漢時代の青銅製の奔馬像
- 竜門石窟の毘盧

思想と宗教
- ●孔子　儒学
- 仏教
- 道家の哲学　民間信仰としての道教
- 道教にもとづく化学・練金術と不老不死の探求
- 墨子●　●荘子
- ●法家

政治
- 周の文王●　●周公旦
- ●秦の始皇帝（帝国の統一）

芸術
- 青銅器
- 鉄器
- 『詩経』『書経』　名家　紀伝体史書のはじまり　山水詩の発達　西北地方から伝わった中国音楽に強い影響
- 『楚辞』
- ●王羲之（書家）
- ●杜甫（詩人）

農業
- 移動農業
- 定着農業（キビ, 麻）
- 稲作
- 小麦栽培
- 酒
- 茶
- 賈思勰●『斉民要術』

通貨
- 貝貨
- 銅銭

人口増加
? ? 人口 ? ? ? ? 　　　人口

文字表現
- さまざまな書体の甲骨文
- 木もしくは絹の上に筆で書く
- 書体の統一
- 紙の上に筆で書く

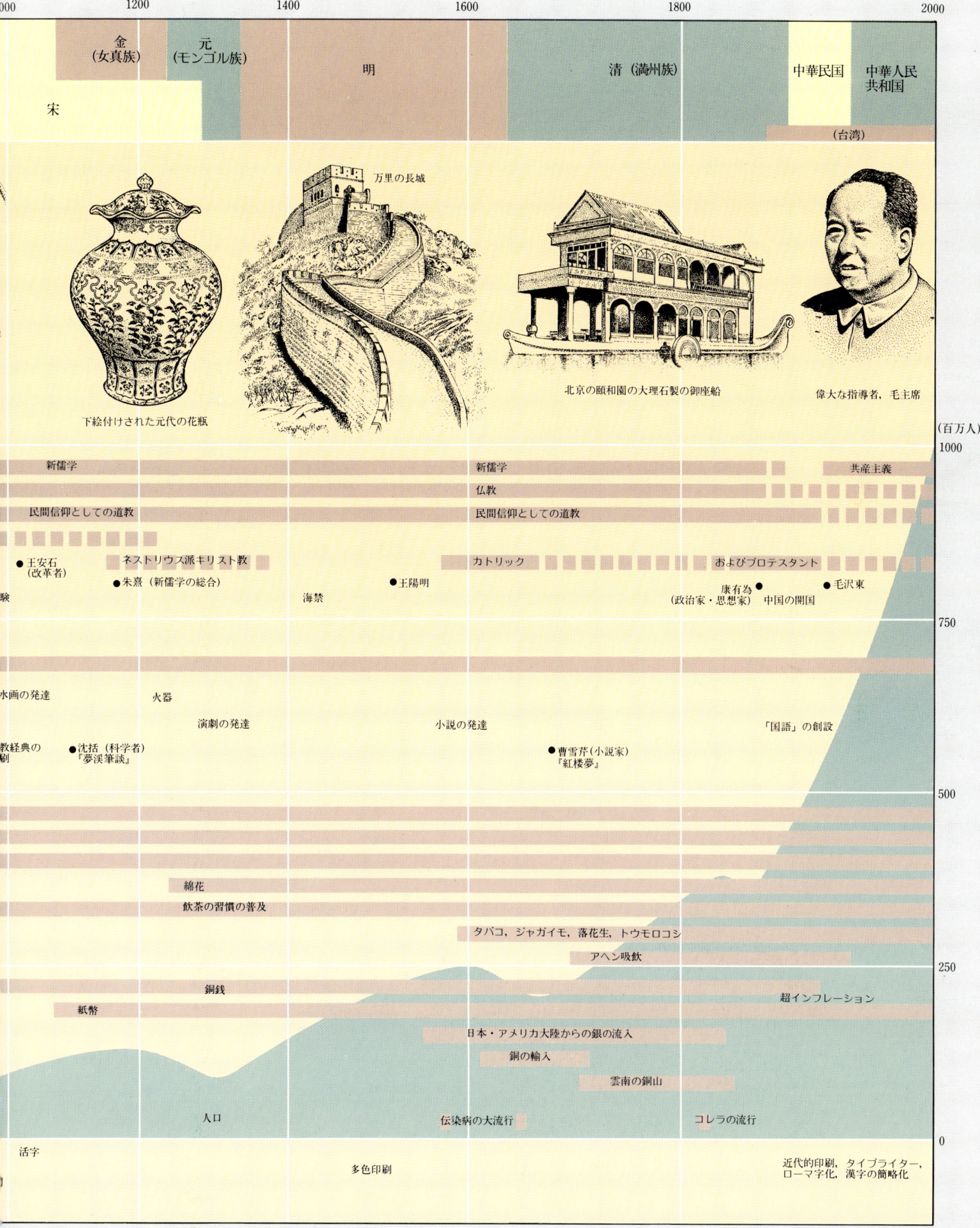

日本語版の凡例

(1) 原書では中国の人名，地名，作品名などはすべてピンインで表記されているが，邦訳では漢字表記を原則とした．

(2) 主な地名，人名などには（ ）で，日本語読みをひらがなで，中国語読みをカタカナで併記した．

(3) 読者の理解を深めるため，翻訳時に適宜挿入した訳注を〈 〉で示した．

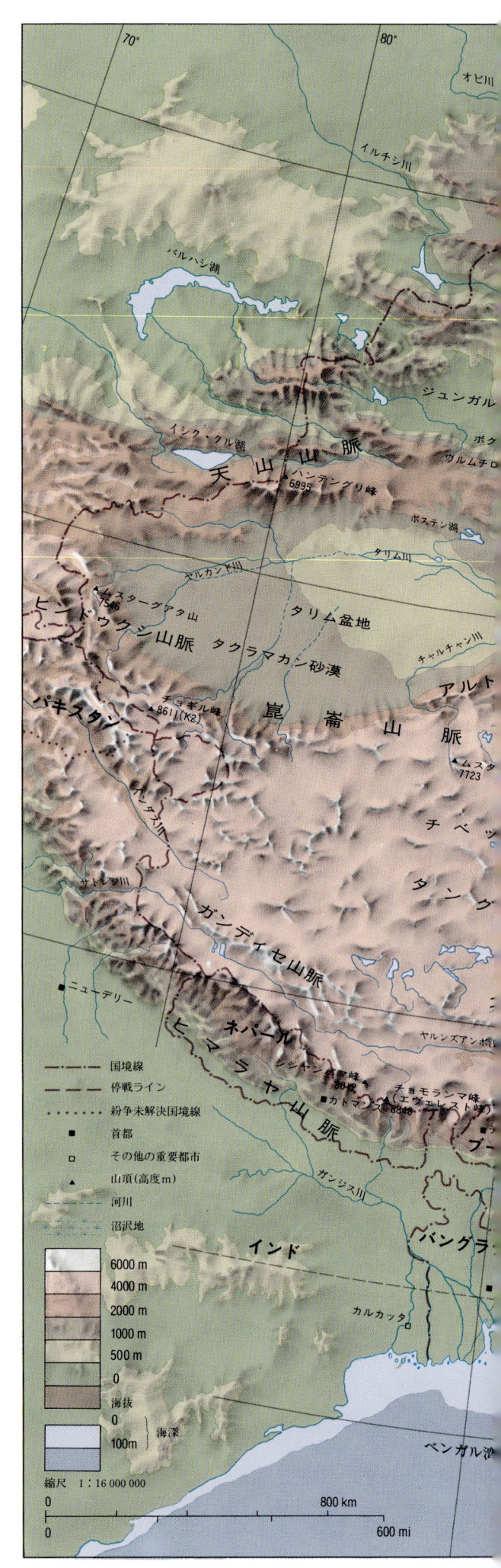

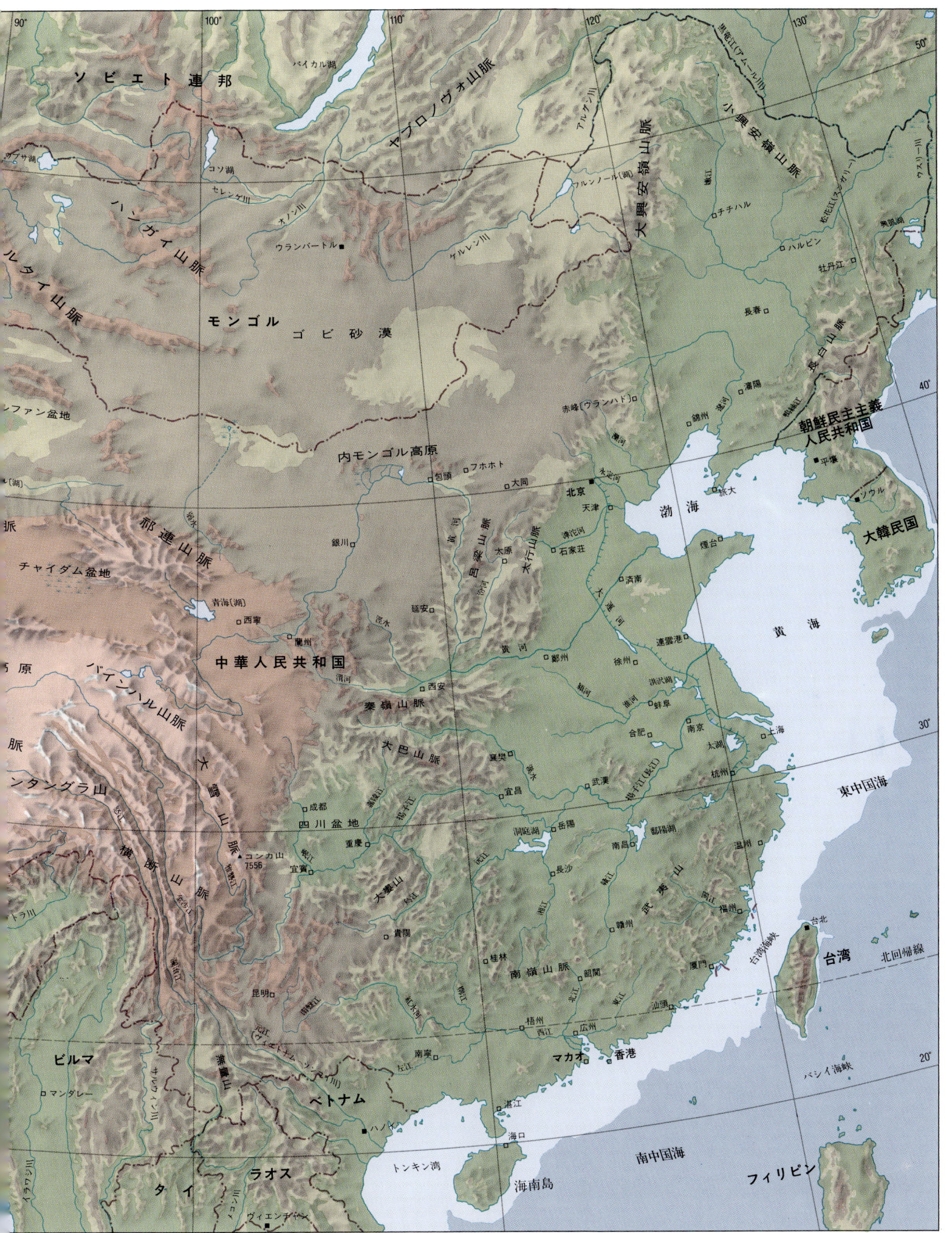

序

　過去の諸時代に中国がいかなるものであったかについては，中国人でさえ見方がさまざまに分かれるのではあるまいか．一つの連続性をもった文化という点では，それは，現存する世界最古の文明であるとはいえ，その過去は実際に保存されたというよりもむしろ無限に改訂されてきたのである．地中海世界に比して，中国古代の記念碑や建築物でいまだに地上に存在するものはわずかである．中国の木造や軟煉瓦造リのものは，西欧の石造リにくらべて，急速に消滅してしまったのである．

　また，中国の文書の原本も多くは存在していない．大ていの場合，写本の写本があるにすぎない（そして，このことは絵画についてすら，ときとして，いえることである）．中国の公文書は，行政上の必要以上に保存されることがなかったらしい．そこで，必須の項目については抜粋が作られ，その他は廃棄された．しかも，2000年近くも中国人の筆記用具であった紙は，羊皮紙やパピルスのような耐久性を欠いていたのである．

　大昔の時代についていえば，最近の数十年間にめざましい研究の発展が見られた．きわめてわずかしか遺っていない青銅の碑文が，これまで唯一の完全に信憑性のある記録であったが，これを補うものが甲骨の卜辞，少量の帛書〈絹に書かれた文章〉，最も古い中国の書物を形成する木簡，多数の目を奪うような工芸品，の発掘であった．古典期以前の中東の復元の基礎となった豊富な情報にくらべればそれは依然として貧弱な蓄積ではあるが，しかし，古代中国は，いまや，一昔前にはほとんど考えられもしなかったような明瞭で，目に見えるものとなった．現在作っている本書の目的の一つは，これまで馴染みのない，最近になって発見されたこの世界を，一般の読者に近づきやすいものにすることである．

　逆説的ではあるが，中国史の連続性というまさにそのことが，しばしば，中国人自身の過去をかれらに不明瞭なものとする役目を演じてきた．そこで，古代中国の文献はたえず解釈のしなおしが行われ，至極安直にそのときどきの言葉で理解されてきた．たとえば，20～30年前までは，詩経──紀元前10～5世紀にできた作品──の中の恋の歌を，伝統的に，中国の学者は支配者と臣下の関係を語るたとえ話と解したのである．

　概して，中国では，西欧にくらべると，昔の諸時代の異なった特質を自覚することがあまりなかった．それは人々の意識にずっととどまるような鮮明な区切りが，ほとんどなかったからである──すなわち，全面的にどこへでも拡がるキリスト教やイスラム教の到来とか，ローマ帝国のごとき諸帝国の出現や消滅とか，あるいは，何千年にもわたって別の思想や価値，もう一つの内面的世界の後代への可視的伝達手段でありつづけたエジプト象形文字のような筆記文字の意味の完全な忘却とかいったことに匹敵するほどの鮮明な区切リは，中国にはみられなかったからである．

　おそらく，ここに，西欧の学者が有用な役割を演ずる場があろう．言葉のもつニュアンスには，中国人同僚よりはるかに耳は慣れていないが，西欧の学者は，現代中国のタブー，禁制，臆説に囚われることが少ない．ある点では，西欧の学者にとり，過去の中国を対象化することは心理的により容易である．なぜかというと，歴史的にみて連続性とは，積み重なるように，大きな変化がおこらなかったという意味ではないからである．大きな変化はあったし，それはあらゆる時代におこった．この『図説世界文化地理大百科』の主目的の一つは，読者の意識にできるだけいきいきとそれらを上らせることである．

　はっきりと焦点を絞って中国の過去を理解することは，中国の複雑な現在の意味を了解するために不可欠である．（あらゆる類いの）感情的，イデオロギー的偏見からおこる歪曲──それは，この国に関する現代の著作の価値を著しく損うものである──を回避しようと，われわれはあらゆる努力をしてきた．大切なのは，たとえば，中国文明の偉大さへの賞讃も，あるいは，1840年と1950年の間に中国がこうむった屈辱への同情心も，長期にわたって帝国主義的で植民地主義的である強国として成功裡に発展してきた存在である中国をリアリスティックに評価することをはばむ経済的・文化的・政治的な現状の困難さに対する同情心も，まじえることを許さないことである．われわれが記述したことに必ずしも同意しない中国の友人たちも，できうる限り正直にものをいうべきであるというわれわれの動機は誤解しないであろうと思う．それは，われわれの主題の壮大さからおこる，しばしば大ざっぱな概括を余儀なくされる事情を前提とすれば，当然であろう．

　二人の著者の共著である本書の分業について一言述べるのが順序であろう．大体において，キャロリーン・ブランデンが考古学を含めて美術および挿絵の選択に関する一切のことに責任をもった．マーク・エルヴィンは，歴史に関する本文を執筆し，地図をどう入れるかを立案した．「社会と音楽」と題する特別記事の寄稿に対して，ブリスベーンのグリフィス大学のコーリン・マッカラス教授に感謝したい．とはいいながら，本書が非常に広い意味での集団的努力の賜物であることを強調しなければならない．2頁にその名前の見えているEquinoxでのチームの，編集・美術・地図作成作業および調査を行う上での熟練がなかったら，それは不可能であったであろう．われわれは，これらの人々の恩恵に対し深甚の謝意を表する．そのほかわれわれの受けた恩恵は，あまりに広汎かつ多数にわたっているため，いちいちあげることができない（このことは恩恵をけっして減ずるものではない）が，例外として二つはあげたい．オックスフォード大学のボドレー図書館の施設ならびに同大学の東洋研究所の図書館なくしては，また図書館員デーヴィッド・ヘリウェル氏，アンソニイ・ハイダー氏の終始かわらぬ支援なくしては，この作業は，はるかに牛歩遅々たるもので，かつまた困難なものになっていたであろう．われわれは，衷心より感謝したい．

　避けがたいことであるが，この程度の大きさの書物では納め切れないほど，いうべきことが山ほどある．詩や絵画や哲学の比較的簡略な取扱いによって，興味を刺激されたものの満足できない人々には，近いうちに，われわれがもともと作成した長文の調査結果を別の書物の形で読んでいただけるはずである．専門家のためには，地名辞典用の漢字索引を作ることを計画している．これを一部所望する読者は，まず第一にオックスフォード大学東洋研究所のマーク・エルヴィン氏に手紙を出していただきたい．

　現在，中国研究──人類の約四分の一の思想と行動を対象領域とすると考えられる──は，わが国の相当大きな大学においてすら，ほとんど全く等閑にされている．もしも本書の内容が，一般に個人的教養──芸術的であろうと歴史的であろうと──のためにも，また現実の政治的リアリズムのためにも，古代中世の最大文明の一つである中国──それは今日の国際的強大国家の一つでもある──の理解を，どれほど深刻に必要としているかを痛切に感じさせる一助ともなるならば，われわれは，自分たちの努力が報われたと感じる以上の感慨をいだくであろう．

第1部　空間
SPACE

土地とその人民

われわれが「中国」と——いとも単純に——考えている空間を区分する仕方は数多くある．その地質と地形という点から，あるいは植物，動物，人口の分布という点から，あるいは輸送，交易，通信によって結ばれている機能的区域という点から，区分が考えられるであろう．これらの空間的形態を考えるにあたっては，自然の形状も人間の形状もともにたえず変化してきたということを覚えておく必要がある．黄河（ヶが，ｶ゙）は，有史以来1本の水路を流れたのではなく，何回も主要な水路を変えてきた．中国南部の多くと，中国北部のいくつかの部分は，かつては森林におおわれていたが，今では人間の営みによって裸になった．平均年間気温は，幾世紀にわたって上昇したり下降したりしてきた．今日上海（ｼｬﾝ）である地域は，1000年前は海面下であった．その後に揚子江（ﾖｳ，ﾔﾝｽﾞｰ）が沖積土を沈殿させてきた場所に今上海が建っている．異なった長城や大運河は異なった路線設定にしたがったものである．

中国の文化や植民の，また中国の政治的支配の諸地域は，ともに，黄河流域の中央部にあるかれら本来の核心部から，40世紀もの長きにわたって大いに拡大してきたが，しかしある場合には最大の膨張はおどろくほど最近のことであった．われわれが今日考える「中国」は，現実には非常に長期間存在していなかったのである．

内中国と外中国

最も基本的な区別は，内中国，外中国とよばれてしかるべき二つの領域の区別である．両者の境界を明示するのは，植民による・しばしば灌漑をともなう・集約的農業経営と，ときとしては限界的乾地農法ないしは北部の砂漠のオアシスのごとき補足的な農業飛地と結合した牧畜経済との対照である．歴史の大半の期間，このいまだかつて安定したことのない辺境は，渤海（ぼっ，ボハイ）湾からほぼ現在の万里の長城の線にそって西へ走り，チベット高原の斜面に達して，ここで急激に南へ転じている．今世紀まで満州（まんしゅ，ﾏﾝ）は，遼河（りょうが，ﾘｬｵ）の下流沿いの1小地域を除いては，外中国の一部であったと考える方がよい．過去70年の大量の漢族の移民と農業発展によって，満州はいまや明らかに内中国に編入されるにいたった．境界線は今日では大興安嶺（だいこう，タシンリン）の東側斜面にそって北へ走っている．この状態変化を反映して，

現在の中国では，歴史的にはより適切な「満州」のかわりに，「東北三省」の名称の方が喜ばれている．区分線の最西端も長いことやや不明瞭であったが，それは，亜大陸のこの隅を圧する密林（ジャングル）が広範囲に切り拓かれ，中国式に耕作されはじめたのが，やっと18世紀末期以降のことだからである．

この二つの基本的な区域は，面積ではほぼ匹敵しているものの，人口では辛うじて5％あまりが外中国に住んでいるにすぎない．いくつかの地域は実際上無住であり，外中国の大部分で人口密度は1平方km当り1人を超えない．その人口稀薄なことは，内中国の大部分が人口稠密なことと，その極端さにおいて同様である．自然の相違も特筆に値する．外中国は，すばらしい景観——それはしばしば人を寄せつけないが——を擁している．そこには，世界の最高峰たる海抜8848mのチョモランマ，すなわちエヴェレスト峰と，世界第2の低陸地たる海抜マイナス154mのトゥルファン盆地とが含まれる．そこにはまた，ゴビやタクラマカンの世界で最もすさまじい砂漠のいくつかや，ツァイダム盆地の沼沢のような巨大な沼沢，原始林や果てしなくつづく緑におおわれた草原もある．内中国は，対照的に，沖積平野，河川の流域，起伏する丘陵をもった穏やかな国土であるが，幾世紀にもわたる人間の占拠によって裸になり，その茶と緑とねずみ色による単調さのゆえに，人びとは明るい色彩を眼にしたいという渇望を募らせる．

外中国を構成する「未開拓奥地」の多くが内陸排水の区域である．本質的には，これは，インドをチベットの南縁にくっつけた地殻表層の約1500万年前の激突によって生じた中央アジアの隆起の結果である．周辺部には中国から河川が流れ出している．かくして，黒竜江（こくりゅう，ﾍｲﾛﾝﾁﾔﾝ），すなわちアムール川は，鋭く北へ転じて亜北極海に注ぎ，ヤ・アルン・ザンボ川（雅魯蔵布江——がろぞう，ﾔﾙｻﾝﾌﾞﾁﾔﾝ）は，拉薩（ﾗ）からほど遠くない地帯を西から東へ流れた後，舟行に適さない峡谷を通って南に下り，インドに入ってブラマプトラ川として再び姿をあらわす．内中国のあちこちで達成された高水準の前近代的経済統合を支えた大規模な内陸水路体系から，外中国が断ち切られたのは，こうした理由からである．外中国を横断する1大ルートは，いわゆるシルクロードで，かつて中国の絹が，ローマ帝国へ運ばれた道であった．シルクロード

年間平均気温の変化
昼可植の生物気象学的研究（換言すれば，種々のタイプの植物の，異なった時代における南北分布区域の比較）によれば，中世経済革命は比較的高い平均気温の時代と関連があり，北方異民族の最大限の活動は比較的寒冷な気温と関連があるとされる．

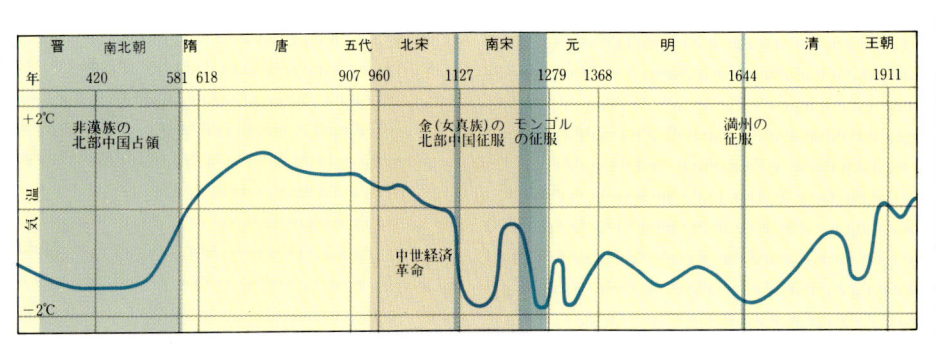

内中国と外中国

現代中国は二つの主要部分に分かれている。内中国は、比較的低地で、農業地帯で、人口稠密で、漢族の居住する土地である。それは、明朝（1368－1644）に至る歴史上の中華帝国の核心的部分であり、その境界線は地図上に示されている。外中国は、広漠たる、人口稀薄な、高地の地方で、その住民は漢族ではなくてモンゴル、トルコ系、チベット、その他の種族である。その経済は、主として大量の獣群に依存しており、西北のオアシス諸都市は別として、副次的な土地での農業を有するにすぎない。諸河川は、内中国とは対蹠的に、中国から外に流れ出るか、内陸の排水区域たる盆地の中で消え去るか、いずれかである。内中国では、河川は、沿岸航路とならんで水運の複雑な網の目をなしている。中華帝国の宗主権が伸長した短期間の若干例を別とすれば、満州（すなわち清）王朝のもとではじめて外中国と内中国が政治的に一体化したのであり、それもほとんど18世紀においてであった。今日の人民共和国の巨大さを説明するものがこの過程であった。過去2世紀の間に、漢人移民の動きは内中国を著しく拡大した。とくに、それは、満州の多くを森林や牧草地から農耕地へ転換させるというやり方で行われた。

土地とその人民

は，甘粛（かんしゅ，カン）廻廊にそい，春光渡らずと —— 中国古詩に —— うたわれた玉門関（ぎょくもんかん，ユウメンクワン）を通りぬけて，西北へ走っていた．玉門からは，2本の主要ルートがタリム盆地の北と南の縁にそって走り，一方は山脈を越えて北へフェルガナ（現在ソ連領）に入り，他方は南へバクトリア（現在アフガニスタン領）に入る．紀元前9世紀まで，シルクロードにそうオアシスの民は，インド・ヨーロッパ系語を話しており，中国とインド・ヨーロッパ世界の間の一つの直接の橋渡しとなった．

約1000年前には，内中国の北部ではまだかなり広い範囲に牧畜が行われていたが，それ以後は大規模な家畜飼育は外中国に限られるに至った．内中国・外中国の二つの世界の料理のより鮮明な区別もまたこのときにはじまるが，それは，中世初期の漢族の調理法にかなり一般的であった牛酪ベースの料理が，内中国で次第に用いられなくなったからである．羊，山羊，牛，馬，駱駝，梨の獣群は，近代初頭まで満州，モンゴル，東トルキスタン，チベットの大部分の経済的基盤であった．内中国では，これと対照的に，長期にわたって畜力と肥料が不足してきた．内中国の典型的な家畜は，家鴨，鶏，豚のような残飯漁りであった．運搬，機械の運転，施肥のための労力は，他の状況の下であればもっと容易にあるいは廉価に動物から得られたはずであるが，ここではしばしば人間が供給したのである．

大ざっぱないい方をすれば，内中国の住民は長い間圧倒的に漢族 —— 人種としての中国人を示すのに普通に用いられる用語 —— であった．外中国の住民としては，少なくとも近時における満州，西北奥地への移民までは，非漢族が優勢であった．この相違の多くは，おそらく文化的なものであろう．というのは，北方，西方の「蛮族」による歴史的な中国北部平原の度重なる侵入と占領とが，非常な人種的混交をもたらしているからである．身体的な人種的特徴の満足のいく説明は，周知のとおり困難であるが，内・外中国の住民の大多数は，一様に「モンゴロイド」としてもっともらしく分類されうる．非モンゴロイドに関する目立った特徴のうちには，体毛や顔の毛が非常に少ないこと，黄色ないし黄褐色の皮膚，暗褐色の瞳，蒙古褶をもつ傾向，そして脇臭をともなう汗腺がないに近いこと，などがある．「漢」と「非漢」とのより細かい区別は，大まかにいって二つの亜群，南方の「シニッド」ともっと北方の「トゥンギット」すなわち蒙古人との間の区別に対応する．

後者は，どちらかといえば，〔前者よりも〕平たい顔，細い眼，短くてずんぐりした背丈，そしてくっきりした眼尻をもっている．これらの特徴の一般化に対する唯一の重要な例外は，チベット人と南方の沿岸諸地域の原住民（今では，純粋な形では大幅に姿を消した）であり，そのどちらも「モンゴロイド」ではない．

内・外中国の政治的一体化は，18世紀になってはじめて達成された．これは，一部は中国，一部は「蛮族」という二重性格をもった満州（清）王朝の仕事であった．統一後，内中国において2000年間利用された官僚主義的統治制度は外中国へと拡大されず，外中国は，官僚制のかわりに各種の支配権 —— あるものは封建的，あるものは軍事的，あるものはチベットの場合のように，名目的監督を多少超える程度のもの —— のもとで統治された．後者〔外中国〕のすべては，終局的には理藩院に対して責任を負い，伝統的な六部〈吏部，戸部，礼部，兵部，刑部，工部〉の支配下には置かれなかった．東トルキスタンのみは，「新領域」を意味する新疆（しんきょう，シンジャン）の名のもとに，1884年に省の一つに編入された．人民共和国の行政地図は，依然としてこの二重性を反映している．歴史的に外中国であったほとんどすべての土地が分割されて，い

右　自治区と自治県

中華人民共和国の政府は，いわゆる「自治区」と，より小さい「自治県」とを，非漢族住民の優勢な地域に設けた．（1人っ子政策の適用除外のごとき）いくつかの重要な譲歩が非漢族に対してなされてはいるものの，そこには自治の名に値するものは存在していない．とさには，非漢族文化を破壊する政策が暴力的な手段で遂行されたこともある．その最も有名なのが，文化革命中のチベットにおけるもので，仏教寺院の大多数が取りこわされ，僧侶たちが還俗させられた．カザック族の間では，伝統的な高度の鷹狩の技能は，法律上の保護を奪われた，おそらく集団的経済管理になじまないという理由からであろう．さらに近年においては，教育というより穏和ではあるが，より永続的であろう武器が，北京政府によって，中国と共産党の諸価値を普及させるために使用されてきた．抗中解放運動がときおり燃えあがる（よく知られているのは，1959年の東チベットにおけるカームの運動である）が，現在では再発はいよいよ少なくなっているように思われる．

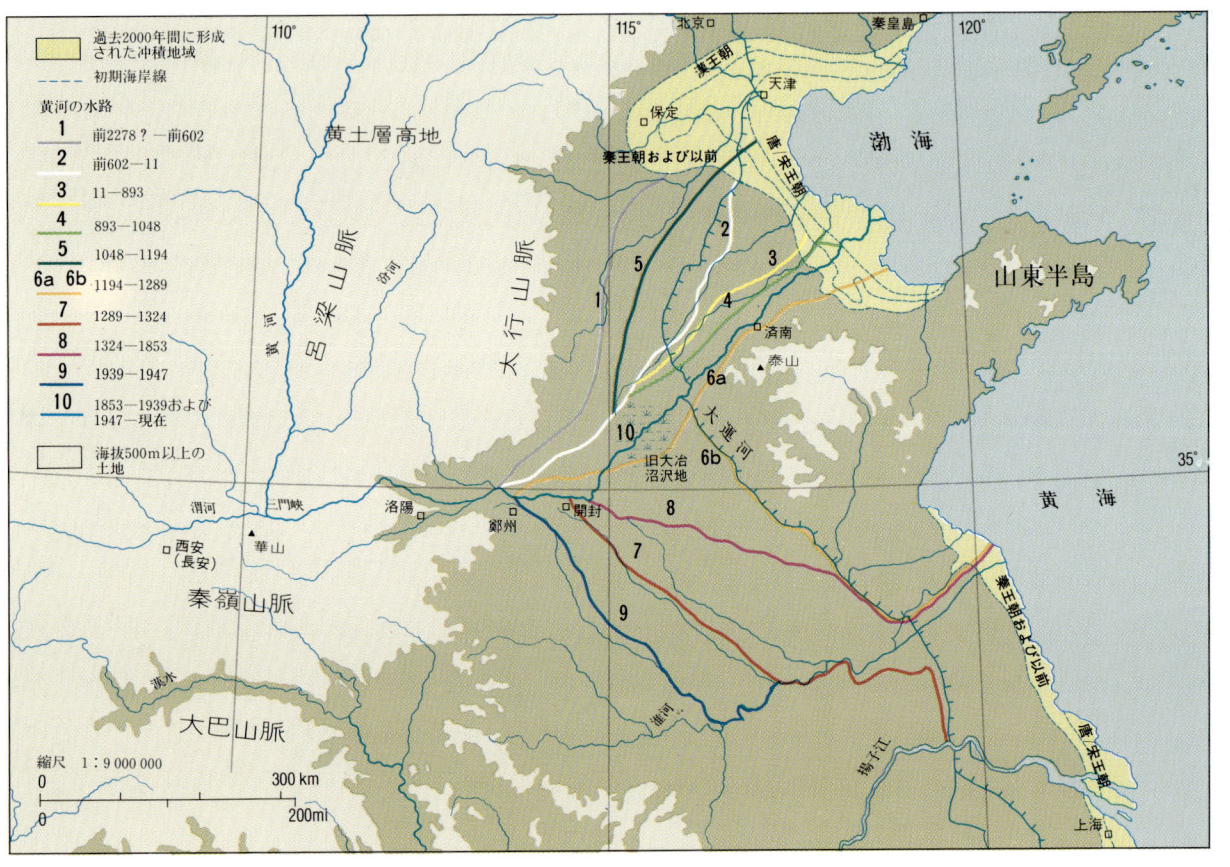

左　黄河の水路の変化

黄河の上流は，時代によってはわずかながら違った路線を（とくに現在の寧夏の付近やU字形曲折の西北の角で複数の流れに分かれる箇所において）流れてきたが，基本的には安定していた．華山および「三門峡」の東にあたる下流の水路は，歴史上のさまざまな時代に劇的に変化している．

紀元前2000–3000年の間には，下流の水路は，今日の陝西省の山脈の真下をほとんど北方へ走っていた．次の2000年に少しずつ時計の針のように振れ，1289年から1324年までの間に，ついに東南方向に流れて淮河の中流に流入し，今度は揚子江下流に注いだ．1324年以降，それは不規則な形で出たり入ったりして現在は再び山東半島の北をふらついている．

これらの急速な水路移動の主因は，黄河が運ぶ著しく重い泥土であった．流れは海の近くで緩やかになるので，泥土の多くが再び堆積して河床を押しあげ，遅かれ早かれ，水が他の場所に流れることを余儀なくさせる．現在の多数吐け口方式は，ときどき使用不能となる水路の定期的浚渫によってこれを回避せんとするものである．

相当変化しやすいが，北側が特にしかりで，そこでの平均的偏差は30％である．旱魃も洪水も，北側では南側よりも普通のことである．南側の比較的高位の安定度は，それぞれの地域を左右する二つの大河——「黄河」と，西欧では通常揚子江として知られる「長江」（ちょう，チャン）——の異なった性質に帰せられることもいくぶんあるに違いない．黄河は，風で吹きよせられた細かい土壌が表層の多くを形成している「黄土」地帯を貫流し，あらゆる世界の大河のうちで最も泥土沈積の甚しい河となっている．この沈積土の多くは，流れのもっと緩やかな下流で沈下し，河床の高さをもちあげ，河の水路をかわりやすいものにする．いたるところで，一つの災厄の救治策として，堤防がだんだん高く築かれたため，ついには河は周辺の田園のレベルよりも高いところを流れるに至った．揚子江はもっと多量の水を放出するが，はるかに安定している．これは，ある面では，その中流にある洞庭（どう，ティン），鄱陽（は，ヤン）の二大湖が，洪水時には貯水し，渇水時には放水する調節池として働くからである．

中国北部は，歴史的には，小麦ときびを主とする乾地農法の土地であった．中国南部は，水田稲作の故郷であった．土壌の一般的性質もまた違っており，北部ではアルカリ性が強く，南部では酸性が強い．中国南部の多くは，航行に適した河川や運河が縦横に走り，旅行や運輸には1000年以上もの間船が大いに利用されてきた．頻繁な沿岸航行もまた早くから発達し，好都合な季節風の周期的変化を利用して，東南部沿岸地方を往来した．しかし，中国北部では，中華帝国時代には急ぐ人間は馬で，さもないときは二輪車か徒歩で出かけた．黄土層は，よい道路の建設が容易でなく，雨が降ると通りぬけ不能の泥濘になる．19世紀末以降の鉄道の建設は，中国南部においては，交通面に与えた影響はわずかなものにすぎなかったが，中国北部においては，とくに満州——ここでは初期の最良の「道路」とは冬期の凍結した河川であった——においては，劇的なものであった．

中国南部は，漢族移住地であるが，ひとたび移住者たちが到来すると，その起伏に富む河谷がそれ以上の他種族との混じり合いを阻み，非常に多様な下位文化と違った方言とを保存してきたように思われる．これと対照的に，中国北部の言語は比較的に同質的で，ほとんど誰でも，以前の王朝官吏の使った共通語にちなんで一般に——まったく正確ではないにしても——「官話」とよばれるものに近い形の言葉をしゃべる．北方人と南方人との肉体的外観も違っている．北方人は，南方人より平均5cm以上も背が高く，かつがっしりした体格をしている．低俗な会話では，北方人はときには南方人のことを軽蔑して「猿」とよぶが，南方人は北方人のことを「饅頭」（まん）といってやりかえす．大ざっぱな文化的対比を行うことは危険すぎるし，とくに，時代による多くの変化や，より地方的な変異の度合を前提すれば，しかりである．とはいえ，南方人は長いこと風景が神霊的な特質をもっているというかなり強い感覚を抱いてきたように思われる．かれら南方人は，紀元4世紀から7世紀頃における風水（方角・地形・日取りなどの占い）と，中国の伝統の中の最初の純粋な風物詩の創始者である．南部経済はまた幾世紀にもわたって北部経済よりも富裕であった．そして南部，とくに揚子江下流の流域は，浪費と虚飾と官能的逸楽の傾向がより強かった．最

わゆる「自治区」となっている．これらは次のとおりである——内蒙古自治区（ないもう，ネイ・モンゴウ・ツーチーチュー），寧夏回族自治区（ねいか・かいぞく・じちく，ニンシア・フイズー・ツーチーチュー），新疆維吾尔自治区（しんきょう・う・いくる・じちく，シンジヤン・ウエイ・エル・ツーチーチュー），広西壮族自治区（かんさい・ちょわ・じちく，グワンシイ・ズワンズ・ツーチーチュー），および西蔵自治区（ちべっと・じちく，シーザアンツ・ツーチーチュー）．これらに加えるべきものとして，青海（せい，ハイ）省の大部分がある．ココノール湖の名をとったこの省は，チベット地区の一部で，ほぼ全面的に「自治県」の体制下にある．少数民族の居住する内中国のいくつかの小地域は，同様に，「自治県」の支配下にある．この自治県は自治区より小さく，区とは違って省政府のもとにある．

清の版図の全体が人民共和国に引き継がれてはいない．最北端部は19世紀の中葉に失われて帝政ロシアの手に移った．外モンゴルは，1912年に事実上の独立を達成し，1924年に人民共和国としてソビエト連邦の衛星国家となった．

最後に，内中国と外中国は歴史的に異なった宗教を信奉してきた．内中国の伝統的な宗教は儒教，道教，大乗仏教および民間信仰混合物であった．外中国では，民衆は，ラマ教，イスラム教，あるいはチベット・ボン教のような，もっと古い土着の信仰制度の残存物に帰依した．

北部と南部

チベットの北縁にそって走る崑崙（こん，ルン）山脈は，内中国へと伸びて二股に分かれ，秦嶺（しん，リン）および大巴（だい，は）山脈となる．これらは北緯約35度あたりで内中国を二分する障壁を形成する．秦嶺と大巴の南では，年間降雨量は1295mmで，平均して北側よりも多い．雨量は両地域ともに

土地とその人民

漢族は中国の人口の約94％を占める。残りは，50以上の種族群からなり，その主要なタイプは，日本・朝鮮系，アルタイ系，インド・ヨーロッパ系，チベット・ビルマ系，オストロ・アジア系，傣系，苗ー傜系，マライ・ポリネシア系である．身体的には，その大多数がモンゴロイド種族タイプの特徴を漢族と共有している．最も顕著な相違が見られるのは新疆で，ここではコーカシア系と中央アジア系の特徴が混ざり合って，モンゴロイドの特徴をもった金髪の子供が生まれている．典型的なモンゴロイドの姿態には，硬い真っすぐな黒い髪の毛と平べったい顔——低い鼻の付け根と一重まぶたがこの顔の特徴である——がふくまれる．

最上段　漢族と代表的非漢族グループの所在地

地図の下　碧眼で長髯のインド・ヨーロッパ系のロシア人——新疆に住む約600人のロシア人の小グループの一人．

上　少数民族の苗族は，主に中国のベトナム国境に近い広西南部を発祥地としている．

中央右　この哈尼族の婦人と子供は雲南に住む小さな少数民族グループ——チベット・ビルマ系種族の一部——に属している．

右　ラサに住むチベット族の家族．

中央左　中国中部の陝西省に住む漢族の顔．典型的な顔の偏平さ，まぶたの厚ぼったさ，低い鼻に注意．

左　ビルマ国境に近い雲南南部の傣族グループの少女．

下　民族衣裳をつけた若いモンゴル族の夫婦．

上　ウイグル族もカザック族も回教徒である．この新疆からきた馬飼いのカザック族も，そのトルコ語をしゃべる仲間と同じく，遊牧民である．

左　回教を奉ずるこのウイグル族は新疆からきており，トルコ系である．

近の時代——ただし共産革命前——にあっては，地方の経済社会制度において，中国南部は，血縁的紐帯，すなわち「宗族」制度の強固さという点で，また比較的に小作制度が発達していたという点で，知られた．中国北部は，これと対照的に，大部分小自営農民の土地で，血縁的紐帯ははるかに弱かった．

各時代を通じて，中国北部と中国南部の間を繋いできたのは，大運河であった．これらの運河の最初のものは，7世紀のはじめに隋（ずい, スイ）王朝のもとで多数の女性を含む強制徴用の労働力によって築かれた．105頁の地図に見られるように，運河の2本の主要な流れは，さまざまな時代に黄河の水路となったほとんど真っ平らな地面をたどった．運河の基本的な目的は，南部の豊富な米を西北の大興城（だいこう, ダーシンチョン）（現在の西安——せいあん, シアン）にあった隋の首都へ，そして東北に駐屯する軍隊へ，届けることにあった．モンゴル（元——げん, ユアン）王朝がその首都を現在の北京の場所にある大都（だいと, ダートゥ）に置いたとき，運河は，山東（さんとう, シャントン）丘陵地帯の西方に張り出した部分を廻る，もっと短い路線に大幅に改築された．この工事は工学上の困難にぶつかり，海上ルートと，海上ルートと補助運河——山東半島の中央を切りひらいた，いわゆる膠来（こうらい, チャオライ）運河——の組合せの双方についても利用が行われた．

15世紀になってはじめて，明（みん, ミン）王朝のもとで，運河の高所部分に十分な量の水を保っておくという問題が解決された．中国人はすでに11世紀に二重水門，すなわち閘門を発明していたにもかかわらず，かれらは，それを水路のこの〔高地の〕部分に利用せず，水をそのままにしておく，動かない強固な障壁の方を選び，一方で船は船架の上にのせて周囲から引っぱった．このことは，もちろん，使用しうる船の大きさを制約した．その最終的型態においては，漕運制度（国の穀物運搬制度）（104頁の地図参照）は，ときには，15万に及ぶ兵士を雇用してその船隊に乗り組ませ，運河の水路を浚渫し維持するために多数の民間人の強制的な役務の提供を必要とした．民に属する船もまた大運河を利用する資格を与えられた．運河はかくして北部と南部を繋ぐ商業上の動脈として働いた．その規模は，中世としては驚くほど巨大なもので，長さ1000 kmを超えるものであった．これと比肩しうる規模の運河は，ヨーロッパでは，とりわけフランスにおいて，18世紀になってはじめて開くされはじめたにすぎない．

このようなやり方で，北部と南部の間に一種の補完関係が発展した．経済的重心は南部にあったが，政治的中心はほとんど常に北部にあった．この分裂は中華帝国の始期には存在しなかった．最も初期の帝国の首都は，紀元前3世紀末，関中（かんちゅう, クアンチョン）（「関所の内側」）として知られる地域の中で西安に近い咸陽（かんよう, シエンヤン）にあった秦の都であった．そこは今日よりももっと肥沃で，また地方的な灌漑や運輸用の運河の制度もあった．漢（かん, ハン）王朝と唐（とう, タン）王朝両方の主要な都も，本質的に同一の地である長安にあり，その名は「永遠の平和」を意味している．関中は，戦略的に防衛に適した地形であるが，その辺鄙さのために外部からの補給が困難であった．おそらくは気候の乾燥化による地方経済の悪化，ならびに都市の規模の膨大化につれて，漢も唐も，北部平原の洛陽（らくよう, ルオヤン）に第2首都を建設した．

南部が経済的覇権を求めてはじめて北部に挑戦し，すでに述べた両者の分裂があらわれはじめたのは，唐代においてであった．紀元10世紀の末期から12世紀の初期にかけて北宋（ほくそう, ペイソン）の首都は開封（かいほう, カイフォン）にあった．それは，東に面した安全な高地の端にあり，また黄河が歴史的に北か南かいずれかにその水路を移した地点に近かった．開封は，また，北方の首都のうちで南方の穀倉に最も近く，水路による補給の最も容易な都市であった．その全盛期には，官の輸送機関は，開封に6百万担（たん, ドン）の米を毎年搬入した．これは，百万 ton の3分の1（正確な換算率ははっきりしないが）ていどの量である．

13世紀のモンゴル（元）は，内中国と外中国の接点にまたがるように，その首都を現在の北京の付近に置いた．モンゴルは，内・外中国の両地域を統治した最初の王朝であった．もともとの明の首都は南京（なんきん, ナンチン）（「南の都」）であったが，まもなく，二重首都制——北部における実体的行政の中心としての北京と，南部における儀式の中心としての南京をもつ都制——へと転じた．この移行の理由は，おそらくは戦略的なもので，首都を，再建された万里の長城との連繋のもとに，モンゴルあるいは満州からの予想される侵入者を防ぐ堅固な障碍たらしめようとすることであったであろう．満州族（清）も人民共和国もともに首都を北京に置いたが，思うに一面では伝統の尊重から，また一面では北京が漢族勢力圏と非漢族勢力圏との接点の近くに位置しているがゆえであろう．

中国を全体として代表すると主張した政権に属する南方の首都は，他には二つしかなかった．それは，12世紀および13世紀に杭州（こうしゅう, ハンチョウ）にあった南宋（なんそう, ナンソン）の首府——中華帝国の歴史上首都となった唯一の海港——と，1927年から1937年にかけて南京にあった国民党の中心地とであった．国都になる可能性のあった唯一の西方の都市は，揚子江上流に臨む重慶（じゅうけい, チョンチン）であり，ここに1937年から1945年の間，中国東部の大部分が日本に占領された時代に，国民党政府の戦時の本営が置かれた．

統一と不統一のパターン

中国北部と中国南部の間の2分割によって，12世紀，13世紀の間に近似した政治的様相が産み出された．揚子江流域の南側の中国は南宋によって支配され，中国北部の平原は，女真（じょしん, ニュチェンあるいはジュルチェン）族——満州族の祖先——の金（きん, チン）王朝によって支配されたが，ついでその後，1234年〈モンゴルと南宋の協力による金の滅亡〉と1270年代のモンゴルの南部征服〈南宋の滅亡——1279年〉との間はモンゴル族によって支配された．

紀元3世紀の三国時代には，3分割が見られうる．中国は，黄河流域を制圧する魏（ぎ, ウェイ），揚子江と江南の若干の地域を支配する楚（そ, チュウ）〈呉の誤り〉，そして揚子江の峡谷から上流の内陸を支配領域とする蜀（しょく, シュウ）に分裂した．7世紀から9世紀にかけての唐王朝の統一支配，10世紀末期および11世紀における北宋の統一支配のもとでも，この政治的3分割に対応する経済的分割が残った．（98頁の）地図からわかるように，三つに分かれた地域的市場があり，いずれも半ば人工的なものである三つのルートのみでしっかりと結ばれていた．西部と北部は，山腹にかけた木製の歩廊の名をとった

土地とその人民

回廊〈蜀の桟道〉によって結ばれた．西部と南部は，揚子江上流の峡谷によって接続された――河岸沿いの崖を切りひらいた危険な曳舟径を引舟人が引っぱっていくときのみ，船はこの峡谷までいくことができた．南部と北部は，大運河によって結ばれた．

ある時代には中国はさらに細分化されもした．この細かい分裂形態の最も早期のもので，いまだに一般的な興味をよぶのは，紀元前4世紀および3世紀の戦国時代の形態である．これら戦国の諸国の国名の多くは，長いこと公式の地図から姿を消しているが，後代において文献では使用されつづけた．地図（71頁）に示されている詳細な国境には，それほど重要性を附するには及ばないが，例外が一つある．〔前〕4世紀の諸国は，非常に多数の先在した小国家から組成された肥大物であり，それらの境界は，おたがいの戦闘につれて絶えまなく変化していた．例外は，趙（ちょう，チャウ）魏（ぎ，グィ）韓（かん，ン）という中核部分で，これら3国は，〔前〕5世紀の晋（しん，チン）の国の崩壊によってできた国であった．それらは中国北部平原の中心部にまたがって存在した．この中核の周囲を，比較的大きな国々が取り巻いていた．西方には，渭水（ゐすい，ウェイ）の流域を基盤にし，西南の2国の征服によって富裕化した秦（しん，チン）があった．この2国とは，岷江（びんかう，ミンチァン）の平原にある・中国における大規模灌漑農業の発祥地たる蜀の国と，揚子江峡谷にあり，今日の重慶（ぢゅうけい，チョンチン）市を中心とする巴（は，パ）の国であった．すぐ南には楚があり，漢水流域と中部揚子江地域――その多くは，当時は手のつけられていない湖沼地帯で，有名な「雲夢沢」であった――を占有していた．東には，最も都市化の進んだ文明国の斉（せい，ツィ）があり，数世紀前に孔子が生れた小国の魯（ろ，ルウ）を合併していた．この輪の外側には，はるか東北に燕（えん，ジェン）の周辺諸国，揚子江下流々域と東南海岸の一部を占める越（えつ，ユエ）があった．紀元前5世紀はじめにその主敵の呉（ご，ウ）をすでに併呑していた越は，中国の船乗り稼業の発祥地で，他の国々では人民がしっかり土地〈すなわち農業〉へ眼を向けていたのと対照的である．

徹底的な政治的細分化の行われた最後の歴史的時代，すなわち紀元10世紀の五代十国時代には，やや違ったパターンがあらわれた（25頁の地図参照）．趙，魏，韓からなる中核部分（これはかつての晋の領域である）は，いまや秦，斉と合して中国北部を支配する比較的大きな国を形成した．その周囲にはより小さな国々の輪が存在し，そのあるものは戦国時代の国々に類似し，その他は，新しい国々であった．前と同じように，東北には燕があり，西方にはかつての蜀と巴を合わせた蜀があった．揚子江中部の楚と呉（南唐――ゴ，ウ）は，楚のむかしの支配領域の大部分を両者で分割した．呉――越は，その名の示す通り，過去の呉と越の地理的継承者であった．新しい国が二つあった．閩（びん，ミン）は，東南部海岸に臨んでおり，少し前の時代の漢族の入植で人口を増し，旅行者がはるかな海上から眺めることのできる金色の屋根の仏教寺院で有名な国である．南漢（なんかん，ナン）は，現在の広東盆地を占拠した．この当時，中国諸国家の規模はこのようなもので，共有の文化に基礎を置くが，軍事的商業的抗争で分裂しているこれらの国々の国際関係は，多くの面で現代初頭のヨーロッパと類似していた．

中華帝国が細かに分かれていた時代の独立諸国家に一見最も近似していたように見える行政単位は，省であった．しかしながら大部分の省の境界は，歴史上長期にわたって，きわめて変動常ないものであって，中国をその省単位で考察することは，ときとして，有用などころか混乱を生じるもとになるのである．

小規模な集権化された行政組織という意味での真の省は，13世紀末期になってはじめて出現し，「行中書省」（行省――ぎゃうしゃう，シン，シェン，あるいは単に省――しゃう，シェン）とよばれた．しかし，これに先立つものとして唐が軍事的戦略的目的で区画した「道」（だう，タオ）とよばれる区域があった．初唐の「道」の地図（26頁）は，それらの道につけられた味もそっ気もない・ものずばりの記述的名称を示しており，いかにも中国の官僚的伝統の特質を示している．この単純で論理的な区分は，中国の北部がもともとの道より多少小さい区域を受けもつ藩鎮の支配下に帰した唐王朝の末年には，複雑化したものとなった．

北宋の諸省は「路」（ろ，ルウ）とよばれた．唐風の場所名のほかに，それらは，うちに含まれている二つないしそれ以上の重要な県名によってそれとわかる場合が多々あった．モンゴル（元）王朝の省名は，一番単純であったが，宋のそれとは驚くほど異なった形態をもっていた．名前のつけ方の制度の新しい，まぎらわしい特徴は，名前のなかの三つが以前の省名に関連する略語〈たとえば，甘粛＝甘州と粛州〉を含み，地理的な意味はもはや一見してすぐにわからない，ということである．現在の形態に似たものがあらわれはじめたのは，明王朝の省からである．

1645年に権力を握った満州（清）王朝のもとでは，ほんのわずかの変更があっただけである．26，27頁の地図を比較すればわかるように，南方の直轄地域は，安徽（あんき，アンホイ）（すなわち，安慶県と徽州県）と江蘇（かうそ，チァンスウ）（すなわち，蘇州県を含む揚子江の南の部分）〈の両省〉に改編された．甘粛（かんしく，ン）省が西北に再現し，清王朝の一番最後の年には，新疆（しんきゃう，シンチァン）（「新領土」）と台湾島が省の地位を獲得した．

中国の行政上の諸省の大部分が深い根拠のある自然の地域に基礎を置いていないことは，地図上にあらわれる万華鏡から明らかである．一，二の学者に至っては，政府が自然の経済的社会的地域を政策的に2分割し，その地域の一体感を弱め，地域権力が大きくなりすぎるのを阻止しようとした場合があろうとすら考えた．

概して，歴史的な諸省は，空間的な観点から中国を考察するのに用いるべき最適の単位ではない．省はむしろ数が多すぎるし，その社会生活への関連は限られている．だが，現在の共産党政権の下における，経済行政上の問題につき省に相当な権力をもたせる傾向と1950年代以降の経済の全般的「小区画化」とは，過去における省のあり方にくらべて，省をより根拠のある単位たらしめるのに何がしか効果があったろう．

省を用いるかわりに，機能的な区域に基礎を置いた何らかのアプローチが必要である．そのような区域とは，地域の中核部分が他地域と接する外縁部分に比して高い人口密度をもち，地域内部の意志疎通と経済的相互依存の水準の高さによって他の地域から相当はっきりと区分されているような地

最上段　山間部の地域では，段々畑を作るのが最善の土地の利用法であった．今日では，段丘は，農耕機械の利用を可能にするためさらに平坦化が行われつつある．

上　桂林のカルスト石灰岩の山頂が，伝統的な中国画の山の風景のように展開する．

域,と定義されてよいであろう.19世紀,20世紀の中国の地域的構成の地図(24頁)は,二つの区域的細分方式が可能なことを示している.一つは,実用的な方式で,むかしの中華帝国の政権が塩の専売のために用いたものであり,もう一つは,G・W・スキナーが最近に案出した理論的解決策である.いずれの場合も,山脈によって,また河川の流域への人口集中によって,創りだされる自然な区画化が,区分システムの基盤である.このことは,二つのパターンに多くの共通性を与える.

若干の相違点はあるが,一見それらしく見えるほどには重要性は少ない.東部海岸から淮南(ﾜｲ,ﾅﾝ)へと走る塩専売の廻廊は,明らかに,塩田から奥地への塩の運搬に資するために設計された行政上の作為である.中国北部地域の三つの塩の専売地帯への細分化も,大した重要性はない.というのは,三地帯の外側の境界がスキナーの地域的境界とほとんど符合しているからである.河東(ｶﾄﾞ,ﾄﾝ)の塩地帯の西北境界線が,なぜ黄河沿いに走っているかを説明することもまた容易である.西北の奥地においては,とくに多量の自然の産出塩が,とくに塩湖の形で,存在しているので,黄河の西での国家独占の維持は困難すぎて企てる価値がないからである.

一般に,中国の歴史を,全国のレベルや省のレベルではなくて,この十大区域のレベルから考察するのには十分な根拠がある.幾世紀にもわたって,これらの区域の運命は,ある程度まで相互のかかわり合いなしに盛えたり衰えたりした.他方で,政治的な運命の複雑さや気まぐれから,ときには,中国の支配領域が区域の境界を無視していると思われる仕方で分割されることがおこったということを忘れないことが重要である.この例証として,25頁の地図は,1920年初頭のころ主要軍閥とその同盟者たちが支配していた領土のおおよその限界を示している.区域的な分析は,絶対確実な鍵ではない.

機能的区域とは対照的に,同じ特徴を共有しているという観点から諸地域を定義するとき,違った種類の小区分が一つおこってくる.そのうち最も明らかなものは,気候により分けた地域である(28頁の地図参照).一般的なパターンは,暑い夏と温暖な冬をもつ東南の熱帯・温帯気候から,もっと涼しい中間の環状帯を経て,西北の乾燥した高山的気候に移り変わっていくパターンである.重要性をもつ他の二つの特色は,1年間に200日ないし300日霜の降りないことの確実な北限を画する両線である.第1の線は,ある種の二毛作が可能な限界で,第2の線は,米の二期作が可能な限界である.地図上の数字からわかるように,作物生育季節は,極南部においては満州の2倍以上の長さがある.

春季の南部から北部への移動は,竺可楨(ｼﾞｸｶ,ﾃﾞｲ)〈中国の気象学者——1890年生れ〉の地図(29頁)——この国の異なった個所で桃の花が開く日付を示す図——に,歓ばしげに例示されている.この重層的のパターンは,中国における冬の気候の典型的なものである.真夏には,内中国の中央部は,北から南までほとんど一様に暑くなり,海岸と高めの山地が比較的涼しい外郭を構成する.気候のパターンが複雑なために,この国の異なった部分では農作業の時間割が異なったものとなる.このことは,国中で小麦が播かれ収穫される日付を示す二つの地図(28頁)に示されている.長城のほぼ北の,春播小麦の地域と,長城以南の秋播小麦の地域の間に,主要な境界線があるということは,明らかである.北方の春播小麦は,成熟するには8カ月以上を要するが,南方の秋播小麦は3カ月ちょっとしかかからない.揚子江の南では,小麦はもちろん補助作物にすぎない.

1920年代末期から1930年代初頭にかけて,中国農業経済の大規模な調査を組織的に実施した農業経済学者のJ・L・バックは,満州と台湾を除く内中国に八つの主要農業地域があることを明らかにした.その主要な基準は,特徴的な食用植物のグループを取りまとめることであったが,彼はまた典型的な村落樹木のグループというような別の基準(デターミナント)も使用した.これらの農耕地域は,土地利用度,労働者当りの生産性,地域の農業総人口,耕地に関する農業人口密度という諸測定要素とともに,29頁の4地図に示されている.それらが示すパターンは,おそらく今日でも依然として大まかには有効であろう.もっとも,バックがその研究を行ったときにくらべて,農民の数は今日2倍くらいに増している上に,いくつかの変化がおこっていることは確かであるが.秋播小麦と高梁の地域と四川(ｼｾﾝ,ｽｰﾁｭｱﾝ)稲作地域の中核部が,土地利用率のずばぬけて高い地域であることは明らかである.秋播小麦と高梁の地域は,最大の人口を擁してもいる.西南の稲作地域の農業労働の生産性は,春播小麦地域のそれの2倍以上である.西南の耕地の1km²では,東北の3倍以上の数の農民が扶養されている.中国北部および南部の地図(22頁)に示されているように,これらの区域は,共産党が政権を取る前の時代のさまざまな小作地の率と,四川稲作地域・揚子江稲作小麦地域・稲作茶作地域および二毛作地域において最高に達する地主制とを表現するのに用いられてよいであろう.このことは,土地の——労働力のではない——生産性が,おそらく地主制を産む主要な誘因であるという点を立証している.土地が高度に生産的である西南部が例外をなしているのは,たぶん西南への入植が行われたのがごく最近のことであったために,小作地の率がやや低かったのであろう.

土地とその人民

北部中国と南部中国 1

この地図は，自作農が優位を占める乾地農業の北部と，農民の大部分が地主から土地を借りる湿田農業の南部の間の古い伝統的な差異を，くっきりと示している．人民共和国の課した集産主義の制度が，もちろん，この体制上の相違を抹消した上に，最近における灌漑の北方への伸びも，ある程度まで，技術的差異を緩和した．

北部中国と南部中国 2

歴史的に北部中国は黄土の土地である。この微細な，風に運ばれてくる黄塵は，地表に堆積して耕作の容易な土壌を形成する。それゆえに，この地方に早くから農業が出現するのに役立った。最後にできた長城——14世紀末から16世紀にかけて，明代に築かれた——が，漢族と非漢族の世界を分かつ黄土層の北縁に，いかに近接して走っているか，まことに印象的である。しかし，人工的に開鑿された大運河は別として，北部は内陸水運の潤沢な制度を欠いており，その沿岸の海は，しばしば困難で危険である。

南部は，これは対照的に，内陸水路の連絡網と，季節風の時期的な変化のみならず無数の良港湾に基礎を置いた容易な沿岸航海の，双方を有した。北部との安全で規則的な海上連絡は，18世紀の末期になってはじめて確立された。官による穀物輸送は，元明両朝のさまざまな時代に，長江デルタ地帯から現在の天津の集積地へ船で行われたが，当時にあっては，それはなお危険な事業であった。

土地とその人民

23

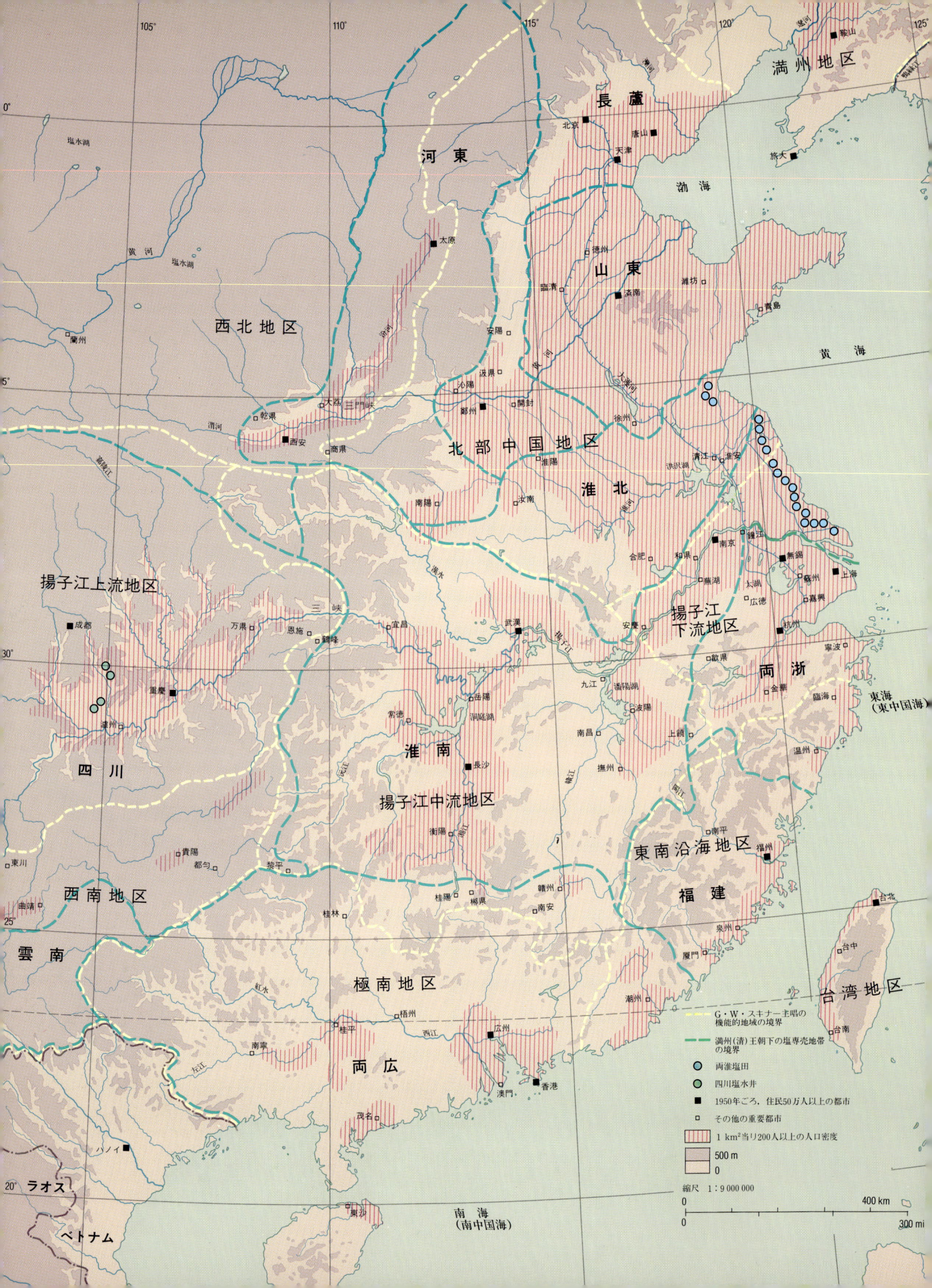

土地とその人民

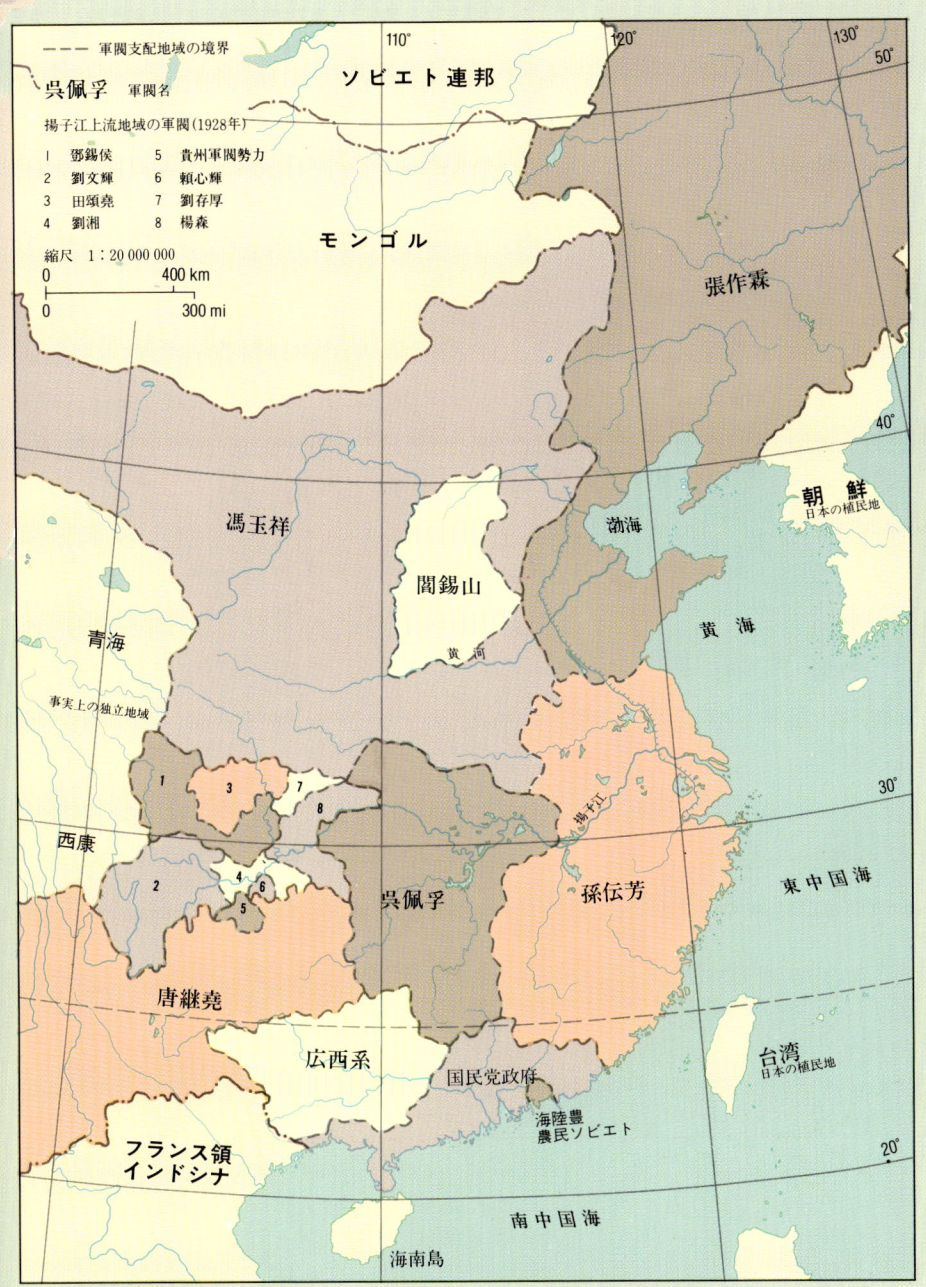

左奥 19世紀および20世紀の中国の地域的構造

地勢と人口密度の双方を見れば、王朝末期および近代初期の中国がどのようにして機能的地域へと巧妙に区分されたか大体わかる。しかし、いかなる構成法（スキーム）の細部も、どの面が強調されるかにかかっており、唯一無二の解答などは存在しない。この地図に示されているのは、運営上で一単位をなす諸地域（清朝の専売塩の市場地帯）と理論上で一単位をなす諸地域（G・W・スキナーの考案によるもの）の二つである。スキナーのいう北部中国地域が山東・直隷・淮北の三塩地帯へ細分されている点を無視すれば、南方の構成法（スキーム）の間には大かたの一致が存在する。重要性の点で相容れないのは、唯一スキナーのいう西南地区について、この地区は塩地帯の境界線で二分されており、それにいくぶん「説明のつかない」地域であるというような別の理由で、いずれにせよ、信憑性に乏しい。

東海岸の両淮塩田地帯から内陸の淮南塩地帯へ至る塩組織の回廊は、明らかに監督を容易にするための行政上の作りもので、地域的な境界線を意味するものと受けとってはならない。一定の中間領域がもつ連鎖の多様性は、とくに南東海岸沿岸に著しく、ここでは、塩地帯とスキナーの地域とは違った区分線にしたがっている。これらの地域が部分的に社会的経済的発展の自己充足的な土壌であったということは、明らかであるが、それら地域の自治は誇張されるべきではない。

下 「五代十国」として知られる時代（紀元920年）初期の中国

紀元10世紀のはじめの60年間、中国の政治地図は、簡単にいえば、近代初期のヨーロッパの様相に酷似していた。容易に国民国家へと成長していったかもしれない10王国が最初にあり、後に8国になったが、これらは不断に相争いながらも、同根の文化的価値を共有していた。これらの王国のおのおのは独自の通貨をもち、重商主義者風の支配者たちはしばしば貨幣金属たる銅の保有を蓄積するために、国家間交易を操縦しようと試みた。この60年間に、5王朝が中国に次々と興った。これには、突厥の沙陀部族出身の支配王家（後唐）が含まれる。南方諸国家の国境は、閩が最後には呉越と南唐（従来の呉）に吸収されはしたものの、かなり安定していた。

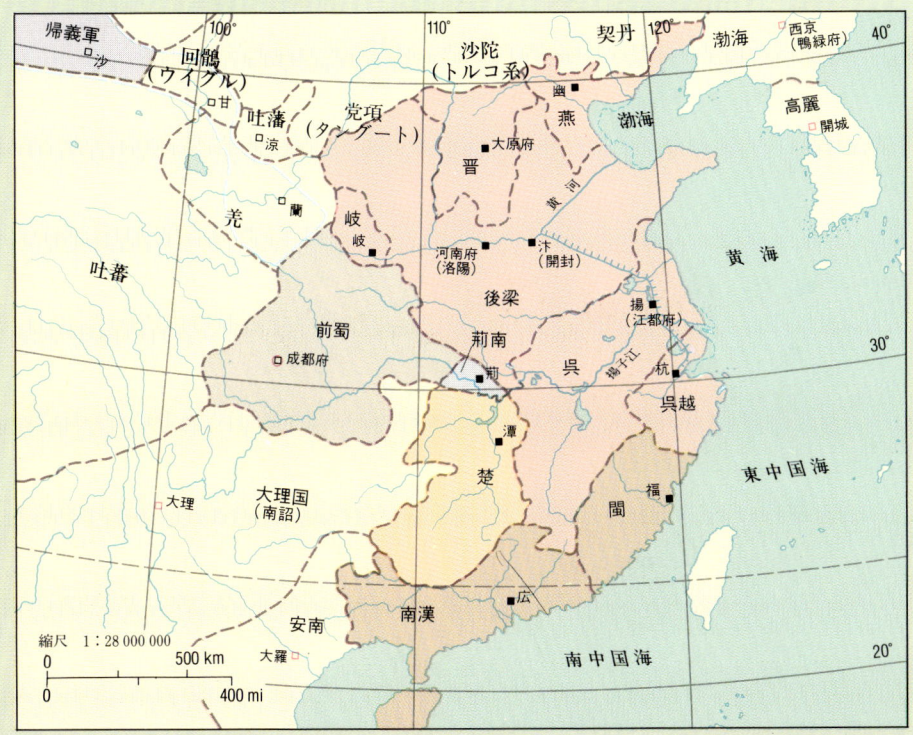

上 1926年の諸軍閥

軍閥統治の棋譜〈軍閥割拠図〉は不断に変化しており、例外的に閻錫山——1912年から1949年にかけて、その間ただ一度だけ短い中断があったが、山西を統治した——のような、一、二の長期の生き残り巧者がいたにすぎない。1926年前後の領土分割を示しているこの現図の作成意図は、主として、最も有力な闘技場——国家的レベル以下で中国の歴史がここで演じられた——としての機能的地域区分に対する過度の信頼を矯正せんがためである。軍閥の治下においては、四川の例のように、1地域は場合により細分されているかも知れない。それでなければ、その部分部分は、満州軍閥張作霖の支配する北部中国の細部にこの時点でおこったように、一つあるいはそれ以上の地域から構成される支配領域に合併してしまうかも知れない。

土地とその人民

河北	道〔742年〕
魏博	藩鎮〔節度使・観察使・防禦使・経略使〕〔822年〕
渤海	非漢民族の国家
突厥	非漢民族

■ 都督府の治所
● 採訪使の治所
◉ 国都
— 主要交通路

中書行省	中央官庁〔の直轄〕〔すなわち，大都またはカンバリク〕
遼陽行省	遼河の北岸〔遼陽は省都の名前でもあった〕
甘粛行省	甘州と粛州〔州〕
陝西行省	陝〔古代周王朝の領域〕の西
河南行省	黄河の南
四川行省	四つの川〔すなわち，岷江，羅江，緑江，巴江〕
雲南行省	雲の南
湖広行省	湖水地区と広東人地域
江西行省	揚子江の西〔南〕
江浙行省	揚子江〔南〕の「両」浙部

元代の省：1300年ごろ

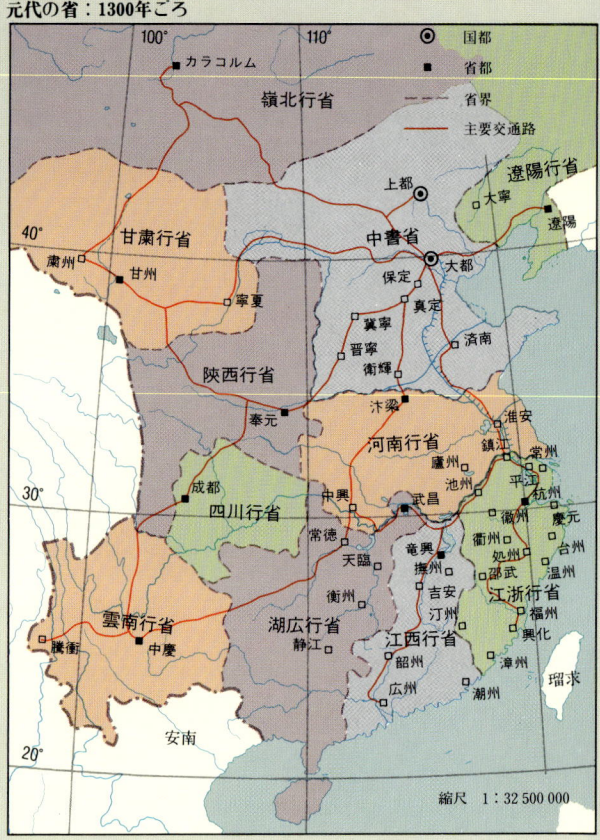

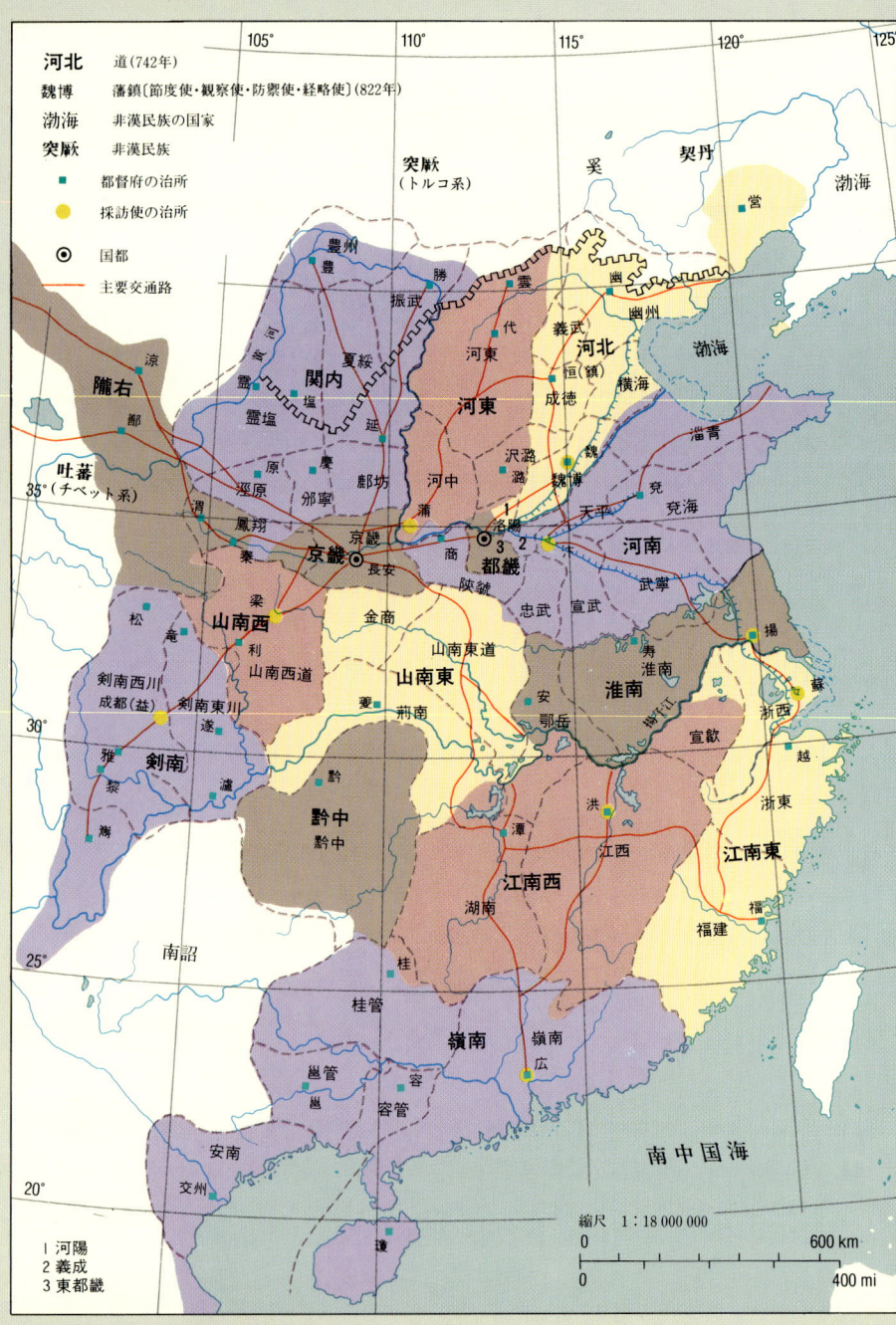

1 河陽
2 義成
3 東都畿

上 742年の唐の道と822年の「州」

初唐の道は，構造上の行政的重要性をもっていなかった．それらは，単に県の行政を監督するにすぎない巡察使の巡察区域であった．755年の安禄山の乱の後，唐帝国は藩鎮——その多くは事実上独立していた——の支配する約40の領域に分裂した．その結果としておこった帝国の劇的な細分化は，地図に明らかである．朝廷は，帝国としての統制回復のためのキャンペーンを張り，それは820年前後の短期間は比較的成功を納めた．しかし，黄巣の乱（874-84年）の後，中央権力の諸「州」における潰滅は完全に等しかった．

左 唐の道：742年ごろ

京畿道	〔長安〕首都地区
都畿道	〔洛陽〕首都地区
関内道	
河東道	黄河の東
河北道	黄河の北
河南道	黄河の南
隴右道	隴山の西
剣南道	剣門関を通る回廊の南
黔中道	〔戦国時代の一王国の名〕
山南〔道〕	〔秦嶺〕山脈の南
淮南道	淮河の南
江南道	揚子江の南
嶺南道	〔南〕嶺の南

山南道と江南道とは，ともに西部と東部に小区分された．

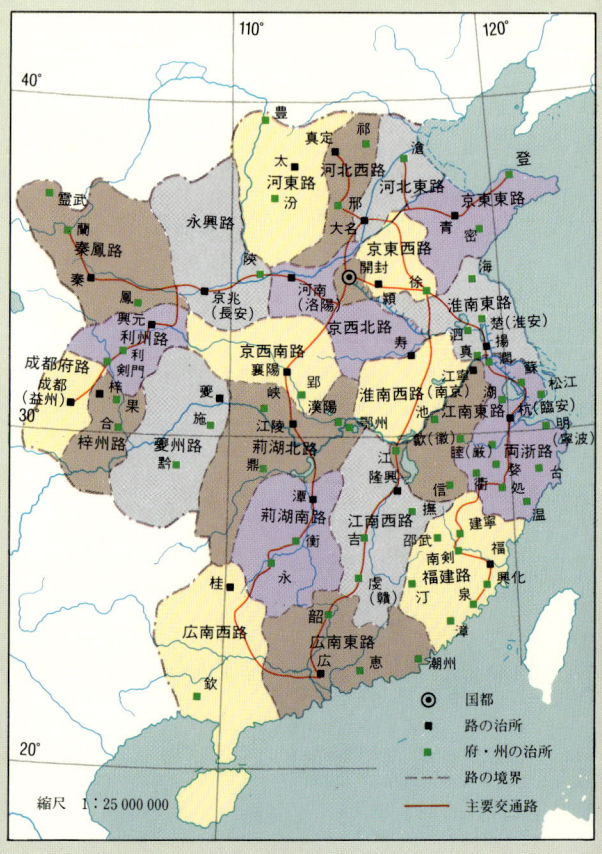

土地とその人民

右 清代に主要な変更を加えられた明代（1550年ごろ）の省境

明の省区分の形態は、比較的わずかな変更を加えられただけで、清に引き継がれた。南部首都地区〔南直隷〕は分かれて安徽と江蘇を形成し、湖広は湖北と湖南に分割され、陝西はその西半分を失い、甘粛省ができた。これらの変化とは別に、内中国には数多くの正味の増加があった。すなわち、清代のほとんどの期間隣接省たる福建の一県であった台湾島、ならびに北部、西北、西部における特別領土のひろがりがそれである。この地図はまた、明代の軍事行政管区の分布をも示しているが、それは明王朝の北方辺疆に対する最優先的な関心を示している。清代の総督——多くの場合、一つ以上の省に対する全面的な監督権をもっていた——の所在地もまた示されている。

左 元代の省：1300年ごろ

規模を小さくした中央政府の地域的摸写という意味における最初の真の地方行政区（省）が出現したのは、元代であった。新しい地方行政区の単位は、現代の標準からすれば大きく、ほとんどの場合、いかなる現代の地方行政区にも似ていない形のものであった。

左下 北宋の路：1100年ごろ

北宋の「路」は、依然として主要な行政上の実質をもたない監督の単位であった。区分の形態は、いくつかの点で、内中国の現代の地方行政区のそれとは著しく相違していた。とくに、両浙に包含される地域に注目してほしい。それは、後に人為的に江蘇、浙江の南部に分割導入されたものよりはるかに機能的な地域的単位に即応していた。

左 北宋の路：1100年ごろ

京東―西路	首都東部の西方
京東―東路	首都東部の東方
京西―北路	首都西部の北方
京西―南路	首都西部の南方
河北―東路	黄河北部の東方
河北―西路	黄河北部の西方
淮南―東路	淮河南部の東方
永興軍路	永興軍用道路
秦鳳路	秦・鳳翔〔州〕
利州路	利州〔州〕
成都路	成都〔州〕
梓州路	梓州〔州〕
夔州路	夔州〔州〕
荊湖―北路	荊湖の北方〔古代の国家〕
荊湖―南路	荊湖の南方
両浙路	二つの浙〔曲りくねった〕江の地区〔これらは、銭塘江のそれぞれ北と南にあたる西部地区と東部地区〕
江南―東路	揚子江南部の東方
江南―西路	揚子江南部の西方
福建路	福州・建州
広南―東路	広州南部地区の東方
広南―西路	広州南部地区の西方

明の省：1600年ごろ

京師または北直隷省	首都または北部直轄地域
南京または南真隷省	南都または南部直轄地域
山東省	山地の多い東部
山西省	山地の多い西部
陝西省	陝の西
河南省	黄河の南
四川省	四つの川〔すなわち、岷江、羅江、瀘江、巴江〕
雲南省	雲の南
貴州省	〔おそらくモンゴル＝元代の州の名前をとってつけたもの〕
湖広省	洞庭湖と広東人の地域〔しかし、実際は、後者は現に分離されていたので、この名前は誤称であった。〕
江西省	揚子江の西〔南〕
浙江省	揚子江〔南〕の〔両〕浙部
広西省	西側の広東人地域
広東省	東側の広東人地域
福建省	福州と建州

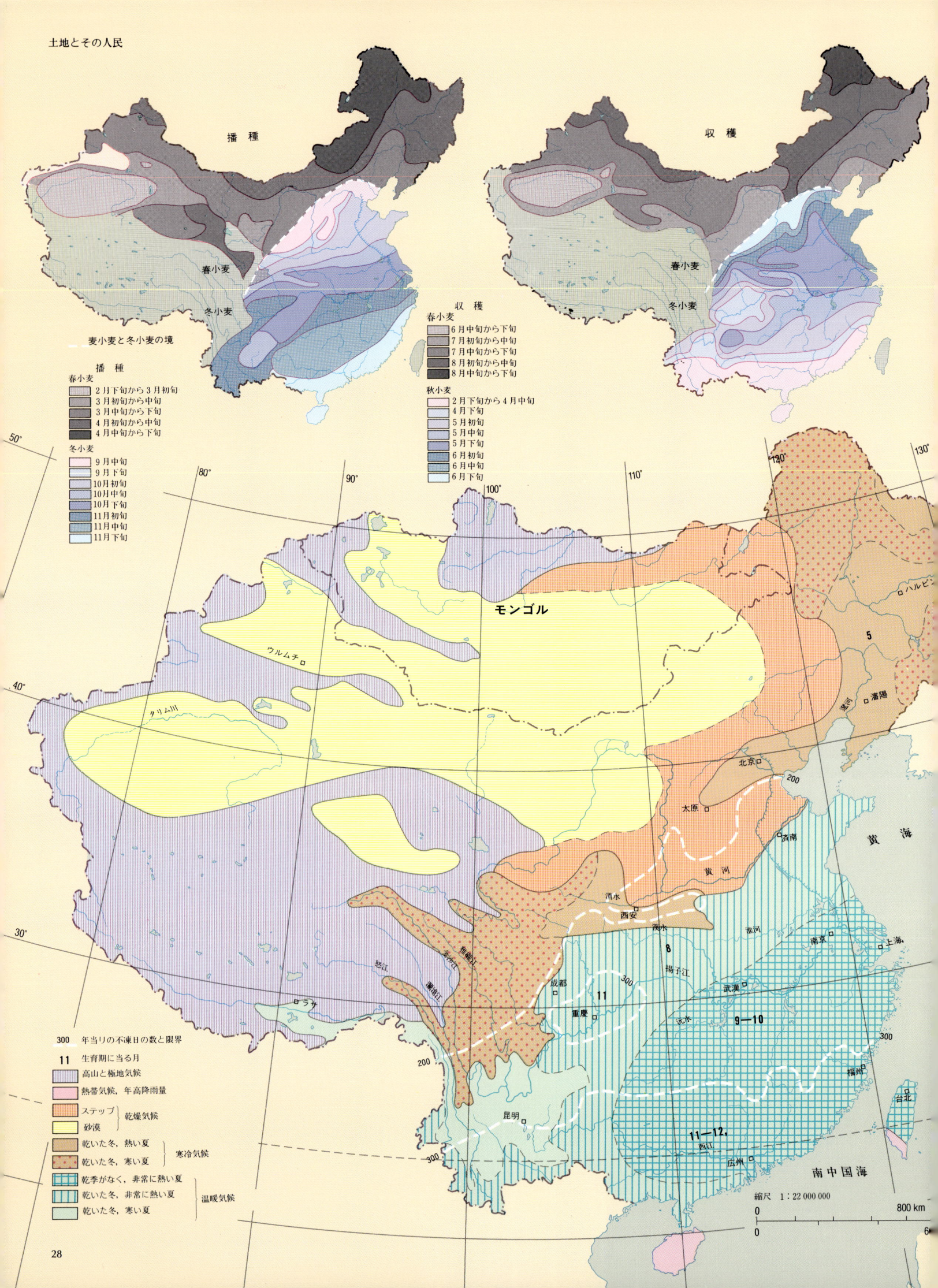

土地とその人民

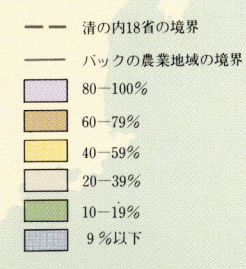

― 清の内18省の境界
― バックの農業地域の境界

80―100%
60―79%
40―59%
20―39%
10―19%
9%以下

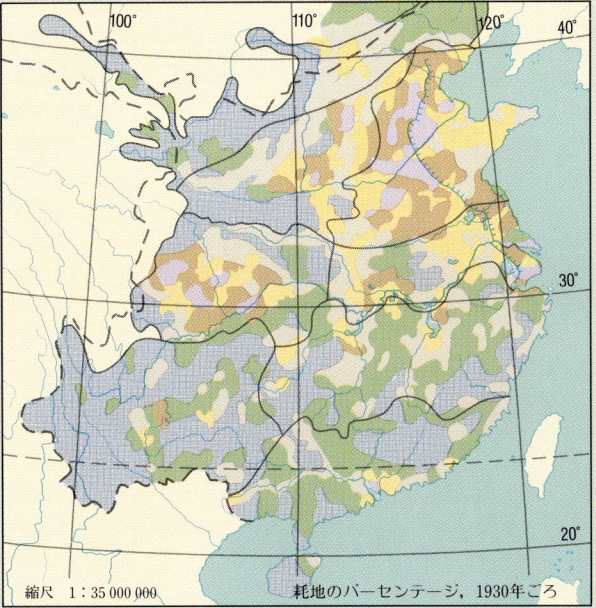

縮尺 1：35 000 000
耕地のパーセンテージ，1930年ごろ

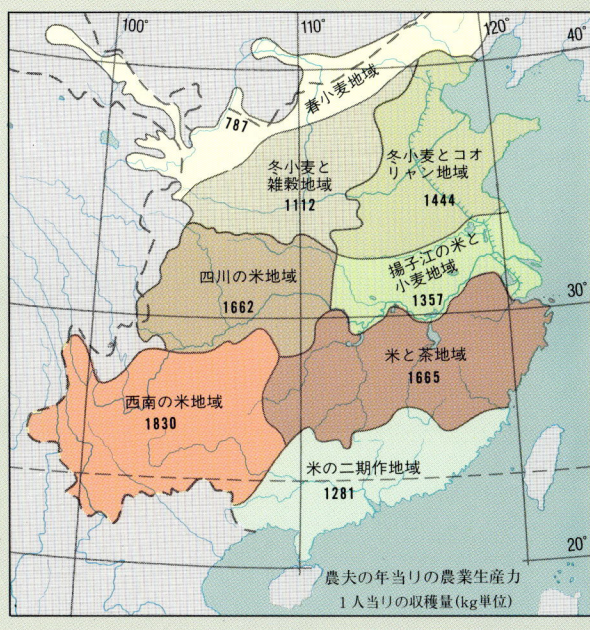

農夫の年当りの農業生産力
1人当りの収穫量（kg単位）

左 小麦の播種と収穫
これらの地図は，現実に二つの異なる作物である春播小麦と秋播小麦の播種と収穫の型態を示している．両者の境界線は，ほぼ長城線に走っている．中国南部では，もちろん，小麦は単に副次的な穀類作物にすぎない．
見られるごとく，春播小麦は，タリム盆地の周縁付近では2月末ごろに蒔かれるが，満州北部では4月末になってはじめて蒔かれ，6月なかばから8月末にかけての間に刈入れられる．秋播小麦の播種時期は，山西地区の9月なかばから広州地区の11月末ごろにわたっている．極南部では，小麦の収穫は，翌年の早春に行われるが，北部では6月末ごろまで行われない．

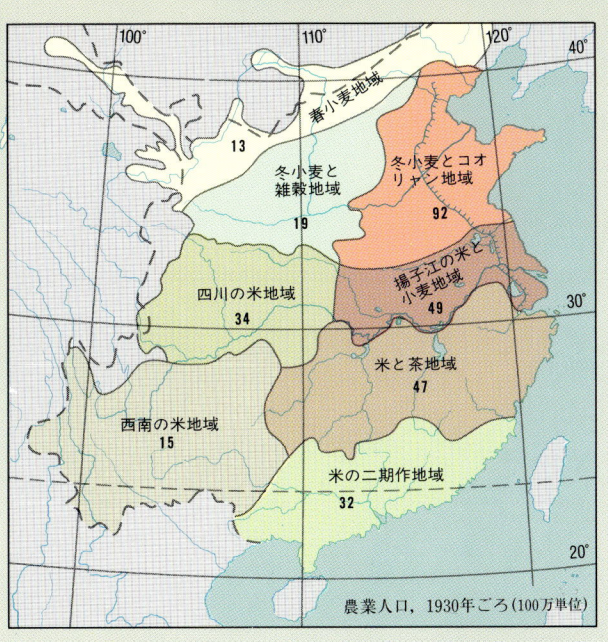

農業人口，1930年ごろ(100万単位)

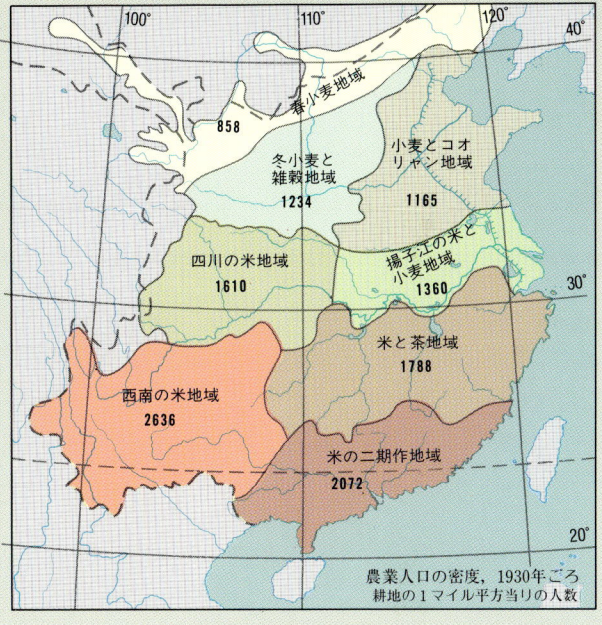

農業人口の密度，1930年ごろ
耕地の1マイル平方当りの人数

上 J・L・バック指導の調査に基づく1930年代の農業地域
これらの地図における正確な数字はいくぶん慎重に扱う必要がある．1930年代の内中国の内耕人口の総数は，明らかに第3図に示される3億1百万人をゆうに上まわった．しかし，家族耕作制度のもとにある中国農業の最後の平和時での地域的な変差について，これらの地図が与える合成像は実に明確である．想像力を駆使すれば，中華民国の異なった各部分に住む農民たちの間の，富と定着形態における非常に大きな相違を心眼に描くことができるはずである．

左 気候上から見た諸地帯
中国の気候上の地帯は，東南から西北への勾配にそって走っていると考えられよう．1年中降雨をともなう熱帯的気候は，急速に，二つの型の温帯的気候——第1は長期の暑い夏と温暖な冬をともなうもの，第2は短い夏と厳しい冬をともなうもの——に道を譲る．一般に，これらの地帯には，雨のない冬と対照的に，夏季における降雨ないし少なくとも霧雨の季節が存在する．次の気候上の地帯は，湿気のない，ないし乾き切った気候の地帯である．これには草原や砂漠がふくまれる．最後に，西部および西北部の外輪にそって，高い山脈と極地的気候が存在する．作物の生育する季節は，短いものは満州の最北部の3カ月から極南部における1年を通ずる耕作にいたるまで，さまざまな長さに分かれる．

下 桃の開花時期
この魅力的な地図は，呂可植の著作に基づくもので，南から北への春の進み工合を桃の花がはじめて開く日によって示している．南部はとくに冬季における地域的気温について特徴的な重層形態を開示する．

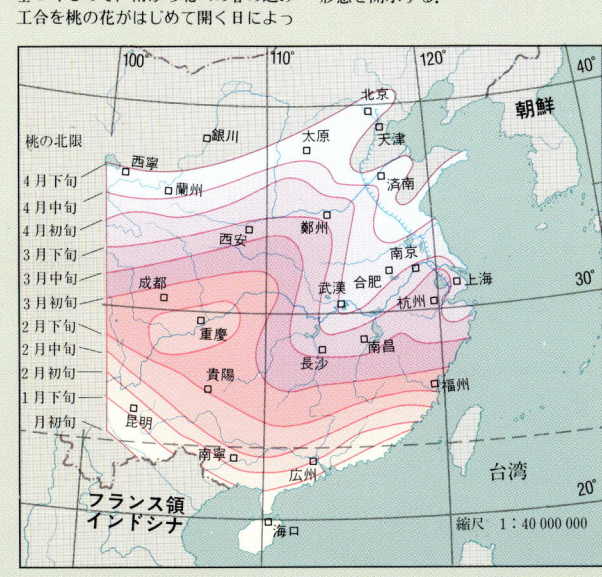

縮尺 1：40 000 000

29

土地とその人民

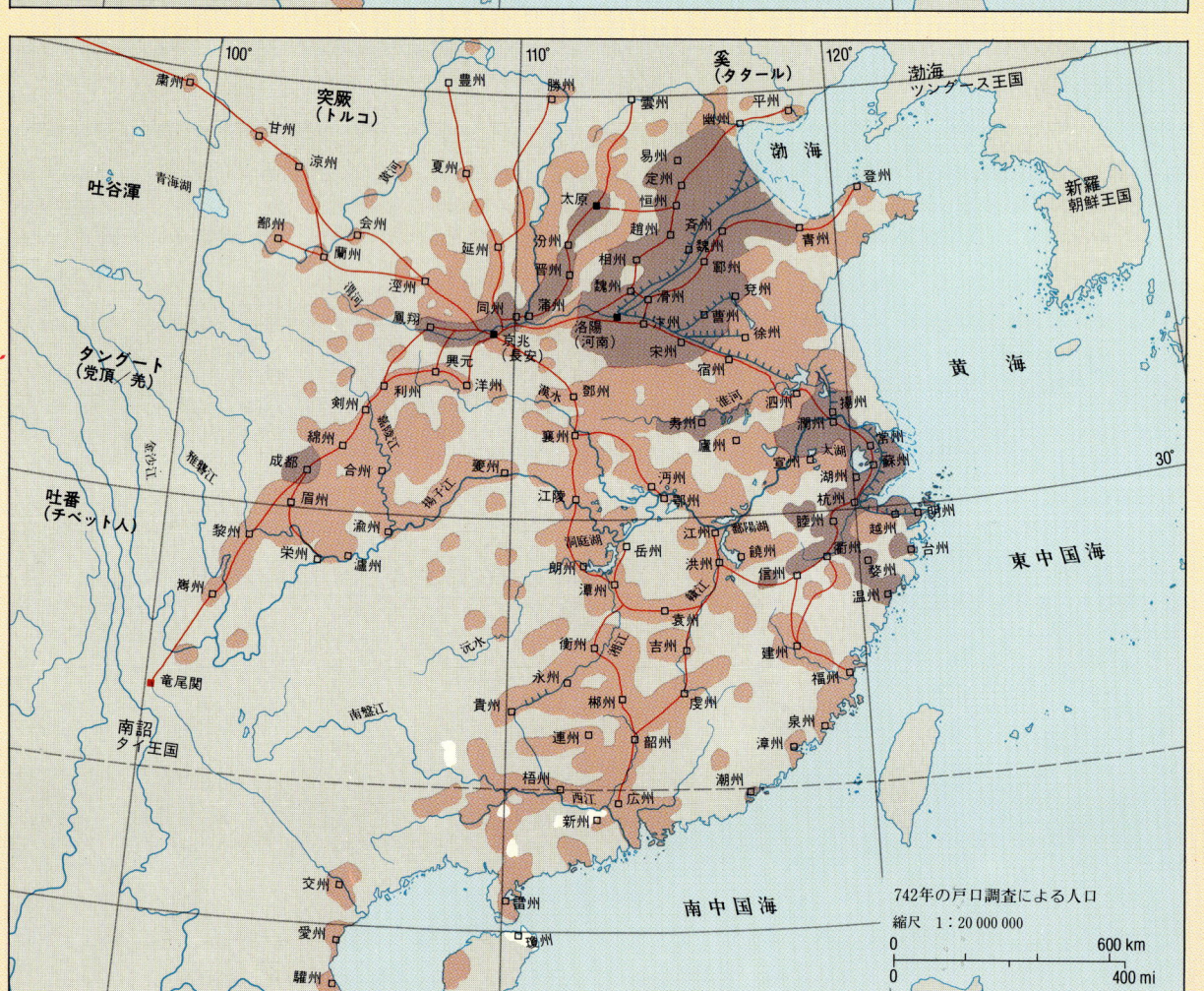

前漢(上左)，唐(下左)および北宋(右)諸王朝のもとでの人口分布

北部中国平原の人口大集中地以外では，初期中華帝国治下の漢族たる住民は，諸河の河域に分散していた．高台の土地は，主として非漢族の民衆や非漢族の国家に委ねられていた．これらの国家は何らかの形で中国の宗主権を認めており，中には「土着」した漢族亡命者に支配されたものさえあった．諸地図は公式に登録された市民の数を示しているが，その圧倒的多数は漢族であったが，これがあらゆる場合にそうであったと考えてはならない．とくに現在のベトナムや北朝鮮の地域についていえる．

唐代には，南部がすでにいっぱいになりはじめ，揚子江下流地方は，経済的重要性において北部と張り合いはじめている．

北宋王朝の地図は，この過程の継続の帰結を示している．そして，人口の密集と都市化の驚くべき増大が直ちに明らかとなる．

これらの地図はすべて植民の形態を強調しており，国家の辺境は故意に省かれている．これら三つの画期における「現実」の中国が，政治的境界に基づく見馴れた歴史的地図に画かれているものと，いかにとんでもなく違っているかは明らかである．

土地とその人民

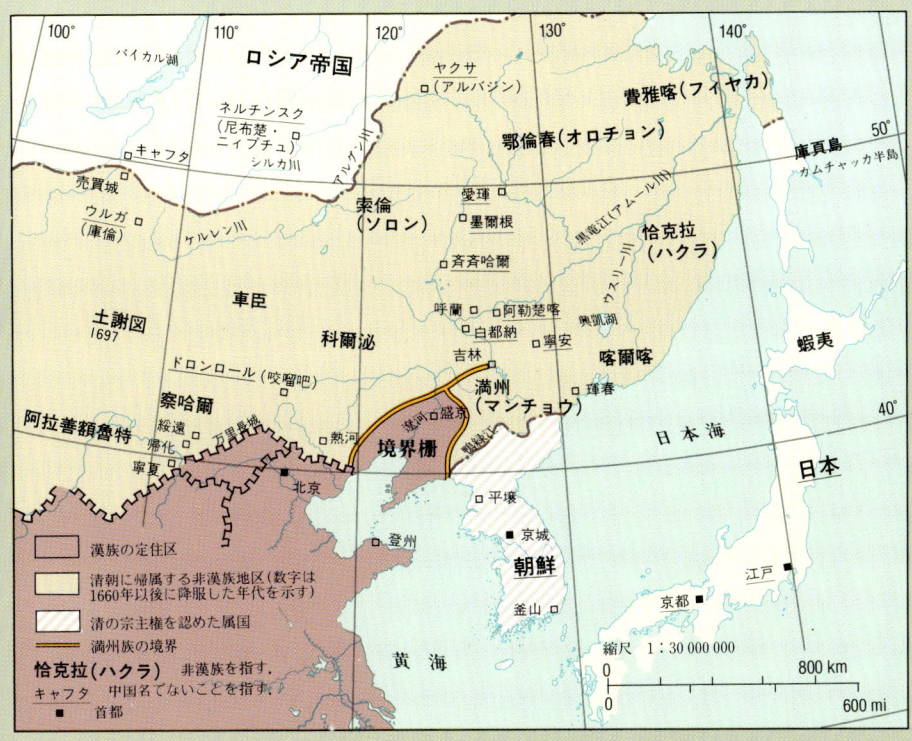

左　1660年ごろの満州における中国境界柵の位置
長城の外側に障壁があった．明代には，遼河の流域における漢人入植者は，楼門のある一条の木造の柵〈柳条辺牆〉でもって防衛されていた．この柵は，山海関の少し北から朝鮮国境の鴨緑江下流の岸まで環状に走っていた．

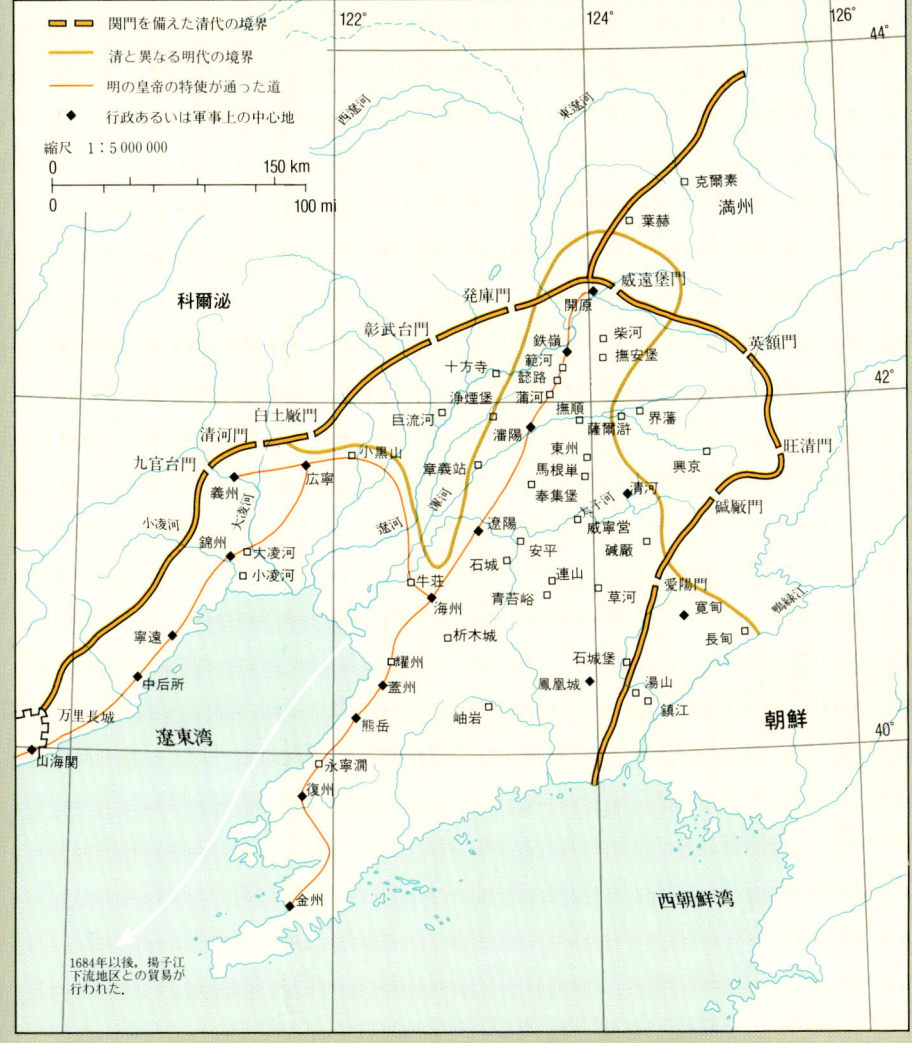

下　1859年以前の満州境界柵
満州〈清〉王朝は，わずかばかり路線を違えて，しかし目的は漢族の本土封じ込めにかえて，この境界柵〈柳条辺牆〉を維持した．この人種的に純粋な満洲族をその故地に留めて置くという政策は，完全には成功しなかった．そして漢族移民に対する禁制は1859年に取り除かれ，北方からのロシア人の侵略に対する障壁として役立てようとして新しい入植を許した．

1684年以後，揚子江下流地区との貿易が行われた．

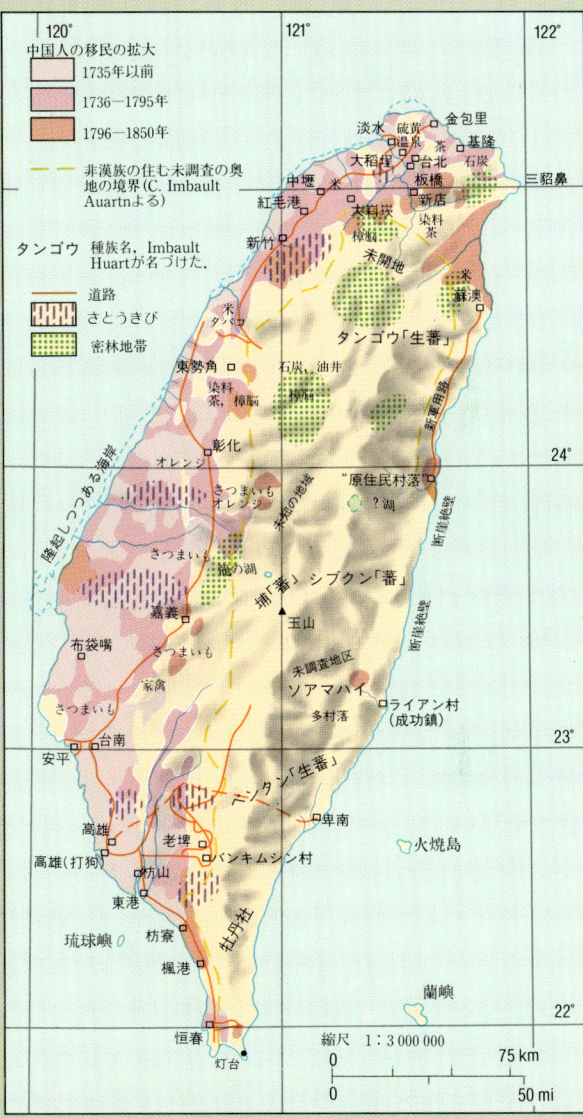

19世紀の台湾
中国人の台湾植民地化は長期の困難な過程であった．地図は，17世紀中葉から19世紀中葉までの間に，福建省から海峡を渡ってきた漢族入植者たちが，西部の沿岸平地から原住民を駆逐して島の東半部の山間に追い込めた事情を物語っている．当時のフランス総領事が作製したある地図からここに引用したコメントがいきいきと示しているように，19世紀の末までにおいてすら，広大な後背地が未開発のままに残っていたのである．今世紀の前半に，日本の統治下で，中国人は，東部の海岸地帯——何世紀にもわたって船の墓場であった荒涼たる海岸線——の植民地化に乗り出した．ここ東部ばかりでなく西部においても，深い水深の天然の良港を欠いていることが，過去の時代にこの島の経済発展が緩慢であった主要な理由であった．

33

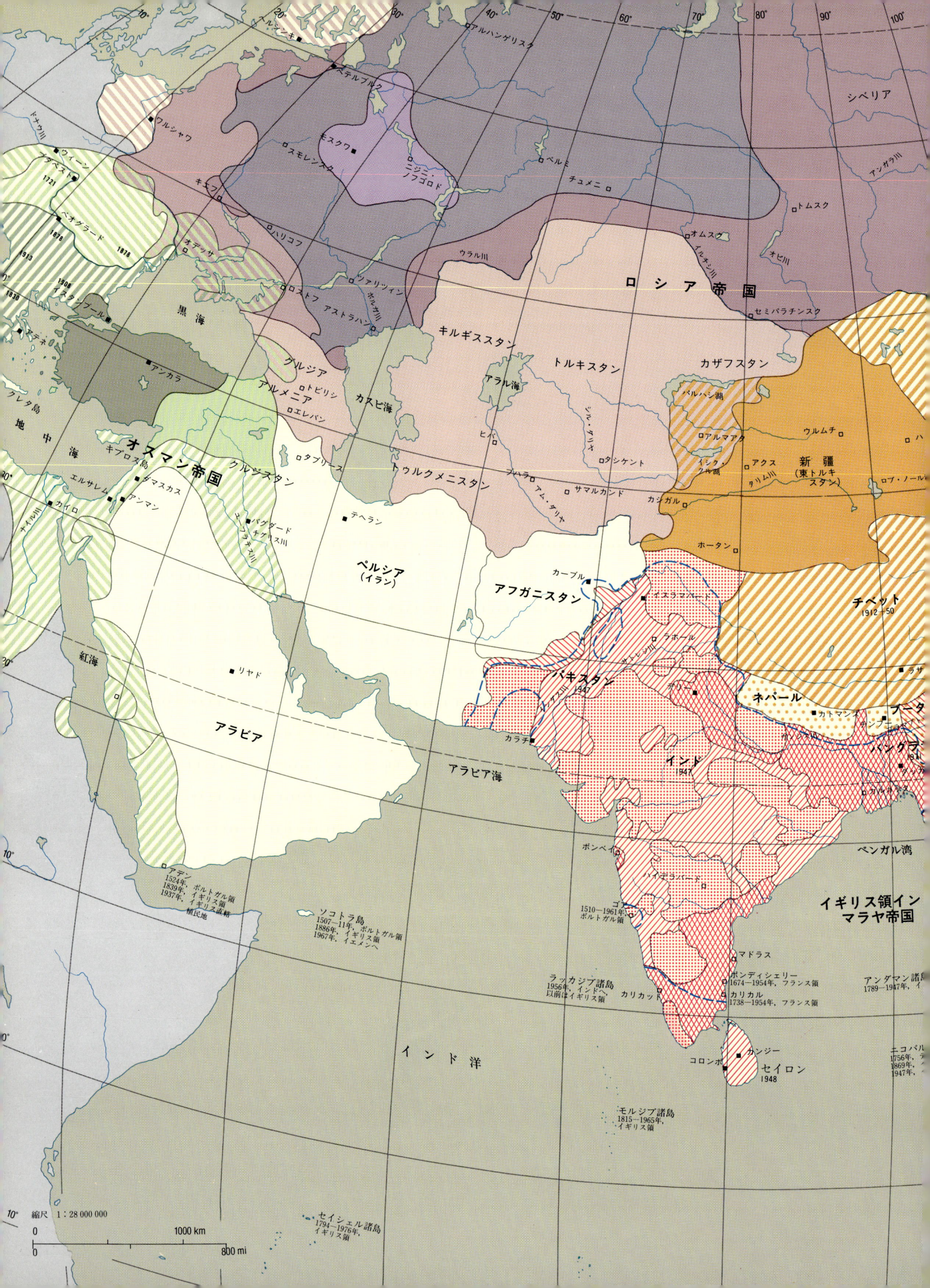

土地とその人民

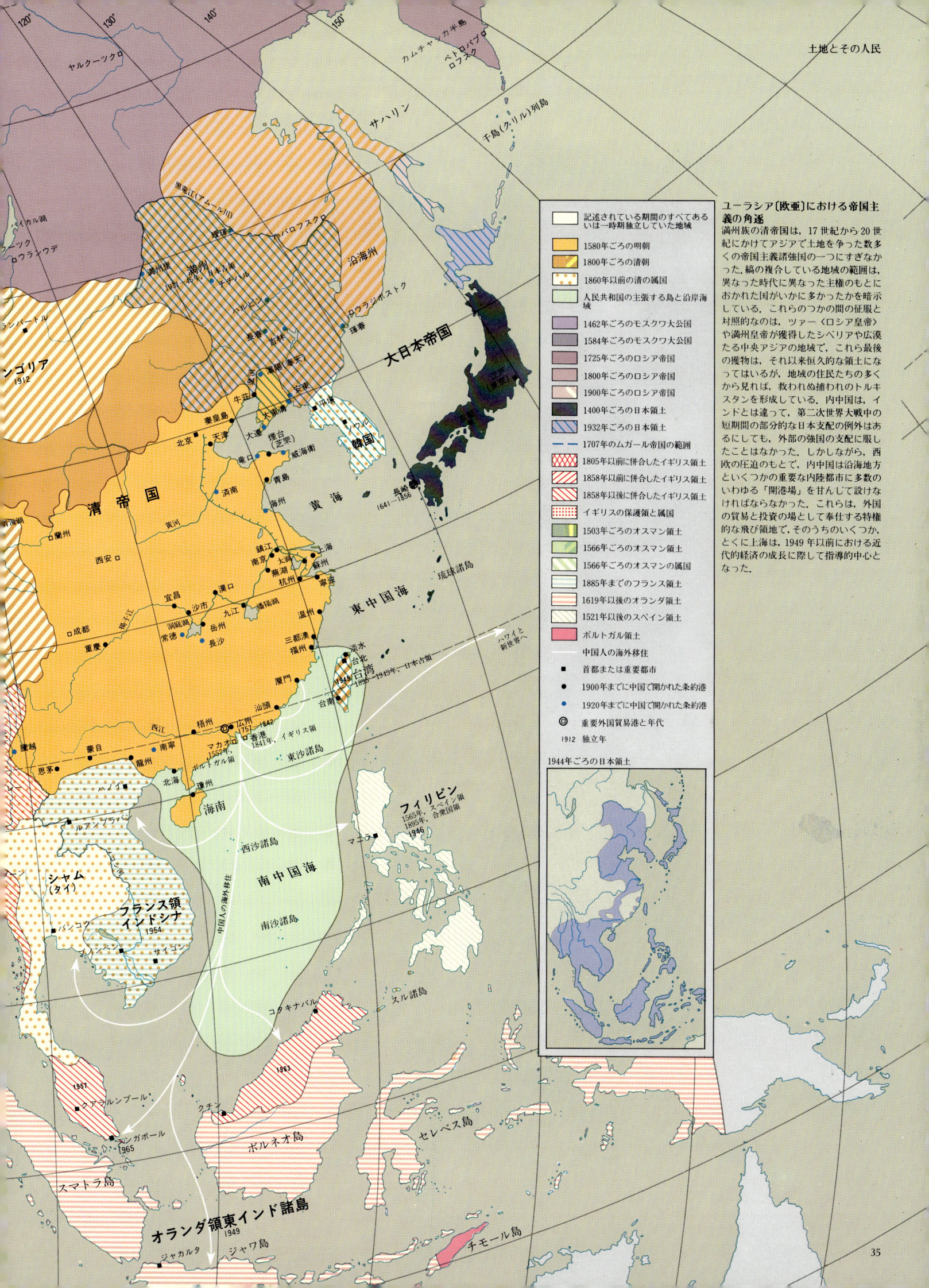

ユーラシア〔欧亜〕における帝国主義の角逐

満州族の清帝国は、17世紀から20世紀にかけてアジアで土地を争った数多くの帝国主義諸強国の一つにすぎなかった。縞の複合しているこの地域の範囲は、異なった時代に異なった主権のもとにおかれた国がいかに多かったかを暗示している。これらのつかの間の征服と対照的なのは、ツァー〈ロシア皇帝〉や満州皇帝が獲得したシベリアや広漠たる中央アジアの地域で、これら最後の獲物は、それ以来恒久的な領土になってはいるが、地域の住民たちの多くから見れば、救われぬ捕われのトルキスタンを形成している。内中国は、インドとは違って、第二次世界大戦中の短期間の部分的な日本支配の例外はあるにしても、外部の強国の支配に服したことはなかった。しかしながら、西欧の圧迫のもとで、内中国は沿海地方といくつかの重要な内陸都市に多数のいわゆる「開港場」を甘んじて設けなければならなかった。これらは、外国の貿易と投資の場として奉仕する特権的な飛び領地で、そのうちのいくつか、とくに上海は、1949年以前における近代的経済の成長に際して指導的中心となった。

凡例

- 記述されている期間のすべてあるいは一時期独立していた地域
- 1580年ごろの明朝
- 1800年ごろの清朝
- 1860年以前の清の属国
- 人民共和国の主張する島と沿岸海域
- 1462年ごろのモスクワ大公国
- 1584年ごろのモスクワ大公国
- 1725年ごろのロシア帝国
- 1800年ごろのロシア帝国
- 1900年ごろのロシア帝国
- 1400年ごろの日本領土
- 1932年ごろの日本領土
- 1707年のムガール帝国の範囲
- 1805年以前に併合したイギリス領土
- 1858年以前に併合したイギリス領土
- 1858年以後に併合したイギリス領土
- イギリスの保護領と属国
- 1503年ごろのオスマン領土
- 1566年ごろのオスマン領土
- 1566年ごろのオスマン属国
- 1885年までのフランス領土
- 1619年以後のオランダ領土
- 1521年以後のスペイン領土
- ポルトガル領土
- 中国人の海外移住
- 首都または重要都市
- 1900年までに中国で開かれた条約港
- 1920年までに中国で開かれた条約港
- 重要外国貿易港と年代
- 1912 独立年

1944年ごろの日本領土

土地とその人民

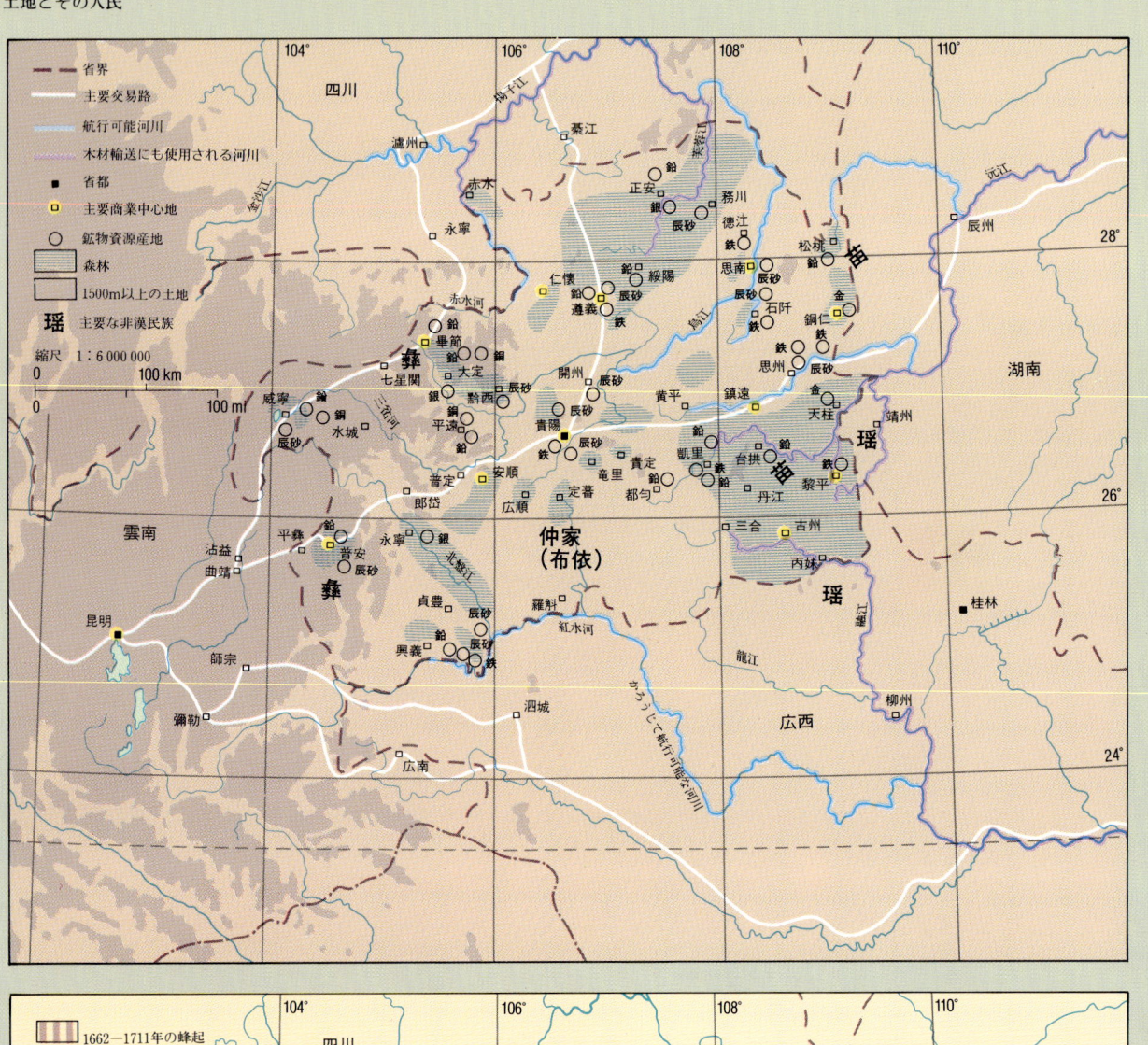

左　18世紀の貴州
貴州は，漢族中国人の植民者の浸透と定着による古典的領土の一つであった．貴州は木材その他の資源が豊富であったため，この地方土着の苗族やイ族その他の非漢族民衆の敵対行為があったにもかかわらず，抗しがたい魅力であった．

左下　清代における貴州の反中国運動
漢族の，苗族の抑圧，その文化の破壊ないし転覆の企図は，一連の反抗運動を惹起した．これらのうちの最大のものは，19世紀中葉におこった反乱といってよく，それは20年近くもつづいたのである．

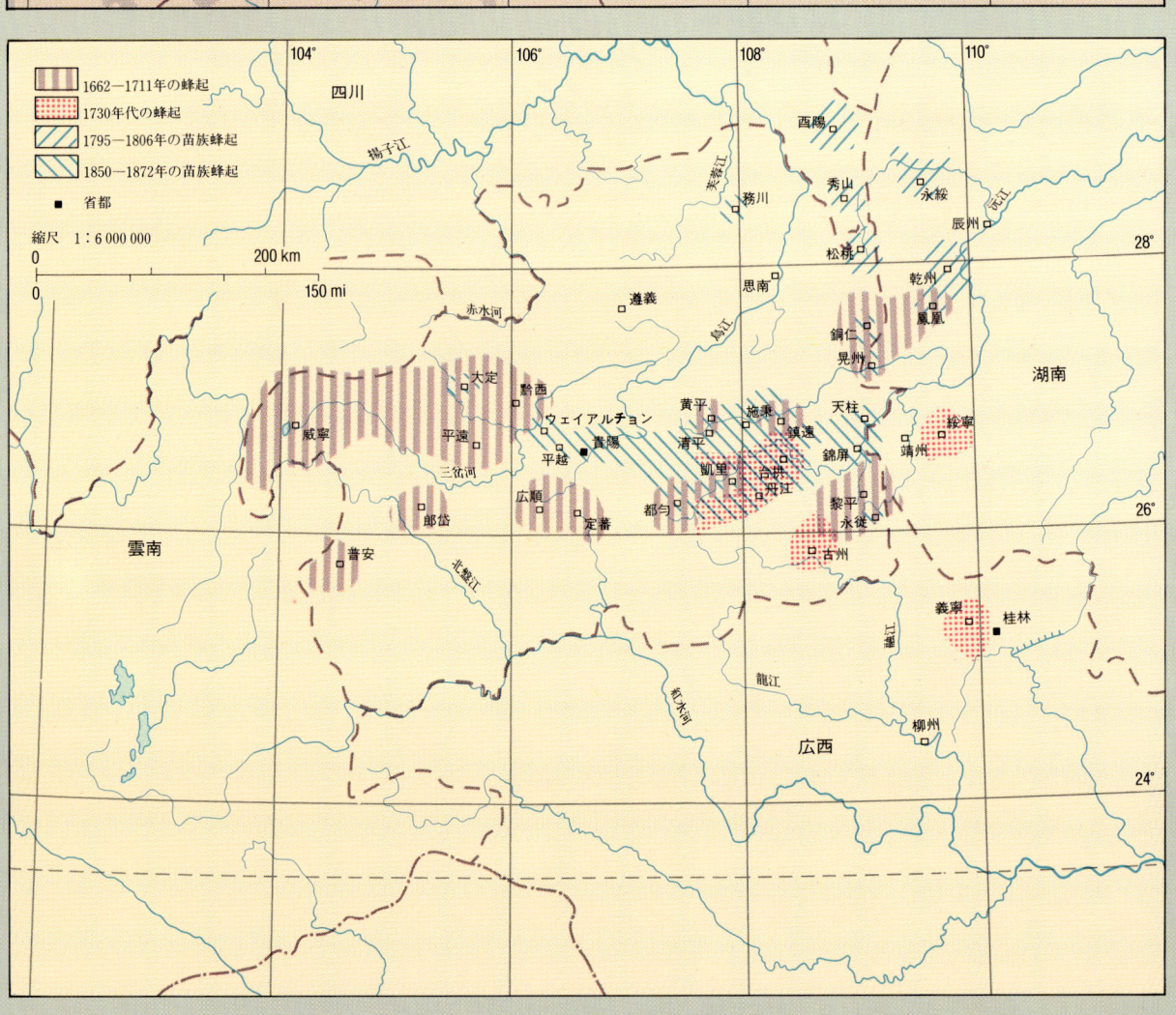

右　紀元2―1953年の南北間の人口移動

初期の中華帝国の人口は，ほとんどすべて北部に集中していた．南方への移民と植民は，次の1000年の間に着実に人口の下降をもたらし，13世紀末までに公式に登録された中国人のほぼ10分の9は南部で生活していた．もっとも，モンゴル治下の北部中国につき入手しうる人口統計は不十分なもので，それが不均衡を誇張したことになったかもしれない．明代，清代および2共和国〔中華民国と中華人民共和国〕の時代には，振子は逆にふれ，ほぼ南北同数の現在の地位にたどりついたのである．

漢族中国の歴史的発展

外中国と内中国における少数民族に対する現在の漢族の支配 (15頁の地図参照) は，3000年以上を通じてつづき，今なお進行している，植民主義的な，ときには帝国主義的な膨張の最終結果である．「植民主義」の意味するものは，無住の地か他の種族が住むかいずれかである領土に植民することで，「帝国主義」とは，支配者たちと文化を異にする種族に対して政治的支配を樹立することである．

漢王朝の下で戸籍に登録された人口分布図 (30頁) を一見すれば，北方平原の外側で，2000年前の実際の中国は，河域にそった細いいく本かの腕状の入植地から成り立っていたことがわかる．中間の高地は，漢族以外の種族 (非漢族) によって占拠されていた――そのうちの比較的進んでいた種族は単一国家へと編制された．地図の与える像は，しかしながら，戸籍登録住民による入植と示されている地域のすべてが圧倒的に漢族であったわけではなかったという点で，いささか誤解をまねくものである．このことは，今日の朝鮮北部やベトナム北部の地についてとくにしかりである．

漢帝国，およびその後継者たる西晋 (せい，シン) の滅亡につづく時代，すなわち紀元4世紀の初期には，中国の北方寄りの部分において，漢族人口の絶対的・相対的な減少がおこった．この平原は，匈奴 (きょう，ジュン) (しばしばフン族と同一視される) により，また鮮卑 (せん，ピ) (ツングース系統であった) により侵略された．そして広汎な人種間の混交がその結果生じたに違いない．同時に，漢族人口は東南および南方へ深く押し出していき，その過程で越 (ヴィェト)，傣 (タイーチワン) その他の系統の種族を駆逐し，あるいは吸収した．それ以降南部，東南部に出現した非漢族国家のいくつかも，また，「土着した」中国人移住者に統率された．紀元742年唐王朝の治下における人口分布を示す地図 (30頁) から，新しいパターンの出現が見られよう．揚子江下流は人口密度の高い入植地の新しい中心になるに至り，今日の福建省 (ふっ，ケン) の地域の漢化がはじまっていた．しかし，中国人の入植定着と文化的同化のひろがりの過程がいかに長期を要したかということもまた明らかである．

30頁の地図は，北宋王朝の下で，この動きがさらに進んだことを示している．西南と満州とを別とすれば，内中国は，今日の定住パターンに近い一般的特色をすでに示していた．11世紀の総人口もまた漢代，唐代に達した最大限の少なくとも2倍であった――一番最近の推定は，先行2王朝（漢，唐）の下での最大人口6500万人から著しく増大して，11世紀の総人口は1億4000万人にものぼったことを示唆している．都市化もまたますます激しかった．唐の都の長安は，100万以上の住民を有していた．宋代には，この100万以上に達したであろう大都市が数市はあった．そして，群小都市で住民がその城壁の境界の外にあふれ出て居住した話もありふれたことである．

人口分布の上での重心の南方への移行は，モンゴル王朝〔元朝〕の下でもつづいたが，資料があまりに不確実なために地図上に示すに足る細目を作ることができない．淮河流域は，金 (きん，ジン) (すなわち女真――じょ，シン) と南宋の間の国境での戦闘によって人口減少をきたした．そしてモンゴルの北部占領は，不完全な人口登録のため実数を知ることは困難であるが，人口のいっそうの減少をもたらしたと見られる．14世紀の後期には，明朝の下での南部から北部への再入植によって，一つの長期的趨勢がはじまり，その結果いまや北部は人数の点で南部とほぼ均衡する状態にもどるに至った．ここに掲げる図表は，過去2000年にわたるバランスの変化を示している．

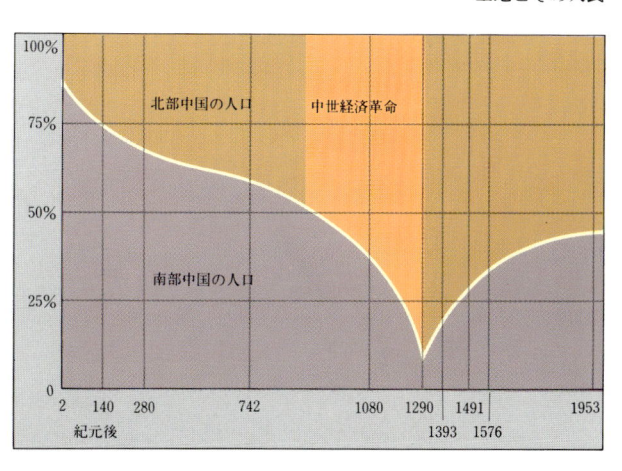

中国南部の人口上昇に目を奪われてつぎの事実を見落してはならない――すなわち，三つの人口地図から明らかなように，中国北部の平原は，単一の地域としては人口の点で終始一貫ずばぬけた最大のものであったという事実である．このことは，誰がこの平原を支配しようとも，その支配者は，南部あるいは西部地域の中の一つの限られた資源しか自由にできない政治的ライバルたちに対して優位に立ったはずだということを意味している．これらの北部以外の諸地域は，地理的に，したがってある程度文化的にも，あまりに離ればなれであったので，政治的に一体となって北部に挑戦できるような単位となることが容易でなかった．これが，中華帝国が，分裂の時代が何度もあったにもかかわらず，長期にわたって持続したことの一つの理由である．ローマ帝国は，これに匹敵する固定的な支配領域を著しく欠いていた．中華帝国が外部からの征服の企図に対して抵抗できたか否かについては，もちろん，地政学的な要因以外に他の要因も働いている．とくに，中国の，十分に文明化していない，「熟蛮」的な敵に対する軍事的行政組織的な技術の流出の如何や，変化する環境の下でその資源を行政や戦争のために動員する帝国の能力がどの程度であったかが，この本の第2部で説明するように，重大なものであったといってよい．しかし，中国北部の人口的な優勢こそは，恒久的な帝国内部の分裂を決定的にはばむものであった．

明代以降における漢族の入植に際しての三つの主要な鋒先は，次の通りであった．(1) 西南のジャングル地域への膨張，(2) 中国南部および東南部から台湾，南洋 (なん，ヨウ) すなわち「南海」地域，およびその他新旧両大陸の多くの部分への海外移民，(3) 19世紀末以降の満州の植民がそれである．第1と第3は，中国型の集約農業に土地を開放したことに基づいていた．第2のタイプは，まざり合ったものであったが，台湾では農業，他の大部分の場所では商業を中心としたものであった．

この植民の拡大は，非常な流血の戦闘をともなった．下表は，7世紀から17世紀にかけての西南における漢族に対する部族蜂起の数を記録している．漢族の占領に対する抵抗がま

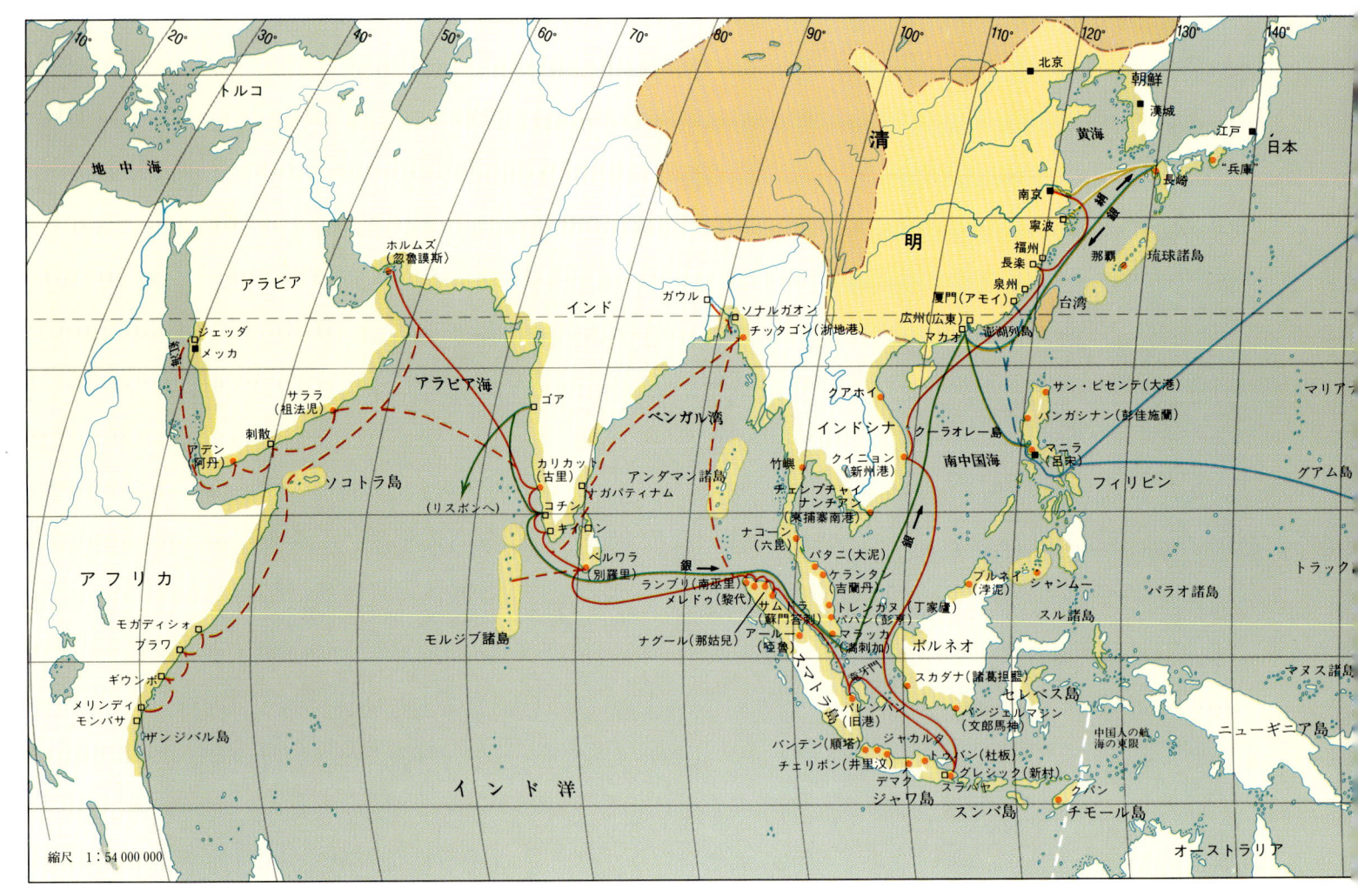

すます強烈化したことは，叛乱の頻度が唐代の約4年に1回から明代の年1回以上へと増加していることに明らかである．漢族の植民と漢族の政治的支配の圧力に降伏することを拒否する態度は，満州（清）王朝下でもつづき，ある場合にはそれは最大限の残忍さの大量虐殺によって鎮圧された．

漢族の西南への進出の基本的動機の一つは，未開発の天然資源を開発したいという欲求であった．貴州（きしゅう, クイチョウ）（36頁の地図参照）は，木材を産出（それは河川で流し出される）したし，また鉛，銅，鉄，銀，辰砂（これから水銀がとれる），金を生産する鉱山を有した．この豊かな未開発の地域を確保するために清政府がとった政策には，即決裁判，非中国人（満人および漢人を除く人々）の移動の自由の制限，城市の建設，屯田の設置，部族の土地の没収とその中国人への附与，そして部族文化を粉砕しようとする慎重な企図が含まれていた．かくして，苗（びょう, ミャオ）族の宗教的祭礼は禁止され，人々は伝統的服装と髪形の放棄を強いられ，そして中国の教育が，とくに協力者の子弟に対して，推進された．大規模な苗族解放の企図が3回あった——18世紀中に2回，19世紀中葉に1回——が，いずれも不成功におわった．雲南（うんなん, ユンナン）の回教徒もまた羈絆を脱しようと努力し，その最も華々しかったものは，1855年から1872年にかけて，雲南に杜文秀（とぶんしゅう, ツウエンシウ），すなわち「サルタン・スレイマン」が建てた大理（だいり, ターリ）王国であった．多年の殺し合いの後，それは岑敏英（しんびんえい, ツェンミンイン）の軍隊の手による3万の回教徒の殺戮をもっておわった．

17世紀および18世紀における台湾の植民地化は，多少似通ったパターンをとった（33頁の地図参照）．中国人入植者たちの荒々しい無法な開拓地社会——ここでは客家（はっか, ケジャ）として知られる文化的サブ・グループが，先頭に立って原住民を不断に苦しめた——は，徐々にマライ・ポリネシア系の土着民（高山族）を豊穣な西方の平原から駆逐して，東方の住みにくい山地へ追いやった．

遼河（りょうが, リヤオホニー）流域の「境界」を越えての満州植民は，上に比較すれば平和裡に行われたようである（32，33頁の地図参照）．境界は，木の柱で作った「柳条辺牆」とよばれる壁で，その南限は，山海関（さんかいかん, シャンハイクアン）で海に至る万里の長城と繋がっていた．明代の中葉と末期には，それは漢族の防衛に役立った．満州（清）族がやや違った路線にそって再建した境界は，中国人を封じこめておくのに役立った．清王朝のほとんどの時代を通じて，満州（清）当局は，人口稀薄な土地へ

下：7世紀から17世紀にかけての漢族支配に抗する部族蜂起

省	AD 618—959	AD 960—1279	AD 1280—1367	AD 1368—1644
雲 南	53	0	7	2
広 西	14	51	5	218
湖 南	10	112	6	16
四 川	0	46	0	3
広 東	5	23	17	52
貴 州	0	0	0	91
計	82	232	35	382

土地とその人民

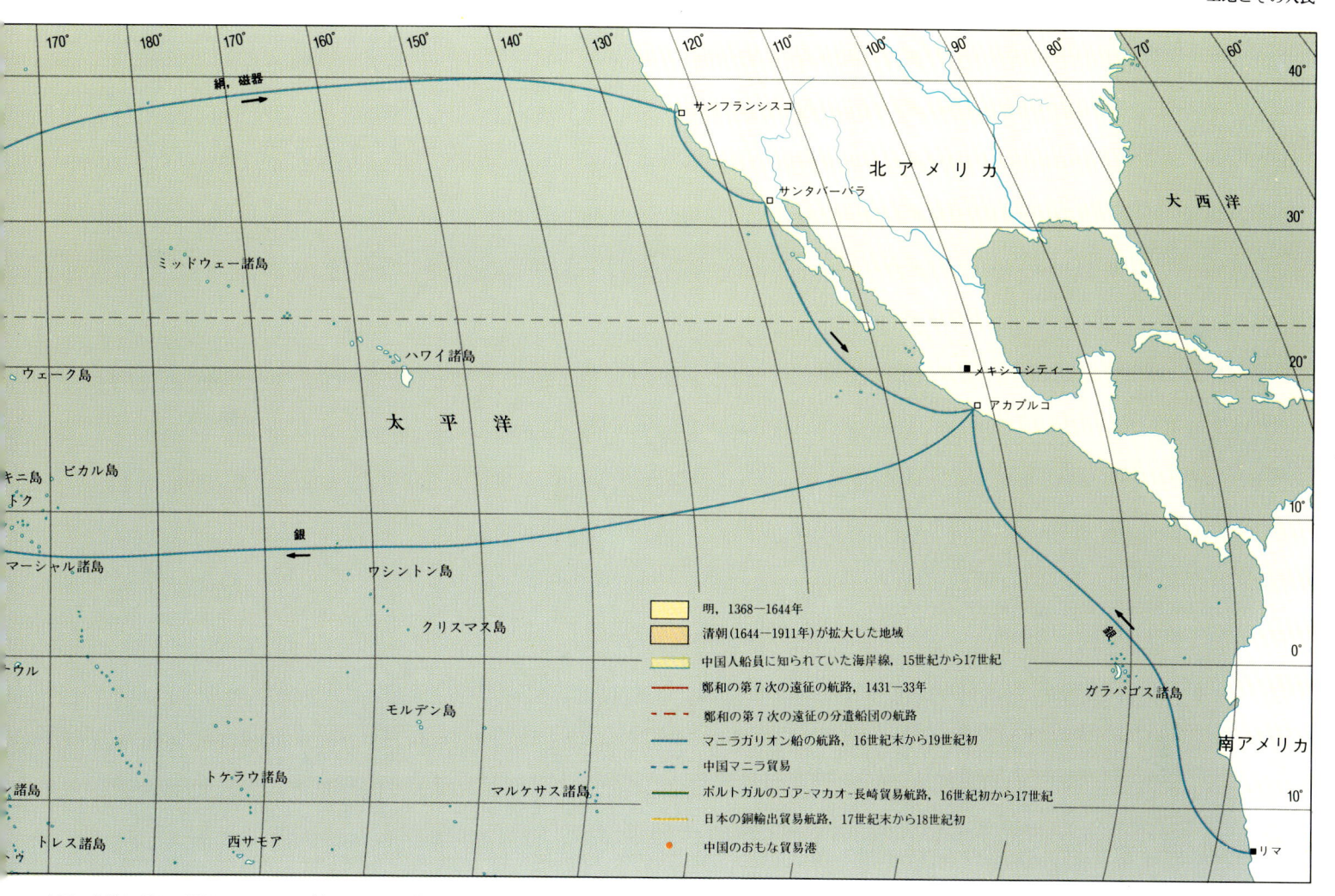

地図凡例
- 明，1368－1644年
- 清朝(1644－1911年)が拡大した地域
- 中国人船員に知られていた海岸線，15世紀から17世紀
- 鄭和の第7次の遠征の航路，1431－33年
- 鄭和の第7次の遠征の分遣船団の航路
- マニラガリオン船の航路，16世紀末から19世紀初
- 中国マニラ貿易
- ポルトガルのゴア-マカオ-長崎貿易航路，16世紀初から17世紀
- 日本の銅輸出貿易航路，17世紀末から18世紀初
- 中国のおもな貿易港

地図上の地名：サンフランシスコ、サンタバーバラ、メキシコシティー、アカプルコ、ガラパゴス諸島、リマ、北アメリカ、南アメリカ、大西洋、太平洋、ミッドウェー諸島、ハワイ諸島、ウェーク島、マーシャル諸島、ワシントン島、クリスマス島、モルデン島、トケラウ諸島、マルケサス諸島、西サモア、トレス諸島、絹, 磁器、銀

上　中国の海外世界との関係

中国は，しばしば経済的，心理的に内陸国家であったと考えられるため，その海外世界との関係の範囲や重要性は看過され勝ちである．現に残っている航海者のための地図や手引書によれば，15－17世紀の間中国人海員は，東アフリカ沿海地方からチモールに至る，またホルムズ海峡から神戸港に至るアジアの海を知っていた．中国商人たちは，とくに東南アジアにおいて活動的であった（これには，付随的に，局地的奴隷貿易がふくまれる）．15世紀における明の鄭和提督の有名な西方への航海も，大部分は，航海禁止令の発令以前に長年にわたってかれの同胞たちが通暁していた航路にそって進んだのである．

東南アジア貿易は，そして日本貿易すらも，中国本土の経済には一定限度の重要性しかなかったのに対し，アカプルコからのスペイン・ガレオン船の太平洋横断航海は，莫大な量の新世界の銀を供給し（帰路には中国の絹と陶器を運んだ），明末の経済復興を支えた．この銀と，より少ないが依然として重要な額を占めるマカオのポルトガル商人や日本商人からくる銀とがなかったとすれば，強制された紙幣を徹底的に信用しない中国貿易制度は，ひどい流動性不足の危機に襲われていたことであろう．

の入植に対する漢族臣民の能力をよく承知していたので，わざと満州の地を中国人移民に対する範囲外に置いた．その目的は，もしも満州族が帝国の自余の部分の支配権を失った場合に自分たちが逃げこめる基地を残しておくことであった．19世紀中葉におけるアムール川流域にそったロシアの膨張を牽制する必要から，この政策は変更された．しかしながら，最初は，19世紀と20世紀のかわり目に鉄道建設が，まずロシア人の手で，ついで日本人，そして中国人自身の手ではじまるまでは，大海の一滴のような移民があっただけであった．鉄道で，あるいは山東(さん，トン)半島から汽船で移動する移民たちが，この一滴を洪水に変えた．1920年代中葉の数年間には，年にほぼ100万人の新しい住民が満州へ入りこんだであろう．1905年と1940年の間に人口は倍増し，耕作地域は2倍以上になった．地図は，新しい鉄路がどのように新農耕地域——ここから巨大な量の農業輸出品，とくに大豆が搬出された——の心臓部を貫いて走っていたかを，明瞭に示している．1931年に満州を占領した日本は，それ以上の中国人転入に厳しい制限を課したが，すでにおこった人口上の変質をかえるには遅すぎた．

非漢族たる諸種族に対する政治的支配という意味における中国人国家の帝国主義的側面は，古代および中世の時代には，比較的限られていた．帝国が強大であるときは，それはふつう外縁の非漢族を統治していた．漢王朝は，この時代の人口地図（30頁）から知られるように，今日の朝鮮やベトナムの地域のかなり大きな部分を統治していた．帝国が弱体である場合，ないしは中国の心臓部が分裂している場合は，しばしばその逆のことがおこり，「蛮族」の国家が相当な数の中国人を支配した．紀元11世紀の初期における北宋の治下では，中華の権威は漢族の居住する地域を超えてそう多くには及ばす，その非漢族たる隣人たちは，自分たちの強大な独立国家をもっていた——南満州の契丹（きったん，チダン）（遼——リョウ，リヤオ），西北の西夏（せい，シ），西方の吐蕃（とば，トウファ）（西蔵——チベット），西南部族の大理（だい，タ）国およびベトナム人の大越（だい，タ）がそれである．この複合国家の世界においては，中国人は，対等者と交際していることを暗黙のうちに認める現実主義的な外交を行った．中華帝国が保持する礼教世界の宗主権というものの正体は，確固たる教理などであるよりも，昔も今も同じで都合のよいときにもち出す便利な武器にすぎなかった．

変化は17世紀におこった．2000年以上にわたって，内中国と外中国とは，とくに北方国境で交戦状態をつづけてきた．内・外中国を分かつ主要な線は，連続する長城の画する線であった（26, 27, 71, 123の各頁を参照）．これらの長城は，中国人が秦，漢の治下にあった初期の帝国の時期以降，いかに南方へ後退したかを示している（今日訪問者が見る長城は，明代にはじまり，14世紀末期と16世紀中葉の間のさまざまな時代に建設されたものである）．満州族が17世紀に中国を接収——満州族が辺境の裏切り者の中国人将軍たちから受けた助力の度合を考えれば，かれらが中国を「征服」したというのはいいすぎであろう——した際，満州族は，この内・外中国の間の軋轢に終止符を打たせようとしはじめた．つぎの100年間に，満州皇帝たちの外征は，モンゴル，ジュンガ

土地とその人民

ル，東トルキスタンおよびチベットをその統治下に組み入れた——もっとも，後述の通り，それは，究局的に完全な国内的自治を享受する保護国にすぎなかったのではあるが．かくして，今日の人民共和国の西部国境は，歴史的観点からすれば，比較的最近のことに属する満州帝国〔清〕の遺産である．

34頁の地図は，17世紀以降ユーラシア大陸において競争し合ってきたさまざまな帝国主義を描いているが，この地図は，満州族の中華帝国を多数の帝国主義の中の単なる一つとする見方を擁護するものである．オスマン帝国のサルタンたちが東地中海とメソポタミアへその支配を拡大し，オランダが東インドの征服にとりかかって後まもなく，そしてイギリスがムガール帝国を分割しつつあったのとほぼ同じ時期に，満州族の中華帝国は，ロシアとの間で，中央アジアを分割しかけていた．この過程の結末は，二つの帝国——その核心地域は4800 kmもへだたっている——が，パミルから太平洋に至る，これまた4800 kmにおよぶ共通の国境を樹立したということであった．地図上には，複数の色の斜線で示す数多くの破れ目地帯があり，ここでは諸列強が直接激突する．このような破れ目地帯の古典的な事例は満州で，ここは，1900年から1904年まで帝政ロシアに占領され，1931年から1945年まで日本に占領され，その後1946年に中国の手に戻る前に再度の短期間のロシアの占領があった．満州族（清）へ「朝貢」した国の多くは，ヨーロッパ列強あるいは日本によって一時的に領有された．安南，ビルマ，朝鮮はその例である．これらの国が自国の朝貢国の身分をどれほど真剣に考えていたかはいくぶん疑問が残る．スールー王国のような国にとっては，それはおそらく単に交易のための有用な口実にすぎなかったであろうし，他の国々——たとえば，ベトナム——にとっては，強大な隣国のごきげんを取る手段以上のものではなかったであろう．

19世紀に西欧諸列強によって中国が与えられた一時的屈辱（それは，国際貿易のために強制的に開かせられた都市——いわゆる条約港として地図上に象徴されている），またその後1930年代，1940年代に日本によって与えられた一時的屈辱に目を奪われて，中国がその帝国の領地の相当大きな部分をどうにかもちこたえたという事実があいまいにされてはならない．主たる例外であるモンゴルは，1912年にある程度の独立を達成し，ついで，1924年にソ連の究極的な保護国となった．チベットは，遠隔のイギリスの監督下に1912年から1947年にかけて事実上の自治を享受してきたが，1950年に中国の支配下にもどった．

大ざっぱないい方をすれば，最大の西欧の膨張期における中国の地位は，次の二重の性格をもっていた．まさに中国がこれらのますます近代化し工業化する〈西欧〉諸国がふるう武力に対して譲歩を余儀なくされた一方で，中国は自国の内部で非漢族を抑えるために西欧の武器を購入模造しつつあったし，また多数の中国人が南部の諸港からスペイン，フランス，イギリス，オランダの植民地へと移住していった．ここで，かれら中国人の商業的・企業主的手腕が発揮された結果として，「二流帝国主義者」という露骨なレッテルを貼られることになった．フィリピンでは，かれらは「サングレイス」とよばれたが，これは厦門（あも，シャ）語で「商売をする〈連中〉」という意味である．現地の人々との融合は，人間ズレのした・融通のきくタイ人たちとの場合を除いては，困難であった．

幾多の地域，幾多の時代において，中国人移民は，恨みと恐れをいだく競争者あるいは地元社会の残虐な攻撃の的であった．このような事件の発生は，17世紀初頭のマニラにまでさかのぼる．マニラでは，このときスペイン守備兵の半数を死なせた・未遂におわった中国人蜂起に対する報復として，スペイン人は2万3000人の中国人を殺した．現在のサラワクにおける1857年の中国人蜂起の後，ジェームス・ブルック（「白人ラージャ」の最初の人間）は，ほとんど1人残らず中国人を国から追い出した——ただし，もちろん，かれらはその後にもどってきた．一面でこれに類似している現代の事件は，1960年代のインドネシアにおける中国人（華僑）の虐殺と虐待である．シンガポールの華人国家的存在は，同様に，マレイ人と華人が政治的に仲良くやっていくことが困難であるとわかったことの例証である．

海外の世界との中国の関係は，陸つづきの国境沿いに中国がもっていた関係よりも，はるかに重要性は少なかった．しかしながら，このために海外の世界との関係が見落とされてはならない．9ないし10世紀ごろから，中国の造船技術の進歩によって，中国の商船は，それまでほとんどペルシア人，アラビア人，現地住民の手中に握られていた東南アジア貿易の多くを手中に納めることができた．この発展の頂点は，強力な明初の海軍でその主任務の一つは揚子江流域から北方へ漕米を運ぶ船舶を海賊から護ることであり，もう一つは1420年代および1430年代初期における鄭和（チェン，ホー）——いわゆる「三宝太監」——の指揮下に船隊で行われたインド，アフリカ東海岸への大航海であった．この海運の拡大は，15世紀に入ってまもなく急に止まった．有用な大運河の再建が，海軍を著しく不要なものとし，西方への航海は，目に見える商業上，戦略上の恩恵をほとんど与えてくれなかった．明は，海上から撤退し，150年以上もの間中国沿岸の海上往来を全面的に禁止しさえもした．おそらく明が恐れたのは，あるていど外国の影響下にある活力のある周辺の社会がもたらす政治的な擾乱であったろう．中国の遠洋海運は，もちろん非合法的につづけられたが，しばしば海賊行為の形態をとり，それは通常（しかし，大ていの場合，漠然とであるが）日本のせいにされた．

16世紀の後半において，禁止令のほとんどが廃止され，中国の国際海洋貿易の世界との繋りは復活した．最も目ざましい，また最も重要なものは，マニラとの繋りで，そこでは，厦門（あも），寧波（ニンポー）その他の港からくるジャンクが，絹や陶器を運んできて，太平洋横断のガレオン船でアカプルコから運ばれる新大陸の銀と交換した．16世紀末期の数年間には，中国への銀の正味流入は100万両を超えた．この純銀が明末および清の経済の拡大に必要な通貨供給を実行するのに果した効果は，西欧におけるスペインの金銀のそれに匹敵するものであった．次の世紀〈17世紀〉には，日本から大量の銅の輸入もあった．中国の海賊は，当時，東方海上の脅威であった．そして，仮に海賊であり，かつ明の忠臣であった鄭成功（チェン，チェンコン）（すなわち国姓爺——コクセン，コシン）の後裔たちが，鄭成功が台湾に1661年に樹てた（1683年に倒れた）独立王国の維持に成功していたとすれば，一つの中国人海洋

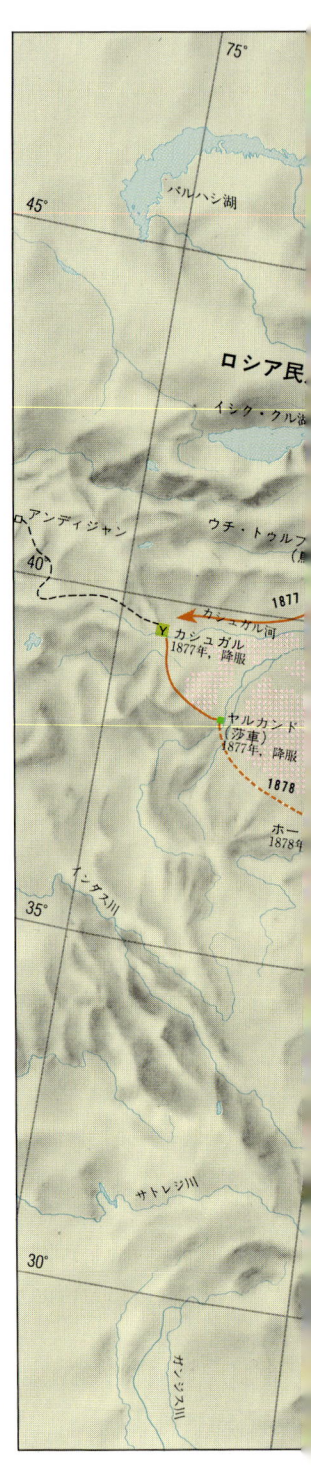

19世紀における回教徒の独立運動
西北中国の回教徒は，中国の支配下では安眠できず，その多くが中国型の政治秩序という一般的前提を受容せず，また帝国の主要部における漢族中国人の反逆者とも，この点で，意見を異にしていた．1860年代に，陝西・甘粛両省の回教徒と非回教徒の間に大規模な宗教的闘争の勃発を見，また伝統的な回教徒といわゆる「新教」の帰依者の間に闘争がおこったことも何度かあった．この「新教」は，たぶんワッハービズム〈回数内の"清教徒"ワッハーブ派の信奉する教義〉のある形をとった．「新教」の中心は，寧夏の金積堡にあり，馬化龍の指導下にあった．この地域は，10年間くらい，周辺の田野に築かれた何千という城砦で護られた小神政国家となった．

部分的にこれと匹敵する回教徒の反乱運動が，ほとんど同時期にツオロンガの指導下にウルムチでおこった．ツオロンガは，「イスラム君主」のふくみをもつ称号の「清真王」を称した．

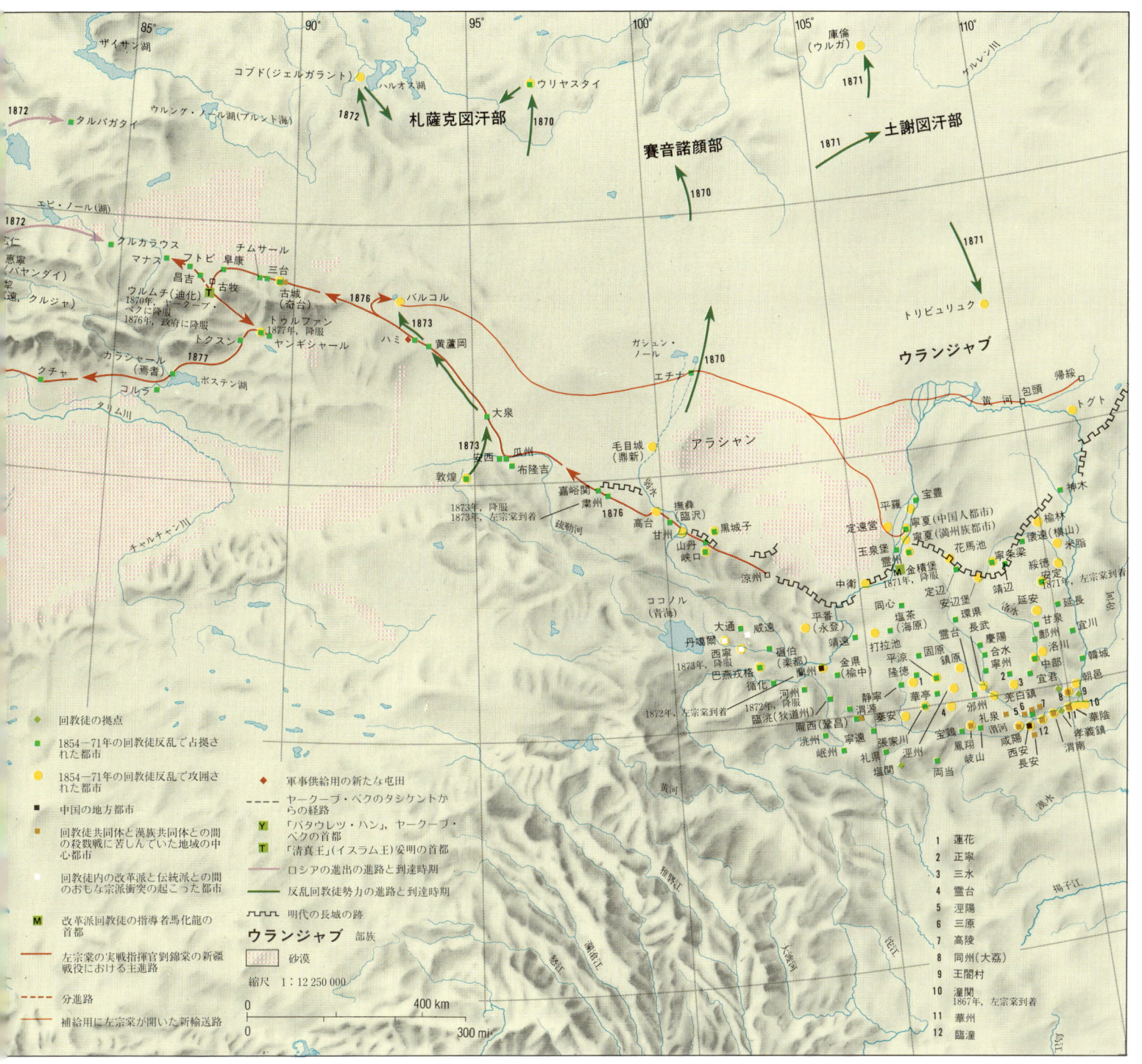

のわずか後に，第3の牧徒政権が，はるか西方に，ヤークーブ・ベクと称する，もとはホッジャー族の或る指導者の参謀長をしていた，タシュケント出身の軍事的冒険者のもとに成立した．ヤークーブは，彼の領地をタリム盆地のオアシス諸都市，さらにウルムチ地区にもひろげ，イギリスとロシアの双方から外交的支持をえようと画策した．

中華帝国の軍隊による反乱鎮圧は，左宗棠という戦略家の功績であり，新疆を中国の政治的支配領域の枠内に留めておくことによって現代人民共和国の地図上に決定的な影響をおよぼした．

国家が存在することになったかも知れない．

人民共和国の非漢族地域は「中国」の譲渡しえない一部であるという，今日ほとんどすべての中国人がいだいている強固な信念のために，非漢族地域に，他の同様な場合に用いられるのと同じ標準をずばりそのまま適用するならば，必ず最も公平な心をもつ者以外のすべての中国人の間に相当激烈な敵意を喚起することになるので，それはむずかしい．しかし，この信念がいつも強固なものというわけではなかった．1860年の陝西（せん，シェン）と甘粛（かん，カン）両省における広汎な回教徒独立運動——その清による鎮圧は最も凄惨な人命の喪失をともなった——の後，今日の新疆（しん，シン）省西部に新たな反乱があらわれた．これは，みずからを「畢条勒特汗」とよんだヤークーブ・ベクの下での短命な国家を産んだ．この時点で，幾人かの疲労困憊した延臣たちは，単に面倒なことが多すぎるとして新疆の抛棄を提案した．そして，この延

臣らの見解は，左宗棠（さ，ツオ）の反対がなければ勝を占めたかも知れなかった．左宗棠のそれにつづく悠々たる組織的な戦い（蘭州で製造された西洋式元込銃を使用しての）は，1878年にヤークーブ・ベクの支配に終止符を打たせた．国民党も共産党も，権力を手に入れる前には，少なくとも主要な非漢族に独立を提案する考え方をしていたが，勝利の後にはこの観念を捨ててしまったにすぎない．

今日でも，「中国人とは何ものか？」という問いに対する答に関しては，相かわらず不明確さが残っている．それは，人民共和国に住む誰かであるのか？　それとも，漢族で漢文化をもつ誰かであるのか？　この二つの定義は重複するものではないし，また，1959年の東チベットにおけるカームの反乱と，1978年以後のベトナムからの中国人（華僑）駆逐が示すように，この問いをめぐる曖昧さは，将来において衝突を引きおこしつづけるかも知れない．

土地とその人民

左　天山．風景は高山地方で，遊牧民はそのユルト（宿営地，すなわちテント）を組み立て，羊や山羊を夏の間ここに放牧する．

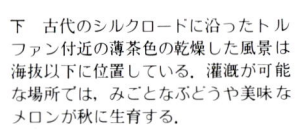

下　古代のシルクロードに沿ったトルファン付近の薄茶色の乾燥した風景は海抜以下に位置している．灌漑が可能な場所では，みごとなぶどうや美味なメロンが秋に生育する．

土地とその人民

右 山西を中心とする地域の特徴的な地勢は，黄土層——何千年も前に風で堆積した砂質の土壌である．この地域はいく世紀にもわたって中国文化の中心であった．

左 甘粛省の黄河河畔の黄土層は，きわめて肥沃で，菜種の畑がいっぱいある．小麦は，北部，南部の比較的肥沃でない山地に育てられている．

下 チベットから見たエヴェレスト山（チョモランマ峰）．

下右 物資は，馬や荷車で山西省の中央平原を横切って運ばれる．ここでは，軽い砂質の土壌に穀物が栽培されている．

上 駱駝や羊の群がモンゴル草原で草を食んでいる．ここでは，放牧が生活様式である．

左 まばらにしか植物の生えていない石ころの多いゴビの原野が目の届く限りひろがっている．プルツェワルスキイ馬として知られる，捉えがたい野馬や，その他の珍奇な動物は，この地方からきている．

右 唐代における揚子江の峡谷を通ずる曳船手段の発達まで，四川と中国の自余の部分との間の交通は，当てにならぬ「桟道」に依存していた．

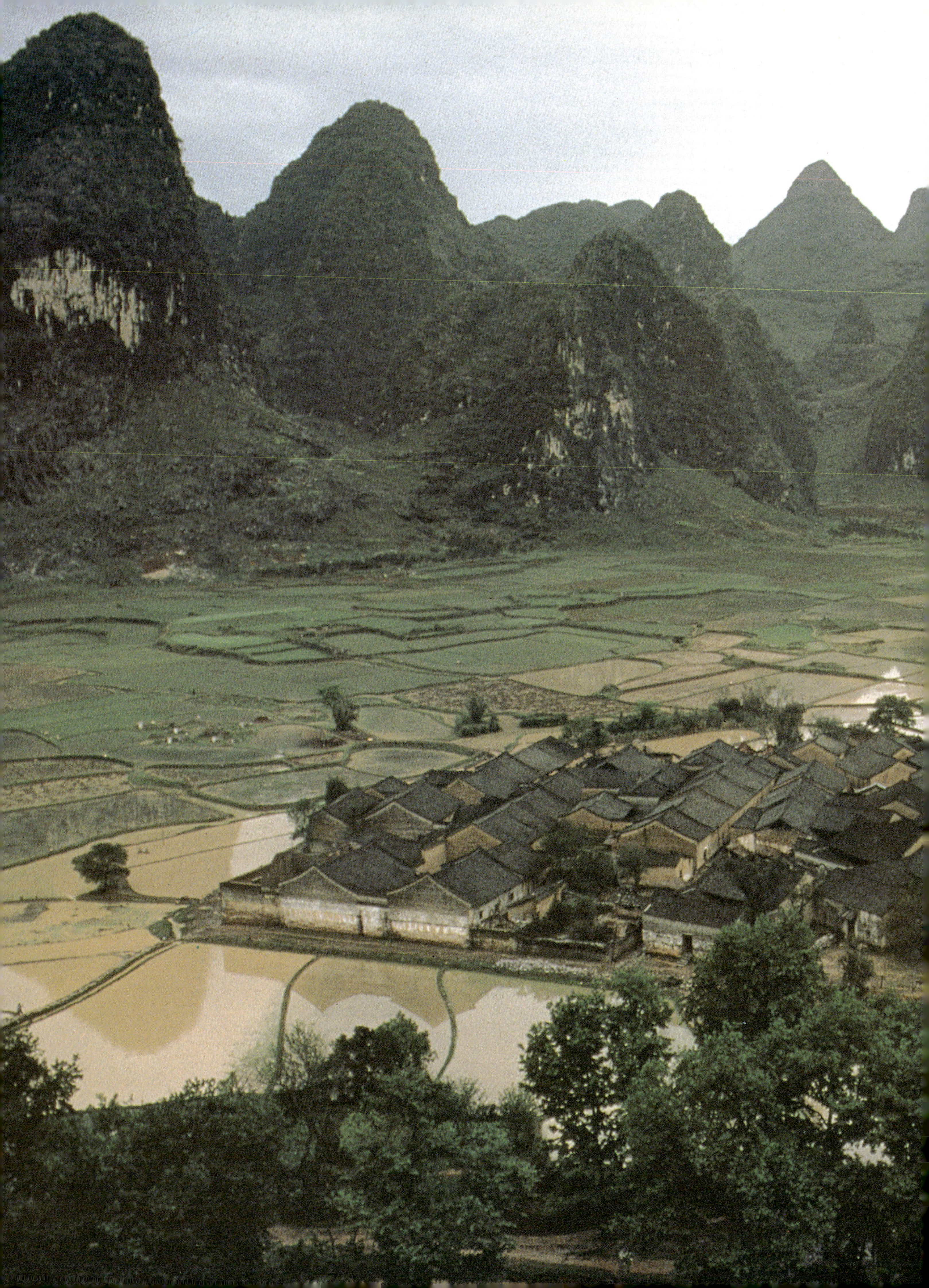

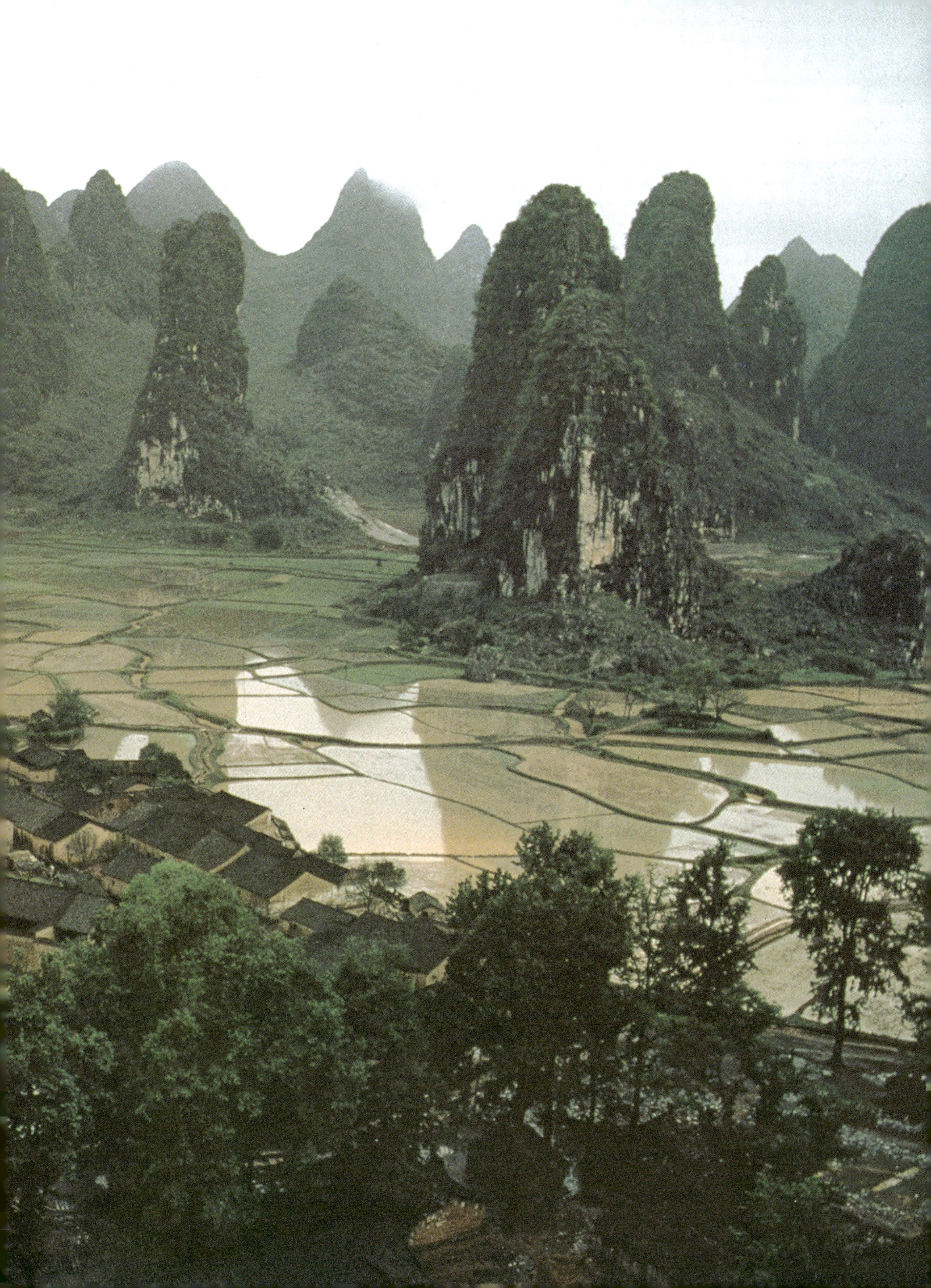

土地とその人民

前頁　桂林のカルスト花崗岩の山々は、ひとつながりの玉のヘアピンのような形で、河谷から隆起している.

上　この緑豊かで多産な河域は、四川の南、貴州に存在している. 中国の少数民族の多くがこの地域に生活している.

右　この奇妙な岩の形成物である「石林」は、雲南の昆明市の外側に立っている.

下　満州・鞍山の工業コンプレックス. 満州のこの地方における大多数の工業設備と同様に、それは1930年代に日本の手ではじめられたもので、日本占領時代に対して中国が依然として負っている恩義を象徴している.

下右　安徽の「黄山」の松を装った頂きは、長年にわたって中国の芸術家たちにインスピレーションを与えてきた. この山頂は、伝統的な中国の風景画のなかで描かれているのとそっくりである.

第 2 部　時　間

TIME

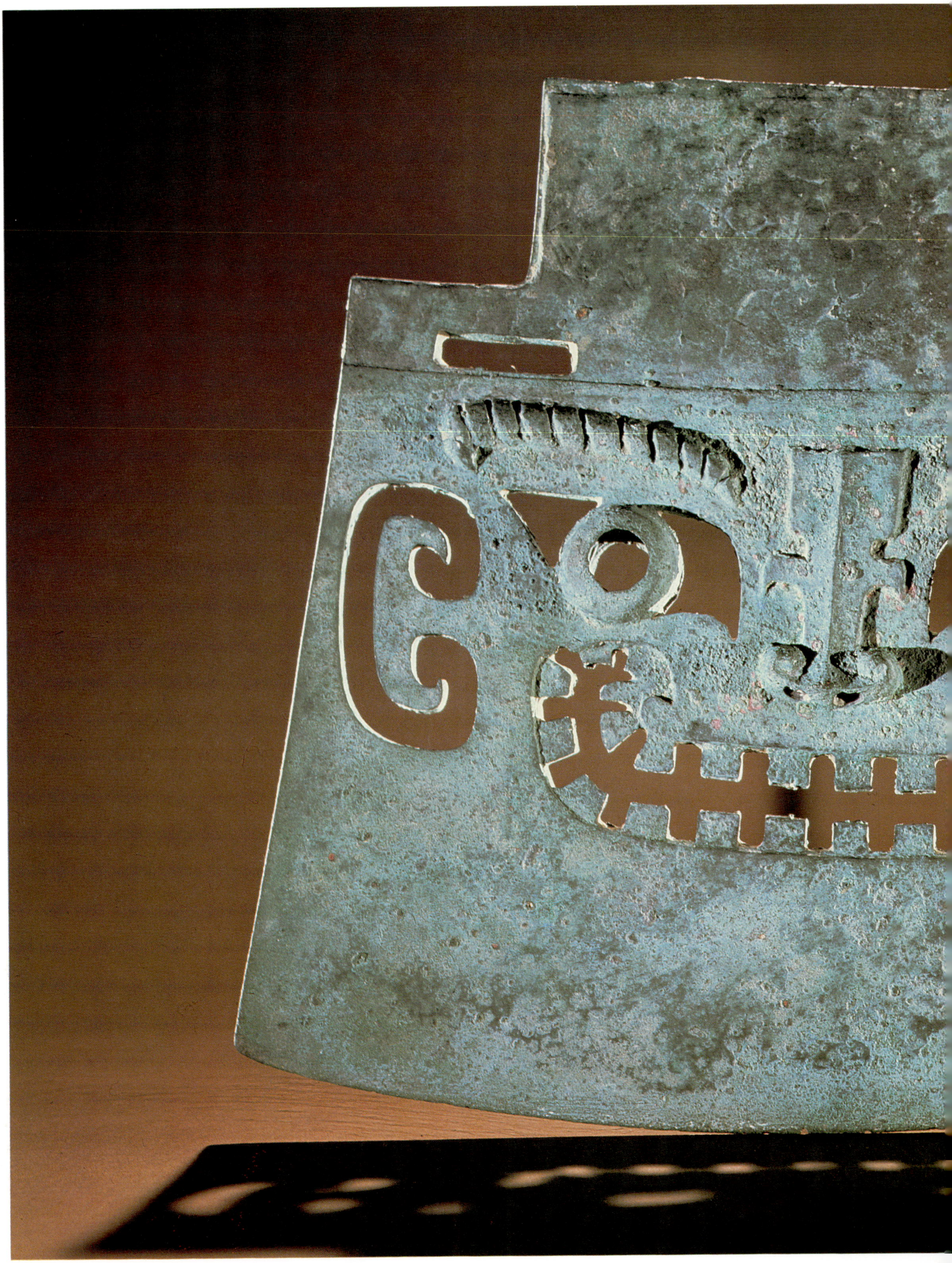

古代世界

文化の礎

先史時代

今日，中国として知られている地域は，この100万年の間に，劇的な気候の変化を経験した．氷河期が4回あり，その間には，比較的高い土地も氷河におおわれた．低地の気候は寒冷湿潤であった．海水の大部分は氷に閉じ込められ，その結果，台湾のような島々が大陸本土と陸続きになった．最も寒いときには，年平均気温が，現在の水準より8℃は低かったと思われる．これらの寒冷期の代表的な動物は，北部では毛サイであり，南部ではマンモスであった．3度の間氷期は，比較的穏やかであったが，1万2千年から1万年ぐらい前にはじまった，後氷期当初の平均気温は，今日よりも2℃高かった．この時期中国北部にいた動物には，象，水牛，ヤマアラシ，バク，ノロジカ，トラ，タケネズミが含まれていた．これらはすべて，現在えられるよりは暖かい条件でなければ，繁殖できないものである．中国北部の平原のほとんどは沼地であり，山東（さん，ﾄﾝ）半島はおそらく島嶼であったと思われる．もっと後の時代には，気温は再び低下した．東アジアの北部はより寒くなり，より乾燥した．森でおおわれた地域は少なくなった．モンゴル全域にわたって点在していたもとの内陸湖はひあがり，砂漠がひろがった．

人間は，生態学的な点では，さまざまな生息環境に順応しうる都合よくできた動物である．動物の個体数を変えた諸々の変動を通じて，人間は——おそらくは人間だけが——終始，生き残り，身体面でも文化面でも進化したのである．

初期の人類の発展は，次の三つのおもな時代に区分されるのが一般的である．(1) 旧石器時代．これは最後の氷河期とともに終結する．(2) 中石器時代．この時代は概して，より巧みに加工された石の道具の使用によって定義づけられるが，中国ではそれほど明白な段階とはなっていない．(3) 新石器時代．この時代は，前4千年紀の農業の出現とともにはじまり，前2千年紀初期の青銅器の登場とともに終幕に至る．その発達の足取りは地域によって大きく異なっていたので，これら三つの時代は中国を全体として考えれば，重なり合い，共存していた．

旧石器時代の間，中国北部には，巨猿（*Gigantopithecus blacki*）のような巨大な類人猿や，さまざまな種類の直立猿人（*Homo erectus*）が住んでいた．これらのうち最も原始的なものは藍田（らん，でん）原人であり，最も有名なのは北京（ペキ，ﾝ）原人である．北京原人の脳の大きさは，われわれの脳の約3分の2であった．これらの原人は野生の鳥獣を狩猟していたが，それらの鳥獣の多くは，剣歯トラ，イノシシ，象のように，大きく獰猛なものであり，うまく捕獲するためには狩猟者側の社会的組織化が必要であった．原人は，火の使い方を知っており，また，人間の髄骨が裂けていることから判断して，カニバリズム〈儀式として人肉を食うこと〉の慣行もあった．しかし，最後の氷河期がはじまるときまでには，顕著なモンゴル系の特徴をもった現在の人間——ヒト（*Homo sapiens*）——が出現し，原人にとってかわりはじめた．

乾燥し寒かった氷河期のまさに最後の時期に，中国の西北部は次第に，中央アジアの砂漠から風で吹きつけられた，細かい黄色の砂ぼこりによっておおわれるようになった．場所によっては，それは数十mの高さにまで積もった．このいわゆる黄砂の結果として生じる土壌は，耕しやすく灌漑されればとても肥沃である．だが他方では，すぐに通行不能の泥土にかわるため，不安定でもあり，また，微砂の形で川によって運ばれ，再び川のその時々の谷間に応じて堆積するので，常に地形が変化する．華北平原の大半は，再堆積された黄砂が砂や砂礫と混ざり合って形成されている．後に中国文明の核が出現することになるのは，この肥沃な，だが不安定な環境においてであった．

黄河（ｺｳ，ガ，ﾎﾜﾝ，ﾎｰ）流域では，旧石器文化と中石器文化との間に明確な分岐線はなかった．今日のモンゴルを含む北部では，石の小刀や複合的道具の製作，また，押圧剝離法の利用の点で進歩が見られた．南部には，現存する最古の土器——表面に縄文が押された単純な型の器——があらわれた，全く別の集団の集落があった．

この期間のおそらく最も重要な発展は，二つの文化圏が次第に分化形成されたことである．一方は，内陸湖が散在するステップ地帯と砂漠地帯の北部であり，他方は，樹々におおわれた内中国南部である．この二つの世界の対立こそ，後の中華帝国時代に多様な長城の線をはさんでおこった，中国人と北方異民族との争いの核心となったのである．

定義の上では，新石器時代には農耕がはじまったとされている．主要穀物は粟であったが，小麦や米も知られていた．耕作の技術は比較的急速にはいってきた．したがって，これは近東から輸入されたのかも知れないが，土着の発明だった可能性も同じぐらいある．このころ家畜化された動物には，犬，豚，ヤギ，羊，牛，そしておそらく馬があった．住居はがんじょうな構造で，半地下式であり，屋根はわらぶきで，暖炉やかまどが備えられ，床はしっくいで作られていた．集落は次第に大きくなり，その遺跡は，時には，近くにある現

前頁　この商王朝の青銅製の斧は，48体のいけにえにされた犠牲者が埋葬されている，山東（さん，ﾄﾝ）省の益都（えき，と）蘇埠屯（ｿ，ﾌ，ﾄﾝ）にある十字架状の墓の入り口の斜面で発見された．斧に描かれた，打ち抜かれた顔は，斧にふさわしく力強く，部分範による青銅鋳造法を使って念を入れ精密に作りあげられている．

右　仰韶地域の遺跡は，新石器時代の村落の長が女性であったことを示しており，部族組織が家母長系統で運営されていたことを示唆している．犬と豚がおもな家畜であった．墓は，炉と同様，村落から離れていた．男性と女性は別々に埋葬された．女性の墓の方が中身が豊かであり，玉石で飾られた物品や，ある場合には8577個の小さな骨の球があった．これらの物は身体の装飾に使われ，骨の輪はまげを結った髪形を支えた．

仰韶式土器には魚や鹿の模様があらわれていたが，幾何学文様へとかわった．一部の容器には，20種類以上の，垂直状や鈎状や矢じり形の模様が描かれている．これらの模様は，漢字の原形を構成していたのであろう．

住居は，床が踏み固められた土からなり，壁は網代と泥でできていた．張り出したひさしがついている大きな円錐形の屋根は，内部の木の柱で支えられていた．集落の男性は，道具を使っての魚釣りや狩猟をして暮らし，他方，女性は家事をしていた．

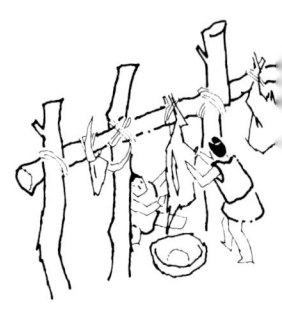

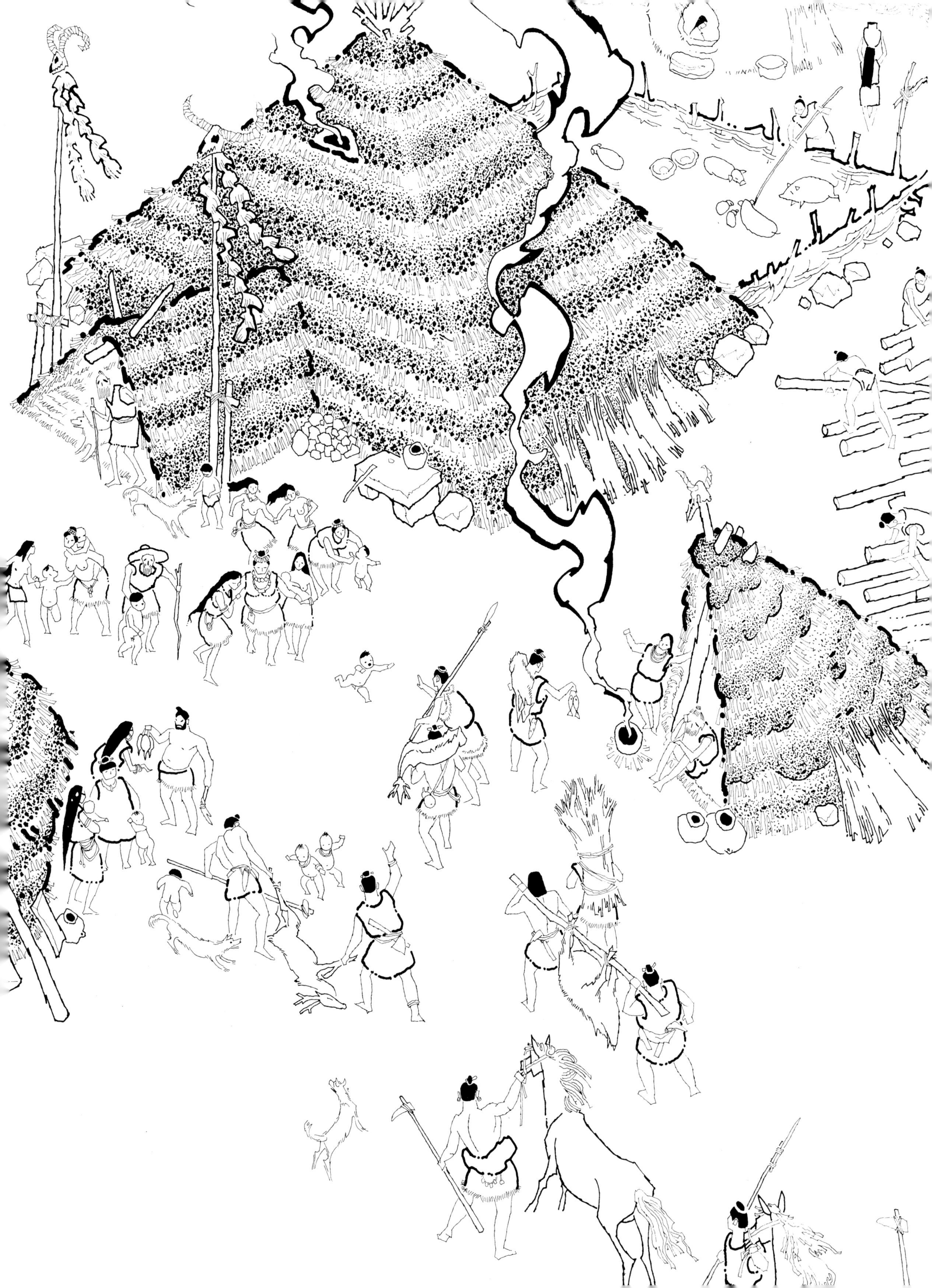

文化の礎

新石器時代の美術

在の村落よりも広い区域におよんでいる場合があった。土器は一般的になり、渦巻状の幾何学模様の装飾がほどこされていた。形状の点では、その大部分に、すでに、後日の中国の伝統となった特徴を認めることができる。土器は、食物の貯蔵や調理用、水の運搬用として、経済生活上重要であった。新石器時代の遺跡から発見された紡錘石は、原始的なつむとして使われていた可能性がかなり高く、衣料の製作を示すものである。切り口のあるカイコのまゆの化石は、養蚕が知られていたことを証明している。

宗教的信仰の存在が感じられるのも、この時期最初である。それは、注意深く行われている埋葬や、占いのために、熱をあてる道具——おそらくは棒切れ——で割れ目がつけられた牛やシカの肩甲骨にあらわれている。この時期から、人間の顔をあらわす最初の単純な小さな像があらわれるが、それは奇妙な自信に満ちた表情でわれわれをにらみつけているようである。魚や鳥や家畜の最も初期の線描も出現した。

この比較的錯綜した時代を詳細に分析することは、そのまま学術的論争の主要領域の一つに入り込むことになる。中国北部に仰韶（ぎょうしょう、ギョシ）と龍山（りゅうざん、ロンシ）という二つの主要新石器文化があったことは、広く認められている。一部の大家は、後者から第3の文化、すなわち初期の小屯（しょうとん、シャオツン）を区別することもある。小屯は、後の商文化の、青銅器時代前の段階における先駆である。これらの文化の境界を定めるのに使われるおもな基準は土器である。各文化はしばしば、それぞれ特徴のある赤陶、黒陶、灰陶の土器と結びつけて考えられる。論争となるのは、二文化間の地理的分布上の差異をどの程度重視し、時間上の区分をどの程度重視すべきかという点をめぐってである。仰韶文化は、全く他の地域にないわけではないが、主として中国北部平原の西北部に見出される。他方、龍山文化は東部および東北部に見出される。小屯文化は黄河の下流と結びつけて考えられる。三文化すべてが一緒にあらわれているかなりおびただしい遺跡では、それらは、(1)仰韶、(2)龍山、(3)小屯、という層序を形成していることが多い。しかし、混在している埋蔵層もあり、三つのうちの一つが欠けてつながっているものもある。第2の難題は、土器以外の加工品（たとえば石器の円形鎌のような）の変異の型が、土器の遺物の変異とぴったり対応していないことから生じている。

仰韶文化と龍山文化の技術面の差異のいくつかは、よりおくれた方法からより進んだ方法への進歩を示している。仰韶のつぼは、捲き上げ製や模製であるのに対し、龍山の土器の多くはろくろで作られている。龍山の遺跡は羊や牛が家畜化されていたことを示しているが、仰韶の遺跡はそうではない。他の目印となる特徴は、もっと根深い違いを示唆している。たとえば、たいていの仰韶の集落では、死者を生者の住居からある程度離れた所に埋葬するが、龍山の村落では、埋葬地が集落のまん中にあるのがむしろ一般的である。完全に満足できるものではないが、納得できそうな一つの解答は、中心地が存在し、そこから、異なる時期に、異なる方角に、仰韶文化と龍山文化が放射状にひろがったという説明である。江蘇省の青蓮崗（せいれんこう、チンリエンカン）や湖北（こほく、フーペイ）省の屈家嶺（くっかれい、チューチアリン）のような、もっと周辺的な、他の文化も、この体系に一致しうる。

上　この仮面ふうの顔は、先史時代の最初期における、土製の人間像の一つである。これは、仰韶文化の彩陶の容器のつかみ手つきのふたである。

右　仰韶式遺跡と龍山式遺跡
中央および西北中国と、東海岸という、新石器時代の二大グループは、それぞれ、仰韶（彩陶）と龍山（黒陶）という土器の型によって識別されてきた。これらの名称は、前5千年紀以来これらの地域に住んでいた集団にも適用されている。地図には主な遺跡を示してある。世界で最も保存状態のよい新石器時代の村落の一つである、半坡（はんぱ、パンポ）遺跡は、1950年代に発掘され、仰韶文化に属している。この遺跡には家屋、窯、立て穴、墓、の土台が含まれている。

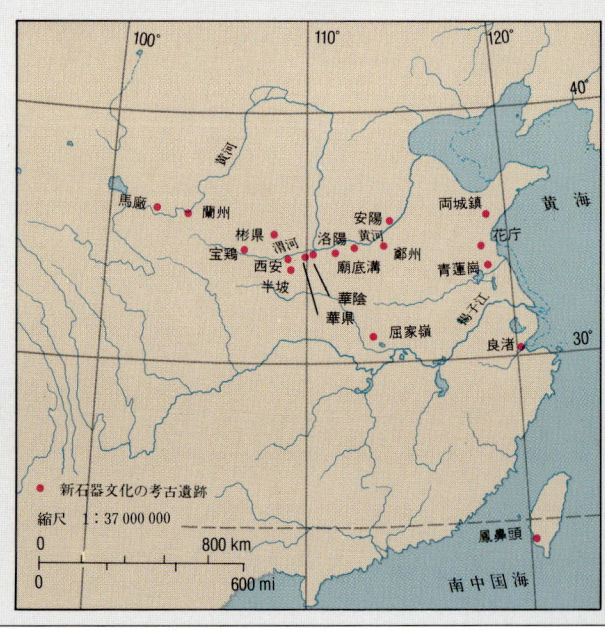

右と下　仰韶文化の土器の模様は，写実的な描写から抽象的な幾何学文様へと発展したと考えられている．精巧に作られた骨のつり針にひっかかった魚の模様は，最もよく見られるモチーフであった．

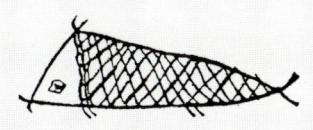

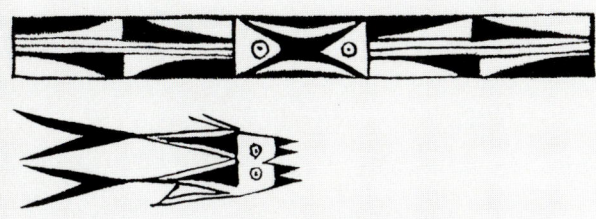

下　前2000年から前1500年ごろの研磨された龍山黒陶は，信じがたいほど薄いものになっている．黒陶は装飾がない点に特徴がある．

左下　甘粛(カンシュク，カン)で出土したつぼの表面のこの鬼神のような生き物(前2000年代)は，仰韶文化の民族の信仰を反映しているのであろう．これはまた，中国の神話上の龍を表現したものとして，現存する最古のものかもしれない．

右下　前4000年から前3500年ごろの，仰韶土器製のかめは，主として埋葬用の品物らしい．掃いたような線と幾何学文様が上半分を飾っている．下半分はほとんどいつでも装飾されないままになっているが，これはおそらく彩色中にひっくり返るのを防ぐために砂地の中に据えられていたからであろう．

　新石器文化の諸民族は，文字による記録や名称を残さなかった．したがって，私たちは残存する土器や窯や石器や建造物から説明できる民族を取り扱っていく．相対的な年代の順に並べることは困難である．無数の新石器時代の遺跡が発掘されているが，それらの推定年代は前6000年ごろから前1500年ごろにわたっている．商王朝の最後の首都であった河南省の安陽(アン，ヨウ)の青銅器時代の遺跡からは，龍山文化の構成要素が仰韶文化の構成要素の上にあり，商代の青銅器遺物がその後につづいていたことが明らかになった．しかし，このことは必ずしも，龍山文化全体が仰韶文化全体の後を引き継いだということを意味するものではない．

　仰韶(ギョウ，ショウ)文化は，陝西(セン，シ)省の半坡(ハン，ハ)で発掘された遺跡から最もよく知ることができる．住人は，木の梁で支えられたわらぶき屋根の，隅丸方形または正方形の家に住んでいた．床は周囲の土地よりも1〜2m低く掘られ，ほぼ中央に浅い円形の炉穴があった．たいていの場合，一段窪んだ壁に貯蔵用の壁龕が彫られていた．墓地と窯業場は居住地域から離れたところにあった．墓地からは，死体が仰向けに，頭部を北西にむけて埋葬されたことがわかる．

　仰韶文化の土器は二つの全く違う型からなっている．第1の型は，粘土の輪を手で積み重ね，継ぎ目が見えなくなるように滑らかにした，粗い灰陶である．かめには，縄，ござ，かごの押型の文様〈縄蓆文〉がほどこされている．第2の型は，質的にすぐれ，埋葬用であったと思われる．この型〈彩陶〉は，黒，赤，えび茶，褐色の彩色文様が描かれ，表面が軽く磨かれた，きめの細かい土器からなる．模様は，単純な幾何学文様，または魚や動物や人間の顔の図案であり，地域によって異なっている．半坡は中央地域の特徴を帯びている．

　西北中国の，いわゆる甘粛(カンシュク，カン)-仰韶文化は，普通，中央地域の文化よりも後のものと考えられている．模様は，無規則の流れるような筆の運びで塗られた，枝分かれのある渦巻き状や曲線状の文様からなっている．おもな色は黒であるが，褐色やえび茶色も使われている．東部地域では，仰韶文化は龍山文化と重なりあっており，紅陶は，彩色の際，白色のスリップ〈水簸した泥汁〉を他の色の下地として用いている．文様は西部地域ほど系統だっておらず，形状もさまざまであるが，一般に基底部が小さい．

　東海岸の龍山(リュウ，ロン)(ザン，シャン)文化は，黒陶によって最もよく知られている．黒陶の粘土の粒子がきわめて細かいため，ろくろを使って信じがたいほど薄い形のものにすることが可能となった．これは，より粗い粘土ではなしえなかったのであった．ろくろで仕上げられた痕跡を残している縁の部分から判断すれば，ろくろは手作りの土器の仕上げにも使われた．窯の構造も改善され，焼成温度もより調整・管理しやすくなった．東海岸沿岸で使われた粘土はずっと多様で，赤みを帯びた褐色土や灰色土も含まれていた．日常用の土器には，押型の幾何学文様がほどこされていた．器壁の薄い上質の黒陶には，ほとんど表面の装飾がない．刻みつけられた簡潔な幾何学文様やレリーフの中でたまたま浮き出した縞模様を除けば，表面は生地がそのまま残されている．しかし，形状は仰韶文化の場合にくらべてずっと変化に富んでいる．一部の容器の形状は細長く，これらの容器が実用よりも儀式用に使われた可能性が大きいことを示唆している．

文化の礎

商（しょう，シン）王朝

中国の伝統的な歴史資料で言及されている最古の王朝は，夏（か，シ）である．夏の創立者は，賢帝，堯（ぎょう，キ）と舜（しゅん，シ）の大臣であり後継者であった，大王禹（う，ウ）（前2205-2197）〈?〉であったといわれている．この王朝を考古学的遺跡の順序のどこかに位置づけなければならないとすれば，それは，仰韶と龍山の混合であるということになる．今までのところ，そのような結びつけを証明する証拠は，そのわずかな断片すらもあらわれてはいない．それにもかかわらず，古代中国の記録保存の保守性と忠実さからみて，夏王朝をまったく架空のものと片づけてしまうのは，利巧なこととは思われない．おそらく最古の記録は，土器に彩色するようなやり方で刷毛を使って書かれ，しばらく後の時代にはじまった骨や貝や青銅の上のテキストとは違い，今では朽ちてしまった木片のような素材にのみ記録されたのであろう．

中国の先史時代は，商王朝の興起とともに，前2千年紀の第2四半千年紀のある時期に終了する．新王朝の中心地域は，今日の河南（かなん，ジ）省の，比較的高い土地から黄河の氾濫原に傾斜して伸びている部分であった．全盛期には，商王朝の勢力は，北はモンゴル，北西は甘粛（かんしゅく，カンス）,南は揚子江にまで放射状にひろがっていた．錫や真珠層といったとくに貴重な産物の交易はもっと遠くにおよんでいた．

商の文化は，なお相当に新石器的な農業に基盤を置いた，輝かしく，華美で，野生的な，貴族文化であった．経済面での新たな特徴は，水牛の飼育である．水牛の大群は，当時の華北平原に見られた温暖で水浸しの環境で繁殖した．灌漑用水路の跡と収穫の記録は，稲作がすでに重要となっていたことを示唆している．商の氏族の指導者たちは，途方もない規模で戦争，狩猟，飲酒，人間・動物の供犠にふけった．これらの氏族の文明の明白な特徴は，武器や祭器への青銅の使用，文字の発達，馬ひき戦車，緊密に結びついた行政組織，版築〈土を層状につき固めて城壁などを作る方法〉のりっぱな壁や大きな墓，城市を建造するのに必要な労働力の動員能力，比較的精確な暦，ひもでつないだ子安貝形の貨幣，廟，複雑な血縁組織，祖先崇拝である．また，太鼓，鐘，磬〈石琴〉，排簫といった楽器も，はじめて見ることができる．旋律は伝えられていないが，かれらが三音階と五音階を用いていたことはわかる．それまでの時代の幾何学的装飾とは対照的

前1300年ごろの商王朝

商王朝の地誌に関するおもな情報源は三つある．それは，伝統的な歴史書，考古学的発掘，王室の占いの結果を記録した甲骨文に述べられている場所である．これらのそれぞれは，少しずつ異なった図を示している．とくに，一方において，考古学上の遺跡がおおむね範囲は，黄河下流域と山東省西部に集中している比較的密集した地域であるのに対し，他方において，甲骨文に述べられている場所は，おそらくはこの地域が王の狩猟や軍事行動にとって重要であったためと思われるが，東南の方向に比較的大きく偏っており，両者の対照は興味ぶかい．図に示された甲骨文の指す場所のうち，直接比定されたものはほとんどない．多くの場合，それらがあらわしている記号の発音すら，わからない．だが，それらの相対的な位置やそれらの地点間を旅するのに要する時間的距離は，日本の学者島邦男の仕事のおかげで，かなりしっかり確かめられている．名前のわかっている商の封臣の国々の位置も，同様に，数カ国以外は確定することができない．今後の調査によっていつか完全な図ができあがるとすれば，それはここに示されたものよりさらにモザイク状のものとなるであろう．

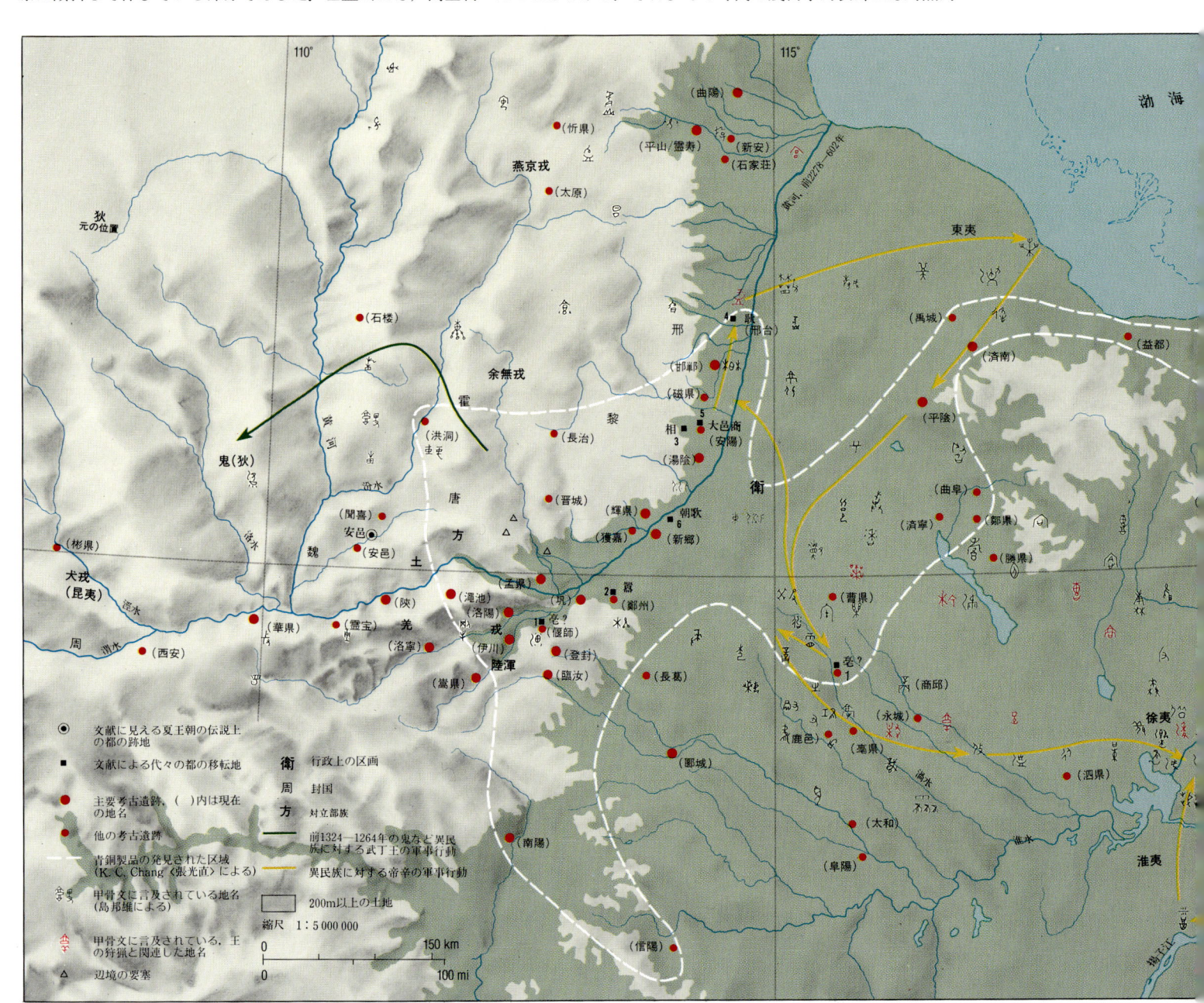

文化の礎

右上　これらの商王朝の絵文字の表象は，日常活動を生き生きと表現している．同様の穀物運搬法は今日の中国でも見ることができる．

右　亀の甲羅に穴をあけ，そこを熱することによって作られた割れ目は，商時代の占いの基礎であった．問いに対する解答は後で，鋭くとがった針で甲羅に記録された．

前14世紀から前12世紀までの期間の諸王が指針とした神託の記録の中にある年代は，天文学者が使う標準的なスカリゲル〈1540―1609，古代の暦を比較し校訂したイタリアの学者〉の一連の番号が付けられた暦〈ユリウス日〉と連結されているが，商の年代記の再構成はなお未解決である．おおまかな数字を使えば，前1750年を湯（とう，タン）王による王朝創立の時期とするのが妥当である．古典的な史書の中で，湯王は，道徳的に堕落した夏の最後の王〈桀（けつ，チェ）王〉を追放したと述べられている．桀王のおもな享楽は，酒を注いだ池に屋形船を浮かべ，多数の裸の男女の飲食と性交を妃とともに見ることであったといわれる．商王朝が，今日の安陽（あんよう，アンヤン）に近い，七つの首都の最後の首都に移ってきたのは，おそらく前1600年ごろであった．最後には，前1100年ごろに，商の最後の統治者，帝辛（ていしん，ディシン）〈紂王〉が，西の渭（い，ウェイ）水流域に勢力の中心があった過度に強大な封邑，周（しゅう，チョウ）国によって滅ぼされてしまった．

商文化に関しては，二つの明白な疑問点がある．第1に，商の文化はどうして，このようにかなり突然に出現したのか．第2に，その統治者の政治勢力はどうして，そのようにはっきりと安定したまま600～700年つづいたのか．

商が急速に興起したというのは，ある程度は，その先祖を知らないがゆえの，われわれの錯覚であるかもしれない．たとえば，かなり最近まで，青銅器の鋳造は中国では成熟し技術的には完璧な形で出現したと考えられていた．こうした考えは，中国の青銅器の起源が他の地域，おそらくは古代の近東にあると信じる抵抗しがたい根拠であると理解されていた．しかし，最近になって，たぶん前18世紀のものと思われる，未熟な性質の初期の青銅器が少し出土された．同時に，神託の参照やその他の事柄の記録に使われた文字も，明らかに，商の青銅器に時々みつかる，より古くより象形性が明白な形態の文字が簡略化されたものである．商文化が多かれ少なかれ全体的な中国的起源をもっていると考える学者は，全く正当に，その青銅器鋳造技術の独自の特徴を強調する．それは，他の地域で一般的な「蠟消去」製法よりは，（概して）部分範を利用する．考古学者は，商文化の初期小屯土器文化との連続性を指摘している．しかし，繋りのない点も非常に明白であり非常に顕著な形で集中してあらわれているので，旧世界文化の初期の中心地からの影響がなかったとは信じがたい．とくに，馬ひき戦車が，2回発明されたとは思われない．いくつかの道具や土製容器の形も，疑いなく，中国，近東，インダス川流域間のなんらかの接触の存在を示している．その一例は，男根を形どった取っ手が壺のまん中に直立している型の壺のふたである．

第2の，商の持続性に関する疑問を解決するためには，われわれは，商の社会，政治，宗教の構造とその周辺の状況を（頭の中で）再構成してみなければならない．商の社会はおそ

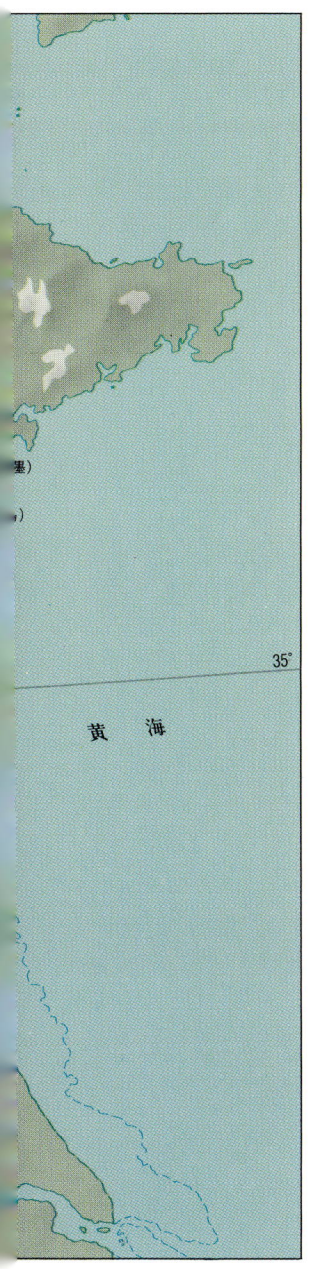

に，商の美術は動物を題材にしたものが支配的であり，その多くは高度に様式化されている．しかし，一部は自然主義的であり，想像上で構成された怪物のものも少数ある．

人間の画像もいくつかある．それらは，古代中国の特徴である，折り返し襟の，ベルト付きのガウン風の衣服を着ている．通常の坐わり方は，今日でも日本人がやっているように，膝を折ってしゃがむものだったらしい．この姿勢は紀元後最初の千年紀の初期までずっと，中国の「正坐」であった．商の建築様式は，筋かいのない，長方形の木の骨組みが基礎となっている．わらぶき屋根の傾斜は直線的で，唐（とう，タン）王朝以後にはじまった緩やかにたわんでいる曲線とは異なっている．このむしろ単純な建造物は，長い石の階段の先の高台の上に据えることによって，偉観を与えられる．この考え方は，伝統社会を通じて中国の宮殿様式建築物の基盤であったし，今日なお，たとえば台北の堂々たる蔣介石（しょうかいせき，チャンチエシ）総統記念館〈中正紀念堂〉に，見ることができる．

このように，文化様式はすでにまぎれもなく中国的であった．このことが最も明白なのは，商の銘文の言語と文字である．不明な点はあるが，これらの言語と文字は明らかに現代の言葉と文字の直接の起源である．

文化の礎

らく，200 ないし 300 の氏族を基にしており，特定の場所に聚居し，おのおのが特定の象徴を有し，成員の帰属，忠誠心，儀礼の中心地としての役割を担っていた．青銅製の武器，とりわけ戈，すなわち中国式の矛槍や，青銅の矢じりや槍の穂やかぶとの所有は，それらを持つ特権を有している者に，権力の使用において決定的に近い優位をもたらしていた．このことが，氏族指導者たる武人貴族の平民に対する権威と，全体としての商の人民の，周囲に居住する，あるいはかれらに混じって居住する比較的おくれた部族に対する権威とを，保証していたと推量できよう．商の王は，頻繁に軍事遠征にたずさわった．略奪と進貢は王国の経済の一部をなしていた．戦争の捕虜は，供儀の犠牲として殺戮されるか奴隷とされた．

新しい武器は，商の貴族の狩猟への熱中を部分的に説明するものでもあったろう．王たちは，現在の山東省の南部にある泰（たい，タイ）山と蒙（もう，モウ）山の西の裾野に，広大な猟場を保持していた．商の遺跡の発掘では，象，サイ，クマ，トラ，ヒョウ，シカ，サル，キツネ，アナグマの骨が出土されている．狩猟の集いは，戦闘の最良の訓練ともなった．個々人は武器の使用を，また集団としては足並みをそろえた移動の技術を，練習できた．だが，戦闘用具はすでに金属製のものとなっていたのに対して，通常の経済生活は引きつづき，石，木，骨で間に合わせられていた．

新たな抑圧の力は，新たな政治・統治体制の基礎であった．中心には王の氏族があった．その構成員は，2番目の妻に関しては違っても，最初の妻は自分たち自身の仲間からめとった．氏族は 10 グループに分かれ，「甲，乙，丙，…，戊」で名づけられていた．地位継承は，もはやはっきりわからなくなってしまった規則にしたがってかれらの間で行われた．一定不変ではないが，通常は，王位は死んだ王の兄弟の一人に伝えられ，末弟から息子の手に渡る(図参照)．政治権力の究極の源泉は王族の祖先であると考えられ，亡くなった大臣の魂魄もなんらかの影響をおよぼすものとされていた．死者は，上帝（ショウ，テイ）が統轄する天にいくと信じられていた．天で，かれらは子孫たちのために嘆願することができた．商の朝廷の儀礼生活は，それゆえ，これらの祖先にたえずいけえを捧げつづけることであった．そのうえ，重要な行動で，まず占いに頼らずに企てられないものはなかった．龍山時代と同じく，亀の甲羅(または腹甲)，もしくは動物の肩甲骨に穴をあけ，そこを熱して割れ目をつけ，その結果できた線の模様が解釈にゆだねられる．最もよく占われるのは，祖先への供儀の適切さ，戦争と狩猟，降雨と収穫，不吉な出来事に関する問いであった．判定は記録され，商の生活に関するわれわれの知識の主たる源泉をなしている．

中央集権と規格統一の精神は，商の国家の時にすでに働いていた．1.7 cm を基本単位とする十進法の計量体系が公用に定められていた．暦は，交互に 30 日と 29 日となる 12 ヵ月であり，王室の天文学者によって 19 年の間に 7 回の閏月が置かれた．王の領内では，農場労働は監督官のもとで組織されていた．農具は当局によって支給・保管され，収穫物は王室の穀倉に保存された．中央地域外には封土があったと思われ，その一部は妃や王子に授けられ，他のものは功労のあった将軍や役人に与えられたらしい．かれらの義務は，軍事上の援助，進貢，公共事業への人力の供給であった．

文化の礎

文化の礎

右　商の王位継承
商の王位継承を決定している規則をどのようにして復元するかは，最近の学術的議論の一主題である．論争は，主系統となる一家系が存在していたのかどうか，もしくは，王族の内部に，この表で使われている王の諡の2文字目に用いられている周期性の文字の一つによってそのおのおのが指示される複数の家系が存在していたのかどうか，という点に集中している．したがって，この表は2通りの解釈ができるだろう．「父子継承」と「兄弟継承」は，それぞれ，直接的な先行者の一員と氏族内の同一世代の一員を指す単なる分類上の意味で理解することもできれば，現代の一般的意味で理解することもできる．

他の議論の主題には，周期性の文字（甲，乙，丙，など）——これらはどれも同じ世代に2度はあらわれない——の順序づけの背後にある論理，これらの文字の表わす概念の不規則さ，大（乙）の名が主系統に限定されている理由，がある．

左　可動式の取っ手のついたこの青銅の酒器（卣（ゆう，ユウ））は，人食い怪獣のあごのところで身がすくんだ人間の像のおびえた顔を示しており，社会秩序の支配力と恐ろしさを反映している．商王朝の青銅器には人間の顔があらわれることはめったにないが，あらわれる場合にはたいてい人身御供の犠牲者を表現している．図の顔は，1965年に河南（かなん，カナン）省寧郷（ねいごう，ネイゴウ）で発掘された鼎（かなえ，カナエ）の側面にあるものに似ている．ここに見られる精巧な表面の装飾は，前11世紀の商代末期の多くの様式を統合している．

右下　安陽の商の王墓で発見された，馬や馬ひき戦車とともに埋葬されている馬ひき戦車の御者．馬ひき戦車は，商王朝の安陽時代，およそ前1300年まで，中国では知られていなかった．商の馬ひき戦車はコーカサスの墓所で発見されたものに似ており，同種の前部におおいのない低い車体，多数の輻（や）のついた大きな車輪，2個の曲った木片からなる外輪をもっている．

前頁　商の王墓の馬ひき戦車の埋葬から見れば，前面におおいのない低い馬ひき戦車の中で最も重要な位置は左側であった．右側は従者が席を占め，御者は前部で立っていた．復元画における王の頭飾りは，商王朝の墓から発掘された，天の支配者と想定される小さな像の頭飾りにならって描かれている．従卒も，発掘された商王朝の実例にならって，青銅のかぶとと首の周囲までくるんだよろいを身につけている．乗り物は2匹ないし4匹の馬によって引かれ，木製であり，青銅の備品と造作がついていた．狩猟遠征は軍事演習同様に行われ，動物と敵は同じように殺された．

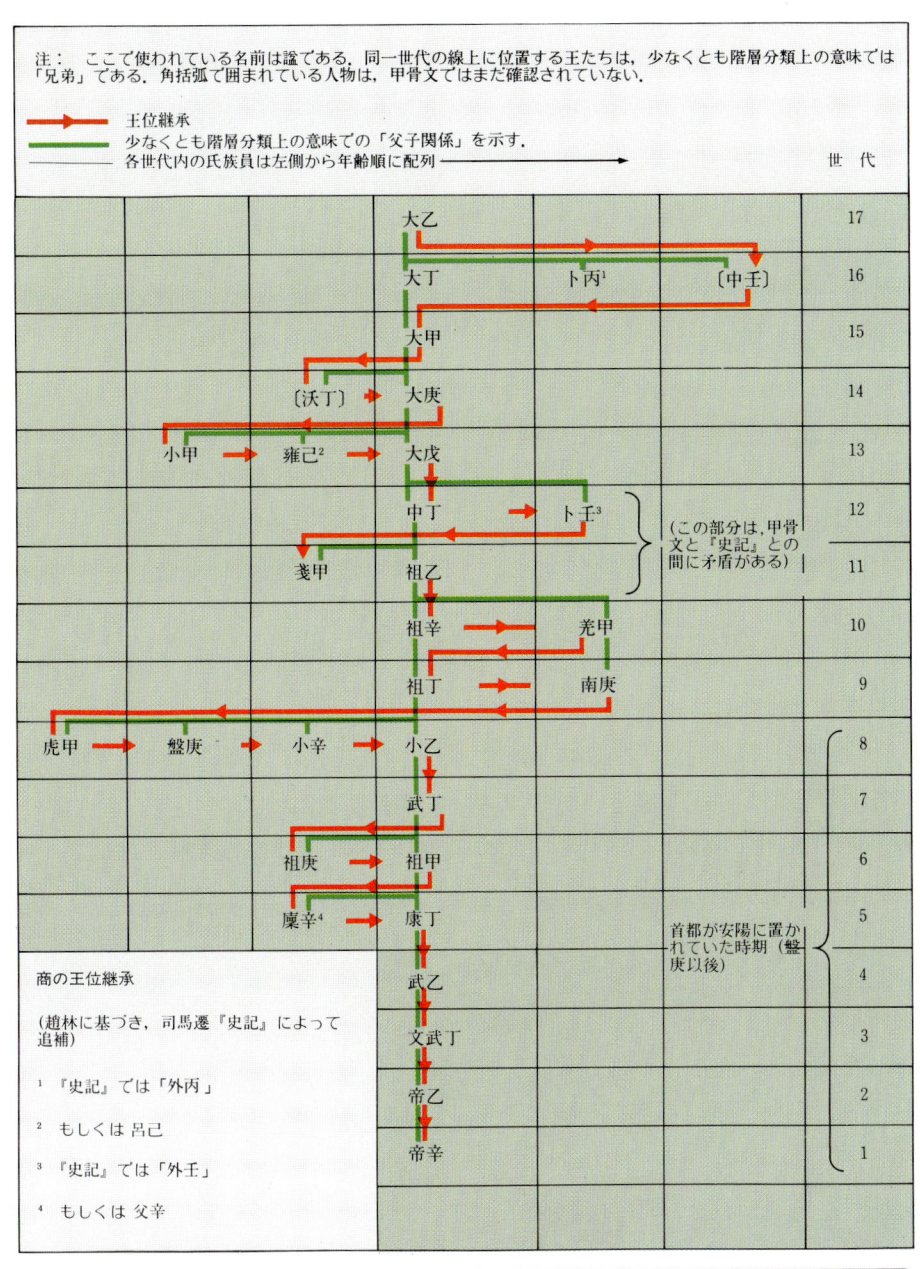

商の神々と魂魄には2種類ある．天にいる神々と，特定の土地の神たる地上の神々である．前者は犠牲を受け取らないが，後者は祖先神と同じく犠牲を受け取る．死後の世界はおそらく，この世での生活のつづきと考えられていたと思われる．そう信じられていたとすれば，支配者や偉人の埋葬にともなって人間や動物が大量に虐殺されたことの説明がつくであろう．数十人，時には数百人の仲間，婦人，従者，ペットが，主人に従って来世にいくために殺戮された．これらの骸骨の一部のかたわらで見つかる青銅器，石器，玉は，かれらがすべて一般の民衆であったとは限らないことを示唆しているが，これら犠牲者の体の多くは埋葬前に手足を切られており，このことはかれらが主人と親密ではなかったことをあらわしている．他の者は矛槍で武装しており，かれらの位置どりは，かれらが護衛者であって，地下の悪霊から主君を守るためにそこに置かれていることを示している．人間も動物も，新しい建造物に奉献するためやさまざまの神々に敬意を表して，いけにえに供されることもあった．

周（シュウ，チョウ）王朝

前12世紀の末ごろに周の武（ブ，ウ）王が商の帝王，帝辛に対して反乱をおこした．東方の部族に対する戦役のために商の支配者の力が消耗したことに乗じて，武王は朝歌（チョウ，カ）（すなわち牧野（ボク，ヤ））の役で商王を滅ぼした．かれが興した新王朝，周は，中国史上すべての統治王室の中で，最も長続きし最も崇敬されることになった．とくにその統治の最初の200年は，よき統治と繁栄の黄金時代として振りかえられる．

周の興起が，並みはずれてすぐれた才能をもった指導者が次々あらわれて行った事業であったことは，疑いない．新国家が商の属国であった時代に，その強さは文（ブン，ジ）王によって築きあげられた．かれの名前「文」は中国語で「文化」や「文明」と文字通り同義語である．文王は，神と先祖に対する篤信，人民の幸福に対する配慮によって記憶されている．かれの手腕は同盟結成にあった．武王，すなわち「戦の王」，はかれの息子である．かれは，商の過度の飲酒に対する憎悪と，祭祀のとき以外には（祖先の魂魄は飲んべえである），集団での飲酒に対して死刑を科そうとした試みとで，名高い．武王はまた，公平な司法運営と適切な家族関係の重要性とを強調した．目下の目上に対する服従の必要にしか言及しなかった，後の中国の統治者や哲学者たちとは違って，武王は，家族の義務を果たさなければ，息子や弟だけでなく父や兄をも罰すると脅した．新国家は，武王の弟で，武王の息子が未成年の間摂政として統治した周（シュ，ウ）公によって強固になった．周公は，年少の臣下として商の朝廷に長くいたことから，商の貴族たちをよく知っていたが，旧政権の残存勢力が周の王族の一部の者と手を結んで発動した反乱を鎮圧した．孔子（コウ，シ）は後に，周公を忠誠な大臣の模範と見なし，青年時代にはしばしばその夢を見た．

周の統治のはじめの数世紀が対内的に平穏であったことは，疑いをいれないものと思われる．その点を別にすれば，伝統的なバラ色の描写の多くの側面に懐疑的になるのには根拠がある．周は中国における政治宣伝の最初の名手であった．周の人々はおそらく，商の文献が自分たち自身のものとは異

文化の礎

なった歴史の見方を支持することを恐れて，それを破棄したらしい（それらのうち，確実に信頼できる形で残存しているものはない）．かれらは確かに，征服された商を服従に甘んじさせるために，巧妙で説得的な教義を説きはじめた．それが「天命」の理論であった．この理論によれば，帝王は周の至高の神である「天」（えん，ﾃﾝ）の息子〈天子〉であり，全世界，すなわち「天下」は，帝王の合法的支配領域である．帝王は公正に，そして，臣民の幸福に対する適切な配慮をいだいて統治する限りは，統治の権限を授けられる．武王は賛意をもって古いことわざを引用した．「人は自分の姿を水に映すべきではなく，人民に映すべきである.」だが，もしも統治者が不公平もしくは不道徳であるならば，天は，警告を発した後，統治の命をかれから剝奪し，他の者に与えるであろう．夏の最後の統治者は腐敗していた（そして，理論上，そうであったことにする必要があった）．天は，それゆえ夏王の王国を商の創立者，湯王に与えた．同様に，帝辛は道徳的に不適格であった．とりわけ，新しい拷問方法を発明したサディストであると称されていた．天はそれゆえ，統治権を周に授けた．朝歌での勝利は天の裁定であったのである．後に儒教の経典の一つとなる『詩経』（し，ｷｮｳ）とよばれる作品集の中の作品のいくつかは，商に対して語りかけられたこの主題に関する訓戒であるが，それらは，上帝が天と同じものであることを示している．これは，数世代にわたってたくらまれた反乱であると説明することもできる事柄を，不正直であるにしても首尾よく正当化したものであったと思われる．

商と周の間には，すぐにおこった文化的断絶は数えるばかりしかない．亀甲の占いは朝廷ではもはや日常的には使われず，特別な問題がおこった場合に限られていた．氏族内の集団に対して，「甲，乙，…」型の標識を王のおくり名に使うことは，なくなった．これはおそらく，周が父親から息子への単純な王位相続へと移行したためであろう．商の浪費，すなわち大規模な狩猟といけにえのための殺人は，どちらもつづけられたとはいえ，相対的に抑制されるようになった．青銅器芸術のモチーフ，とくに，饕餮（とう，ﾃﾂ）とよばれる様式化された動物の顔は，前10世紀中葉までほとんどかわらなかった．

初期の周王朝は同族王国であった．それは，支配者の親類や最も尊重された支援者に与えられた封土に分権化されていた．これらの領地は理論上は取りもどし可能であったが，実際には大多数は世襲の所有となった．帝王は，官職が世襲されない官僚制の原型のような中央行政機関をもっていた．しかし，この制度の一般的精神は官職よりも人間を強調する点にあり，肩書と職務は緊密な関連をもたなかった．帝王は，国のさまざまな場所に配置された相当数の常備軍をも直接の指揮下にかかえていた．異民族に対する戦争は，これらの軍隊によって，封土から提供された部隊と協力して，戦われた．

青銅の矛槍と都市の城壁化は，相かわらず攻撃と防御の主要技法であった．だが，金属加工も都市建設もますます異民族に知られるようになったこと，周の優位が結局，すぐれた組織化にかかっていたということを示唆する証拠もある．王国の支配下にあった地域は，現在の陝西（せん，ｼﾞｾｲ）南部，山西（さん，ｼﾞｾｲ），河南，河北（かほく，ｼﾞｾｲ），山東におよんでいた．もし，初期の周の青銅器の分布から判断してよいならば，王国の影響力はもっと広範で，北部の熱河（ねつ，ｶﾞ）から南部の江蘇（ｺｳ，ｿ）省にまで渡っている．昭（ｼｮ，ｵｳ）王（前1052-1002）は，漢（ｶﾝ）水への軍事遠征を数回行い，その最後のときに死んだ．その後を継いだ穆（ﾎﾞｸ）王（前1001-947）は後の伝説の中で，世界探検家の原型に変形されているが，これはたぶん，この時期の王権の拡張の象徴として解することができるかもしれない．

周の統治力がゆらぎ出した最初の徴候は，前9世紀の初め，夷（い，ｵｳ）王が封臣たちの同盟によって王位に就けられたときにあらわれた．これにつづく厲（ﾚｲ，ｵｳ）王（前878-828）の治下には，王朝は，一部の中国化された異民族と同盟した鄂（ｶﾞｸ，ｺｳ）侯〈駿方〉の反乱によって，あやうく倒されそうになった．結局，前771年に，異民族の戎（ｼﾞｭｳ，ｴﾋﾞｽ）と申（しん，ｼﾞﾝ）侯およびその同盟者が渭水岸の首都鎬京（ｺｳ，ｹｲ）に猛攻をしかけた際に，幽（ﾕｳ，ｵｳ）王が殺された．反乱者が支持した幽王の息子の一人が王位に就けられ，大半の封建領主から承認された．安全のために，彼は首都を東の，現在の洛陽（ﾗｸ，ﾖｳ）の側に移した．周王の専制的権力は次第に減少し，最終的には実質のない，儀礼的に認められた宗主権にすぎなくなった．

歴史家は通常，王朝を前770年の前と後の時期に区分する．

上　怪獣の顔（饕餮（ﾄｳ，ﾃﾂ））として知られる）は，商代および周代を通じてさまざまな形式と形態で，青銅器のおもな装飾モチーフの一つとして，あらわれている．そのおもな要素は，角，出目，凶暴な上あご，である．ときには，背景の装飾に融けこんで，目によってしか確認しえない．またときには，これらの要素がすっかりばらばらにされている．饕餮は邪悪を防いだものと考えられているが，大食の象徴，あるいは単に恐怖の象徴であるかもしれない．

右　商代の青銅器の多くは，足が3本もしくは1本の容器であった．容器の形態は，新石器時代の陶器の型を継承ないしはさらに発展させている．商初期の3本足ないし4本足の容器（鼎）の軽い感じの形状は，装飾が増加した重くどっしりした形状にとってかわられた．鼎は，儀礼用にも実用にも用いられ，火にかけられたのであろう．

上 安徽(あん,きゅう)省で出土した周初期のこの青銅の容器(卣)は,商末期の怪獣の容器の精巧な様式(58頁)とくらべると,前10世紀の青銅器の,より節度のある標準的な様式を例示している.

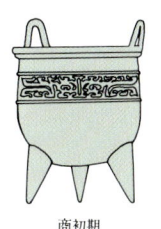

商初期

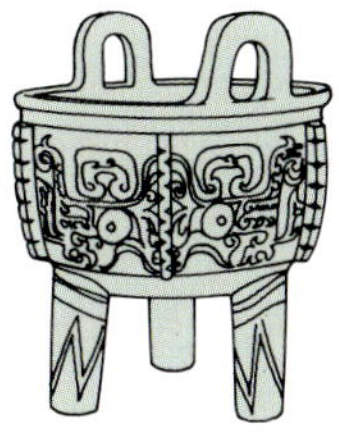

商後期

周初期

周後期

王が実質的で有効な権力を有していた前半は,西周として知られる.王が,かつての封土から発生した対抗諸国からなるばらばらに分かれた世界に対して,ますます関係をもたなくなった後半は,遷都との関連で,東周とよばれる.

この政治的不安定化の底流をなす過程は曖昧である.変動の潜在的原因はおそらく,中央から周辺地域への,軍事上・経済上の先進技術の着実な普及であったと思われる.良質な青銅製武器の製造は,もはやごく一握りの職人や権力保持者の独占ではなくなった.版築で要塞化された数多くの都市が,西周の端にまで急速に増大した.初期の周の領地を形成していた,敵対的でほとんど文明化されていない民族に取り囲まれてかつては攻撃を受けやすかった,孤島状の都市-農業開発地域は,その農耕と定住の領域を拡大した.これは,『詩経』の中で賛美されている過程である.

封土と王朝との間の血縁のきずなと相互扶助の記憶とが弱まるのと同時に,封土はより強大になり,中央からの支援なしに異民族に対抗する能力も,より高くなっていった.かれらの中央そのものに対抗する能力も増大した.他方,今日の内中国の内部にいた(外部からきた民族とは全く異なって)いわゆる「異民族」の脅威も,農耕,金属加工,都市建設といった同様の技術面の原因によって,より強まった.異民族の一部は,馬ひき戦車までもっていた.当時の「中国人」と「異民族」との懸隔は,これらの言葉が示唆するよりも小さい.個人のレベルでの通婚や政治のレベルでの同盟は,ありふれたことであった.

競い合う諸国からなるこの新しい世界においては,古い氏族制度は徐々に崩壊していったようである.社会の上層では,それは,より狭い宗族的血縁制度に基づいた貴族文化によって置き換えられ,その騎士道,寛大さ,華麗さ,血統と,礼の正確な遵守が自慢されるようになった.この時代は,これらの時期を扱っている魯(ろ,ろう)の年代記『春秋』(しゅん,じゅう)にちなんで,伝統史家には「春秋時代」として知られている.その時期は,慣例的に,前770年から,孔子の死の2年前である前481年までと定められている.この時代は,中国の古典文化が形成された背景であったので,いくらか詳しく検討するに値する.

春秋時代

この時代は最初は,無数の小都市国家からなる世界であった.前8世紀の末ごろ,ある大臣〈鄭の祭仲〉は,「外周が百雉〈約600m〉を越える首都は国家にとって有害である」と言明した.かれは,繁栄していた過去においては,最も大きな下級都市ですら首都の3分の1の規模しかなく,最も小さな都市は9分の1の規模,いいかえれば単なる城にすぎなかったのだと考えていた.この所見は,これらの都市国家の中にいかに小規模のものがあったかに関する生き生きとした知識を与えてくれる.

たえまのない戦争はまもなく,現代的意味とそれほど違わない意味での「国家」と見なしうる,より大きな政治的単位による,小都市国家の破壊や吸収をまねいた.それらの国々はおのおの,統合に対する自覚的なアイデンティティーと感情をいだいた人民から構成されており,境界が,定められた明確な領土と結びつけて考えられていた.この最後の点で,かれらは北方の異民族諸部族とはっきリ異なっていた.前6世紀の晋(しん,しう)国の宰相,魏絳(ぎ,こう)は,異民族について次のように語っていた.「かれらは牧草地で生活している.かれらは品物には大いに注意をはらっているが,土地にはほとんど注意していない.土地はかれらから買うことができる.」

これらの中国の国家には,支配者と臣下との,すなわち位階や階級や文官・武官の地位の,明確に規定された制度があった.統治者は国民全体の幸福に対する責任を感じていた,ないしは感じることを期待されていた.このことは,財政上・経済上の政策,法律の発布,繁栄を促進し災害を回避するための宗教的儀礼,にあらわれている.前6世紀中葉の宰相子木(し,こ)〈屈建〉の下での楚(そ,そう)の国に関する伝説的な記載の中では,緊密に結びついた包括的な制度の観念は,少なくとも理論上は,明白である.子木は司馬〈軍務の長〉に次のようなことをさせた.「耕作できる土地の一覧表を作リ,山と森を調査し,沼地と湿原を一括して分類し,台地と丘を〈平地から〉区別し,塩田に印をつけ,辺境と氾濫しやすい地域を測量し,堤防の線を描いて堤防の間の地域を小さな田に分割し,水のほとりの土手を牧草地にし,肥沃な土地には8家庭の集団ごとの田を作り,払い込まれるべき租税の割当額,供給すべき馬と馬ひき戦車の数,車兵と歩兵の数,よろいと盾の数,を数える.」

対内的には,これらの国家ではしばしば有力家族間の恐ろしい権力闘争の光景が見られたが,少なくとも一部の国々では家族の長が死んだ場合,統治者がその家族の新しい長の選択を承認したり否認したりする権限をもっていたことは重要である.国王殺しは,怒った民衆によるものであれ不満をいだいた貴族によるものであれ,そう珍しいことではなかった.だが,これらの政治組織体に「国家」の名称を与えないこと(一部の学者がそうするように)は,仮にそれらが国家でなかったとしたら,国家とはどのようなものかを定義するというほとんど解決しがたい問題を引きおこすのである.

3世紀にわたるこみいった歴史は単純化すれば,九つの局面にまとめられよう.

1. 前8世紀の末ごろ,鄭(てい,ぢやう)の国の荘(そう,さう)公が最初の覇者,すなわち,少なくとも名義上は周王のかわりに他の国々に対する総指導権を行使する最有力の統治者,として出現した.鄭は,黄河が東の海の方に急に向きをかえる屈曲部のすぐ南に位置していた.鄭は周王朝の領地に近い諸国の中心としての位置を占めており,このことが最初はたぶん利点であったらしい.後にこのことは,強力な隣国がどの方角からも圧迫してくるために,困難のもととなった.

鄭は上述した新しい国家の最初期のものであり,南方からの増大する脅威に対抗するために北方の同盟者と協調した.南方の脅威とは,「城壁として山々を,壕として漢水を」もった,揚子江中流域の楚の国であった.前8世紀の末から,楚は中途にある比較的弱い国々を亡ぼしながら,北にむかって圧力をかけてきた.こうして,以後500年間の外交と戦争の中心的主題となる北と南との敵対が発現したのである.

2. 前7世紀の前半に覇者の役割を引き受けたのは,斉(さい,

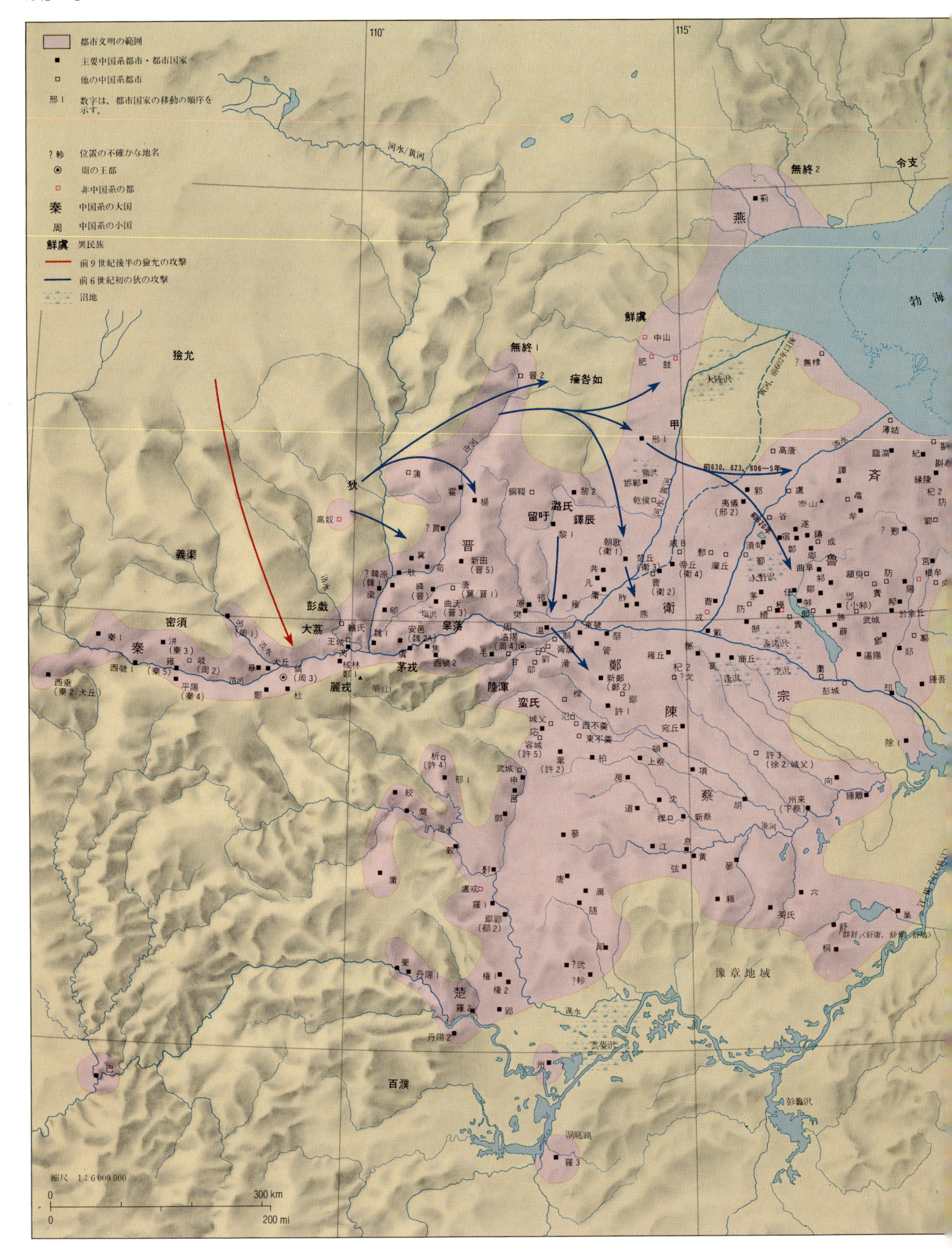

文化の礎

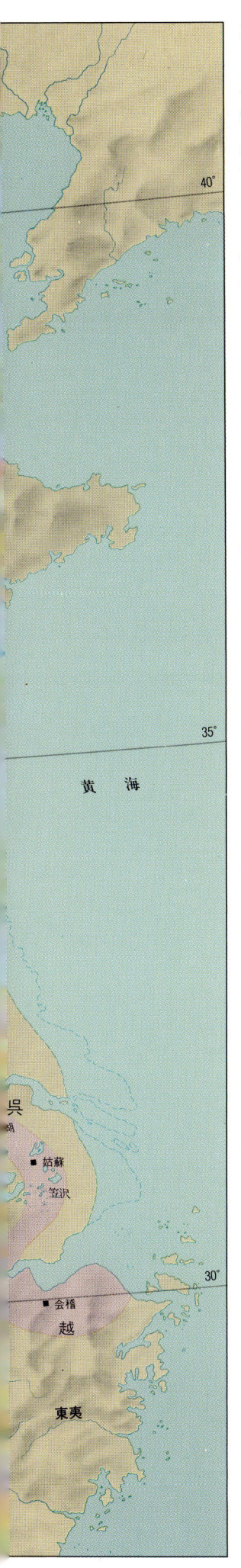

)の桓（かん，ホワン）公とその有名な宰相管仲（かんちゅう，クアン・チョン）である．斉は北東に位置し，その優越性は一部分，「中国人」が異民族に対抗する際の指導的立場のおかげであった．斉の経済力は塩の専売，鉄製農具の国家監督下での製造，貨幣の鋳造，物価の統制によって築かれた．管仲は，覇者の優位の下で中国の国々を団結させる会盟の制度を発達させた．かれは「仲たがいしている者を引きつけるには礼を用い，遠くに去っているものを大切にするには徳を使う」ことを強調したにもかかわらず，会盟に加わらなかった国家を斉は攻撃したのである．

3．前7世紀の中葉，桓公の死が継承争いをまねいたときに，斉の勢力は衰弱した．このため，宋（そう，ソン）の襄（じょう，ジン）公が，自分の祖先である商の王族の偉大さを復活させようという妄想に鼓舞されて，覇者になろうとする気になった．宋は黄河と淮（わい，ホワイ）河の上流との間の比較的小さな国であり，そのような野心的な事業を維持するには弱体すぎた．襄公はまた，戦争での騎士道にかなった行動への非現実的な固執のために，さもなくば勝利をおさめたかもしれない楚との決定的な戦いに負けたのである．

4．前7世紀後半には晋の文（ぶん，ウェン）公が覇者になった．晋は現在の山西省の南部にあたっている．文公は，父親が彼に対して差し向けた軍隊と戦うことを拒んだ後，中国の他の地域を流浪しながら15年間を過ごしていた．かれの妻の一人がかれに「愛情をいだくことと平穏に暮らすことは，名声をえるというあなたの希望をだめにするでしょう」と語らなかったとしたら，かれは帰国しなかったかもしれない．文公は，渭水流域の西部に位置する国家，秦の統治者の援助で権力を握った．

文公は，約束を守ること，国民を教育したこと，「人民を服従させる前提として」貴族に懲戒を加えたこと，で有名であった．周の王は彼を公式に封建君主の第一人者として認めた．臣下の一人は文公の覇権構想を，「善行に報い，災害におびやかされている者に援助を与え，そうすることによって威信を獲得する」と描いた．文公は城僕（ぼう，プン）の戦いで楚に大打撃を与えた．

同じころから少し後にかけて秦の穆（ぼく，ム）公が，主として異民族戎（じゅう，ジン）に対する戦闘の結果として，西方で部分的な覇権を握った．かれは，その治政のおわりごろ，再び活気づいた隣国の勢力増大を恐れるようにしむけた鄭の使者の説得を受け入れて，晋との同盟を打ち切った．その結果，北方は従来ほどは，南方に対抗できなくなった．

5．そこで，次の覇者となったのは楚の荘（そう，チョワン）王である．かれは前7世紀と前6世紀の境のころに権勢をふるった．鄭が征服され，鄭の公は肩をむき出しにした奴隷のような身なりで荘王に会いに出てきた．しかし荘王は，「国を攻略したときには情をかけてはなりません」という助言者の勧告にしたがわず，鄭の存続を許した．

楚のすぐれた側面を提示する――もちろん，しばしば当時のなんらかの議論を強化するためにそうする――弁護者は，楚をとくに厳しい統制下で治められていたものとして描いた．楚の軍隊が動員されたときでも，「商人，職人，農民，店主は，仕事の遂行をかき乱されることはなかった」といわれた．王は高官の職を，自己の一族と名門家族の人々とを慎重に取り合わせることによって満たした．かれは老人と外来者に親切であった．社会の地位の区分は注意深く守られた．楚の軍事指導者が並みはずれて愛国的で自己犠牲の精神に満ちていたということも，事実である．

荘王は慎重な人間であった．かれの格言の一つに次のようなものがあった．「勝利はけっして保証されない．商の最後の王は100回敵に勝ったが」，周に―1回―敗れたために「継承者を残せなかった．」荘王の好きなもう一つの金言にはこうある．「国民の暮らしは，かれらの勤勉さにかかっている．勤勉であれば，窮乏することはない．」荘王は自分に厳しく控え目でもあった．大臣の1人があるとき，敵の兵団の死体を積み重ねた上に巨大な塚を築くべきだと提案した．その大臣は「われわれが敵軍を打ち破ったならば，そのようなものをわれわれの子孫の前に誇示して，かれらがわれわれの軍事的功績を忘れないようにするべきです」と説明した．荘王はそのようなことを少しもしようとしなかった．かれは言った．「真に勇敢であるとは，暴力を抑制し兵器を用いないことである．」荘王は，戦場での勇敢さにもかかわらず，人民が欲している平和をかれらに与えられないために，もっと深い次元では失敗したのだという気持を表明した．「子孫に示すことのできるものがあるだろうか？」かれは，そう結論を下した．

6．前6世紀のはじめに，晋が覇権を握る資格を再び主張しはじめた．そう試みた最初の公は景（けい，チン）公であったが，かれは完全には成功を収めることができなかった．景公は主として，斉に対する勝利の後に斉に負わせようとして果たせなかった条項によって，記憶されている．かれは，斉の田畑のすべての畝を，おそらくは晋の馬ひき戦車が通りやすいようにするためであろうが，東西方向に作ることを求め，斉公の母親を人質として渡すことを求めた．斉の外交官たちは，歴代の王が耕土に関しては常に土地の状態に注意をはらっていたこと，また母親を担保として引き渡すのは孝に反すること，を指摘することによって，景公をどこか愚か者に見えるようにした．かれらは言った．「いにしえの統治者のやり方と異なった流儀でふるまうのは道理にかなっていません．あなたはどのようにして会盟の盟主となるつもりなのですか？」

景公の後継者は悼（とう，タオ）公であった．かれは前6世紀の第2四半期に権勢をふるった．大臣の魏絳の手引きの下に，悼公は模範的支配者としての統治をはじめた．恩赦令によって，国に対する負債を免除し，租税を軽減し，犯罪人に寛大さを示し，困窮している者を救い，国の支出を減らし，国民

春秋戦国時代の中国における都市のひろがり

前1000年から前500年の間に，北部中国では都市生活様式の劇的な伸長が見られた．この図で「主要」と区分されている都市の大半は，さまざまな時期に独立した都市国家であったが，それはたいてい，西周の指導権が弱まり出した前1000年からそれほど時がたっていない期間のことであった．数世紀がすぎたときには，それらの大多数は勃興してきた大国のいずれかに吸収されていた．

この初期の都市化の特色は，都市国家や国家の首都の地理的流動性であった．こうした移動は，ある場合には中国内の強大な隣国からの圧力の結果であった．たとえば，許（きょ，シュ）が南方の葉（しょう，ショウ）に移動したのは，その従来の位置が鄭（てい，ジョン）に近すぎて安心できなかったからであった．またある場合には，異民族の攻撃の回避のために移動が企てられた．たとえば，前7世紀に衛（えい，ウェイ）は，狄（てき，ティ）の略奪から逃れられると考えて，首都を朝歌（ちょうか，チャオコ）から東方の曹（そう，ツァオ）に移したのである．

には農閑期の労役奉仕だけを要求した．悼公以降，財貨を蓄えていた者は「それらを分配し」（どのような方法でかはあまりはっきりしない），「そのためこの国には流通にまわさない蓄積はなく，もはや貧困な人々はいなくなった」のである．

悼公の統治には，保守主義的でじみな性格があった．少なくとも一時は，新しい青銅器は鋳造されなかったし，馬ひき戦車や衣類（たぶん，祭祀用のものであろう）の供給は現存のもので十分だと見なされた．役人は，序列上の地位が許容する以上に昇進することはなかった．

悼公の主な弱点は狩猟であった．そのため魏絳から，統治者が狩猟に熱中することがいかに危険であるかについて，厳然たる史実に基づく訓戒を受けた．公はこの道楽を控えめにした．

覇者として，悼公は鄭にむりやり，その忠誠を楚から晋に移しかえさせた．これは大いに批判された行動であった．鄭の外交官は，「力ずくで押しつけた会盟には実体がありません．それには心が備わっていないからです」と力説した．自国の役人の一部ですらこれには不満であり，こう断言した．「儀礼上の正しい行為ぬきに，われわれはどうして会盟の盟主となることができようか？」

7．前6世紀のなかばまでに，晋と楚および両国の同盟者間の果てしない戦いは，たくさんの苦しみを引き起こしており，どちらの側も勝利をえられないことが明らかになっていた．宋の国が主唱した和平を志向する動きは，二つの主たる敵対国がますます新たな困難に遭遇するようになっていたため，効果をあげた．晋は大家族間の抗争によって分裂していた．楚は，揚子江下流域の，楚の下流にすぐ接する，新たに勃興してきた国，呉の攻撃をはらいのけるのに忙しかった．和平への働きかけから実際に生じたものは，晋と楚の一種の二重覇権であった．これは小国にとっては進貢の点でかなりやっかいなものとなった．

軍縮に相当するものに関しては，さまざまな提案があった．宋の子罕は，どのようなものであれそうした試みに実現可能性があるとは思っていなかった．

「晋と楚が地域の盟主や弱小国を威圧しているのは，武力によってである．優者と劣者との間に親善と調和がいきわたっているのは，恐怖によってである．……恐怖がなくなれば尊大さが残る．尊大さからは無秩序が生まれる．……天は五つの要素〈木，火，土，金，水〉を作り出し，人々はそのすべてを利用する．その一つ〔すなわち金属〕を除くことは不可能である．誰が兵器を廃止できようか？　武器は長い間定着したものである．それは，無法者の心を恐れでいっぱいにさせ，文明と美徳の発揮を可能にする手段である．……国家の興起と没落，その存続と消失，名声と無名は，すべて兵器にかかっている．」

これらのきびしい言葉の中には，春秋時代のもう一方の，同様に真実の声が聞こえる．それは，宗教と儀礼に対する篤信を軽蔑した冷酷な現実主義であり，力に支えられていない倫理的願望にがまんできない実際性である．晋と楚との間の不安定な平和は，それでも前6世紀後半の大部分を通してつづいた．

8．前6世紀後期の，そしておそらく春秋時代全体の，傑出した政治家は，鄭の宰相子産であった．なかなか人を称賛しない孔子も，かれについては，古い時代に普及していたと孔子が信じる思いやりがかれにはいくらか残っていると語った．

子産は鋭敏で懐疑的な性格の持ち主であった．かれはあるとき，「人間の心は，顔がそれぞれ違うように，一人一人違っている」と述べた．首都に火事が発生し，再発を防止するためにいけにえが必要とされたとき，子産はそれを拒絶した．かれはこう言った．「天のやり方は遠く離れており，人間のやり方はすぐ手元にある．両者は出会うことがない．どうして天のやり方を知りうるであろうか？」それ以上火事はおこらなかった．別のとき，数匹の龍が闘う姿が見られた際にも，かれは再びそれらにいけにえを捧げることを拒絶した．「われわれは龍に何も要求しないし，龍も同様にわれわれに何も要求しない」というのが，かれの答えであった．子産の政治哲学は，後継者に対するかれの助言の中に要約されている．「徳をもつ者だけが寛容という手段で民衆を服従させることができる．才能にあまり恵まれていない者にとっては，厳格さが最善である．寛容の手段で治めることはむずかしい．」

子産は行政を改革し組織化した人物だった．かれは農家を集団に組織し，田畑を測量し終え，土地に課税した（この点では魯の国の例にならった）．それぞれの地位の人々に，それぞれ異なる種類の衣類を身につけるようにさせた．こうした政策は当初評判がよくなかったが，かれはかたくなに固執した．「私の方法が国の利益になるのなら，その結果生きようと死のうと，私はそれらを用いるだろう．」かれはそう言い，さらに付け加えた．「勝手気ままなやり方で民衆を幸福にすることは不可能だ．」

鄭にはいわゆる「郷校」〈村の学校〉の制度があり，そこで人々が会合し，しばしば政府の政策を批判した．郷校を廃止すべきだという提案がなされたとき，子産は異議を唱えた．「郷校はわれわれの先生である．どうして破壊できよう」と，かれは計画を提起した者に話した．そのような厳しい態度をとっても，一時的に不平を止められるにすぎないことをかれは説明した．それは，堰によって流れをふさいでもその後の圧力が増大して最後には堰が流されてしまうのと同じである．小さな裂け目を作って水を少しずつ流させるほうがすぐれているのである．

子産は鄭の刑法を青銅の鼎の表面に鋳込ませた．これは，法律を公開することに等しい処置であった．晋の国からきたある批評家は，昔の時代の統治者は，「民衆が議論好きの精神をいだくようになることを恐れて」，このようなやり方で特定の刑法を公表することはなかったといった．昔の統治者は一般的原則に基づいて判断を下したのであった．さらに，この批評家は付言した．「もし民衆が特定の法があることを知れば，かれらは上に対して尊敬のこもった畏敬の念をいだかなくなる．」子産はそれらの議論に反駁せずに，ただこう答えた．「私には才能が欠けており，将来の世代に影響をおよぼすことはないだろう．今の世を救うことが私の関心事である．」後に，晋も法律を彫り込んだ鼎を鋳造し，そのため孔子の非難をまねいた．世界のさまざまな国での成文法の導入の結果に関する最近の研究は，批判者の側にたぶんかれらが知ってい

戦国時代末期の，象眼細工のある青銅の壺（ぇ，ヱ）からとった，狩猟の光景と動物を乗った図案．青銅器上のこれらの模様のまわりにあった象眼細工は今日では失われているので，これらの模様は少し浮き出した部分にある．

た以上に分があったことを示唆している．成文法には，年長者によって不断に再解釈される口伝の慣習がもっている，環境の変化に対する融通性と順応性が欠けている．それは現在を過去のとりこにし，そのためしばしば不公正を作り出すのである．

子産の最もむずかしい任務は，その時点ではかなりの弱小国になっていた鄭の独立と威厳を維持することであった．この目的のために，かれはとくに晋に対する，最高度の外交的技巧を発揮し，追従とは異なる服従を表明したり，無作法な要求に対する，不忠とは明確に区別された原則をもった抵抗を行ったりした．

9．春秋時代は，東南の2国，つまり，揚子江下流の呉と，今日の浙江（せっ，こう）北部に位置した越（ゑ，ヱ）との興起とともに，終幕に近づいた．両国はいずれも強大な海軍力をもっており，呉は都市を水浸しにして降伏を強要する水攻めを使いさえした．呉の軍事技術は最初，晋から教わったものであった．晋はそれによって楚が苦しむことを期待したのだった．後に，楚からきた政治亡命者が，復讐を意図して，重要な交戦で兵が接する前に，なかばゲリラ的な戦術で楚の部隊を悩ませるように呉に助言した．これは大いに成功を収めた．呉はまた，越を征服したが，呉の統治者夫差（ふ，サイ）は，「害悪を根絶するときには，徹底的にやるのがよい」というかれが受けた忠告に注意をはらわなかった．越王句践（こう，セン）の逃亡を許したために，かれは結局，自分の国の破滅をまねいたのであった．さらに，夫差の攻撃的な外交政策は呉の力を弱め，「国民を敵のように見なして」，戦争と個人的快楽を維持するために重税を課した，といわれた．

春秋時代は，概して野蛮であった．戦争での勝利者は切断した敵の耳を廟に供え，生きている捕虜を屠殺してその血を儀式用の太鼓に塗りつけるのを常としていた．生命身体には価値がなかったのである．小国莒（き，ヲ）の領主，庚興（きょう，ヲウ）は，新しい剣の鑑定のために，無辜の人民を試し斬りするのを楽しみとしていた．楚の鬻拳（いく，キョウ）は，武器をつきつけて王に自分の助言に従うよう強制した後，忠誠を証明するために，自分で科した罰として自分の足を切断した，献身的な大臣であった．西方の秦国や，その他の国でも，統治者の政治上の親密な協働者は，しばしば，統治者の後を追って自殺したり，自殺せざるをえなかったりした．批評家は，主として能力のある人間を政府から取り除くことになるという理由で，そうした慣行に否定的であった．前496年，句践は身の毛もよだつ戦術を使って，呉軍のしっかり訓練された兵団を混乱におとしいれた．3列に並んだ越の既決囚が，自分たち自身の首もとに剣をあてがったまま，前線に送られて呉の隊列の前に立った．かれらはそこで次のように告げた．「われわれは軍紀を破った．われわれには罰から逃れようという気はない．われわれは思い切って死ぬつもりなのだ．」そして，かれらは自分たちののどをかき切った．呉軍の注意がこの無気味な見せ物のためにそらされている間に，越軍は突如呉軍に襲いかかり敗走させたのであった．

秩序と調和と安定をもたらそうとする政治家の努力は――礼によってであれ，徳によってであれ，軍事的・非軍事的生活の体系的な統制によってであれ――，このような残忍性という背後事情に照らして理解されなければならない．「徳」のようなかれらの概念の多くは，後に哲学者の商売道具となった．しかしそれらは，こうした荒々しく困難な時代において直接的な実際的機能を果たすものとして考え出されることによって生まれたのである．

前8世紀から前5世紀までの間に生じたにすぎない，理性化とますます自覚的になった思想の明確化との過程を過大評価する危険を覚悟で，われわれは前4世紀の歴史編纂者によって子産のものとされた言説を，この時代の精神をあらわす中心的教説と受け取ることができよう．その中で子産は，道徳性は自然に基づき，倫理的に完全な社会とは自然の日常的な作用に共鳴して活動する社会である，という見解をのべている．

「儀礼活動は天の世界の不変の道の中にある．それは，地上の世界の固有の正しさの中にある．それは，人々の〔特有の〕慣行の中にある．人々は天と地の世界の不変の道を自分たちの手本と考えている．人々は天の澄んだ知性を自分たちの手本と考え，地の本来の性質に従っている．もし，気，元素，におい，色，音が固有のつり合いを失ったら，混乱と無秩序が生じ，人々は本来の性質を失う．それらをうやうやしく管理する目的で儀礼活動が行われるのは，このためである．」

かれはさらに，目下の親族者と氏族の長との関係を，北極星のまわりをまわる星座の運行にたとえた．かれは，仕事や統治の規則が季節によってかわることを指摘した．刑罰は雷鳴と稲光に似ている．情動は六気〈陰・陽・風・雨・晦・明の六つの天気〉の作用である．かれはこう結論した．「もし人間の喜びと悲しみが適切なときにだけ感じられれば，人間が天地の世界の本来の性質と一致することが可能である．」

この世界観の独特の特徴は，人間，とりわけ為政者が，天と地の対等の協同者である，という点にある．それゆえ，子産の同僚が晋の宰相趙文子（ちょう，ブンシ）にこう語ることができたのである．「天が大災害をもたらさなかったのは，あなたの努力のおかげです．」この思考様式に含まれている意味は，われわれにはほとんど戯画と見える次のような事例によって，一層はっきりするかもしれない．それは，前6世紀の末までに中国に龍がほとんどいなくなった理由に関して，晋の年代史家，蔡墨（さい，ボク）が与えたと伝えられる説明である．実際には必ずしもそうではない〈龍が生け捕りにならないのは知恵があるからだという説に対する反論〉，とかれは言った．「昔の人々は龍を家畜として飼っていた．」普通それぞれの種類の動物を管理し，それだけに専心する役人がいなければならない．「役人がその責務を果たせばおびただしい数の動物がやってくる．役職が廃止されれば動物は消えたり隠れたりする．動物の繁殖はやみ，もはや子供を産むことはなくなる．」龍の飼育には特別の技術が必要であるが，さまざまな理由から龍飼い役人の家系は死に絶えてしまった．適切な元素，すなわち水（中国の龍は，火と結びついている西洋の兄弟分とは違って，水生であるから）を管理する役人がいたならば，すべてはまだうまくいっていたかもしれない．だが，とかれは言った．「水をつかさどる役人の職が見捨てられたために，それ以上龍は生まれなかった．」このような人間の責任――いや，より正確には，このような為政者の責任――を所与のものとすれば，彗星のような自然の秩序の異変があれほどの

重要問題となった理由が簡単にわかる．そうした異変は，統治者の道徳上・儀礼上の不適切さのしるしであり，災害の前兆である可能性があったのだ．もっとまれではあるが，それらは美徳を反映し，幸運を予兆もした．

懐疑論者もいた．前644年のある日，五つの隕石が宋に落ち，おそらく風が原因だったのだろう，6羽の鳥が首都を越えて後ずさりに飛んでいくのが観察された．公〈襄公〉が周からきた年代史家にこれらの出来事が意味することを尋ねると，その年代史家は政治的な解釈を下した．しかし，ひとたび公のいない所にくると，かれはこっそりそうした迷信をあざけった．かれはこう論評した．「これらのことは自然の出来事であって，これからくる幸運や不運によって作り出されたのではない．幸運とか不運とかは人間の行いから生じるのだ．」典礼主義と現実主義との間のこうした緊張関係の最も印象的な例は，同じ宋の襄公と大臣子魚（し，ぎょ）とのやりとりの中に見られる．前638年，襄公は泓（おう，こう）水の役で敗れた．それは，楚の軍隊が川を渡りおわって隊列を整えるまでは楚軍を攻撃しないと公が言いはったためであった．批判を受けると公はこう答えた．「高貴な人間は敵を2度傷つけたりしない．白髪まじりの敵を捕虜としたりしない．昔の人々は，戦争のとき，狭い道で敵軍を待ち伏せることはなかった．私は没落した商王朝の末裔にすぎないが，陣形を整えていない軍隊への攻撃を命じるつもりはない．」子魚は，公は戦争のことを何も知らない，と答えた．敵が狭い道で思うように進めなかったとしたら，それは天の恵みであり，受け入れるべきである．年老いた敵もやはり敵には違いない．第一撃で致命傷を与えられなかったのに，さらに攻撃しないのは，全く攻撃しなかったのと同じになる．軍隊の目的は使われること，それも国の利益のために使われることにあるのだ．

裏切りが当り前であり通常のこととなった時代における，自己の誓約を守ることの重要性についての見解にも，似たような差異が存在していた．ある者は，とりわけ国際関係においては，信義は「国の宝，人民の保護者」であると見なしていた．他の者は，楚の宰相子木のように，そのような殊勝さをひどくきらった．「欲しいものを手に入れられるならば，どうして信義を守ることなど気にするのか？」子木はそう語った．

にもかかわらず，これらの対立を重視しすぎてはならない．「礼」は，国と社会を秩序づける手段となる位階制や適切な行動の原則として，全くありきたりの意味で受けとられていたのだ．傲慢なやり方で意図的にそれらを打ち破った貴族は，即座に死刑に処せられた．歴史的行事や種々の祝い事を描く踊りを意味する「楽」は「物事に調和をおし広げる」ために支配者が作り出した宇宙論的魔術でもあり，応用心理学上の儀式でもあった．それは，「人々の心に安心を与え」，「美徳を固めた」のである．「徳」は，効果的な政治資産であった．徳を豊富に備えている大臣には，抵抗することができないと考えられていた．「義」は本来的に好ましいだけでなく，憎悪に対する防護でもあった．常套の格言には，「不当に力を使う者はすぐに滅びる」とある．以上の特性が受ける利益は明らかであると見なされていた．ある晋の政治家が述べたように，「徳と義は利益の基礎である」のだった．

これらの時代の中国の文化を，旧世界の他の地域の文化とくらべた場合，最も注目に値するのは，神々よりも人間のほうが強調されていることである．典拠として引用される経典──とくに『詩経』や『書経』──は存在するが，それらは「義の宝庫」であって，神が啓示した指示ではなかった．決定的な力をもっているのは人民であった．人民は魂魄に犠牲を捧げ，それゆえ，しばしば「魂魄の主人役」という印象的な言葉で描かれた．典礼主義者の宋公の，人間をいけにえにしようとする要求に反対するために，現実主義者の宋の子魚が使ったのは，こういうきまり文句であった．「そのような捧げ物を享受しようとする者〔神々〕などいるでしょうか？」

天と魂魄が，気に入らない国を滅亡させることはありえたが，「天は常に人々の望みに従う」と信じられていた．これは，実用性に重きをおく宗教の流儀であった．宋の楽祁（がく，き）は，世俗的な面でこれに相当することを語っている．「民衆のことを考慮しないで自分の野望を成しとげられる統治者はけっしていない．」子産は同じことを裏返しにしていった．「あることを欲しているのが自分一人だけであったら，それは行えない．多数の者に反対するのは惨禍をまねきやすい．」

戦国時代

中華帝国時代前の中国の最後の段階は，歴史的伝統では「戦国時代」として知られている．この名称は，七つの強大国の間の，とりわけ東北の斉と南方の楚と西北の秦との間の，中国という世界の支配権をめぐる間断のない闘争に由来している．前480年から前221年までのこの2世紀半とそれ以前の春秋時代とを区分するはっきりした線はないが，全体的には劇的な対照がある．

なによりも，それは規模の問題である．すでに，数十万の住民をもつ都市が存在していた．その一つは斉の首都臨淄（り，し）であった．「臨淄は非常に豊かで必要が十分満たされていたので，すべての住民が笛を吹いたり，瑟〈おおごと〉をつまびいたり，筑をたたいたり，琴をはじいたりするほどである．かれらは闘鶏を闘わせ，猟犬を競争させ，賭博や蹴毬に興じる．通りは馬車の車輪がこすれ合うほど混雑しており，人々は肩がこすれ合うほど多い．」この人口の増加は，農耕地の拡張に基礎を置いていた．魏（ぎ，ブ）の国では，次のようにいわれていた．「田畑の小屋と人々の住居との間の土地はすべて耕されている．放牧地や牧草地にできる土地は少しもない．」徴兵制によって国々は大軍を動員することができた．総計数十万という数が資料の中で常に述べられている．修辞上の誇張を割引いても，それらは同時代の世界の歴史の中では，法外に大きな軍事力であった．

戦争は，社会をあげての争いとなっていた．なかば伝説的な政治的説得術の達人，蘇秦（そ，しん）は，軍事動員の経済負担を次のように描いている．

「戦争が勃発すると，兵士を豊かにするために個人の富を提供しなければならない．食べ物や飲み物は死地に赴く兵士を十分満足させるためにあてがわれる．馬車はまきを作るためにたたきこわされる．牛は軍隊に食べさせるために屠殺される．……国民は祈り，統治者は神々に犠牲を捧げる．最も近づきやすい都市から最も小さな郡まで，至るところに祭壇が出現する．市場をもつぐらい大きな町はすべて，王を支えるために活動を停止する．……〔そして戦争がおわると〕死亡

文化の礎

1978年に，湖北（コ，ホ）省の乙（い，つ）侯の墓から，戦国時代の64個の青銅の編鐘が出土した．これらは，磬〈石琴〉や数多くの埋葬物とともに，埋められたままの配置で発見された．おのおのの鐘にある銘刻は音符を示している．鐘はL字形の台枠に3列に並べられている．セット全体の音階はハ長調のようであり，音域は5オクターブである．古代中国の音楽は，石琴と鐘が重要な役割を果たしている今日のバリ島の音楽にどこか似ていたにちがいない．

者の家族は近親者を埋葬するために貧しくなる．負傷者の家庭は薬を服用させるために財産を使い果たす．一方，健康なままの者も，あまりに多量の酒を飲みあまりに荒く金を使うので，死亡者や負傷者に費やされるのと同じ程度に浪費してしまうほどである．」このように社会全体が巻きこまれるようになった状況を象徴するものは，前5世紀以後，中国の諸国と北方の異民族との間だけでなく，中国の諸国相互の間にも，数百kmにわたって延びる打ち固められた土でできた長い壁〈長城〉であった．それは，1人が1年間働くとして，延べ何百万もの人々が徴用された成果であった．

新しい時代の技術的な土台は，鉄製の道具と兵器，騎兵隊，耕牛，今まで以上に効率的な方法による戦争と行政であった．錬鉄は，商王朝末期の遺跡からごく少量発見されているが，鋳鉄製の道具は前7世紀と6世紀になってようやく普及するようになった．鉄製の剣が銅戈や矛槍にとってかわったのは，前6世紀のことであり，また弩〈いしゆみ〉が発明された．歩兵隊は，韓（カ，ン）の国の歩兵の面のような，鉄製の甲冑を身につけた．ステップ文化の影響を受けて，馬はこの時期には，馬ひき戦車を引くためだけに使われるのではなく，騎乗されるようになった．北方の国家，趙（チョウ，ギヤ）は，異民

文化の礎

族風の衣服，とくにズボンの着用を強制したが，それは騎兵にとって必要だからであった．異民族流の騎射は，中国の貴族が好む技能となった．攻撃用やぐらや地下道掘りをともなった，攻囲戦もあらわれた．「包囲攻撃が成功するには，いくら早くても数カ月はかかる」というのが，蘇秦の見解であった．戦闘は専門的な技能となり，戦争術についての専門書が書かれた．

農耕は鉄製農具や耕牛（後者は秦にだけ見られた）によって改善されただけでなく，灌漑系統や排水路によっても改善された．これらの事業を可能にしたのは，軍隊や，当時中国の世界を縦横に走りはじめていた公道にはっきり見られるような，人力資源の動員の才能であった．

新しい統治精神，つまり美徳や名誉を顧慮しない効率性の追求が，前4世紀中葉の秦の改革の中に極端な形で見られる．これらの改革は伝統的に，魏の人で秦の宰相となった商君〈商鞅（しょうおう，ショウオウ）〉の名に結びつけられている．商君は昔ながらの貴族社会を廃止し，戦闘で切り落とした敵の首の数に基づいて位階をきめる新たな軍事貴族制を創設した．国はいくつかの行政区域に分割された．従来，封土所有者に対して連帯して納税の義務を負っている諸家族からなる集団が耕作していた農地は，各家族の私有財産に転換された．田畑の売買も許可された．一定水準以上の収穫をあげた農民は労役を免除された．各家族はグループに編成され，相互にその仲間の行動について当局に対し責任をもたせられた．国のさまざまな場所への移動は，許可をえている者だけにしか許されなかった．怠け者，浮浪者，犯罪者は国家の奴隷にされた．度量衡は標準化された．賞罰は機械的な正確さできめられた．他国での教育の基礎を形成する文書は破棄された．

他の地域の中国人にとっては，商君の方策の結果としての秦の国家は，感嘆と恐怖両方の対象であった．蘇秦は秦について次のように語った．「肥沃な土地，元気な人民，1万台の馬ひき戦車，百万人の勇猛な軍隊，千里の豊かな休耕地，防御可能な境界線内に蓄えられた豊富な物資──誠に天然の兵器庫であり，世の中で最も恐ろしい国である．」前4世紀

騎兵のよろいは歩兵のよろいとは異なっていた．上着は薄板を重ねて腰までをおおい，革の長靴の上に大きなすね当てがつけられ，衣類はかなりぴったりと身につけられていた．馬の引き具は，革製のひもと青銅製の輪とつかみ手とからできていた．

末の秦の宰相，張儀（ちょう，ギン）は，王にこう話した．「人々は両親の懐から飛び出してから今まで敵を見たことがなくても，戦争がはじまるや，最前線で死ぬことを決心して，足を踏み鳴らし，胸をはだけ，むきだしの刃に襲いかかり，燃えさかっている石炭の層を横切ります．これが秦と〔反秦〕同盟国との相違です．」しかし，斉の魯蓮（ろれん，ルシン）は，大半の中国人の側に立って断言した．「秦の国は道徳を捨ててしまっている．……秦は役人を権力で，民衆を奴隷制で，管理している．」また，魏の朱己（じゅ，チュー）の譴責はずっと遠慮のないものであった．かれは次のように語った．秦は，「異民族と慣習を同じくしている．秦は虎や狼の倫理をもつ．残忍さを楽しみとし，利得に貪欲であり，信義や礼儀や徳行については何も知らない．」

秦は，その組織的取り組みという点で例外的であった．だが，他の国々の政治家たちも共通して，秦の成果に関わりをもっており，自分たちの現実主義に，ある種のシニカルな誇りを表明しさえした．このような見方の典型は，蘇代（そだい，スタイ）が燕（えん，ヤン）王〈昭王〉に語ったといわれている言葉である．「私は昇進と利益のために働く人間です．私は清廉さとは個人的成功の希望をもたないことだと考えます．私は正義とは自分の暮らしの維持や地位の確保ができないことだと見なします．仁愛や正義を実践する人々は単に自己満足の道を求めているにすぎません．」このようにして，この時代に，中国人の心の中に最も長く存続していく緊張の一つが生まれた．それは，政治は多くの点で，才能のある人間を必要とする最も名誉に値する，好ましい，社会的に称賛に値するものであるにもかかわらず，救いがたいほど汚れた本性をももっている，という信念である．このジレンマを非常に穏やかに

説明しているのは，地位を提供してくれた斉王〈宣王〉に語る顔斶(がんしょく)の言である．「玉は山で見つかります．加工されるときにはじめてきずがつきます．できあがった品物はさらに高価となりますが，最初の完全さは失われています．田舎の郷士は質素な暮らしをしてきました．もし選ばれて報酬を受け取れば，名誉を汚されることはなくても，精神と人柄のある種の統一を失います．私は自分の今までのやり方にもどるほうを選びます．空腹のときにだけ食べることのほうが，肉を食べることよりもよく，平穏に歩くことのほうが，国の馬車に乗ることよりも好ましいのです．」

この時代の新たな特徴としては，さらにもう一つのことが言及に値する．それは，商業の興隆である．このことについて直接的な知識はほとんどえられないが，その重要性は，文献の中に商業界に由来する譬喩や実例が広く見られるようになったことから察知できる．前3世紀なかばの秦の呂不韋(りょふい)のように，商人はしばしば，政治面で高官に昇進した．道路には通行税取立所が置かれ，商人には税金が課され，割符に基づいた成文契約が交わされ，それぞれの国で発行される多くの様式の鋳造貨幣があった．北部，西部，中央地域では，布銭〈青銅製の鋤形の貨幣〉が，今までのところ142ヵ所まで確認されている貨幣鋳造所で鋳造された．東部では，刀銭〈小刀形の青銅製貨幣〉が支配的な形であった．南部では，小規模な取引きには子安貝を型どった青銅のかたまりが使用され，大規模な取引きには刻印のある金の延べ棒が使われた．戦国時代の末ごろ，円銭〈穴のあいた円形の貨幣，環銭ともいう〉が発行された．これは，後の中華帝国時代の，1000個をひもで通した「銅貨」の束の先駆であった．

戦国時代の歴史の詳細についてのわれわれの知識は，せいぜい概略的なものにすぎない．個々の国の記録の大半は前3世紀末に秦の始皇帝によって破棄されてしまった．それは，それらの記録が根拠として利用されて地域の愛国心が再興される可能性を防止するためであった．われわれのもっている証拠は断片的で，なかば創作を交えた資料を補助として使わねばならないが，その点に留意すれば，以下のような三つの主たる年代順の局面を認めることができる．

1．北部の分裂（前480年から前340年ごろまで）

前5世紀中に，晋国は，趙，魏，韓の三国に割れた．この三国の名称は，晋公の実権を少しずつ奪い取ってきた六大家族のうちの三つに由来している．もう一つの，当初は最も勢力が強かった家族は，知(ち)伯の一族であった．前454年，知伯は自分自身の軍隊と，魏と韓の軍とを率いて，趙の根拠地，晋陽(しんよう)（現在の太原(たいげん)）を攻撃した．直接的な原因は，滅亡した他の二つの大家族〈中行氏，范氏〉に属していた領土の分配をめぐる争いであった．しかし，本当の問題は，知伯が晋を支配しようとしたことだった．包囲攻城は1年以上つづいた．この都市を水攻めにするために進路をかえられた川の水位は，城壁の頂上から2m以内の高さにまでせまった．伝統的年代記の簡潔ないいまわしによれば，「人々は子供たちを交換して食べた．」結局，魏と韓の指導者は，もし趙が倒されれば，かれらが知伯の次のえじきとなる可能性がきわめて高いということを認識した．そこでかれらは，知伯を暗殺して趙と講和した．趙の一族の長は，知伯の頭蓋骨にうるしを塗り，それを盃として使った．

魏の国は，前424年から前387年まで統治した文(ぶん)侯の下でしばらくの間，栄えた．孔子の弟子，子夏(しか)のようなすぐれた人物が文侯の宮廷によく出入りした．これら名士に対する侯のていねいな態度は，段干木(だんかんぼく)についての論評に明らかに示されている．「私が権力の点で第1位にあるのとちょうど同じように，かれは徳の点で第1位にある．」後に漢(かん)王朝のときの原型として役立つことになった魏の法典を李克(りこく)〈李悝?〉が作成したのは，文侯治期のことであった．李克はまた，豊作時には政府が穀物の在庫を買いあげ，飢饉時にそれを放出するという案を考え出した．

文侯の死後，魏は内戦と外圧によって衰弱した．前350年代に恵(けい)王（この人物には普段使っていた王の称号がつけられている）の下での復興があったが，これは，前341年に斉の国にひどく打ち負かされたために終結した．魏は衰弱した状態でどうにか生きのびたにすぎなかったにもかかわらず，恵王の宮廷は当時の知識界の中心地となった．その知性に秀でた人々の中には，道家の荘子(そうし)や論理学者の恵施(けいし)，公孫龍(こうそんりょう)がいた．後期儒家で最も有名な孟子(もうし)も，そこを訪れたことがあった．

韓はいっそう小さな国であったが，中国における最良の弩とすぐれた剣とで有名だった．前4世紀末，秦の張儀は韓の支配者に面と向かって，この国を「狭く，貧しく，山がち」だと軽蔑して評した．かれの言では，この国の民は「豆のめしや豆がゆを常食としています．1回でも収穫がうまくいかなければ，貴国の国民は酒かすで腹を満たせればいい方でしょう．」この国のおもな事業は，前375年に鄭の国を征服し吸収したことである．

北東部では，大国斉は，前5世紀初めから田(でん)一族に支配された．この一族が正式に政権を引き継いだのは，もっと後で，前4世紀初めのある時期であった．かれらの政治の流儀は，前490年に田乞(でんきつ)が演出した政変に示されている．かれは，自分の気に入らない公を始末した後，王国の指導者たちを招いて催した宴席で，自分の好む後継者を〈あらかじめその中に隠して座の中央に置いた〉袋の中から取り出した．かれの息子，田常(でんじょう)〈田成子〉は，次の公〈平公〉に対して行った以下のような提案によって記憶されている．「人々が欲しがるものは恩恵です．あなたはこの恩恵を管理したらよいでしょう．人々が恐れるものは懲罰です．この懲罰を与えることは，私にお任せ下さい．」公はこの提案に同意し，実権は田常の手に落ちた．田常は，100名を越える特に背の高い美女からなるかれの有名な後宮を，客や支持者に開放して楽しませることによって，政治的忠誠を固めた．田一族系の統治者の中で最も注目に値するのは，威(い)王であった．その統治期の最初の9年間は，彼は自分の仕事に全く関心をむけず，放蕩生活をして，大臣たちにかれらの好きなように国を運営させていた．前349年ごろのあるとき，威王は突然，政治活動に飛び込み，多数の無能な役人をゆで殺し，趙や魏と短期の戦争を行って勝利を収めた．前320年ごろにかれが死ぬまで，斉は最も勢力のある国として尊敬を受けた．

青銅が道具や武器に用いられるという本来の価値とともに交換の手段としても採用される以前，前1000年代には子安貝が金銭的価値の代用品として用いられた．安陽では，商の王，武丁(ぶてい)の王妃の一人である婦好(ふこう)の墓で，7000個の子安貝が発見された．前7世紀までには鋤状や小刀状の貨幣〈布銭，刀銭〉が青銅で鋳造された．これは公式の貨幣鋳造の導入を示している．方型の穴が打ち抜かれた円盤状の貨幣〈円銭〉は，前4-3世紀に使われ，その後2000年間，標準的な少額の交換手段として残った．

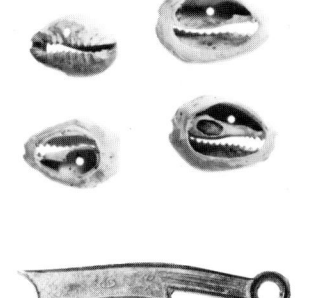

右 この周王朝期の将軍の画像は出土物に基づいている．将軍の長靴は革製で，青銅の飾りびょうがついていたと思われる．胸当ては青銅製で，怪獣の面，饕餮で装飾されていた．かぶとはローマの様式に驚くほどよく似ている．

戦国諸国と秦の興起，前350―249年

西方の秦国の，中国という世界の他の国々を征服するまでの興起は，前4世紀中葉から前3世紀中葉まで，およそ100年かかった．犠牲となった国々が秦に対抗して効果的に同盟する能力がなかったことを別にすれば，秦の進出は三つの力の源泉に基づいていた．すなわち，商鞅の行政上・社会上の改革，蜀における豊かで安全な後背地の獲得，漢水の北部流域と山地から離れる黄河下流とへの入り口を制圧することを可能にする戦略的要地の着実な奪取，である．中国の残りの国々を始皇帝が引きつづいて迅速に奪いとれたのは，かれの前任者らのこうした努力があったからである．

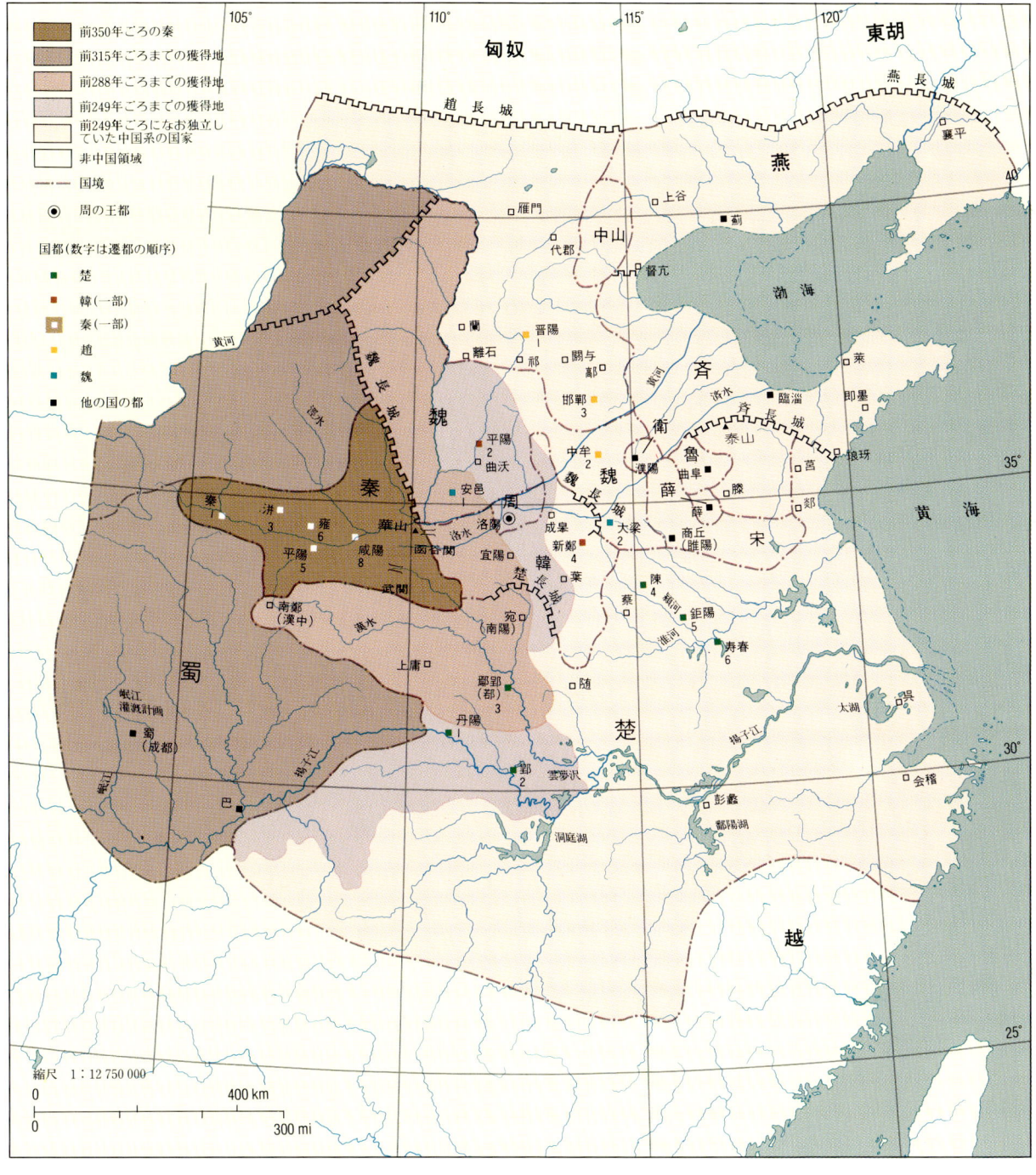

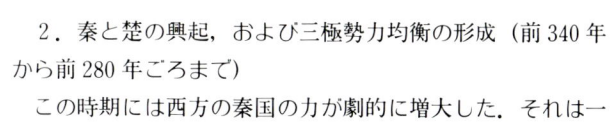

2．秦と楚の興起，および三極勢力均衡の形成（前340年から前280年ごろまで）

この時期には西方の秦国の力が劇的に増大した．それは一部分は記述の内政改革の結果であり，一部分は前4世紀の最後の数年間に，現在の四川（しせん，スゾチュワン）省の広大で豊かな後背地を征服した結果であった．ほぼ同じ時期に，南方の楚国も，越の国を滅ぼして揚子江下流に同じぐらいの後背地を手に入れた．したがって，しばらく斉，秦，楚の間の三極勢力均衡がつづいた．

前280年代に，二つの一連の災害が斉と楚の勢力を弱らせ，この均衡状態を打ち破った．前284年，秦，楚，燕，趙，魏，韓からなる同盟が，斉を攻撃した．このとき，燕の将軍楽毅（がく，ラコイ）は，わずか2都市を除いて，この北東の国〈斉〉を侵略し，大君主〈昌国君〉として6年間支配した．南方では前4世紀の最後の数年間と前3世紀の最初の数年間に，秦が楚に大打撃を与え，漢水上流域に押し入り，それによって楚の自然の防御線を突破した．この猛攻撃は前280年に再開され，2年後，残酷だが切れ者の秦の将軍白起（はく，ボハイ）が楚の都，郢（ハイ，リ）を占領した．楚の勢力は急速に衰えた．

斉は後に，中国史上最も有能なデマ，宣伝，心理戦の実践者の一人である将軍田単（たん，ヂュウ）の天才によって再建された．だが，前249年ごろ以降には，もはや抵抗を試みる政治的意志はなくなってしまった．斉は，秦の犠牲となる他の国々を援助しないという代償をはらって平和を享受した．前221年，斉自体も，戦うことなく降伏することとなった．

改革後の秦に打ち負かされたことは，趙の武霊（ぶれい，ウリン）王にも衝撃的な影響を及ぼした．生き残りの戦略を求めて，前307年にかれは，すでに述べたように，異民族の衣類（とくにズボン）と異民族の騎乗射手隊の導入を命じた．中国の価値観を裏切ったという批判に直面して，武霊王は非難者に，「賢者は自分のいる所を保持し，必要なことに従うのだ」と語り，さらにこういい添えた．「国の利益に関しては，いつも古

文化の礎

い時代を手本とする必要があるとは限らない。」前296年までに，新たに強化された趙は，趙と燕の間に位置する小国，中山（ちゅうざん，チュンシャン）を征服した．しかし，趙の新たな勢力のほとんどは，武霊王の判断を誤った退位につづいた党派闘争によって消滅した．また，前280年代の近視眼的な秦との同盟のために，趙は，西方からの増大する脅威に抵抗する際に最良の同盟国となる可能性をもっていた国々と戦うこととなった．ほどなく趙も，重要な反対勢力となることができなくなった．

3．秦の勝利（前280年から前221年まで）

前316年に四川の国，蜀（しょく，シュー）を吸収して以後の秦の拡張を示す地図からわかるように，秦は前288年までにすでに，元来の境界線からかなり進出していた．華北平原の出口と漢水流域への出口は，両方ともしっかりとその手に握られた．つづく40年間には，さらに着実な侵食が見られる．北は，汾（ふん，フン）水流域を今日の山西まで上り，東は現在の洛陽を越え，南方への伸長は，既述の通り，楚の歴史的な都，郢（現在の江陵（こうりょう，チャンリン）），の併合にまで至った．こうして，前249年ごろまでには，秦の物質的な優勢は圧倒的なものになっていた．その領土は，すべてが完全に開発されていたわけではなかったが，中国の残りの諸国を合わせたものにほぼ匹敵していた．その人口は，他のどの一国よりも，おそらく大きかった．実際，秦が使用できた資源の豊かさを示す目安の一つは，秦は征服の最後の14年間にいくつかの重大な軍事的敗北を趙や楚からこうむったにもかかわらず，それらの敗北は，ほとんど秦の戦争機関の勢いを妨げることがなかった，という事実である．前240年代に，秦の食糧供給は二つの巨大な灌漑計画によって増大した．一つは成都（せいと，チョントゥー）平野の岷（びん，ミン）江水系であり，もう一つは，渭水の北をこれと並行に走り，涇（けい，チン）水と洛（らく，ルオ）水をつなぐ，鄭国渠（ていこくきょ，チョンクォチュイ）〈運河〉である．もう一つの重要な供給品は鉄であった．蜀の占領と，洛陽の真南の南陽（なんよう，ナンヤン）の支配は，中国の最良の製鉄の中心地を2カ所，秦にもたらした．前世紀に商鞅が採用した改革によって，秦の国は他のどの競争相手よりも，税糧や戦闘人員や公共事業のための奴隷労働ないし徴用労働を，その分だけ余計に動員することができた．それは，未完成だが効率的な軍事－農業上の能力主義社会だった．示唆的なことは，商鞅その人や，呂不韋や，前237年の呂不韋の失脚後，統一事業を指導した最も影響力の強い宰相となった李斯（り，スー）といった，秦の大政治家の多くが，秦の生まれではなく，秦自体の貴族は統治の中で非常に限られた役割しか演じていなかったことである．後に始皇（しこう）〈始皇帝（しこうてい）〉となる政（せい，チョン）王は，前246年，12歳の少年の時に王位についたが，かれは単に，長い間発展させてきた先行者たちの計画を，最終段階で継承してやりとげたにすぎない．全過程がほぼ100年かかったという事実は，韓，魏，楚，趙，燕，斉をたてつづけに併合した，前230年から前221年までの最後の10年間の征服の驚くべき速さによって，不明瞭にされてはならないのである．

いままでの頁で概観した2000年を越える歴史を振り返ると，多くの旧世界に共通の遺産であった新石器文化の基礎から出発して，中国文化地域がそれ自体の特有の文明を発展させたのは，この期間においてであったということができる．それは，一部分は借用によって，また一部分は独創的発明によって達成されたが，その正確な割合は現在なお確定しがたい．諸要素の組み合わせは，疑いもなく独特であった．この最も深層にある特徴的な文化の層は，その後の時代に，他の要素がおおいかぶさったばかりか，侵食を受けたり，ときには変形したりもした．だがそれは，他の地域とはくらべものにならないほど，今日においてなお中国の文化風景の基礎をなしているのである．

このいりくんだ形をした金の短剣の柄は，透かし細工の様式を考慮しても，「蠟消去」法で鋳造された．身をよじっている交錯した動物とそれらから分離されるうず巻き状の図形との緊密な構成は，前5世紀から前3世紀までの装飾図案に特有のものである．

同族関係と王権

商の社会

商・西周期の中国社会は，同族関係と王権という角度から定義することができる．この二つの制度は，いくつかの点で関連しあっていたが，最も明白なつながりは，祖先崇拝の際にとられる特有の様式にあった．たとえば，商においては，商の民族ないし部族は，すべて，君主の目下の同族者と見なされていた．君主とその代理人だけが，なお力を維持していると思われているすべての祖先——死んだ王たちだけではない——に対していけにえを捧げる権利をもっていた．かれらは共同体全体の代表者として供犠を行ったのである．西周はその封臣たちの家での，また封臣たちはその配下の家での，多数の祖先礼拝儀式を後援したり受諾したりした．かれらの崇拝は商とは違って，礼拝者の直系上の祖先に厳格に限定されていた．政治的な面では，この制度は，周王朝の地方分権的封建主義に対応していた．同族組織と，個人に付与される名前の体系も，より複雑になった．最終的には周の中期と末期に，祖先崇拝と服喪の責務に関する精密な位階制として編成された，定義の明確な家族と家系があらわれたのである．

商の同族集団は，同一性確認のために青銅製の祭器に鋳込まれた，絵と文字の中間形態の表象によって識別された．それらの表象は，さまざまな活動を行っている人間，武器，先端が2本に割れてとがっている鋤に似た道具，建造物，墓，いけにえに供される動物用の檻，などをあらわしている．これらの同族集団は，たぶん，王家に対する特定の職務や責務と結びついていたと思われる．

商には家系はあったが，姓（シ）はなかった．世代同士は区別されていたが，特定の父親からの系統という点はほとんど強調されていなかったので，後に非常に重要となった「孝」（コウ，シャオ）につながるものは何もなかった．軍事単位も同族のきずなに基づいていたのであろう．「家族」をあらわす現代中国語の一つ，「族」（ゾク，ツ）は，旗と矢を図示したものであるが，これはこの時代の軍事単位に由来している．典型的な同族集団は，それ自身の小都市を基盤としていた．

商の王権は，王の同族集団の聖礼上，宗教上の宗主権であった．王は魂魄の世界と人間の世界との仲介者であった．王は，魂魄を支配する帝（テイ，ディ）の子孫であると信じられていた．この「帝」という言葉は，商の最後の2人の君主の諡の一部分であった．かれらは，父から息子への継承に有利になるよう傍系への継承を拒否することによって，自分たちを王の同族集団内の他の人々より格上にしようと試みた統治者であった．1000年後にはこの言葉は，「皇帝」（ホァンティ）をあらわす日常語の一部となった．

商の人々が，王妃の頭痛，同族集団の収穫高，戦闘での勝敗など，すべての事柄の発生を魂魄が支配していると考えていたことを想起すれば，王の宗教的役割の重要性は明白である．魂魄の意向と願望を占うこと，魂魄の悪意をなだめること，魂魄の愛顧をえることは，不可欠でおわることのない任務であった．天候ですらも，その意味が詮索された．たとえば，虹は，川の水を飲む双頭の蛇と見なされ，その出現は災害の前兆だと考えられていた．風は，神の使者である魔鳥とされた．「風」（フォン）と「鳳」（フォン）をあらわすかつては一つであった言葉は，後の中国人が両者の共通の起源を忘れたときに，二つに分けられたのである．

この天地万物に浸透する魂魄の力という観念は，宗教上の儀式に使われた商の青銅器の超自然的な様相から感じられる．それらの多くには饕餮（トウテツ，タオティエ）の顔がある．これは，国境の守護者として作られた不吉な鬼神であるが，一部の学者は，世の中の多数の生き物を一つの象徴であらわしたものだと解釈している．それは，牛の角，象の耳，鳥の鉤爪，人間の目，龍のたてがみをもっているという．もう一つの象徴は蝉の様式で，これは生命の循環と再生をあらわしている．対照的に，周の中後期の青銅器は，祖先崇拝に使用されたにもかかわらず宗教性から離れた趣きを備えており，単一の生命の図柄が，注ぎ込まれているというよりは，飾りに使われている．それらは典型的な場合，王からの贈与や任命を記録する銘をもっている．

ある聖地で犠牲を捧げる独占的権利に対する商王の主張は，その政治的主権保持の主張と同等であった．しばしば，首都から遠く離れた場所でこうした儀式を行うために，武装兵の護衛の下，使者が送られた．

首都の外側には，王の親戚，息子，ときには王妃が支配する都市があった．それらの外側，もしくはおそらくそれらの間に点在して，被支配者と同盟者の中間の位置を占める他の有力部族が支配する地域があった．征服される前の周はその一つであった．それらのさらに向こう側には，羌（キョウ，チャン）や南（ナン，ナ）といった非中国系の民族がいて，それらは人間の姿をした悪魔であると考えられていた．

最近まで，中華人民共和国の考古学者は，政治的正統性に一致させるために商を「奴隷社会」と述べざるをえなかった．大多数の学者は今なおそういっている．人口の一部が奴隷であったことは，もちろん確かであろう．異民族羌（キョウ，チャン）族の捕虜は，かれらが熟達している家畜の番や，農耕に従事させられた．何らかの形の強制があったことは想定されよう．だが全体として生産制度が奴隷制に基づいていたとは考えられそうもない．恒常的な奴隷調達制度の形跡は何もないし，戦争は経済全体の基礎としてはあまりに不確かなものであっただろう．

よくもち出される論は，商の巨大な墓を作るのに必要な労働力の供給も，大規模な人身御供のための犠牲者の供給も，奴隷制度でなければできない，というものである．しかし，他の労役と同様に墓の建設の労働も，従属同族集団の臨時的な徴用によってまかなわれた可能性のほうが，もっと高そうであるし，惨殺されて殉葬された者の大多数が，非中国系の戦争捕虜であったということは，かなり確かである．

別の論は甲骨文の解釈，とりわけ「衆」（ジョ）という言葉の解釈に依拠している．後の時代のこの語は，「民衆」とか「大衆」と翻訳することができる．いくつかのテキストでは，農耕や建設の作業との関連でそれらに言及している．しかし，それらが奴隷ではないことは，以下の点から明白である．(1)「衆」は王個人と密接に結びついている．(2) かれらは戦争行為にかかわりをもっており，しばしば辺境地域へいっている．(3) かれらは，王室の構成員や一部の役人グループと同様，王の占いによる裁定の対象である．(4) かれらは何らかの学校や訓練と結びついている．(5) 王のかれらに対する行為を表現する言葉は，「集める」，「呼び集める」，「集合する」，「率いる」であって，けっして「買う」，「売る」，「与える」ではない．かれらはたぶん，さまざまな目的で間欠的に召集される護衛兵だったと思われる．

しかし，周代には，都市，従者，同族集団，平民，監督者と奴隷，召使いと戦争捕虜を王が贈与したことに言及している数多くの青銅器銘文がある．また，人間の譲渡や，敗訴者が賠償金を人間と土地で支払うことへの言及も若干ある．一般的におこったと思われるのは，征服王朝が，部族や同族集団による旧社会秩序の上層に，大土地所有，領地授与，世襲中心の官職継承に基づいた貴族制を押しつけたことである．その結果として生じたのは，集団的な感情と行動の要素と，服従と奴隷状態の要素とを，おそらくきわめて多様な様式で結び合わせた制度であった．

紀元前1000年以後の1000年間の初期におけるこの田園世界は，『詩経』と呼ばれる経典の一部から垣間見ることができる．私たちはそこから，農民たちが，先祖に捧げる祭祀用のアルコールの原料である穀物を栽培するために，「何千もの組」になり，「長い，長い列を作り」，「群れをなして」草取りをしていたことがわかる．ここには，おそらくは氏族の長である「子孫」に率いられた，階層的権威体制の明確な証拠がある．他の詩には，「田野の監督官」についての叙述があり，労働者は「農場労働者」，「われわれの民衆」，ひいては（翻訳が正確ならば）「従属者」と述べられている．人間の所有，あるいは少なくとも使用を，土地の所有や使用にたとえている詩もある．

人々は土地と田野をもつ……／人々は平民をもつ．

このような従属関係は奴隷制ではなかったようである．その点は，年間の活動日程を歌った別の詩の以下の数行に示されている．

二月目には狩猟の集いがある／そこでわれわれは戦争での技量を保つのだ．

自分たちには若いイノシシを取る／だがご主人には十分に成長したものを差し上げる．

奴隷が常に戦闘員であるとは限らない．集団生活の証拠としては，さらに，共同体の祭礼がある．これは，先祖に敬意をはらうために，1年の農作業のおわりに公共の集会所で催され，そこでは共同体の弓術競技会も行われた．

こうした様式での共同生活をすぐれたものとみなす倫理的価値観は，後の時代にはこの生活を実践する人々の数は次第に少なくなっていったにもかかわらず，中国人の歴史を通じて生き残った．13世紀のモンゴル王朝に至るまで，多くの王朝が，いくつもの世代にわたって共に生活し，その財産を共有し，共に食事をする一族を表彰した．共産主義はもちろん同族関係のきずなを敵視しているのだが，ここには，古代の歴史と共産主義者の下での集団化への衝動とを結びつけている理想主義の糸があるのかも知れない．

こうした生活様式は，前千年紀の中ごろに大部分が崩壊した．春秋時代および戦国時代の新たな社会的基礎単位は，3世代の家族であった．この種の家族は，成人した息子たちとその子供たちが，父親が死ぬまで父親と共に暮らすという原則にしたがって機能した．これは明らかに，土地の私的所有の出現，所有者の死にともなうその分割と相続，孝行心と従順とがいっそう強調されたことと結びついていた．

前4世紀の中ごろの秦国で，商鞅（ショウ，オウ）がこの3世代家族を破壊しようとした．かれの目的は，父親の権威を弱くすることによって国家権力を強化すること，農家をより多く形成させるようにすることによって国家収入を増やすことであった．かれは，2人以上の成人した息子をもち，2番目以下の息子に自分の下を離れて独立して生計を立てていけるように財産を分与しないすべての平民に対して，税金を倍加する，と定めた．後の著述家たちは，敵意をもって秦を父親への敬意がずっと強かった他の国々と対比した．前2世紀に，政治家でもあり哲学者でもあった賈誼（カ，ギ）はこう記している．

商君は礼儀と正義を捨て，人間らしい情と義務の念を捨てた．かれは心を昇進と利益にむかわせた．この政策が20年間遂行された結果，秦の慣習は荒廃していった．秦では裕福な家ならば，成人した息子を財産の持ち分とともに独立させて送り出したであろう．貧しい家ならば，成人した息子は余計者として送り出されたであろう．息子たちは父親に鍬や鋤を貸しただけでも，顔に徳行の表情を浮かべたであろう．母親が息子たちからかごとかほうきを取っていったぐらいでも，かれらはすぐに口ぎたなく母親を叱っただろう．息子の妻たちは子供たちを抱きしめ，食物を口に入れてやるだろうが，義父に対しては貪欲で傲慢であろう．妻たちと義母たちは同席していても，互いに何の喜びも見出せずに，互いに口をすぼめて相手をじろじろ見るであろう．自分たちの子孫だけを大事にし，利益を楽しみとする点で，かれらは動物とそれほど違っていなかったのである．

賈誼の秦に対する譴責から，それとの対比で，中国のその他の地域における家父長的家族の性質といったものを想像することができる．それは，社会の中核となり，ずっとそうありつづけた．葉（ショウ，ヨ）の自称「公」に対する孔子（コウ，シ）の有名な非難以上に，このことを明白にしているものはない．「公」は，自分の領地に「正直者の躬（キュウ，キョウ）」〈直躬〉とよばれる男があり，かれは自分の父親が羊を盗んだことを証言したほど正直だということを誇らしげに話した．「私達の地方では」と聖人〈孔子〉はいった．「正直者というのは全

河南省信陽（カナン，シンヨウ）の楚（ソ，そ）墓から発掘された，前4−3世紀ごろの木製楽器上の人間や動物の画像．楚の芸術と北方の諸国の芸術との間には，著しい相違がある．『楚辞』は，楚の信仰に関するすぐれた資料であり，天地の奇妙な魂魄のイメージは豊富である．

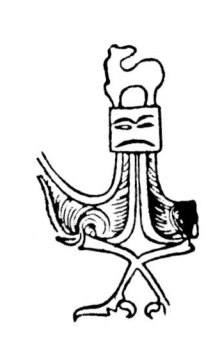

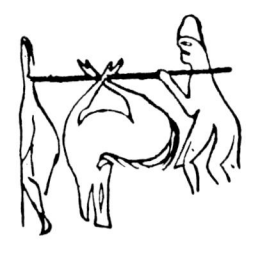

く違っています．父親は息子をかばい，息子は父親をかばうでしょう．」

周の王権：礼と現実主義

周の君主制は，すでに見たように，征服王朝としてはじまった．おそらくそのために，周は被支配者に対して商よりももっと妥協的でなければならなかった．またよりはっきりと行動を正当化できるように工夫しなければならず，同様に他者の目をより気にするようなやり方で，政府機構を作り出さなければならなかった．周の封建制の特色は，受領者の王との関係を記録した多くの青銅器銘文によくあらわれている．たとえば，大盂鼎（だい，ていてい）（これは高さが1m以上ある）は，康（こう）王が，盂（う）という人物を異民族戎（じゅう）に対する統轄者に任命した際，かれに土地と人間と官職を示す記章を与えたことを記念しているのだが，そこには次のような訓戒が記されている．

　盂よ！ 寛大で傑出した文王は大いなる天命を授かった．武王は文王を継ぎ国を作った．武王は悪を追い払い，四方あまねくその領地とし，人民の欠点を正した．……天は彼を見守り保護した．……余は文王の高潔なる徳を余の模範と考え，かれが定めた主義に従いたいと願う．盂よ，余は今，汝が余の力となるように命じる．敬意をもって余の徳を強め行いを正せ．朝も夜もたゆみなく付き随って，汝の批評を述べよ．余のために尽力せよ．そして，天を恐れて敬虔であれ．

こうした封建的要素に加えて，官僚制という方策もあった．これは，少なくとも，森林大臣というような特定の職務をあらわした肩書をもった役職の創設から知ることができる．

西周の考え方によれば，王は天ないし神に「対応する存在」であった．王は天下の人民と国々に対する「法」，「模範」，「手本」であった．王は，人民が彼の歴然たる美徳に反応する手本であり，教師であった．王はまた，『詩経』の言を借りれば，自分の臣民を宇宙に感応して「調節」し，「調和」させるものともされていた．王は「人民に対する信義を守ら」ねばならず，「人民が頼りにする者」であらねばならなかった．王と王の封臣は，壁を作ったり農地を区別して分配したりして，世の中を秩序づける者であった．王はまた，捧げ物を提供して「幾百の魂魄をもてなす主人」であり，「氏族の死んだ王子たちに忠実」であった．それらの死者は，王を加護し，王の供するいけにえを受けとり，王が手はずを整えた音楽の演奏を聞くために，天から降りてくる先祖であった．君主制を取り囲む儀式は数多く存在したが，それらの性質は今では大部分が不明瞭になっている．おそらく最も重要だったのは，いわゆる辟雍（へき，よう）であったと思われる．これは，水で囲まれた神聖な建造物，王による船上の釣りの儀式，魚を捧げる儀式を含んでおり，豊饒の象徴であった．

前9世紀中に，周の王たちは貴族を支配するのが困難だと感じだした．騒擾や天災のただ中で，旧社会が崩れてきているという気持が生じた．統治者の間には自分たち自身の失敗という意識が増大し，天の怒りに対する恐れがみなぎった．このことは当時の青銅器からも歌からも，極めて明白である．

　どの魂魄にもわれわれが犠牲を捧げなかったことはない．
　犠牲者を殺すことを惜しんだこともなかった．
　祭儀の玉はことごとくさし上げた．
　　――なにゆえ，一人として魂魄はわれわれの声を聞いてくれないのか？

〈前〉8世紀の周王室の勢力の衰退後は，青銅の祭器にあらわされる政治文化も弱まり，その後，実質的に消失した．高官や，さらには春秋時代の各国の独立した統治者が，王室の儀式の多くを引き継いだ．このようなわけで，斉伯が自分の軍隊の指揮者に，300の行政区域と，馬，馬ひき戦車，武器，350家族の農奴を俸禄として与えたありさまを記録した青銅器があらわれた．前6世紀のおわりからは，秦国で出土した青銅器で，周王の教義を名目上の従属国であった自国のために流用したものが見られる．

　秦公はいった．偉大にして傑出しているわれらが尊き先祖たち．かれらは天命を受け，〔賢帝〕禹の例にならって居住した．今までの12名の公は，神とともにおられる．かれらは厳格に天命を観察し，際立った手法で異民族や中国人を支配しながら，かれらの秦を保護する．〔比較すれば〕われわれはほんの子供にすぎないが，威厳をもってわれらが栄えある徳をふるい，……無数の人民を戒める．われわれは次代の勇士を育てる．……われわれは朝廷に参内しない国々を服従させる．われわれは供儀においては畏敬の念をいだき，われらが先祖のための祭器を作り，かくしてわれらが尊き祖先に従う．

しかし，この時期には，礼の文化に基づく周の王権という概念は，崇敬の回憶とそれほど変わらないものにすぎなくなっていた．戦国時代の無慈悲な実利主義が身近にあったのである．

武力によってでなく徳と模範の力によって統治する真の王という理念は，後の中国の思想に深く根づいた．より錯綜した現実の歴史の記憶が薄らぐにつれて，人々は，そのような統治者がかつて実際に存在し，したがっておそらく再び出現しうるだろうということの保証を，主に，周初の礼に基づいた王権の中に求めたのであった．すでに孔子（前551-479）の中に，明白に蔓延している懐疑主義的雰囲気とあらがう復古主義的熱情が見出される．「礼譲によって国を治めることが可能であるならば，もはや何の問題があろうか？ だが，礼譲によって国を治めることができないのならば，礼は何の役に立とうか？」

青銅器時代の美術

青銅器時代

商（ショウ、ジョ）〈日本ではふつう殷と呼ばれる〉代の最も初期の青銅器とされるものは河南（カナン、ホナン）〈省〉〈偃師県〉の二里頭（ニリトウ、アルリトウ）から出土した前19世紀にさかのぼるものである．それらは薄手で線状の浮彫でまばらに模様のつけられた何本かの帯に飾られ，陶模法で作られている．

商の首都は数回遷り，最後の首都は安陽（アンヨウ、アンヤン）〈市〉〈河南省〉におかれた（約前13–12世紀）．現在の小屯（ショウトン、シャオトン）村の川〈洹河〉の南岸が古代の城壁都市安陽である．北岸からは祭場と多くの墓が発掘されている．近年発掘された墓としては，前12世紀初めの王妃婦好（フコウ、フハオ）〈武丁の妃，妣辛（司母辛）〉の墓が完全なものである〈1976年〉．400点以上の青銅器，武器，多くの玉器，トルコ石象嵌の石彫と象牙彫，そして7000個の子安貝（たぶん貨幣として使われた）が納められていた．青銅器は，先祖たちに捧げるいけにえの容器として祭祀用に使われた〈彝器〉．「婦好」の文字が刻まれた1組の料理用容器は，脚部や底部が煤で汚れていることから，日常に使われたと考えられる．墓には16体の人間のいけにえも納められていた．

商の青銅器の装飾は，幾何学的で螺旋状のモティーフや，饕餮（トウテツ、タオティエ）〈怪物の面〉〈獣面〉や夔（キ、ク）〈龍〉〈夔龍〉といった架空の動物で構成され，器の表面は模様でたくみに分割され配置されている．商末期の青銅器では，抽象的要素で形づくられた面や龍はしばしば分割され，宋代の古物収蔵家が雷紋（ライモン、レイウェン）〈雷の模様〉とよんだ，四角い螺旋形と釣合をとっている．青銅器の陶模法鋳造で外范を組合せておこる合せ目は，周（シュウ、チョウ）代にはきわめて精巧な装飾的な突縁へと変化していった．いくつかの青銅器は動物をより写実的にあらわしており，まれな例としては人頭を表現したものも残されている．

西周の初期の青銅器は商末期のものと似ているが，簋（キ、グ）〈容器〉のような新しい器形がとりいれられる一方では，もはや作られなくなった形もある．商の容器は輪郭を隆起させて均整をとっているが，周代にはいよいよ下部が大きくなった．模様は簡単な場合も精巧な場合もあり，容器の側面に誇張され鈎状に曲った突縁がある．想像上の鳥の意匠はますます流行した．〈前〉10世紀末までには饕餮面の抽象的幾何学的要素は，その原型が動物形であるのを依然として示す象徴的な目を除いて，個々の形に分解された．様式化の傾向は発展して最初のモティーフは使われなくなって，器の全面にわたる模様にかわっていった．饕餮面はもはや意匠のおもな特徴ではない．全く抽象的な意匠が，鳥，龍そして動物面にとってかわり，たえまない勢いでおし進み，商初期の型の左右対称の厳格さを打破して自由となった．大きな波のようなモティーフは，意匠をこの時期までにたくみに分割された境界の中におしこむことになった陶模法による合せ目にとらわれず，あらゆる容器のまわりにうねっている．

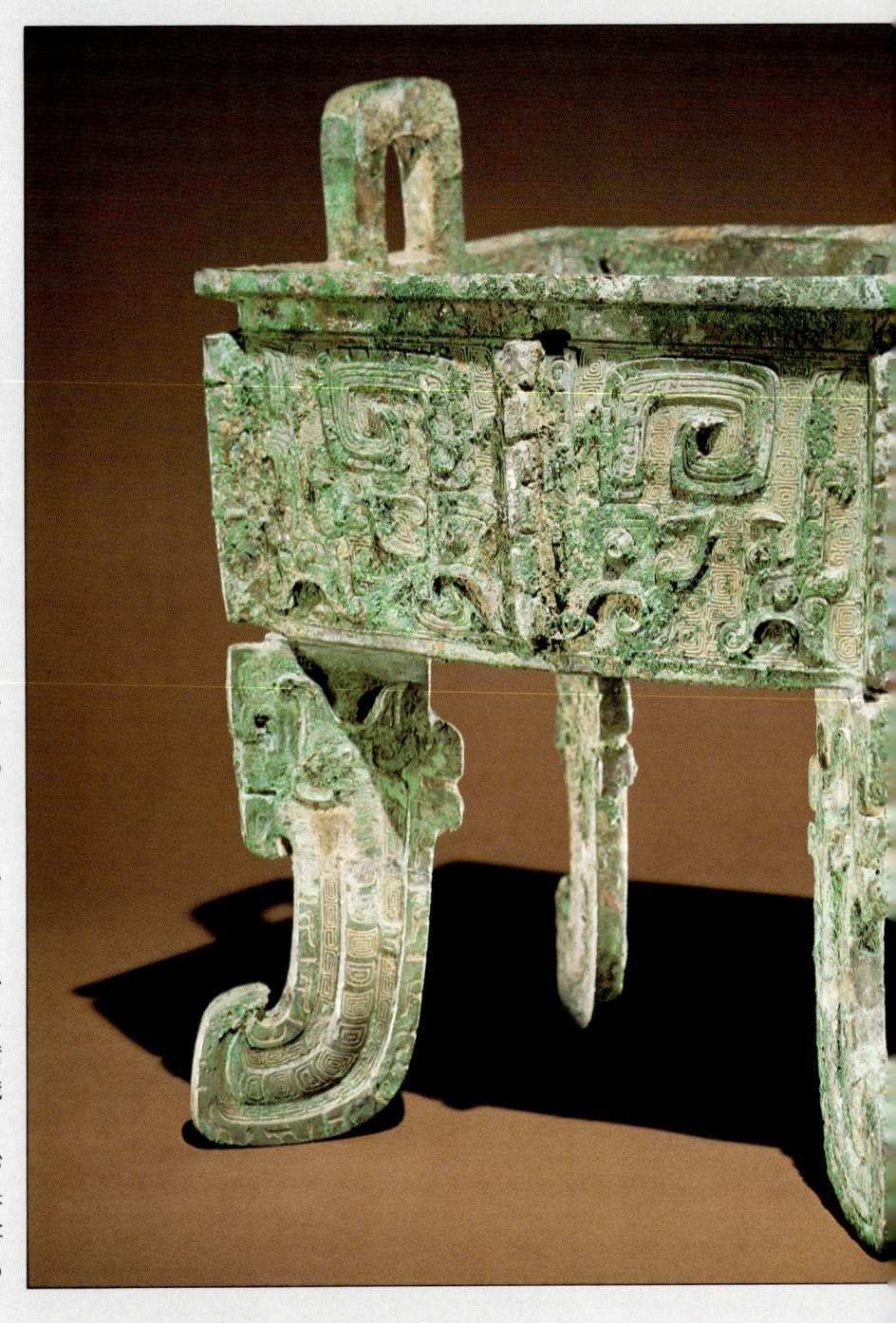

連続した波模様は〈前〉8世紀まで残った．からみあった龍のモティーフ〈蟠螭文〉が初期の組み合わされたリボンにとってかわり，一つ一つの模様が小さくなって，全体として一つの大きな表面模様となった．

いわゆる李峪（リヨク、リユ）式はこのタイプに属しており，青銅器の宝庫が発見された山西〈省〉の〈渾源県李峪〉村にちなんで名づけられたのである〈1923年〉．それには草原芸術の特徴を示す動物型青銅器とともに，無地の面にほどこされたからみあった龍の高浮彫の青銅器が含まれていた．

山西〈省〉の南西の侯馬〈県〉（コウバ、ホウマ）では李峪式青銅器と次代の青銅器装飾に優勢を占める象嵌容器が発掘された．侯馬で発見された青銅器は刻印で反復した意匠がほどこされている．これは最も微細な螺旋も一つ一つ手で仕上げられた商代には，見られなかったことである．

封建国家の展開は青銅器の様式にさらに大きな多様性を齎し，さまざまな地域で奇抜で独自な特徴が発揮された．重要な青銅器文化は，揚子江流域を中心とする南部で発達した．

上 商代末期のいけにえ用食器〈彝器〉の中で鼎（テイ、ティン）は最高の座を占める．その〈3本の〉脚は，権力，強固な政府，国家の安定――どの一つを欠いてもぐらついてしまう――を象徴するといわれる．偏平な脚は鴟龍の形をしている．この青銅器には前12世紀はじめに河南省安陽に葬られた王妃，婦好の名が刻まれている．

右 玉器は商代に非常に貴ばれて，先祖たちはかれらの最も貴重な玉の財産とともに葬られた．この慣例は次の王朝にも引き継がれた．

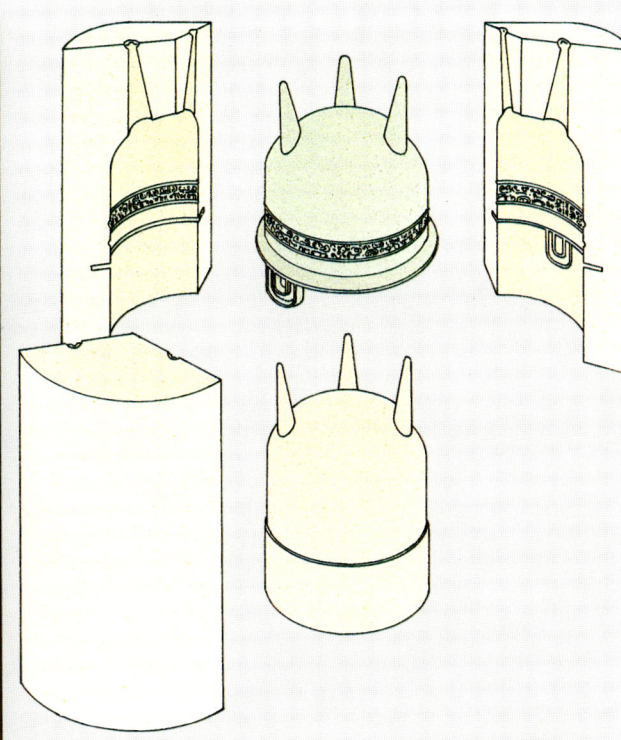

陶模法とともに高浮彫装飾のための鋳造法である蠟模法と結合して豊かに装飾された器が作られている.

青銅器鋳造が戦国時代初期に高い水準に達していたことは,湖北〈省随県〉の擂鼓墩〈ﾗｲｺ,ﾄﾞﾝ〉の〈曽〉乙侯〈ｿｳ,ｲﾂｺｳ〉の墓から発掘された青銅器にみられる.楚〈ｿ,ﾁｭ〉の南部地方の恵〈ｹｲ,ﾌｲ〉王がかれに送った1組63個からなる銅鈴〈編鐘〉がその明証である.同じ墓から出土した酒器にみられる複雑にからみあった模様は一つもつぎめがなく展開され,当時用いられた蠟模法が高度に完成されていたことを示している.

前475−221年にかけての戦国時代に象嵌青銅器は,一般に好まれたためにその様式は広い地域にわたって優勢を占めた.そして東周代初期には地方ごとに異なっていた様式が統一された.象嵌の技術はトルコ石を用い商代にすでに試みられていたが,象嵌様式は中国では〈前〉6世紀まで流行しなかった.意匠は象嵌のために陶模に刻みこまれた.それはまた金属象嵌が,外范に輪郭を固定することによって容器の表面に鋳こまれたことも暗示する.銅,金や銀を用いて,神々,人間,動物,樹木,建物を帯状に配列する絵のような象嵌青銅器が作られた.象嵌された金や銀をきわだたせるために,青銅器の金色の表面を人工緑青で黒ずませる技術は,たぶん当時すでに知られていただろう.孔雀石とトルコ石も使われ,赤銅を地とした暗緑色の孔雀石の色彩は装飾の主な特徴になった.

前4世紀中期から前206年の前漢代のはじめまでの象嵌青銅器は,中国中心部〈中原〉と中国南部という二つの主要な地域に分けられるだろう.象嵌模様はますます明るくなり,針金状の金の曲線は宝石とみまがうばかりだった.この時以来,象嵌青銅器はますます洗練され,精緻になっていった.南部では曲線の意匠が中国中心部の幾何学模様に比べてより以上に木製漆器や彩画絹布〈帛画〉と共通して用いられていた.

玉〈器〉

玉は中国では硬度と清浄さのために新石器時代から貴ばれてきた.石の主産地は中央アジアのホータン(和闐)であり,産地と玉の細工技術とは新石器時代から商代へと伝えられた.

玉はきわめて硬い石で細工がしにくい.職人は何年も石塊をいじって研究してから,研磨用の砂を使って仕事をはじめるといわれている.商代や周代の墓に残っている玉は,白色か黄色がかっており,まれには灰緑色のものもある.玉は儀式用装身具と副葬用に使われ,青銅器の装飾の一般的傾向にしたがって浅彫で飾られた.細工がむずかしかったために,彫る物の側面影像〈ｼﾙｴｯﾄ〉が重視された.〈前〉12世紀初めの安陽の婦好墓の小さな玉の動物は,体の主な関節に抽象的幾何的装飾が刻まれているにもかかわらず驚くほど真にせまっている.周代には,玉の彫りは細部までこまかくきれいに仕上げられた.戦国時代末期には,職人の質と熟練とは極点に達し,空前絶後の玉のすかし細工の意匠をつくりだすにいたった.

漆〈器〉

漆は中国西部の四川〈ｼｾﾝ,ｽｰﾁｭｱﾝ〉〈省〉や雲南〈ｳﾝﾅﾝ,ﾕﾝﾅﾝ〉省

上 陶模法の大きな強みは,装飾の鮮明さにある.この方法は,中国以外では道具を作るのに使われ,大きな容器のために使われたのは中国独特なことであった.蠟模法も使われた.模型を蠟で作り粘土で包む.焼くと,蠟は溶けて流れ出し,溶かされた金属が補充された.陶模法の技術は,商代以前と商代の青銅器に使われた主要な方法である.蠟模法は,たぶん陶模法と結合され,より複雑に組み合わされて,重なった意匠や東周時代のすかし細工の青銅器に使われた.

青銅鋳造の陶模法は以下の通りである.
1. 青銅器のための鋳型〈外范〉は,だいたいの模様がつけられた模型の表面に粘土をおしつけて作られる.
2. 鋳型〈外范〉は乾くと模型から切りはなされ,意匠の細かい部分が皮のように薄くて強靱な粘土に刻まれる.
3. 鋳型〈外范〉と雌型〈内范〉とが焼かれる.
4. 鋳型〈外范〉の断片が組み立てられ,溶けた銅を受けるように製作台の中でさかさまにされる.
5. 鋳物が冷えてから鋳型はとり除かれ,表面が磨かれそして顔料が象嵌されることもある.

青銅器時代の美術

青銅器時代の美術

にできる漆木の純粋な樹液である．漆は顔料と混ぜ合せて木器の上に薄く塗られる．

漆はたぶん，商代に青銅器にトルコ石を象嵌するための接着剤として使われたのであろう．木器はとっくに腐敗してしまっているが初期の漆の痕跡が商代の墓から発見されている．漆は木の容器の装飾として戦国時代にも依然として使われ，非常に貴ばれた．戦国初期の湖北〈省〉の擂鼓墩の乙侯墓には，漆で装飾された家具，動物の形をした食器，そして楽器が納められている．出土した内棺は黄，黒，赤の色を用いた抽象的デザインが描かれ，矛を運ぶ角のある怪獣が中央パネルの両側にいる．雄鹿は羽と点の菱形模様に塗られ，漆の食器は青銅器の形と装飾の両方をまねている．これらの意匠は筆により適した渦巻線にかわり，さらに戦国末期の象嵌青銅器の装飾に影響を与えた．

図中の右　この東周初期の青銅器（前11世紀ごろ）の銘文は，商への攻撃を記録している．

図中の中央　前5世紀の李峪式の祭祀用青銅器〈彝器〉は，幾何学的模様でうきたたせられている蟠螭文に特徴がある．

図中の左　環の中央にとりつけられた饕餮（怪獣）の面は，戦国時代の青銅器や木棺に見出される．〈前〉6世紀後期における面は，たぶん，商の祭式を意図的に暗示したものである．

右　この犀は，前3世紀のものであり陝西（㊙,㊙）省で発見された．酒器として使われたものである．飾りの模様には，かつては象嵌がほどこされていた．

下　湖北（㊙,㊙）省の乙侯（前5世紀ごろ）の墓から発掘された，膝ぐらいの高さの漆塗の鹿．

青銅器時代の美術

秦帝国

天命

　前221年の秦による統一を，歴史家は慣習的に，1911年までつづく新時代――中華帝国――のはじまりと見なしている．帝制が消滅し，歴史の長い1章が終了したように思われる現在から，この2000年間を振りかえれば，こうした見方にもある程度の正当性はある．だが，多くの点でこの統一は，古代末期に発展した思想と制度の頂点として，つまり，はじまりと同程度に結末として理解した方がよい．

　勝利を収めたとき，秦国はすでに500年以上の歴史を有しており，秦の統治者自身の見解では，かれらはつとに天命を授かっていたのであった．このことは，前章で引用した秦の青銅器銘文から明らかである．諡で「始皇」と称され，存命中は単に「皇帝」（コゥテイ）とよばれた政（ｾｲ，ｼﾞｮｳ）王は，他の6競争国に対する勝利に感謝した際，「わが先祖の魔力に頼った」ことに言及し，祖先に「太上皇」（ﾀｲｼﾞｮｳ，ﾀｲｼﾞｮｳｺｳ）という称号を遡及して与えた．そうするかわりに「天地の魔力に頼った」ことに言及したのは，秦の後を襲ったものの，よびかけて祈るほどの威信のある家系をもっていなかった漢（ｶﾝ）の皇帝たちになってからのことである．

　後に，漢の歴史家は，政王が天に新たな命を要求したということをほのめかしているが，これは本当におこったこととは思われない．そのようなことをしたとすれば，かれは自分の傑出した先祖に汚名を着せることになったであろう．やはり漢の歴史家が断言したように，政王が自身の天下支配に至る興起を，特定の色と数とに連結している五行（ｺﾞｷﾞｮｳ）〈万物の根源をなす五つの要素．木，火，土，金，水〉交替によって決定される周期的過程の一部と考えていたということも，ありえそうにない．このような考えも，功績を政王一人に帰すことによって，皇室の祖先を侮辱したことになったであろう．もっと悪いことに，この考えには秦の皇室の統治権がいつかは終末を迎えるという意味が含まれることになるのだが，始皇帝は，自分の家系が永遠につづくように期待していることを明快に述べていたのである．

　畏敬をいだかせるが，けっしてあまねく歓迎されたのではない統一の偉業について，始皇帝と大臣の李斯が宣伝しようと望んだ公的な観念は，おもに，皇帝が新領土視察の際に訪れた山々の頂きに刻み込まれた数多くの碑文に説明されている．それらのうちの最古のもの――ずっと以前には鄒（ｽｳ，ｼﾞｭ）の国の所領であった嶧（ｴｷ，ﾔｸ）山にある――は，皇帝が平和をもたらしたことと，それによって普遍的君主独裁権が正当化されることを強調している：

　　皇帝が樹立した国家は
　　　今までのあらゆる時代を通じてはじめてのものであり，
　　　代々の王の家系を継いだもの．

　　皇帝は混乱と反乱を根絶するに，
　　　世界の四周にまで影響をおよぼす権威と，
　　　逸脱なく厳格なる軍事的正義とをもってした．

　　兵士と官吏は皇帝の命令を奉ずるや，
　　　長い時間をかけることなく，
　　　規則に従わない6強国を撃破した．

　　26年間の統治期に
　　　皇帝はその荘厳なる称号を告知し，
　　　孝の道を鮮明なものとした．

　　大いなる業績を捧げ，
　　　完全に献身するという恩恵を賜予したのち，
　　　皇帝はみずから遠い地方に行幸された．

　　嶧山の頂きに登ったとき，
　　　随行の官吏の一行は
　　　みな昔の，かつて長くつづいていた物事に思いを馳せた．

　　かれらは秩序のない混乱の時代を思いおこした．
　　　当時は土地は分割され別々の国が樹立されており，
　　　闘争の亀裂はとても大きく開いていた．

　　当時は猛襲と戦闘が毎日おこり，
　　　血が平原にあふれていた．
　　　太古の時代にそうであったように．

　　数えることのできる過去何世代もの間，
　　　さかのぼって五帝の時代まで，
　　　だれもこの状態を禁じられも止められもしなかった．

　　今になってはじめて，われわれのこの皇帝が
　　　世界を一家にし，
　　　兵器はもはや手にされなくなった．

　　天災も人為の災害もなくなり，
　　　黒髪の民は壮健かつ平和に暮らし，
　　　利得と豊かな資源は永遠に続く……．

　泰（ﾀｲ，ﾀｲ）山の碑文は，皇帝の役割を法令の下命者として描き，徳――有力な道徳的存在と万物にいきわたる生気を与える魔力との両方の意味での――に基礎を置く王権という，中国に特有の概念を表明している：

　　統治の道が実施され効力を発揮すると，
　　　生起するすべての物事は最適の状態を獲得し，
　　　各々の物事は適切な法と模範を有する……．

上　秦の始皇帝〔「秦の最初の皇帝」〕の墓の付近から発掘された陶土製の兵士像に塗られた顔料の跡から見て，秦朝のよろいは，明るく着色されていた．歩兵には数段階の色の体系があった．あるグループは，白い飾りびょう，紫色の革帯，黄色のバックルのついた黒い薄板を重ねたよろいの下に，襟と袖口に紫色の縁どりのある明るい緑の短い上着を着，紺のズボン，黒い靴とオレンジ色の靴ひもを身につけていた．別のグループは，淡い青の模様入りの襟と袖口のついた短い赤のコートを着ていた．よろいは，赤または薄緑のびょうとオレンジ色の帯のある濃い茶色の平板でできていた．復元画は，歩兵将校の精巧に彩色されたよろいを示したものである．

右　秦政府の組織

```
                    皇 帝
助言                ↑  ↘
太子太傅             │    行政
朝議                │ ─ 三公
                    │
       ┌────────────┼──────────────┐
      丞相        御史大夫          太尉
       │                            │
   ┌───┴───┐                       将軍
  丞相府   九卿                     軍隊
           │
           ├─ 奉常
           │   (占星術, 祈願, 占い, 音楽, 学問)
           │
           ├─ 衛尉
           │
           ├─ 郎中令
           │   (政策の参議, 情報の伝達)
           │
           ├─ 太僕
           │
           ├─ 廷尉
           │
           ├─ 典客
           │
           ├─ 宗正
           │
           ├─ 治粟内史
           │   (国家財政官)
           │
           ├─ 少府
           │   (食糧調達, 宮廷運営, 物価統制, 皇帝文書の準備など)
           │
           └─ 卿より下位のその他の重要な役職
               (将作少府, 中尉, など)
```

地方政府

郡
監御史(監察官)
郡守(郡丞, 門下主簿らが補佐)
郡尉(地方徴集の軍隊を統率)
賊曹
その他の専門官： 決曹〈司法官〉や金曹〈塩鉄担当官〉など
県
県令(住民が1万戸以上の場合) または県長(住民がそれ以下の場合). 列曹, 門下が補佐.

```
上級の地方当局が任命する官
  郷       三老 (道徳的指導者)
           有秩嗇夫 (大郷)
           嗇夫 (小郷)
           游徼 (法と秩序の維持)

  亭
  (1郷につき10亭)    亭長

  里
  (1亭につき10里)    里正
```

秦 帝 国

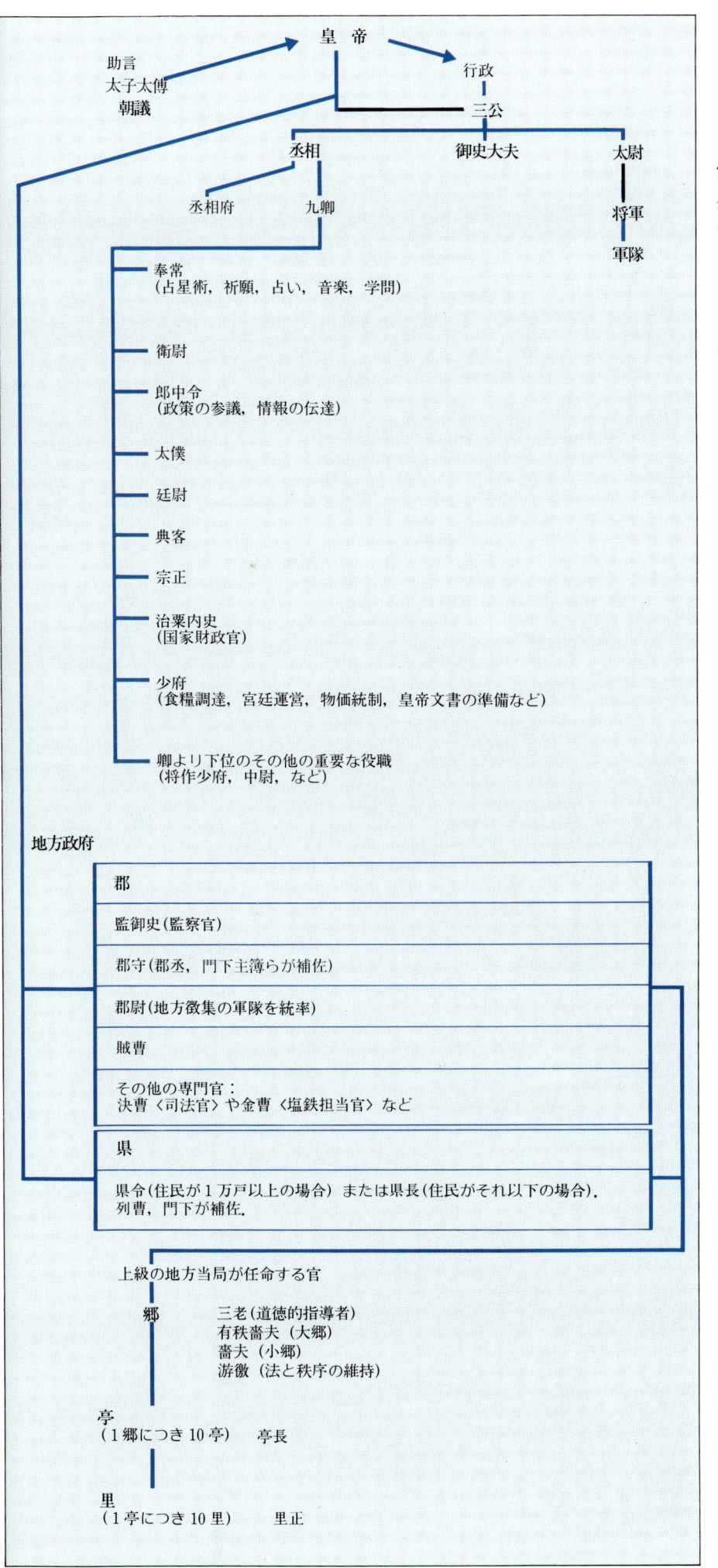

皇帝の指示の規範は四方に達し,
遠きも近きも等しくよき命令に従い,
賢帝の意志を受け入れる.

山東省琅邪(ろう, ジャ)山の台地にある碑文には, 儒家と法家, さらには道家の思想の混合に頼る理想の君主の姿が生き生きと描かれている. 皇帝は同時に, 人間と自然界との両方を活気づける道徳的魔力の行使者であり, 至高の教育者であり, 制度と事業に正確で明快な形を与える勤勉な訓導者である. 皇帝がそのような資格をもつことは, 庶民に授ける恩恵によって正当化される. 社会の均斉を目ざす熱情や, 勤勉と礼儀正しさの重要性に対する信仰もはっきり示されている：

皇帝は規則や基準を公正で公平なものとする；
皇帝は万物の調整者である.
かくて皇帝は人間社会の事柄をはっきり照らしだし,
息子と父親を結びつけ調和させる.
皇帝の賢明な知恵, 利他主義〈仁〉, 正義は
道理を輝かせ曇りなきものにする.

皇帝の功績は
基本的な事柄〈農事〉で勤勉に働くことである.
皇帝は農業を称揚し, 二次的な仕事〈商業〉を終結させた；
皇帝が富ませたのは黒髪の民である.

容器と道具は度量を同一にし,
文書は単一の書体で書かれる.
日と月が輝く所ではどこでも,
舟と荷車が動く所ではどこでも,
だれもが定められた人生を生き抜き,
自分の望みを達成できない者はいない.

他の碑文では若干の新たな強調点が書き加えられている. 芝罘(し, フ)山上の賛辞には,「大衆に対する皇帝の憐れみ」と, 皇帝がどのように「黒髪の民の救済者であった」かが語られている. 碣石(ケツ, セキ)市の入り口に刻まれている碑文は, 少なくともある程度, 世の中に自分の肉体的姿さえも捧げる存在としての君主を叙述している：

皇帝は内側の城壁〈城〉も外側の城壁〈郭〉も打ちこわし,
水路や堀を切り開き,
危険な隘路を平坦にした.

土地の形状が決定されるや,
黒髪の公衆は賦役を課せられなくなり,
天下のすべての者がいつくしまれた.

東南の会稽(カイ, ケイ)山に刻まれた碑文には, 拘束力のある規定を形作る統治者の権利と義務が示されている.

秦の賢人は王朝の統治を引き継いだとき,
最初に刑罰と〈法令の〉範疇を定め,
古いおきてを明瞭に説明した.

秦　帝　国

　　皇帝は最初に公平な規則と模範的形式を作り，
　　調査の後に各々の官職と職務を区別し，
　　それによって日常の規範を確立した……．

　　皇帝は万物を動かし，調整した；
　　皇帝は出来事の本質を吟味し，
　　各々が適切な名称をもてるようにした……．

　ほんのわずかな変化はあるが，至高の統治者はかくあるべきだというこの一般的概念は，毛沢東（もうたくとう，マオツォトン）主席の時代を含めて，後世の中国人の政治的想像力を支配していったのである．

統治様式

　至高の統治者についての観念はレトリックであった．実際に機能していた政治制度としての初期中華帝国の独特の特徴はどのようなものであったか？

　なによりもまず，それは官僚制であった．つまり，それは，特定の職務の遂行を割り当てられ，その能力があると見なされて選ばれた人間をその構成要素とする，政治，行政，軍事機構であった．それは，登記された住民に課される強制的徴税と労役によって維持された．したがって，その本質的着想において，官僚制は，個人としての個人の間に，典型的には君主と封臣との間に存在していた，もしくは存在しているとされていた，終生にわたりかつ通常次世代に受け継がれる忠誠と責務に基づいて目上の者から目下の者に委譲される権力制度としての封建制度に対立するものであった．政治権力の世襲の禁止の重要な例外は，もちろん皇帝の地位そのものであった．その他にも，ある世代から次の世代に譲渡される若干の小さな特権があった．官僚制はまた，特定の職務が原則として特定の役人の責務である家政型の政府とも異なっていた．最後に，官僚制は，事務が成文の規則に基づき文書を介して行われたという点で，組織化され形式が固まっていた．

　始皇帝時代には，行政面で封建制を否認したことは明瞭であった．それ以前の秦の統治者は，時々，さまざまな形で高位の役人や自分自身の息子たちに領地を与えることがあった．たとえば，呂不韋は宰相のときに，文信（ぶん，ブシン）侯という爵位を授かり，洛陽地域に10万戸の「食うため」の封土〈食邑〉を与えられた．この表現は現代の用語では大変そっけないが，「収入源としての封土」（受領者自身が管理するものとは対照的に）とでもいえるようなものを表現しているのである．行政面で封建制度の下に置かれていた統一前の統治者が味わったものは，とうてい快適なものではなかった．(征服後の四川の) 蜀侯となったある王子は，反乱をたくらんだとされて処刑された．政王自身の治期のはじめのころには，新たに昇進した長信（ちょう，チシン）侯〈嫪毐〉——この人物については，彼の封土では「大小すべての事柄はこの人物によって決定された」といわれた——が謀反をおこし，やっとのことでそれを鎮圧した．

　決断の好機は前221年に到来した．この年，丞相（すなわち，宰相）の王綰（おん，ワン）らが皇帝の息子たちを極東北部，東海岸，揚子江中流域の「王」の地位に立てようと提案した．これは，それらの地方が遠く隔たっており，そのようにしなければ統治するすべがない，ということを根拠としていた．この提案は李斯が有名な発言の中で首尾よくしりぞけてしまった：

　　周王朝の文王と武王が封土を与えた息子たち，弟たち，その他の男系親族は，きわめて数多くありました．この後，かれらの結びつきは緩くなり疎遠になって，互いを敵に対するかのように攻撃するようになったのです．〔春秋時代の〕諸侯に至っては，互いに撲滅しあいさえしました．周の天子は彼らの抗争を止めさせることができませんでした．今日，陛下の聖なる魔力によって，四海の内の土地は統一され，すべては郡や県の管轄地域となっています．公子たちと功臣には，国の税収から手厚い報償を与えるとよいでしょう．そうすれば，かれらを制御するのは容易で，帝国から分岐しようとする考えも生じないからです．これは平和を保証する方法です．諸侯を立てるのでは，この目的は達成できないでしょう．

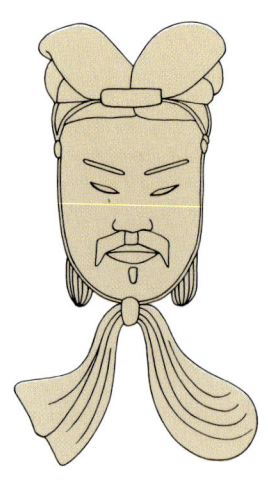

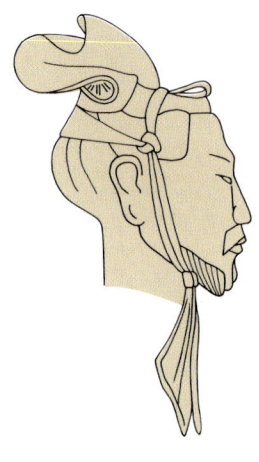

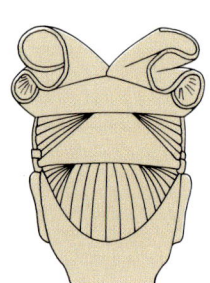

　前213年に数人の儒家の学者が，封建制を復活すべきであると建議した．かれらは，商王朝と周王朝が長く存続できたのは，目下の親族に領地を与えて王家の「支柱や車の支え」としての任務を果たさせておかげであった，と論じた．かれらはこう結論を下した．「古い時代を師表としないで永続した物事は，聞いたことがありません．」李斯は，時代は常に変化しており，「学者たちが現在を手本とせず，そのかわりに過去に学んでそれを現代の批判のために使うならば，かれらは黒髪の民をまごつかせ，混乱させることとなりましょう．」といって論駁した．この論議は，李斯と始皇帝がその後ずっと憎悪されるもととなった，野蛮な政令の一つをもたらした．農業，医学，占いに関する書籍を例外として，秦の国のものを除く哲学に関するすべての著作とすべての歴史の記録は組織的に破壊され，それらをあえて引用しようとする者に対しては死刑が命ぜられた．

　これは，内中国における封建主義の傾向の終結を意味するものではなかった．初期には秦よりもずっと弱体であった漢王朝は，皇帝の親族や新王室の支持者に対して数多くの領地を再導入せざるをえないことに気づいた．これらの半独立王国の中の七つは前154年に反乱をおこし，その鎮圧後には，官僚制の原則が封土地域に再び押しつけられた．その後の数千年ほどの間の中国政治史の大半は，事実上，地方に基盤があり，世襲されることが多かった有力者と，有効な中央統制を主張しようと試みる政府との間の勢力争いであったと考えることができる．この闘争はいろいろな形をとり，幸運に恵まれる側はその時々で大きく変化したが，中央集権原理の基本的優位も，ある程度，確かなものとはいえない状態であった．国の大半が半独立の軍事統治者に支配されていた9世紀初期に，哲学者柳宗元（りゅうそうげん，リュウツンユワン）は，「封建論」という文章を書いて官僚制国家の価値を強調する必要性を感じた．1052年になってすら，ある指導的官吏が，実際には成功しなかったが，私的軍隊を訓練している富裕な土地所有者に役人の地位を与えるべきだと提案しえたのであった．

　秦帝国の役人の称号と機能は，歴史的にいえば，周初期の慣行，戦国時代の一般慣行，秦の新機軸が合成されたもので

あった．権力機関の正確な輪郭を明確にするだけの十分な情報はないが，中央政府，九卿，地方政府の概括的構造は81頁の表に示してある．軍隊の位階制度は原理上はかなり直列的であった．おのおのに事務官の長がつく将軍の下には，校尉，軍司馬，軍侯，屯長が置かれていた．

明確な地方行政制度としての県〈シェ〉(この言葉はおそらく「ぶらさがり」を意味する語〈懸〉に関連しているものである)は，中国の国家が他の中国の国家から新たに獲得した地域ではじめられたようである．より大きな管轄区域，郡〈ジュ〉(やはり古い言葉で，「君」と語源を同じくする)は，非中国系異民族に相対した一部の辺境地域で，やや後になってはじめられたらしい．こうした官僚機構を体系化し普遍化したのは秦の貢献であった．帝国の行政区画の実際の数は論争の対象となっている．通常引き合いに出される数字は再統一時の36であるが，王朝末期には49にも上っていたかもしれない．

前210年の始皇帝の死から3年とたたないうちに，この注目に値する制度は崩壊した．徴用された労働者がおこした反乱は覇権をねらう競争相手間の短期間の内戦につながり，前206年の新王朝漢の出現で決着がついた．秦の破滅のおもな理由は二つあった．第1は，朝廷における政治生活に病的な性質が増大したことであり，それは，分別のある政策の形成や，しまいには政策の遂行をも麻痺させてしまった．第2は，経済上の過重負担であった．初期の帝国の資源では，大規模な軍事遠征，戦略的道路や万里の長城の建設，始皇帝の宮殿や，70万人の徴用者が働いたといわれ，秘密を守るためにその人々が内部に生き埋めにされた彼の巨大な墓といった他の公共土木事業などの経費をまかなうことができなかった．

政治過程の頽廃の根源は，始皇帝の誇大妄想や，批判に対する不寛容の増大や，一身の肉体的不死の秘訣を求めるように駆り立てた，迷信に惑わされやすい性格の副作用まで，たどることができるかもしれない．これらすべては，盧〈ろ，ル〉という名の学者〈盧生〉の逃亡を知ったときの始皇帝の有名な怒りの爆発の中に見出せる．始皇帝はこの学者に対し，不老不死の薬を発見する義務を課したのだが，この男はこんな皇帝にそんな特権はふさわしくないと結論を下した――漢代の『史記』に述べられているところでは――のであった．

> 私は，世のすべての役に立たない書物を破壊した〔皇帝はそう宣言した〕．私は，文学と方術に精通した多数の学者を朝廷に呼び集めた．私はそれによって，大いなる幸福の時代を生み出そうと望んだ．錬金術師に私は，かれらが自らの身を清めて魔法の薬を探し求めるように求めた．今，私は，韓衆〈かんしゅう，ハンジョウ〉と〔かれと一緒に万能薬の探索に出かけた〕他の者どもが行ったきりで報告に戻ってこないことや，〔不死の島を見つけに航海に出た〕徐市〈ほつ，シェイ〉の一行が莫大な額の金を浪費したあげく結局なんら魔法の薬を手に入れられなかったことを耳にする．毎日私が聞くのは，ペテンで手にしたかせぎや，相互非難ばかりである．私は盧生とかれの仲間にほうびとしてたっぷり贈り物を与えたが，現在かれらは私の悪口をいいふらしている．かれらの不平の要点は，私に徳がないということである．首都咸陽〈かんよう，シェンヤン〉の学者たちに対して，私は人を送って調査させたが，学者のある者は奇怪で不適切な話で庶民を惑乱しているようである．

御史大夫が指揮をとる取調べがあり，その間これらの学者たちは自分自身だけ助かろうとして互いを告発しあった．そこで皇帝は，460人以上の学者を生き埋めにし，「世間に知らしめて，かれらの後継者たちへの警告とした」のであった．これはおそらく，これ以後の中国で時々浮上してくる傾向，すなわち，独占と取調べと粛清を取り合わせることによって中央政府が文化生活を圧殺する，最初の例であっただろう．だが秦にとって最も重大な直接の帰結は，有能な皇太子〈扶蘇〉が，「みな孔子を称賛し自分たちの模範としている」学者たちをこのように残酷に扱うことは，征服をなしとげたばかりの帝国を平和に保つ正しい方法ではない，と抗議したために辺境に追放されたことであった．この追放のおかげで，始皇帝が死んだとたんに，宦官趙高〈ちょう，カオ〉が皇太子を自殺させるようにたくらみ，継承を操り実権を握ることができたのである．その結果は，有名な鹿の話によく象徴されている朝廷の全面的堕落であった．趙高は，どの役人が自分の支持者かを知りたかった．そこでかれは皇帝に鹿を献呈し，これは馬であると断言した．それにもかかわらず本当のことを言って，それは鹿だと言い張った者を，かれは処罰した．まもなく，かれは新帝に自殺を強いた．神経質な第三代皇帝はその後，この宦官を暗殺させたが，わずか46日間王位を守っただけで，反乱軍が咸陽に押し入ってきたのである．

秦の制度は，効率的な官僚制国家に不可欠の付随的存在である自由農民層を創出し，その後それに課税することによって，国家収入を拡大した．秦が征服した地域では，新たな統治者は，農民を共同体から連れ去り，かれらを直接政府に対して税，労働・軍事役務の義務を負う個別の農民に引き上げることによって，土着の貴族層の力を慎重にそいでいった．このことが秦の王たちにそれまで不可能だったことを行う能力を与えたという意識は，おそらく元気を奮いおこすものだったろうが，これはたぶんに，それにも限界はあるのだという始皇帝の自覚を徐々に弱らせたと思われる．とりわけ，異民族匈奴〈きょうど，シュンヌ〉に対して，黄河の大湾曲部の西北という，困難な供給線の末端にまで送った数十万の兵士を維持することは，恐ろしいほどの兵站面の努力を強いた．最後には，『漢書』に語られているように，「男は農耕に精を出したが，食糧用穀物が十分に取れず，女はテント用の糸を十分紡ぐことができなかった．庶民は破滅した．」のである．

秦の時代は，短期間ではあったが，中国史上の文化的分断点をなしている．書物の破壊と文書の強制的刷新は，古い著作のほとんど全部が後世に不完全にしか伝えられていない，もしくは完全に失われていることを意味している．他方，秦代には，時にいかに不完全に認識されようとも，また称号や制度の細部がいかに変更されやすかろうとも，その後の2千年間にごくわずかしか改められることのなかった行政の青写真が明確に確立されたのであった．おそらくその最も重要な特徴は，唐〈とう，タン〉の評論家柳宗元によって要約されている．かれはこう言った．始皇帝は「歴史上初めて，行政機関を導入し，資格があればすべての者が参与できるように公平無私に実行に移した人物」であった，と．

異なった型のよろいは，地位と階級のしるしであった．第2坑(84–87頁参照)から発掘された秦朝の皇帝の護衛の将校にならって描いた復元画(左図)は，あごを色あざやかな蝶型リボンで守っている，複雑に折り重ねられた帽子を示したものである．その姿はまた，比較的高い身長と，前，背後，肩の部分のより小さな蝶型リボンで飾られた比較的いりくんだ平板のよろいの上衣とによっても識別される．

地下の軍団

　中国中原地方の西安（せい，あん）市から64km離れたところに，秦の始皇帝の陵墓がある．1974年，陵の外壁から東1200mばかりのところで井戸堀りをしていた人々が，土に埋もれた地下の軍団を発見した．その場所はやがて青い作業着を着た何百人もの労働者が群がって，アリ塚のような観を呈した．かれらは手押車を押して土を運び出し，数千体にのぼる陶製の戦士の像〈陶俑〉を掘り出した．歩兵の像の頭部はさながら生き埋めにされたかのように，赤土の中から出現した．

　地中から四つの俑坑が発見され，それぞれ1号から4号まで番号がつけられた．1号俑坑は最も広く，6000体を超える陶俑が軍陣の編成に従って配置されていた．軍陣の編成は当時の兵法書の軍事規則にのっとったものである．天井がくずれ落ちたとき，ほぼすべての陶俑は粉々に砕かれてしまい，この土でできた軍隊は潰滅状態であった．俑坑はすべて武器目当ての盗掘の被害も受けている．この略奪はおそらく，反逆した将軍項羽（こう，う）が秦の都の宮殿を完全に破壊し，始皇陵をも破壊したといわれる前206年に行われたと見られる．

　1976年に発見された2号俑坑は，1号俑坑の北東にあり，L字型をしたより小規模な俑坑である．ここには1400体以上の戦車と騎兵が配置されていた．ここの軍隊は四つの小陣に分けられている．すなわち，よろいをつけていない歩兵を従えた前衛の射手隊，騎兵と戦車からなる二つの部隊，それに8列の長廊にそってさらに細分された騎兵と戦車の部隊である．1977年に発掘された3号俑坑は，1号俑坑の西端の北側に位置し，1号俑坑の7分の1の面積の小さくて不均整な俑坑である．その形態から見て，これは軍団の指揮部隊である．発見されたとき中が空であった4号俑坑は，完成前に建造が中止されたものと思われる．これはおそらく前210年の始皇帝の突然の死と王朝の没落によるものであろう．

　壮大な始皇陵の平面図からわかることは，帝国の理想の都，その内側の皇帝の住む「紫禁城」を象徴する部分，それにその外側の周辺部を象徴する部分，この三者の配置である．秦の都の防備は，宮廷内を警備する近衛部隊と都を守る駐屯部隊とに分けられていた．俑坑の位置から見て，この土の軍団は都の外側に駐屯する部隊を象徴していたものであろう．ここでは，1号俑坑は右翼歩兵隊，2号俑坑は左翼騎兵隊にあたり，4,050m²ある4号俑坑は中央部隊のためのものであったのだろう．そして3号俑坑は指揮部隊である．これらの俑坑全体は軍隊駐屯地になぞらえられているのである．

　この陶製の軍団は，型に入れて大量生産されたものではない．一つずつ別個に造られたのである．頭部，腕，胴体は別々に造られ，粘土の帯でつなぎ合わされた．粘土ひもを巻いて造られた胴体は中空になっていて，これが中空になっていない脚部に接続されている．壊れた陶俑の横断面を見ると，まず最初に大まかな形が造られ，これに細い粘土ひもがつけ加えられたこと，また目や口，鼻，衣服の細部は粘土が生がわきのうちに彫って形造られたものであることがわかる．耳や

地下の軍団

下　1974年，陝西省臨潼(りん,とう)県で発見された地下の軍団は，兵士と馬を実物大に型どり，青銅製の武具を装着した陶製の塑像6000体以上からなっていた。これは2000年以上前に，秦(前221-210)の始皇帝の死後を守護するために造られたものである。

地下の軍団

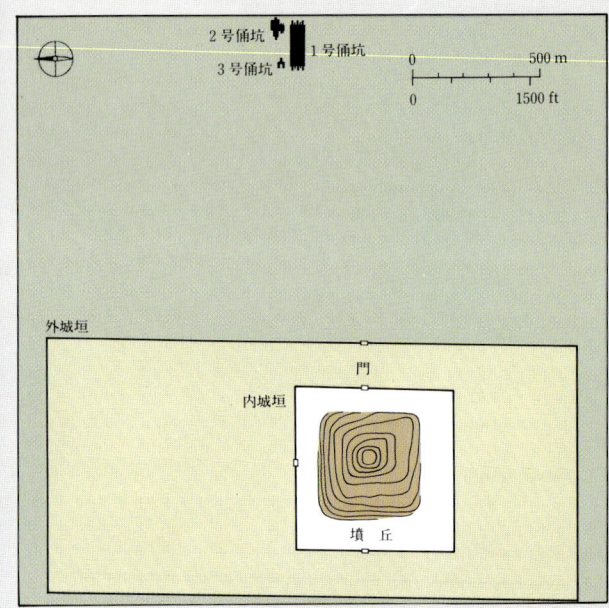

左 この等身大の戦士の陶俑は2号俑坑から出土したものである。この俑坑から出土した252体の兵士の陶俑のうち、約半数が太極拳を思わせるポーズをとっている。太極拳は中国で今日なおさかんである。

上 秦の始皇帝の陵墓（今のところ未発掘）の平面図。地下の軍団を納めている俑坑と陵墓との位置関係を示している。

右 1号俑坑の平面図。始皇陵を守護する地下の軍団の配置を復元して示している。

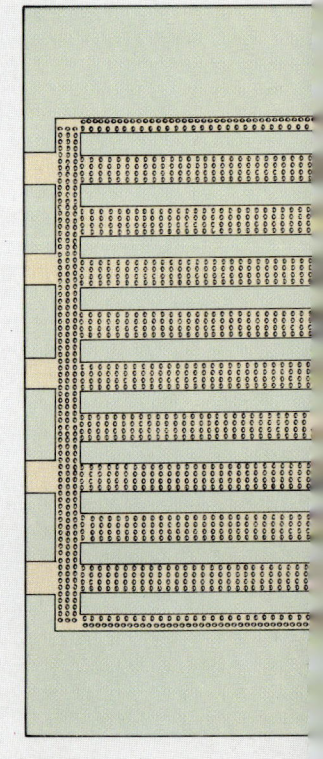

地下の軍団

左 出土した等身大の陶俑によれば，秦の騎兵は黄土色に塗られた上に赤い斑点模様のあるピッタリした帽子をかぶっていた．歩兵にはかぶりものがなかったが，復元図で示したように髪をたくみに巻いてまげを結っていた．戦車の御手はひものついた独特のつばなし帽をかぶっていた．これは士官のものほど精巧ではないが，一般の兵士より高い位であったことを示している．戦車を御すことは，周代の統治階級の人々が身につけるべき六つの術〈六芸〉のうちの一つであった．

下 等身大の陶俑が始皇陵近くの1号俑坑から掘り出されているところ．

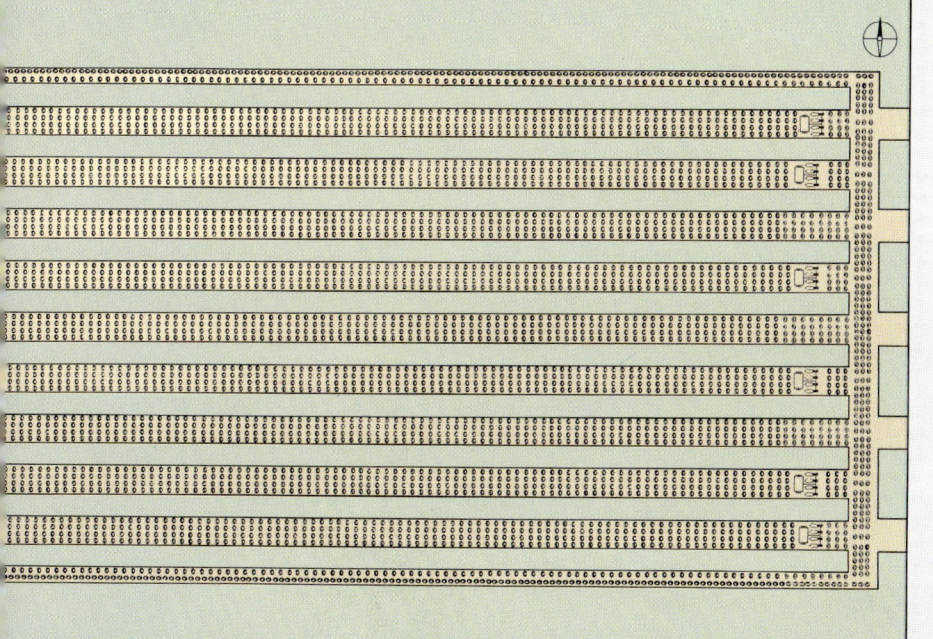

髭, よろいなどの部分は，別に造られて接着されている．像全体は高温で焼成され，その後あらかじめ焼成された台にのせられた．髪は念入りに彫られており，これから多種多様の髪型を知ることができる．陶馬も同じようにして造られている．胴体左右にある円い大きな栓は，焼成時に通気孔としてあけられた穴をふさいでいる．馬にはそれぞれ青銅製の頭絡〈くつわ，おもがい，手綱など〉が装着されていたが，そのうち一つだけが完全に復元されているのみである．

兵馬俑はもともと鮮やかに彩色されていたが，今ではほとんど消えてしまっている．よろいをつけた兵士には，大きく分けて2種類の彩色法があった．さらに制服によって各人の役割を区別することができ，その色も部隊ごとに塗り分けられている．馬に塗られた色彩はほとんどあせてしまっているが，全体は黒ないし茶色に塗られ，ひづめと歯は白く，耳，口，鼻孔の内側は赤く塗られていたものと思われる．

戦争が専門的戦士集団によって行われるようになったのは，中国の統一に先立つことわずか2世紀前にすぎない．それ以前は，兵士はサメや動物のなめし皮に詰め物を入れた衣服を着て戦闘に臨まなければならなかった．しかしこの秦の軍団には，少なくとも7種類の防具を見出すことができる．飾りふさとリボンは兵士の地位のしるしであり，士官は肩，胸，背中をおおう装飾された薄板を重ねた精巧なよろいや，二重になってあごひものついたかぶりものによって，一般の兵士から容易に識別できる．1号俑坑から出土したよろいを着けていない先鋒隊は，すばやく動けるように軽い服を着ており，また接近戦を避けるために射程距離の長い弓を用いている．戦車は，馬が殺されるのを防ぐために，長槍を装備した歩兵隊によって守られている．1号俑坑から出土した6両の戦車のうち2両は，前進・後退を命じるための太鼓と鐘がつまれている．槍兵も軽装である．

これらの秦の兵士たちの顔は，どれ一つとして同じものはない．解剖学的に見ても正確な目や口などの細部は驚くほど生き生きしている．全軍が生き埋めにされる代償として肖像を造ってもらったかのようである．戦士たちの顔かたちから，広範な帝国の各地に住む少数民族の肉体的特徴を見てとることができるという事実は，始皇帝の軍団を構成した徴募兵の数がいかに膨大であったかを如実に物語っている．

その細部がいかに写実的であろうとも，陶俑は個々の兵士の肖像ではなく，類型化された姿である．本物かと見まがうばかりに力感あふれるその姿は，強大な秦軍の精神を体現している．中国には「あまりにソックリなのはかえって本物らしくない」という格言がある．これらの陶俑は本物そっくりというより，渦巻いている力と今にも動き出さんとするような勢いを私たちに感じさせてくれる．陶俑から受けるこうした感覚は，鼻孔を広げ耳をピンと立てた陶馬から感じられる敏捷さと好対照をなしている．もっとも秦の兵馬俑が，現実に基づいて造られていることは明らかである．周代にはすでに，狩の場面など現実生活の中からえた題材を描いた青銅器が見られる．秦の彫塑はこの正確な写実という前代からの傾向を継承し，それを壮大なスケールと結合したものである．壮大な規模，雄大な着想，そしてその数量そのものが，「百万の精兵，千台の戦車，一万頭の馬」を率いて「天下をたいらげた」といわれる始皇帝の想像力と権力をよく物語っている．

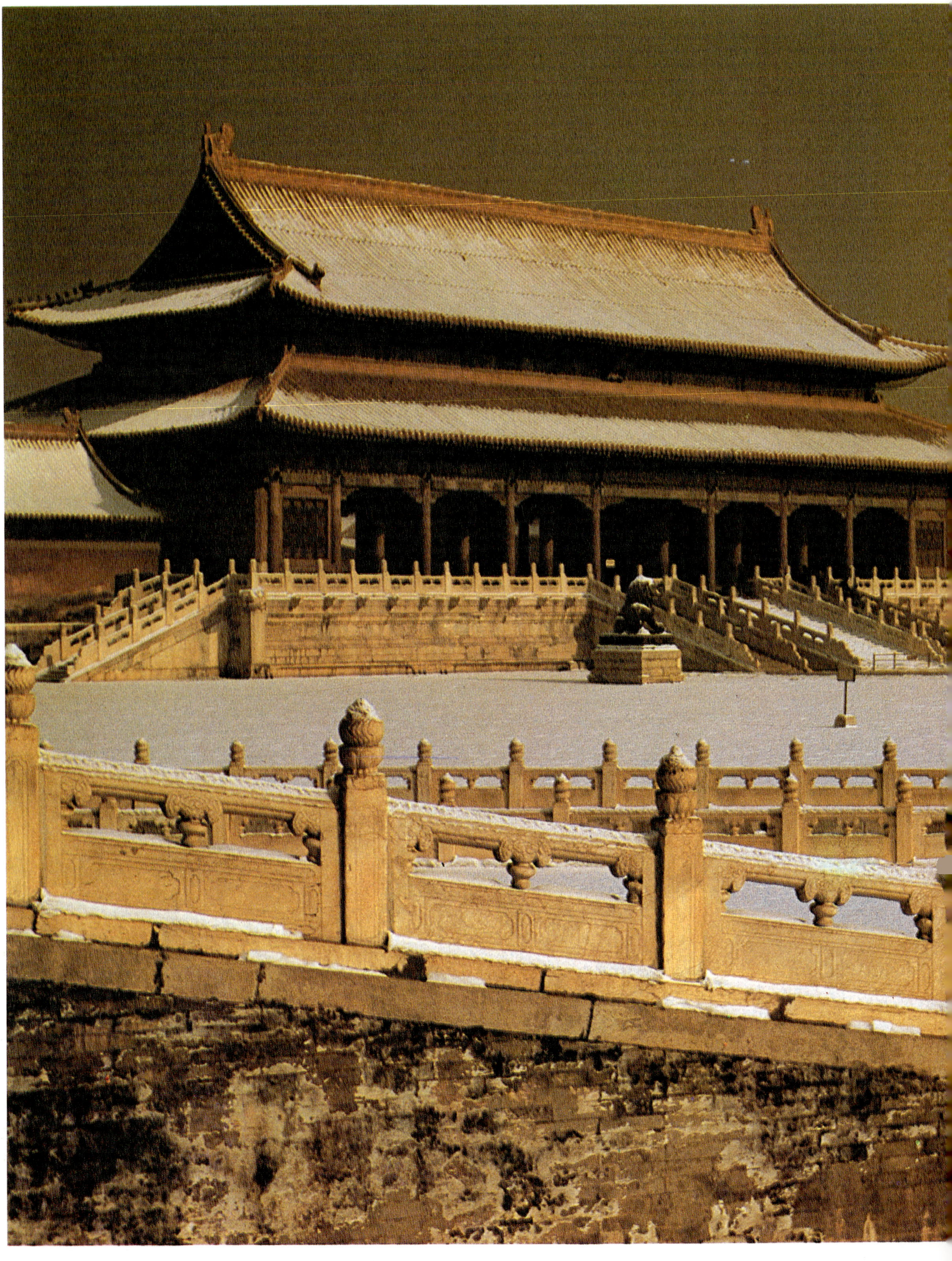

中華帝国時代

政治と権力

統一，分裂，そして征服

中華帝国が維持されつづけてきたということは，古代，中世，近代を通じて中国では政治的な活力があふれていたということであり，このことは大変印象的な偉業である．中華帝国はローマ帝国と同じ広さを有したが，全イスラム世界がカリフによって支配された時期のカリフの地域の広さにはおよばない．また中華帝国はモンゴルがユーラシア大陸を支配したその領域の一部であったにすぎない．中華帝国の通信伝達網はアメリカ大陸，フィリピンにまたがった世界的規模のスペイン帝国のそれよりは安定的に発達していた．また中華帝国の人口はアジア・アフリカを支配の下に置いた大英帝国の絶頂期のそれよりは少ない．しかし，中国を支配したその期間の長さという点において，他の上にあげた諸帝国が束になっても中華帝国にはかなわないのである．

付表から見てとれるように，中華帝国の記録は次のようにまとめることができよう．紀元前221年から紀元311年までの500年間，このうちこの期間のほぼ最終段階である3世紀における短い間の三国への分裂の時期を別とすれば，内中国の中心部（すなわち，華北平原，揚子江流域，および四川盆地）は政治的な統一を保った．つづいて311年から589年の間，内中国は二つに分裂した．ある程度漢化した異民族の諸王朝は繰り返し中国北部での覇権を求めて互いに闘った．一方，揚子江中下流域ではつぎつぎとあらわれた漢人王朝が，かれらの伝統的文化の遺産を保存し，さらにその内容を豊かにしていった．またかれらはなお人口の少ない経済的に遅れたこの地域の開発の先鞭をつけていったのである．906年から960年までの54年間にわたる分裂状態の時期を間にはさんでいるものの，589年から1126年までの500年以上もの間中華帝国は再統一された．次に1126年から1270年代後半に至るまで，中国は再び北と南に分裂した．女真族の金王朝（かれらは満州族の先祖とも考えられている）は淮河の北側を支配し，一方漢人王朝である南宋は淮河の南側を統治した．モンゴルは1234年に金を，1279年に南宋を滅ぼして中国を再び統一した．しかしこの統一された中国はもっと広大なモンゴル帝国の領域の一部にすぎない．もし短期間の過渡期を考えないならば，内中国は最終的にこの時より単一の政治権力の下に置かれていたということがだいたいいえるであろう．おもなる例外は1916年から1927年の間に絶頂期を迎えた軍閥割拠の時期であり，また1937年から1945年に至る日本による一部地域の占領の時期である．付表から明らかなように，2000年前の5000万人から今日の10億にまで増加した中国の人口が政治的に統一されていた期間の長さは，秦の始皇帝以来経過した時間のほぼ4分の3をも占めていた．

この驚くべき偉業は二つの異なった，しかし相互に関連する質問をよびおこす．それは中国内部の分裂を進める，あるいはそれを阻止する力は何であり，また外部からの征服をまねく，あるいはそれを阻止する力は何であったかということである．これらの問題に分析的に答えようとする前に，次の事実は認めてよいだろう．つまり，これらの上記の相対立する力がまったく均衡しているときには，偶然の要因というよ

前頁　明朝および清朝の24人の皇帝は北京の紫禁城に居住した．かれらはこの230エーカーの広さの城内からめったに離れることはなかった．建物群と空地との間にはすばらしいバランスの感覚がある．

左　猛烈な速度で突進する馬車を描いた生き生きとした漢代の拓本．

下　紀元前221年以来の中国本土の統一と分裂

中国本土が政治的に統一されていた時期，二つの地域に分裂していた時期，あるいはいくつかの地域に分裂していた時期を示す年表．

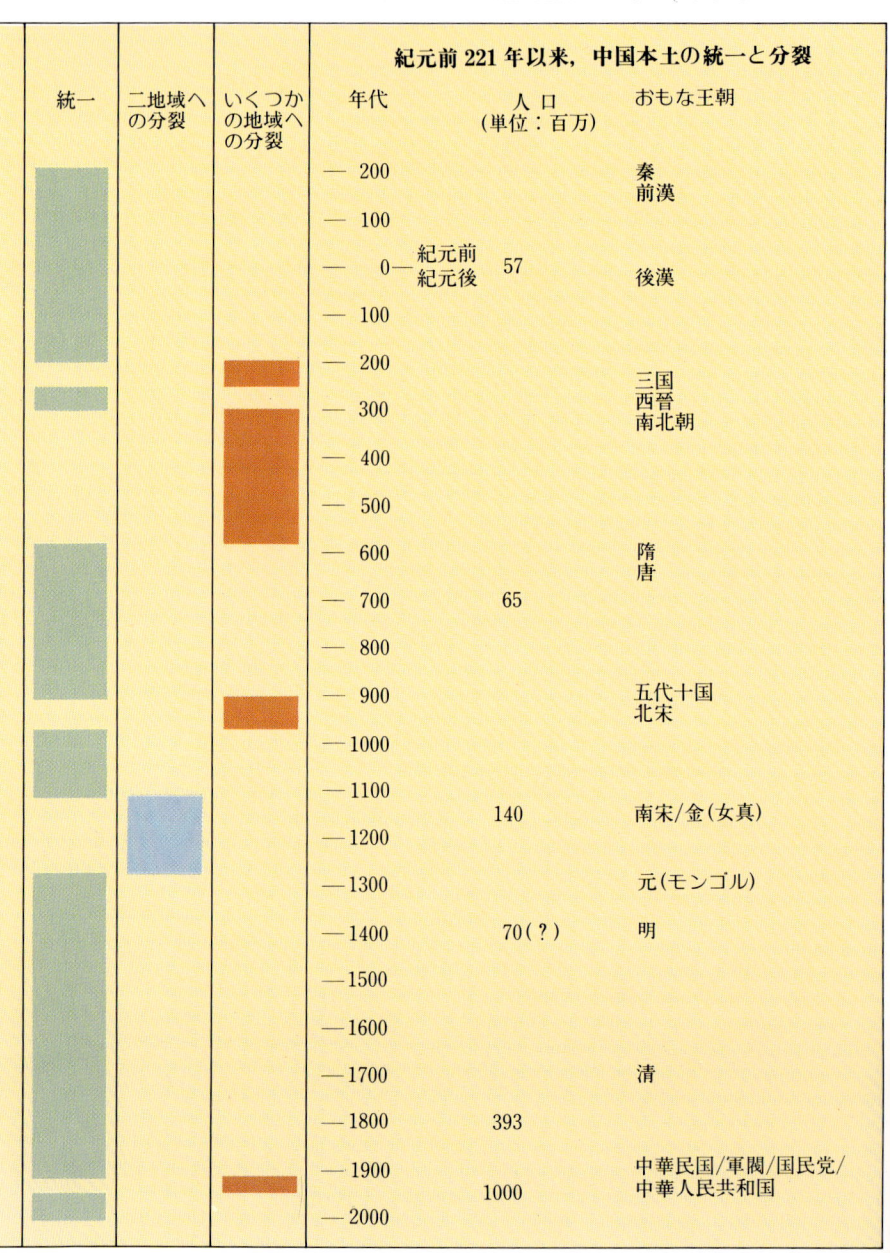

紀元前221年以来，中国本土の統一と分裂

統一	二地域への分裂	いくつかの地域への分裂	年代	人口（単位：百万）	おもな王朝
■			−200		秦／前漢
■			−100		
■			0 紀元前／紀元後	57	後漢
■			−100		
■		■	−200		三国／西晋／南北朝
		■	−300		
		■	−400		
		■	−500		
■			−600		隋／唐
■			−700	65	
■			−800		
■		■	−900		五代十国／北宋
■			−1000		
■			−1100		
	■		−1200	140	南宋／金（女真）
■			−1300		元（モンゴル）
■			−1400	70(?)	明
■			−1500		
■			−1600		
■			−1700		清
■			−1800	393	
■		■	−1900		中華民国／軍閥／国民党／中華人民共和国
■			−2000	1000	

政治と権力

行政と兵站

広大な帝国を統治し，防衛することは費用がかかる．官僚および職業的な（あるいは少なくとも職業的に訓練された）兵士は税金でもって養わなくてはならない．このことのためには次の二つの条件が必要である．まず第1に経済が十分に発達していて，農民や傭工が自己の生存を維持する以上の余剰を生産していることであり，第2に行政がそうした余剰を吸いあげて，それを有効に利用する能力を備えていることである．もしこの利用しうる経済余剰がわずかなものであるならば，戦費の増大は財政危機をもたらす可能性がある．またこうした財政危機の理由としては敵がより巧妙に闘うようになったこと，行政費用が上昇したこと，あるいは帝国の政策がより野心的になったことや，帝国のさまざまな面での嗜好がぜいたくになったことなどが考えられる．中国の歴史において農民が税負担を免れようとしたときに，しばしば帝国の勢いは長期間の下降曲線をたどりはじめることとなった．こうした農民は地方の有力地主の庇護を求めて税の徴収を免れ，そのためより重い税負担が地主の保護を受けていない他の残りの農民に課せられることとなった．それゆえに，地主の保護の外に置かれた農民は以前よりまして税を逃れる他の何らかの手段を探し求めることに腐心するのであった．地方の有力者のおかれた立場は普通二面的な性格を有していた．統治階層の成員として，かれらは効果的で豊かな財政によって支えられた行政をうちたてることに関心をはらったが，かれら個人としては，自分たちの権力を使って農民に保護を与えてやることが自己の利益にかなっていた．もっとも，こうした有力地主が農民に与えた恩恵である保護とは，結局は地主の小作人や作男となった農民にとってはより重い負担を課せられることを意味した．以上の事実は地方豪族にその成立を支えられた後漢王朝について大いにあてはまる．それゆえに後漢王朝はこうした地方の豪族を抑えつけることができなかった．反対に，もし経済の生産過程が改良され，個々の農民や傭工あたりが生産する余剰が大きくなるならば，このことはすぐさま国家機構や軍隊への税の支払いが以前よりは容易になることを意味した．7世紀初期の大運河の完成により揚子江流域の安価な穀物が中国北部に運ばれる費用は低減した．このことは隋と唐の中国再統一の土台を固める働きをなした．中国南部の米作に代表される10世紀末前後にはじまった経済革命は，北宋がおびただしい数の，最大で100万人をはるかに超えた常備軍に給料を支払うことを可能にした．

前近代の中華帝国についての適性規模を，人口と面積の両方から評価して決めるということはむずかしい．中央と辺境との間の伝達通信の費用は明らかに両地点の間の距離に比例していた．すべての中華帝国の諸王朝は大規模なそして費用のかかる駅伝制をととのえていた．そうした駅伝制は特別に設けられた駅の間を走る馬，船，そして飛脚を使って維持されていた．94頁の地図は明の駅伝制を示している．ここでは馬を使った使者が北京からある地点まで行くのに最長で何週間かかるかを同心円で示している．おそらく1千年前においても，駅伝の速度はこの地図に示した数字と大差なかったように思われる．したがって内中国に本拠地を置いた帝国はその伝達通信において5〜6週間かかる半径をその領域の外縁としていたようである．これは18世紀ヨーロッパにおいてベニスを想像上の首都とした場合，そこからリスボン，あるいはモスクワに至る距離と同じようなものであった．

輸送はまた異なった問題である．もし利用可能な適当な水

上 「玄宗皇帝の蜀への旅」と題された掛軸の絵の細部．絹地の上に墨と絵の具で描かれており，作者は不明である．たぶんこれは8世紀の原画を宋代になって摸写したものであろう．唐の玄宗と当時中国で最も美しいとされていた4人の女性のうちの1人である楊貴妃との恋物語は有名である．宮廷内部の陰謀と755年の安禄山の乱のために皇帝は四川へ逃れた．その途中で護衛の兵士が反乱をおこし，皇帝に対しかれの愛する楊貴妃を絞め殺すよう迫った．楊貴妃こそが王朝没落の元凶であると兵士は考えたのである．この事件は中国の文学やドラマでよく知られたテーマとなっている．

うに都合よく表現されるものが作用するということである．印象的な実例は1126年における女真族の金による突然のそして全く予期されなかった北部中国の占領である．この時北宋は自己に対する自信も，またその力自体も絶頂期にあったように思われた（宋の主たる戦略的な弱点はこの王朝の成立時より存在していた．それは，(1)契丹に接した北東部，西夏に接した北西部に存在した最良の牧草地を失ったことにより，十分な規模の騎兵部隊を擁することができなかったこと，そして(2)先行する五代の時期よりひきつづいて，北東部の自然の要害に守られた防衛線から退いてしまい，その結果奇襲に対して弱い平原上の開封（かいほう，カイフン）に首都を置くことになってしまったことである）．一般に征服と分裂の可能性は三つの要因の間のゆれ動くバランスによって決定された．それらは，(1)漢人部隊が異民族部隊に対してもっている相対的な戦闘能力，(2)人的，物的物資を動員し，それを遠距離に送り込む中華帝国政府の能力，そして(3)地勢の条件と将軍と文人官僚が等しく苦しめられていた通信伝達の困難さである．これらの三つの要因の相互作用は複雑であり，最初の二つの要因は政治制度と国家の政策と密接に関連している．

政治と権力

中華帝国の過度な拡張

中華帝国は7世紀後半の唐の高宗の時代に西方に最も拡大した。その支配がおよんだ地域はパミール高原を超えてソグディアナ,トハリスターン,そして現代のイランの辺境地域にまで達した。こうした広範囲にわたる支配を長期間維持することは困難であった。751年のタラス河畔の戦いでのアラブの中国に対する勝利に象徴されるイスラム勢力の勃興,また南西地域でのチベット〈吐蕃〉や南詔王国の力の増大は唐の財政に重い負担を与えていった。755年の安禄山によって引きおこされた王朝内部の弱体化はこうした負担を堪えきれないものにしていった。チベットの細長い甘粛回廊への攻撃が数十年つづいた後,791年にはビシバリク(北庭)近郊で中国とウイグルの連合軍がチベットに打ち破られる。これが約1000年にわたる中国の中央アジア支配の終結をもたらした。しかし数年後に唐はチベットに対して報復し,その勢力の拡張をおし止めた。9世紀中ごろまでにはチベットは瓦解してしまい,統一された国家としては存在しなくなった。

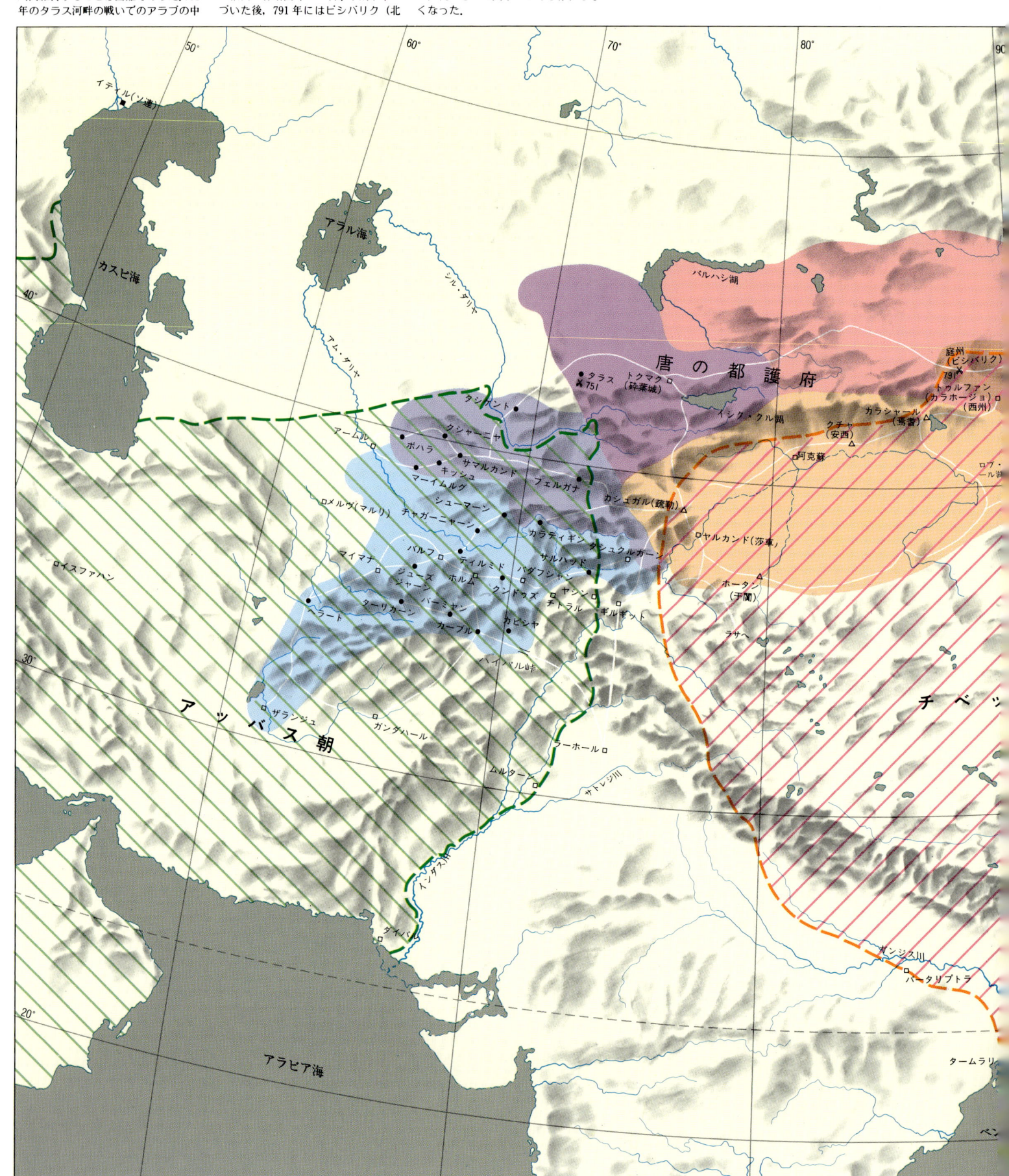

政治と権力

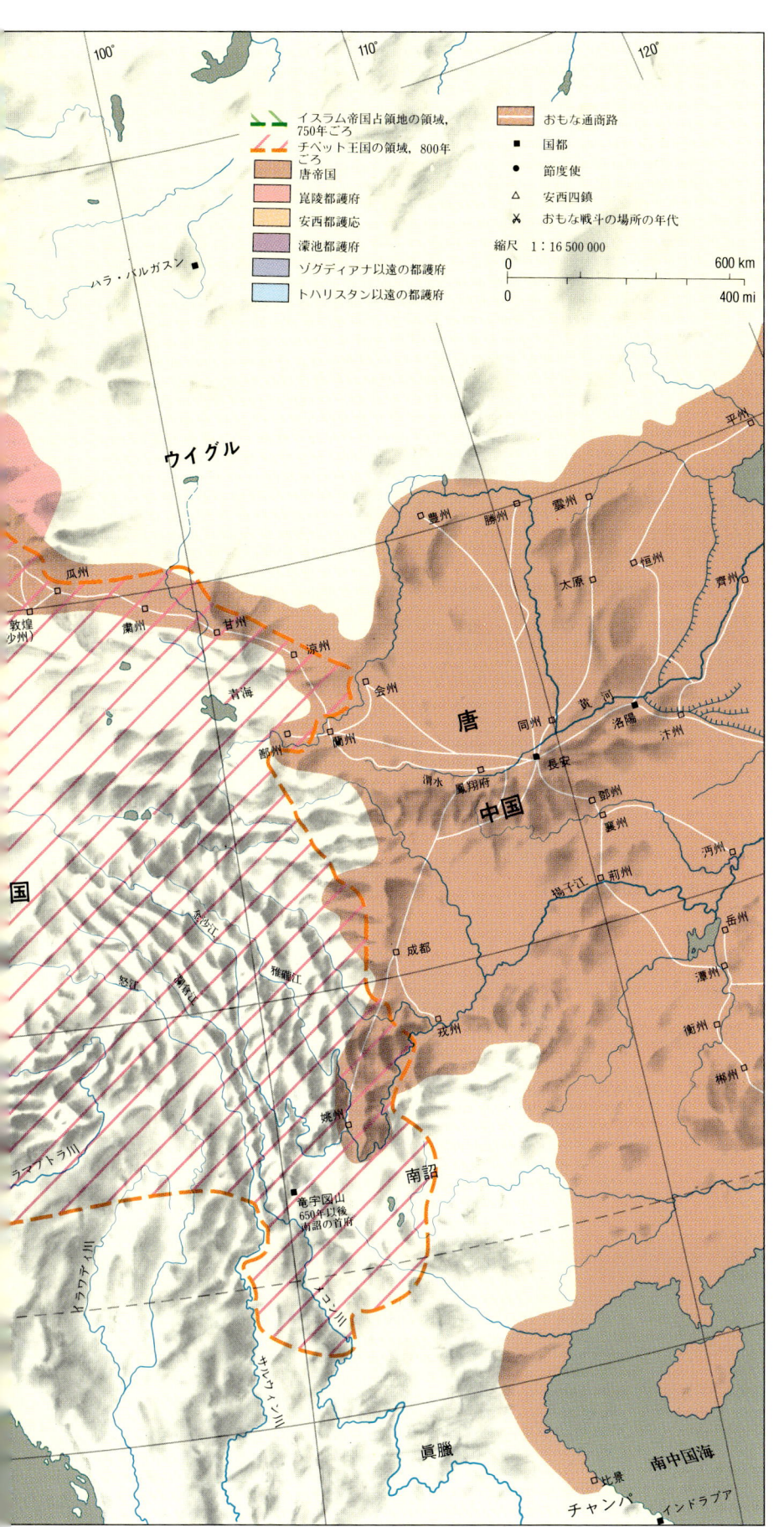

路が存在しない場合，帝国中央から出撃する軍隊の物資を運ぶ費用はそれらの軍需物資の実際の価格の何倍にもなってしまう可能性があった．中国の歴史初期については，とくにこのことがいえる．中国の兵站の能力からいって，その支配領域が遠方に延びきってしまったことを示す実にはっきりした例は7世紀後半の皇帝高宗のもとでおこった．このとき，唐の政治支配はほんのわずかの間ではあるが，パミール高原をはるかに超えてペルシア湾の方へむかい，その一方でインドの辺境にまで事実上およんだ．左の地図は中央アジアで中国が支配をおよぼした地域を示すが，これからもわかるように，帝国の版図はあまりにもひろがってしまった．そして北側の砂漠と南側の山々にはさまれた蘭州（らんしゅう）から安西（あんせい）に至る回廊地帯を通して，軍需物資の補給線を維持することがいかに困難であったかは地図から明らかである．事実，各地方の離反に直面し，また751年のタラス河畔の戦いでイスラムの軍事力により打ち負かされ，この唐の広大な版図は長い期間は維持されることはなかった．このタラス河畔の戦いは中世世界の最も重要な史実の一つであり，その後中国は755年の安禄山の乱により内部からの崩壊を迎えることとなった．タラス河畔の戦い以後，はるか西方にまでおよんで，かれらの力を維持しようとする中国の望みは事実上永遠に断ち切られた．地図が示すように，しばらく後に回廊地帯を超えてチベット王国がその版図を拡大していったことにより，唐のトルキスタンとのつながりは断たれることとなった．この事実は791年にチベットがかつての中国の北方の辺境であったビシバリク（かつての中国名で北庭）でウイグルを打ち破ったことに象徴されるのである．

もし駐屯する軍隊が兵士の集団であると同時に，ある程度農民の集団として自給自足，あるいは部分的にも自分たちの食料を生産するという役割を演じてくれるならば，帝国の兵站上の問題はいくぶんでも解決される可能性がある．兵士と農民の二役をこなすという軍屯田はこのように中華帝国が統合されるために大きな役割を果たすこととなった．このことの特徴的な事例は紀元前2世紀末葉，漢の武帝により70万人の入植者が甘粛回廊に移住させられ，さらに自給自足的な駐屯兵がより西方の半砂漠地域に植民したことである．気候が乾燥していたことのおかげで，この地域の行政機関の記録や命令を書き残した多数の木簡が原形をとどめて残されている．その結果，居延といった土地における植民者の生活の極めて詳細な姿を知ることができる．この社会は民間人の移住者（かれらの多くは政府の費用で移住してきた），駐屯兵，（行政機関の）監督の下で平時には農耕を営む屯田兵，牧夫，兵士の家族，個人的に連れてこられた従者，囚人，奴隷，一時滞在者，帰順した異民族というような複雑な人間の集団からなっていた．入植地は城壁に囲まれた都市，要塞，見張り塔からなる組織網によって守られていた．選ばれた農民を兵士として訓練することに基礎を置いた隋と初唐の"府兵制"は植民的なものの性格をいくぶん有した国内制度であるが，これは純然たる兵農一致の組織ではない．この考え方の最も発展した型式はたぶん明の制度である"衛所制"であろう．14世紀後半，征服された軍隊の兵士300万人のうちの200万人以上がこの種の部隊に編入され，かれらが配置された土地の必要に応じて農夫あるいは兵士としてのどちらかの性格を強めた．また1870年代に至って，左宗棠（さそう，ソウトウ）がかれの兵士を一定の期間は農業に従事せしめ，最終的な軍事行動の前に注意深く物資補給の計算を積み重ねることにより，東ト

政治と権力

ルキスタンの再征服を行ったことは興味深い（41頁の地図を参照）．

一方，「規模の経済」がこの場合にも作用しているということも見逃すことはできない．中華帝国が最終的に自然条件によって形成された辺境にまでその領域を拡大していくことが可能である限り，こうした領域の拡大は外部からの素早い，そして容易な攻撃の可能性を減少させることとなった．東に存在する海岸，南西部のジャングル，そして西に連なる山脈はすべてある程度はこの種の辺境である．おまけに，単一のうまく配置された戦略的な障壁の背後に多くの数の人間が身を寄せることができるとき，こうした障壁の背後で生活する人間の数が増えるほど，1人あたりの帝国の防衛費用は実際に減少してくる可能性がある．長城（それは単一の線としての障壁というよりは部隊の駐屯地，補給道路を含んだ防衛上の複合建築物である）は，そのような概念からとらえることができよう．宋朝はそうした長城を有しておらず，北に位置する敵の騎兵部隊の侵入を防ぐために，特別に掘った水路，特別に植えた柳の木の林を使うのみであった．ところが明朝は長城を再建し，石造建築で完全にその表面を仕上げ，今日訪問者が見ることのできる大砲のための装置をそこにくみたてた．そして，より大規模な建造物をつくることはより膨大な物資を必要としたのである．これはわかりきったことであるが，無視できない事実である．

"異民族"と漢化

漢人と異民族の間のつかのまの軍事的均衡を，たえず永続しないものにしてしまう不安定性の源泉は，漢人社会に対峙する非漢人民族がほとんど休むことなくかれらの戦闘能力を向上させていったところにある．したがって中華帝国形成前の時期では，遊牧の騎馬戦術が新たに優勢な地位を獲得したときには，漢人社会はそれに対応しなくてはならなかった．漢民族は異民族の挑戦を押さえつけるために多くの物資を調達し，多大の労力を費やす必要があった．漢人社会は自分たちの騎馬部隊を育成した．統制のとれた戦術をとることで有名な初唐の騎馬兵のように，あるときには漢人社会の騎馬部隊はおどろくほどすぐれた訓練を受けており，その闘いぶりは効果あるものであった．しかし，内中国の環境は馬を飼育するのには適さず，どの王朝も特別に設けた牧草地を維持したり，辺境を超えて馬を輸入することを余儀なくされていた．11世紀にしばらくの間権力を握り，制度改革者を志した王安石（おうあんせき，ワンアンシ）は国家が農民に馬を与え，戦時には軍馬として利用することを試みた．しかし，この計画は結局うまくいかないことがわかった．馬を飼育する費用はあまりにも高かったし，また馬の健康管理も難しい問題であった．異民族の騎射隊，奇襲隊に対抗する他の効果的な武器も使われた．それらは石弓，原始的な戦車，そして14世紀から用いられた野戦砲である．このうち戦車は，生牛皮でおおわれ，往々鉄の鎖で連結されていた車を，宋朝の技術者が改良したものであった．騎兵の戦術もそれ自身一定の水準に止まっているわけではなかった．あぶみは5世紀ごろに中華の世界にあらわれた（その発明の時と場所についてはなお論争がある）．

非漢族社会が発展することに貢献した第2の，そして前者と同様に重要だと考えらえる要因は，中国の中心部から外にむかって漢族がもっていた諸技術が流出拡散していったことである．こうした諸技術はしばしば漢族の亡命者や冒険家たちによって非漢族社会にもたらされた．"非漢族"はしだいに

山東の呉家の墳墓から出土したもので，戦闘中の人々の姿を描いた漢代の拓本．これらは当時の衣服や武器の様子を示している．

左　明朝のもとでの中華帝国の駅伝制
駅伝制は中華帝国の政治的な神経組織にあたる．地図は明朝のもとでの幹線道路と地方道路，およびそうした道路が通過する都市を示している．後期中華帝国が有効にその支配をおよぼすことができた広さはどれほどかという概念は清朝がすぐ後に設定した地域区分からえることができよう．この地域区分は馬を使った使者が北京からある目的地まで着くのに最長で何週間まで許されていたのかを示している．この地図が示しているのは主要都市との間のものだけであるが，それほど大きくない都市との間については若干の違いがあったであろう．この地図から理解できるように，前近代の最も迅速な通信の速度という点から見て，中華帝国は6～7週間ほどかかる直径の大きさを有していた．

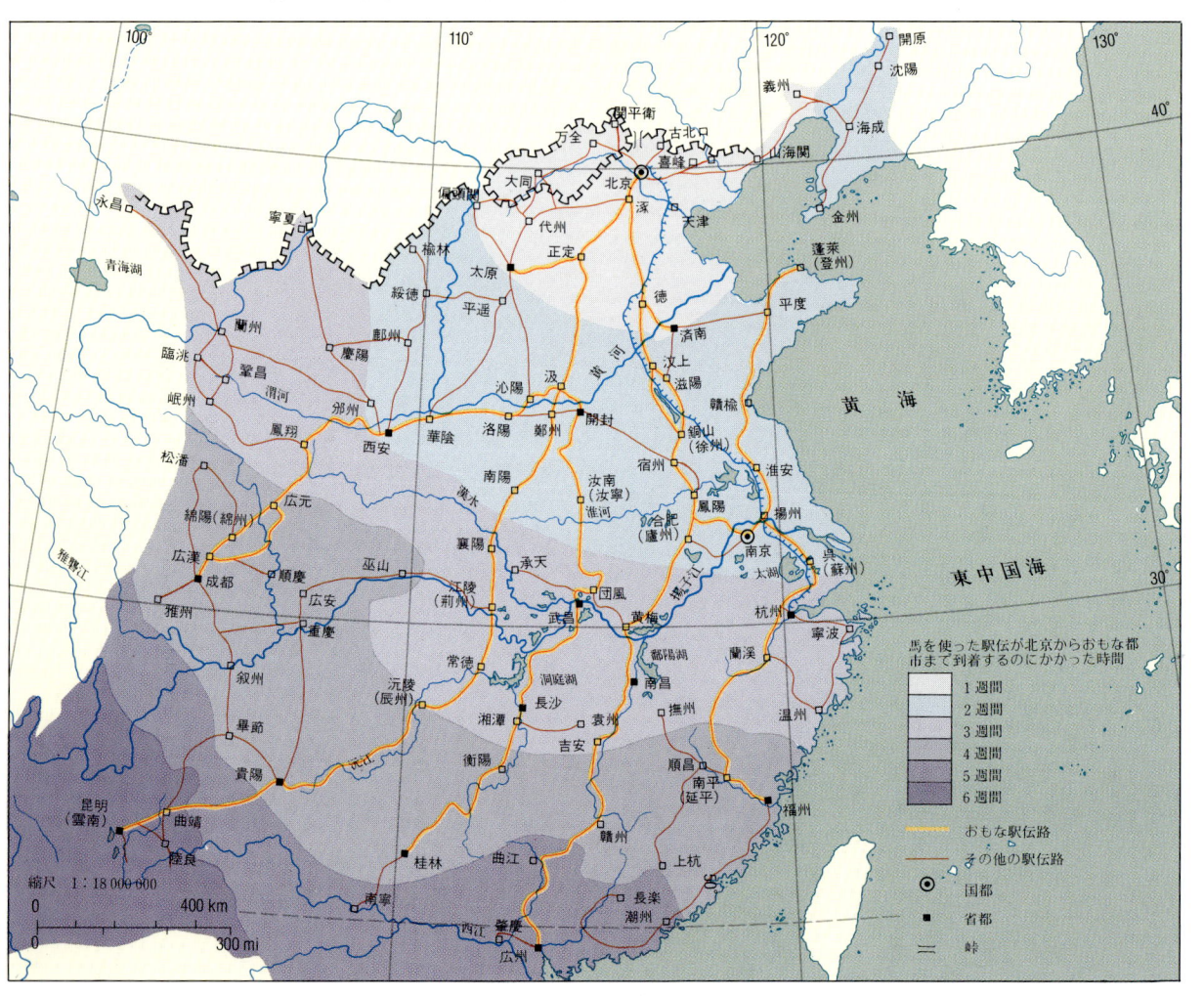

拓跋族の北魏

4世紀後期に拓跋族によって建てられた北魏朝は当初は騎馬部隊の力に基礎を置いたいくらか野蛮な征服権力であった．地図に示した広大な帝室牧場の存在はこの事実を思いおこさせる．時が経過するにつれて，この王朝はより漢化，官僚化され，さらに次第に農業からの収入に基礎を置くようになった．この変化は494年に現在の山西省北部に位置した平城から黄河中流域の洛陽に遷都したことに端的に表現されている．この遷都は524年には憤慨した部族の守備隊の反乱の一因となり，その結果この国家は二つに分裂した．

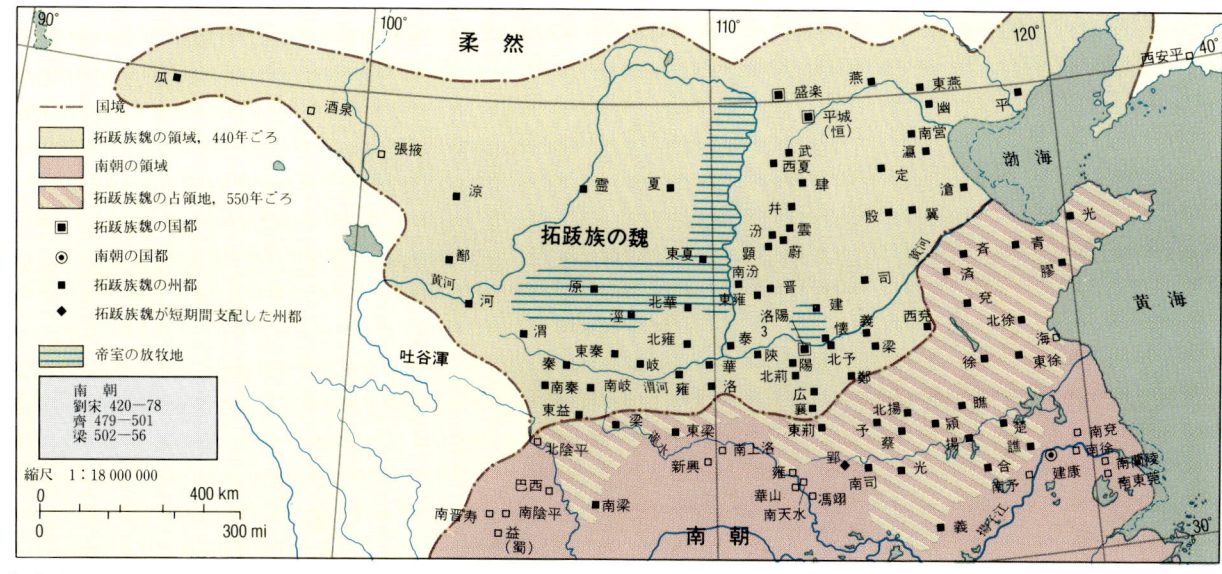

北魏各州都の代替名

北華（敷城）	洛（上洛）
北荊（伊陽）	南汾（定陽）
北除（瑯邪）	南秦（仇池）
北雍（北地）	南岐（固道）
北陽（丹陽）	南司（義陽）
北予（成皐）	平（遼西）
井（太原）	岐（平秦）
蔡（新蔡）	譙（新昌）
楚（陳留）	秦（天水）
定（中山）	青（東陽）
東梁（安康）	陝（恒農）
東秦（隴東）	鄯（西部）
東夏（偏城）	肆（九原）
東徐（下邳）	司（魏尹）
東燕（昌平）	泰（河東）
東益（武興）	渭（隴西）
東雍（正平）	武（斉）
汾（西河）	夏（化城）
瓜（敦煌）	顕（建平）
光（東萊）	襄（北南陽）
光（北光）	西夏（太安）
広（襄城）	燕（広寧）
河（枹罕）	陽（宣陽）
合（汝陰）	揚（梁・南梁）
華（華山）	殷（南趙）
懐（河内）	瀛（趙郡）
冀（長楽）	營（和龍）
済（済北）	潁（汝陰・弋陽）
建（高都）	
膠（東武）	雍（長安）
晋（平陽）	雍（咸陽）
涇（安定）	幽（燕）
涼（武威）	予（汝南）
梁（漢中）	原（高平）
梁（陳留）	鄭（潁川）
靈（薄骨律鎮）	

能力を成長させてみずからを組織し，そしてついには多くの場合定住農地や城市の一部に根拠地を置いて国家を建設していった．このような"非漢族"の力の増大にうまく対処しようとするならば，漢族はより強大な軍事力を擁し，自分たちの軍事的，財政的な能力，および外交手腕を向上させねばならなかった．"非漢族"への諸技術の直接的な移転が歴史上いかなる効果を有したかを示す古典的な例は，モンゴルの中国，ロシアの征服という史実の中に見られる．遼朝の支配民族である契丹族は11世紀に現在"マンチュリア"とよばれる地域を統治していた．その際，かれらはモンゴルへの鉄の輸出を厳重に禁止した．これは中世における戦略武器輸出禁止とてもいえるものである．12世紀初期に遼を倒し，つづいて宋から中国北部を奪いとった女真族の金は戦略武器輸出に気を配るほど用心深くはなかった．輸入された鉄の矢尻，鉄製の槍の穂先，鉄剣の使用と，さらにチンギスハーンの天賦の才能に支えられて，モンゴル族は辺境の単なるやっかいものから漢族にとってたいへんな脅威となっていった．モンゴル族は1234年に金の首都である開封を占領し，すぐさますべての鍛冶屋を仕事場へとかりたてた．そうした鍛冶屋たちは，数年後にバトゥに指揮されて出発し，キエフ・ロシアを滅ぼした遠征軍の装備を準備するために使われたのであった．一方，いくつかの大きな河川や迷路のような揚子江の支流という自然の要害に守られて，さらに城市をしっかりとした壁でとり囲み，投石器，原始的な火器を使用することにより，南宋は40年近くもの間モンゴルを寄せつけなかった．主に中国人の投降者から海戦や攻城の方法を学んだ後に，はじめてモンゴル族は南に軍を動かすことができたのである．モンゴルの日本に対する（1274年と1281年の），そしてジャワに対する（1292-93年の）大規模な遠征はまず朝鮮人の，次に中国人のもつ航海技術を徴用することによって行われた．

また，中国の政治形態を学び，ある程度の中国文化を獲得することは朝鮮やベトナム社会の利益にかなっていたが，とくにいえることは，こうした部分的な漢化により，両地域が中華帝国の直接的な支配からみずからを解放することができたことである．漢の武帝は紀元前2世紀の末に軍隊を遠征し，北部ベトナムと朝鮮の西部地域のかなりの部分を自己の帝国の版図の中にくみいれた．このあとの1千年というもの，この二つの半島地域では漢族と次々とあらわれるさまざまな土着の国家との間で休むことのない闘争がくりひろげられていった．いくつかの困難で苦しい戦闘を経て，唐は668年に朝鮮をその朝貢国として統一した．この朝貢国が対立する百済と高句麗を滅ぼした新羅である．しかし，唐の滅亡の数十年後である935年に朝鮮人自身の王朝である高麗が興り，新羅を併合して全半島を漢族から独立して支配した．その後すぐに高麗は官僚を採用するために中国式の科挙の制度を導入した．ほぼ同じころ中華世界のもう一方の端に位置していたベトナムは広東を支配していた南漢から独立し，1009年に李王朝は大越をうちたて，この李王朝は1225年まで存続した．

10世紀からその後の1千年間，朝鮮とベトナムは中国からの事実上の独立を維持するために，外交と軍事的な抵抗という二つの政策をからませていった．中国の支配者が誰であるかにかかわりなく，朝鮮とベトナムは適当に中国支配者の権威を承認して，朝貢した．しかしながら，両地域は中国が自分たちを直接に支配しようとするときには，闘ってこれに抵抗した．それゆえに，1406年以来再び中国の一地方に組み込まれていたベトナムは，1425年には明朝の軍隊を自分たちの領域の外に追いだしてしまった．また1787年の清朝の遠征も同様にベトナムの反撃によって失敗してしまった．ベトナムは1554年に中国の科挙の制度を採用した．しかしベトナムの漢化は限られた範囲のものであった．朝鮮の場合と同様に，社会の基礎をなすベトナム固有の伝統（たとえば民間で語られるかれらの理想的な英雄である国王）と社会の表面に存在していた中国的なものとの間にはたえず緊張関係が存在した．また，ベトナム社会内部での民族間の対立関係は次々と姿をあらわした．一例をあげれば，1782年のベトナムの内戦中，多くの中国人の入植者が虐殺された．以上の事実は別の形で，中華帝国の拡張にはおのずと限界があったことを示している．一方，敵である"非漢族"の側からいえば，漢化とは中国の文化をみずからの利益のために有効に導入して，さらにこれを自己の社会に適応させてしまうことであった．

朝鮮とベトナムのほかにも，中国の勢力範囲の内部やそのまわりには部分的に漢化した国家が存在した．しかしそれらの国家はそう長くは存在しなかった．早い時期の例は拓跋族の魏である．かれらは4世紀後半から6世紀初期まで現在の内モンゴリアと中国北部のかなりの部分を支配した．自分たちの伝統的な部族組織を解体した道武帝により最初の首都が平城に建設された．この平城は放牧地帯と農耕地帯との接点に位置していた．行政の形式は次第に中国風の様相を強め，税収における農業の比重が増大し，経済の基礎も次第に定住農業に移っていった．そして494年には魏の首都はさらに南に位置する，中国の古い都洛陽に移った．こうしたことは魏の社会の内部に種々な形態の，またさまざまな結果をよびお

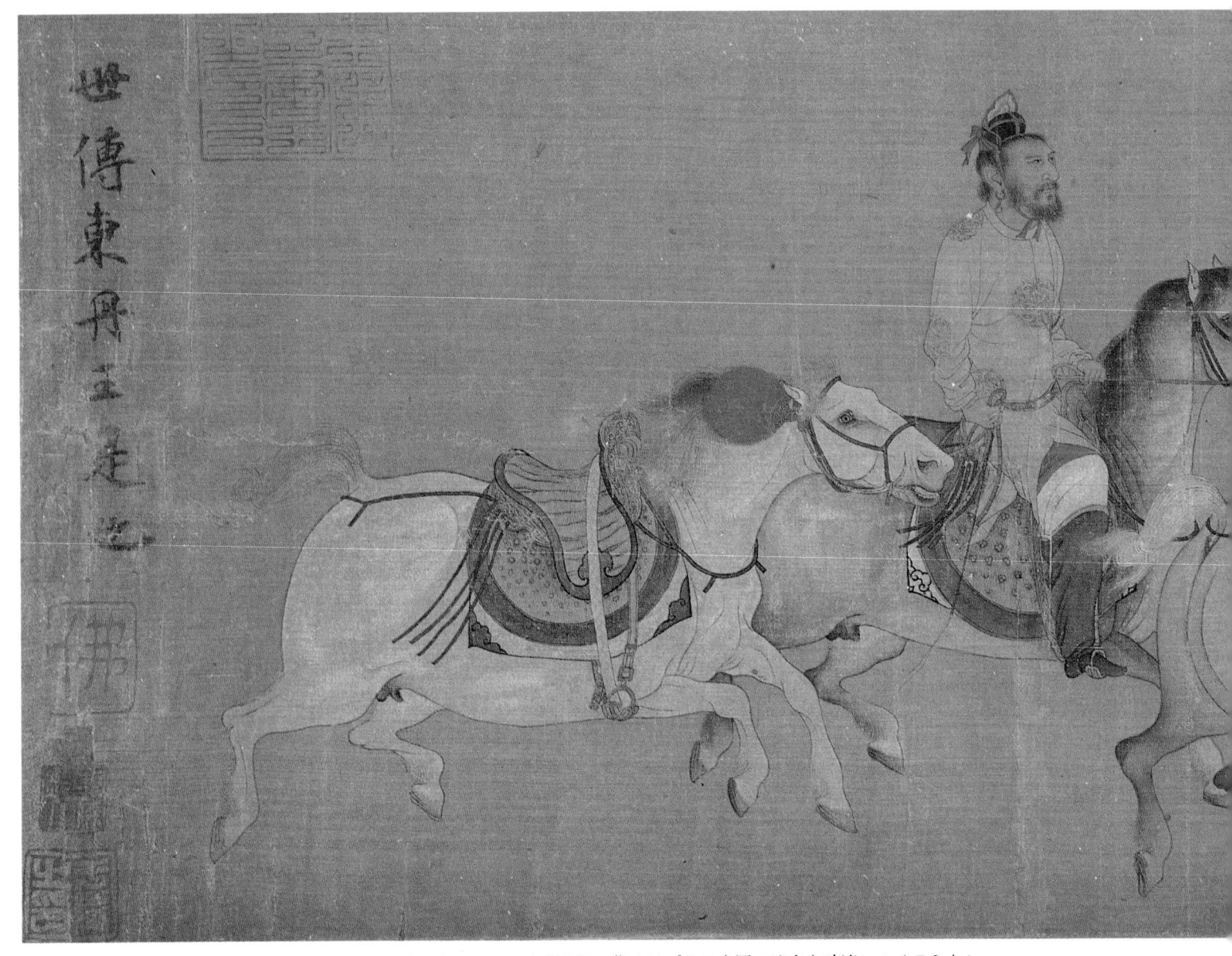

こす危険をもたらした．こうした危険は二重の制度を敷いているすべての政権にとっての共通の悩みであった．つまり中国的なものを良しとする人々と非漢族としての伝統やその価値を守ろうとする人々との間での文化的な衝突である．

多くの北方民族と漢族との間の相違として次の諸点があげられる．それは，北方民族が女性により大きな自由を与え，また女性の地位をより尊重していたこと，北方民族が有力支配者の間での協議によって重要事項を決定するという性格の強い政府の形態をとっていたこと，そして（正しいか誤っていたかは別として）北方民族が自分たちを漢族よりはるかに実直であり，忠節といった武人的な美徳を有していると感じていたことである．また北方民族が恐れたのは，中国の習慣の流入がかれらの尚武の精神と質実剛健さを失わせるのではないかということであった．4世紀にある鮮卑の武将は次のように述べている．「われわれは中国人を城市の中に住まわせ，かれらを農業と養蚕に従事させなくてはならない．そうすればかれらは，われわれの軍隊と政府のために必要な物資を供給することができよう．われわれ自身は，われわれに服従しない者どもを殺すために，武術の訓練にはげまなくてはならない．」北方民族の漢族に対する最も極端な見方は約1千年前にチンギスハーンの軍隊の一将軍が述べた言葉の中に見出すことができる．かれらモンゴル族は人間たる者がどうしてうさぎ小屋のようなところに住めるのかが理解できず，うさぎ小屋の集まりである中国の城市を破壊しつくそうとした．しかし軍事的に見るならば，やはり兵站の論理を貫き通すことが必要であった．フビライハーン（元朝の世祖）は中国北部のそして後には中国の南部の人的，物的資源を自己の掌中に収め，それによる力を背景にまずかれの弟がモンゴル草原に中国から独立した政権をうちたてようとする試みを打ち砕いた．ついでフビライは，かれと対立し，先祖の遊牧的な生活と習慣を守っていくことをタラス河畔で誓いあったモンゴルの指導者の連合を放逐した．以上の事例は一種の文化的な緊張関係の存在を示している．たとえば524年に王朝の漢化政策に憤慨した，みずからは漢化されていない辺境の部隊が拓跋族の魏を滅ぼしたのも，社会の内部でこうした文化的な緊張関係が高まっていたことを示している．

他に部分的に漢化した国家をあげるならば，(1) 916年から1124年にかけていわゆる"満州"の大部分の地域を支配した契丹族の遼，(2) 遼につづいて興り，中国北部を征服した女真族の金，(3) 拓跋族を先祖として，1032年からモンゴルに滅ぼされた1227年まで黄河回廊の西をその領域として支配していたタングート王国の西夏である．契丹族も西夏も二重の行政機構を有していた．一つは中国の官僚政治の形式をまねたものであり，もう一方はかれら自身の部族構造から生みだされてきたものであった．中国文化に刺激されて，西夏も女真族も特色ある自分たち自身の文字を創り出していた．西夏と

政治と権力

上　馬上にまたがって旅する放浪者を描いた巻物の細部．絹地の上に墨と絵具で画かれた唐代後期の様式である．8世紀中葉の安禄山の乱のために唐はその部隊を中国北西部から撤退しなければならなくなった．この絵に見える豪華に刺繍した中国の衣服をまとったこの集団の指導者のような貴族が，五代および宋の時代（10－13世紀）には中国北西部のかなりの地域を支配していた．唐がこの地域から撤退した後，こうした貴族は北西部の近隣種族と貿易関係を結びつづけていた．こうした種族は主に馬の交易に熱心であり，馬に対して途方もない値をつけて交易していた．

いう国はとくに興味深い．西夏はその経済基盤を寧夏平原の灌漑農業また中国との毛織物，らくだの毛，医薬品，種々の鉱山資源の交易に置いていた．西夏を独立した国家としてうちたてた李元昊（りげん，リユアン，ツハオ）をはじめとするこの国の支配者たちは中国人の顧問を大いに頼りとし，また儒者に手厚い保護を与えた．しかしかれらは同時に仏典や中国の古典を西夏文字で翻訳し，自分たちの言葉に根ざした文化を保護発展させようとした．西夏が滅んでしばらく後でさえも，中国北西部では西夏文字で記された文章が読まれていた．北宋の一つの路と同じ程度の人口しかもたなかった西夏が強大な軍隊を維持することができ，外部からの征服を防いでいたということは驚くべきことである．これには次のような理由が考えられる．つまり，西夏のすべての成年男子は戦闘部隊あるいは直接軍隊を支える集団に編成されており，また西夏の重装備騎兵隊は非常に機動性に富んでいた．こうした西夏の騎兵部隊の将軍たちは長い補給線の先端に位置した敵軍をくぎづけにしておく戦術に長けていた．実際，西夏の騎兵部隊が攻撃すると，敵軍は抗する術がなかった．

後の時代になって，非漢族が政治的にも文化的にも漢化した最も明瞭な例として，満州族の場合をあげることができる．満州族は女真族の子孫であり，17世紀初期には漢族にとって脅威ある存在となっていた．1620年および1630年代の時期に，後の満州王朝（清朝）の基礎を固めた人物はホンタイジ

である．かれは多くの漢人顧問や武将をまねき，漢人の政治的，軍事的力を利用していった．こうした漢人の武将がホンタイジにヨーロッパ式の大砲を紹介し，その採用を勧めたのである．先に述べた西夏の場合と同じように，満州族は自分たちの言葉のための文字を創り出した．こうした文化的背景のもとで満州族はかれらの勢力を拡大していったのである．モンゴル文字を基本としていたものの，満州文字の完成は中国語に精通した満州族の学者の手によって行われた．満州族はまず最初に中国人や朝鮮人から農耕や製鉄の技術を学び，それを基礎に勢力を拡大していった．満州族の軍隊は重装歩兵を核として，これを援護する射手部隊，そして敵に決定的な攻撃を与える騎兵部隊からなっていた．しかしこうした満州族の軍隊は明の火器を使った作戦には弱かった．事実，満州族は中国を征服することはできなかったのだといわれている．むしろ中国は（呉三桂（ごさん，ウサン ツクイ）のような）辺境を守備していた漢人の武将によって征服されたのであった．こうした漢人の武将は中国内部の激しい内乱の時期に，満州族に投降したのである．満州族が権力を握ってからの最初の50年は，清朝はこうした危険な存在である漢人武将の力に頼って中国を支配した．満州族の漢化は完全なものではなかった．

漢族と"異民族"との関係を考える際，他に重要な点は漢族が"異民族"を傭兵として使ったことと，中華帝国の領域内に多くの"異民族"を植民させたことである．紀元27年の

政治と権力

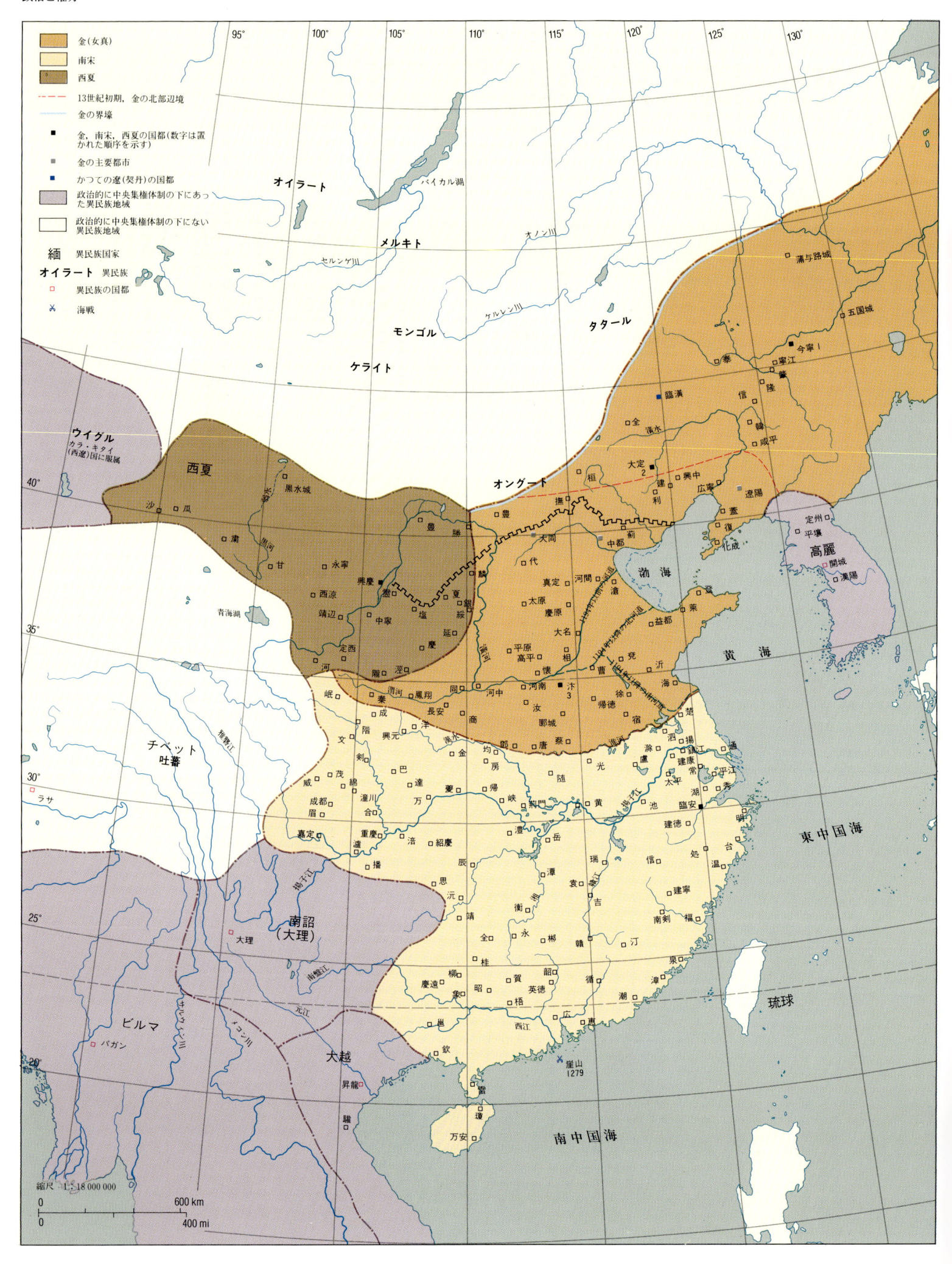

■	金(女真)
■	南宋
■	西夏
---	13世紀初期，金の北部辺境
—	金の界壕
■	金，南宋，西夏の国都(数字は置かれた順序を示す)
■	金の主要都市
■	かつての遼(契丹)の国都
■	政治的に中央集権体制の下にあった異民族地域
□	政治的に中央集権体制の下にない異民族地域
緬	異民族国家
オイラート	異民族
▫	異民族の国都
⚔	海戦

オイラート
バイカル湖
メルキト
オノン川
ケルレン川
モンゴル
タタール
ケライト

蒲与路城
五国城
泰
会寧1
臨潢
隆
信
全 濼水 韓
大定2 咸平
桓 建 興中
豊 利 広寧 遼陽
オングート 撫
勝 大同 蓋
麟 代 中都 復
西夏 真定 化成
黒水城 河間 滄
沙 瓜 豊 夏 銀 太原 渤海 定州
粛 黒河 靖辺 綏 慶原 大名 益都 平壤
甘 永寧 塩 延 平原 兗 萊 高麗
興慶 鹽 麟 高平 相 沂 開城
西涼 中寧 鄜 河中 曹 徐 漢陽
青海湖 定西 慶 涇 鳳翔 河南 汴3 帰徳 宿 海
岷 秦 同 商 汝 鄆城 楚
チベット 成 興元 長安 金 房 唐 蔡 泗 揚 通
吐蕃 文 洋 均 光 滁 鎮江 平
剣 興元 巴 夔 峡 和 黄 濡 建康 常 秀
威 茂綿 達 万 帰 豊 岳 太平 湖 明
成都 潼川 重慶 涪 辰 潭 袁 池 臨安
嘉定 眉 播 沅 思 靖 衡 吉 信 建徳
ラサ 慶遠 瀘 紹慶 全 永 郴 処
柳 桂 賀 韶 瑞 温
ビルマ 南詔(大理) 昭 英徳 循 汀 建寧
パガン 大理 邕 梧 広 惠 潮 南剣
欽 西江 泉 福
漳
大越
昇龍 雷 厓山1279 琉球
驤 瓊

万安

東中国海
黄海
南中国海
ウイグル カラ・キタイ(西遼)国に服属

縮尺 1:18 000 000
0 600km
0 400mi

98

遼と西夏，ならびに南宋/金時代における中国の二地域への政治的分裂

中世革命の後に中国南部の富と生産性は増大し，はじめてこの地域は全体として中国北部と軍事的均衡を保てるようになった．それまでの時代と異なり，北宋の首都開封が1126年に突然に金（女真）によって占領されても，それがそのまま，かれら征服者に中国南部の豊富な資源を与えることにはならなかった．それまでの王朝では首都が占領されてしまえば，他の地域が征服されることは時間の問題であったのである．この後1世紀半の間，乾地農法と水田農法とを分けるほぼ境界線にあたる淮河をはさんで，中国は二分されていた．

南宋は杭州にその首都を置き，この地を「一時の平安」という意味をもつ臨安とよんだ．杭州は中国史の中ではただ海港の都としての位置を占めているだけであり，南宋はそれ以前，あるいはそれ以後のどの王朝よりも海関税を主とする商業税からの収入に頼っていた．

この時期に中国本土がずばり二つの地域に政治的に分裂していたという事情は，タングートの国家である西夏（かれら自身の言葉を使えばMinyak）が北西部に出現したことによりさらに複雑になった．おそらく中国人にとっては幸運であったのかもしれないが，かつては中国の恐るべき敵であったチベット（かれら自身の言葉ではボエ）の政治的な力は当時瓦解していた．これはチベット社会が圧倒的に宗教への傾倒を深めていったためであり，この事情は現代まで保たれてきた．13世紀初期にはチンギスハーンのもとでモンゴル勢力が勃興し，金の中国北部の支配は打ち破られた．そのため金は首都を南の汴（き，現在の開封）に移したが，1234年には長期にわたるモンゴル軍の包囲によって消耗し，汴は陥落した．

右 これらの6世紀の小さな土人形の姿によって示されているように，「異族」の騎馬戦士は中国内部の反乱を鎮圧するために導入された．

時点ですでに，後漢の支配者たちは帝国内部の反乱を鎮圧するために"異民族"の騎兵部隊を導入するのが好都合であると考えていた．その後同じく紀元1世紀ではあるが，将軍竇憲（とう，けん）に率いられて匈奴と首尾よく闘った部隊の大部分は非漢族の騎兵部隊からなっていた．同じく，3世紀にほんの短い間存在した魏の事実上の創始者であり，政治家，詩人でもあった曹操（そう，そう）が率いた奇襲部隊の兵士の多くは馬にまたがった"異民族"の射手であった．

中華帝国の防衛のためにこうした敵の力を頼りとすることは明らかに危険なことであった．けっして単純な問題ではないが，この傭兵の導入は労働の分業という論理からとらえることができる．前漢の時代，すべての成年男子の農民は2年間の徴兵義務を負っていた．つづいて隋と初唐の時代には一定の免税とひきかえに，選抜された農民が半職業的な農兵として動員された．これらの制度はいくつかの長所をもっている．訓練を受けた多数の兵士からなる予備軍はクーデターをねらう野心的な将軍の意のままにはなりにくかった．また唐の場合のように，農民の多くは自分たち自身でその装備を調達することができた．しかしこうした軍隊の編成の方法は広大な辺境を防衛するという点からみると効果的なものでない．故郷から遠く離れていることを気にとめず，農繁期であることに気を使うことのない職業的な兵士を使う方が，帝国の辺境を防衛するという目的には適していた．農民からは職業兵士を養うために税金を徴収すればよいのであった．こうした職業的兵士のいくらかはもちろん中国人であったが，大部分は"異民族"であった．このことは帝国内部の安定に重大な脅威を生みだしていった．この危険が現実のものとなった最も有名な例が755年に発生した安禄山（あん，ろくざん）の乱である．ソグド人の将軍であった安禄山は辺境を守る武将の間で評判を高め，その野望の実現をねらっていた．

3世紀になると，多数の非漢族がおもに中国北部および北西部の帝国領域内に入植しはじめた．非漢族の入植はかれらが兵士として傭われはじめたことと関係があるが，そのことのもつ意味はもっと深い．中国内部で混乱がおこると，これら非漢族は多くの国家をあちこちに形成した．こうした国家は311年以降になると中国北部の平原を占領し，漢人の手による速やかな中国の再統一を困難なものにした．

各地域に割拠した軍閥の存在も同様に中国の分裂の主な要因であった．安禄山の乱の一つの歴史的な帰結は，唐代後半に中国の多くの地域が半独立的な藩鎮の勢力下に置かれたことである．唐につづいた五代の王朝もさらにこうした藩鎮の独立化の傾向に悩まされた．960年に成立した宋朝は軍人の地域割拠をおさえることに専心し，中華帝国の政治史を通じてかつて経験したことのないほど文人の優越性を強調した．宋は職業軍人からなる巨大な軍隊をもったが，各部隊は頻繁にその駐屯地を変えた．そうすることにより，将軍たちが長期間にわたり特定の部隊と個人的なつながりをもつことをはばもうとしたのである．このことは不可避的に宋の軍隊の戦闘能力を減少させた．北宋は各地域の割拠を防ぐことに気を使ったが，むしろそのために外部から容易に征服されてしまったということがいえよう．

征服と再統一

第1部で示唆したように，他の地域と比較して中国北部の平原は歴史的に重要な位置を占めており，この地域は中華帝国統一のための核としての役割を果たしていた．しかし，この考え方を無条件に中国史のすべての時代に当てはめることは不適当であり，この説明は一，二の時代については全く誤まりである．しかし，まず中国北部が果たした重要な役割を示す例証として，分裂の時代を経て中国が北から南にむかって征服された二つの最も印象的な場合を考えてみたい．それらは隋の文帝による588年から589年にかけての，また宋の太祖，太宗による960年から979年にかけての中国統一事業である．両者の間にはいくつかの相違点が存在する．隋の文帝はかつて北周に仕え，北周による577年の中国北部統一に功績があった．その後文帝はクーデターをおこし，北周の遺産ともいうべきすでに統一されていた中国北部（四川を含む）を手中に収めたのである．その結果，文帝に敵対して残った国は揚子江の南に位置した陳のみとなった．おびただしい量の兵員，物資を動員することにより，文帝は陳を征服した．

こうした動員を可能としたのは，大運河を使った交通網の拡張，漕運システムの確立，新たな船舶の建造であった．それにより50万人を超える兵員が八つの方面から陳を攻撃した．陳よりさらに南に位置した地域はわずかに漢化していただけだった．文帝はこの地域には遠征しなかった．しかし，この地域を支配していた賢明な非漢族の女性貴族が隋に帰順したことにより，文帝はこの南方地域をも勢力下に収めた．

一方，宋の太祖は七つもの国と相対さなくてはならなかった．これらの国は中国の南部に位置したが，中国南部はすでに隋の文帝のころとくらべるとはるかに経済的に豊かで開発が進んでいた．太祖は原則として弱小な国への攻撃から手をつけ，次第に強大な国へとその矛先を向けていった．最初に太祖に降服したのは荊南（ケイ，ナン）であった．この国は揚子江中流域のたった16の県を支配していただけだった．つづいて太祖は荊南の南の湖南に位置し，66の県からなっていた楚（ソ，ソゥ）を滅ぼした．この二つの国の力は国内での争いによりすでに太祖の攻撃以前から弱まっていた．その後，蜀（ショク，ショゥ）に対する侵攻が北と揚子江流域の2方向から開始された．44日間にわたる戦闘を経て，宋は蜀の198の県を占領した．しかし，宋の軍隊がこの地域の住民を手荒く扱ったために内乱がおこった．この内乱の平定は容易でなく，この地域がしっかりと宋の支配下に置かれるにはさらに五年の歳月を必要とした．蜀の平定が完了して後，はじめて太祖は広州（コウ，シュウ）に根拠地を置く南漢に対する侵攻作戦を進めた．兵士の数ではたぶん劣っていたものの，太祖の軍隊の高い士気とすぐれた戦闘能力が宋の勝利を決定的なものとし，南漢の240もの県は宋の手中に収められた．次に太祖が征服したのは南唐である．このときすでに南唐は宋帝国の感情をいたずらに刺激しないように，その名前を南唐からより穏便な江南（揚子江の南の意味）にかえていた．太祖が江南に送った遠征軍の数は隋の文帝が陳に派遣した軍のたった五分の一であり，また江南の軍隊の数にもいくらかおよばなかった．しかし，揚子江を横切って船を浮かべ，橋を建造した宋軍の力量を見るならば，いかにかれらの人的，物的資源が豊富であったかを知ることができる．こうした橋の建造は中国史を通じてはじめてのことであった．宋軍の勝利のいま一つの重要な要因は，術策をめぐらせて江南の部隊を一つずつ打ち破っていったことである．江南を占領して宋はさらに180の県を支配下に置いた．この時点で南唐に隣接した呉越の王は宋からの威圧に耐えきれず，闘わずして太祖に降服した．これにより宋に抵抗する国は北漢を残すだけになった．北漢の首都は現在の山西省にある太原（タイ，ゲン）である．太原および他の北漢の城市に対する攻撃はし烈をきわめた．その理由の一つは"異民族"である契丹が北漢を支援したためであった．太祖を継いだ太宗は北漢を助ける契丹の軍を破って最終的な勝利を収めた（102頁の地図を参照のこと）．

宋の中国統一の全過程を概観して，最も注目すべき点は宋に滅ぼされた国々が互いに連合して宋と闘わなかったことである．もしこうした国々が連合して宋と闘ったならば，宋の進撃はおしとどめられたかもしれない．事実，北漢を支援した契丹の参戦はこうした連合の有効性を示していた．太祖は兵站のうえからも，物質的な面からも次第に有利に闘いを進

上 修復されたこの絵は宋の太祖の南唐への遠征を描いたものである．この遠征の勝利は揚子江を横切って多くの船を並べ，橋を建造することを考案した樊若水（はんじゃく，フアンジョシュイ）の功績によるものである．科挙の試験に何度か失敗して後，かれは長い間この野心的な計画に没頭した．かれは何カ月もの間川幅とその流れの強さを調べるために，絹の糸をうしろにつけた小さな船をこいで両岸の間を往復した．そしてついに自分の計画を太祖に示し，何千もの竜船を互いに竹で結びつけ，浮橋を造るよう提案した．皇帝は樊若水の考えを実行に移すことを決め，かれを池州の知事に任命した．3日のうちに橋は建造され，川の両岸はつながれた．この絵は潘美（はん，パン）将軍と樊若水知事が揚子江の南岸で部隊を率いているところを描いている．

めたが，宋の中国統一の過程そのものは中国北部が兵站のうえで有利な位置にあったとか，物質的に豊かであったということを必ずしも示してはいない．むしろいえることは，通例中原を支配するものは敵を一つずつ順番に打ち破って，中国の統一を完成することができるということであった．

中国歴代王朝の中で明朝は揚子江流域の中心地帯から北に軍隊を進め，中国を統一したという点で例外的な存在である．北から南へという一般的なパターンと全く反対のこの動きは，次の二つの要因によって可能となった．第1は12, 13, 14世紀初期，中国北部は女真族の金，つづいてモンゴルの支配のもとで辛酸をなめ，その経済力が急激に落ちこんだことである．第2は主に米作の普及と改良により，中国南部の経済力が向上したことである．明朝の初期，中国北部の平原には人々が入植し，荒廃していた耕地は再び整備された．

各地方の割拠を防ぐために中華帝国がいかに努力したかということを示す一つの典型的な例が，815年から817年にかけて唐の憲宗が独立化した州である淮西を制圧するために遠征軍を派遣したことに見られる．淮西は中国北東部に位置し，このとき他の独立化した州からは地理的に離れていた．淮西はかなり小さな州であり，人口もたぶん100万人程度であったが，郷土愛の精神に満ちあふれていた．唐朝にとって警戒すべきことは，帝国に忠誠をつくすはずの武将が隆盛になり，あまりにも力をつけてしまうことであった．そこで唐の中央政府はできるだけ多くの地域出身の兵士からなる混成部隊を編成する必要を感じた．そのために当時の唐の軍隊は職業的兵士から編成されていたものの，指揮系統は分断されており，部隊全体の統一に欠けていた．しかし淮西の軍隊は比較的よく統合されており，また平民組織をも動員することができた．淮西を攻撃する唐の軍勢は淮西の軍隊の数の2倍を少々超えるほどであった．唐がこれ以上淮西に軍隊を派遣することは，辺境や他の戦略的に重要な拠点の守りが手薄になってしまうことを意味した．淮西の武将は城市を要塞化し，また小さな砦を築きあげて広い地域にわたって唐の遠征軍に対する防衛地帯を作りあげていった．こうした要塞や砦を打ち破っていくことは唐軍にとって困難な戦いであり，戦闘は一種の消耗戦の様相をおびてきた．他のいくつかの独立した州は政府軍やその拠点を後方から擾乱し，淮西を間接的に支援した．淮西は騎兵部隊の馬を自分たちで調達できるという点で例外的な州であり，たえず唐軍に反撃を加えて活発な防衛戦を繰りひろげていた．一方，唐朝の軍隊は動きを抑えて，砦や駐屯地で淮西を封鎖し，この地域の経済を破壊しようと試みた．唐朝の最終的な勝利はまれにみる戦略家である李愬（りそ，リスー）の出現によってもたらされた．かれは唐朝の部隊の再訓練に長け，"異民族"の騎兵隊を使い，（唐朝に対する忠誠と唐朝の利益ということを訴えて）効果的に謀略と交渉という手段を用いた．唐軍によって包囲された半封鎖状態のもとで，淮西は食料の不足に苦しみはじめた．そしてこのことは不可避的に長期的なある種の政治的な妥協をもたらした．なぜならこうした遠征による財政負担が堪えがたいものであることを唐朝中央府自身が認識していたからである．たまたまこの遠征は吹雪をついた李愬の劇的な奇襲によって終結した．李愬は淮西を守備する兵士の数が手薄なことにつけこんで，淮西

政治と権力

左　宋の太祖と太宗の遠征

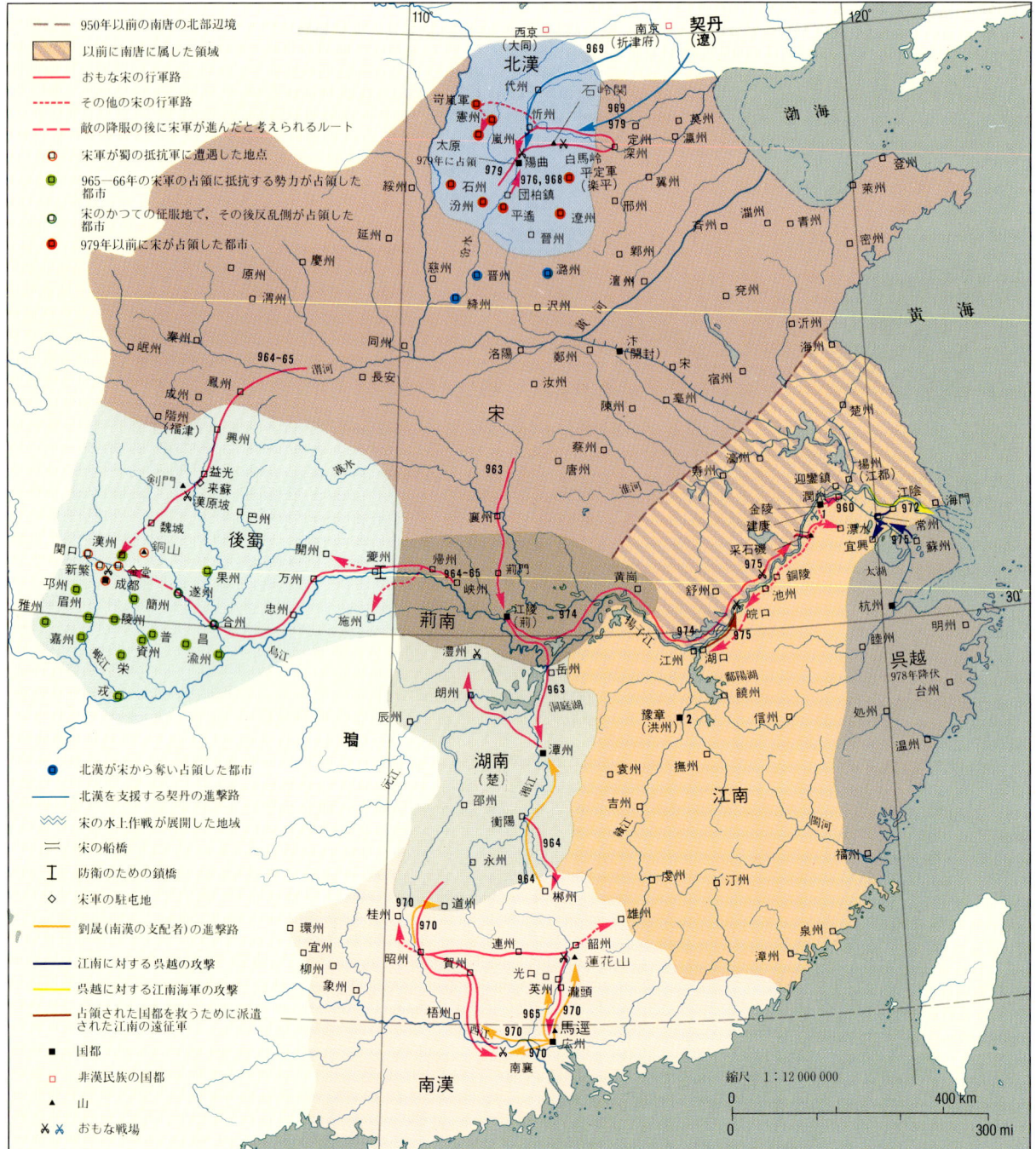

宋朝の建国者である太祖，およびその弟であり後継者であった太宗は963年から979年にかけて一連の作戦を計画し，その結果華北平原の周辺に位置した国々は次々と宋の支配のもとに置かれることとなった．地図はかれらの軍事行動のおもな動きを示しており，次の2点を明らかにしている．(1)宋は敵を一つ一つ攻撃できたのであり，敵の同盟した抵抗には出合わなかった（呉越に至っては宋と強力して荊南を攻撃しており，その後になって自己の力が相対的に非常に弱くなったことを知り，闘うことなしに宋に屈服するありさまであった）．(2)敵の首都の占領は通例決定的な意味をもった．1度首都が陥落してしまえば，普通その後背地はたとえ広大であっても宋に服従した．ただ蜀の場合，宋の軍隊の一部が野蛮な行動をとったため首都が陥落した後も全面抵抗をつづけた．

の首都を直撃し，これを占領した．別の要因も見落とすことはできないが，他の中国史上の多くの出来事と同じように，兵站上優勢であったかどうかという点が基本的に唐の淮西攻撃の結果を左右した．

女真族の金が1127年以後中国北部の大部分を支配したものの，南宋を征服しそこなった根本的な理由の一つとして中国南部の経済発展をあげることができる．南宋の時期までに中国南部の経済は十分な発達をとげており，北からの攻撃に対してはじめて軍事的に抵抗しつづけることができるほどまでになっていた．南北の間で兵站の力量のバランスが変化したことの重要性は，1335年以後にモンゴル支配が内部から崩壊した過程からもまた見てとれる．この年以後，中国各地に軍閥や独立した諸政権が出現したが，やがてその中で南京に根拠地を置いた朱元璋（しゅげん，チュユヂン）の国が最終的な勝利をおさめた．すでに述べたように，将来の明朝となるこの国が南から興って北を征服したことは，それまでの中国史の中でかつて経験したことのない偉業であった．

モンゴル帝国（元朝）の瓦解は二つの要因がからんだ結果として説明できる．まず第1は潜在的な社会不安である．この時期，広大な土地をもつ荘園で働いていた農奴や奴隷は過酷な条件のもとに置かれており，これが社会不安の源泉となっていた．元朝の支配力が衰退するやいなや，この社会不安はすぐさま民衆の蜂起をよびおこした．こうした蜂起はしばしば千年至福を信ずる仏教の一派である白蓮教と結びついていったが，1330年代後半，および1350年代に発生した反乱はその例である．第2の要因はモンゴル政権がモンゴル人，中央アジア人，中国人の有力な臣下に受け入れられ，しかも彼らを抑制できるような安定した政治制度をつくりあげられなかったことである．一般論としていうならば，草原時代以来の純粋なモンゴルの慣習は，1328年までには儒教的な官僚主義の伝統にとってかわられていた．しかし，実際に中書右丞相伯顔（バヤン）のもとでおこったように，漢人に対する民族的な猜疑心が存在したことは元朝の国家機構を損なっていた．また伯顔がモンゴルや中央アジアの多くの要人の忠誠心を繋

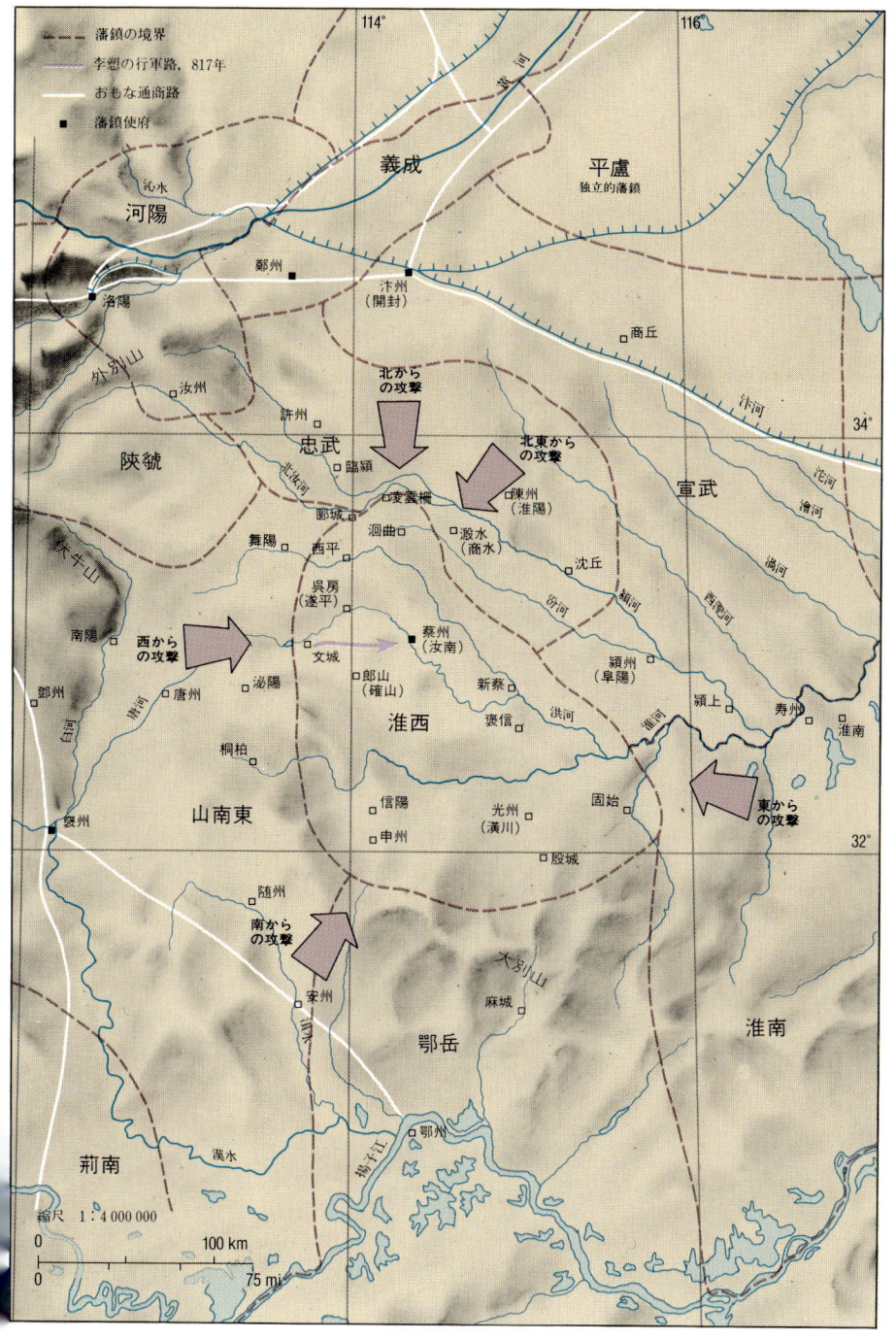

唐による淮西の再征服

8世紀中葉の安禄山の乱は結局敗北したものの、唐朝の支配機構を崩壊させてしまった。首都から離れた地域の権力の大部分はかれら自身の軍事力によって支えられた強力な節度使の手に握られてしまった。中央権力の支配はその後中国北東部と淮西を除いてやっとのことで再び確立された。このうち淮西は815年から817年にかけて中央権力に抵抗して闘ったが、地図は皇帝の命令で行われた淮西遠征の経過を示している。この遠征は李愬（リ、ソ）の吹雪の中の攻撃という劇的なかたちで終結したが、この軍事行動は本質的に兵站戦であった。つまり、淮西の側の起動力と郷土愛に支えられた戦列に対する、唐の側の豊富な物資に支配された淮西封鎖網構築の戦いであった。

ぎとめておくことができなかったことも同様に重要である。これらの要人は伯顔によって迫害、粛清されていると感じていた。伯顔が1335年に科挙を廃止したことは、中国人だけでなく多くの非漢族の反感も買った。なぜならこれらの非漢人は人口にくらべて多くの科挙合格者数を割り当てられていたからである。またかれらは儒教的な価値観を受け入れはじめ、中には中国人有力者と姻戚関係を結ぶ者までいた。脱脱（ド）が中書右丞相の職にあった二つの時期（1340-44年と1349-55年）には、政府の積極的な行動と政策を主張する脱脱自身らのグループと、より穏便な不干渉主義的な政策を提唱するグループとが互いに勢力を争っていた。こうした派閥の争いは中央政府の行政機構の統一を破壊してしまっていた。再び反乱が地方で勃発したとき、政府はこれを鎮圧するために脱脱の個人的な支配のもとにあった政治機構を動かす必要があった。ここで元朝は反乱鎮圧軍を指揮する脱脱が反逆的な野心を抱いているのではないかと危惧し、かれを罷免してしまったのである。これにより元朝は無力化し、崩壊していく運命をたどることとなった。これらの事実から次のことを認識しておく必要がある。つまり、元朝以後の明朝や清朝がそれぞれ2世紀以上ものあいだ中華帝国の統一を保っていった政治的手腕は驚くべきことであり、それをあたりまえのこととして過少評価してはならない。

中国で発明された火器は封建ヨーロッパの軍事、社会構造を解体したが、中国自身にはあまり大きな影響を与えなかったということがしばしばいわれる。この言葉は部分的には正しい。15世紀初期に明朝がオイラート・タタールの騎馬部隊を草原で打ち破ったのは神機砲として有名な野戦砲の使用によってであった。各都市の城壁や、明朝の歴代の皇帝によって1世紀半以上もかけて再建された長城を防衛するためにとりつけられた大砲は異民族の侵入をおしとどめることに大きく貢献した。女真族の満州王国の開祖であるヌルハチが1626年に寧遠（ねい、エン）城外で敗北を喫したことは、なお明朝の火器がかれらを寄せつけなかったことを示している（以前にも述べたが、満州族は厳密にいうと中国を征服したのではない。辺境防衛の任にあった明の武将たちは現状に不満をもち、野心的であった。かれらが中国関内の混乱に際して満州族を中国内部にまねき入れたのである）。火器はこのように異民族の征服から明帝国を守ることに一定の役割を果たした。明帝国の防衛に貢献したもう一つの決定的な要因は効果的な軍需物資の補給システムであった。これはおもに大運河の修復と再配置によるところが大きかった。1368年から1644年までの間の明帝国の防衛は兵站の優秀さと火薬によって支えられていた。

満州族（清朝）の支配のもとで、中国の軍事的な資源と技術、とくに火器と多数の中国人武将は満州族の部隊と一緒にされて中国本土の外側の地域を併合するための遠征に使われた。たとえば、台湾は1683年に施琅（し、ろう）将軍によって占領された。さらに中華帝国は1696年にジュンガルの支配者であったガルダン汗を破って東トルキスタンと外モンゴリアの大部分を征服し、帝国北西部に広大な領土を獲得した。しかし、ジュンガルの中心部はなおしばらく清朝の手には落ちなかった。ジュンガルと満州族はチベットの支配をめぐって戦ったが、まず最初にジュンガルが、ついでその後1720年に満州族（清朝）がこの地域を征服した。清朝は血みどろの戦いを経て、1750年代に最終的にジュンガルとなお征服されずに残されていた部分の東トルキスタンをその支配下においた。清朝のこの驚くべき領土の拡大の結果、そのまわりにはすでに重大な脅威となるような敵は存在しなくなった。

大砲がさきに中華帝国を防衛するために演じた役割とは対照的に、17世紀後半と18世紀に銃器が民間人の間に普及したことは、政府当局の社会を統制する力を弱める結果となり、ひいては帝国を分裂に導く一つの要因となった。銃器の個人所有の禁止は1749年に福建省で廃止され、他のすべての省でも1760年までには廃止された。銃器の所持を禁じたならば、法律を遵守する人々が匪族に対し無抵抗になってしまうからである。技術的にみても、銃器の使用は弓や他の伝統的な武器の扱いよりも簡単であった。その結果、職業兵士の民間人に対する相対的な戦闘能力は低下した。このことの帰結は19世紀初期に中国社会の内部が次第に不安定になっていったことに明らかである。またまさにこの時期に中華帝国は当時工業化しつつあった西欧諸国からまったく質的に新しい軍事的、文化的挑戦を受けはじめており、帝国の領土の保全と自己の力に対する自信はゆらぎはじめていた。

大運河

　大運河の歴史を通じて，宋代の運河（次頁の地図）は，政府の物資を最も大量に首都に運んでいた．運ばれた穀物は年に 600 万石以上（330 万トン以上にあたる）にものぼったという．また宋代の運河は明らかに当時としてはただ一つの閘門式のものであった．人力で船を曳く方式にくらべると，閘門式の運河はより大型の船を通すことができた．モンゴル（元朝）が首都を現在の北京にあたる位置に移した結果，山東省の丘陵地帯の西部を横切って運河を新たに北に延長する必要がおこった．しかし，明朝初期のころまで傾斜のある運河を水で満たしておくための技術的問題はなお十分には解決されていなかった．したがってモンゴル王朝は揚子江デルタ地帯から一部海路を使って物資の輸送を行った．この海路は膠州湾を経由していたため，山東半島を横切って運河を建設する必要が生じた．

右図中の上　きわめて初期の運河
淮河とその支流の流域の低地帯は簡単な運河の建設にとって自然条件に恵まれた地域であった．この地域は淮河と揚子江という二つの巨大な河川を結んでおり，その間の傾斜は緩やかだった．そのため人工水路を適当な水位に保つための土木工学的な技術はあまり必要でなかった．中国の北と南を結ぶ最初の大運河らしきものはすでに紀元前 5 世紀にその存在が認められる．これもたぶん軍事物資の輸送のために建設されたものであろう．

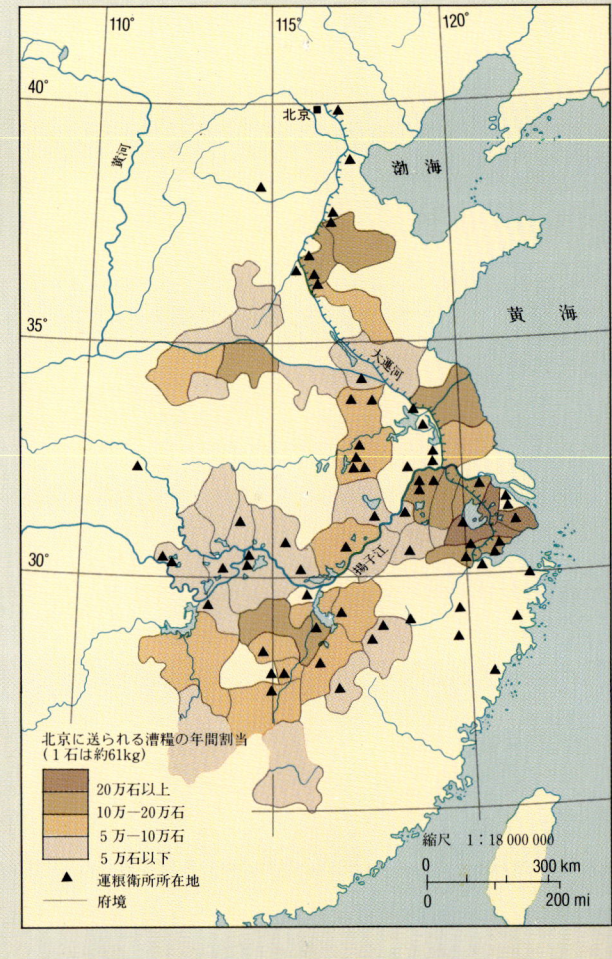

右　18 世紀の大運河と北京への漕米の輸送
帝国の首都は，おもに揚子江流域に集中していた限られた数の県からの漕米の供給に依存していた．地図は清朝の時代の各県の漕米の割り当てと，多量の漕米の輸送に責任を負うていた運軍衛所の位置を示している．漕米を供給した地域の外側の地域が実際の漕運機構のもとに組み込まれていたかどうかは明らかでない．

下　蘇州は無数の小さな水路を有することで有名な都市である．写真はその蘇州を流れる大運河南端部の水上交通の様子である．かつては曳くこと，竿を使うこと，船尾でオールを漕ぐことが船を進めるもっともありふれた方法であった．現在エンジンが普通となり，タグボートに曳かれた長い船の列が全くありふれた光景となっている．多くの人々がかつて船の上で生活していたが，かれらはすべて近年は陸上で生活するようになってきているらしい．

右図中の下　隋朝の運河
歴史家が大運河として認める人造の水路体系が最初に掘られたのは 7 世紀初期である．これは隋の煬帝の命令で徴用された労働力によって建設された．淮河を横切ってさらに南へ延長されたこの運河の支流は揚子江河口の南に位置する肥沃なデルタ地帯にまで達していた．一方，運河は前線の糧食補給のために北にも延びていた．黄河が東に急に向きをかえて平原に入る地点のすぐ下流にある三門峡のために，水上輸送だけで中国東南部から隋の首都へ糧食を供給することは困難であった．隋につづく唐朝の時代に三門峡の西に首都を置くことをむずかしくしていた原因の一つはこうした事情による．

北京に送られる漕糧の年間割当
（1 石は約 61kg）
- 20 万石以上
- 10 万～20 万石
- 5 万～10 万石
- 5 万石以下
- ▲　運根衛所所在地
- 府境

縮尺　1：18 000 000

運河（宋代と元代に共通）
宋代の運河
宋代の黄河下流
元代の運河
元代の黄河下流
元代の漕糧輸送路
海抜 200 m 以上
縮尺　1：4 500 000
0
300 km
0
200 mi
115°
120°
40°
35°
30°
永定河
灤河
大都
（北京）
通州
通恵河
直沽
海河
渤　海
永済渠
（御河）
漳河（宋代）
臨清
会通河
東昌
済南
東阿
東平
済州河
済州
（済寧）
微山湖
山東半島
萊州
膠萊河
膠州
元代の海上交通路
黄　海
淇門
元代の陸上交通路
中欒
開封
（汴梁）
黄河（元代）
商丘
徐州
（銅山）
汴河
宿州
泗州
洪沢湖
淮陰
淮安
（楚州）
盱眙
淮河
揚州運河
（山陽瀆）
高郵湖
揚州
真州
（儀徴）
瓜州
鎮江
江南河
常州
無錫
劉河港
平江
（苏州）
太湖
湖州
嘉興
杭州
揚子江
115°
120°
40°
黄河
済水
蒗蕩渠
35°
黄池
鴻溝
末
淮河
邗溝
寿春
呉
揚子江
30°
縮尺　1：25 000 000
汾河
110°
115°
120°
40°
涿郡
（北京）
黄河
永済渠
黄河
35°
三門峡
広通渠
大興城
洛陽
板渚
通済渠
山陽
山陽瀆
淮河
江都
京
江南河
揚子江
余杭
30°
縮尺　1：20 000 000

王朝時代，中華帝国時代の美術

秦漢の墓

秦〈しん, チン〉代の遺物は初代皇帝〈始皇帝〉の墓を護る等身大のテラコッタの軍隊を除いてほとんどない．秦の始皇帝〈ほつ, シコウ, ジテイ〉の壮麗な墓は，なお伝説のとばりに包まれている．司馬遷〈しば, スマチ〉の『史記』によれば，墓は自動的に引き金がひかれる石弓で護られ，家具，宝石や珍貴な物はもとより，宮殿，塔，役所の雛型をも納めているし，床は水銀の川が流れる世界地図に覆われ，天井には星座が描かれているという．

漢〈かん, シ〉代の墓からは，玉器，青銅器や漆器から陶製の建物，人物，農耕生活の情景の雛型までたくさんの種類の物が出土した．後者はとくに漢代の生活をまのあたりに見せてくれる．いくつかの墓や祠堂は，日常の狩猟や農耕のありさまはもちろん，神話や歴史上の光景を彫りこんだ平らな石板で飾られた〈画像石，石磚〉．この現実と空想との混合は，帝国初期の美術を特徴づけている．

漢の建築についてのわれわれの知識の多くは，墓の壁にならべられた陽刻や陰刻のある石板〈石磚〉に由来する．これらの雛型は重い瓦屋根を支える柱・梁方式を示している．重さは持送り方式を使って木柱によって支えられる．壁の材料は上等なものではなく，土の障壁や竹を編んで作られた．建物は上に高く重ねるよりも横に次々と加えていくことによって大きくなった．彩色され釉薬がかけられた陶器の建物の雛型からその現物の様子がわかる．望楼，農家，倉庫は土器で雛型が作られ，それらによって農業の地方毎の型が見分けられる．人物や農場の動物は，粘土の塊から生きいきした写実主義で形づくられ，その他の物は型による大量生産であった．粘土が乏しい地域では，人物は木や石で作られた〈明器〉．

漢代の彫刻は埋葬と墓の造営とに関連している．巨大な石獣にふちどられた「参道」が墓へと築かれる．時には石柱が「参道」の入口を示す．これらのうち漢代から残っているものは少なく，5世紀中期に北魏〈ほく, ギ〉の支配者たちが仏教を保護してからのち，大規模な石像がひろく作られるようになった．

墓の動物〈鎮墓獣〉として最も有名なのは5世紀から6世紀に作られた獅子と有翼の獅子で，〈南朝の〉斉〈さい, チ〉と梁〈りょう, リソ〉の皇室の墓を護っている〈南京市付近の梁の蕭宏以下の八王の墓，丹陽県付近の斉の宣帝，高帝，景帝の陵〉．

石造の祠堂や墓はしばしば彫刻された模様で飾られた．山東〈さんとう, シントン〉省の嘉祥〈かしょう, チアシアン〉県の武氏祠の石板〈画像石〉は，145年から168年にかけてのものであり，神話と伝説を正史の物語と結びつけている．人物は影絵芝居のように側面影像〈シルエット〉であらわされている．物語は何層にも重なった横にならべられた帯状の一連の光景として展開し，ちょうど漫画のコマを読むように，人物の行動を筋をおって読むことができる．そこには前景や背景を示すものはほとんどないし，時として基線から人物を浮上させることによって奥行が示される．

これらと対照的なものは四川〈しせん, スーチュワン〉省の広漢〈こうかん, クワンハン〉県の後漢墓にならべられている型から作られたレンガ〈磚〉である．模様はスケッチ風に仕上げられ，狩猟，収穫や日常生活の生きいきした光景をあらわしている．

墓の装飾にも筆墨が使われた．140年から177年の間に作られた内モンゴル〈内蒙古自治区〉のホリンゴル〈和林格爾県〉〈新店子公社，1971年発見〉の後漢墓の壁には馬と戦車とがすばやいのびのびとした筆致で捉えられている．牧羊と曲芸の光景が飾りのない地に描かれている．無地の地は何の背景も示しておらず，無限の空間を示すだけである．この空間感覚は，後の巻物〈掛軸，絵巻〉を特徴づけるものである．

現在，ボストン美術館が所蔵している後漢時代の絵入煉瓦〈磚〉はかつて漢の宮殿を飾った失われた壁画の様子を思わせる．絵入煉瓦には一人一人の人物の顔の特徴が認められ，人物は筆の一はきで描かれ，くだくだしい細部は省略されている．

漢代には墓の造営法が変化した．湖南〈こなん, フーナン〉省の長沙〈ちょうさ, チャンシャ〉市に近い馬王堆〈ばおう, ツイ〉で発掘された軟〈だい, ダイ〉侯〈利蒼〉（前160-150ごろ）の一族の墓は，竪穴式の例証である．

1号墓は軟侯夫人と思われる婦人の遺体を納めており，完全に保存されている．三重の棺は互いにいれこになっており，竪に20mの深さに掘りぬかれて置かれた個人の部屋である大きな木造の建造物〈木槨〉に収められている．竪穴の底は

上左　このランプの銘は，かつてはこれが長信〈ちょう, シン〉宮のものであったことを述べている．これは，河北〈か, ほく〉省の満城〈まんじょう, マンチョン〉県に玉札の着物〈玉匣，玉衣〉をきせて葬られた竇綰〈とうかん, ドウ〉（前2世紀末期）の墓から出土した．ランプは膝ぐらいの高さで，基部の取っ手で灯心のまわりの円筒を回転させ，適度に照らすように調節する．煙は中空の人物像の腕を通ってのぼっていき，部屋の空気をよごさない．〈長信宮灯〉

王朝時代，中華帝国時代の美術

上 蹄の一つを燕の上に置く青銅の「飛馬」は，シルクロードに沿う甘粛（カンシュク，ガンスー）〈省〉の武威（ブイ，ウーウェイ）〈県〉で発掘された．高さはおよそ30cmで，実にみごとにバランスがとれている．これは中国の諺の「燕のように軽い体」を具現している．〈飛燕奔馬〉

右 部分的に象嵌された，青銅製の豹——精巧に作られ，銀象嵌がほどこされ，目はガーネットである——は，4個1組のうちの二つである．重しに使われ，青銅のランプやその他の貴重な物といっしょに竇綰（トウ，ワン）の妃の墓から発見された．

王朝時代，中華帝国時代の美術

左 犬と鶏は，漢の農夫が石臼の左側のはねハンマーで穀物をひくのを見ている．

上 猟師が反曲弓にかぶら矢をつがえて，雄鹿と雌鹿をねらっている．漢墓の出入口の上のレンガ〈磚〉の細部．

右 古代の矛槍「短剣・斧」〈戈〉をもち死者の番兵に立つ護衛の像．

上 この膝ぐらいの高さの釉薬のかけられた陶製の穀物倉の雛型から，2世紀の穀物倉の建築が完全にわかる．〈倉楼〉

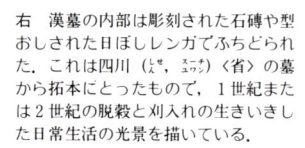

右 漢墓の内部は彫刻された石磚や型おしされた日ぼしレンガでふちどられた．これは四川（シセン、ユエシ）〈省〉の墓から拓本にとったもので，1世紀または2世紀の脱穀と刈入れの生きいきした日常生活の光景を描いている．

下 3世紀から4世紀にかけて墓の参道をまもった有翼の獅子，巨大な石獣は古代メソポタミアの墓もまもっているが，この動物は全く中国のものである．

白粘土で舗装され，棺は 4.5 m から 8.5 m の厚さのきっちり詰められた木炭の層にかこまれ，最上部には白粘土がもう一層あり，それから土が盛られた．

現在，湖南省博物館に収められている副葬品の中には，有名な絹の旗〈帛画〉がある．それは一番内側の棺にかけられていたもので，天上界，人間界そして冥界が描かれている．龍と奇妙な架空の動物が現実と空想との世界の間にからみあっている．墓からはその他，日用の漆塗の碗，容器やひしゃくが出土し，黒地に赤でさっと描かれた渦巻や渦の意匠で飾られている．

20 色の糸で刺繍されたものを含む多量の絹が，墓からみつかった．幾何学的な意匠や「雲」模様〈雲文〉が捺染されたり，描かれたり，刺繍されたりしている紗や緞子から錦に至るさまざまな種類の絹がある．絹は当時の重要な商品であり，反物が交換の手段として使われた．

2 号墓と 3 号墓からは，絹に墨で書かれた多くの書物が新たに発見された．これまで発見された中で最も古い中国地図が出土したばかりでなく，『老子道徳経』の二つの版と，数千の処方と病気の原因や徴候を記録した医学文献も発見された．1 号墓の内棺は明るい色に塗られ内側は赤く，外側には漢帝国の美術を席巻した活力を象徴する長い渦巻の意匠〈渦巻文〉を含んでいる．

中国北部では，河北〈カベ，ホペイ〉〈省〉の満城〈マンジョ，ヨンチ〉〈県〉の崖をくりぬいた二つの前漢の墓が，部屋型〈横穴式〉を例証する．それらはいくつかの連結した部屋からなり，玉の着物〈玉匣，玉衣〉をきせられた前 113 年に死んだ劉勝〈リュショ，リュシェン〉とかれの妻竇綰〈トウ，ワン〉の遺体が納められている．最後部の部屋〈後室〉が遺体を納めており，中央の部屋からは，召使をあらわす多くの陶製や石製の人物像〈俑〉ばかりでなく，青銅，鉄，漆器，金や銀のさまざまな品物が出土した．入口の北側の部屋〈耳室〉には食料と酒が貯えられ，南側の部屋〈耳室〉には，戦車と馬が収められた．劉勝の墓から 17 頭の馬の骨が発見され，残っていた金具から 6 台の木製戦車が復原された．残っていた漆から判断すると，戦車はもとは赤く塗られ，赤色，白色，緑色，茶色の雲模様で飾られていた．

竇綰の墓からの出土品には，召使女の形をした金めっき〈鎏金〉をした青銅製のランプと，2 個の豹の形をした金めっきをほどこされた青銅器が含まれていた．部分的に金めっきする技術は，次第に象嵌にとってかわった．金アマルガム〈鎏金〉は，青銅器の輪郭のある模様を埋めるために使われた．青銅が熱せられると水銀は蒸発して，金の形が付着する．

後漢から残っている青銅器と玉器は少なく，墓では一般的に漆器や絹や陶器がそれらにとってかわった．釉薬をかけた陶器は青銅器の形を模倣し，その地位を奪い，一般に貴金属の品目はより価値の劣る金属で代用された．

2 世紀ごろにさかのぼる後漢墓には，200 以上の品目が出土したものがある．そのほとんどは青銅器である．それは 1969 年，甘粛〈カンス，カン〉，〈省〉の武威〈ブイ，ウウェイ〉県の雷台〈ライダイ，トウ〉村の住民が偶然，発見したものである．ミニチュアの青銅の馬 —— 前 2 世紀はじめのフェルガナ〈大宛〉遠征後，中国が獲得した申し分のない型の馬「天馬」〈汗血馬〉—— の胸部の銘には守張掖長張君たる所有者の名が記されているる．多くの青銅器の中に，たぶん文帝（前 179-159）の所有していた有名な 9 頭の馬隊の 1 頭である「飛燕」をあらわすと思われる，一つの蹄を燕の上に置いて平衡をとっている「飛馬」〈飛燕奔馬〉があった．

仏教の衝撃

仏教の最初の伝道師は，1 世紀に貿易路にそって中国にやってきた．彫刻と絵画で飾られた仏教の石窟寺院と聖堂は，北インドから現在の新疆〈シンキョ，シンジャン〉〈ウイグル自治区〉にあるキジル〈克孜尓，赫色勒〉，クチャ〈庫車〉そしてトゥルファン〈吐魯番〉近くのバザクリクを経て，甘粛〈カンス，カン〉〈省〉の敦煌〈トンコウ，トンホウ〉までたどることができる．

けれども，仏教は 5 世紀までは普及しなかった．拓跋魏〈タクバ，トェイ〉朝（386-535）〈北魏〉を建てた鮮卑〈センピ，シェンピ〉族の支部と提携してはじめて，仏教は中国北部の大部分を支配するのに成功した．初期の石窟寺院は，4 世紀末期に敦煌の崖に刻まれ，5 世紀中期までには山西〈サンセ，シンシ〉〈省〉の大同〈ダイド，タトン〉市の西にある雲岡〈ウンコ，ユンカン〉の岩に最初の石窟寺院が刻まれた．

敦煌の初期の洞窟は，壁画と彩色された粘土像で飾られている．最初の洞窟は小さく，彫刻された仏像を納めている．小仏像の列はあずき色の地に黒色，白色，赤色，青色，緑色で描かれ，壁の利用できるすべての面をおおう段状をなして仏像を囲んでいる．洞窟が大きくなると，壁画も仏像，楽師，天女をふくんでシャカの前世を描くジャータカ物語〈本生図〉へと拡大した．後者は，257 窟のように側壁にめぐらされた水平な帯や，428 窟のように天井の傾斜部分に配置された．様式は軽快で優美であり，人物の衣裳からはリボンがたなびき，体は図式的に表現されていた．体全体の形は単純化され，幅ひろく輪郭がとられた．洞窟の明るい色は，ある場合には化学反応の結果中和され白色顔料を黒変させたので，くらい雰囲気を与えている．

雲岡の 53 以上の洞窟は砂岩の崖に刻まれ，その最大のものは 494 年，魏の首都が洛陽〈ラクヨ，ルオヤン〉に遷ったときに完成された．初期の五つの窟（16 窟から 20 窟）は岩を刻んだ巨大な仏像を納めている〈曇曜五窟〉．その最大のものは巨大な坐仏で丈はほぼ 13.7 m あり，露天にさらされあたりの風景を圧している〈20 窟〉．衣文は，ブロックのような厚みのある大きな体の一方の肩から平行な帯状に刻まれ，容貌は生きいきとした手法で刻まれている．7 窟と 8 窟はより丸味をおびたり柔軟な様式を例証する．

丸顔の全身像は，壁にぎっしり作られ，花模様や幾何学模様の装飾帯でふちどられた小さな壁がんに置かれている．この生きいきと思い通りに作られた様式は，5 窟 6 窟にみられるようなより硬いより整った型にはまった様式へととってかわられていく．そこでは壁面は区画に細分され，仏像，天女や楽師の浮彫像でみたされ，一方，低い区画は仏〈シャカ〉の生涯の物語〈仏伝図〉を図解している．浮彫は元来，あざやかな赤色，青色，緑色や白色に塗られたが，多くのものは長い間に色を塗りなおされているため，元来の容貌を保っている．

魏の首都は 494 年，洛陽に移り，490 年代のはじめには汾水〈フンスイ，フェン〉岸の町に近い竜門〈リュモン，ロンメン〉に，新しい洞窟用地が

上　釉薬をかけたりあるいは素焼のままの陶製の小さな人物像〈俑〉や，家屋の雛型は漢墓に置かれたものである〈明器〉．この少々ふきげんな顔をした小さな人物は，魚を料理しているのか，売っているようである．

左上　墓から出た雛型〈明器〉は，前 1 世紀または 2 世紀の豚小屋と便所を示している．これらの基本的な構造は何世紀もかわらず，今日も使われているであろう．

左　この漢代の望楼の陶製雛型〈明器〉は，庭を見るために配置されたのであろう．

王朝時代，中華帝国時代の美術

開かれた．河の東岸の洞窟はすでにほとんど破壊されている．西岸には雲岡に似た崖に1000以上の洞窟がより黒ずんだ硬い石に刻まれている．洞窟の多くは小さく，崖の表面に刻まれた非常に小さな壁がんからなる．たくさんのより大きな洞窟には年代が記され，奉納者の名前がついている．古陽（コ，ヨウ）窟〈洞〉〈第21洞〉は雲岡の5窟6窟の型にはまった様式をひきついている．像姿は細長く，衣文は平らなパターンに作られ，すその方は魚の尾の形になっている．この様式は，一般的な大作の製作という傾向につづく小さな青銅像に反映している．

その後，隋（ズイ，ス）朝（581-618）に至る様式の変化はたどるのがむずかしく，形は筋道だった発展をしていない．5世紀と6世紀は仏像の実験段階で，そこでは突然の変化や明らかに違った様式がみられる．

きゃしゃな像形は六朝後期の墓に納められた像〈俑〉をも特徴づけている．陶製の馬の雛形は，漢の飛ぶ動物よりももっと現実的になり，特徴がわずかに誇張されきゃしゃになり，陶製の婦人像は釉薬をかけたものもかけないものも，きゃしゃなほっそりした形をあらわしている．

仏教が北部の美術を支配したように，絵画と書法は六朝の間に南の方で発達した．ともに筆と墨を使ったため，最初から書法と絵画とは分かちがたいものだった．漢代に紙の使用が発展し広範囲に普及して以後，書法の新しい可能性を開いた．「草書」がはやく書ける書体として，正式の角ばった「隷書」から発展し，独立した芸術となった．初期の偉大な書家の一人である王羲之（オウ，ギシ）（303-309頃）は，初期の「楷書」を簡略化し，部分的にはより早期の「隷書」から派生させて「行書」を発展させた．

現存の文献に名をあげられている絵画や書の初期の名人たちについて説明する唐以前の作品はほとんどない．とはいえ主題と様式が，4世紀の画家である顧愷之（コ，ガイ，シ）の作品に近いといわれる絵が大英博物館にある．それは「女史箴図」（女教師の訓誡）と題され，線の強さと絵の様式を示している．場面は無地の絹を背景に墨で輪郭をとりわずかに着色され，おのおのの場面を描写した漢文で区切られている．人物を描く線は均一で針金のようであり，書も絵もともに筆がみごとにふるわれている．動きのある線は，現在カンサス市のネルソン・ギャラリーにある6世紀の石棺に刻まれた孝行の話を描いた図にみられる．人物は，シルクロードの敦煌の仏教の石窟寺院（428窟）の天井に描かれたジャータカ物語のように異なる場面を区切るのに用いられた岩と木の中に配置されている．

伝統と革新

長安（チョウ，アン）（現在の西安，セイ，アン）は唐帝国——その最大版図のときには，東中国海からカスピ海までひろがった——の首都となった．都市は短命な隋（ズイ，ス）朝（581-618）の間に設計され，唐代に念入りに作りあげられた．市街は南北を主軸として碁盤の目のように設計された．建物はほとんどが木造だったために，唐代から残っているものはまれである．初期のレンガ建築で残っているのは，西安の大雁塔である．7世紀の中期にインド旅行から帰ってきた僧・玄奘（ゲンジョウ，

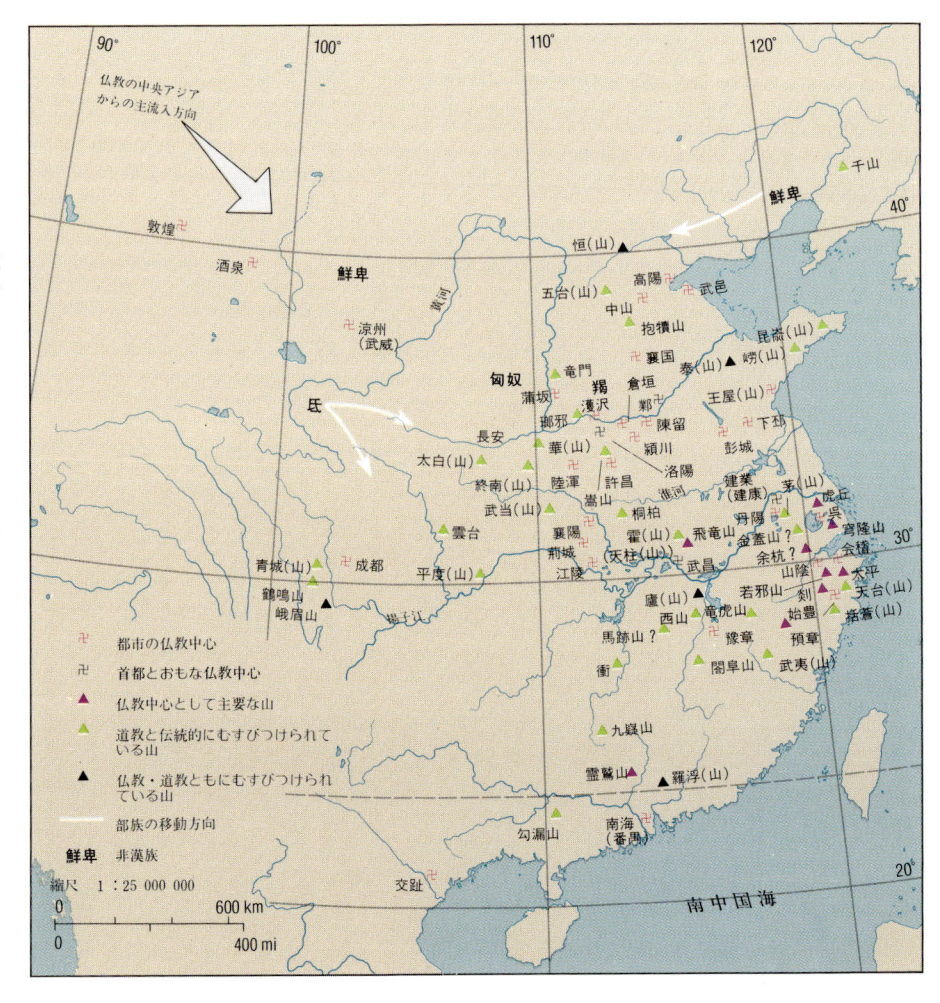

1世紀から5世紀の中国における仏教
仏教が中国に浸透しはじめたのは，後1世紀のことであるが，間接的な影響はよりさかのぼることが可能であろう．仏教が伝わった主要な道は，北部インドとカシミールからコータン〈干闐〉やクチャ〈亀玆〉のような中央アジアの仏教王国を経て，甘粛通廊〈河西回廊〉を長安（チョウ，アン）へとシルクロードを下るものであった．また東南アジアへの海路を通じての接触もいくらかあった．

最初，新しい信仰はほとんど外国人の宗教であったが，3世紀末には中国社会のエリートの相当な人数が帰依しはじめた．地図は主としてエリートの仏教の初期の中心を示している．さらに民衆にひろがっていったが，記録が不十分で同じようには精確にたどれない．

中国の仏教は，はじめほとんどが都市に限られていたが，まもなく道教の影響で，僧院や庵が山に建てられた．これらの場所のいくつかは，二つの信仰にとって神聖となった．

地図の対象時期は，5世紀はじめまでしかのせていない．というのはそれ以降の百年間に仏教関係の施設は非常に増加した——たとえば6世紀はじめには1768から15000以上に，そして6世紀末にはほとんど40000に——．

上 これらのチベット式の仏像は，甘粛のシルクロードにそった敦煌の莫高窟の465窟の天井を飾っている．この窟は主要部の他の窟とは違い，13世紀のものとされている．

王朝時代，中華帝国時代の美術

左奥　敦煌の465窟の三方の壁は三つに細分され，おのおのはチベット式の悟りの究極状態にあるタントラの神像を含む．タントラ仏教によれば，男性は憐みや秩序を，女性は知性や知恵を象徴しており，かれらが結合したときにニルヴァナ〈涅槃〉の状態が実現される．欧米ではタントラ教ともよばれるラマ教は，13世紀にモンゴルの宮廷に伝えられ，様式の点から見て，この窟は当時のものと思われる．

左　中国の仏教絵画の一分野に，僧と尼僧の戒律を示すものがある．どんなものを食べたり，着たりするかなど述べている．この敦煌の莫高窟の壁画細部は，尼僧が受戒式のため剃髪する手順をあらわしている．

王朝時代，中華帝国時代の美術

上左 河南省の竜門仏教窟の僧キャーサパの頭部，北魏時代にたぶん6世紀はじめに作られた．アラハットすなわち羅漢（らかん，ラハン）とは仏僧で，俗世間から離れて宗教生活を実践して，完成された人間すなわち聖者になった人をいう．晩唐期に至って，このような人物像の表現は非常に写実的になった．

右 11世紀の間に満州（中国東北）を支配した遼（りょう，リャオ）（契丹，きったん，チタン）朝のきわめて写実的な羅漢坐像は，上に示された6世紀の北魏の頭部とは著しい対照をなす．

上右 山西省の大同近くの雲岡仏教窟の内部を飾る仏〈シャカ〉の生涯を説明する物語の彩色された浮彫．〈本生図〉

上 侍仏をともなったシャカ仏，北魏朝末期の470-480年に，雲岡の崖の表面に彫られた．

上 このミニチュアの金めっきした青銅像は，多宝仏（Prabhutaratna）とシャカ仏（Sakyamuni）である．シャカの説教の力によって〈塔中に坐す〉多宝仏が空中に出現した．シャカは〈塔に〉登って多宝仏の隣に坐り，かれの説教をつづける．この優雅で精巧な作品には518年の銘がある．パリのギメ東洋美術館蔵．

王朝時代，中華帝国時代の美術

紀元460—80年ごろ

紀元495—530年ごろ

紀元550—80年ごろ

紀元580—620年ごろ

紀元620—750年ごろ

上 仏像の発展．

右 大きくて粗けずりな仏の像，約70mの高さがあり，8世紀に四川省の楽山(がく，ざん)の岩に刻まれた．左脚の近くの小さな屋根は，そのとほうもない大きさをうかがわせる．〈弥勒仏〉

王朝時代，中華帝国時代の美術

シアン）の指図で建てられ，8世紀初めに武后（ブ，ホウ）によって最初の設計に基づいて漢の木造の塔にならって再建された．寺院建築については，われわれは日本を見なければならない．奈良の法隆寺をみれば7世紀の長安の寺を理解できる．屋根のわずかなそりは，その後の数世紀の間により顕著となり，梁の重さを支える複合持ち送り方式は，木柱で支えられていた．

古代の長安の都の郊外には，「参道」にならぶ巨大な石造の戦士と馬が，高宗（コウ，ガウ）（684没）の墓へと導く〈乾陵〉．それらは四角ばってしっかりと立っていて，前代の有翼動物や有翼の獅子よりも生彩に欠ける．同じことは，7世紀中期に巨大な石碑に彫刻された太宗（タイ，ツウ）の6頭のお気にいりの馬〈六駿〉にもあてはまる．

巨大な仏像は，外の世界との接触を歓迎する宗教的寛容さのあった唐代前期の新しい自然主義を示している．672年から675年にかけて巨大な毘盧舎那（ヴァイロ）仏が竜門に刻まれ，その丸味をおびた形は，6世紀後期の幾何学的で円柱状の仏像とは全く違っていた．このいわゆるインド式は仏像彫刻と壁画にひろがった．8世紀までに，インド的な重量感と中国の流れるような線との結合から国際的な様式があらわれ，その様式は美術品を通してシルクロードの敦煌から東へ，朝鮮そして日本へと渡っていった．

「囲棋仕女図」（碁をする婦人達）という絹に描かれた絵はトゥルファン〈吐魯番〉近くのアスタナ〈阿斯塔那〉の187号墓から出土した．功筆（老練な筆）法のはっきりした輪郭を，明るい色でうめて描かれている．彼女たちの体と衣文は陰影法によって形作られ，充実した形と三次元の感覚を与えている．同じ特徴は「帝王図巻」（皇帝達の肖像）と名づけられた巻物に見られ，その後半部分は宮廷画家閻立本（エンカン，ミジリ）（673没）の作品とされている．アスタナの人物像のように，量感は陰影法と衣服を立体的に見せることで示され，人物像はみごとな針金のような均質の線で輪郭づけられる．韓幹（カン，ガン）（740－60に活躍した）の作品とされている．「昭夜白図」明皇（ミウ，ミジヲ）〈玄宗〉のお気にいりの馬の1頭である夜白の絵「照夜白図」には，またみごとな線とかすかな陰影法が見られる．

偉大な8世紀の名人呉道子（ゴ，オヅ）（762没）〈呉道玄〉の真筆は残っていない．かれの書法は，敦煌の103窟に描かれている文殊（モンジュ）を訪問した維摩詰（ヴイマキ，イルマデイ）の場面に見られるであろう．線は均質ではなく乱れ，動きにつれて太さがかわる．西安郊外の高宗の乾陵（ケン，チエン）の中の章懐（ヒヨウ，チヨハイ）太子の甬道の壁画も，自由な書法を例証する．そこでは人物像は岩と木という形成期の山水画の中に配置され，そのうしろを疾駆する馬によって奥行が示されている．

唐以前の山水画は，物語の場面を区切るために使われ，人物像に対して二次的な役割を演じていた．敦煌の唐代壁画でも主要な極楽の場面では，山水画は依然として人物像に対して二次的な役割を演じているが，洞窟の側面にある小さな横長の絵では，山と水流の山水画は独立している．自然に対する関心の成長は10世紀のモニュメンタルな山水画の興隆を先ぶれする．

国際色と思想の交流は，唐代の装飾美術によく反映している．ペルシアの貨幣がシルクロードぞいにアスタナの唐墓から西安郊外の墓地までに発見され，逆に中国陶器の破片はペルシア湾バスラに近いサマラで，アバシッド・カリフの9世紀の屋敷跡から発見された．アスタナの絹は，典型的なササン朝の真珠がとりまいたモチーフ〈連珠文〉でデザインされ，西安付近の穴蔵から堀りだされた金属細工は，近東と中央アジアに代表的な花のモチーフと狩猟場面で飾られている．日本では唐の宮廷美術の贅沢さを，756年に孝謙女帝〈光明皇后の誤〉が奉献した奈良の正倉院の聖武天皇の御物にかいまみることができる．そこでは象嵌された漆器，金属細工や織物が，近東と中国起源のいりくんだ意匠で飾られている．

外国人の姿ばかりでなく様子が，三彩の副葬用の人物像〈俑〉に生きいきと表現されている．駱駝は「大鼻」の異国人を運んでいる．釉薬をかけたのや，かけていない1mもある馬は，きわだって写実的な手法で作られ，その一方では怪物の姿をした守護像〈鎮墓獣〉にはカリカチュアの手法が活用された．色彩・色調を強調する方法で多色の釉薬を流しかけた非常に美しい炻器が，河南〈省〉の郊県（ヒヨウ，ジエン）の黄道（ユウ，ホアン）窯で生産され，唐代に発明された磁器が炻器にとってかわる基礎が，南東部でおかれた．磁器はきわめて良質のカオリン系の粘土で作られ，高温で焼くと結晶し，粘土の硬度を増大させる．この可塑性と硬度は極めて薄手の器物を作ることを可能とした．

9世紀の仏教迫害の後，巨大な石の仏像は衰退した．とはいえ木彫と壁画は，宋（ソ，ソ）と中国北部の遼（リヨウ，リアウ）と金（キン，チ）の諸朝を通じてつづいた．三彩の鉛釉をかけた陶製の羅漢像は，まるで生きているように作られており，仏教の民衆化の傾向を例証している．羅漢は高い頭飾りと渦巻状の衣文で重々しく装飾された観音の木像と対照をなす．観音の木像は，体をかすかに傾けて立っているか，または片膝をおって肘をその上にむぞうさについている――半跏思惟像．

絵画において筆使いを重視し形にとらわれなくなったことは，禅宗の芸術家たちが13世紀に，中国南部の僧院で行った活動のおもな特徴だった．牧谿（ホク，ケ）の「六柿図」と梁楷（リヨウ，リヤン）の詩人李白（ほう，リー）像〈李白吟行図〉は，かれらのすばやい筆法と墨色の不思議な変化の典型的な例であ

上　唐の太宗の有名な六頭の馬〈六駿〉の1頭，宮廷画家閻立本（エンカン，ミジリ）（673没）がデザインし，太宗の墓にある石灰岩の記念碑に浮彫にした．そのうち4枚は現在，西安の博物館〈昭陵博物館〉に収蔵され，残りの2枚はフィラデルフィアのペンシルヴァニア大学博物館で見られる．

王朝時代，中華帝国時代の美術

右　黄色，緑色と褐色の三彩陶器は唐代に流行し〈唐三彩〉，主として副葬式用に作られた〈明器〉．この人物の藍釉は「三彩プラス藍釉」陶器として知られるまれなものに属する．

下　陶製の踊る少女，楽人，駱駝や髯のある外国人の像には，釉薬をかけたものも，かけていないものもある．いずれも唐代の墓におかれ，時代の生きいきした国際的性格を反映している〈俑〉〈明器〉．10世紀後期までには墓に副葬品を添える習慣は衰え，以後，墓に飾られるものは生彩を欠き，簡単になった．

る．

モンゴルの皇帝の保護下，仏像は再興された．チベットからタントラ派の仏教〈ラマ教〉の諸派がもちこまれ，それらの影響は北京(ペキン)の北の居庸関(きょよう、チウヨンクァン)のアーチ門〈券門〉の内部の浮彫や，111頁にひかれている敦煌の465窟の壁画に見ることができる．

山水画

范寛(はんかん、フアンクワン)(990-1030活動)の掛軸「渓山行旅図」(山中の旅行)と「山水図」(水流)は，北宋の山水画の画期的な様式を集約的に表現している．きりたった崖が霧につつまれた中景にそそりたち，一方，前景では細部が精密な筆致で描きだされている．情景の中心となっている山のどっしりした形は皴(ひゃ、ゾ)の筆法で描きつくされている．どんな小さなものもゆるがせにしていない．当時の新儒学〈宋学，朱子学〉の哲学は，山水画に全体を理解するために自然の重要性と，この世界を研究することを強調するという表現方法とを求めた．

かれの「早春図」(早春)(1072の年号がある)で郭熙(かくき、ゾ)は乾燥した北国を描き，霧によって距離感を作りだした．どのような効果をうみだしたかはかれの〈三遠〉についての説に要約されている．〈高遠，仰視〉とは山麓から山頂を

王朝時代，中華帝国時代の美術

望むこと，〈深遠，水平視〉とは山にむきあってその背後に遠方へとひろがる土地を見ること，そして〈平遠，俯観〉とは近くの山から遠くの山にむかって見ることを示す．これらの術語は，絵の中のある空間に立っていると想定される見る者の視点を説明している．郭煕によれば，絵は人があたかも自分自身がそこにいるかのように感じさせるものでなければならず，そして山水の外観は視点の数だけあらゆる角度に変化しなければならない．視点が移動するこの遠近法は山を多面的に眺めさせる．中国山水画に描かれている山は特定の山ではなくて，多くの山から精髄を抽出したものである．

郭煕は五代の時代に描いた李成（りせい，リチョン）のモニュメンタルな様式をうけついだ．同年代の董源（とうげん，トンユアン）と巨然（ほなん，チュラン）の作品とされている絵は，淡墨と薄霧によって新様式を創造したといわれ，董源の作品といわれているものは，はっきりした輪郭をとらず「湿墨」〈潑墨〉の筆致をみせている．米芾（べいふつ，ミフェ）（1051-1107）は，墨の技法をさらに発展させた．かれの作品とされている絵に見られるやわらかく均質に軽く打った墨点〈米点〉は画家の個人的印象をあらわしている．米芾の絵は，徽宗（きそう，フイツン）が好んだ丹精こめた精密さや装飾性のある「功筆」とは全く違う．人物画は唐の伝統をうけついでおり，一方徽宗は花鳥画をとくに好み，皇室学院〈書画学〉を建て自分の好みをおしつけた．1125年，北宋が倒れ宮廷は杭州（こうしゅう，コンチョウ）に移り，皇帝〈高宗〉は武林（ぶりん，ウリン）に公立の学院〈翰林図画院が正称，紹興画院ともいう〉を建てた．南宋山水画の代表者は，馬遠（ばえん，マユアン）と夏珪（かけい，シアクイ）である．馬遠（1190-1225活動）は，角ばった手法で描き，淡彩に細い線を使い，山水画を掛軸や画冊の一角によせて描き，「馬の一角」という渾名がつけられた〈辺角の景，残山剰水〉．夏珪（1180-1230に活躍した）はもっとダイナミックな手法を用い，色彩を使わず墨だけで描いた．夏は李唐（りとう，リツ）のように「斧切」皴〈斧劈皴〉の筆法を大量に使った．12世紀初めの李唐の絵は，范寛のモニュメンタルな様式と南宋の馬夏派とをつなぐものとみることができるだろう．

元の山水画の名匠たち

元代の絵画には懐古と進取の二面がある．銭選（せん，チエンシェン）（1235頃-1300頃）は唐の名匠たちを回顧しつつ，意識的に古風な方法で山水を描いているにもかかわらず，それ以前には見られなかった新しい筆法がとりいれられている．これは趙孟頫（ちょうもうふ，チャオモンフ）（1254-1322）の作品にもみられる．

趙孟頫の「鵲華秋色図」（鵲華山の秋景色）絵巻などの作品には，精神においては古代であるが筆法では軽い皴法を創りだしていることが一目瞭然である．竹，木や岩石の絵の中で，かれはすばやい「飛白」〈飛白〉の筆法で筆を揮い画面のあちこちを白く残す．かれは偉大な書家でもある．11世紀の文人画家のように，かれは絵を画家の内面の感情の表現手段と考えて，絵と書の密接な関係を強調したが，とりわけ古代の精神を強調した．

趙孟頫は唐と北宋の名匠たちをかれらの作品の感覚を尊んで，それを書のように自由な筆法と結びつけた．この発展は元の四名匠〈四大家〉黄公望（こうこうぼう，ホワンコンワン），倪瓚（げいさん，ニツァン），呉鎮（ごちん，ウチェン）と王蒙（おうもう，ワンモン）にひきつがれていくという

右　郭煕（1020頃-80）の「早春図」，墨とわずかな色彩で絹に描かれ乾道5年（1072）の年号が記されている．郭煕は中国の山の多い北部地方を描いたが，偉大な10世紀の画家たちは，杭州（こうしゅう，コンチョウ）付近の江南（えん，ジャン）地方のより穏やかな地形を描いた．北宋代の山水画の名作では人物は（前景として）微細に縮少された．郭煕は霧を使って遠景と近景の落差をぼかし，かれの画期的な山水の描き方をうみだした．（全体の一部）

右奥　文徴明が（ぶんちょうめい，ウェンチョンミン）（1470-1559）墨で紙に描いた松，呉（ご，ウ）派の指導的画家の一人である文徴明は，元の初期の名人たちのように文芸と絵画に関心をもつ小さな集まりの仲間のために描いた．

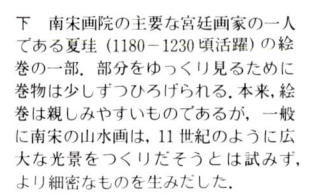

下　南宋画院の主要な宮廷画家の一人である夏珪（1180-1230頃活躍）の絵巻の一部．部分をゆっくり見るために巻物は少しずつひろげられる．本来，絵巻は親しみやすいものであるが，一般に南宋の山水画は，11世紀のように広大な光景をつくりだそうとは試みず，より細密なものを生みだした．

下端　黄公望の「富春山居図巻」のこの部分は，14世紀中期の山水を生みだした独特の筆使いの確立を示している．

王朝時代，中華帝国時代の美術

左奥　浙江 (せっ, こう) 省にちなんで浙 (せっ) 派と名づけられた派の一員である戴進 (1388–1452) の「春遊晩帰」(夕方の帰宅). これは, 淡墨で霧を表現するという13世紀の南宋の画家達の影響を示している.

左　黄公望 (1269–1354) の様式による王翬 (おう, き) (1632–1717) の山水の一部. 清 (しん) 代の正統派の他の人々のように王翬は, 早期の山水の画家たちの作品を創造的に再解釈して自分の絵をつくりあげた.

ことになる．

　黄公望（1269-1354）の「富春山居図巻」（富春山の住居）は中国絵画の傑作の一つであり，完全に均合いのとれた筆使いをしながら筆墨の変化によって山水の真髄をとらえている．この絵に書かれたかれの銘は，この絵は友達のために描いたもので，1350年に献呈の銘を記すまでに3年以上かかっていると記している．呉鎮（1280-1354）はその山水画で北宋の董源・巨然風の筆使いと大胆な空白の利用とを結合しているが，馬夏派の霧のたちこめたロマンティシズムは排している．倪瓚（1301-74）は，文人階級〈士大夫〉が従来うけてきた特権を否定したモンゴル異民族が支配する宮廷生活と官職を拒んだ．そして当時の多くの画家や詩人と同じように，隠者の生涯を送った．「小舟にのり竹の雨笠をかむり，湖をあちこちとめぐる．」かれの絵は主としてまばらな山水を描く「蕭散体」であり，墨の用法はみごとに抑制されている〈渇筆〉．竹の絵についてかれは「私は胸いっぱいの思いを表現するためだけに書いた」と述べている．倪瓚は，ろうそくの光で竹を描き，翌朝，起きてこの絵を見たときには全く竹には見えなかったといわれる．かれは笑って「ああ，けれども全く似てないってことは，なかなかできないことなんだ！」といった．かれの絵は人間の魂の反映であるかのように重さを感じさせない．かれの「容膝斎図」（容膝画室）は，樹木の垂直な線と完全に調和を保つように水平の筆法で描かれている．王蒙（1308-85）は，より細かい網目のような筆使いをした．かれは山水を緻密な皴法〈解索皴〉で構成し，葉には渇筆を使って，絵に不断の動きを与えた．かれは遠方の葉には淡彩をほどこし，樹皮の肌理は「焦筆」を使い，山水は掛軸の丈いっぱいにのびていた．これらの四大家は明代の文人画家のために様式を整えている．

　帝国時代の陶磁器については，以下の200～201頁に述べ，図解してある．

「北溟図」（北海）の一部，周臣（じゅう，しん）（1455頃-1536頃）による絵巻物．

王朝時代，中華帝国時代の美術

社会の発展

　中国の社会は中華帝国のつづいた約2千年の間，たえず変化しつづけてきた．しかし，この変化を簡単に述べようと思っても，それを満足に説明できるようなカテゴリーは容易には見当たらない．とりわけ後で見るように，基準が違うと時期区分まで違ってしまうのである．

　最も根本的には，「中世経済革命」とよぶことのできる時期の前後ではっきり二分される．この「革命」は，中華帝国時代のほぼ真ん中にある紀元1000年の前後数世紀の間におこった．大まかにいえば，この歴史の分水嶺よりのちの中国社会は，それ以前とくらべて生産性は格段に高まり，商品経済や貨幣経済も一層進展し，都市化も進んだ．読み書きや計算の能力も向上した．人の数もずっと多くなった．人口は前代の最も繁栄した時代の6～7000万人から，宋代の最も多い時でおそらく1億4000万人に達し，その後14世紀には減少を示すが，1850年ごろには4億3000万人という前近代における最高値を記録している．一般に受け入れられた用語をもってしては，この社会全体にわたる移行を要約することはできない．ひとまず，この前後の段階をそれぞれ「前経済社会」と「経済社会」とよぶことにしよう．この場合，「経済」とは，宋（そう）代およびそれ以降の時代において，人々が交易や貨幣取引にほとんど普遍的に巻き込まれるようになったことを意味するばかりでなく，商品や人間の循環，思想の普及にかかわるシステムが帝国規模で出現したことをも意味する．この時代には社会構造の機能的合理化の傾向がみられたが，官僚を競争的試験〈科挙〉によって選ぶ制度が一般化したことも，こうした傾向の一つのあらわれである．

　「前経済社会」という言葉から，初期の時代にはとるにたるほどの商業活動は行われなかったと考えられてはこまる．商業活動はさかんだった．ただ，それが万人の需要を少なくともある程度は満たすとまでいかず，ほとんど上流階級の需要に関連するものであったということである．あるいは，すでに相当複雑になっていた宋代直前の社会については，「原基的経済社会」と名付けたほうがより適切かもしれない．同じように，後期中華帝国時代を西欧の技術と思想が中国にインパクトを与えはじめた近代初頭の時代から区別して，「前科学的経済社会」というもっと正確な用語で表現することもできよう．しかし「前産業社会」あるいは「前資本主義社会」という言葉はあてはまらない．なぜなら北宋時代にすでに規格化された大量生産（顕著な例として，国営の兵器工業は1年間に1650万本のやじりを生産していた）や，かなりの規模の商

張擇端（ちょうたくたん，チャンツォータン）のパノラマ的作品「清明上河図」の部分．研究によれば，11・12世紀の交の北宋の都開封を描いたものといわれる．この絵の構図は，静謐ではあるが劇的な最高度の効果を生んでいる．ここにほした画面のはるか右手，春柳と家畜の群れの間から，鑑賞者は想像力の散歩をはじめる．そして左手の方へと歩みをすすめ，下の画面のような郊外の，しだいに大きくなる喧騒の中を通り過ぎ，再びこの画面からはずれたところで，版築の城壁につくられた石造りの城門をくぐる．ここで散歩はクライマックスを迎える．

人資本の集中が見られるからである．

　農業経営における中世革命については，中国農業を扱った章（208～213頁）で詳細に述べることにして，ここではそのおもな特徴を4点あげておこう．(1)地作りの改善と輪作を含む地力維持の方法．(2)新品種の輸入と選択的栽培による品種改良，およびその結果として二(期)毛作や収穫期をずらせることが容易になったこと．(3)水利技術の向上と灌漑地域の拡大．(4)交易と交通手段の発達による農作物の地域的特化．これらの新技術の多くは長江下流域で開発され，官僚エリートの転任や農民の移住，（木版印刷された）農書の研究を通じて全国にひろまった．

　陸上輸送は，都市間道路が石の厚板や煉瓦で舗装されたことで改善された．しかし，新しい商業経済の基礎となったものは内水を利用した水上輸送であった．内水路のネットワークは，さまざまな改良・改善によって一つの統合体へと結び合わされた．これらの改良・改善にはたとえば，危険箇所を迂回するための貨物の積換輸送の制度化，揚子江の峡谷部におけるジャンクを引き上げるための牽路の整備，大運河の二重閘門・パウンドロックの建設，港湾における外輪式タグボート（人力で動かされた）の利用などがある．中国の外洋船は鉄製の釘を用いて建造され，桐油で防水塗装されていた．また（舵取リオールではなく）垂直舵で操舵され，防水隔壁，竹製の防舷材，外舷浮材，リーボート（せかせ），羅針盤などを装備していた．中国の外洋船はたちまち東南アジアやペルシア，アラブ世界の船を凌駕した．船舶建造量があまりに増加したため，中国南部の森林が濫伐される結果となってしまった．

商業と工業

　唐代から宋代までの間の通貨供給量の巨大な増加は，経済革命の一つの表徴であると同時に，それを促進した要因の一つでもある．より多くの貨幣を求めて懸命に探しまわったという10世紀の状況は，おもしろくはあるがいささか悲しい物語となる．銅でなべを作ることを禁じた法令がたびたび布告され，仏像は融解されて貨幣となった．東北部では陶貨すらしばらく用いられた．そのくらい金属が欠乏していたのである．北宋時代の銅貨鋳造量は最も多い時で唐代の最大値の20倍にも達した．しかし通貨供給量の増大ということになると，この比率よりずっと大きくなる．あらゆる種類の手形，合札，伝票，原初的な信用貨幣などの使用もおおいに増え，1024年

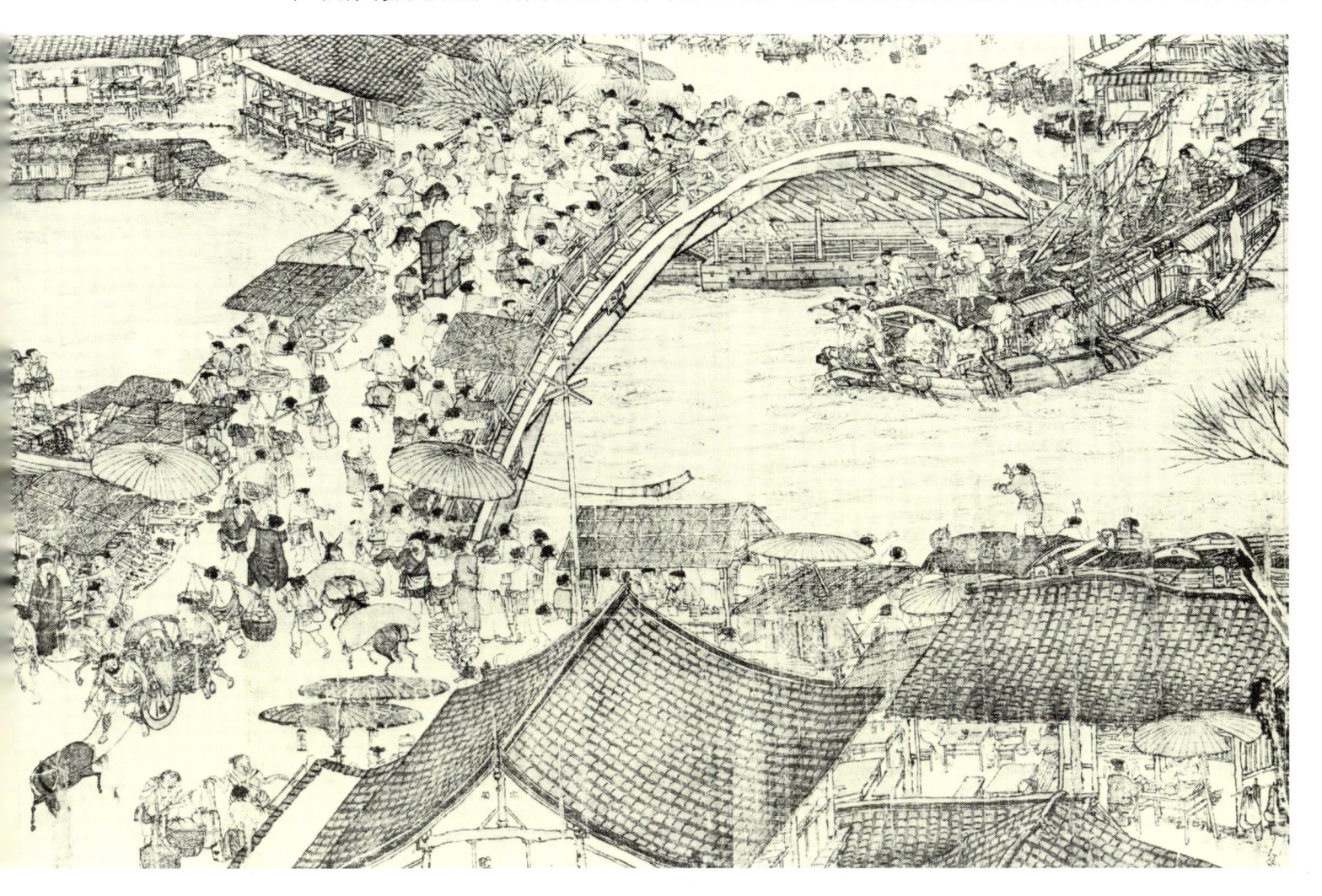

には四川(しせん,スーチョワン)で世界最初の紙幣〈交子〉が印刷された．それからしばらくして，中国はまた，西夏(せいか,シーシア)との戦争による財政窮迫のために，世界最初の紙幣の過剰発行によるインフレーションを経験することとなった．貨幣の使用は農民経済にも拡大し，旅行者が道はずれの場所で物々交換がなお行われているのを発見すると，それが話の種になるほどであった．信用メカニズムは，日常的に生産－保管－分配の組織に組み込まれた．また文書による売買契約もあたりまえのことになった．

原基的経済の時代では，大量に取引きされ普遍的に使用される商品は塩と鉄製用具だけだった．他の商品に関しては，上述したように市場向け生産の大部分は富裕な階層の需要を満たすものに限られていた．政府の強制買付や官吏の給料の形で徴収される税収入は，経済の商品化された部門にたいして，おそらく民間の消費者の購買力にまさる最大の需要を構成していたであろう．合法的な商業取引を行えるのが大都市の内側かそのすぐ外側の特定の市場区域に限られていたのは，需要がこのように行政中心地に集中していたという事実にてらしてはじめて理解できる．同一業種の商店や露店は1カ所にまとめられ，当局の監督下におかれた．度量衡も国家に統制されていた．これらの市場はしばしば壁で仕切られていた．しかしながら8世紀になると，農村部では当局に管理されない定期市のネットワークが活発になり，一方都市の内部でも，商人が勝手に商店や露店を開きはじめた．9世紀にはいると古い制度は崩壊してしまい，かわってすぐれて自由な商業活動が行われるようになった．主要な交易ルート沿いに徴収所が設置されて税金を徴収するようになり，商業取引に対する課税は，とくに南宋において，国家の大きな収入源となった．

中国の農民は，市場に接触する機会が増えるにしたがって，合理的で適応力に富んだ利益志向型の小企業者階級に変容していった．農村に住むかれらにも広範囲にわたる新しい職種がひらかれた．材木にする木の植樹，搾油，製糖，養魚，製紙，大麻布や苧麻布の生産——13世紀からは綿織物が加わる——，漆器や鉄製品の製造などである．村に住んでいて原料にこと欠くときには，しばしばそれを外地から取り寄せた．

地方市場は，中国経済のほとんど全体を結びつけるより高いレベルの市場ヒエラルヒーの基礎であった．おもな経済地域には次の三つがあった．北宋の都開封(かいほう,カイフォン)を中心とする華北，太湖(たいこ,タイフー)周辺の諸都市を中心とする華中東部，それに成都(せいと,チョントゥー)平原を中心とする四川の3地域である．これら地域の内部では，生活必需品，とくに穀物と織物の取引きがさかんであった．しかし各地域のあいだの取引きは，絹や陶磁器，薬品などのより値のはる商品に限られていた．これらに加えて，日本，東南アジア，さらにはもっと遠くの地域との国際貿易もさかんであった．福建の果実生産の一部は海外の需要と結びついており，福建の荔枝(れいし)は時に遠くペルシアにまで輸出された．

商業機構は，客商や小売商の活動を調整する仲買商人が介在して，大規模にくりひろげられるような段階にまで発展した．このことは，長距離交易が定型的で安定したパターンを形成していたというよりも，むしろ柔軟性に富むパターンをもつものであったことを意味する．前者のようになるのは，ようやく17世紀後半になってのことである．前科学的経済の時代には，企業家は大量の労働力を使用した．たとえば，南宋時代の製鉄職人王革(おうかく,ワンコー)はおそらく数千の労働者を抱えていたであろう．

農業生産性の高まりと輸送コストの低下は，都市の大規模化を可能にした．ただし，それが可能になった要因として，都市の成長自体が，初期の局面においてこうした進歩を促す刺激となったことは見過ごすことはできないが．古い諸都市は次々と旧来の城壁からはみだして拡大し，近郊地区の都市化によってかつての都市の中心部もほとんどわからなくなってしまった．利用可能な数字から外挿法にもとづいて大まかな推計を行うと，当時10万あるいはそれ以上の数の都市に，人口の6〜7.5％が住んでいた勘定になる．したがって中国が，中世盛期の世界の中で最も都市化の進んだ社会であったことはほとんど疑いをいれない．

科学技術の分野でも，かなりの進歩がみられた．ただそれを「革命」というには，いささか言葉が過ぎよう．思考の基本的パターンには，この言葉を正当化するに足るほどの根本的な変化はなかった．とはいえ，この時代には，新たな技術革新がなされ，また前代から継承した技法や機器がより広範に使用されるようになった．数学では，1元多次の数方程式の一般解が発見された．天文学では，より大きな観測機器の製造や，水力で天球儀を回転させる時計仕掛の完成によって，観測の精度が格段に向上した．医学では，死体解剖が再開されるにともなって，体系的な解剖学が開始され，病気の解説も，いわゆる伝染病や職業疾病のいくつかの種類をふくめてより正確に記述されるようになった．金属精錬では，鉄鉱石から鉄を分離するのにるつぼ法が用いられ，そのため石炭が(おそらくコークスも)使用されるようになったのは確実である．武器技術では，花火の材料から爆発物としての火薬が発展し，今日でいえば火炎放射機，毒ガス，破片爆弾，さらには銃に相当するものも発明された．新知識の多くは木版印刷によって普及していったが，この印刷術は9世紀に仏教の伝道僧が信仰普及の努力の一環として発明したものである．国家は儒教の経典から本草書(植物誌であると同時に薬物書でもある)まで，数多くの書物を出版し，民間でも楊輝(ようき,ヤンホイ)の『日用算法』(1262年印刷)のような書物が出版された．

中国の中世経済革命において，最も興味深い，しかし最もじれったい発明は機械による紡績である．北宋のある時期に，機械を用いた絹糸の糸繰法が完成した．ペダルを踏むことによって動く糸繰機は，繭を煮ているなべから同時に何本もの単繊維を繰り出す．単繊維は小穴を通って鈎にかかり，斜めにのびた棒に導かれて行きつもどりつしながら，回転する紡車に幅広ベルト状にまきとられる．13世紀には，この糸繰機に結晶した発想に基づいて麻糸を紡ぐ機械が開発された．これには，繭の位置に粗紡の麻糸(繊維を粗く撚った太糸)をまいた錘——形は繭に似ているがもっと大きい——を一列に並べる．中が空胴になったボビンは，のちのリング精紡機のリングのように回転しながら撚りを加えるもので，これが小穴の場所に置かれる．これらは人力，畜力あるいは水力で動かされ，ベルトによって伝動された．この紡績機のことは1313年刊行の王禎(おうてい,ワンチェン)の『農書』に記載されているが，

三国時代および北宋の市場圏
2世紀末に後漢が崩壊した後，中国は華北の魏，華東・華南の呉，四川の蜀の三国に分裂した．こうして中国内部は軍事的に不安定な情勢になるが，265年に魏を継承した晋が，華北から再び中国を統一していった．

経済面からみると，この三国への分裂は長期にわたる中国社会の現実を反映したものであった．三国時代から700年後の北宋は，かつての魏・呉・蜀三国の領土に照応する三つの大きな地域市場圏から構成されていたと考えられる(西北地方は華北と四川の双方に結びついているので，その位置はややどっちつかずである)．このような地理的分裂は，これら3経済地域間の主たる交通ルートがすべて人工的なものであったという事実をみれば，いっそうはっきりするであろう．すなわち，華北と華南をつなぐのは大運河であり，揚子江沿いの水路によって華南と四川が結ばれ，蜀の桟道が西北地方に通じている．

社会の発展

それによれば，1日の作業で32の錘から60 kgの糸を紡ぐことができたという．しかし知られている限り，この装置が綿紡績にも応用されたという形跡はない．綿繊維の弱点，とくに中国の綿の品種を考えれば，さらなる改良を加えないかぎり，それはむずかしかったであろう．ただおもしろいことに，これから500年後にアークライト精紡機が生み出される鍵となった，綿繊維を取り出しながらそれを紡ぐ対になったローラーの使用が，このころ中国では綿繰機として知られていたことである．それは濡れた衣服から水分を絞り取るやりかたで，実綿から種を取り除くものであった．これらが明らかにするのは，中国が1300年ごろまでに，西欧の初期産業革命を裏打ちした技術的発想とその実践の水準に，まさに達せんとするほどであったということである．

時代のうえで，「前経済」社会と「経済」社会とに明確に二分されることは，中国経済が14, 15世紀に不況に落ち込んだことによってそこなわれるものではない．華北は，女真族の建てた金による占領，次いでモンゴルによる征服と明の漢民族復興の戦いのために，ひどい災いをこうむった．淮河流域の人口も，南宋とその北方の敵，女真およびモンゴルとの破壊的な戦闘のために激減した．

金の占領は，各地に駐屯した部族的軍事・行政組織〈猛安・謀克〈ほうあん，ぼうこく〉〉を基盤としていた．これに属する各戸には条件のよい広い農地があたえられた．かれらは，所有地もしくは給付地の耕地面積や，牛馬，農奴，奴隷の数に応じて納税義務を負った．かれらは納税義務を軽減するため，しばしば隷属民を売りとばしたり，小作人になるよう中国人農民を勧誘したり強制したりした．かれら自身は農業に関して少しも知識をもたなかったため，この不安定な制度は華北の農業経済を崩壊させてしまった．金を継いだモンゴル〈元〉の統治下では，かなりの耕地が放牧地に変えられてしまうということもあった．

中国経済は，この落ち込みから急速に回復することはできなかった．それは一つには，南部の生産性の高い地域がこれまでに増加した人口によっていっぱいに満たされたため，かつて開拓前線の拡大からえられる資源を利用することによって脈打っていた経済のダイナミックな鼓動がとぎれてしまったためである．中世経済革命は，その多くを南部の水田農業の急速な拡大に負っていた．いまや限界的な土地が手つかずに残っているだけであり，個人需要の拡大がはじめのころにもっていた効果も消えてしまった．

こうしたことはたぶん避けがたいことだった．しかし明朝の政策についてはそうはいえないだろう．13世紀末から14世紀はじめの中国経済は，海外貿易や沿海航行，通貨の諸領域で，なくもがなの不幸な被害をこうむった．これ以前，南宋は海外貿易を，許可状所持を条件に事実上制限なしで認めていた．元朝は時折気まぐれに貿易統制を行っただけであった．明朝の創建者はこれを転換して，外国が中国の宗主権を認めて外交使節を派遣することに基づく貿易，すなわち純然たる朝貢貿易にかえた．1371年には，中国人の海外渡航が禁止された．15世紀はじめには沿海航行すら禁じられた．この「海禁令」は，1567年にようやく部分的に廃止された．これは一時的に東南沿海地方の経済の多くを破壊し，中国が海外から新しい思想や技術の刺激を受けるすべを奪った．西欧が海外にむかって大膨張をはじめようとしていた，まさにそのときにである．明朝の基本的な動機は政治的な安全保障にあり，沿海地方に統制しがたい遠心的な中心が生れることを回避しようとしたのである．

明代はじめに不換紙幣の使用が強要されたのも，明朝が経済的自足性と政治的孤立主義を追求していたことのあらわれである，とある程度はいえる．銅などの金属の供給不足という事情もあったが，それはそもそもモンゴルの最後の支配者が不換紙幣を濫発したため，銀が西アジアに逃避したことが一因であった．海禁令施行が，国家と密貿易の誘惑にかられた沿海地方の強力な勢力とを敵対させたように，この通貨政策は国家と商人階級とを敵対させた．国家による紙幣の使用強要は15世紀なかばころに次第になくなり，流動性は海外から銀を合法的あるいは半合法的に輸入することである程度保たれた．いうまでもなく，16世紀末から，フィリピンのマニラを経由して輸入された新大陸の銀によって，中国は銀を基礎とする通貨制度を確立し，大きな商業取引にはすべて銀が用いられた．

この不況期においてさえ，「前経済」状態に逆もどりしたといえるほど非商品経済化や非貨幣経済化が見られたという証拠はない．しかし，重大な災厄が一つあった．それは中国人が発明の才を大きく（完全に，ではないが）喪失したことである．これまで技術面で世界で最も創造的であった民族が，どうしてそんなふうになってしまったのか，いまなお謎である．この問題については，あとで中国がなぜ内発的な産業革命を産みだしえなかったかを考察するときに立ち帰ることにしよう．

官僚と地主

上で述べたように中国の経済・社会史は基本的に二つの時期に区分されるが，これとある程度対応して，政治史も，また思想史すら二分することができる．前半の時期の政治指導者は，一定の保留をつけたうえで「貴族的」指導者とよぶことができる．なぜなら，かれらの出自は長い伝統を誇る有力な名門氏族であったからである．それはたいていの場合，なんらかの地方的な勢力基盤をもっていた．「貴族的」とは前漢については完全にあてはまらないし，もちろん特権グループに割って入る新参者はいつの時代にもいた．しかしおおよそについてはこの言葉であらわすことができる．これと対照的に，宋代以降の上級の政治指導者は，元朝と清朝の一部の非漢族出身者を例外として，「貴族」とはよべない．かれらは「官僚」あるいは「有能なエリート」であった．国政レベルでは（地方政治のレベルとは逆に），ごくわずかの氏族のみが1世代か，せいぜい2世代のあいだ有力になれるだけだった．エリートを供給する社会の貯水池は，唐代から，宋代，明代と時代が下るとともに深くなっていった．ただそれ以後，社会に対するその相対的規模はほぼ一定を保った．長期的に見て重要なことは，新しいトップ・レベルの行政官が次第に「士大夫」となっていったことである．つまり，かれらは科挙に合格することによって，12世紀に哲学者朱熹〈しゅ，きー〉によって定められた新儒学の正統的な教義の習得者として，またそれゆえある点で，統治する資格としての特殊なイデオロギー的条件を備えた一種の政治的聖職者として，公的に認知さ

現実もまた法令によって定められたとおりのものにはならなかった．

中華帝国時代の初期，国家が行おうとする徴税と徴兵に対して主要な脅威となったのは，官僚や商人が奴隷・小作人を擁して大土地所有を発展させることであった．実際，大土地所有者は地方政府当局が課してくる要求の多くをはねつけることができた．前漢初期には地方的貴族とよびうる勢力もあった．かれらは皇室の一族であり，全国の相当の部分をほとんど独立所領のように支配した．前2世紀後半，漢の武（ぶ，ブ）帝はこれら王侯197人のうち127人を，なんらかの罪名や世継ぎがないことを理由として廃位した．かれらの土地は没収され，国家自身が単独で最大の地主となった．商業には新たな税が課されたが，大商人の多くはこれに応じなかったとして直接間接に告訴され没落した．政府は塩・鉄・酒を専売としたが，その目的の一つは，商人から巨富を蓄える主要な手段を奪うことにあった．

大地主の権力を剥奪しようとして最も非妥協的な試みを行ったのは，前漢の高官で後9年に帝位を簒奪した王莽（おう，ワン）である．王莽は『周礼』に依拠してかれの青写真を描いた．『周礼』は古代の制度を高度に理想化したもので，そこでは人民が8家族ごとに半共同体的な集団を営んで暮らしていたことになっていた．王莽は農地を再分配しようとして，土地や奴隷の売買を禁じた．しかし，かれはこうした方策を全く実行にうつすことはできなかった．

後漢が復興すると，封建制度に似た制度が出現した．地方の豪族は社会的・経済的権力を一手に握った．奴隷や隷属的な小作人がかれらの土地を耕作し，武力をもつ郎党がかれらの家兵となった．かれらは実質的に商人でもあった．かれらは自分の所領の中に城塞を築いて防御をかためた．農民反乱が次第に頻発するようになり，ついに184年の黄巾の乱で頂点に達した．黄巾軍は共同体的な関係で組織された宗教結社であり，「太平」の世の到来をメシア的希望をもって待ち望んだ．これにつづく内戦の混沌の中で，漢帝国は政治体としての機能を喪失し，崩壊してしまった．

次に描かれた重要な社会の設計図は曹操（そう，ツォオ）の手になるものである．曹操は魏（ぎ，ウェイ）を実質的に建国した軍人であり，また同時に詩人でもあった．曹操の青写真は王莽のものとくらべてより実際的だった．政府の財政的基盤は，国家の小作人が耕作する官有の屯田地からあがる小作料（すなわち税）であったが，これは辺境に設けられた漢代の屯田から部分的にヒントをえたものである．魏の軍隊の中核は，もともと曹操の家兵であった世襲の軍戸からなっていた．この二つの階級で新国家の人口のほぼ半数に達した．曹操はまた他の大豪族が集めた隷属小作人と家兵の諸集団を解散し，小作人には土地を与えて自由農民とし，兵は国家の軍隊に組み入れた．

魏の国有の屯田地は，それを管理する農業官僚の野心を満足させる対象になりやすかった．かれらはしばしば屯田農民を自己の隷属民とした．魏の制度は280年に西晋（せい，シン）によって解体され，より実際的で複雑な別の設計図に取ってかわられた．それは占田・課田法として知られる土地制度である．それまでの屯田地はもとの屯田農民に一定の面積に分割されて給付され，比較的高率の税が課された．平民の私有

上　閻立本（えんりつぽん，エンリツボン）（活動，640–670）が唐の宮廷様式で描いた北周の武帝の肖像画．巻物の一部は宋代に模写されたものと考えられる．閻立本は，絹の上に墨と絵具で，漢から隋までの13人の皇帝の肖像画を描いた．この絵からわかるように，地位の低い人物は小さくあらわされる．

左　明代の絵巻物の部分．紙の上に墨と絵具で飢饉に苦しむ民衆の姿が描かれている．

れたのである．北宋の科挙では，数学を含む実践的なテーマが出題されたが，明代には儒学の教義と詩賦の才が試されるだけになった．「士大夫」の規範はいく世紀ものあいだに社会の中に下降しながらひろまり，ほとんどすべての人が読み書きと教養を身につけたいと思うように教化し，ついには尊敬される地位と新儒学の全き習得とが分かちがたく結び付けられるまでになった．

中華帝国時代の中国社会史は，多くのやりかたでもっとくっきりと細分化できる．最も意義深い方法の一つは，いわゆる「国家体制」と「有機的社会」との闘争のパターンの変化によって区分することである．秦代以来，改革を試みる統治者は社会に対し，繰り返しさまざまな組織化の設計図を強引に押し付けようとしたが，一方社会の側でもそのつど，国家とは別の論理に立って，この押し付けられた計画を歪めたり覆したりした．いついかなる所でも，社会生活の現実の姿は，この二つの勢力の間の特定の妥協を反映していた．国家の計画はけっして単なる青写真におわらなかった．しかし社会の

社会の発展

地は，その最大面積を制限して，より低率の税を課した．大土地所有に関しては，官僚がその官位に応じた広さの土地を在任期間中の封土として保有することだけが認められた．これは現実との一種の妥協であった．国家はみずからの支配原理を主張したが，官位をもつ大土地所有者の姿であらわれる地方勢力も，実際には存続を許されたのである．

4世紀はじめの華北で，西晋が非漢民族の攻撃を受けて倒れると，漢族の地方勢力は大海中の孤島のように孤立して生き残った．それらのうち，たくみに難局を切り抜けたもののいくつかは，「有機的社会」というものが当時いかに機能していたかを非常に明確な形で示してくれる．ひとたび官僚制国家が消滅するや，地方社会の指導者はかれらのうちで最も尊敬される人物に忠誠を誓った．そこでは，この統率者のもとに人望のある人々を基盤として，地位と年齢に基づくしっかりしたヒエラルヒーが形成された．人格主義的共同体意識というべき強い浸透力をもつ意識が育まれ，自衛と税の負担をできるだけ平等にすることに注意がはらわれた．もちろんうまく対応できなかった孤立地域は「おいはぎ貴族」の巣窟以上のものではなかったが．

これを継いで設計図の名に値するものといえば，鮮卑(せん,ぴ)の拓跋(たく,ばつ)氏のたてた北魏(ほく,ぎ)が，484-86年に描いたものである．この設計図は皇太后の周囲にいた漢人政治家グループによって作成されたが，その内容は地方の大土地所有者が同時に世襲官僚であって，かれらのえる小作料収入が同時に官僚としての職務遂行にたいする報酬でもあったという当時の社会背景に照らして理解されねばならない．地方に居住していない官僚は強制的な賦課や商業，金貸しなどを行って生きていた．課税の基礎となる戸籍はいまや「戸」ではなく夫婦(単婚核家族)を単位として作成されるようになった．これは，強力な族長に率いられた大宗族が単一の家族として課税単位におさまってしまうことを避けようとする意図に基づいていた．個々の核家族はそれぞれ，「隣」「里」「党」<5家を1隣，5隣を1里，5里を1党とする>とよばれる人為的な単位に編入された．一般農民には一代ごとに農地が給付されたが，牛や奴隷を所有するものにはさらに付加的な土地が給付された．この土地政策がどの程度普遍的に実行されたのか疑問なしとはしないが，6世紀に北魏を継承した諸国家の一部では確実に実施されている．西晋の占田・課田法と同様，官僚はその等級に応じてより広い土地を所有することが許された．この制度と占田・課田法との相違は，官僚に対してその任地の官有地から土地が給付されたことである．これが有名な「田を均しくする」制度＝「均田」法である．その必然的な帰結の一つは，地方豪族を懐柔する必要から，かれらがほしがっている官僚のポストを与えるために，下級の行政単位が急増したことであろう．国家の法規が厳格に施行されていると表面的に見せかけるために，ここでもまた実際には妥協が行われていたのである．

6世紀なかばの西魏(せい,ぎ)は，地方豪族が私的に徴募した軍隊を中央の統制下に置くために，新しい軍制を創出した．まずこれらの地方豪族に官位と委任状を与えて，かれらを統一的な指揮系統のもとに組み入れた．ついで富裕な農家6戸ごとに1人の兵士を負担させるというもっと手のこんだ工夫をこらした．兵士は農閑期に地方長官のもとで訓練を受けねばならなかったが，税は免除された．上級の士官には配置替えを行って，かれらの地方勢力への忠誠をそいでいった．これが有名な「府兵制」である．府兵は地理的に散在するよう，広範に配置されていたので，政府転覆活動や反乱をおこしにくかった．

均田法と府兵制はその後中国を再統一した隋(ずい,ぎ)と初期の唐(とう,ぎ)に継承され，さらに修正が加えられた．しかし50年ちょっとで両方とも実質的に崩壊してしまった．これにはいくつかの技術的理由がある．非常勤の軍事力は遠い辺境地帯の防衛にはあまり適していなかったし，土地を周期的に再分配することは水田農業地域では不都合だった．なぜなら，それは灌漑農業に必要な膨大な労働力投下の果実を，労働力を提供した人から奪い去ってしまうことになるからである．均田法が揚子江流域では十分発展しなかったのは，おそらくこうした理由があったからであろう．その上，南方は帝国の経済においてますます重要度を高めていた．だが問題の核心は，国家がこの両制度を用いて社会に対して一定の支配をおよぼした結果，社会の現実と多くの摩擦をひきおこしたということである．

7世紀の帝国政府の基本目標は，富裕な者や才能のある者にすすんで府兵を志願させることであり，この目標実現のため，府兵になることのみを大土地所有や名望獲得への方途とするべく努めたのであった．しかし，国家は優秀な軍人に対してたっぷり報いることができるほどの資源をもちあわせていなかった．その結果として，府兵になろうという情熱がうすれたのも当然である．もっと重要なことに，隋の文(ぶん,ぎ)帝は中央政府の権力強化のため州や県の役人を3年に1度転勤させることにし，さらに奴隷所有者に対する付加的な土地の支給を廃止した．その結果，彼の発布した土地に関する諸法令は多数の土地所有者の利害と衝突してしまったのである．北魏やこれを継承した諸国家の官僚と違って，隋・唐の官僚は地方の有力者ではなかった．かれらはもはや官位や，官位に対する世襲的特権や，したがってまた大土地所有などによって飾りたてられてはいなかった．かれらは純粋に任命された役人であった．かれらは転任もしくは退官時に，支給された公的な土地を失わなければならないという事態に直面して，私有地を寄せ集めてその維持に努めた．8世紀末までに，私的な大荘園が優勢になった．これらは隷属的な小作人によって耕作されたが，かれらはやがて半奴隷の地位に陥ることになる．

唐の中期以降，中華帝国国家はもはや社会の形態を直接決定することができなくなった．社会への部分的な干渉はあった．たとえば南宋末には大土地所有の規模を制限する試みがあり，さらに明の建国者は，揚子江下流の広大な私有地を没収してその小作人を国家の小作人とした．元朝は次の4階級からなる種族的階級制度を設けた．(1)モンゴル人，(2)「色目人」(中央アジア出身者)，(3)「漢人」(華北の漢族と漢化された契丹・女真・朝鮮の各族)，(4)「南人」(南宋統治下の漢族)．この制度の主目的は，前二者による官僚機構掌握を永続化することであった．これによって登録人口の約3％の者が，正規の官僚の約30％を占めることになった．官僚の法的地位にも相違があった．その最も顕著な例は，1330年代なかばのモンゴル人の高官バヤンの統治であろう．そのときは，漢族に

このポロ(打毬)に興じている図は章懐(しょう,かい)太子(654-84)陵の墓道の壁画の部分．章懐太子は陝西省梁山(りょう,ざん)にある父高宗皇帝の陵墓のかたわらに葬られている．この壁画にはほかに，唐の帝室による華やかな狩りのようすを描いたものがあり，弓矢をたずさえ，中には鷹をもった人々が，山林の中を列をなして馬で駆けぬけていく光景が，素描的な筆づかいであらわされている．ポロは7世紀にペルシアから中国に伝わり，皇帝や太子たちの間で流行した．唐の宣宗皇帝は他の3人の皇族とともに国際試合を行い，チベット・チームに対し勝利を収めたという．

社会の発展

は武器の携帯が許されず，モンゴル人・色目人に打たれても仕返しを禁じられた．明の建国者は，限られてはいるがかなりの数の職人・兵士に世襲的な地位を与えた．しかしこれらの措置はどれも，かつて社会に対し全体的な設計図を押しつけたことと比すべくもない．中世経済革命を通じて社会が発展し一層複雑なものになったこと，これがこの変化の基本的原因の一つである．

宋朝は地方行政機構の末端を設計する際に，ただちに農村社会の現実と折れ合ってしまった．宋朝は徭役義務〈賦役〉に基づいて村役人を徴発する制度〈職役制〉を，新たな重要性をもつものとして発展させた（これは秦漢時代に村の長がつとめた「郷官」とよばれる小官吏に起源があるが，強制的性格は新しいものである）．この制度によって，登録された家からなる各集団で最も富裕な者が，無報酬で順ぐりに村行政の基本任務を担当しなければならなくなった．これを免除された者は，正規の国家官僚を含めてもごく少数（おそらく2万人程度）にすぎない．かれらが責任を負ったのは，徴税，治安維持，もめごとの調停，飢饉の時の救済食糧の配分，道路の修繕工事の指揮，公文書の接受，正規の官僚への雑多なサービスの提供などであった．この制度の厳密な性格は時代と場所によって異なる．一般的にいえば，これらの村役人の中で最も重要だったのは都保正〈250戸＝1都保の長．都保は保甲制の編成単位〉と戸長〈徴税の責任者〉であった．かれらは割り当てられた税額を徴収できなかった場合，みずからその分を償わねばならないなどの過重な義務を負わされていたので，役につけられると義務を果たさないまま逃亡する者もあった．かれらは州・県の胥吏の要求に苦しめられることもあったが，かれらの支配下の人々に対しては大きな力をふるった．法律事務と地方武装力の指揮のほか，個々の家に対する納税額の割り当ての権限もかれらの手中に握られていたのである．

これら地方エリートや官職保有者はたいてい，厳密な表現ではないが「農奴的小作人」とよぶことのできる半奴隷的な労働者によって耕作される私有地に寄食していた．これらの人々は土地に縛りつけられていた．国家はこの土地への束縛を緩和すべくときおり法令を発布して，1年の作物取り入れ後，あるいは土地所有者の変更の際に，かれらが土地から離れてもよいとしたが，その効果はほとんどなかった．このような農民の隷属的状況について，12世紀なかばに，胡宏（こう，こう）という学者が，かれの故郷の湖南のようすを次のように描いている．

> 主人から小作人へと，一連の服従の鎖がおりている．これによって国家はやっていけるのだ．これなしでは1日たりともすまされない．そうであるからには，小作人はどうして勝手にやっていけよう．そんなことをさせれば，主人はかれらを抑えられなくなってしまう．小作人は主人に頼っ

右　モンゴル〈元〉の統治下では，漢族の知識人が官僚になるのは以前にもましてむずかしくなった（その理由の一つは種族ごとに科挙合格者数が割り当てられていたことである）．そのため多くの者は芸術や芝居に関心をむけた．この絵は，「雑劇」〈中国古典歌劇の総称〉のようすを描いたものである．旗は地酒と質屋の広告であり，背後にはモンゴル人の建てたストゥーパが見える．民族衣装を着たモンゴル人が，いかにも支配階級らしく，観劇中の漢人のわきを馬で通り過ぎている．モンゴル当局の批判をかわすために，現代ものの芝居は宋代の衣装で上演された．

社会の発展

て生活しており，したがって主人に奉仕し，主人の懲戒を受けねばならない．役人は以下に述べるような理由で主人が苦情を訴えたときには，小作人に厳しい懲罰を加えて，かれらに勝手な行動をさせないようにすべきである．すなわち，(1)小作人が上下の分をわきまえず反抗的である，(2)小作人が商業に手を出して耕作や養蚕に励まない，(3)小作人が自制せず，飲酒・ばくちにふけり，規律に従わない，(4)結婚していない者が他人の妻をかどわかす，(5)小作人が半畝，1畝の耕地や家を購入して，みずから税を納めるほどの家をなし，主人から離れようとする．

どの農村社会についてもいえるのであるが，農村の現実の状況は場所によって大きく異なる．ある場所，たとえば四川の成都平原のようなところでは，監視人の鞭の下，奴隷〈奴婢・奴僕〉によってひとまとまりの広大な所領が耕作されているかとおもえば，別の場所では所領が分割されてしまい，一部の中心的な耕地は監督下に置かれた農奴的小作人によって耕作されているが，その周囲の耕地は小作料を納める義務のみを負った小作人〈小作人一般はふつう佃戸とよばれた〉によって経営されていた．戦乱で痛めつけられたため，耕地を復旧させる必要のある江蘇北部（今日の地名による）のような地方では，官有の荘園が設けられた．浙江南部のような山間部では自由農民が普通であって，農奴的小作人はほとんど見られない．しかし他の場所ではどこでも，農民をなんらかの方法で従属化させようとする富裕な者と，逆にこれからなんとか自立しようとする農奴的小作人との間で，たえざる闘争が続いた．

農奴的地位に置かれた農民の比率を求めようとしても，とくに従属の程度が一様でない以上，意味のある推定を行う方法はない．確かなのは大部分の地域で，多くの，おそらく場合によっては半数以上の，形式的には自由な，納税義務のある農家が存在していたということである．大土地所有者は，「都保正」や「戸長」など公的権力を背後にもつ地位を通じて農村社会に君臨し，水利事業におけるリーダーシップをつうじて農家経済の大きな部分を支配していたが，その社会的基盤はおそらく非自由農民に対する搾取であっただろう．その限りにおいて，これを「荘園社会」として語るのもよい．ただそれによって中国型の荘園が何か普遍的なものであると考えたり，宋代の農民がみな農奴であったと想像しないことが大切である．だが，農奴的小作制を基礎とする大土地所有と，富裕な土地所有者（あるいは金銭によってその代理を勤める者）を基礎とする職役制との結びつきは，互いに一方が他方を成り立たせているという意味で，根本的なものである．17世紀末，農奴制を基礎とする土地所有制がついに消滅したとき，当時なお残っていた職役制の残滓も否応なく消え去ってしまった．

王安石の新法

政府の権力を用いて直接に社会全体の機能を改変しようとした前近代最後の試みは，宋の神（し，ジン）宗皇帝に翰林学士として仕え，宰相として手腕をふるった王安石（オウ，アンシ）が1069年から1074年の間に実施し，大部分が短命におわった改革〈新法〉である．王安石は地方官吏を振出しに官僚としての経歴を重ねたが，同時にすぐれた思想家であり，才能豊かな詩人でもあった．かれの政治思想の基礎には神秘主義的な儒教思想があった．それは，心を平静にしカリスマ的な徳を蓄積することによって——換言すれば，普遍宇宙の内的構造を把握し「霊的領域」に入り込むための精神術によって——，決定的瞬間に的確な行動をする力を獲得できると説くものであった．王莽の場合と同様，王安石は制度面での着想を，『周礼』の中で理想化して描かれた社会からえていた．王安石によると，そこでは「貴い者と賤しい者がそれぞれふさわしい地位をえ，長幼の序も適切であった．」かれはその詩の中で，ノスタルジックかつロマンティックに夏・殷・周三代の黄金時代を描いている．その時代，統治者は「平民をわが子のように扱い，財産にも公私の別はなかった．取り立てるのも分け与えるのもすべて君主自身によって行われ，富の蓄積と独占は堕落として嫌悪された．」しかし王安石は時代が変化しており，昔のやり方をそのまま機械的に適用できないことに十分気づいていた．

かれは，人間の本性は宇宙の究極原理と同じく善も悪もないと考えていた．かれはこの人間観に立って習慣，検査，教育の効果に最大の重要性を与えた．王によると，真の道徳教育は，それを受ける者すら自分がかわっていくのに気づかないくらい，非常に微妙なものであった．しかし，王安石は宮廷において，見解の統一を不寛容なまでに強調した．それは，その後中国が「教化国家」として発展する一因になったかもしれない．

かれの思想の中には，法家的な，あるいは現実主義的な伝統の要素も見出せる．「太古の時代から，ことを行うには，権力だけが民衆を導き，統治者と被統治者を一体にすることができた．」「もし人民の暮しをかれらの望みどおりにと願うだけでそれが実現するならば，どうして統治者を立てる必要があろうか．」王安石は失脚後に書いたある詩の中で，少し悲しげにこう述べている．今の人々には秦の宰相商鞅（ショウ，オウ）を非難する資格はない，なぜなら「商鞅は決めたことを必ず実行することができたから．」またある詩は，われわれのまわりの世界は幻想にすぎないという仏教的感覚と，人類に対する同情と奉仕という大乗的な理想が，王安石の心に深くしみこんでいたことを示している．王安石の個人心理と世界観は複雑であるが，それは以前のいかなる時より複雑化した時代に典型的な精神のあり方である．

しかし，神宗の承認を得た王安石の数々の諸改革案，すなわち「新法」は，綿密に立案され，その基本的枠組において実際的なものであった．彼の発想の核心は，官僚機構を合理化し，それを国民経済発展のための一種の銀行として利用することであった．かれは節約によって財政をバランスさせることより，経済の活性化をはかり収入をふやすことで財政の拡大をめざした．上層レベルでは，科挙の出題課目を文学的なものから法律を含むより実践的なものに差しかえた．下層レベルでは，官僚機構の末端で働く胥吏に対し俸給を与えることで，それまでかれらがその支出を償うべく握っていた市場や官許の酒造所に対するささやかな徴税権をなくしてしまった．それとともに，試験合格などを条件に，かれらが正規の官僚機構に参加できる道を開いてやった．徭役義務のうちのいくつかは，人民を募って給料を与える方法〈募役法〉に

哲学者朱熹（1130-1200）の肖像．朱熹によれば，道徳的行為には自然の諸原理を探求することがふくまれる．それらは一つの偉大な宇宙の原理の諸側面であり，もともと儒学の経典に述べられているものであった．朱熹の経典解釈は国家によって正統と認められ，科挙試験の答案を採点する際の基準となった．

替えた．王安石の財政審議会〈制置三司条例司〉は短期間ではあるが行政機構の中心となり，全国の経済状況と今後の見通しについて調査を行った．かれはさらに何カ所かの大規模な水利工事にも着手し，耕地の再調査も行った．それまでは，課税の基礎となる土地の登記はきわめて不完全だったのである．雑多な税項目は簡素化あるいは合理化された．だが最も重大で野心的な方策は，国家が農民に対し年利20％という当時としては低利の融資を行い，主穀の収穫前で金銭の必要な農民を救済し〈青苗法〉，また金まわりに苦しんで資金力のある仲買人に不当な低価格で商品を売却せざるをえない小商人にも同様な融資を行ったことである〈市易法〉．これらの方策は打ち勝ちがたい障害にぶつかった．まず，それは有産階級の基盤の一つである高利貸をおびやかし，そのために，立派な儒家の衣裳をまとった政治的異議申し立ての嵐をまきおこした．かれらは正統派の儒者の口調で，国家は「人民」と利を争うべきではないと主張した．第2の問題は，これらの「新法」や土地調査実施の責任をもつべき胥吏が，あまりに腐敗しすぎているということだった．現代の最良の官僚であっても誘惑されかねないような権限と責任を，かれらは与えられていたのである．胥吏の汚職は，すぐに王安石の改革への批判に現実的な力を与えたが，それでもこれらの方策は1085年に神宗が死去するまでつづけられた．

王安石の改革のうち，唯一耐久力をもっていたのは保甲法だけである．これは10戸，50戸，500戸を単位として，自警団を組織したり連帯責任をとらせたりする制度であった．王安石の意図は，これらの武装力を唐の府兵制のような民兵組織に発展させ，高くつくわりには役に立たない宋の正規軍のかわりをさせることであった．しかしこれは実現せず，保甲制は職役制と結びついて，地方レベルの治安維持のための基層組織として機能するようになった．

科挙と郷紳

このようにして唐の中期以降，中国の国家は社会に対し制度的な設計図を押しつけることができなくなった．これにかわって，被支配層の中で影響力があり野心的な人々に対して，心理的な設計図を押しつける道をしだいに探るようになった．この過程は南宋にはじまるが，それが完成したといえるのは明代中期，1500年ごろである．しかもその完全な社会的帰結が明らかになるのは，さらに遅れておそらく1700年以降になる．この新たな発展の基盤となったのは，社会において尊敬を集める地位，政治権力に近づくための方途，職役の義務の免除や犯罪を告発されたときの寛大な処置にかかわる特権などのほとんどすべてのものを，科挙試験に合格することによってえられる官僚資格の保持と体系的に結びつけたことであった．その重要な例外といえば，辺境の非漢族地域や皇族，宦官などの特別な場合を除けば，試験〈武挙試〉による武人の官位と金銭で入手可能な下級の官僚資格と官職だけであった．

科挙のための勉強は長い年月を要し，その費用は自前で負担しなければならなかった．まじめに勉強したもののうち，合格できたものは1％にも満たなかった．したがって，能力のある者のエネルギーと熱意はほとんどたえざる受験競争に吸い取られてしまった．最低の官僚資格をえるにも，何とおりもの試験に合格せねばならなかったのだから，なおさらである．

試験の課目にも変更が加えられ，南宋の哲学者朱熹が大成した新儒学の教義と，洗練された文学的技巧が集中して試されるようになった．そのため受験志願者は自己の精神をみずからすすんで画一的なパターンにしたてあげていった．人間の精神に対してこれほど効果的な束縛を行えたのだから，外部から異端審問をする必要もなかった．新儒学の教義のもつ強い拘束力は，それが単純な教義問答集ではなく，8世紀末以来，数世紀にわたって積み重ねられた多くの思想家の営為を強力に結晶させたものであったことに由来する．元朝の大官トクタの家庭教師をつとめた呉直方（ウチョク，ワンファン）は，14世紀なかばに次のように述べている．「科挙制度がつづくかぎり，誰も官僚の地位や俸給を保証されてはいません．しかしそうではあっても，科挙があるからどの家でもわが子に勉強させ，また皆が勉強するから，おのずと誰も悪いことをしようとしないのです．これは支配秩序の維持にとって重要なものです」．

ついでにいっておけば，中国が中世において経験主義と論理主義の豊かな伝統をもちながら，そこからなんらの近代科学も発展させなかったという理由を説明するには，以上おおよそ述べた自由な思考に対する巨大な障害を指摘しておけばそれで十分だろう．西欧はその点で幸運であった．歴史の偶然が西欧の国家と教会の間に意義深い分離をつくりだした．この分離によって可能となった社会的，精神的空間の中であらゆる新思想がのびやかに発展していったのだが，帝国時代の中国ではそれは不可能なことだった．そこでは正統イデオロギーと世俗権力が，単に結びついているというより，みごとに一体化していた．

唐やそれ以前の王朝では科挙による官吏登用はごく部分的にしか採用されていなかった．新官吏の登用は，現任官僚がいろいろな形で行う推薦や後援，あるいは高級官僚がその息子を一人世襲的に官吏にすることのできる「恩蔭」とよばれる制限的な特権を通じて行われた．科挙が官吏への事実上唯一の道となったのは宋代からである．試験課目が完全にイデオロギー化された科挙によって生み出されたものは，「士大夫」という新しい階級，すなわち支配のためのイデオロギー的資格を備えた聖職者のような官僚である．この新しい制度のもとで最初に受験を許されたのは，ほとんど名門で富裕な家の出身者に限定され，商人や職人，その他賤しい職業の家の出身者は受験を禁じられた．明朝は商人と職人に対する禁令を廃止し，士大夫となりうる社会層を大きく拡張した．科挙は真に「才能ある者に開かれた出世の道」となり，また上向的社会移動の主要な階梯となった．安価な木版本の普及も勉学の費用を引き下げ，教師——出世できなかった科挙合格者や科挙の途中で挫折した者がなった——を雇うにもたいした金がいらなくなった．一族あげて一人の有望な若者の教育に金を注ぎこむこともよくあったし，商人でも官吏となることからえられる高収入を期待して，商売に投資すべき資金を，できのいい息子の受験勉強に振りむけることがしばしば見られた．

第1段階の科挙〈院試〉に合格すると「生員」の資格が与えられるが，これで官僚になったと見なされるわけではない．

社会の発展

それにはさらに上級の試験に合格することが必要だった．その上やがて，上級試験の合格者数が実際の官職数をいつも超過するようになった．その結果，「郷紳」とよばれる階級が作り出された．これは科挙に合格しながら官職につかず故郷で生活している人々を指すが，現在官職についていない前官僚も含まれる．この階級にはいろいろなよび方があるが，最もよくつかわれるのはおそらく「紳士」であろう．これは文字通りには〈高官が用いる礼装用の〉「帯をつけた学者」を意味する．紳士は職役などの徭役（明代では「里甲制」があった）を免除されたが，これは土地所有の拡大にとくに有利にはたらいた．他の人々もしばしば土地をかれらに「寄進」し，徭役義務を免除された．新しい地方エリートとなったのはこの郷紳層である．かれらは社会的地位のほぼ等しい県の役人に容易に面会することができた．かれらは自分たちの利害を守るために科挙受験者と，〈試験官となった〉地方の教育長官との間に形成されたつながりを通じて団結した．かれらに歯向かうのは無謀なことだった．それでも15世紀までは，江南地方の「糧長」〈明代里甲制の職役の一つ．徴税などの責任を負った〉のような社会的威信と富を兼ね備えた者が科挙を軽蔑することは可能であった．しかし百年後，郷紳が地方社会を完全に支配するようになったとき，誰でもひとかどの人物になろうと思えば郷紳となる道を学ばなければならなかった．あるいは少なくとも金でその地位を獲得しなければならなかった．

郷紳の出現と台頭は，他の新たな要因とあいまって，17世紀の間に中国農村社会を変質させた．郷紳が徭役義務を免除されたため，納税，治安維持，水利事業などの重い負担は中小地主の肩にかかってきたが，かれらには郷紳ほどの負担能力はなかった．都市に住む地主の数が増え，またその土地も切れぎれに散在するようになったために，地主に地方行政義務を負わせることがむずかしくなったことも，状況を悪化させた．その結果，里甲制の維持がますます困難になった．その影響は重大だった．たとえば江南地方では，国家が直接治水事業に乗り出さなければならないことが多くなった．国家以外でそれを行える者がいなくなったのである．場所によって時期は異なるが，17世紀中に古い里甲制は崩壊した．里甲制に関連するいくつかの名称が，小役人や警察機能を果たす下級人員などに残された．

同じころ，奴隷や半奴隷的な労働力に依存していた地主の自家経営地が衰退していった．明朝の経済的心臓であった江南地方の一部では，農村市場の高密度のネットワークと結びついて農村手工業が発達し，農民の土地とその所有者への従属が弱まった．農業の集約化が進んで，非隷属的な小作制であれ自作農であれ，独立した家族経営のほうが生産性が高いことが明らかになったということもあろう．多くの地主が都市に移住し日常的な統制を行えなくなったため，純粋に金銭に基づく小作制が発達した．16世紀にはじまった商業経済の新たな発展は，小作人の抗租〈小作料の軽減を求める〉闘争の盛り上がりも手伝って，新たな投資先を農地から典当業（質屋）や商業，都市の不動産へと振りむけさせた．こちらの方が税金は少なく，利益も大きかった．中国の分割相続制度のもとでは，代替りのたびに土地を再集積しない限り，世襲財産はやがてバラバラになってしまった．

社会の発展

社会の発展

奴隷制的身分秩序がゆっくりと崩壊していったことは、主人は奴婢をいかに扱うべきかを説いた明代の手引書が、奴婢の扱いを誤ると主人の権威を失墜させてしまうという明白な恐怖感から書かれていることからもわかる．明朝が庶民の奴婢所有を法律上禁じたことも主人の地位を弱めた．主人は「義理の子供〈義子〉」いう形でこれをごまかしたが、それはかえって本当の血縁関係と化してしまう危険をともなった．奴隷的小作制度からの逸脱の動きは、17世紀なかばに揚子江流域でおこった奴隷の大反乱で頂点に達した．反乱の指導者の中には「鏟平王」（さんぺいおう）と名乗って、「主人と奴隷、貴き者と賤しき者、富める者と貧しき者の差別を鏟（けず）り取って平らにする」と宣言した者もいた．江蘇省のある県志の記述によれば、「数千人が群れをなして、〈主人の〉家々を焼き、身売り証文を奪い、煙が天を覆った．奴隷たちはあぐらをかいてすわりこみ、主人に食事を出させた．もし主人がちょっとでもいやな顔をすると、かれらは主人を地面に押えつけてむちうった．こんなことは千年このかた、かつてなかった変事である」．広東の一部でみられる世襲農奴のようなごくわずかの例外を除いて、1700年以降の帝国時代の中国は自由人の社会であり、この点では東欧や帝制ロシアより西欧にずっと近かった．

17世紀末から18世紀にかけて、郷紳は職役の消滅によって生じた間隙を埋めるようになった．かれらは治水事業などを引受け、慈善事業を行い、市場を監督した．また時には（変則的だが）徴税を請負った．これらの管理者的な郷紳の活動は、しかしかつての職役のときとやり方が違っていた．それは自発的に行われる名誉ある行為であり、土地所有というより社会的地位に基づく行為だった．それはまたしかるべく報いられたといえる．こうした環境の変化をよく説明するのは、郷紳の全県的な会議であろう．この会議は県の長官のもとめに応じて臨時に開かれ、治水などの事業について助言や助力を与えた．

中央政府から見れば、郷紳は間接統治のための安あがりの制度であった．国家行政が直接およんだのは、「黄榜」〈木札に黄色の紙を貼って法令などを書いたもの〉などのささいなものが村々に立てられた以外は、県の役所止まりだった．清代には、県の役所には、長官〈知県〉（法律でその土地の出身でないものと決められ、数年ごとに転任した）、その個人的な顧問、それにずっとここに勤務する胥吏や警士、差役（走り使い）などあわせて千人ほどがいた．これだけの人数で平均50万から25万の人口をもつ一つの県を治めねばならなかった．地方の執行請負人（徴税権などを買ったり世襲したりした者）のネットワークを利用するとしても、有効な統治を行うには人口が多すぎた．そのため現実には、県政府は郷紳に依存せざるをえなかった．郷紳はその地方について豊富な知識をもち、事をなし、もめごとを調停することのできる人間関係の網の目を張りめぐらしていた．中央の統制は、科挙を通じてこの地方エリートを選択し、かれらをイデオロギー的に条件づけることに限定された．

今日の中華人民共和国の（いわゆる）共産党政権は、社会に対し精緻な制度的設計図を押しつけたいという古くからの衝動と、イデオロギー的に条件づけられたエリートを通じて地方も全国も統治しようという、より新しい、しかしそれでも数世紀の歴史をもつ実践の双方を受け継いでいる．人民公社や生産大隊の制度による農村社会の再編成の試みは、その特徴と発展のパターンにおいて独特のものがある．しかしなおそこには、国家は社会諸制度をいかに扱いうるか、あるいは扱うべきかという問題にかかわって、歴史的に規定された思考法――本質的に、バラバラの対処法ではなく包括的な処方箋を立てようという思考法――を部分的に見出しうるのである．1853年に太平天国が制定した土地制度〈天朝田畝制度〉は、実施されることなく単なる理念におわってしまったが、このような思考法が中華帝国末期においてもなお、いかに強力に残存していたかをよく物語っている．それは規律に厳格に服し、イデオロギー的に教化された共産社会を規定しているが、その発想は多くの点で『周礼』に基づいており、用語の多くすらこれから借りている．中国共産党と清代の郷紳とは、前者が総人口の4％に当るのに対し、後者は0.25〜0.5％であるという相違ばかりでなく、教義でも、組織の内的構成でも違っている．しかし中国共産党は大衆に受け入れられるために、そしてその社会における位置を全体的に確認するために、古い政治文化の伝統に実質的に依存しているのである．

前頁　この絵は明代（1368-1644）の農民反乱を描いたものである．奴隷たちが身売り証文を燃やしているが、これがなくなればかれらはもはや束縛されない．かれらは主人の妻に食事の給仕をさせ、主人自身は柱に縛りつけられて事の成り行きを見させられている．奴隷たちは略奪の仕放題で、めあての穀物や絹を運びだしている．

左　韓滉（かん　こう）（723-89）作といわれる、4人の学者と1人の召使いを描いた絵の部分．北京の故宮博物院蔵（この絵とよく似た絵がワシントンのフリーア美術館に所蔵されているが17世紀のものである）．この絵の学者はたぶん詩の想を練っているのであろう．かたわらには召使いが墨をすっている．科挙の制度は唐代に発展したが（科挙が官吏登用の主たる手段となるのは宋代になってからのことであるが）、科挙において重視されたのは詩の才能であった．

右　万里の長城は世界の奇跡の一つであり、月から見える唯一の人造物であるといわれる．春秋末から戦国時代にかけて、中国の諸国の間や、異民族と境を接する辺境地帯、とりわけ趙と燕の辺境地帯には、版築の方法で長城が多数つくられた．前3世紀に秦の始皇帝は辺境に設けられた長城をつなぎ合わせて、最初の万里の長城を建設した．ただしその位置は、現在の長城より北であったと考えられる．今日見ることのできる長城は、明代につくられたものの残存部分である．これは華北の山々を横切って4000km以上も延びている．平均の高さは8m、幅は基部7m、上部で6mある．戦略上の要地には大砲用の銃眼をうがった望楼が設置され、常時兵士が配置されていた．今日、長城を参観するのに最も便利なのは、北京北方80kmのところにある八達嶺（はったつれい）である．ここは近年改修された．

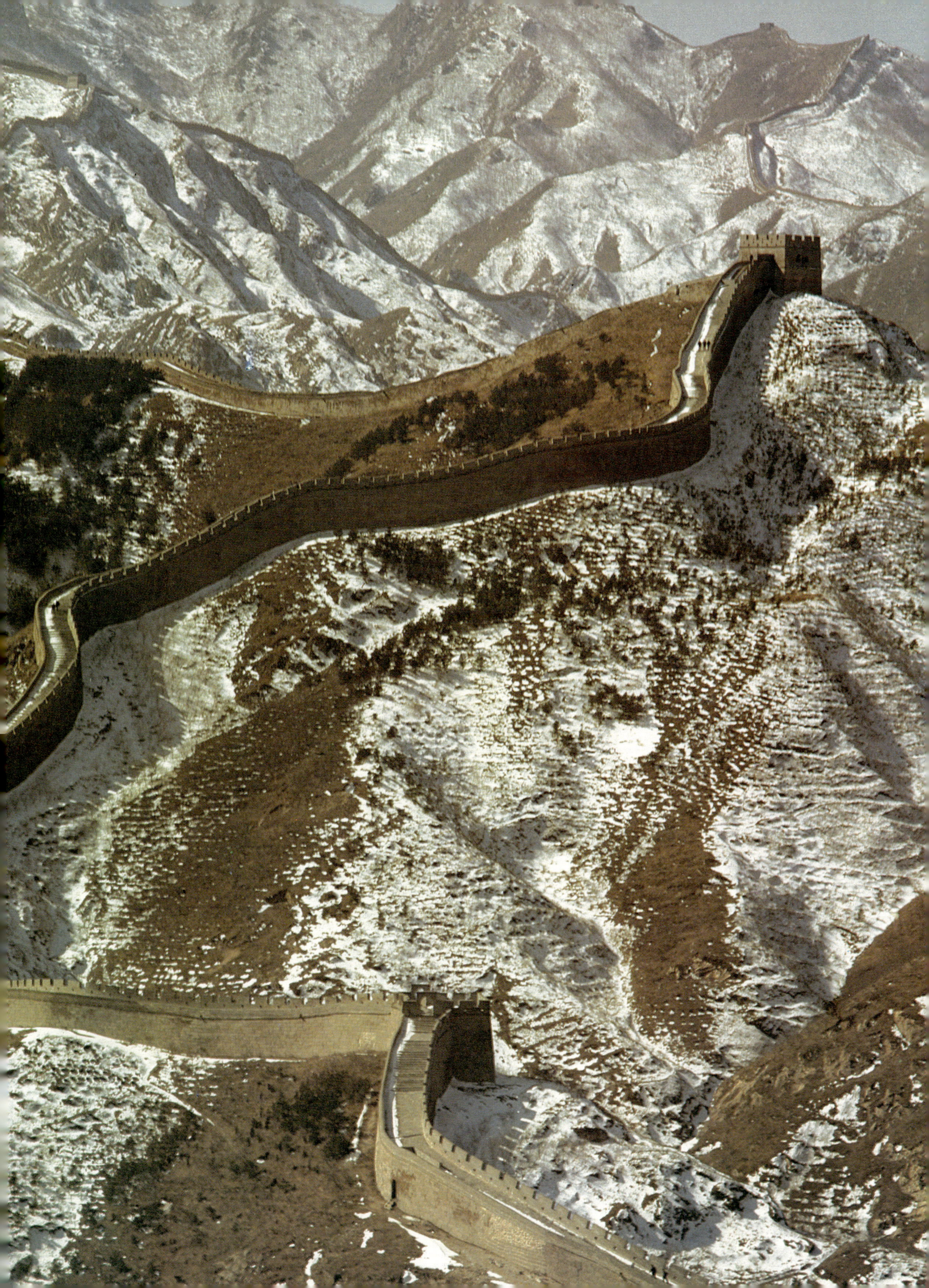

帝国後期の美術

装飾，創造と停滞

紫禁城は，北京(ペキン,ベイジン)の内城にある堀をめぐらした皇帝の宮殿である．現在，われわれが見るのは元(ゲン,ユアン)代の設計に基づいて明(メイ,ミン)清(シン,チン)時代に建設されたものである．

皇城の南の外城は清初に建設された．中央の南－北軸にそう左右対称に整然と配置された建物群は壮麗を誇り，この軸の西には農業祠〈社稷壇〉と東には天祠〈天壇〉が位置している．主軸は永定門(えいてい,ヨンティン)から真北に内城の北壁近くの鼓楼まで8km近くのび，門，並木道，そして現在は毛主席記念堂の北——城の中心地にある天安門広場の建物がならんでいる．紫禁城の建物は，石壇の上に木造の柱－楣法を使って，黄釉瑠璃瓦の屋根を精巧に塗りあげた持送りで支える，という伝統様式で建てられている．

われわれが現在見る長城もまた明代に建設されたものである．再建は南京に宮廷をおいた初代の明の皇帝〈洪武帝〉の下ではじめられた．三代皇帝〈永楽帝〉は，首都を北京に戻した．かれと後継の明の皇帝たちが葬られた陵墓は，大理石の塊から丸彫された獅子，想像の動物，駱駝，象，馬，護衛，役人が「参道」ぞいに立ちならび護っている．13陵には，黄色，緑色と紅色の瑠璃瓦屋根がかけられている．おのおの屋根の屋頂には人物像と想像上の動物像がのっている．屋根のそりはゆるやかで，南東地方に特有な装飾がより複雑にほどこされている．ひさしの下のこみいった磚でできた持送りは，単なる装飾品にすぎない．紫禁城の木造建築すら，ひさしは木製の装飾を満載したため，外縁の下で重さを支える列柱が加えられ，持送り制を単なる装飾へとおいこんだ．

宮廷の保護をえて，装飾美術は隆盛をきわめた．宮廷窯は江西(こうせい,チアンシ)〈省〉の景徳鎮(けいとくちん,チンテチェン)にあり，そこでは陶器は唐代以降，青磁の原型や邢州(けいしゅう,シンチョウ)型の白磁などをうみだしていた．宋代には青白磁〈影青〉で特徴づけられたが，それは青磁と純粋の白磁の間に位置づけられる．元代の技術の進歩は，青白磁に型のモチーフで装飾する方法と，釉薬をかけるまえに青色で下絵をつける方法〈染付〉をうみだした．

14世紀末の永楽(えいらく,ヨンラ)年間に官窯が設けられたことによって，陶芸のあらゆる分野で進歩が見られた．それ以降，染付（青〈花〉白磁）はさらに発展し，絵つけはより洗練し，色の数がふえた．明末にむかい，西方から純粋コバルトの入手がむずかしくなり，地元の顔料が使われ，色調はいっそう青白くなった．景徳鎮の窯は明清代の装飾陶器のほとんどを供給し，様式は徐々に形が決まったものから自然の花のモティーフへとかわり，16世紀には3色〈三彩〉や5色〈五彩，赤絵〉の美しい多色装飾の使用がふえた．黄色や赤色で上絵付けされた磁器は，明代の陶器全般にあざやかさを増した．金属器に焼付けられたエナメル〈琺瑯〉は豊かであざやかな色をもち，そして漆器は豊かな美しい意匠で力強くわずかに

北京(ペキン,ベイジン)はフビライハーンが1260年に，政府の所在地として選ぶまでは，国家にとって重要ではなかった．都市は，明の皇帝によって15世紀はじめに首都として建設された．そして現在われわれが見るのは，次の世紀に建造されたものである．外城は清代に加えられた．平面図（右）は城壁と門が毀された1949年までかわらずに残っていた．

下 紫禁城の内部

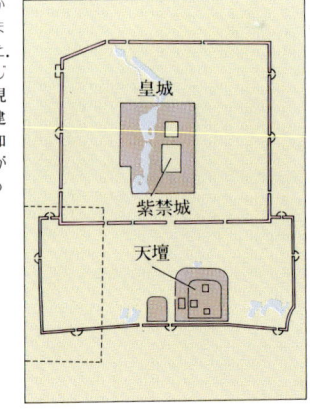

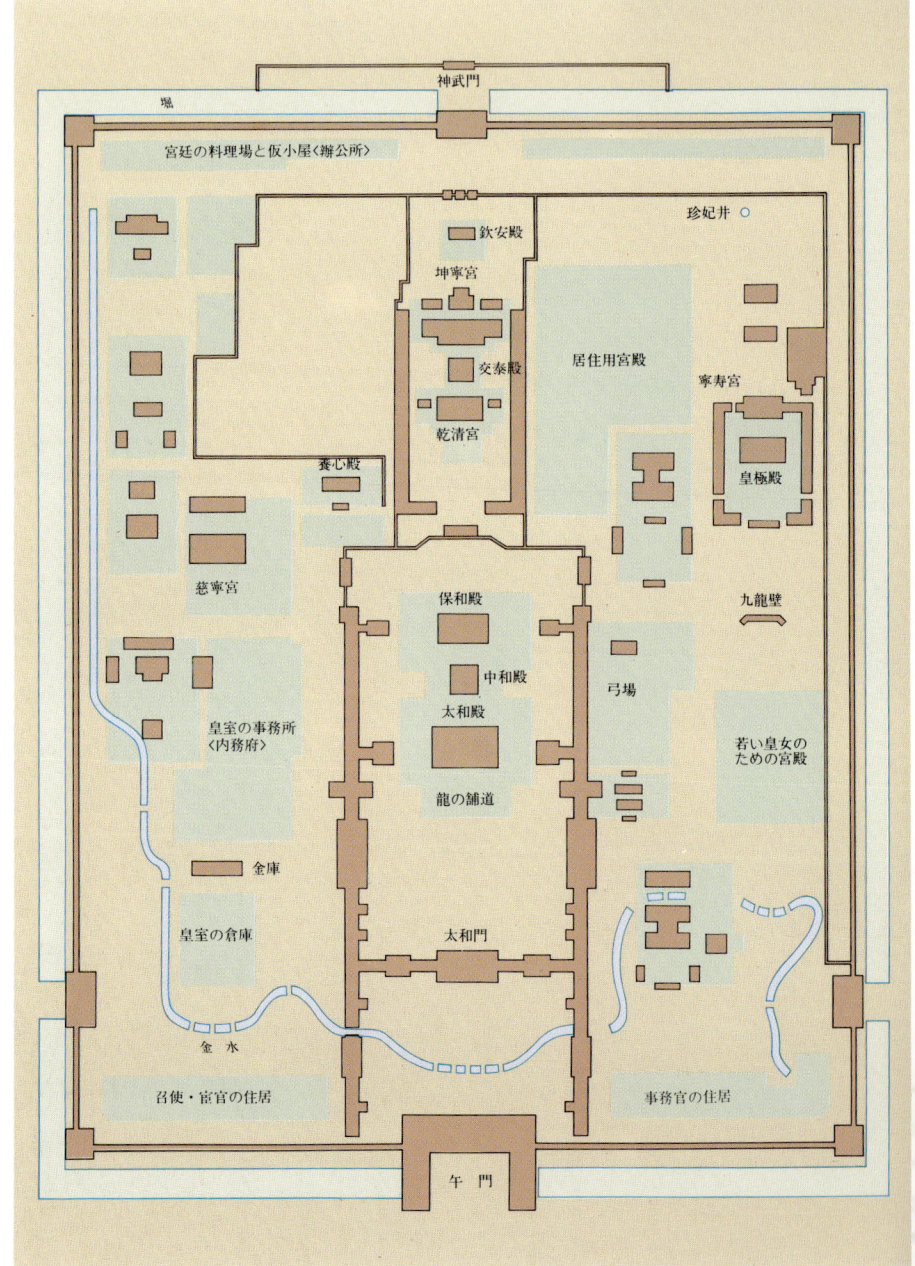

帝国後期の美術

上　西山を前方に見た北京のスカイラインの雄大なながめは，中央美術学院に新築されたビルの屋上から撮影したものである．

左　紫禁城の北東の一角は，以前，皇族の居住地であった．南壁のレンガ〈瑠璃釉磚〉の障壁〈九龍壁〉は，寧寿宮と皇極殿の入口をまもっていた．現在はそこに収蔵されている絵のコレクションをまもっている．

中左　想像上のどうもうな動物が，紫禁城の宮殿の入口をまもっている．

中右　天壇は北京の南東に位置し，15世紀はじめに建てられた．この建物〈祈年殿〉は，1889年〈光緒15年〉の火災のあと，もとどおりに再建された．この火災〈落雷による〉で32人の役人と護衛が斬首された．

左　北京の紫禁城ごしの南方の眺望．この写真は景山〈煤山〉から1901年〈光緒27年〉に撮ったもの．現在，北京のスカイラインは急速に変化している．今，ここの場に立つと前景は同じままだが，背景には一連の高層ビルが建っている．

丸味をおびた様式に彫刻され、陶器と同じくしばしば龍が描かれた〈彫漆〉.

木版印刷は中国では長いこと行われ，最もはやく年代の確かめられる実例は敦煌の863年(咸通4年)の金剛経である．多くのすぐれた版本――あるものには挿図がある――は宋代に作られ，梅花についての最初の絵の本〈梅花喜神譜〉をふくんでいる．明末期には別々の版木による多色印刷の方法が完成された．艶本や他の挿図入りの本が作られ，十竹画室〈十竹斎〉の作品〈十竹斎画譜〉で完成を見た．その後，『芥子園画伝』が刊行され，大きな影響を与えた(1679－1701).清代には本の刊行が，これらの高い水準に達したのはまれだったが，一枚刷のすばらしいものが，蘇州(ソシュウ, スゥチョウ)などの都市で作られた．

色に対する愛着は明清の官服にも見られ，緙糸(コクシ)(絹彫)という文様織を使って絵画的効果をうみだした．14世紀から「龍の礼服」〈龍袍〉の鉤爪は官吏の等級を示すために制限された．五本爪の使用は皇帝とその家族とに厳密に限られ，四本爪は官僚と貴族に割り当てられた．官等は官服の胸部に刺繍された「四角い布」〈補子〉によっても示された．

明朝の第一代の皇帝は画院を南京(ナンキン, ナンチン)に設けた．15世紀初めに宮廷の主要部が北に移ったのちも，美術の中心はそのまま南部にとどまった．江蘇(コウソ, チアンスゥ)省の南部と浙江

上 北京郊外の13人の明の皇帝が葬られている明の墓への〈墓道〉をまもる役人，兵士，動物の巨像〈13陵〉．石獣の背中に石を投げて，石が背中に乗れば，願いが叶うといわれている．

これらの馬がつけている詰物をした首輪〈首輪式〉は，5世紀に中国で使われはじめた．この発達した馬具が西方にひろがるまで500年ほどかかった．それまで西方ではのど輪-腹帯式馬具で馬の息をつまらせてしまうために，引く荷の量には限りがあった．

(きょう，チョウシ）省北部にあたる江南（え，ナン）といった所である．蘇州，無錫（ム，シャク，ウシ），南京や揚州（ようし，ヨウチ）といった都市は，豊かな商業の中心地であり，画家，学者や大金持の収蔵家たちは，長いこと官界の浮沈に奔命するよりもこの地に住むことを選んだ．

戴進（たい，シン）（1388－1462）は，明の宮廷で活躍していたが，赤い上着をきた漁夫を描いて皇帝を怒らせ（赤色は，朝臣が皇帝に引見されるときの服色に決められていた），宮廷から追われた．戴進は故郷の杭州（こうしゅう，ヨウチ）にもどったが，依然としてかれの名は南宋の画院のロマンティックな様式で描く専門の宮廷画家の一派と結びつけられた．かれらは浙（せっ，

派として知られている．

戴進の「春遊晩帰」（夕方の帰宅）という絵には，明らかに南宋的な要素が見られる．たとえば非対称の構図，骨ばった木の枝と霧のたちこめる空間などである．筆法は初期の馬夏様式よりもゆったりしているが，点（え，タッ）（点）の打ち方と葉の描法はよりはっきりしている．浙派の呉偉（ご，ブツ）（1459－1508）は漁村の風俗を描き，辺文進（へんぶん，ビンチョウ）（1400頃－40）は，南宋の画院様式で正確な線とさえた色の花鳥画を描いた．このような伝統的な「宮廷」画は，ライバルの呉（ご，ウ）派の文人画家たちに「けばけばしい」とこきおろされたものである．

これらの明初の文人画家たちは，元末の四大家の手法で山水を描きつづけ，かれらの始祖である沈周（しん，チョウ）（1427－1507）のまわりに集まりを形成した．かれは江南地方の蘇州すなわち呉（ご，ウ）の出身であった．沈周自身は倪瓚・呉鎮・黄公望の様式をまねて描いたが，構図に大胆さを加え，より明らかな点法で山水に斑点をつけ，墨色も変えた．かれはまた背景に精巧にぼかした淡彩を使い，その作品に色彩を加えた点で初期の名匠たちとは区別される．

蘇州において，16世紀から17世紀に多くの学者紳士は，気持のよい都市の屋敷に住み，その中庭の庭園を回遊式の山水画へと一変させたのである．岩と木は，木のバルコニーや格子窓を通していろいろな位置から見えるように配置された．人は石造のミニチュアの山水をぶらついて，まるで山にいるような気分を味わったのであり，ちょうど山水画に魂を遊ばせるのと同じ方法であった．

画家の唐寅（とう，イン）（1479－1523）と仇英（きゅう，オウ）（1494頃－1552頃）は，浙派あるいは呉派には分類できない．唐寅は北宋のモニュメンタルな様式に回帰して保守的な手法で描き，一方，仇英は偉大な模倣者であって，さらに古い時代に回帰し古風な「緑と青」〈青緑山水〉という唐の手法にたちかえった．

16世紀末に，文人画家董其昌（とう，キショウ）（1555－1636）は次代の画家と美術批評に巨大な影響を与えた．かれは画を北宗と南宗に分けた．「北宗」派は宮廷と画院の画家を意味し，かれらは装飾的で色彩豊かな手法で描く．そして文人画家を代表するのが南宗画で，かれらは詩的洞察力とその表現としての山水の用法に関心をもっていた．かれはすべての伝統的な画家と宮廷画家を北宗にあてはめ，南宋の馬遠や夏珪から唐の「青緑山水」の画家までをふくめる．

董其昌は，絵を通して学者はみずからの自然への理解ひいては人間理解を表現できると主張した．これは，かれのもっていた古典についての知識の所産であり，それこそが高尚な趣味と結びついた事物についての理解を与えた．これは画院の規則に縛られた専門の画家には到達することを望みえないものであった．かれは素人である文人画家こそが，のびやかに筆使いを駆使でき，そのことによって思想や感情を伝えられると信じていた．

董其昌自身の絵の構成は力強い．かれは，山々に起伏をおこさせる力として，「山勢」について語っている．かれは平面をゆがめたり，構成の部分部分を様式化して，明確な山水を描いた．

四王（お，ウ）として知られる画家たちは，董其昌の文人画

の伝統をひきついで，清初の保守的な文人画家を代表している．かれらの作品は，北宋の山水画をうけつぎ元代の山水画と混合したものを基礎にしている．王時敏（おうじ，ワンシ）(1592-1680) は董其昌の弟子で，他の3人の王 —— 王鑑（おう，ワン）(1598-1677)，王翬（おう，ワン）(1632-1717) そして4人のうちで最も才能に恵まれた王原祁（おうげん，ワンユアン）(1642-1715) —— の師である．

17世紀の山水画では構図の個性が，筆法の個性にとってかわりはじめた．龔賢（きょう，ヨシ）(1620-89) の絵 —— かれの暗い予感を示す山水はさしせまった破滅の感覚を伝える —— と，他方，軽やかな弘仁（こう，ホシ）(1610-64) の山水 —— それは時勢を超越しているように思われる —— に清初の文人画家たちの異民族満州（まんじ，マシチ）の支配に対する異なる対応の仕方を見ることができる．

この時期のかわった画家たちは「インディヴィジュアリスト」とよばれ，かれらのうちで最もすぐれた2人は朱耷（どう，ナス）(1626頃-1705) と道済（どう，タイ）(1641-1710頃) であった．朱耷（八大山人，はちだい，パクシシジン，としても知られる）は，明の皇室の後裔であった．かれは僧となって放浪の生涯を送った．かれはいくつかの様式で描いているが，その一つは董其昌風のものであるがたっぷり墨を使って描いている．もう一つは禅宗の画家の方法で，均衡と調和を与えるためによりはやい筆致で奔放に墨を使いたっぷり墨を使ったり擦筆の手法を結合した．かれは狂乱した状態で描き，また酔ったときに描いたといわれている．道済（石濤，とう，シウ，として知られる）も朱耷のように明の皇帝の末裔であった．かれもまた僧院に入り，最後に揚州に落ち着くまでは放浪の生活を送った．揚州でかれは「石を積みあげ」暇をつぶした —— つまり死ぬまで庭園を設計したのである．かれの絵は構図の独創性を示し，そこにはかれは細部に本領を発揮し，誇張された方法で石の性質を表現した．かれはまた湿点（しつてん，シェヅ）法で色を使い，墨も大いに自由に使った．

誇張して描く道済の手法は，〈揚州八怪〉にうけつがれ，18世紀の主要な一派として認められた．かれはフォームを思いきって変形し，ありきたりのフォームを拒否した．高其佩（こうきはい，カオチ）(1672頃-1734) は筆を捨てて，自分の爪で描いた〈指頭画〉．金農（きん，チン）(1687-1764) と羅聘（ら，ロ）(1733-99) は，古代の人物の姿をふざけてゆがめて描いた．19世紀には画家たちのパトロンが衰え，文人画の個性主義は消えていった．四王に率いられた保守派の後継者たちは，新しいものをほとんど示さなかった．素人の文人画家は生活のために稼がねばならなかった．

清代を通じて多くの才能ある宮廷画家たちが，装飾的な「宮廷」様式で描いた．カスティリオーネ（Castiglione）〈郎世寧〉 —— イタリア人のイエズス会宣教師で北京に1715年にやってきた —— は，西洋式の絵を宮廷に紹介した．かれは，東洋の技法を西洋の光と影を使うことによって開発して，東洋と西洋の技法を総合した．当時，かれの絵は人気があったが，深い影響はおよぼさなかった．

清初の装飾芸術は，複雑な意匠とあざやかな色彩で，満州人の好みに訴えた．玉彫は良質で，たくみさの点では戦国時代に匹敵したが，意匠は装飾的であって初期の作品のもつ抑制と簡素さに欠けていた．琺瑯，織物，玉器，象牙，彫漆，そして磁器は多くのモティーフを共有し，1680年，康熙（こう，カシ）帝によって宮廷に設けられた工房で作られた．漆器は南部で彫刻され〈彫漆〉，17世紀初に衰退していた江西（こうせい，チャンシ）省の景徳鎮窯が再興された．明の五彩に色が加えられ，ヨーロッパにファミーユ・ヴェルトとして知られる〈素三彩〉が作られた．

左　明の装飾美術のすぐれた一例，淡青色の地に赤，白，青，緑，黄と茄子色を使った琺瑯の16世紀の銅鼎．

下　北京の北海（ほく，ペイ）公園の中には，亭や邸宅や湖が点在する．文人官僚の都市の中の憩の場所．中国庭園の中にいると，伝統的な立体的な山水画を歩くようなものである．

帝国後期の美術

上 19世紀の官吏の絹服。真上と左下に見える蝙蝠は、着用者の幸福への願いの象徴である。
　特別な衣服の意匠に織りこまれたさまざまな形の漢字、たとえば喜（よろこび）、吉（幸運）、そして寿（長命）の四つの型をここに示した（右）。

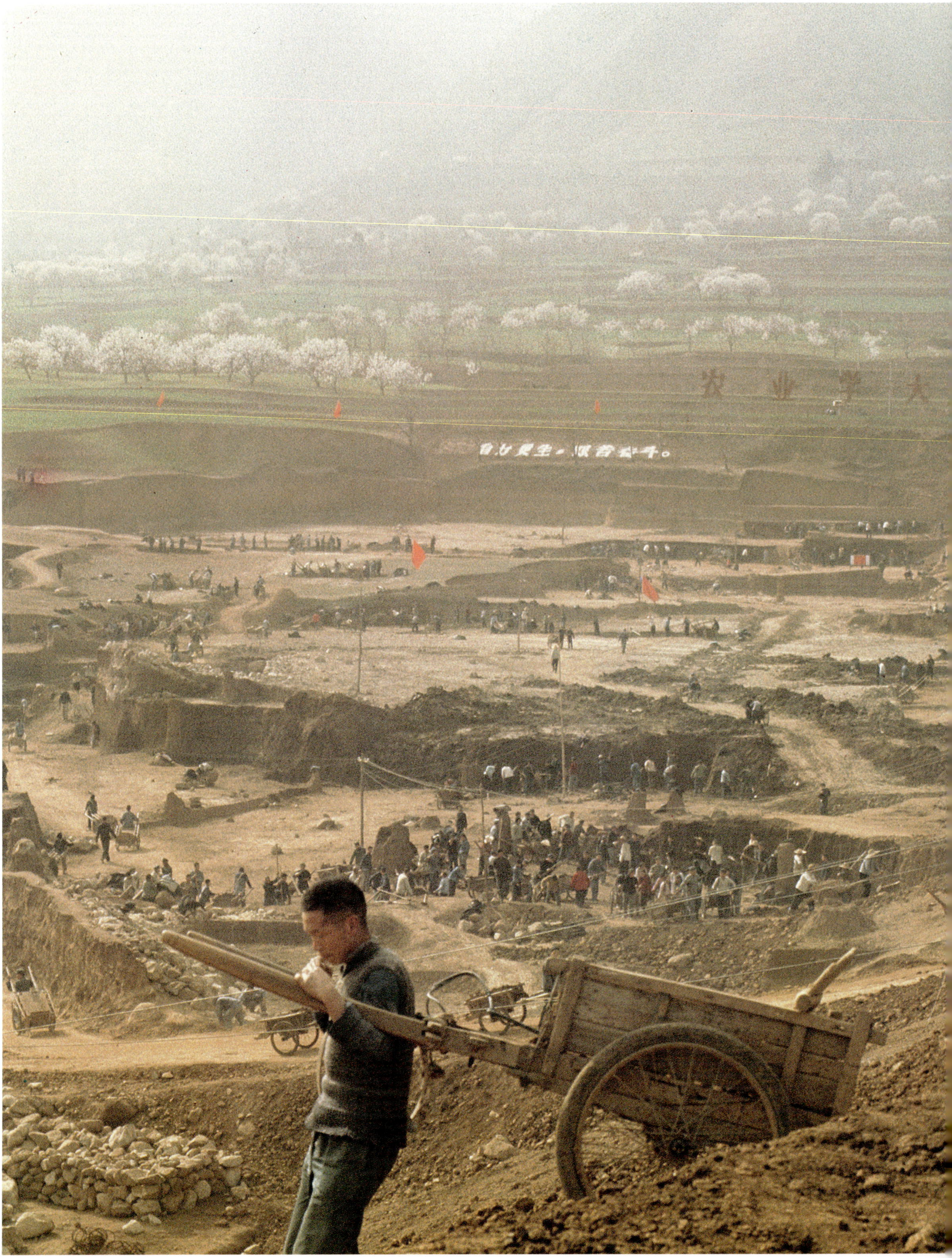
农业学大

現　代

回顧と展望

　18世紀の末までに，中国の経済，政治構造，思想，芸術は壮大なる袋小路にはいりこんでいた．ここで強調しなければならないのは，富，権力，洗練度の壮大さと，古い中国の伝統の内部からはもはや新しい思考様式，ものの見方，感情，行動を生み出すことができないという行き詰まりとの両方の側面である．国家の政策によって，中華帝国は明代初期・中期のころのように，再びほとんど鎖国状態に逆戻りしていた．朝貢使節団としてやってきたり，カトリックの宣教師のように危険を冒して不法入国した少数の幸運な者と，1830年代にインドにおける茶の栽培のために茶の苗木を盗んだ植物"スパイ"，ロバート・フォーチュンを除いては，旅行者は入国できなかった．ヨーロッパ諸国との合法的な貿易は，ロシアに対するキャフタ（1727年以降）と，西欧に対する広州（1757年以降）の二つの辺境都市に限られた．商人の活動も厳しく規制された．明末以来，イエズス会士を通して細々とつづいていた国外からの影響の流れ——西洋式の水力利用機器，天文学，数学，遠近画法，改良された砲弾発射技術，1717年に完成した大中国地図『皇輿全覧図』，そして五線譜を用いた記譜法までも——すら乾き上ってしまった．キリスト教の礼拝も1723年の勅令によって禁じられた．この勅令は厳格に施行されなかったが，カトリックの司祭で唯一滞在を許されたのは，暦を修正するなどの有用な技術によって宮廷にとりいった一握りのイエズス会士だけだった．

　しかし，表面的には，中華帝国末期の経済は驚くべき活況を呈していた．人口は4億人に近く，勤勉で競争的だった．18世紀に出版された『中国についての報告』の中で，フランス人宣教師の一人は，中国の人々は「巨富を築くことができないくらい激しく能力と能力をぶつけあい，勤勉と勤勉をぶつけあい，労働と労働をぶつけあって競争している」と書いている．華中・華南の集約的稲作農業は，単位面積あたり収穫量を前近代的な技術力で可能な限界近くにまで押し上げていた(209～210頁参照)．農村の定期市と市場町のネットワークは以前よりずっと密になり，その巨大な取引量は見る者を驚かせた．1830年代に上海近くの海岸に碇泊した英国船の見積るところでは，当時の上海の海上交易の規模はロンドン市のそれに匹敵していた．19世紀中葉，揚子江の流域を旅行したユク神父の観察によれば，「大きな町ではどこでも大きな問屋があり，貯水池に水がそそぎこむようにそこに各省からの商品が運び込まれている．これらの彫大な数の問屋に対して，帝国各地から商人がむらがり，その周囲は絶えざる喧嘩に包まれる．この熱っぽい活気はヨーロッパの主要都市でもなかなか見られないものである．」かれはさらに「この国の人々がいつもとりつかれている利得への渇望と交易への欲求」についても語っている．かれによると，「国全体が永遠の市場（いちば）のようである」，「中国商人の大小さまざまの巧妙かつ大胆な不正行為について書こうと思えば，何冊もの本になろう．しかしごまかしの習慣は何についても，またどこにでも見られるので，誰もそれをとがめることはできない．かしこく抜け目がないことを示すことがここでの流儀なのだ．……しかし公平のためにいえば，この誠実と信用の欠如はおもに小商人の間に見られるのであって，大商店は取引きにおいては驚くほど公正，誠実である．」中国の資料からうかがえるエネルギッシュな経済活動のようすも，同様に強烈な印象を与えてくれる．中国第1の窯業都市景徳鎮（けいとく，チェントー）は次のように描写されている．「何万という杵が轟音をたてて大地を揺がせ，燃える火の光が夜空を照らして，夜もおちおち眠れない．それでこの地は『ピカゴロの町』〈四時雷電鎮〉とあだ名をつけられたのだ．」農村では数多くの水力で（あるいは牛の力で）動く機械が利用されていて，それらは脱穀したり，サトウキビを搾ったり，紙を作るために草木から繊維をとったりしていた．

　しかし古来からの発明の才能はしぼんでしまった．中国で明代以降に発明された重要な新技術といえば，十指で数えられるくらいにすぎない．それらは中国式の風車〈水平にとりつけられた円盤の縁に，角度のかわる帆がたてられ，風向きがかわっても円盤が回転するようになっている〉，木版多色刷，家禽の卵の人工孵化技術，綿繰器の改良，繭を保存するために殺蛹する方法として塩漬けする方法と乾燥する方法が古い技術（とくに蒸す方法）に加えられたこと，純亜鉛の抽出法，新種の脂肪種子と緑肥，鉱坑の換気のための送風機などである．ごく少数の熱狂者だけが，古書に記されながら無視されてきた農業・水利技術，あるいはアルキメデスの螺旋水揚げ機のような西洋の発明を実際に試してみようとした．19世紀のはじめに，斉彦槐（せいげんかい，チーイェンホアイ）は自分で造ったその水揚げ機〈竜尾車〉について，次のようなひねった詩を書いている．

ひもが8本，心棒にぐるぐるまきついて
まつわり繞り，ひとつながりの川ができる
頭も尻尾も開いていて，底の抜けた桶みたい
腰のところは円い輪で，ぐっと締めつけられている
水は流れ下って三千丈
　——高いところに上げられたのをまだ知らない

　しかし，技術革新を意識的に嫌悪する者もあった．程廷祚（ていていそ，チョンティンツォ）は18世紀の中ごろにこういっている．「はるかかなたのヨーロッパ！……そこに住む人々は，いろいろな点で賢く，とくに数学にすぐれているというのは有名だ．しかしそれを別にすれば，かれらがやることといったら，せいぜい無知な者を驚かすくらいの余分な才にすぎない．そんなことばかりやるのは自分に数え切れない面倒を押しつけるだけだ．かれらはライフル・ピストルの類の残忍なしろものまで考え出したではないか．」農民や職人は身近かにおこったどんな小さな改良でも，熱心にとりいれたが，教養ある人々に

前頁　西安近郊で貯水池建設中の労働者．機械による生産技術をまだ十分にとりいれていないので，大量の労働力を集めて，生産隊を編成する．

上　イエズス会士は中国では，国外からやってきた士大夫として迎えられ，かれらの教養は賞賛の的だった．かれらは中国人を改宗させようとして，中国服を着るなど努力した結果，礼部尚書徐光啓（ｼｭｺｳｹｲ，ｼｰｸｧﾝｼﾁ）をはじめとして改宗する名士もあらわれた．しかし全体としては，かれらのキリスト教の教えには，かれらの天文学，地理学，物理学の知識に対するほどの熱心な反応は示されなかった．

右　清朝の康煕帝（1654-1722）の援助によって，イエズス会士フェルディナンド・フェルビーストは古い天文台〈欽天監〉を，17世紀の最新式設備をもったものに改修する工事を行った．古い天文台は1296年に建造され，北京の南西にあった．現在では，当局によって設備はとりはずされ，まわりの部分も高速道路やホテル建設のため，整地されている．

　はヨーロッパ人のもっていた溢れ出んばかりの創造的なイマジネーションが欠けていた．このイマジネーションこそ時にはおろかしく見えることがあっても，しばしば豊かな実りをもたらしてくれるものだったのである．16世紀末から17世紀にかけてのヨーロッパで『機械と道具の劇場』などと題した書物が出現したことに明らかなように，ヨーロッパでは機械に対する一時的熱狂があったのだが，中国の教養人はそのようなものに心を動かされることはなかった．かれらの精神にはまた，機械の中に幾何学の霊のはたらきを見，それが何をしているかを抽象的に分析しようとするヨーロッパ人が新しく獲得した能力もなかった．かれらは，中国の職人たちが地方ごとの必要に応じて，発明されたものを本能的に応用しようとするのを目の当りに見ることができたのに，それに刺激されることもなかったのだ．

　近代前期のヨーロッパと比較して，中華帝国末期の中国がしだいに知的生命力を低下させつつあったことは，大学や医学・法学などの専門的教育機関がなかったことと関係があるだろう．勉強したいと思う者は，師と個人的な関係をとり結んで学んだ．書院は科挙試験のためにもっぱら知識をつめこむ学校になってしまった．16世紀には，哲学者王陽明（ｵｳﾖｳﾒｲ，ｳｧﾝﾔﾝﾐﾝ）の影響で，書院は独立した思索・研究の場として急速に全国にひろまったが，現実的で不寛容な政治家張居正（ﾁｮｳｷｮｾｲ，ﾁｬﾝﾁｭｳﾁｪﾝ）によって，個人で創立されたものは閉鎖されてしまった．かれはそれらが国家の正統的な教学にとって脅威となり，官僚の間の党派的対立に介入してくるのを恐れたのである．1625年には再び禁令が出されて，攻撃が加えられた．中国では中華帝国最後の数世紀の間に，教育機関はますます狭い利己主義的な目的——教育を出世の手段とするような——か，国家の目的，とくにエリート育成のために，あるいは同時にその両方を満たすために，役立てられるようになった．わずかの数の寺院を除いて，教育機関では信心や教養など国家にとって直接必要ではないような普遍的目的のための教育を行わなくなった．

　最近の研究は，好んで中華帝国末期数世紀の中国の思想家の中から，近代的なものの考え方に合うような異端的な見解，科学的独創性，実践的関心をもった者を発掘するようになっ

た．その中で最も興味深いのは，東南部沿岸地方出身の異端的な哲学者たちである．普遍的な友愛の理想をかかげたかれらは「他者に対するおもいやり」〈仁〉を説く儒家たちを辛辣にきらっていた．李贄（ﾘｼ，ﾘｰﾁｰ）の言葉を借りれば，こうした儒家たちは「徳と礼によって人心を支配し，制度と法で身体をしばる」者であった．何心隠（ｶｼﾝｲﾝ，ﾎｰｼﾝｲﾝ）は，父と子の間にあるような階層的身分秩序を否定し，相互の友愛に基づく平等を説いた．かれが主張するところによれば，人は「支配者ではなく宇宙全体をもつ」べきなのであった．かれは個人財産を廃して，それを宗族の共有財産にせよとすら主張していた．1590年に出版された『焚書』の著者李贄は，儒教の聖典をたえず疑いつづけ，これと敵対した人物だった．かれは，道徳というものは他者の尊厳を無条件に認めることにある，と考え，「子供の心〈童心〉を失うことは真の心を失うことに等しい」と主張した．何心隠がそうだったように，かれも有害な思想を広めた廉で投獄され，76歳のとき獄中で自殺した．

　中国固有の科学が発展の可能性を秘めていたことは，16世紀末から17世紀前半の歴史の中にうかがい知ることができる．伝統的な植物誌〈本草書〉の分野は，李時珍（ﾘｼﾁﾝ，ﾘｰｼｰﾁｪﾝ）が個人的調査に基づいて著した『本草綱目』（1578年）で頂点に達した．呉有性（ｺﾞﾕｳｾｲ，ｳｰﾖｳｼﾝ）は，体系的な推論と観察によって『瘟疫論』（1642年）を著し，病気の原因の微生物説とよぶべきものを提示した．宋応星（ｿｳｵｳｾｲ，ｿﾝｲﾝｼﾝ）は『天工開物』（1637年）で，産業技術について権威的な概観を行い，さらに『論気』では，北宋の哲学者張載（ﾁｮｳｻｲ，ﾁｬﾝﾂｧｲ）が最初に発想した「気」の思想を発展させている．かれの学問はまた，宋代の科学の精華を代表する碩学沈括（ｼﾝｶﾂ，ｼﾝｸｧ）にくらべて，数量化やモデル化の才能ではおよばなかったとはいえ，体系化の点ではすぐれていた．たとえば，宋応星は音響について論じたところで，音とは刺激によって動く空気の物質＝エネルギー（「気」）であるといっている．その動きを水に投げ入れた石によっておこる波の形になぞらえ，他の仮説によっては音の生成と伝播を説明するのがむずかしいことを示した．宋応星は，宇宙を有機的音楽的モデルでとらえる中国の伝統からのがれることはできなかったが，そこには今日の時点か

らながめてみればもっと発展させることができたかもしれないような萌芽的な概念も含まれていたことは確かである．たとえば，前述の『論気』の中では，水が高い山から落ちるときに「物質＝エネルギーの位置の力」（「気勢」）をもつ，という考え方が示されている．

方以智（ほう，イチ）の『物理小識』（1664年）は，それまでに出版された書物の中から，科学に関する項目を抜粋したもので，伝統的な百科事典的思考をあらわす典型的作品である．しかしこの中にも，方以智父子が関心をもっていた光学などの項目については，彼ら自身の解説がつけられている．かれらはおそらく，光の屈折などの実験を行い，それについての一般原理を定義しようとしたのだろう．方以智はまた，おそらく中国で最初に道徳の法則と自然の法則を明確に区別して文章に著した人物であろう．かれによれば，「宋代の新儒家〈理学者〉はもっぱら規範原理にのみ関心をはらっていた．そのため存在物の一般原理と時間の周期秩序については，真理を発見するには至らなかった．」かれはさらにつづけてこう述べている．規範原理は統治と教義にかかわっている，「しかし因果関係の根本要素を探求する場合，問題となるのは存在物をそれたらしめている究極的な一般原理なのである．」しかし方以智にとって，純粋に理性的な説明でさえ，かれのいう「実体の研究」〈質測〉からの帰納だけでえられるものではなかった．それをえるには，あらゆるところに充満して世界を動かしている霊的な力に触れることのできる精神の飛躍が必要だった．かれは，『易経』の中に示されている卦のパターンの正しさを堅く信じていた．

歴史的に見て重要なのは，こうした「近代」の萌芽現象がどこにも行き着かなかったことである．李贄と宋応星の著作は，清代には消え失せ，20世紀になって困難の末ようやく再発見された．呉有性のテキストの重要な部分は改竄されて，かれの学問を受け継ごうとする者もいなかった．完全に伝統の枠内にとどまっていた李時珍を除いては，これらの学者たちは皆忘れさられた存在となった．こうした事態は，中華帝国末期の伝統文化の生命力を示すどころか，全く正反対——既成の思想傾向と調和しない思想を抑圧し抹殺する能力——を示すものにほかならない．

この時期の科学の発展を抑制したのは，経験主義的な探求によってはたして物それ自体を解明できるのかという微妙な認識論的懐疑だった．方以智が「精神だけが知覚し認識するはたらきをもっているのであり，万物は影とこだまにすぎない」，それゆえ「存在物の法則は精神の法則を知る上での一つの方法にすぎない」というとき，かれは明代・清代前期の共通の（普遍的ではないが）見解を代弁していたのである．程廷祚だけが，知識のプロメテウス的探求が道徳や社会にどんな帰結をもたらすかを，ユマニスト的本能をもって恐れていた．どちらの見方もそれなりの洞察力をふくんでおり，全く誤りというわけではなかった．

美術と文学

中国の美術も洗練の袋小路に迷いこんでいた．ヨーロッパでは，ルネサンスの美術と科学の間にはあるつながりがあった．このつながりは三次元空間の投射図法，解剖や自然現象の正確な観察（水とあらしについてのレオナルド・ダ・ヴィンチの研究のような），色や光をそれ自体実体あるものとして処理する方法などの西欧の画家たちの試みの中に，最も明瞭に見てとることができる．日常生活を描いたいくつかの木版画を除いて，中国の画家たちは消尽点のある透視画法を用いなかった．かれらはトロンプ・ルイユ（だまし絵）的描写には関心がなかった．1728年に出版された石濤（せき，トウ）の『画語録』は，芸術論の世界的名著の一つであるが，かれはここで次のようにいっている．重要なことは，絵を描くことによって精神の高揚をつくり出し，これを描き出された風景を通して送りかえすことである．このとき，描かれた風景はそれを伝える伝達手段となる．「ただ一つの固有の原理を把握したその瞬間から，多数の個別的な原理はおのずと導き出される．」画家は「宇宙のメタモルフォーゼに参加」できるのだ．「山や川が私に命じて，かれらにかわって口を開かせた．かれらが私の中に生まれかわり，私がかれらの中に生まれかわった」と石濤は述べている．

石濤がこのすばらしい見解を表明していた同じころ，中国の絵画の大部分は，西欧の最悪の保守的伝統絵画にもまして生命感を欠いた認識のステレオ・タイプ化に落ち込んでいた．この形式主義を究極的に結晶化したものが，王概（おう，ワンガイ）兄弟が1679年から1701年の間に編集した『芥子園画伝』（かいしえん）である．これは絵の描き方に関するきわめて詳細かつ完全なハンドブックであり，キリギリスやロバから，岩，松，蘭，菊に至るまであらゆるものについて，大家の描いたそっくりそのままに描くための筆さばきや構図を説明している．この総合的著作があまりにニュアンス豊かで，何でもとりあげられていて，申し分のないものだったので，中国の絵画はこの中に閉じ込められてしまった．このような因襲に完全にとらわれてしまうことのなかった変り種もいることはいた．19世紀中葉，針金のような線を用いながらしかも豊かに肉づけされた絵をかいた広東の画家蘇仁山（そじん，スーレンシャン）もその一人である．しかし型にはまった着想は打破されることがなかった．

創造力がなお強く生き残っていたのは，小説の分野である．明・清の時代は中国における小説全盛時代だった．物語の筋立ては元来エピソードを綴ったもの，あるいはせいぜいポリフォニックなもので，登場人物が突然出現したり消えたりするなど，現実とはかなり隔たったものだった．これはかつて大道の講釈師が語った語り物のなごりであって，ここから中国の小説は発展してきたのである．小説のテーマは伝統，歴史，同時代の世の中など多岐にわたった．そのうちに，小説の中に全体的な構想を立てる能力をもつ者があらわれた．その頂点をきわめたのが，1792年に出版された『紅楼夢』である．この物語は曹雪芹（そうせつきん，ツァオシュエチン）が書いたものを後人が補作し，それをまた高鶚（こう，カク）が校刊したものだが，古今を通じて数少ない傑作の一つである．「現実世界」のはかなさ，栄耀栄華のうつろいやすさを基調にしながら，物語は大家庭の緩慢な道徳的経済的没落過程を描いていく．この小説の最も顕著な特徴は，さまざまな女性心理を絶妙に書き分けていること，そして義務的服従の裏に隠された息子の父に対する恐れ，疎外感，恨み，対抗心などの，深く抑圧されてきたテーマを探求したことである．この時代の伝統的な散文文学がこれほど生命力をもっていたというのは，意義深いことであ

上 この木版画からうかがえるように，この17世紀の画家は，短縮法と消尽点のある遠近画法を完全に会得していた．しかし絵を描くときには，この画家は科学的な透視遠近法を用いることを，慎重に避けてとおった．なぜなら，それではただ固定された一点から見た構図だけになるからである．複眼的遠近法によって描かれた中国の絵画は，全体を多面的に眺めさせてくれる．

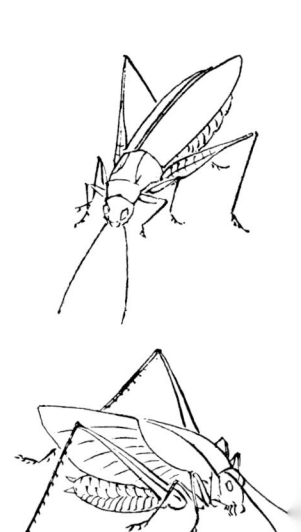

上 過去300年このかた，中国の画家は技法書にしたがって修業してきた．『芥子園画伝』は絵の描き方を段階を追って伝授してくれる．その中で，草の描き方を図解してあるところには，コオロギ，カブトムシ，それにこのキリギリスも図解してある．このような書物は，中国人の自然をありのままに見る能力をそこなう効果をもっていた．

る．なぜなら，中国の芸術の中で唯一この分野だけが，近代西欧の挑戦と刺激を受けても，さして困難もなくこれと折り合うことができたからである．

経済の停滞

清の時代の文化的停滞（上に述べたような限定をつけてのことだが）は，さらに手に負えない経済的停滞で補完されていた．これは「高水準均衡のワナ」とよばれるもので，この影響が長く尾を引いて，国際市場とのつながりのうすい地域の経済発展を遅らせたのである．この「ワナ」の本質的特徴を説明するのは簡単だが，これで説明しうる中国の状況と対比できるような例が西洋の歴史の中に見当たらないため，その意義を説明するのはそれほど容易ではない．手短かにいえば，伝統中国の末期には，農業経営や水上輸送などの分野で技術的発展が途切れてしまったのである．それは，近代科学の知識と近代工業によってのみ克服されるものだった．この中断の影響で，基本物資の消費需要と供給が容易に拡大できなくなったため，農業経営と水上輸送以外の経済活動領域でも発展が抑制された．

いいかえれば，前近代中国の農業経営と水上輸送の技術が高い水準にあったために，農業の場合，1人当りであれ単位面積当りであれ，これ以上生産性を高める簡単な手段が残っていないということになってしまった．そのために，小規模ではあるが，成長が早く，企業家に新しい利得機会を与えるような市場が生まれにくくなったのである．

さらに，当時の技術的条件の許す限り経済的に開発可能な耕地をすべて開発してしまったことは（東北地方を除いて），繊維工業の分野で産業革命がおこった場合でも，綿花などの原料供給を需要に応えられるほど拡大できないことを意味している．商品経済の浸透にもかかわらず，民衆が生存ぎりぎりの生活を送っている経済では，労働力もまた安かった．社会的地理的移動に対して，カースト的，文化的，政治的障壁が存在しなかったにもかかわらず，労働力が低廉だったのは，農民が移住して大きな利益をあげることのできる辺境地域がもうほとんど残っていなかったためである．近代以前にそれが可能だった最後の例が雲南省である．ここでは，農業経営や鉱業，貿易の機会の拡大にともなって，1775年から1825年の間に人口が310万から630万に増加した．全体として，国内移住が容易だったことは，経済的に豊かで，一人当り需要の大きな地域的中心の出現を抑制したであろう．そのため，雇用主は一般的に，原料などの生産要素の節約にくらべて，労働力の効率的利用にはあまり注意をはらわなかった．最後に，商業的に統合された中国経済の絶対的な規模の大きさ——18世紀では世界最大——のために，地方的な，あるいは地域の外部での需要が増大したからといって，労働力不足の状況にはいたらず，したがって機械による生産を促進するような事態にもならなかった．同様に，中国経済の絶対規模の大きさのため，供給不足を輸入によって補うこともむずかしかった．

強調すべきことは，中華帝国末期の中国には，産業革命を開始するための資金として，十分な額の商業資本があったことである．たとえば，大塩商や外国貿易を独占していたギルド商人は，それぞれ銀数百万オンスの運転資本を保有していた．決定的だったのは，生産方式の革命を誘発するような形で，かれらが資本を投下できる利得機会がなかったことである．それぞれの商品市場の中には巨大なものもあった．上海製の綿布は，1300kmも離れた場所でも売られていた．綿布卸売で中国最大だった蘇州商人は，毎年100万匹（1匹は40尺）以上を商っていた．同様のことは仏山（ブッザン，フツシャン）の製鉄業や，景徳鎮の窯業についてもいえよう．もし短期的利益を合理的に追求することが，中国の条件の下で産業革命を導くことになるならば，そうなっていたにちがいない．マルクスも，ウェーバーも，ヌルクセも，あるいは他の経済発展の理論家も，中国が国内から産業資本主義を形成できなかった理由を，満足に説明していない．

以上，複雑な理論を簡潔に要約してみたが，これを批判的にながめれば，いくつかの疑問が出てくるだろう．たとえば農業経営で，「前近代的」技術と「近代的」技術を区別するのは容易ではない．しかし，機械生産もしくは経験的・定量的科学に基礎づけられたインプットがあるかないかは，大まかではあるが役に立つ目安である．特定していえば，特殊「近代的」インプットというのは，化学肥料，科学的に選別された種子，コンクリート，金属，プラスチックを用いた送水管，揚水や牽引における内燃機関の使用などである．一般に，中国の種子・産出比率は高いと見られているが，これが正しいかどうか，実証的にたしかめてみるのはむずかしい．断片的な資料によると，小麦について，18世紀のヨーロッパの平均1：5に対して，中国はその2，3倍の比率であったようである．高度な技術が広い範囲で利用されていたことについても，同じく疑問視されてきた．批判的な論者の示す例では，それは耕作と高い人口密度による資源破壊を意味している．たとえば牧草地不足はしばしば動物肥料の利用不足につながるというのである．農業投資の機会の減少も，証明はむずかしい．しかし，清朝の水利事業数の減少や，耕作不適地を開墾したための浸食や塩類化によって，新しい永久耕地創出に何度も失敗したことから，ある程度理解することはできよう．

19世紀後半，中国が西洋によって強制的に開国させられたことを評価する場合，今述べてきたような背景を考慮しなければならない．中国の強制的開国は——広い社会的な意味で——文化的侵食，文化的退化，文化的貧困化という，その後の中国を荒廃させるプロセスを始動させた．このプロセスは，のちに国民党政権の下で，またとりわけ共産党政権の下で促進された．同時に，それは袋小路から抜け出す道——経済成長のためのテクノロジー，国外の市場，思想，芸術への接近——をもさし示した．このプロセスのありさまは，時にいたましく，時に愉快なものであったが，ほとんどいつも敗北と侵略の屈辱に彩られていたので，ただそれだけしかないと見違えられ，中国と西洋双方で神話と宣伝に満ちた歴史物語が書かれる原因となった．われわれは次に，この過程を必ずしも公平ではないかもしれないが，つとめて冷静にふりかえってみよう．

下 『紅楼夢』の中でこまやかに，特徴的に描写された数多くのヒロインの中の一人，薛宝釵の魅力的な版画．賢く，感受性豊かなこの少女は，家族の合意にしたがって主人公賈宝玉のもとに嫁ぐ．悲しいことに，賈宝玉は長い間，別の女性を最も深く愛していたのだったが．

事件の映像

近代の中国に何がおこったかを理解するには，最近150年間のおもな事件をざっとながめることからはじめるのがよいだろう．150年間は10の時期に分けられるが，そのうちいくつかは重なり合っている．

1. 中国の開国

大英帝国とフランスは，1840年代から1850年代にかけて，いくつかの特別な港を通じた自由な外国貿易を中国に開始させるために，わずかの暴力しか用いなかった．両国は中国に対して，中国を世界の宗主国と見なし他の国を属国と見なす朝貢制度ではなく，ヨーロッパ流の平等な国家関係に基づく国際関係をもつように強要した．後世の宣伝は（みごとな大胆さで），この国際的な平等性を確立させた条約を「不平等条約」にすりかえてしまった．「不平等条約」という用語を用いる根拠は，合意事項のうち，重要でないとはいえないが副次的な部分にある．すなわち，西欧諸列強は，キリスト教宣教師が中国に住みつき内地で布教活動を行うこと，中国で罪に問われた外国人は同国人の法廷で裁かれること，輸入関税を5％に制限することを，中国に無理に認めさせたのだ．こうした要求の中では2番目の治外法権だけが，中国人と西洋人がどんな形でかかわりあうかわからないという仮定に立てば，道義的に正当であるといえよう．当時の中国の裁判では，被告人と証人に対する拷問が一般に行われていた（国家の官職にある人物は別として）．また殺人事件があれば必ず誰かを犯人に仕立てあげて処刑しなければならないという因習があった．そのため法の名の下に罪のない人々の命が奪われていたのである．

中華帝国の政府が英国とフランスの要求に対して持続的な抵抗をしようとしなかったのは，列強に領土的野心がないことを，まもなくはっきりと理解したからだった．強力な外国勢力に譲歩して，その関心を勢力均衡の維持にむかわせるほうが得策だった．

いま一つの神話が，アヘンをめぐって生まれた．1839-42年と1856-60年の戦争は，しばしば「アヘン戦争」とよばれる．しかし，「外交的認知を求める戦争」とよんだほうがよいのではないだろうか．一般に信じられているのは次のようなことである．英国は何らかの形で，（外から！）中国人に対してアヘンを吸うよう強制した．そしてこの戦争の目的は，アヘン貿易継続を保証することだった．しかし，中国のアヘンの歴史をざっとながめてみれば，それがまったくばかげていることがわかる．

1600年ごろには，中国人はアヘンを麻薬として用いてはいなかった．当時，アヘンは鎮痛剤だった．もちろんアヘンの使用には生命の危険がともなっていた．アスピリンがアヘンにとってかわるのは19世紀末のヴィクトリア王朝期になってからである．中国では17世紀に，タバコにアヘンを混ぜて吸う習慣が一般化するにつれて，アヘン中毒がひろがりはじめた．アヘンの栽培と流通を禁止する中国政府の最初の法令は，アヘンが輸入されるはるか以前，1729年に出されている．18世紀の後半，西洋人は金持ちの客に上質のインドアヘンを売るために，中国国内のアヘン取引網と中国沖合で接触をもつようになった．その少し後になると，中国人商人はオランダ領東インド諸島と，非合法的なインドアヘン取引きを行った．中国へのアヘン輸入は1800年にはじめて明確に禁止された．しかし，清朝のアヘン売買禁止令から明らかなように，アヘン輸入反対運動が頂点に達した1830年代でさえも，国家は一貫して，輸入よりもつねに多いと見られた国内でのアヘン生産をやめさせることにより多くの神経を使っていた．

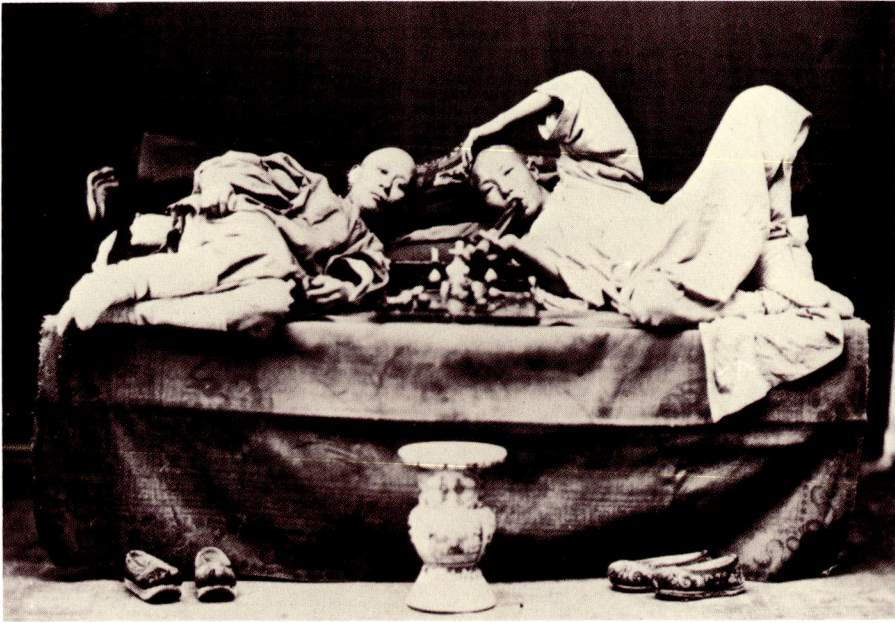

アヘンについては，他に2種類の神話がある．アヘン輸入のために多量の銀が中国国外に流出したという神話と，アヘンが中国国民の健康をむしばんだという神話である．西洋人はアヘンを中国への輸出品として重視していた（もっとも，公然と合法的に取引することはできなかったが）．なぜなら，西洋の品物に対する中国人の需要は，いらだたしいほど少なかったからである．いくらかの量の銀は疑いなくインドに流出した．しかしそのうち大部分は，明らかに，中国製品の輸入のために中国に還流したのだ．中国からの銀流出という印象はたぶん，16世紀以来，中国国内で銀に対する銅貨の値打ちが下がったことによると思われる．それは，当時の政府が貨幣の質を落とし，銅貨の価値が低落したことの副産物的な現象だった．

最後にいっておかなければならないのは，生アヘンは，きわめて有害な精製アヘンとは違って，健康にそれほどひどい害は与えなかったということである．生アヘンの最大の害の一つは，それが動作を不活発にすることである．しかしアヘン常習者の多く（たとえば何人かの高官）は，老人になるまで十分に働くことができた．米国で働いた中国人の鉄道労働

上　世紀のかわり目ごろの上海で，アヘン吸飲者がくつろいでいる様子．アヘン吸飲は国民党によっても共産党によっても禁止された．

▨	太平天国の支配地域, 1854年
▨	太平天国の支配地域, 1862年
—	太平天国の北征路, 1851–55年
—	石達開の遠征路, 1857–63年
▨	捻軍の中心地域, 1858–63年
▨	捻軍蜂起の影響がおよんだ地域, 1851–68年
—	最終期捻軍の蜂起地域
▨	紅巾軍の蜂起の影響がおよんだ地域, 1855–57年
▨	苗族の蜂起の影響がおよんだ地域, 1850–72年
▨	雲南と四川のイスラム教徒の蜂起の影響がおよんだ地域, 1855–74年
▨	西北のイスラム教徒の蜂起の影響がおよんだ地域, 1863–74年
▨	台湾の蜂起の影響がおよんだ地域, 1862–63年
◆	三合会もしくは他の秘密結社による暴動
■	首都（清朝および反乱側）

19世紀なかばの諸反乱

清朝が19世紀なかばに崩壊しなかったのは驚きである．満州とチベットを除けば，1850年代から1870年代初期にかけて中国のなかば近くの地域がいくつかの種類の反乱に見舞われた．満州王朝が生き残れた理由は，主として，朝廷に敵対する勢力の動機がそれぞれ違っていて，その大部分が互いに連合できなかったことにあった．「絵兵馬大元帥」とよばれた大理（だいり，ダリ）の杜文秀（とぶんしゅう，ドゥウェンシウ）のイスラム分離主義，苗（びょう，ミャオ）族の民族的差別に対する憤り，広東の紅巾軍〈天地会系〉や上海の小刀会のような秘密結社の活動，長江下流域に展開した太平天国のキリスト教・儒教的ユートピア思想，そして周期的に襲撃をくり返した淮河（わいが，ホワイ）流域の捻軍——これらはおもなものにすぎないが——には共通点がごくわずかしかなく，連合して清朝に反抗することができなかった．諸反乱はまた内輪もめをおこした．とくにイスラム教徒同士，太平天国軍同士である．太平天国の王の一人，石達開（せきたつかい，シーダーカイ）が西方遠征に出発したのは，太平天国指導部内の抗争の結果だった．それは中国共産党の長征の原型ともいえるが——後の共産党の長征とは違って——大失敗におわった．

者たちはアヘンを飲んでいたが，ウイスキーを飲むアイルランド人移民よりもよく働いた．たぶん，アヘンの主要な害毒は貧しい家庭の家計を圧迫することだった．要するに，アヘンは中国と外国の関係にとって一つの刺激物ではあったが，戦争の根本的な要因ではなかったのだ．アヘンの歴史的意義は，これまでずっと誇張されてきた．

2．19世紀なかばの諸反乱

1850年代はじめから1870年代なかばにかけて，帝国は数多くの反乱に苦しんだ．たいていの場合，個々の反乱の間につながりはなく，そのほとんどは最終的に団練〈地方有力者が組織した一種の義勇軍〉によって鎮圧されてしまった．団練は中央政府のために闘ったのだが，中央政府からはゆるやかな統制を受けているだけだった．団練が勝利を収めた決定的要因は，それが西洋からの輸入品であろうと西洋製品の模造品であろうと，ともかく銃器をもっていたのに対し，反乱者の側は銃器をもっていなかった点にあった．

諸反乱の中で帝国にとってもっとも脅威だったのは，洪秀全（こうしゅうぜん，ホンシウチュエン）が率いる太平天国の乱だった．その絶頂期の1853年から1864年にかけて，太平天国は長江下流のほとんどの地域を占領した．そして，現在の南京（なんきん，ナンジン）を天京すなわち「天の都」と改めて，そこから占領地域に号令した．太平天国はいくつかの重要な点で中国の共産主義運動の原型をなしていた．そのイデオロギーは「太平詔書」にみえる儒教的ユートピア思想と，キリスト教伝道用のパンフレットからひろいあげた旧約聖書の思想との混合物だった．その社会的理想は，小さな農村社会を単位とする神政的な集産主義だった．それぞれの農村は教会と「聖庫」〈共同倉庫〉をもち，宗教的権威による指導が行われるものとされた．しかしこのような理想は，おそらくは，宣伝されただけで実行には移されなかった．太平天国が生み出したもっとも驚くべき，そして重要な観念は，「悪魔」とよばれるものの絶滅，すなわ

事件の映像

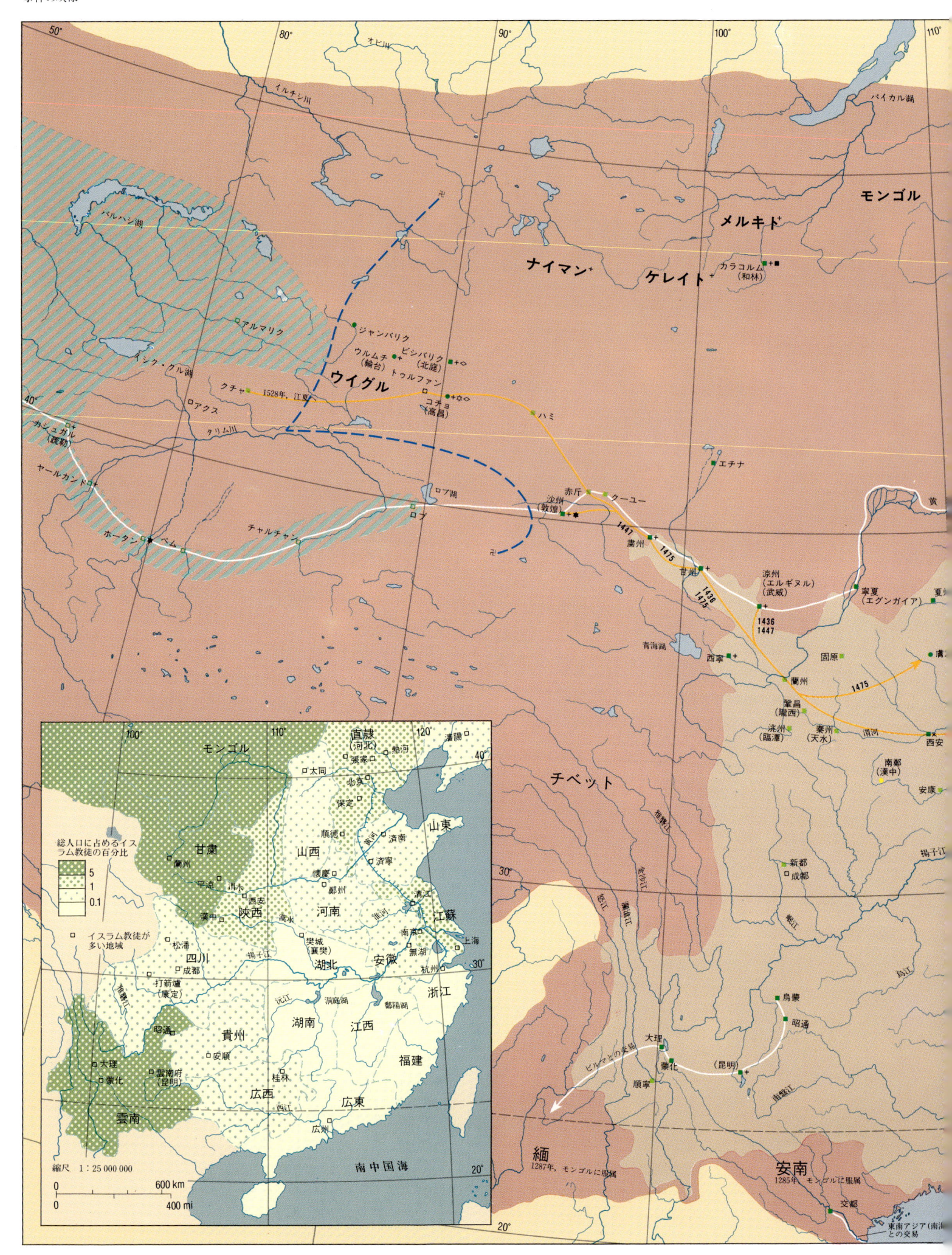

モンゴル
メルキド
ナイマン ケレイト
カラコルム（和林）

バルハシ湖
イシク・クル湖
アルマリク
ジャンバリク
ウルムチ（輪台） ビシバリク（北庭）
クチャ トゥルファン
1528年、江夏
ウイグル コチョ（高昌）
カシュガル（疏勒） アクス ハミ
ヤールカンド タリム川 エチナ
ホータン ロブ湖 赤斤 クーユー
ベム チャルチャン ロブ 沙州（敦煌） 1447
  粛州 1475
  甘州 1436 涼州（エルギヌル）（武威） 寧夏（エグンガイア） 夏州
  1436 1447
  青海湖 1475
  西寧 固原
  蘭州 1475
  鞏昌（隴西） 西安
  渭河
  渓州（臨潭） 秦州（天水） 南鄭（漢中） 安康

チベット

ビルマとの交易
烏蒙
昭通
大理 （昆明）
楚雄 順寧

緬 1287年、モンゴルに服属
安南 1285年、モンゴルに服属
交趾
東南アジア（南洋との交易）

【挿入地図】

モンゴル
直隷（河北）
瀋陽
灤河
太原 北京 山東
甘粛 保定
蘭州 順徳 済南
平涼 山西 濟寧
漢水 西安 鄭州 江蘇
陝西 漢水 河南 清江
漢中 樊城 襄陽 南京 上海
松潘 湖北 安徽 無湖
四川 揚子江 杭州
打箭炉（康定） 成都 洞庭湖 鄱陽湖 浙江
  湖南 江西 福建
昭通 貴州
大理 安順
雲南府（昆明） 広西 広東
  桂林 西江
  南中国海
  広州

総人口に占めるイスラム教徒の百分比
5
1
0.1

□ イスラム教徒が多い地域

縮尺 1:25 000 000
0 600 km
0 400 mi

事件の映像

ち伝統的な民間信仰の破壊だった．

　近代以前の中国の社会生活には，神と精霊の住む入り組んだ迷路のような別世界と人間世界との関係を整えるさまざまな儀式がからみついていた．小規模の家族集団は一緒に香をたくことで，また規模の大きな家族集団は祭礼や奉納，斎戒を行うことで互いに結びついていた．年間を通して祭日や吉日，凶日があり，それが歳時記を作っていた．人間社会に奉仕する神々や，人間の道徳と社会の制約を超越した不死者がたくさん登場する典礼文や物語，歌，芝居が，ある意味で人々の心を支配していた．農村や都市での社会生活の中心は，しばしば壮大な寺廟だった．寺廟の柱は赤く塗られ，瑠璃瓦ぶきの屋根は輝き，梁には絵や彫刻がほどこされてあった．また神々の像は定期的に寺廟の外に運び出されて，その精神的な統治のおよぶ領域をねり歩いた．中国の宗教は地域社会全体を包含する宗教であり，信徒の集会のない宗教だった．また，中国の宗教には神と人の精神的な媒介者と，それを操る者(信者の質問に答える者)，そして大きな祭典をつかさどる道士は存在したが，西洋的な意味での聖職者はいなかった．

　洪秀全の最初の公的活動は，この伝統的な宗教を攻撃し，儒教的倫理の色彩の濃い一神教を伝道することだった．かれのごく初期の著作は，孝行心や和の精神を説き，芝居やとばく，また売春のような悪徳行為の全面否定を強調していた．かれに従う者は(当然にも)，周囲の人々と対立した．かれらに対する当局の疑念と圧迫がひどくなったときに，かれらは実際に反乱をおこさざるをえなくなった．かれらはいったん地方的な権力をにぎると，勢力範囲内の多くの寺廟と僧院を打ちこわした．それは，ヨーロッパでいえば教会と聖堂の破壊に匹敵する文化破壊だった．太平天国は女性により大きな社会的自由を与えた点でも革命的だった．かれらは，少なくとも理論上は，女性にさまざまな平等の権利を与えた．たとえば土地を保有する権利などである．

　1859年以降，太平天国の総理政事〈総理大臣のような職〉だった洪仁玕(こうじん，ホンレンカン，リーガン)は，香港で西洋人から学んだ知識に基づく経済的近代化の詳細なプログラムを立案した．かれの提案は，土地公有と同じく実現にはほど遠かったが，次のような内容をふくんでいた．銀行・鉄道・新聞そして郵便の創設，無記名投票による選挙の実施，発明に対する特許，飲酒の禁止，鉱物の採掘を妨げがちとの理由による風水〈方位などから吉凶を判断する迷信〉の禁止，そして秘密警察の創設である．

　太平天国の乱と19世紀なかばの他の反乱は，たいへんな困難のあげくにようやく鎮圧された．既成の体制が，一時は崩壊しかねない状況にまで追い込まれたのは，たぶん，1870年代から1880年代にかけて，朝廷がごく限られた経済的・社会的・政治的革新に対してさえ，きわめて消極的な態度をとっていたことに原因がある．ただし技術的な近代化についての議論はあった．太平天国鎮圧の立役者の一人だった李鴻章(りこうしょう，リーホンチャン)は，1865年に皇帝に次のように語った．「西洋の機械は人民の日常生活に役立つ農業用・織布用・印刷用・陶器製造用の設備として使うことができます．それは武器を製造するためだけのものではありません．驚くべきことに，西洋の機械は人手と原材料を節約するために水力と火力を用いているのです」．しかし，かれは保守派の攻撃を受けた．たとえ

事件の映像

ば保守派の一人である倭仁(ﾜ,ｼﾞﾝ)は「国家の根本政策は精神の修練であって，技術ではない」と主張したのである．

3. 制度改革の運動

1880年のフランスによる安南(ｱﾝ,ﾅﾝ)征服と，1945年まで台湾(ﾀｲ,ﾜﾝ)を失う原因となった1894－95年の日清戦争での日本の速やかな勝利は，制度改革を要求する流れを促進した．そうした改革提案のほとんどが基本的目的としていたのは，「通」すなわち国内の交通をよりさかんにして，統治する者とされる者が互いに助け合い，共感をもつようにすることだった．改革は，最初は何啓(ｶ,ｹｲ)のような西洋人の中で生活した中国人や，政治の分野ではどちらかといえば局外者に属する人物によって提唱された．しかし，まもなく若手の官僚が改革の提唱をとりあげるようになった．その代表が陳熾(ﾁﾝ,ﾁｴﾝ)であり，『庸書』という慎重に柔げられたタイトルで著されたかれの提言は，皇帝自身に読まれた．改革者のおもな要求は，成文法の制定，民選による地方官と地方の諮問機関および国会の設置，国家が統制する新聞の発行だった．なぜなら，「無数の人々の心を一つにまとめることが最善の策である」からだった．

複雑な要素が混じり合った近代中国のナショナリズムが形を見せはじめたのは1890年代だった．地質学的なたとえを用いれば，その最も古い地層をなしていたのは，前近代的な文化的普遍主義だった．そのあいまいな性格は，「天下」ということばに「中華帝国」と「全世界」という二重の意味があることにあらわされている．それは中国が，ある意味では，真に文明的な人間社会だとする，誤解をまねきやすい考え方だった．したがってこの考え方によれば，人類の運命は中国文化の運命とほぼ等しく，さらには，まるっきり同じことではないにせよ，中華民族の運命と等しいということになる．最初のうちは，この考え方が変革の障害となっていた．1860年代後半に北京駐在の英国全権公使オルコックは，中国人の「種族的優越感と，中国のほうが他のすべての国よりも真に文明が進んでいるという優越感」を指摘していた．

1890年代にこの基底の層の上に，世界的な生存競争に対する憂慮の念がかぶさった．それは当時流行していた社会進化論から借りてきた考え方だった．この考え方の中心には中国が他の多くの国々と同じ民族国家であり，ライバルとの生死をかけた闘争に参加しているのだという認識があった．ハックスレー，アダム・スミス，ジョン・スチュアート・ミルを翻訳した厳復(ｹﾞﾝ,ﾌｸ)は，1900年に，この考え方を次のように定式化している．

> 無知を克服するために，われわれは最大限の努力を払って，知識をさがし出さねばならない．その知識が中国のものか西洋のものかとか，古いか新しいかとかにかまっている余裕はない．もしある道が無知に，したがって貧困と弱体につながっているとすれば，たとえそれが先祖から受けついだものだったり，統治者や教師の権威に基づいたものだったりしても……われわれはそれを退けなければならない．もし別の道が無知の克服に，したがって貧困と弱体の治癒に役立つならば，たとえそれが野蛮人や獣のものでも，われわれはそれを模倣しなければならない．

義和団の起源，1898－1900年

1898－1900年にかけての反キリスト教，排外の義和団運動は，地理的にはっきりと分かれた二つの要素の結合に由来していた．第1の要素──義和団の前身である，地方的な民間武装集団──は黄河北方で活動していた．もう一つの要素──大刀会──は黄河南方でおこった．両者はそれぞれ東方と北方に移動する過程で接触し融合した．地図は，義和団運動が大運河との密接なつながりを示す一方で，その運動とキリスト教徒の最も多い地域（教会の周辺）や外国人の多い地域（条約港）との間にはそれほど強い地理的相関関係がなかったことを示している．地図はまた，その他の，ほぼ同時期の山東省内における反キリスト教的，排外的運動と義和団運動とは，空間的に離れていたことを強調している．

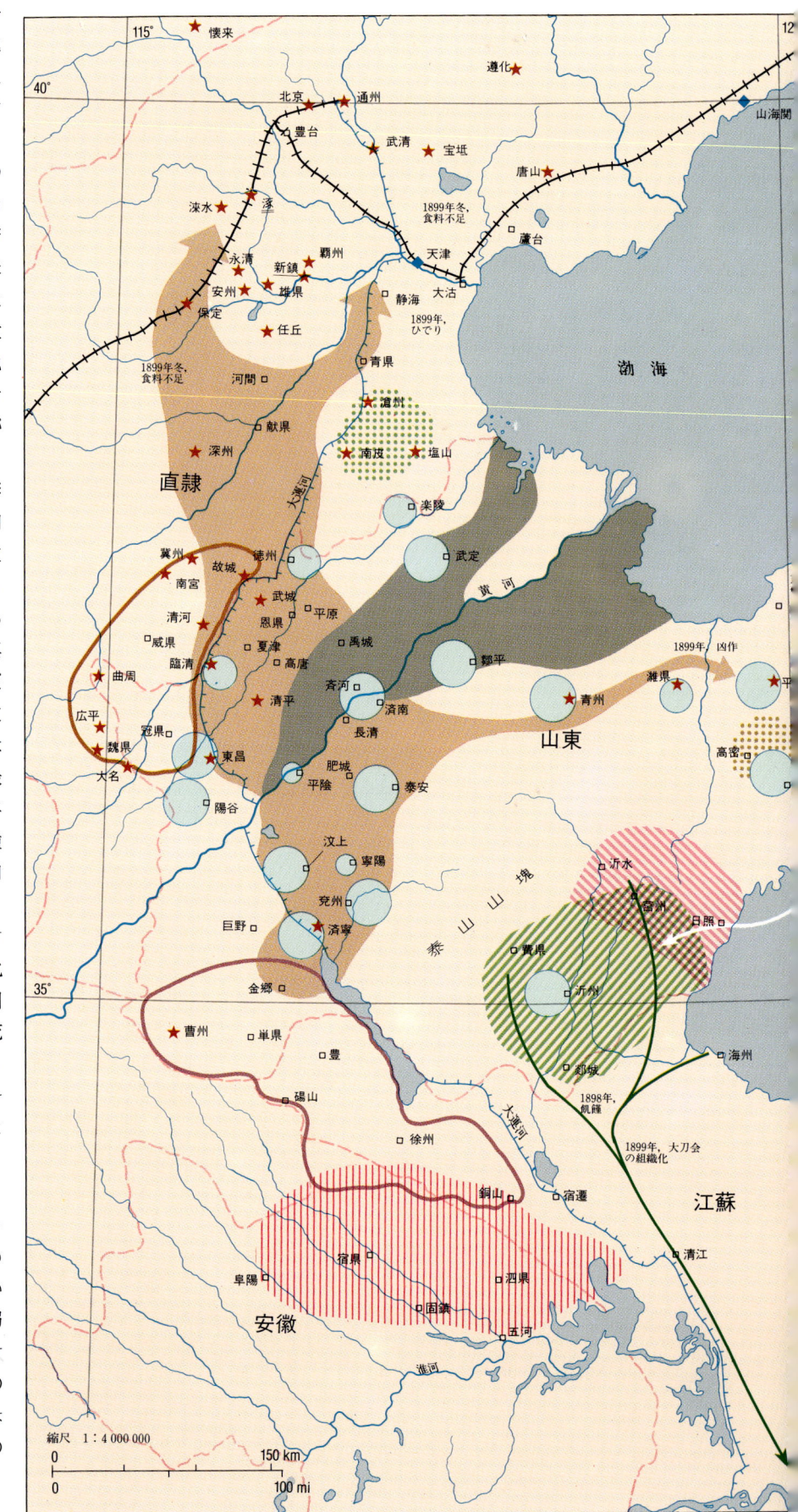

右　慈禧太后（じきん，ツーシー）〈西太后〉と女官および宦官の長．

生存競争という，ナショナリズムの新しい意味づけをはじめて効果的に表現したのは，たぶん，当時青年官吏だった康有為（こうゆうい，カンヨウウェイ）が，日清戦争での敗北の後に，北京で科挙受験者を集めて行った抗議行動の際に起草した上奏文〈公車上書とよばれる〉だった．かれは鋭い表現で「世界の保守的な国はことごとく砕かれた瓦のようになってしまっている」と述べた．また英領インドを，「たくさんの現地人が牛馬のごとく扱われている土地」だと描写した．かれは皇帝の側室の家庭教師だった文廷式（ぶんていしき，ウエンシー）とともに「強学会」を設立した．これをきっかけに「学会」の設立が各地にひろがった．それは近代的な政党の前身だった．

1898年，康有為は皇帝の特別顧問になることに成功し，多くの改革に着手した．経験のない熱血漢だったかれは，事を急ぎすぎた．改革の中で主要なものは，科挙制度の近代化，行政機構の合理化，学校教育内容の近代化，そして端緒的な民主化だった．ここでいう「民主主義」とは，人民が主権者だという信念を意味するのではなく，人民の有機的な統一によって国力を増強するということだった．陳熾に次のような言葉がある．「何か事が提案された場合，大げさなことをいってはならない．あるいはその実行を怠ったりしてはならない．胴体が腕を動かし，腕が手を動かすように，心と体を一つにして強力な城壁を築くために力を合わせるのだ．」しかし3カ月あまり後，康有為とその仲間は，慈禧（じ，ツー）太后（西太后），彼女の信任の厚い栄禄（えいろく，ロン）そして帝都付近の軍隊を支配していた袁世凱（えんせがい，ユアンシーカイ）に指揮された保守派のクーデターによって権力の座を追われてしまった．

4．超保守主義

中国のナショナリズムの第3の要素は，中国的でないものすべてに対するアレルギー反応である．地質学のたとえをつづければ，外国アレルギーは他の地層を突き抜けて周期的に噴出する熱い溶岩と見なすことができる．あふれ出る溶岩は，冷え固まって地表に盛り上がった跡を残すまでの間，短時間ではあるがひどく破壊的に作用する．1899年と1900年におこった義和団の蜂起に，このアレルギーが典型的に現れた．

義和団の蜂起の大衆的な基盤は，二つの反キリスト教運動だった．そのおもな犠牲者は実際には中国人のキリスト教信者〈主としてドイツ系のカトリック教会の信者〉と信者ではないかと疑われた人々だった．義和団は，魂の憑依や不死身の肉体といった考えを含む伝統的宗教の演劇的なふんい気に包まれた武術の修練を行った．そのメンバーの大部分は10代の少年たちだった．蜂起は主として大運河北方のかなり狭い地域に限られていた．当時，その地域は深刻な経済的不況に見舞われ，失業した者，落ちぶれてしまった者があふれていたのである．蜂起は，ある程度は，外国人との妥協をけっして認めないひとにぎりの超保守主義の地方官僚によってあおられたものだった．そのうち最も主要な人物は1890年代なかばの山東（さんとう，シャンドン）巡撫〈省の長官〉李秉衡（りへいこう，リービンヘン）と1898年から1899年までの同省巡撫，毓賢（いくけん，ユーシェン）だった．しかし，いったん蜂起がはじまると，かれらは事実上まったく蜂起を統制することができなかった．蜂起は政治的なお祭り騒ぎの様相を呈し，役人たちは無視され，冷遇され，虐待され，はては殺されたりした．

義和団運動は，災難の根源だと思われる者を殺してしまえというものだった．当時北京（ペきん，ベイジン）にはり出されたポスターがこうした態度を明らかに示している．

> 超自然的なものに守られた義和団の教徒は……悪鬼〔キリスト教徒と外国人〕が華北平原を侵したからこそたちあがったのだ．かれらはキリスト教を信じるよう，人々を説き伏せるが，それは天を侵すことだ．かれらは神仏を敬わず，祖先を忘れてしまっている．かれらには人間の道義というものが全くない．……雨はふらず土地はすっかり乾いてしまっている．これはすべてキリスト教会が天〔の働き〕を止めてしまったからだ．神は怒り，悩んでおられる．……もし悪鬼を追いはらいたいと願うなら，事は簡単だ．鉄道線路をひっこぬけ．大きな汽船を打ちこわせ．……悪鬼を皆殺しにすれば，偉大な清朝は平和と繁栄を享受できるだろう．

以上のような，そしてその他にたとえば外国の内通者があらゆる所にいるといった，中国の民衆がいだいていた恐怖心は，もしも外国の「悪鬼」を一掃し義和団の儀式を行うならば，ただちに魔法のごとく再生と繁栄がもたらされるだろう

義和団の剣術訓練を描いた当時の絵画．義和団の武術やその達人たちについて多くの演劇が作られた．達人になれば武術の不思議な力によって刀や弾丸に対して不死身になると信じられた．武術の師匠たちは，しばしば練武の前にかれらの弟子を催眠状態にした．またかれらはときには，関帝（戦いの神）などの神がみずからに乗り移っていると称した．

義和団の元々の中心地域
大刀会，1896-97年
洪水被災地域，1892-98年
反キリスト教運動，1898年
難民
非義和団系反乱，1899年1-5月
沂州の反キリスト教運動，1899年1-6月
即墨の反キリスト教運動，1899年4月
ドイツ軍の遠征，1899年5-6月
日照の排外運動，1899年
高密の反鉄道運動，1899年
義和団運動，1899年8月-1900年2月
★ 義和団運動の中心地，1900年3-7月
新鎮　新鎮の義和団司令部，1900年3月
涿　涿州の義和団司令部，1900年7月初
山東のキリスト教社会
　2000-6000人
　400-2000人
　400人以下
◆ 条約港もしくは外国の租借地

という信仰によって相殺されていた．

　当時の保守的な官僚の大部分は，ごく限られた西洋化，とりわけ軍事面での西洋化のプログラムを支持していた．それはより進んだ変革を余儀なくされるのを防ぐためだった．義和団の排外主義は少数の超保守主義者の心に訴えた．超保守主義者たちはたいてい，ほとんど実務経験のない宮廷官僚で，当時行われていた程度の西洋化さえ不必要だと考えていた．かれらは，義和団に動員された民衆の意志の力は，適切な統制の下におかれ，またその思想的自覚が高まれば，外国人を追い出し条約港とキリスト教を除去するために使える，と信じていた．毓賢は「わが国は人民の意志の力が発現していないがゆえに衰えつつあるのだ」と断言した．また当時の皇太子の家庭教師であった檀璣（だん，タン）は「義憤は外侮を抑えうる」と見ていた．皇帝は「民の意志」を，あたかもそれが城壁であるかのように語った．ある者は義和団の迷信的な面を合理的に説明しようと試みた．他の者は，たとえば端郡王（たんぐん，ドワンチュン）などは，かなり冷やかな見方をしていた．「かれらの激情を利用するだけだ」，「かれらの魔術など問題にすることはない」と端郡王はいった．中国史上最初の大衆運動の試みは，このように反動的なものだった．

　超保守主義者は朝廷での議論に勝ち，中国人のキリスト教徒を抹殺し（あるいは自新局とよばれる機関を通じて改宗させ），外国人を排斥する運動に乗り出した．より現実主義的な華中・華南諸省の当局者は，勇敢にも朝廷の命令を拒絶した．そのおかげで，中国分断のおそれのある諸外国との全面戦争は回避された．しかし華北の運動は諸外国の連合遠征軍〈八カ国連合軍〉によって鎮圧された．清朝政府は義和団運動に責任があるとされた多くの官僚を処罰し，多額の賠償金をはらうことを余儀なくされたのである．

　義和団の蜂起は，中国人の政治行動様式をひときわくっきりと明らかにした．それはときどきくり返して表面にあらわれてくるもので，とくに1960年代の文化大革命に著しかった．そこでは憎悪が大衆動員の基礎だった．犠牲となるべきいけにえが祭りあげられ殺害された．悪人が滅ぼされれば，すべてが奇跡のごとく好転すると信じられていた．すぐれた技術などは忠誠心にくらべればほとんどとるに足らぬものと見なされた．そして一般の民衆は，正しい思想をもてば超人的なことをなしとげられると信じていた．排外主義の活動家は，汚れた外国のもの〈武器は例外〉を破壊するために，ことば・衣服・物に対して象徴的な浄化の儀式を行わねばならぬという考えに取りつかれていた．感情を高ぶらせるために演劇的な手段が使われ，ドラマと現実が混乱しがちとなった．熱情的な若者が最も多く運動に駆り出された．運動で命を失った者も若者が一番多かった．大衆運動は国家機構の一部にあおられ，ふくれあがった．しかし文武官僚は，運動を支持する派と運動に反対する派に分裂しはじめた．両派の敵対関係は，妥協の余地のない闘争を生んだ．運動は皇帝に対する忠誠を明確に表明してはいたが，それは事実上，朝廷の統制を超えてしまった．一部の地域では朝廷と対立する独自の統治が打ち立てられていたし，また地下の犯罪組織は悪事をかくすために運動を利用した．民衆を妄信させるのは簡単だが，それはしょせん底の浅いものである．運動に対する民衆の支持は，運動の公約が実現されないことに民衆が気づいたとき

中国の国内生産高の部門別構成比：1914－18年，1931－36年（成長率順）

	生産高（1933年価格，単位＝10億元）		国内総生産に占める比率		指数（1914－18年＝100）
	1914－18	1931－36	1914－18	1931－36	
近代的部門					
工業	0.33	1.21	1.4	4.2	367
交通・運輸業	0.25	0.50	1.0	1.7	200
建設業	0.26	0.48	1.1	1.6	185
金融業	0.17	0.28	0.7	1.0	165
伝統的部門					
商業	2.23	2.71	9.2	9.3	122
行政サービス	0.76	0.91	3.1	3.1	120
民間サービス業	0.30	0.35	1.2	1.2	117
農業	16.00	18.32	66.0	62.9	115
住宅賃貸業	0.91	1.04	3.8	3.6	114
手工業	1.93	2.18	8.0	7.5	113
交通・運輸	1.10	1.15	4.5	3.9	105
国内総生産	24.26	29.13	100.0	100.0	120

注：小計は端数切り捨て
交通・運輸には通信事業を含む．

中国の四つの経済地域における農・工業の1人当り生産高：1952－53年（1952年価格，単位＝元）

	人口（1953年）（百万人）	生産高（1952年）（百万元）		1人当り生産高（元）	
		農業	工業	農業	工業
後背地	507	38158	16932	75	33
旧条約港	8.9		8346		938
資源豊富な辺境	46.9	5063	7514	108	160
外中国	12.7	1835	404	144	32

5. 民主主義

1903年ごろまでには，教養ある中国人のほとんどすべてが，中国が生き残るには何らかの全面的な政治的，社会的改革が不可欠であると認識するようになった．こうした合意点は，1902年に梁啓超（りょうけい，リャンチャオ）が著し，大きな影響力をもった『新民説』にまとめられている．梁はもともと康有為の弟子であり，たぶん中国史上最も大きな影響力をもった政論家だった．かれは中国には自由，平等，独立，自尊，自治，公徳心をもつ新しい社会と新しい意識が必要だと語った．かれは人民の主権を重視したので，「忠」という古い観念の対象を支配者個人や王朝から国全体へ転換させた．したがって「民」が，最終的な統治原理として「天」にとってかわった．梁は後に，世界の歴史を注意深く観察した結果，歴史には系統的な発展が必要であり，共和政体は中国の伝統とかけ離れていると考えるようになった．1910年後半まで，かれはこの考えをもちつづけた．東京にはさらに急進的なグループがあった．それは孫文（そん，ぶん）〈あざなを逸仙，号を中山という〉と胡漢民（こかん，ブミン）に指導された中国同盟会だった．その機関誌『民報』は，君主制の廃止だけでなくある程度の集産主義化を唱えていた．しかし，1905年，1906年の段階では，かれらの見解は相対的には小さな影響力しかもたなかった．

以上の動きと同時に，いくつかの漸進的な技術的，制度的変化が政治の状況をかえていた．1880年代にはじまる電信の普及は，ほぼすべての県城〈県の中心都市〉を全国的な，そして世界的なネットワークに組み込むほどになっていた．帝国の大きさは，通信の面から見ると，20年間におよそふたまわりほど（週単位から時間単位へ）縮まった．物事の進み具合が速くなり，情報が中央と地方末端との間で直接やりとりされるようになったので，府のような中間的な行政機構は役に立たなくなった．汽船航路が開かれ，鉄道が延長され，人と物は大都市間をより速く往復するようになった．新聞の普及によって，少なくとも都市部では，はじめてオーソドックスな世論らしきものが形成されるようになった．こうしたことによって国民の自覚は，その10年前とくらべても，よりはっきりとしたものになった．

しかし，そこには一つの問題があった．こうした進歩は上海（ぱん，シャン），天津（てん，ティン）のようなおもだった条約港に集中していたのである．外からの影響に対する開放度の差のために，中国国内の異なった地域の間に大きな格差が生まれはじめていた．その重大さは何年か後にはじめて明らかになった．そこで，おこりつつあった出来事を理解するために，しばらくの間，時系列にそった考察から離れて，その次の時代の近代的経済部門の発展を見ることにしよう．近代的経済部門は，中国において適切な統計数字がえられるはじめての部門である．最初の表の右側の列は，1914年から1936年までの近代的部門と伝統的部門の成長率を比較したものである．近代的部門が，経済全体の中では小さな部分であったとはいえ，急速な成長をとげたことが明らかに示されている．1912年から1949年までの近代工業の成長率は，東北地方もふくめて年平均5.6％だった．第一次大戦のため競争相手であるヨーロッパ資本の多くが姿を消した1912年から1920年までのそれは，年率13.4％だった．国民党政権の下で相対的な平和と統一が実現した1928年から1936年までは，近代工業は年率8.4％の成長を示した．

近代的部門の成長が地域的に異常にかたよっていたことは，中国の社会に重大な影響を与えた．2番目の表は，1949年に共産党が政権を獲得した直後の状況を示している．ここで中国は，大雑把に4種類の部分に分けられている．後背地，旧条約港，資源豊富な辺境（ここでは東北地方を指すが，台湾もこれにふくまれる），そして周辺部である．各部分の1人当り産出額を示す最後の2列から明らかなように，4部分は，経済的には違う世界に属していた．

以上のことから，おもに条約港（1932年以降は満州）に集中していた西洋そして日本の「経済的帝国主義」が中国の近代的経済部門を圧迫したという断定は，近年の政治的宣伝の最も大きな例だということが明らかである．ここで歴史家にとって問題なのは，失敗ではなく成功を語ることなのだ．簡単にいえば次のようなことになる．外国人の開いた条約港は国際貿易体制と結びついていた（ちょうど最近の香港と台湾の成功例と同様である）．この結びつきによって条約港は，後背地の成長を抑えていた高度の自給自足体制による需要と供給の制約から自由になったのである．

地域的な発展がいったん開始されると，近代的産業の地域的集中をさらに持続させる正のフィードバックが不断に働いた．外国貿易は，デモンストレーション効果を通じて条約港の市場を新しい商品のもとに開放した．事業家志望の中国人は，電信・電話・新聞・汽船・鉄道に引きつけられた．資本は外国銀行が出資した中国の銀行から調達できた．技術的なノウハウや特別なサービス，特別な製品と有能な管理者および労働者がすぐ手の届くところにあった．1933年までには中国人所有の近代的部門の生産額は，外国人所有のそれの3倍以上になっていたのだ．

上海は，世界のどこよりも効果的な技術移転の実例を見せてくれる．外国人の工場にいけば，世界中のいろいろな国の数多くの機械がいつでも並んでいた．中国人の生産業者は，修理・組立・部分製作からはじめて，安価な模造品へ，そして独自の製品へと一歩一歩進むことができた．中国製の工作機械は，第一次大戦中にはじめて上海から輸出された．

以上のような地域的不均等発展は，今世紀はじめの10年間に大きく進んだ．そしてそのことが，当時の制度改革が希望に満ちて開始されたのに最後には混乱と失敗におわってしまった理由だった．諸改革は，実際には，すでになかば以上近代化されていた少数の大都市でさかんに実行されるだけで，大部分の農村部と中小都市は改革に適応できないままとり残されてしまったのだった．

今世紀初頭の数年間，融通のきく性格の慈禧太后が，1908年にこの世を去るまで依然として中央政府を支配していた．この時期には，驚くべき速さで古い社会的・政治的秩序が解体された．科挙は廃止され，近代的で教育水準の高い将校団が急速に形成された．また商業団体〈商会〉も作られた．選挙制の地方自治機関が城・鎮・郷に設けられた．選挙による省の諮議局〈省議会の準備機関〉の開設が準備され，最終的には1910年に，一部間接選挙，一部任命による資政院〈国

上　鉄道網の建設は19世紀末にはじまった．この写真は1908年に天津港で撮られたもので，混雑したプラットホームの様子を示している．

左　経済成長
表1：1914-18年，1931-36年の中国の国内生産の部門別百分比．成長率順に並べたもの．
左側の二つの列は第一次大戦期と1930年代はじめの時期について，中国経済（満州を含む）の部門別産出額を示す．各部門は大きく「近代的」部門と「伝統的」部門に分かれる．左から3，4番目の列は各部門の比率をあらわしている．これから伝統的部門の圧倒的優位，とくに60％以上を占める農業の優位が明らかにわかる．最後の列は両時期の間の部門別成長率を，1914-18年の産出額を100としてあらわしたものである．これから近代的部門，とくに工業（3.5倍以上に成長）が，伝統的部門にくらべてきわめて速やかに成長したことが明らかにわかる．
表2：中国の4種類の経済体系の農業，工業の1人当り産出額．1952年価格（元）で示す．

事件の映像

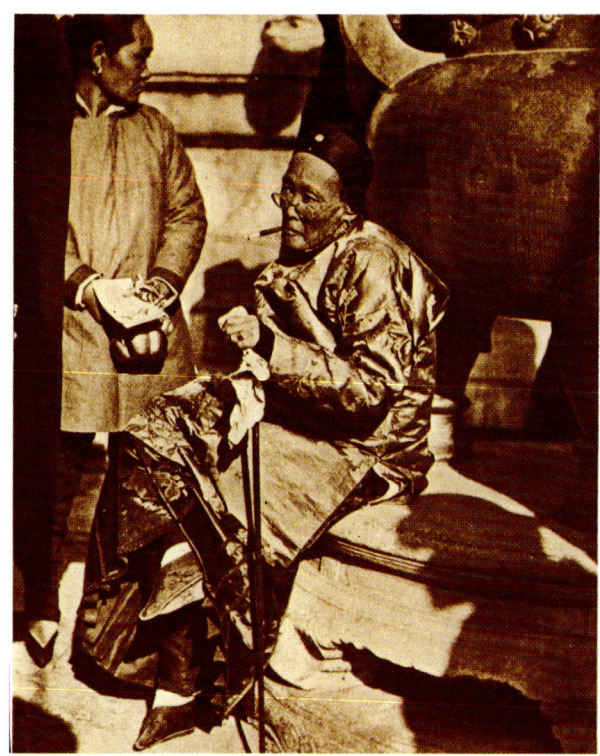

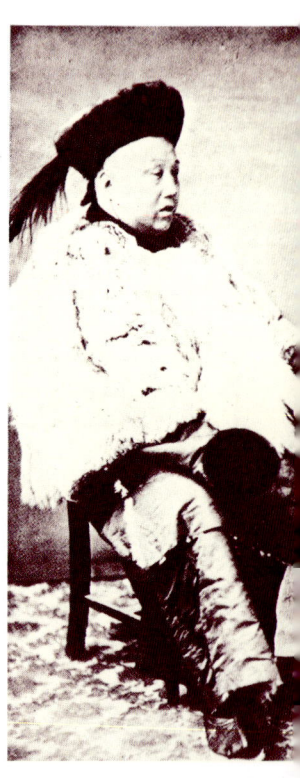

上 上海の商人は20世紀初頭の10年間の時期にはかなりの力をもっており，地方の自治的機関に参加していた．この写真は最も豊かな商人階級の例である．

上中 裕福な婦人が休息しているところ．召使いが，炭火を入れた真鍮の手温器を手にしている．

中左 西洋式の椅子に座った少女が写真を撮るのでポーズをとったところ．ちょうどヴィクトリア朝時代の英国の少女のようにすましている．少女はすでに纏足（てんそく）をしている．

左 飲食，占い，散髪，その他さまざまな商売が野天で営まれていた．

会準備機関〉が設けられた．上海と天津の中国人居住地域にあったより進んだ地方自治機関は，有能な改革主体だった．そうした機関は道路や橋をつくり，教育を拡大し，公衆衛生事業を行い，ときには警察の機能を肩がわりした．また火事を減らし，市民の健康を守り，路面電車を走らせ，きれいな水を供給した．

この改革の波の中で政治権力の性質に変化が生じた．千年間におよぶ教育と官吏登用との結合が断ち切られた．このことは，おそらく，社会の流動性を減少させた．もはや既成の秩序との強い結びつきをもたない新しい知識階級が生まれた．エリートになるために必要な新しい西洋式の教育は，伝統的教育以上の費用がかかった．西洋式の教育を受けるには，しばしば日本か西欧への留学を必要としたからである．なかば西洋化された指導的グループとそれ以外の部分との間に，価値観のへだたりが生じるようになった．地方では士紳層〈あるいは郷紳層：官僚経験者，読書人などの古典的教養を持つ地方有力者〉そして上海のようなところでは士紳層と連合した商人に，自分たちの地域を自分たちで運営する権力が公式に与えられた．それまで，かれらは非公式の権力しかもっていなかったのである．地方自治のさかんな地域では，皇帝が任命した地方官僚の役割はまもなく大幅に低下していった．それは地方官僚にとって頭の痛いことだった．そのうえかれらの部下の力も弱まってしまったのである．

結局のところ，今世紀はじめの異常な10年間には，その後の時代に重要な意味をもったいくつかの新しい動きが見られた．その中には，最初の労働組合の結成，政治的抗議のための大衆的な外国商品ボイコット，婦人教育の広がり，第2の共通語としてすべての中国人に使われる「国語」を作り出す試みなどがあった．

6. 1911年の共和革命

1910年末，満州王朝で権力を振るっていた摂政の載澧（さいれい，ツァイフォン）は，しかるべき方法で選出される国会と責任内閣の制度をただちに取り入れることを求める，幅広い階層にささえられた運動に対し反撃を加えた．清朝政府による立憲政体のプログラムはすでに出されていたので，問題となっていたのは主として立憲政体への移行の時期であり，原則にかかわるものではなかった．しかし，清朝のがんこな態度は，社会的地位が高く影響力のある人々の多くに反満州感情をひきおこした．そうした人々の中には新式の軍隊の士官のほかに，地方の自治的団体と省の諮議局に集まる紳士層と指導的な商人がふくまれていた．このようなグループは，少しずつ革命同盟会・光復会，そしてその他の比較的重要でない地下運動の中の少数の職業的革命家と密接な関係をもつようになっていた．

反満主義は，17世紀以来，三合会（さんごうかい，サンホェ）のような秘密結社による伝統主義的な明朝復興運動の中に生き残っていた．そしてそれは太平天国によみがえった．太平天国は清朝の皇帝のことを「タタールの悪魔……わが中華民族の永遠の敵」といった．1890年代にはいると，反満主義は孫文によって勢いづけられた．孫文の仲間の一人は，1895年の失敗におわった蜂起の際，当局の拷問で死ぬ前に次のように述べたてた．「満清，この満州の略奪者は，わが国土を征服し，土地を

盗み，わが祖先を殺し，子供たちを押さえつけている」，「もし今満州人を駆逐しなければ，漢民族の再興は不可能だろう．」中国の病弊のすべてを満州人のせいにする単純だが説得力のある宣伝は，満族の絶滅を主張する鄒容（すうよう，ツォウロン）の1903年のパンフレット，『革命軍』でその頂点に達した．より穏健な革命家は満族の大量殺人を要求しはしなかった．たとえば胡漢民は，清朝の権力が倒れたならば，「満州人はわれわれに同化して消滅してしまうだろう」と主張した．

反満主義の重要性は，それが社会的立場が違う反満という点以外にはほとんど共通点のない社会階層の間に数ヵ月の同盟を結ばせる接着剤となったことにある．たいへん広く信じられている歴史的神話に反して，1911年の革命〈辛亥革命（しんがいかくめい）〉は孫文によって組織されたものではなかった（孫は革命がおこった時米国コロラド州のデンヴァーにいて，革命の知らせにたいへん驚いたのである）．申し合わされた計画はまったくなかった．現実におこったのは，10月に武漢（ぶかん，ウーハン）の軍隊の中にいた革命派が，軍当局による先制攻撃を防ぐために迫られて行った武装蜂起だった．この最初の成功の知らせが広まると，長江（ちょうこう，チャンチャン）中流と中国西部地域の他の都市がそれに呼応した．ひと月後には，つづいて長江下流デルタと華南で反応がおこった．地図からわかるように1911年の革命はほぼ完全に都市的現象で，それは電信によって中間の農村地域を飛びこえてひろがったのである．ただ広州（こうしゅう，クヮンチョウ）デルタにだけは明らかに農村的な要素が存在していた．それは広州に進軍したいわゆる民軍である．各都市で権力を奪った勢力には，次のような成分がさまざまに混じり合っていた．軍隊の士官，自治的団体のメンバー，民兵を率いる商人，教師と学生，秘密結社のメンバー，地下の犯罪組織のメンバー（上海の場合），役者，農民（広東の場合），そしてもちろん職業的革命家である．こうした同盟関係は，諸悪の根源は満州人にあるという理論が無意味なことが明らかになると，当然にも解消してしまった．

中国の4分の3の地域で，帝国の権力はほとんど一夜のうちに崩壊した．いくらかの地域では事実上，流血さわぎはまったく見られなかったが，東北と首都ではそうではなかった．国内の抗争が外国に干渉の口実を与えるのを防ぐために，革命派は朝廷が難局を打開するためによびもどした元高官の袁世凱（えんせいがい，ユヮンシーカイ）と事態の収拾を協議した．そして袁が満州人を見かぎって初代の大総統に就任し，共和国を樹立することで合意が成立した．

いったん権力の座につくと，袁は新しい民主的な制度をなしくずしにし，政府の布告，テロリズム，殺人行為，そして軍事力といった手段で反対派を弾圧した．新しく創造されたものは，1914年はじめまでには実質上ほとんど姿を消してしまった．おろかにも袁はみずから皇帝になろうとした．しかし，袁を民主主義の破壊者だと嫌悪する進歩派からも，また袁を朝廷にそむいた裏切り者だと憎悪する保守派からも，まったく支持を得られなかった．袁は皇帝になることをあきらめたが，それにもかかわらず西南の軍人は袁に対して反乱をおこした〈雲南護国軍の蜂起〉．そして，1916年に袁はこの世を去った．

1911年の革命は，おそらく近代中国最大の悲劇だろう．それは，革命が直接の災難をもたらしたためではなく——実

事件の映像

際，革命による被害はたいへん少なかった——，近代的で民主的な将来の社会にむけての数世代にわたるであろう平和的で組織的な発展が，革命のために消し去られてしまったためである．革命を指導した人々の中には，質の悪い人間もごく普通の割合でふくまれてはいたが，敵方の朝廷派よりはるかに質の高い，勇敢で理想に燃えた人が数多くいた．しかし革命は政治的権威の崩壊をまねき，国内は混乱状態となり，それを収拾するには強権的な方法によるしかなくなってしまった．儒教イデオロギーと官僚制に基づく旧式の秩序の正統性は打ちこわされた．しかし人民主義と選挙に基づく新しい秩序を固める時間的余裕はなかった．最も悲劇的なのは，時代の徴候を読みとれる政治家ならばだれでも政治的崩壊を防げ

たはずだったということである．時代の徴候は明らかだった．載灃は1910年の末に，立憲政体への移行の速度をゆるめることは致命的な結果をまねくと，多くの人々から警告されていたのである．政治的自覚のあるすべての中国人は，立憲体制が国家の繁栄のためにきわめて重大だと考えていた．

7. 軍閥，政党，大衆運動

袁大総統が舞台から消え去った後，中央の権力は袁の2人の部下，馮国璋（ひょう，フォンチアン）と段祺瑞（だんき，トアンレイ）の手におちた．この2人にひきいられた軍人たちは，その後4年間にわたって互いに争った．結局，馮の直隷（ちょくれい，チーリ）派が勝利者となったが，そのときには派内の主導権は呉佩孚（ごは，

上 1911年の革命後の時代の混乱した状態が、この写真からよくわかる．

左 1911年の革命
1911年以前の中国史上のあらゆる反乱の際、反乱軍は国中を移動して戦った．しかし1911年の革命はそうではなかった．革命はおたがいに遠く離れた諸都市で、新聞による都市世論の形成という新しい力を通じて、準備された．武漢で最初の火の手が上がった後、革命は、電信によって、中間にある大半の農村地を飛び越えて都市から都市へと、飛び飛びにひろがった．1880年代はじめからの電信革命によって、通信面から見た帝国の大きさはふたまわりほど小さくなった．これは政治的な運動を大いに促した．1911年の蜂起がとったこの新しい空間的パターンと、ここで述べられていることは、大いに技術的な革命の結果であった．もっとも、依然として満州王朝に忠実な軍隊が近くにいたか否かというような、地域ごとの特殊なその他の要因にも左右されはしたが．

ウーペー）がにぎっていた．呉の権力は、1924年に張作霖（ちょうさくりん，チャンツォリン）によって打ち破られた．張は満州の匪賊あがりだったが、今や「クリスチャン・ゼネラル」として知られる馮玉祥（ふうぎょくしょう，フオンユイシアン）と華北の支配権を争うまでになったのである．1927年には蔣介石（しょうかいせき，チアンチエシェウ）支配下の国民党軍が広州からはじまるいわゆる「北伐」によって内中国の大部分を再統一した．

1916年から28年までの間（一部の地方ではその後も長い間）、首都から離れた省はその他の多くの軍閥によって支配されていた．こうした軍閥たちは、かなりの数の地方的な職業軍人を支配し、特定の地域からの税収入をなかば封建的なやり方で部下の特定の軍人に分配していた．部下の軍人たちはある場合は税金を直接取りたてたが、地方の士紳とその私兵に頼ることのほうが多かった．軍閥の領地には、ふつう独自の通貨があった．ふくれあがった軍事支配者たちを支えるための経済的負担は、農民にとっては、小作料の負担（地主・小作関係が存在する地域の場合）や、それ以前の時代の通常の税負担にくらべてはるかに重いものだった．

軍閥の性格はそれぞれ大きく違っていた．いく人かは何らかの意味で進歩主義者あるいは改革主義者だった．といっても水泳を強制したり、その他お気に入りの政策を推進するといった程度のことではあったが．そのうちの一人は山西（さんせい，シャンシー）に長く君臨した閻錫山（えんしゃくざん，イエンシーシャン）である．かれは1930年代に、限られたものではあったが山西省の工業化を達成した（有名な中国式木材燃料トラックエンジンを発明したのはかれの下にいた専門家である）．闇の社会統制の方法（たとえば「洗心会」〈儒教イデオロギーに基づく教化団体〉という団体を作ったり、かれの著作の学習を義務づけるなど）は、一部分は共産党に吹き込まれたものだったが、一部分は共産党に先んずるものだった．

1917年のロシアの10月革命は中国国内に熱烈な反応をよびおこし、1924年の国民党再組織へとつながっていった．それは旧式の革命同盟会の後を継ぐ組織を作りあげるために孫文によって発動されたもので、ボロディンなどのロシア人顧問の手助けをうけて、大まかにいえばボルシェビキ路線にのっとって実施された．ロシア革命がもたらした興奮は、他方では陳独秀（ちんどくしゅう，チエンドゥウシュウ）と李大釗（りたいしょう，リーターチャオ）による中国共産党結成へとつながった．共産党が正式に誕生したのは1921年だが、それ以前にも共産主義者グループはすでに散在していた．この二つの政党はまもなく同盟を結んだ〈第一次国共合作〉．人数のうえでははるかに劣勢だった共産党員は個人の資格で国民党に入党し、ただちに国民党内で重要な地位を多く占めるようになった．

同盟を結んだ両党は、1920年代の大きな大衆運動を利用し、同時にまた大衆運動の発生をある程度助けた．それは工場労働者・婦人・農民の運動だった．こうした運動ははじめのうちは成功を収めたが、そのことによって徹底的な社会革命か否かという問題がしだいに尖鋭化していった．蔣介石に率いられた国民党右派と中間派は、国民党左派と共産党に敵対するようになった．「北伐」が勝利しつつあったとき、蔣介石は大衆運動を敵視しはじめ、共産党との関係を断ち切った．蔣は共産党員を殺せるだけ殺し、生き残った者たちを地下活動に追いやった．共産党の勢力は以前の約10分の1に減少してしまった．

1920年代の中国には産業労働者はごくわずかしかいなかった．その数は、たぶん全部で200万人くらいだったが、そ

事件の映像

のうち圧倒的多数は婦人と子供だった．大多数の労働者は経営主に直接雇われたのではなく，工頭とよばれる親方を通して雇われていた．新しい労働組合の目的の一つは，このような親方を追放してその役割を肩がわりすることだった．工場の規則は厳しく，体罰や賃金カットは日常茶飯事だった．1920年代はじめには，雇用条件と労働条件の改善という，単なる賃上げ以上の要求を打ち出す最初の大規模で組織的なストライキが見られた．

共産党の影響下にある革命的な労働組合と，改良主義的組織や福利的組織との間には，いつも争いがあった．後者のうち一部は雇用主の意を受けているか，あるいは雇用主に支配されていた．1926年につくられた秘密の出版物，『中国共産党簡明歴史』には，労働者が政治目的に利用されるのを恐れていたことが率直に書かれている．「勤労大衆は党の活動を危険で過激なものだと考えている．かれらは，労働運動は合法的な範囲に限られるべきだと信じているのである．……労働者たちは共産党員の厳しい行動を見て，共産党員は資本家のスパイか，あるいは孫文のために働くアジテーターではないかと疑っている．要するに，労働者は厳しい闘争の道具にされることを恐れているのだ．」労働運動の急進化は，中国国内の外国利権に対する抗議をともなう労働組合の連合運動としてあらわれた．こうした流れの最高潮を示したのが，1925年の上海の五・三〇運動，そして1925年から26年にかけての広州と香港でのストライキであった．五・三〇運動は，日本資本の工場で機械をこわした労働者が殺され，さらにそのことに抗議するデモ隊に対して共同租界のイギリス巡査が発砲したことにはじまった大規模な抗議運動だった．広州と香港のストライキは，親方制度の廃止，8時間労働制の要求を含んでおり，植民地での労働条件の全面的な変革をめざすものだった．広州でデモ隊が外国人に殺されたことから，香港では1年以上にわたり経済的ボイコット運動がつづけられた．しかし運動の最も重大な発展は，広東のストライキ委員会が自前の法廷・軍隊・学校などをもつミニ政府に変化したことだった．

労働者政府の樹立をめざすこの時期の最も野心的な努力は，1927年の前半に共産党指導下の総工会〈労働組合の連合体〉によって上海で試みられたものだった．最初は接近する「北伐」軍に呼応することがくわだてられたが，それは地方軍閥の孫伝芳（そんでんほう，スンチュワンファン）につぶされてしまった．アメリカの新聞記者によれば，「犠牲者の首は刀をもった兵士に切断され，柱の上で見せ物にされるか，台の上にのせられて通りを引きまわされた．混雑した大通りを引き回す光景は，真の恐怖支配を作り出した．」その次の試みは周恩来（しゅうおんらい，チョウエンライ）などに指導されたもので，臨時市政府を約3週間にわたってうちたてた．しかし指導者たちが，コミンテルンの一員として，蔣介石に反抗してはならないというスターリンの指示にしたがったため，このくわだては挫折した．指導者たちはしたがって，蔣の配下の有力な将軍の一人が部隊とともに共産党側に投じようと申し出たのに対して，これを拒絶してしまった．蔣は部下の兵士を労働者に変装させ，その地方の青幇（せいほう，チンパン）とよばれる秘密結社と結んで革命家たちを虐殺した．

近代中国の婦人運動は，それ以前の伝統社会に生きた多くの先駆的人物にその源を発していた．思想家の李贄（り し，リ ジー）のような因習にとらわれなかった人物，曹雪芹（そうせつきん，ツァオシュエチン）のような小説家，袁枚（えんばい，ユワンメイ）のような詩人（かれは女性詩人を励ましその作品を出版してやった），そして李汝珍（り じょちん，リ ジューチェン）のような諷刺作家（かれは女性が男性の役割を演じる『鏡花縁』の作者）たちは，女性の力を軽く見て女性に対する扱い方を誤ることは女性の才能をむだにするものだと指摘していた．太平天国の女性兵士や「紅燈照」とよばれる，1900年に天津で激しく活動した義和団の若い女性たちは，軍事・政治面で行動する女性のモデルとなった．1875年に生まれた中国の婦人解放運動の先駆者，秋瑾（しゅうきん，チウチン）は，こうした先駆者たちの影響と，女性の武者修業者についての古い物語の影響を受けた．かの女は馬に乗り，剣を使い，大酒を飲み，詩を作ったが，同時に革命活動に参加して爆弾を作ったり，少女たちに軍事訓練を行おうとした．また彼女は『中国女報』を創刊した．

婦人にも平等な政治的・社会的権利を保証しようとする，1912年にできた女子参政同盟会の試みは，不成功にはおわったものの南京の議会を騒がせた．しかしこのような運動が大衆的な基盤を獲得したのは，1920年代はじめになってからだった．それは社会革命をめざす部分と厳密な意味での婦人運動をめざす部分に分かれていた．この時期の女性共産主義者

上　1920年代初期の法律は苛酷で，肉体的な刑罰は普通のことだった．この写真のような刑罰は，中国で何世紀もの間行われてきたものである．華南で発掘された前1世紀の太鼓のてっぺんの小さな青銅像は，首かせをはめられた人物をかたどっている．

右　この「怒号」と名づけられた李樺（り か，リ ホア）の力強い木刻は，1930年代の農民の怒り，不満，不安をとらえている．

の第一人者だった向警予（ｼｬﾝ，ｼﾞﾝｲ）は，教育のある女性のほとんどは単に西洋的な家庭，女性の職業参加，女性の個人的自由を要求しているだけだと批判した．彼女は自由恋愛と個人の幸福を信じる「ロマン主義」的な女性を，最も激しく非難しつづけた．

婦人運動と革命運動の間にはあつれきがあり，それはけっして解決されることがなかった．農村部では婦女協会が離婚を認めるようになると，嫁をもらうためにしばしば高い金をはらった農民たちは，革命的な農民運動から離れていった．しかし，婦人たちは離婚が認められなければ農民運動を支持しなかった．また，世代間のまさつもあった．毎日息子の嫁をさしずしていたしゅうとめたちは，婦人運動のために自分たちへの嫁の奉仕が少なくなるのをめったに歓迎しはしなかった．

将来に最も重大な衝撃を残したのは農民運動だった．それは1922年に，広東（ｶﾝﾄﾝ）東部の海豊（ﾊｲﾎﾞﾝ）と陸豊（ﾘｸﾎﾟﾝ）という香港からそう遠くない両県で劇的に開始された．その後6年間に，中国革命の特徴的な形態の大部分がここで具体化したのだった．

最南部の多くの地域と同じく海豊と陸豊は宗族〈父系の親族集団〉支配の地だった．そこでは宗族はおそらく，耕作のできる土地の半分を共同の財産として所有していた．宗族はまた自分たちの武力をもち，宗族に対する政府の支配はけっして強くはなかった．小作人の5分の2は永久的な小作権をもっていたが，農村に占める小作人の比率は異常に高かった（70％くらい）．人々の気質は荒く，多くは19世紀にできた秘密結社的な団体である「赤旗」と「黒旗」のどちらかに入っていた．双方は周期的に激しい抗争をくりひろげた．虐殺した敵の体の一部を食べることが，儀式として一般的に行われていたともいわれる．

当時の情勢の展開は農民運動に政治的活動の場を開いた．宗族の中で貧富の差が開き，宗族の統率者が宗族内の貧しい者を搾取していたため，宗族の血縁関係に対する農民の忠誠心が弱くなり，そのため農民は「旗」のような団体に加入するようになっていた．地方の伝統的な支配者は下の者の信頼を失いつつあった．それはとりわけ，かれらがますます自分たちだけのことにかまけ，個人的な利益と権力を追求し，社会的な責務を軽んじるようになったことによる．その傾向は地方の名士の特権を守るために，新しい形の農村武装団体，すなわち地主の私兵が新たに編成されたことにあらわれていた．永久的な小作権の保証はあてにならなかった．肥大した軍隊や近代的教育のような新しい事業の費用をまかなうために，むかしからの税金の上に新しい負担が加わった．だが，農民自身はそうした事業からほとんど利益をえてはいなかったのである．

しかし，農民の怒りはけっして階級的なものではなかった（階級という概念は知識人が外からもち込んだものである）．それは既存の社会関係の中に平等さと公正さが欠けていることへの怒りだった．農民運動の動機は平等さをとりもどし，社会的地位をえて，経済的な保証を確かにするということだった．かれらの行動の仕方もまた伝統的だった．すなわち，守ってくれる者——宗族や秘密結社の指導者だろうが軍閥あるいは共産党の幹部だろうが——を見つけ，信じることができ，かれらが望むものを与えてくれる英雄を見つけだすことだった．だから，農民と職業的な革命家の間にはつねに利害の不一致があった．農民は経済的搾取に対して闘っていたのに，職業的革命家は農民の不満を利用して権力をつかみ社会を変革するために，農民を政治的に利用していたからである．

広東の東部は最も「進歩的」な軍閥の一人，陳烱明（ﾁﾝｼﾞｭﾝﾒｲ，ﾁｪﾝｼﾞｮﾝﾐﾝ）の領地だった．陳は海豊の出身で，年来孫文の支持者であり，当時流行していたさまざまな無政府主義的・社会主義的思想の支持者だった．かれは初期の農民運動の宣伝活動に対して，異例の自由を許した．

1921年，彭湃（ﾎﾟﾝﾊﾟｲ，ﾎﾟﾝﾊﾟｲ）という若者が，この不安で混乱した状況の中に足をふみ入れた．かれは中国共産党に，農村をいかに立ち上がらせるべきかを教えたのだった．有力な一族の出身で，一時期日本〈早稲田大学〉で教育を受けたことのある彭は，「世界は皆のもので，平等に分かちあわねばならない」と考えていた．学生を煽動してもむだなことを悟ると，かれは1922年に農民運動をはじめた．かれは自分の土地の証文を焼きすてた．そして農民にとけこめるように自分の性格をつくりなおすことにたいへんな努力をはらった．そして，まもなく農民に大きな影響力をもつようになった．しかしかれはいつも，自分自身をかれが指導する農民の召使いだと考えていて，農民の意見にしたがった．これは中国ではそれまでなかった態度だった．

農民組合は自衛組織であり，福利をはかる組織でもあった．それは従来の「旗」のネットワークをとりこんで，急速に大きくなっていった．組合は，地主による収奪に抵抗すること以外に，農民の子供たちに実用的な教育を行うなどの革新的な事業を実施した．こうした活動の成功によって，組合はしばらくすると紛争の調停など政府の仕事を肩がわりするようになった．組合の思想と実践は他の地域にもひろがり，彭の活動の部隊は全省にひろがった．かれは1924年に共産党に加わり，同年には国民党の後援で開設された広州の農民運動講習所の中心人物となった．かれはそこで，農民の革命的軍隊の原型を作ったのである．毛沢東（ﾓｳﾀｸﾄｳ，ﾏｵﾂｫﾄﾝ）も一時期その講習所で教えていた．毛はそこで，主として彭から農民革命の思想と着想をえたのだった．

農民組合が郷紳と軍隊にいる郷紳の仲間に敵対する立場をよりいっそう固めていくにつれて，その目標は農民の福利に関する限られたものから階級闘争へと移っていった．それは一般の組合員より指導者層にとって，より好ましいことだった．その後4年間，海豊の内外で複雑な内戦が展開された．それは全国・省・地方の各レベルの抗争が入り組んだものだった．どちらが勝っても勝った側はテロを実行した．彭はかなり早くから，「金のことしか考えない地主をようしゃなく殺すことは正しい」と公言していた．1926年までには地主を裁判にかけ処刑することが一般化していた．翌年，広東の共産党委員会は，「地主の処刑は最後の一人までつづけなければならない」と宣言した．最後には，「どんな形にせよ公式に旧権力に仕えた者」，さらにはそのような人物を助けたり援助した者はすべて処刑するという命令が出された．逃亡者の家族には逃亡者をつれもどす責任が追わされたが，それでも多くの者が逃亡した．伝統的な農民の復しゅうの仕方の一つは，殺

事件の映像

す前に大衆大会を開いて犠牲者をはずかしめ,拷問するというものだった.しかし暴力の報いは同じ暴力で返ってきたのである.

海豊が農民組合とその後身の農民協会に支配されていた1924年から1926年までの時期,そして1927—28年の海陸豊ソビエトの時期には多くのことが実践され,それは後の時代に重大な影響を残した.農民たちは政治的に動員され,輸送やスパイ活動,サボタージュ行為を行って軍隊を支援した.伝統的な宗教とキリスト教は攻撃をうけた.農民はときには偶像を赤く塗って進歩的な政治思想への共鳴を示し,偶像を守ろうとした.しかしそうした農民にとって不愉快なことに,仏塔はこわされ,僧院はとりはらわれ,寺廟は接収された.子供たちは政治的に教育され,ある子供は自分の母親を反革命分子だと告発するほどになった.売春,めかけを囲うこと,人身売買,アヘン,とばくを禁止する措置がとられた.1927年の末に彭湃は「私有財産制」の破壊を宣言した.土地は家族と働き手の人数に応じて分配すべきものとされた.しかしこの政策は農民にとってあまりにもなじみが薄いものだったので,広く実施することはできなかった.工場も同様に労働者に分け与えられるべきものとされた.すべての人間の経済的平等が中心的な目標だった.またそこには秘密警察も存在した.秘密警察に対しては,図書館の蔵書,個人の蔵書のすべてを,それが「反革命を生み出すものであるがゆえに」焼きすててしまうことが命令された.全体的に見て,新しい革命的な世界には道徳的な要素と野蛮な要素が混じり合っていた.その一部は近代的であり,一部は中世的だった.海陸豊ソビエト側が英雄的な抵抗を行ったにもかかわらず,はるかに優秀な武器をもつ国民党の軍隊は,1928年にソビエトを一掃してしまった.

彭湃個人の経歴の中に,中国革命固有の悲劇を見てとることができるかもしれない.かれの無私の精神と誠実さは敵にさえ感銘を与えた.そして1921年と22年の時期にはかれの人道主義的な理想論は,直接的かつ実践的に表現されていた.しかし1927—28年の時期までにはかれは,周囲の友人のほとんどを殺され,つかまえた敵の首をナイフでかき切る仕方を大衆大会の会場でみずから若者に教えてやるほど,狂信的な大量殺人者となってしまった.海豊は東アジアの農民革命の揺籃の地だったが,それは特殊な地域で,中国の中でさえ典型的なところとはいえなかった.しかし,海豊の特色のいくつかはその後の出来事に影を落としたようにみえる.それは,地主制度の重大性(ただし地主制度は華北ではそれほど重大ではなかった)と,社会改革には流血が不可避だという確信であった.

8. 国民政府

蔣介石は袁世凱と同じく,権力の座につくと,みずからに権力をもたらした社会的・政治的勢力の力を失わせるか,あるいはそれを破壊した.かれはできるかぎり大衆運動を解体し,破壊した.かれはまた,国民党という政党をないがしろにした.かれが支配した1928年から37年までの南京政府は,国家主義的な統治方法をとっていた.軍閥時代の政治機構と人員は最小限手が加えられただけで蔣の支配のもとに取り込

抗日戦争時期(1937—45年),長城を行進する中国国民党軍.

下 中国共産党と中国国民党の内戦は,1946年なかばから1949年の共産党の勝利までつづいた.この湯沐黎の油絵は,毛沢東と周恩来が共産軍を率いている様子を描いている.この絵はその後の時代に支配的となったソビエト流のリアリズムの一例である.

李樺の木刻「憤怒の洪水」は，日本の侵略に対して共産党と国民党の統一戦線が結成された時期の，中国農民の日本軍に対する憤怒の爆発を描いている．実際には抗戦は概してこの絵よりも慎重に行われた．

まれた．対立する派閥を仲裁する不可欠の人物として，蔣はトップの地位に居座りつづけたのである．行政の腐敗と非能率を打破するために，蔣によって「藍衣社」がつくられた．それは一種の全体主義的なエリート集団であった．その目的は，滅私奉公の愛国的規律と軍国主義的な理想，そして「中国のヒトラー，スターリン」としての蔣介石に対する個人崇拝の念を鼓舞することにあった．この団体は共産党との間に日本に対する統一戦線〈抗日民族統一戦線，第二次国共合作〉が結成されたことによって，1938年に解散した．

外敵に対する国民党との間の公式の同盟が復活する以前には，共産党はほとんど都市部から追い出された状態だった．江西（こうせい，チヤンシン）の農村根拠地は1934年に破壊されてしまっていた．内戦によって分断された共産党の勢力は，農村部の小さな飛び地の一群に生きのびていたが，その中心は陝西（せんせい，シャンシン）省の延安（えんあん，イエナン）だった．南京政府は残る軍閥の大部分を降伏させて，1937年までには全人口の3分の2を支配するようになっていた．

南京政府は国内に平和をもたらし，釐金〈りきん，国内の物資通過税〉の障壁を取り除き，通貨を統一することによって経済成長をうながした．1935年に導入された新しい通貨は不換紙幣だった．新通貨導入の目的は米国への銀流出の弊害を回避することだったが，その結果生じたインフレーションは思いがけずもケインズ政策的効果をもたらし，中国が1930年代の不況から脱出するのを助けた．初等教育と大学教育の面でも大きな発展が見られた．しかし，政府による近代化は，財政支出の30％を占める外国からの借金の返済と40％以上にのぼる軍事費によってさまたげられていた．一方，各省がもっていた土地税の徴収権を中央の手にとりもどすことには成功しなかった．

蔣の統治は軍事的かつ官僚的なものだった．それは（一般に信じられている神話とはちがって），大商人と大資本家の利益を代表するものではなかった．かれは大商人と大資本家を収入源と見なしていて，必要なときには誘拐といった手段さえ使って金を引き出したのである．蔣は一般的には農村の支配階級の利益を守ったのだが，財政収入の問題と警察・軍隊の統制の問題ではかれらと争った．1943年に国内の銀行資産

の70％を国有化したこと，鉄鋼と機械の生産のために国営会社を設立したことが示唆するように，蔣の長期的政策は国家資本主義化の方向にむかっていた．

1931年に日本は満州に侵入し，驚くべき速さで産業をおこし，新しい都市を建設した．それは大量に流入する日本の資本と人材とによっていた．1944年を1927年とくらべると，鉄鋼石の産出は4倍に増加し，鉄の生産はゼロから毎年およそ50万トンにまで増大した．石炭産出量の伸びは4倍には達しなかったが，セメント産出量は10倍になり，発電量は13倍以上にふくれあがった．こうした雄弁な生の数字は，日本の帝国主義が第二次大戦のおわりまでに，満州の経済的地位を以前の中国本土の後背地という地位とはちがったものにしたことをあらわしている．この変化はおおまかに計画された混合経済体制によって実現されたものである．主要な産業部門は日本当局によって直接に管理されたが，私企業はそれ以外の部門で許可を受けて活動することができた．1945年のソ連による略奪行為は，近代的産業部門の直接的な生産能力の約半分を破壊したが，インフラストラクチャーと技術の多くは残された．

蔣介石は満州で日本に抵抗する前に，まず国内を統一しようともくろんでいた．しかし日本は1937年に華北の平原地帯に侵入した．その理由の一部は，蔣による国内統一が成果を見せはじめたことであった．

9. 抗戦と共産党の抬頭

蔣介石は中央政府を重慶（じゅうけい，チョンチン）に移し，日本軍に場所を明けわたして時間をかせいだ．それはロシア人がナポレオンに抵抗した方法とよく似ていた．日本は中国の東部3分の2の地域の主要な都市と交通路を占領した．国民党に包囲されていた延安の共産党指導部にかかる圧力は，日本軍による占領と，新しい統一戦線の下で国民党と共産党が抗日のために，一定程度の協力をすべきだという人々の要求とによって大いに軽くなった．中央政府が移転したために，日本軍の前線の背後に広大な地域がとり残された．共産党はその地域に進出して，分散していた数多くの地方的な抗日武装勢力・「匪賊」・村の自衛組織の中にその勢力を浸透させ，それらをのっとった．共産党の進出は，第二次大戦の末期にとりわけ効果的に実行された．そのころには日本の力は米国との戦争によって弱まりはじめていたし，共産党は比較的おだやかな政治的・経済的改革を賢明に組み合せることによって，たくみにその支配力を強めていたからである．共産軍は1945年までに約4万人から約50万人にまで成長した．党組織はそれよりもっと急速に成長し，16の地区に分かれていた根拠地に住む9千万人の人々を何らかの形で（部分的に弱い形の場合が多かったが）支配するようになった．米国の原子爆弾が日本の軍事力を打ちくだいた時点で，中国国内の勢力バランスは変化した．共産党は国民党にとって恐るべき対抗者となった．

共産党は，日本の占領に対する恐怖がよびおこした農民のナショナリズムを動員することによって，成功をおさめたのではなかった．共産党の最もよく組織された根拠地は戦場から遠く離れたところにあり，ほとんど全く日本の攻撃を受けることはなかったのである．日本の支配がより強力だった地域では，共産党のゲリラ部隊は，しようと思えばできたにも

事件の映像

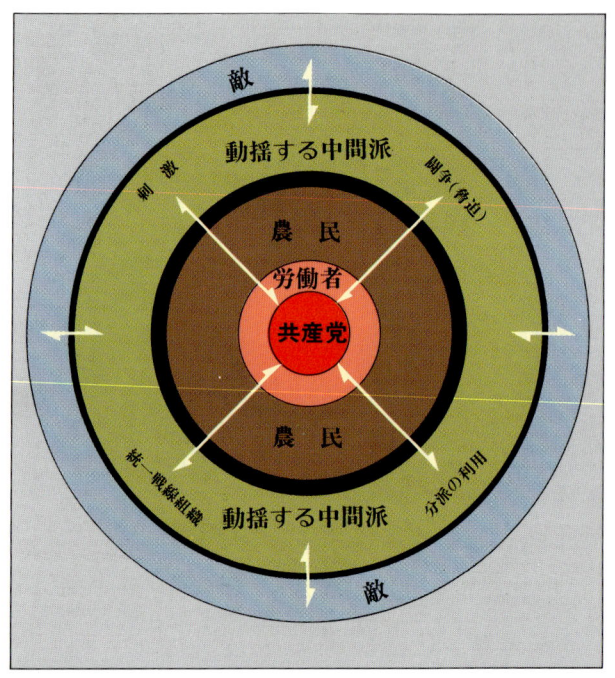

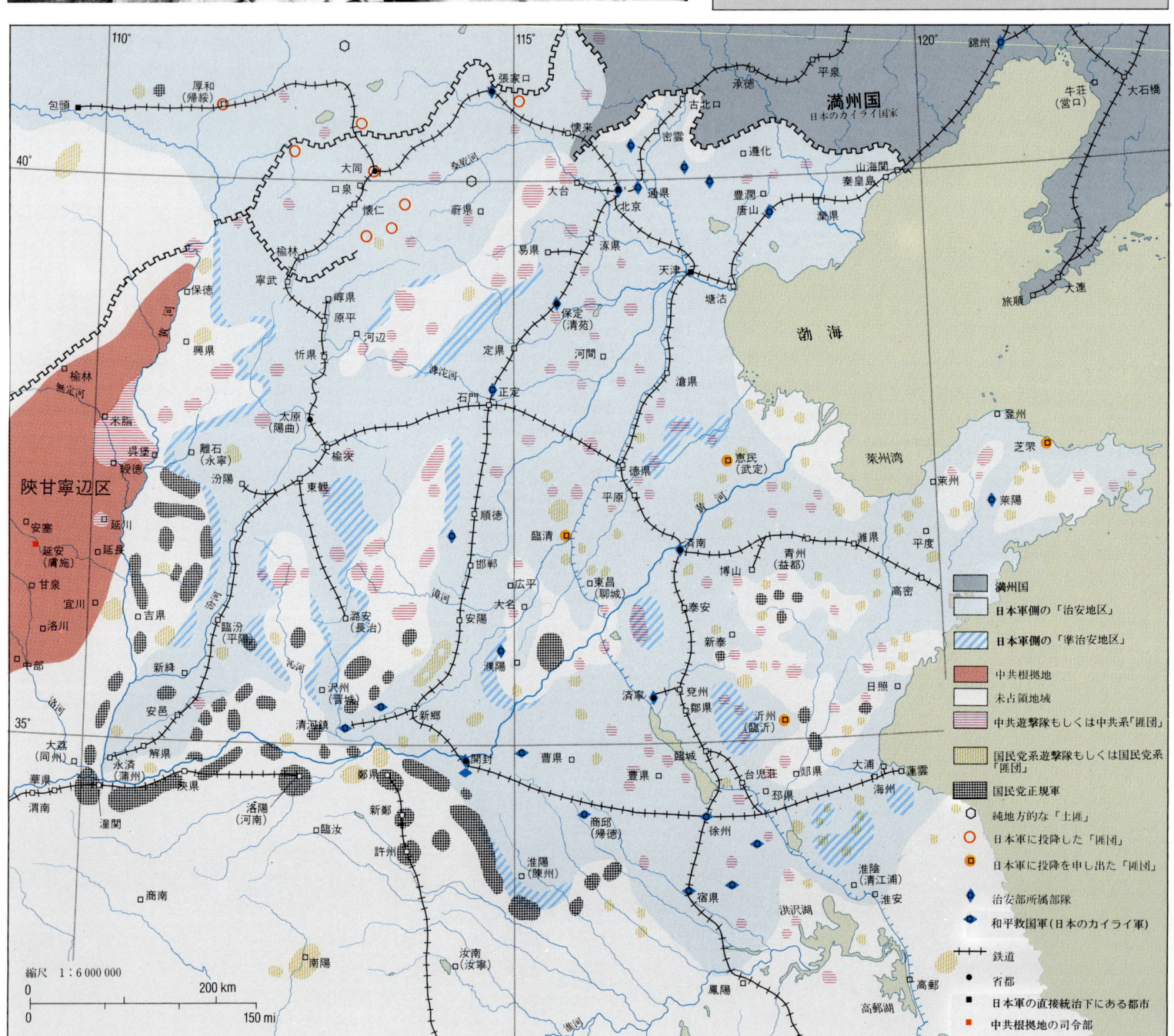

164

左奥　抗戦期間中，共産党の総司令部が置かれていた延安では，困難な状況とおくれた設備の下で高等教育に努力がはらわれた．丘陵の斜面に洞くつのように掘られた建物の入口の外で，授業を行っている様子である．

左　**中国共産党による社会の政治的区割り**
この図式（L・ヴァン・スライクによる）は中国共産党の，社会に対する政治的な考え方を表現している．党は労働者と農民の同盟の中核と考えられている．この労農同盟内部の対立は，基本的には「非敵対的」である．同盟の外側には中間派がいる．中間派は同盟の側に着くかもしれないし，「敵」側に着くかもしれないので，党によるおどし，おだて，あざむきを取り混ぜた働きかけの標的となる．外側の2グループの性格をどう規定するかは時期によって異なるが，いかなる時期にも「敵」が人口の10％以下に収まるように規定するのが基本原則である．

左　**1940年の日本の華北占領状況**
日本軍は華北を完全に占領するにはあまりに兵力が少なかった．したがって日本の侵略者は都市と交通路の保持に重点を置いていた．その結果生じた1940年当時の複雑な状況は，日本軍の資料に基づいた左図に示されている．日本軍からみておおむね治安が保たれている地域の中にも，共産党系，国民党系双方の政治的色彩をもつ遊撃隊と「匪団」が活動する実質的な抵抗拠点が存在した．日本軍によって「純地方的な土匪」とよばれた勢力も日本軍に抵抗した．中国側の正規の遊撃隊は，西南方面の前線に集中していた．共産勢力の北方における中心は，日本軍占領地域の外側，延安を中心とする陝甘寧辺区だった．

かかわらず，通常，敵に対して部分的な打撃を与えることさえしなかった．日本軍がゲリラをかくまっている村民たちに報復を行い，その結果ゲリラに対する民衆の支持が失われることを恐れたからである．共産党にとっては，闘うことより，生き延びてきたるべき国民党との対決に備え勢力をたくわえることのほうがはるかに重大な関心事だった（共産党の抵抗が日本軍を打ち負かす主要な力だったというのも一つの神話にすぎない）．共産党の成功の決定的な要因は，その活力と海陸豊ソビエトの挫折以来大きく進歩した政治技術，そして政治的であると同時に宗教的な体制としか名づけようのない党員の献身性だったのである．

1930年代末から40年代はじめにかけての共産党の文献から，党の変容の様子を見ることができる．劉少奇（リュウシ，リュウシ，ヨウキ，ヤオチー）は党員に対して，「党員は将来の幸福な社会のために現在の苦難に耐え，"富んでも堕落することなく，貧しくとも志をかえることなく，脅迫にも屈することがない"精神をもっている」のだといい切っている．1960年に『人民日報』〈共産党機関紙〉は，「正しい政治思想をもたない人間は魂のない人間である」というに至った．共同の救世事業に個人が喜んで服従することは，陳雲（チンウン，チェンユン）が1939年に書いた「どのようにして共産党員になるか」に明瞭に述べられている．

> 共産党は人類の完全な解放のために闘う党である……共産主義運動に一身を捧げようとする共産党員は……共産主義実現のために断固として闘う革命的な人生観をもたねばならず……将来，必然的に共産主義社会が実現するのだと確信しなければならない……国家，人民と党の利益は一致しており，党員の利益は国家，人民そして党の利益と一致しているのである……一人一人の党員は日々の具体的な活動の中で，ちゅうちょすることなく，個人的な利益を犠牲にして革命と党の全体的な利益に奉仕しなければならない

党はイエズス会のような「盲目的服従」を党員に要求するまでには至らなかった．とはいうものの劉少奇は次のように述べている．「同志たちは原則的な問題について，けっして組織的な反対をしてはならないし，多数の意見や上級の意見にそむいてはならない．また行動の自由をもつこともできない．」また『人民日報』は1960年にこれをもう少し進めて「党の従順な道具となることはプロレタリアート固有の高貴な性質である」といった．党員はつねに考え方，そして行動のうえでの「偏向」という罪を犯す危険にさらされていた．「偏向」は個人の道徳的な欠点から生じ，集団の救世運動を破壊する可能性をもっていた．したがって党内にはつねに批判と自己批判，そしてより強制的な思想の矯正，派閥対立の思わくがからんだ路線闘争が存在した．聖イグナチオが語った「苦悩」と「満足」の交錯，あるいは絶望の氷のような冷たさと歓喜の暖かさの交錯がここにも見られるのである．たぶん，このことをはっきりと語る文章は，やや遅く1959年にあらわれたものだろう．それは，「個人的にいえば，政治運動への参加，イデオロギー闘争の展開，自分の誤ちの点検は心理的苦痛をもたらすだろう」，しかし，「自覚を高めるためにイデオロギー闘争をやりぬくならば，自分の誤ちを悟ることができるだろうし，必ずそれ以前とは違った心境に到達することができるのだ．かれは，きのうは苦しみの海が限りなくひろがっていたのに，今日は岸が手に届くところにあると感じ，明るい未来があると感じるだろう」と述べている．

こうした魂のコントロールは，しばしば権力行使の武器に堕落する．劉少奇によれば，「『闘争会』はしばしば開かれるが……それは特定の人物を攻撃するために……『仕事』に対してではなく個人に対して闘争を行うようあらかじめ手くばりがされている……『闘争会』は本質的には党員による正義の法廷であって……自分の意見に固執したり……好んで事をおこす同志を屈服させる目的をもって」いた．せいぜいのところ，「闘争会」とは次のようなものだった．

> かれらは故意に日和見主義の代表である「闘争対象」（党員）を選び出して……その一人の同志を犠牲者に祭りあげて他の幹部と党員が熱心に働くように促すのである……かれらは「闘争対象」の不適切な言動を形式的，断片的に抜き出して，それだけからその同志の全体を判断し……それどころかでっちあげの事がらや主観的な疑いの念やあてにならないデマに基づいて，その同志にあらゆる罪状をようしゃなく押しつけるのである．このためその同志は必ず混乱して何が何だかわからなくなってしまう．もしその同志が自己弁護しようものなら，皆から故意に自分の誤りをいいつくろっている，誤りの認め方が不十分だなどといわれる．……攻撃を免れるには全面的に誤りを認めるしかないのである．

こんなふうにして，進取の気性，創造性，そして誠実さがむしばまれ，こわされてしまう．

王実味（オウジツミ，ワンシーウェイ），かれは延安の高級幹部の特権を批判し，より人間的なマルクス主義を支持したのだが，特権的な共産主義者の心理について次のように述べている．「〔共産主義者は〕自分がふつうの人間とあらゆる点で違うと思っている．かれは部下の同志の様子――体の調子が悪いかどうかとか，生きているのか死んでしまったのか――など全く気にとめない……〔共産主義者は〕やさしく親しげに友愛やその他何やらかやらについて語る．けれどもかれらは人間に対して何ら同情心をいだいていないのだ．かれらは会うたびにほほえんでいるように見える．しかしそのほほえみはうわべだけなのである．ほんの少しでも刺激するとかれはかっとなってしまう．そして自分が正しいといいはって人をしかりとばすのだ．」王は以上のようなことをいったかどで投獄され，後に銃殺された．

当時の，党員以外の者に対する党の戦略の本質は，統一戦線を説明するためにヴァン・スライクが考察した図式にまとめられている．党は労働者と農民との同盟の中核である．この同盟は，たぶん人口の半数を占めると考えられる幅広い中間派に取り囲まれている．中間派の党に対する忠誠の程度は不確定なものである．その外側が敵だが，それは全体の5％ないし10％以下にすぎない．党の政策はどんな場合でも，この図式が示す政治的な共感のパターンにできるだけうまくあてはまるように調整される．つまり，敵を必要以上に多くしないことが大切なのだ．

事件の映像

政策を組立てるときには，いわゆる「大衆路線」を用いなければならない．このことは1943年の中共中央「指導方法についての決定」で，次のように説明されている．

> 大衆（すなわち党員でない人々）のばらばらで系統的でない意見は，研究を通して集中され，まとまった系統的な意見にかえられる．それからその意見は大衆の中で宣伝され，説明されて，大衆の意見となる．そして大衆はその意見をしっかりつかんで行動にあらわすのである．われわれはその意見が正しいかどうかを大衆の行動によって検証することができる．

これはたえず世論を調査して指導を行うということではなく，党の力を伸ばすために党と多数の民衆の間に一時的な共通利害を見出し，民衆を教化していくということである．

この種の戦略を機能させるためには，党の中核部分の秘密性を守ることと，党の本当の目的について一時的な同盟者の大多数をあざむくことが必要だった．5％の敵に対する闘争にできるだけ幅広い民衆の支持をとりつけるために，当面の党の路線にしたがって，党派性のない組織を作るか，あるいはそのような組織を支援しなければならなかった．こうした組織には必ず秘密党員を送りこみ，その組織を支配させる必要があった．

その先の目的は，「各地域のあらゆる階層の政治，経済方面の代表的人物を味方につける」ことだった．この目的のために，ねらいをつけた人物について非常にくわしい書類がつくられた．そして秘密党員は次のように命令された．

> 友好関係を結ぶべき相手をつねにさがし出せるように，うまく計画を立てなければならない……われわれは，可能な限り，あらゆる縁故関係（家族と親類，同郷人，学友，仕事上の同僚など）と慣習（贈り物をし，祭を祝い，ともに災難に耐え，互いに助け合うなど）を利用しなければならない．それは，単に相手と政治的な友好関係を結ぶためだけではなく，相手と個人的に親しくなって相手がわれわれに対して完全にうちとけ，心を開くようにさせるためでもある．

このようにして人間らしい感情や情緒はその真実性を失い，政治一色に染めあげられる．国民党の公文書所蔵機関の調査文書には，共産主義者が二枚舌を使う技術に対する悪意に満ちた賞賛の表現が見られる．山西の軍閥閻錫山の軍隊への共産党の浸透についてのある文書は，「かれらが最初のうちはどんなに甘いことば，へつらい，卑屈な態度でいっぱい」だったかを記している．かれらはたいへんに仕事熱心で，「どんな主人でもそんなに忠実な奴隷をもてて大喜びするだろう」と思えるような見せかけの忠誠ぶりを示した．けれども，いったん自分たちの勢力を確立すると，「かれらはすぐ態度をかえ，何のためらいもなく行動した」のだった．この報告は次のような観察でしめくくられている．「最初のうち丁寧で従順なほど，後になってからが恐ろしい．」

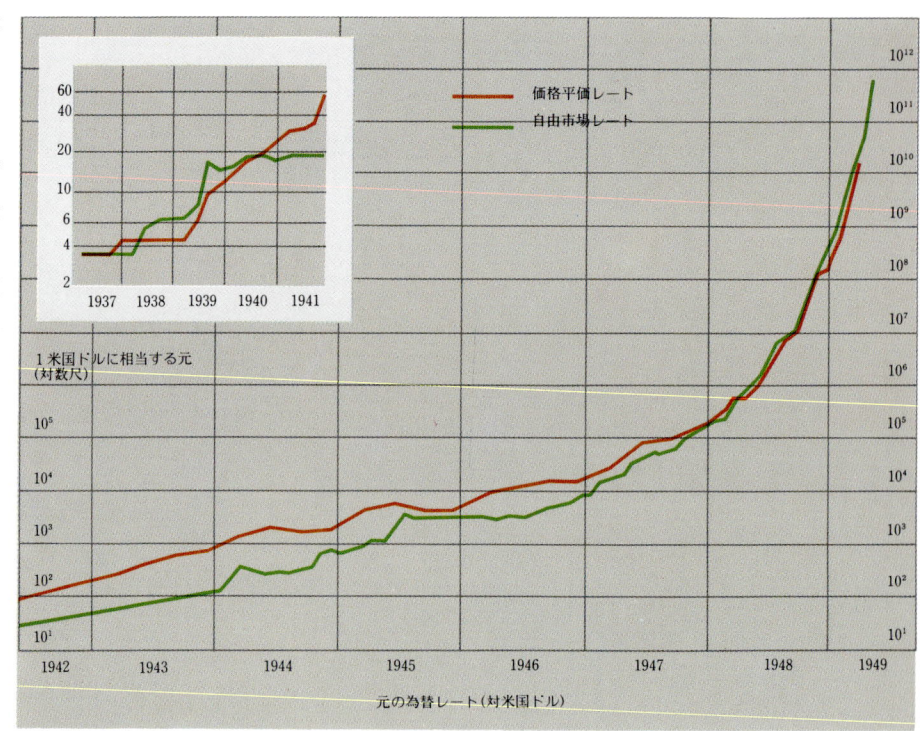

上　**中国の超インフレーション**
グラフは1942-49年の米国ドルに対する元の為替レートを示している．この時期の極端なインフレーションをあらわすには，10から1兆までの対数目盛を用いる必要がある（1ドル当り½インチ〈約1.3cm〉の目盛であらわすとすれば，この図鑑の1億6000万冊分以上の厚さが必要である）．

下　「解放」後，政府は土地改革や戦争で破壊された経済の回復といった問題に直面した．地主と反革命分子に対する反対運動にともなう殺人行為と多数の事業家・官僚・学者に対する反対運動の暴力性にもかかわらず，1949年に共産党が勝利した直後の時期は，大多数の人々にとって比較的幸福な時期だった．

上 超インフレを鎮静化するのも，1949年に共産党政権が直面した課題だった．これは1948–49年の上海の「ゴールドラッシュ」の写真である．群衆が紙幣を金と交換しようと押しかけたので，その中で押しつぶされ死ぬものが多数あった．

10. 中華人民共和国

アメリカによる国共間の調停工作が失敗すると，1946年に再び内戦がはじまった．しかしこのときには，戦っていた二つの勢力の性格は1937年当時とはちがっていた．蔣介石政権は戦時中ひどくなった不正行為のために腐食していた．戦争費用にあてるのに紙幣を濫発したため，すさまじいインフレーションがおこり，政権の基礎もぐらついていた．他方，共産党は当時すでに毛沢東が指導していた．かれはソ連の支持を受けていたライバルを制して，党内でならぶものなき指導権を確立していた．毛沢東の権威は，かれの「思想」によっても高められた．これは，かれと対立するよりすぐれた理論家を追落すためこれらの人々に「機械的」とか「教条主義的」とかのレッテルをはる個人的なイデオロギーであった．「毛沢東思想」は中国の現実に適応させたマルクス・レーニン主義の一形態と謳われ，一部は毛沢東自身によって，また一部は陳伯達（ちんはく，チエンポ・ニターツ），艾思奇（がいしき，アイ・スーチー）ら毛沢東のブレーンによってつくりあげられた．これは1945年に中国共産党の公式の教義に採択された．

愛国的な知識人をはじめ世論に影響力をもつ人々の間でも，共産党の名声は高まりつつあった．近代中国の最も明敏な哲学者であり，社会民主主義者であった張東蓀（ちょうとうそん，チャンツンスン）は，ソ連共産主義の大粛清のことも，中国共産党が独自のマルクス主義にかたくなに固執していることもよく知っていた．しかしその張東蓀でさえ，共産党こそ中国を救う唯一の出口であると考えるようになっていた．かれは，中国共産党が政権をとってもソ連よりは寛大で穏健であることを願うだけだった．こうして国全体のムードは国民党から離れつつあった．

しかし，蔣介石が早々と敗れた直接的原因は，人心を失ったためというよりあからさまな軍事上の失策のためである．内戦開始当時は共産党の3倍の兵力を擁していたが，東北を支配下に収めるために最精鋭部隊を投入した結果（専門家の意見を無視して），緒戦でこれらの部隊の多くを空しく犠牲にしてしまった．このとき，長すぎて攻撃を受けやすい兵站線の弱点が露呈された．全体として，国民党の戦略は一定地点を戦略的に防衛しようというものであり，各地点が各個撃破されることなど想定していなかった．また，わずかの例外を除き，国民党は地上に集中した敵部隊に対し，訓練のいきとどいた空軍を有効に利用できなかった．蔣介石は能力のある者を抜擢するよりも，政治的に忠誠を示す指揮官をかかえこむことに努めていた．それにもかかわらず，決定的な時点で寝返る高級将校もあらわれた．1948年末から1949年初めにかけて徐州（じょしゅう，シュイチョウ）付近で一大決戦が行われた．共産党側は総司令の朱徳（しゅとく，チューター）が指揮をとった．この決戦で国民党が敗北したのは，優秀な装備をもってしても，戦略のまずさや部隊間の協力の欠如，補給不足，士気の低下を補うことができなかったからである．揚子江の防衛線を維持するための何らの努力もはらわれないまま，ほどなくして蔣介石は台湾へと逃げ出した．広州が共産党側に陥落したのは1949年10月のことだった．共産党の部隊が華南を進軍する速度は，おわりのころには1日平均10 kmに達した．おそらく軍事史上に類例を見ない偉業である．しかしこれは軍事力による征服であって，革命ではなかった．

1949年10月に成立した人民共和国の指導者たちは，既存のあらゆる社会制度の破壊に着手した．破壊の対象にならなかったのは核家族ぐらいのものである．その意図は，共産党の支配に服さない権力，権威，影響力，情報，創造活動をすべて根絶することにあった．この目的のために一連の大衆運動が発動された．これらの大衆運動には，宣伝，政治ドラマとしてのつるしあげ大会，狙い撃ちのテロル，拷問，処刑などが注意深く組み込まれており，社会のあらゆる部分をまきこまずにはおかなかった．「土地改革」では残存していた地主勢力一掃のために，農民を共同で流血行為に加わらせた．全国でおそらく1村平均2人が殺された．「反革命」鎮圧運動によって，何らかの形で国民党と関係のあった人々が追放された．「三反五反」運動〈公務員の汚職・浪費・官僚主義に反対し，資本家の贈賄・脱税・国家資材の窃取・手抜きとごまかし・国家情報の窃取に反対する運動〉を通じて役人や実業家が服従を強いられた．「思想改造」とは屈辱を与えることによって著名な知識人を「改造」することだった．説得工作の背後に控えていたのは，羅瑞卿（らずいけい，ルオジュイチン）によって創設され数百万の人員を擁する公安部門と，新たな奴隷階層を半永久的に収容する強制労働収容所のネットワークだった．

ここに出現したのは，基本的に二つの階級からなる社会であった．二つの階級とは国家機構の成員（「カードル」とか「幹部」として知られている）と大衆である（もちろん両者はさらに細かく区分される）．この二つの階級の間の対立を隠そうと大きな努力がはらわれてきた．宣伝によれば，両者の利害は一致していた．新たに権力を握った者たちは，公衆の前で質素につつましく振るまうことを身につけたが，それは腹黒い者がお人好しに対してはらう政治的に不可欠の敬意であった．大衆の意見は，「反動分子」「右派分子」「走資派」〈資本主義の道を歩む者〉など大げさにでっちあげられた敵に対して，激しい怒りをもって闘うことによって，混乱し，そらされてしまった．表向きの国際主義や友好代表団の訪中芝居でごまかされているが，非共産主義世界という不純物から隔離されて，人的交流や学術・芸術交流ができなくなっていること

事件の映像

とも，独立した想像力や行為の成長を妨げる本質的な要因の一つとなっている．

しかし，もしこの当時の中国共産主義がもっていた感情に訴えかける爆発的な力や，政治行動の源泉となる大衆の側の愛国心や積極性を無視するならば，どうしてこうしたことが可能だったのか理解できないであろう．「破私立公」〈私を捨て公を立てる〉のレトリックは，大衆の高潔にして賞賛すべき精神を揺り動かした．それはみじめで混沌とした生活を，卑劣で利己的な旧秩序から解放し，それに新しい方向と意味を与えたのであろう．1世紀にわたる屈辱ののちに獲得した中国の国際的な実力と地位の高まりも，人々の心を興奮させるものだった．他の多くの革命と同じく，歓喜と罪悪は手をたずさえてやってくる．前者のゆえに後者は許され，場合によっては心からの献身の証明として，ひそかに望まれることすらある．

このレトリックが真実に対する裏切りであったことは，ゆっくりと，とりわけ1958年の大躍進後の経済不振と，1960年代後半のプロレタリア文化大革命における激しい派閥闘争を経て，理解されるようになった．しかしまた，そこからえられた教訓は，それぞれの世代が，それぞれの体験のもつ解毒作用を通じて学び直されねばならなかった．そのときどきにかかげられた理念の真の目的は，権力の座にある者の道具として役立つことだったのであり，経済発展よりよき社会をめざす上で，情熱は理性にとってかわることはできなかった．今日，感情に訴えかける運動はほとんどなくなってしまい，残っているのは，壊れそうもないくらい強固な，しかし硬直して急速に発展できず，せいぜい存続のために要求される能力を備える程度にしか適応力をもたない機構だけである．

今日，中国共産主義の中に明白に見ることのできる主要な矛盾は，社会的活力と政治的統制との間の矛盾である．長期的に見て，人々の個人生活や経済活動，意見の表明，創造的活動に強い政治的制約を加えながら，同時に公明正大な個人や進取の気質に富んだ企業家，あるいは革新的な科学者，学者，芸術家を生み出すことは不可能である．社会の活力がなくては，進歩や近代化といっても，せいぜい政治的意図にしたがい，他国の経験をまね，無理やりつくりあげた不自然な成長がみられるにすぎない．中国の指導者たちは問題に気づいたとき，2通りの反応を示した．かれらはときおり，かれらの期待どおりの自発性・創造性を大衆から引き出し，熱狂的な活気をつくり出そうとした．こうした活気は実際には幻影にすぎないものだった（「民歌運動」〈「大躍進」の時期にもりあがった大衆による民歌の収集・創作活動．とくに河北省でさかんだった〉は小さい例だが，これをよく物語っている）．またときには，かれらは締付けを一部緩めてみることもあったが，1956-57年の「百花斉放・百家争鳴」の試み以降は，あまり緩めるわけにはいかないことを知った．社会的な，あるいは文化的な活力が復活して，ひとたび力を結集しはじめると，必然的に制度と思想とが一体となった正統的権威に対して敵対するようになる．したがってそれは抑圧されなければならないのである．ジャーナリスト儲安平（チョ アンピン）は，1957年次のように訴えた．「国家のあらゆる領域で，大小さまざまのどんな部署でも党員を指導者に戴かねばならず，どんなささいなことでも，その党員がウンといわなければ何もできないというのは，あまりというものではないか？」これに対して，翌年に出された解答によれば，「党のあらゆる政策は，党の組織を通じてのみ実行されるということを理解しなければならない．」毛沢東がいったように「党の指示はすべて党が実行する」のである．

これは中国革命のもう一つの悲劇だった．1890年代から1940年代にかけて，創造的な活動が再び息をふきかえしていた．1949年以後，共産党政権は大陸をほとんど創造活動不毛の地にしてしまった．しかし，もし今日緩和政策を少し拡大したりすれば，この国が新たな無秩序に陥ってしまうのは全く明らかである．中国人のように才能に恵まれた民族にとっては皮肉なパラドックスではあるが．

党と人民

大きく見ると，中国共産主義体制は二つの平行するヒエラルヒーによって動いている．この二つのヒエラルヒーは，狭い意味での政府機構を支配するばかりでなく，経済の大部分も支配している．それは(1)行政機構のヒエラルヒーと(2)共産党のヒエラルヒーである．後者が前者を全般的に監督し，前者の中の重要なポストを党員が占めている．同様の二元主義は人民解放軍の二元的な指揮体系――普通の指揮員と政治委員（あるいは「コミッサール」）――にも見られる．

政治体制は国家と党の代表大会で装飾されてはいるが，その代表は対立候補のない選挙で選ばれているのだから，民主体制とはいえない．しかし，政治参加は人民の義務である．これには年がら年中やっている政治学習，誘導式の会議や討論会（この場でときどき他人を攻撃することで忠誠を示さねばならない），デモ，パレードなどへの参加が含まれる．秩序は西欧の学校や軍隊の中で用いられているような規律と仲裁のシステムによって維持される．欧米的な意味での法律は存在せず，権利の概念や，政治的便宜主義を越えた万人が例外なくしたがわなければならない明確な規範の概念もない．

中国の経済は，ソ連の計画経済のように，全部門のインプットとアウトプットが事前調整された数量にしたがってコントロールされているほど「計画化」されてはいない．中国にはそれに必要な統計制度がなく，技術をもった人員も不足している．中国にはまたソ連の物資配分を指令する組織（資材・機械補給国家委員会＝ゴスフナブ）に相当するものがない．企業は政治的統制の下におかれ，政治的に決められた生産・投資計画にしたがう．企業業績は利潤（多品目にわたって設定されている公定価格も利潤の決定要素の一つである）や，ときに応じて変化する他の基準によって評価される．経済活動は中国人民銀行によって監視され，資金はすべてここを通して移動することになっている．供給物資の獲得や販売は，企業間の市場関係に大部分ゆだねられている．

政治指令型経済は細分化しやすい．可能なところでは，経済関係は省の範囲か，もっと小さい規模にとどめられてきた．中華帝国時代末期から近代初頭にかけて国中にはりめぐらされていた相互依存的な市場網が徹底的に制限されたため，中国経済は損失をこうむった．共産主義体制になる前と全く対照的なのは，労働力の移動がほとんどなくなったことである．各人は成人になると勤務先が割当てられ，たいていそこで一生を送ることになる．勤務先（「単位」）は住宅さがしや女性

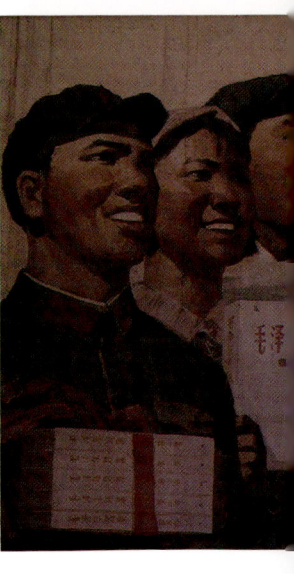

上 「プロレタリア文化大革命」の間，学生たちは毛主席のポスターと『毛語録』を振りかざした．この期間中，学校はしばしば正常に機能せず，紅衛兵による残虐行為は，軍が出動してかれらを監督するようになるまでつづいた．今日では，中国の欠点はすべて都合よく文化大革命のせいにされる．

右 「四人組」の粉砕．毛沢東夫人（江青）と彼女の3人の急進的な同志王洪文（おう こうぶん），張春橋（ちょう しゅんきょう），姚文元（よう ぶんげん）は，1976年に失脚した．この絵に描かれたにぎりこぶしは，神の裁きを示している．民衆の反応はもっと世俗的だった．かれらが逮捕された当日，北京の酒店の酒はすべて売り切れてしまったといわれている．

上　全国いたるところの壁に、毛沢東の著作を宣伝する大きなポスターが描かれた。1976年の毛沢東の死後、政治ポスターは、テープレコーダーやヘアスプレーの広告にとってかわられた。

の出産年決定などの面倒を見ることによって，各人の生活設計の上でも重要な役割を果している．

農業は組織の面で，多くの変化をこうむってきた．1950年代はじめの土地改革によって，個人経営制度の中から小作経営の要素が排除された．50年代なかばに小規模な集団化が導入され，1958年には人民公社が成立して，集団化の規模は数万人にまで拡大した．1960年代初頭には深刻な食料不足と数カ所で発生した地域的な（とりわけ安徽省での）飢饉のために，日常的な経営管理の規模は再び縮小し，自留地〈個人経営に任される小さな土地〉の拡大も認められた．1970年代末になって，いわゆる「生産責任制」——多様な形態の請負耕作制度を含んでいるが，簡単にいえば，集団農場を地主として，そこから土地を借りて耕作することである——の下で，個人経営が部分的に再導入された．

農業の組織化におけるこうした変遷は，多数の，部分的に互いに対立する政策目標があることを反映している．集団化は農民を統制し，税収を確保する手段を提供した．国家財政はこれに大きく依存している．農村の幹部は，誰が，労働点数何点の，どんな仕事をするかを決める．ときには，進歩的な政治態度に対しても労働点数が与えられることがあった．集団農場はまた，個々の農家では容易に分担できないような投資たとえば水利施設や大きな機械などに対する投資を行う場合，その主体ともなる．農閑期の余剰労働力も，人民公社や生産大隊を通じて容易に動員することができる．集団農場は農民を土にしばりつけ，都市へ流出するのを防止する（都市では不完全雇用はおろか，失業さえ長い間問題となっていた）．他方，集団化は労働意欲をむしばみ，個人や小グループの積極性を失わせてしまった．それはまた，行政や複雑な簿記の技能をもった貴重な人材を浪費する．最近数年間，個人経営が限定的に復活し，利益をもたらしている．さらに数年間以上こうした改善がつづくだけの「ゆるみ」があるかどうか，疑問ではあるが．

中国共産主義の一般的な経済哲学は，効率よりは意志の力や努力を，資源の最適利用よりは資源の大量動員を強調してきた．これは共産党が革命初期に，延安など後進的な根拠地にいた当時の経験を反映している．そこでは単純な技術でよかったのである．大衆動員はまた，中国共産党にとっては「おはこ」でもあった．1950年代なかばにソ連モデルを真似ようとして不満足な結果におわると，大衆動員の方法は1958年の「大躍進」で最高潮に達した．懸命に努力すれば経済を飛躍的に発展させることができ，資本や技術がなくても余剰労働だけで新しい生産力を生み出すことができると信じられていた．「大躍進」の失敗は，毛沢東主義が経済を不十分にしか理解していないことを暴露し，1959年の政治危機の原因となった．このとき毛沢東は党主席の地位をかろうじて保っただけで，その後かれの権力は急激に低下した．

ほぼ同じころ，ソ連との不和が明らかになってきた．不和のきっかけは，フルシチョフが核兵器技術を利用させるというエサをちらつかせて，かれがすでにワルシャワ条約機構軍に対してもっていたような支配権を，中国の防衛システムに対してももとうとしたことにある．中国が独自行動をとることに固執したため，ソ連はそれまで中国の工業近代化に協力して働いていたソ連人技術者を引きあげてしまった．これは当時の中国にとって大きな打撃だった．それ以来，中国はソ連が内政に干渉することを恐れて，ソ連と密接な関係をもつことに慎重になった．

1959年の危機は派閥間の緊張関係と政策の相違を発生させるか，あるいはそれを一層激しいものにした．これがやがて，1966年毛沢東がかれのカムバックを画しておこした文化大革命へと発展するのである．主席はかれの最後に残された権力基盤——軍内部の政治委員制度——を利用して，個人崇拝の魔術をつくりあげていた．今やかれはこれを押しひろめ，とりわけ理想や野心に燃えているが，現実に不満を感じている10代の子供たちに訴えかけた．かれは紅衛兵を義和団青年の共産主義版にしたてあげた．かれらは，毛沢東と対立していた国家主席劉少奇（リュウシ ョウキ，リュウシャオチ）と党総書記鄧小平（トウショウヘイ，トンシァオピン）が指導していた党組織をズタズタにした．旧社会の悪をあばき出し，ブルジョアジーの復活を防ぐと称して，若者たちは知識人も攻撃した．知識人は侮辱され，痛めつけられ，農村に送られて働かされた．かれらの攻撃は大学（しばらく閉鎖を余儀なくされた）や研究機関（かれらはたとえば農作物の新品種を開発するため栽培されていた植物をダメにするなど，これにも大きな損害を与えた）にもむけられた．新刊書の出版などの文化活動は，実質的にストップした．単に在外華僑や外国人とつながりがあるというだけで殺されることもあった．古い寺院や遺跡も数多く破壊された．そのあまりの無秩序に，ついに軍が出動して，紅衛兵やその他の組織の活動を封じた．その際，相当の流血を見ることもあった．軍の指揮員（当然党員でもある）はそれ以後も，省およびそれ以下のレベルで成立した革命委員会の指導的メンバーとして，非軍事的な行政の多くにたずさわることが普通となった．

それにつづく8年間の党内トップの派閥闘争は，多くの老革命家（たとえば賀龍〔ガ リュウ，ホー ロン〕将軍）を悲惨な死に追いやった．最初に優位に立ったのは，毛沢東からかれの後継者に

事件の映像

指名された国防相の林彪（リンヴウ，リンピァォ）だった．かれは1971年，クーデタ失敗が原因といわれる謎の死をとげている．林彪死後，毛沢東の3番目の妻江青（ヂャン，チァン）が現実主義的な周恩来総理に対抗して奉られた．彼女は革命的，道徳的精神こそ何者にも打ち勝つ力をもつことを説く天性の宣伝家だった．周恩来が1976年に死ぬと，穏健派のリーダーシップは鄧小平に引き継がれた．同じ年毛沢東自身が死ぬと，かれの妻は権力の座から引きずりおろされ，華国鋒（ホァクォ，ホアクオフォン．公安部出身のあまり知られていなかった人物）が，短期間党主席の座についた．そののち，鄧小平が北京の最高政治権力者として，再登場してきた．

鄧小平の穏健で現実的な近代化政策によって，中国が安定を回復したのは喜ぶべきことではあるが，過去15年におよぶあまりにもゆゆしい出来事は，体制をささえる道徳的基盤を完全に破壊してしまった．党と政府には腐敗・不正行為がはびこり，大衆は失望して冷笑的態度をとるようになった．『人民日報』がみずから認めるように，「青年の心はさめてしまった」．

国民党統治下の台湾は，これとは異なった歴史をたどった．蔣介石とかれの息子で後継者となった蔣経国（ヂィァン，チァンヂシグォ）の政権は，1949年に大陸から渡ってきた外省人による本省人〈従来から台湾に住んでいた人々〉に対する支配を維持するため，最初はかなり抑圧的な体制をとった．しかしやがてそれは，個人の自由を相当に認め，まだ不完全とはいえ民主主義もかなり許容する方向に着実に動いてきた．台湾の国民党政権は地方的な利害関係に拘束されることがなかったので，スムーズに土地改革を実施し，日本より急速に経済成長をはじめた．今日の台湾の1人当り所得は人民共和国の5倍である．台湾のこのような経済的「離陸」が可能だったのは，一定のアメリカの非軍事的援助（1人当り百米ドル），小さな経済規模，国際市場との密接なつながり，などの要因がある．しかし援助が1960年代なかばに打ち切られた後の台湾の経済発展は一層急速だった．同じく驚くべきことに，この近代化の過程の中で，所得分配がより平等になっていったのである．よくいわれることだが，もし国民党が台湾を統治したように中国を統治していたならば，大陸から退去を余儀なくされることはなかっただろう．

台湾という全く近代的であると同時に中国的でもある国を訪れた人は誰しも，この国の人々が豊かに暮らしているのを見て，心からうれしく思うにちがいない．人々は精神的，政治的にゆるやかな制約を受けなければならないが，望みさえすれば国外に出る自由もある．それなのになぜ，あの中国革命の凄絶なドラマが不可欠だったというのか，不思議に思わずにはいられないだろう．

上　都市と農村との間の生活のギャップは，近代以降しだいに拡大してきた．教育や娯楽，雇用，福祉の機会に恵まれた都市の誘惑は，今日もつづいている．この写真は上海の旧県城内を写したものだが，かつての面影をよく伝えている．

右　「文化大革命」期間中，女は皆髪を耳たぶより下にこないくらいに短く刈るか，長くする場合でも，頭のうしろで束ねていた．長くのばして束ねないのは「ブルジョア的」，「反動的」と考えられていた．今日ではたれ髪が流行し，肩までの長髪もゆるされている．この写真の少女は，生まれつきの直毛の髪に，痛々しくパーマをかけている．

右　20世紀以前の中国社会では，女性のための正規の教育は認められず，高度な読み書き能力，つまり儒教の経典の知識を身につけることができたのは，科挙のために勉強する少数の男性だけだった．1920年代，30年代には，YMCAなどの手で大衆教育運動がすすめられたが，1949年以後共産党が，すべての者に初等教育をほどこすことをめざして運動した．政治教育は幼稚園からはじめられ，数年にわたって学校が閉鎖された「文革」中の教育の混乱の中では，政治教育が突出するようになった．1976年以降，初等教育のカリキュラムは学科中心的なものにかわった．

事件の映像

上 「解放」以後,中国政府は,規律正しい集団体操の普及につとめてきた.近代的な体操は,「気」(エネルギー)の正しい流れと配分を鍛練する伝統的な太極拳と,ほとんど共通点をもたない.

左 毛主席は「女は天の半分を支える」と語ったが,今日の中国社会の中でも,女性の地位は男女平等とはほど遠い.女性には家事を切盛するという責任が加わり,農村では女性の農作業賃金は男より安い.写真は桂江で船をあやつる少女.

現代の芸術

上　清の朝廷は，夏の暑さを避けるため，宮殿を離れ，杭州の西湖に似せて造られた北京北西の昆明湖のほとりにある夏の宮殿〈頤和園〉で過ごした．この版画は西山の山並を背景にした宮殿の配置を示している．

下　昆明湖の彼方に望む万寿山と湖を見下す四階建ての塔——仏香閣．夏の宮殿〈頤和園〉の湖は人造湖でとても浅く氷りやすいので，冬にはすばらしいスケート場になる．現在は公園になっていて，夏には湖上でボートを楽しめる．

　19世紀の清朝はあまり芸術を奨励せず，芸術には模倣と精緻さを求める一般的な傾向が生じた．19世紀末には，慈禧太后〈西太后〉の影響を受け，短期間芸術が復興した．西太后は，現在の夏の宮殿〈頤和園〉を再建し，そこを住居とした．その建造物と装飾は清末建築の装飾様式を代表するものである．それらは海軍近代化用の資金を支出して西太后によって建てられた．大理石の屋形船〈石舫〉につづく湖沿いの回廊の屋根を支える梁は，伝説の場面と風景で装飾されている．これらは文化大革命（1966-76年）中に漆喰を塗られた．そして修復不能なものは堅苦しい伝統様式の風景画にかえられた．

　清末以来，中国式建築と西洋式建築の総合が大商港や大都市におこった．北京の首都病院〈協和医院〉は，中国式の緑の瓦屋根と西洋式のレンガ造りの正面を結び合わせている．この西洋建築と中国建築の要素を結合した合いの子の様式は，新しい中華民国の大工業都市以外では，ほとんど影響力をもたなかった．

　19世紀末と20世紀はじめの装飾芸術は，18世紀末の乾隆期の装飾様式に基づいていた．しかし，それは当時の作品の巧妙さを失っていた．ヨーロッパで見られる装飾品の磁器，翡翠製品，漆器の多くはこの時期のものである．世紀のかわり目に輸出市場むけに描かれた磁器は，非常に細心に摸写された西洋絵画と，伝統的中国様式の装飾的縁飾りを結合していた．これは当時のヨーロッパで非常に人気があった．多色彩の上釉をかけた磁器は，鮮やかな色で塗られ，黒でおもおもしく輪郭が描かれている．金で装飾された漆塗の衝立と黒漆の飾り棚は，固有の様式と外国の様式の結合を示していて世界中に輸出された．ガラスに絵を描く技術がヨーロッパから中国に紹介され，鏡の裏側に装飾的な風俗画が描かれた．清朝末の装飾的芸術と輸出用の芸術は，顕著な西洋の影響を示しているが，民衆の好みに合う民芸品や手工芸品は，本質的に伝統的なもののままであった．

　20世紀の芸術は二つの時期に分かれる．つまり1949年以前と1949年以後とである．1920年代と30年代に，絵画では新しい外国の様式と，確立された伝統様式の間の軋轢があった．芸術学校が上海，北京，南京，杭州で開かれ，学生たちは油絵と写生を実験した．様式化された肖像画のほかには，伝統絵画では画家が写生することはなかった．しかし学生たちは塑像を描くことを学び，ヌードモデルの写生は1920年代の上海で社会的な物議をかもした．中国人学生はヨーロッパと日本で学んだが，西洋式の絵画は，上海の少数のコスモポリタンの芸術家と作家を除いて，中国ではほとんど反響がなかった．徐悲鴻（じょひ，シュイペイ）（1864-1955）はヨーロッパからへなへなの帽子をかぶり，蝶ネクタイをして戻り，半西洋的な様式の絵を実験した．斉白石（せいはくせき，チンパイシー）（1863-1957）は中国にとどまり，非常に独特な伝統的様式で描いた．一方，日本で学んだ傅抱石（ふほうせき，フーパオシー）（1904-65）は，広範囲にわ

現代の芸術

上　屋根付きの回廊が湖のまわりを大理石の屋形船〈石舫〉までつづいている。愛を語り合う男女はこの屋形船にたどり着くまでに愛が成就するという俗信がある。慈禧太后〈西太后〉は海軍近代化用の資金を使って，1888年に夏の宮殿を再建した．

下　仏香閣から眼下の建物の黄金色の屋根瓦を見下ろす眺め．

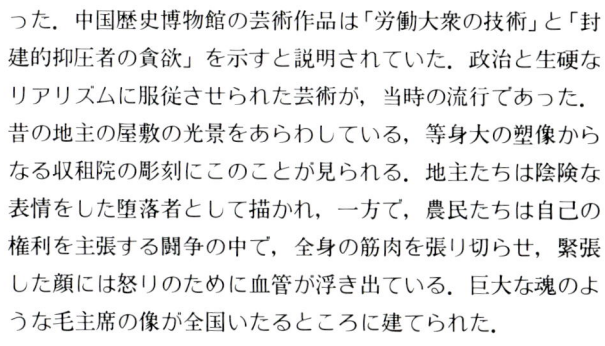

った．中国歴史博物館の芸術作品は「労働大衆の技術」と「封建的抑圧者の貪欲」を示すと説明されていた．政治と生硬なリアリズムに服従させられた芸術が，当時の流行であった．昔の地主の屋敷の光景をあらわしている，等身大の塑像からなる収租院の彫刻にこのことが見られる．地主たちは陰険な表情をした堕落者として描かれ，一方で，農民たちは自己の権利を主張する闘争の中で，全身の筋肉を張り切らせ，緊張した顔には怒りのために血管が浮き出ている．巨大な魂のような毛主席の像が全国いたるところに建てられた．

抽象表現主義は禁止され，革命的ロマンチシズムが君臨していた．伝統画でも油絵でも，人民公社の生活，微笑んでいる工場労働者，製鉄所が描かれた．高圧線や鉄塔のない風景画はほとんど描かれなかった．学校では政治学習が厳格に行われた．芸術家は描いてよいものといけないものを申しわたされた．そして芸術は制約を受けそれにしたがった．国家は，大躍進（1958－59年）に突入し，これにつづいて1963年から1965年にかけての「右派」に対する攻撃が行われたが，この時期には多くの芸術家が苦難に遭い，また農民，兵士，労働者の絵が奨励された．文化大革命が1966年にはじまり，芸術は権威を失墜し，暴力と破壊の猛攻撃の前にまったく無力であった．芸術学校は閉鎖され，芸術家は職を離れた．多くの人々が入獄し，他の人々は田舎へ送られて農場で働いた．絵を描けるとしても，余暇の時間の間だけだった．芸術雑誌の刊行は1966年から6年間停止された．文化的抑圧は，1976年の四人組の失脚で文化大革命の終結が告げられるまでつづいた．

文化大革命後，外国貿易の増加にともなって装飾芸術がとくにさかんになった．そして観光業の発展は翡翠や象牙の彫刻，籠編み，織物工業の活気に溢れる復興をもたらした．新しい染料がすでに世紀のかわり目にもたらされ，合成繊維が普段着用として木綿にとってかわりはじめた．職人の技術は非常に高い水準を保っていたが，一般的に，機械化された技術が職人芸に対して勝利を収めた．伝統的なテーマは，革命的象徴主義を注入することによって画くことを許された．このようにして，人気のあるテーマや伝説上の人物さえも，党の統制に服させることができた．

文化大革命の1年前の1965年に禁止されたヌードは，1978年に芸術学校で再び学習された．それは人体の「科学的」基礎であり，リアリズムを助長するものと考えられたのである．

たる伝統様式を駆使し描いた．一般的に風景画から人物画へと重点が移った．

1920年代に作家の魯迅（ろじん，ルシュン）が木版画運動をはじめた．それはドイツの版画，とくに戦後ドイツの貧困を赤裸々に描いたケーテ・コルヴィツの作品を参考にしていた．李樺（リか，リホワ）（1907年生）の木版画は1937年の日本侵略者に対する中国農民の憤怒を描いていた．しかし，中国が1940年代の混沌に陥っていくにつれて，芸術にむけられるエネルギーはほとんどなくなっていった．

1949年以後，芸術は政治に従属していたために，国家によって集中的に管理され，大きく影響された．木版画は政治宣伝の道具として使いやすかったのでさかんになった．「解放」後，多くの芸術家がソビエト連邦に送られて学んだ．そしてソビエト式の社会主義リアリズムが，1950年代の芸術に大きく影響した．ソビエトの影響は建築物にも明らかであり，ソビエトの青写真による想像力の乏しい公共建築物が，人民共和国中に出現した．ロシアとの蜜月時代はまもなくおわった．1959年に11カ月で完成した人民大会堂は天安門広場の西側にあり，その巨大な規模のほかにはあまり顕著な中国的特徴を備えていない国際的な様式である．このとき以来北京では，いわゆる近代的な国際的様式の高層建築が建ちはじめた．最近までは北京は灰色の瓦屋根の平屋がひろがっている町であった．そして町は，中庭を隠す高い塀に囲まれた狭い露地〈胡同〉で区切られていた．

1949年の革命後，政治的基準が芸術の最も重要な要素にな

現代の絵画

　今日の中国の芸術家の主要な関心事の一つは，自己の伝統の範囲内で，外国の影響をどのように応用し吸収するかということである．ここにあげられた作品は，今日の中国で行われているさまざまの様式や技法の実験のすべてではないが，文化大革命以降の流動状態を反映するものである．

　ここに示した画家たちは，国際的な潮流と中国伝統絵画の両方の影響を受けている．方召麐（ほうしょう，フアンショ マチョリン）の作品は最近北京とロンドンで展示された．彼女自身は 1947 年以来国外に住んでいるが，作品には伝統の強い影響がある．しかし，それは完全に現代的な作品である．袁運生（えんうん，ユアン ユンション）の独創的な絵は，中国と西洋の伝統の総合であり，将来の発展への道を切り開いている．陳徳弘（ちんとく，チェン トホン）は彫刻を学んだが，いまは絵に専念している．かれの作品の着想は過去の伝統に深く根差したものであるが，かれの形象や構成の実験には西洋美術の影響が見られる．一方，王佳楠（おうか，ワンチアナン）の絵は中国の伝統の独創的な再生を示している．湯沐黎（とうもく，タン ムリ）は美術教育が中断していた文化大革命の時期に油絵を独学で学んだ．かれはいろいろな様式で作品を描く非常に多才な画家である．題材，様式と技術の多様さは，今日の中国の実験段階の美術を象徴している．抽象画は美術学校では奨励されず，人物画は極端なリアリズムから，抽象とはほど遠いわずかな歪曲に至る範囲に止まっている．美術学校の学生は，

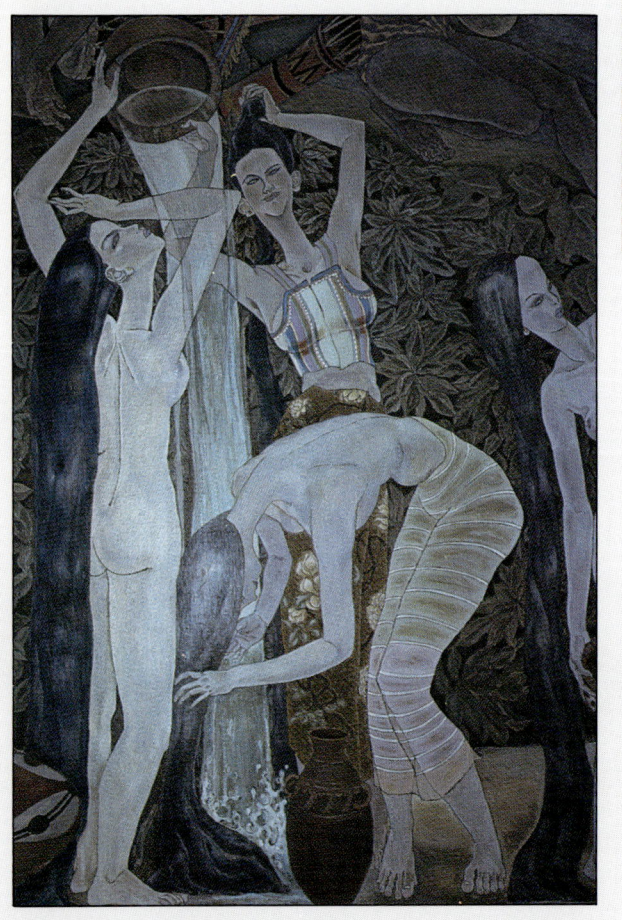

左　北京国際空港の「外国人」用売店にある，袁運生（1937–）の描いた「水かけ祭り，生命の賛歌」という題の大壁画のこの部分は，公共建築物にヌードを描いたということで大きな論争を引きおこした．

上　袁運生のこの水牛は紙に墨で描かれている．この生気に溢れた絵は，この動物の性格を完全に捕えている．袁は伝統的な技術を使っているが，かれの手法は伝統的な主題の描写からはるかに逸脱している．

右　運筆の力強さが袁運生の「流れ」という題のこの絵に見られる．かれの作品は，リアリズムの束縛をかなぐり捨てようという試みのために，前衛的と見なされるであろう．

現代の絵画

上 この絵で陳徳弘は,「松」と「雲」という二つの漢字を描く際に,伝統的な中国の画法を新しい方向に用いている.かれは風景の要素をもつ書道の字体を発展させて,抽象的な構図を作り出している.

左 陳徳弘はこの絵で,唐代の詩人李白(りはく)の「黄河の水 天上より来たり」という詩句に生命を与えた.新しい心を躍らせるような方法で,伝統に新生面を切り開いている.

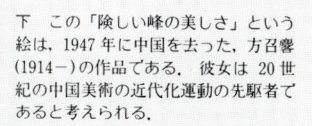

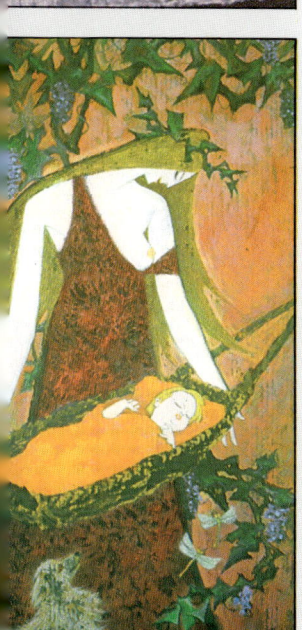

下 この「険しい峰の美しさ」という絵は,1947年に中国を去った,方召麐(1914-)の作品である.彼女は20世紀の中国美術の近代化運動の先駆者であると考えられる.

左 中国政府によって外国留学(ロンドン王立美術大学)に派遣された最初の画家の一人,湯沐黎(1947-)のウィリアム・ブレイク作「子守り歌」の挿絵.かれの作品は明らかに中国的叙情性をもち,東洋と西洋の技法の融合を示している.

右 王佳楠(1956-)作の,武人と刀を投げ捨てているその妻とを生き生きと描いた神話のこの場面は,明らかに中国的性格のものであり,伝統的な工筆の技法の線と色を示している.古代仏教壁画が全体の構図に強く影響している.

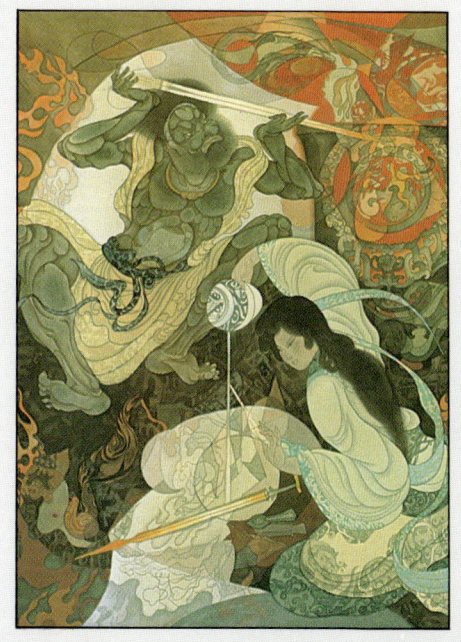

現代の芸術

西洋の美術と結びついた中国の伝統美術、西洋美術の抽象、ならびにヌードに関する議論に熱中した．マルクス主義美学、毛（沢東）の芸術に関する文献、社会主義リアリズム、戸県（こけん，フウ）農民の絵については議論されなかった．中国は、1950年代にソ連と短期間交流したほかは、1949年以来外部世界から文化的に孤立していたので、「現代」美術への強い憧憬をもっていたが、それについての知識はなかった．ロシアで学んだ教師たちは、学生が間接的に摸写できるように、フランス印象派の摸写を作った．

北京の美術大学では、油絵、人物画、伝統的風景画、および花鳥画、彫刻、壁画、グラフィック・アートは、それぞれ別々の科で教えられていた．授業は厳格で学生は何を描くべきかを命じられ、その結果画一的な様式になった．学習時間内には、学生は教師の課した命令と制限以外のものを描く機会など、ほとんどなかった．許容されない範囲外へ脱線する者があれば批判された．画一が規則だった．各人は他と違ったことをしようとはしなかった．そうするときは命がけだった．しかし、許容範囲内では、刺激的な実験が行われた．壁画科の研究生だったリウホンは古代青銅器の紋様に着想を得てモザイクで実験をした．

現在アメリカに住んでいる才能豊かな若い画家韓辛（かん，シン）もいろいろな材料で実験した．かれのバイオリンという題の油絵は精密さの傑作である．油絵を描いている上海の若い画家陳丹青（ちんたん，チタンシ）は1970年代後半にチベットですごしたことがあり、そのチベット族の絵は鋭い洞察力と感受性を示す高度なリアリズムで描かれている．同じく才能に恵まれたグラフィック・アーティストであるハルピンの王佳楠は銅版画と木刻版画において西洋の様式と伝統的な様式を結合した．かれは流動的な線で風景を描き、インクののった部分とのらない部分の調和をみごとに示した．

油絵のリアリズムと対照的に、今日の中国の最も才能豊かな画家の一人である袁運生は、北京国際空港の壁画に2人のヌードを描いて美術の自由の限界を試した．その結果、公共建築物にヌードを描くことに関する激しい論争がおこった．「水かけ祭り，生命の賛歌」と名付けられたかれの作品は，雲南（うんなん，ナン）南部の傣族の伝説を描いたものである．かれは毎年行われる現実の祭りではなく、伝説を描こうとした．かれはヌードを取り入れたことによって、「人物を歪曲し」、「傣族に恥」をかかせたと非難され、これをおおい隠すために、壁のこの部分にパネルがはめられてしまった．人物は優雅な動きと流れるようなリズムで描かれている．この画家は2人の助手を使い壁をキャンバスでおおった．ついでかれは構図のスケッチをし、それをキャンバスに写して、香港から輸入したアクリル塗料で描いた．袁運生はまた、紙に筆と墨でも描く．かれの作品は非常に個性的であり、明るい色のフェルトペンで描かれた半抽象画には天才的な筆使いが見られる．

文化大革命以降、「外国人」留学生が北京と杭州の美術大学で学べるようになり、また今日では若い世代の画家たちが海外で学んでいる．1930年代にパリで学んだ呉作人（ごさく，ウォり）のような古い世代の画家には、伝統画にもどってきた人々もいる．文人画家の張安治（ちょうあんち，チヤンジ）も1949年以前に外国留学した．かれの黄山（こう，ホアン）の山水画は筆と墨によって表現された文人画家の精神の典型である．

文化大革命以降、「外国」美術の展覧会が、中国の大都市で大きな関心を集め、また中国の美術作品が展覧のため西洋に送られた．1982年春、パリで現代中国絵画の大展覧会が開かれ、多くの革命的ロマンチシズムの作品や、潘絜茲（はんけつ，パンチズ）の手になる敦煌（とんこう，トンホワン）壁画の伝統的な工筆（こう，コンピ）〈中国伝統画法の一つ．細部に注意深く描く〉による作品が展示された．この展覧会にはまた、張立辰（ちょうりっしん，チヤンリチン）の指を使った水墨画や、張徳華（ちょうとくか，チヤンドホワ）の粗削りの木塊から浮かび出ている女性の頭部のすばらしい彫刻もあった．北京では、才能に恵まれた彫刻家王克平（おうこく，ワンクピン）の作品が、大胆で表情豊かな手法を示している．すばらしい実験が画家のグループや個人によって人民共和国中の遠隔の地域で行われている．様式と技法の多様さと差異は、文化大革命後の実験段階を反映しており、美術と画家は、より寛容で健全な状況へ用心深く歩みつつある．美術はやはり人民に奉仕すべきかと尋ねられた文化部長黄鎮（こう，ホアンチン）は、「何を制作してもよいと思う」と語ったと伝えられている．画家たちは1949年以来最もよい状況にある．そして現代の画家の言葉を借りるならば、誰もが自分自身の眼で物を見る権利をもっている」のである．

毛主席は1976年9月9日に死去した．そして、かれの大霊廟〈毛主席記念堂〉が約100万人の奉仕によって天安門広場の中央に建てられた．この建物には中国的な要素がほとんどない．

第3部　シンボルと社会

SYMBOLS AND SOCIETY

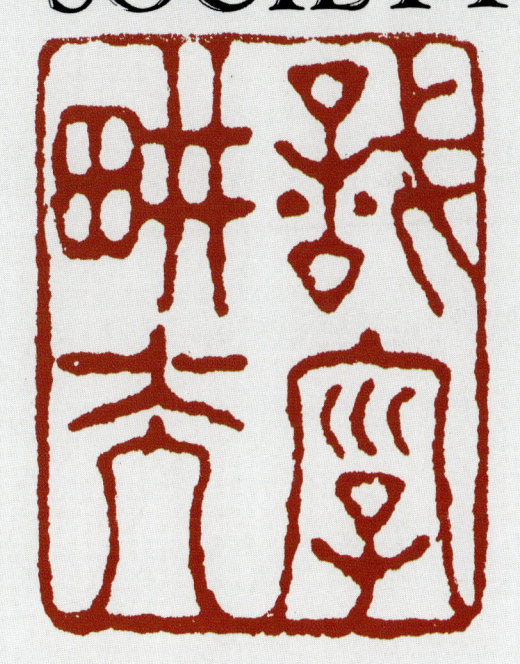

言語，書体，書道

言　語

　中国語はある面では世界で最も単純な言語の一つであり，また最もわかりにくい言語の一つでもある．以下に，中国語の特徴やそれから受ける印象などを記したい．しかし，記述は必ずしも厳密なものでも，全面的なものでもない．

　中国語のおもな特徴は，単語の形は常にほぼかわらないという点である．これにはいくつかの説明を加える必要がある．最も簡単にいえば，複合語は，ヨーロッパの言語の場合のように完全に融合した形ではできていないのである．たとえば，"heliotropism"（太陽にむかう性質）にあたる中国語は"向日性"であり，文字でいえば"～にむかう・太陽・性質"の組み合わせである．文字の並び方は英語のそれ（英語というより，もともとはギリシア語に端を発する）に似ているが，個々の成分は，それぞれの独自性を保っている．つまり，中国語において新しい科学用語を造り出すことがきわめて簡単である．ただ，それらは，われわれの使う大部分の用語よりも，きく者がきいてすぐわかるような原義を保持している．"laser"（レーザー）を，"stimulate-light-tube"（刺激する-光-器）の意味をもつ"激光器"と比較してみればよい．

　単語を構成している単位がそれぞれこのように比較的独立した存在であるがゆえに，中国人はふつう単語を分解して使う．したがって"走路"は"to walk"（歩く）の意味だが，"to walk three miles"（3マイル歩く）は"走三里的路"となり"走"と"路"は切り離されて使われている．つまり，中国語においては，英語ほどには単語の輪郭がはっきりしていない．中国語の伝統的な表現法は，これら意味のかわらないいくつかの単位の結びつきに基づいている．それぞれの音を表す最小字母つまり漢字が，このような一つの単位に該当する．日常的に使うには，5000-6000の漢字が必要である．対照的に，わがアルファベットの表現法では，それぞれの特有な音の単位に対して，原則として別個の字母を当てるが，それをあらわすのにわずか26個のアルファベットが必要なだけである．中国語に使用される唯一の英語の文字といえば，数詞の1, 2, 3,…である．

　中国語の表現法は，語尾の活用のある言語にはあまり適していない．仮に中国語流の表現法で"at sixes and sevens"（6時台に，7時台に）を書こうとすれば"6 s"，"7 s"のような奇妙な改造語〈六や七の字のうしろに複数をあらわす字を加えた複合語〉を作りださなければならないだろう．日本人が7-8世紀に漢字を取りいれた際には，日本語が語尾の活用のある言語であるために，これと同様のことを相当しなければならず，その結果，日本語は混種語となり，基本的な意味には漢字を使い，活用語尾にはかなを使っている．

　中国語の最も古い形式では，意味の違いをあらわすために字の読み方に変化を加えた．この痕跡は，音の高低あるいは先頭にくる子音を異にするだけの，関連した意味をもった何組かの同形の字に，今でも見出すことができる．たとえば，"好"は"hǎo"（"good"，よい）と"hào"（"to think good"，好む）の違いがあり，"見"は"jiàn"（"to see"，見る，見える）と"xiàn"（"to be seen"，見られる，あらわれる）の違いがある．しかし，中国語の単語の場合，2000年以上にわたって，このような変形が主流となることはなかった．

　語尾の活用がないために，中国語の文法では，必然的に特別の働きをする単語および単語の並び方に決定的な重要性が置かれる．名詞についていえば，数（単数，両数，複数）が形の上ではっきりわかるように区別されていないし，格（主格，呼格，対格など）も同様である．動詞についていえば，時制（過去，現在あるいは未来）の区別がはっきりしないし，叙法（直説法，仮定法，命令法，願望法）や態（能動態，再帰態，受動態）も同様であり，動詞そのものの中には相（完成体-未完成体）があらわされていない．それゆえ，中国語はしばしば西洋人が面食らうほどに概括的な叙述になっており，時間の変化のない言語に見える．その場に合った意味を確定するには，文脈が重要な役割を果たす．さらに状況をはっきりさせるためには，時（"きのう"など）や数（"全部"，"三つ"，"いくつか"など）に使われている表現を頼り，あるいは受身を示す"被"（"被むる"）とか，過去を示す"已"あるいは"已経"（"すでに"）などから判断する．

　中国語の単語の並び方は，英語のそれに共通している点が多いが，分析が不用意であると，わなに陥ることになる．若干の例外はあるものの，単語を文脈から判断して確定的にある品詞に定義することはできない．ほとんどの単語は"これでなければあれ"というふうに，複数の品詞の役割を果たす傾向があり，その役割は，それが置かれた場所が決定するのである．こうして，"走"は"go, walk"（"行く，歩く"）の意味であるが，"走好"（"to go is good"or"going is good"＝"歩くことは健康によい"）ということもできる．

　第2に，中国語の文章は主語・述語の構造になっておらず，話題・論評の構造になっている．文の最初に"Xについてはどうなっているか"という質問があり，次に"これこれしかじか"の答がつづく．この区別立ての重要性は，"書買了"，ことばの並び方としては"book buy-finish"（"本，買い終る"）という文体からわかる．正式には，それは"我買了"（"I buy-finish"，正しい英語でいうと"I bought it"）と同じ意味である．しかし最初の文章は，通常は"the book has been bought"（本は買われた）の意味にしかとれない．そこでわれわれは，この表現を"〔As for the〕book〔someone〕has bought〔it〕"，つまり"本は〔についていえば〕〔誰かが〕〔それを〕買った"と翻訳して理解しなければならないことになる．

　句のレベルでは，他の単語を修飾する単語はその前に置き，たとえば，一個初春早上（in "a very early spring morning"＝ある初春の朝）の場合，"早上"を修飾する単語はすべてその前に置かれている．しかし，文章のレベルでは，中国語は一般的なことから特殊なことへと順に表現する傾向がある．文章はしばしば，具体的な話題を述べる前に，時間や場所について触れ，"この場合にはこれこれしかじかで，そして…"という具合に，これから話題にし論評することの前提になることを述べる．論評は，その目的とか方向に関してさらに詳細につけ加えていくことができる．ある意味でこれは，句レベルの単語の並び方と逆であって，そうすることで句と文章との区別を際立たせる役割を果たしているのである．

　専門用語をまちがって使う危険性を恐れずにいえば，以上の点から中国語は単語，文法あるいは主語をもたない言語であるとまとめることができる．もう少し正確にいえば，中国語は形態素を語形変化なしで適応させたものであり，話題・論評の構造に基礎をおいているということができる．

言語，書体，書道

中国語の方言

中国語はある意味では単一言語といえる．なぜなら，一般に，二つの異なる方言を話しているどの二つの地域も直接隣合う地域の人々と困難を感ぜずに話を通じ合える地帯として，一つのくさりでつなげることができるからである．しかし，仔細にながめると，たとえば保定（ほてい）の言葉は100マイルも離れていない北京の言葉とはまるで違っているというふうに，中国語は，不可解ないろいろな準方言のモザイクになっている．かくして方言ごとに境界線を引いた図は，どんなに鋭く分けたものであれ，その基礎になっている統一性と地方の多様性の両方を必ずしも十分にあつかっているとはいえない．ここに示した地図は，1950年代に中国でこの問題を研究したチェコの学者ポール・クラトチヴィルの労作に依拠している．

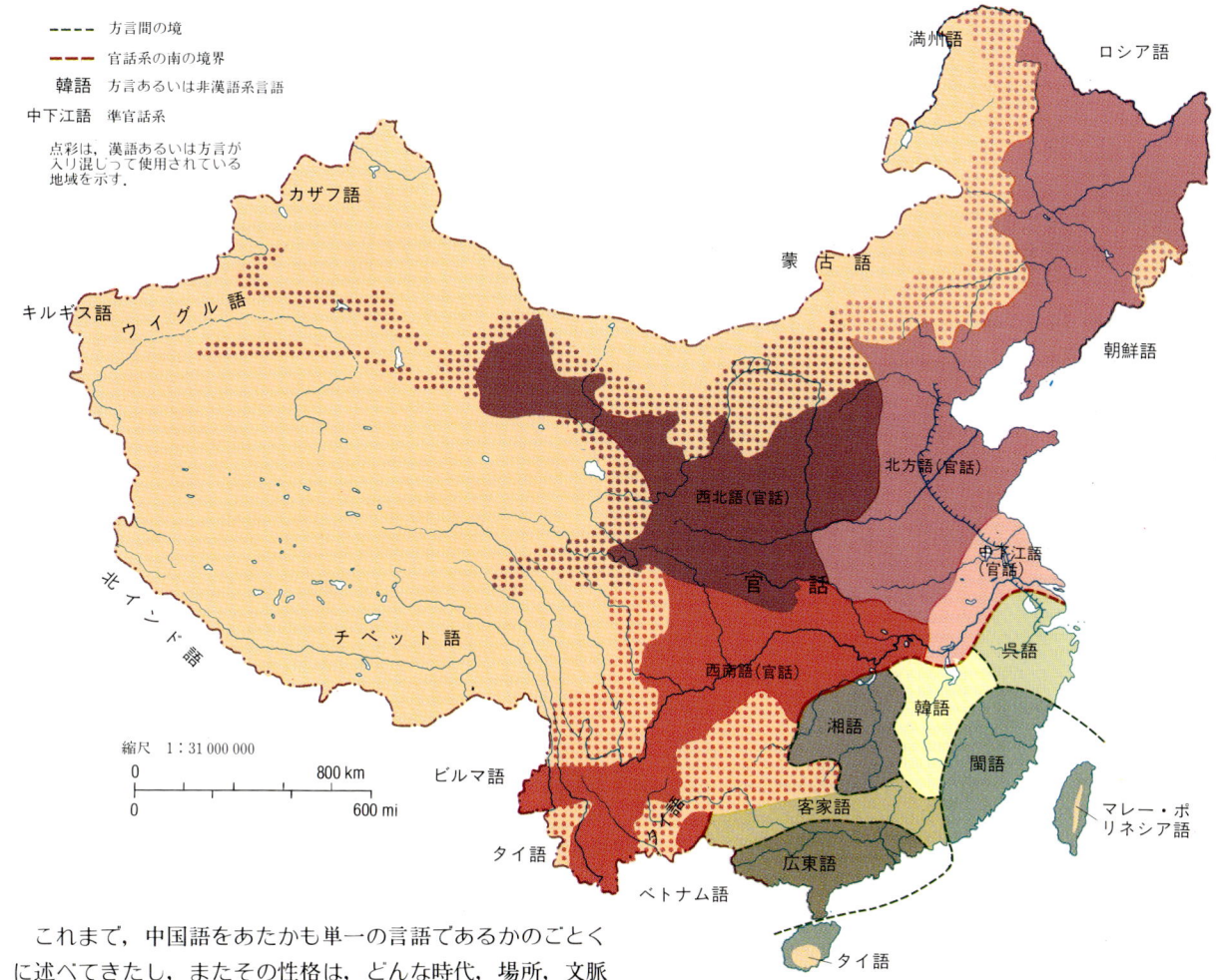

方言間の境
官話系の南の境界

韓語 方言あるいは非漢語系言語
中下江語 準官話系

点彩は，漢語あるいは方言が入り混じって使用されている地域を示す．

縮尺 1：31 000 000
0　　800 km
0　　600 mi

満州語　ロシア語
カザフ語　蒙古語
キルギス語　ウイグル語
朝鮮語
西北語（官話）　北方語（官話）
中下江語（官話）
古インド語　チベット語　官話
呉語
西南語（官話）　湘語　韓語
閩語
ビルマ語　客家語
広東語　マレー・ポリネシア語
ベトナム語
タイ語
タイ語

　これまで，中国語をあたかも単一の言語であるかのごとくに述べてきたし，またその性格は，どんな時代，場所，文脈においても，ほとんど変わらなかったものとして話を進めてきた．これは前述した中国語の一般的な特徴としては，事実からさほどかけ離れてはいないが，以下に過去2500年間におこった中国語の変化を一瞥して結びとしたい．

　古代の中国語は，現代中国語よりも母音，子音ともに豊富だった．かつて発音が違っていた多くの単語が，今や一つにまとめられて全く同じ発音になった．この音声上の貧困化が，主として三つの結果をもたらした．第1に，話す際同じに発音される単語を識別するために，音の高低の変化がますます利用されるようになった．このようにして第四声すなわち下がる音が，早くに廃れてしまった語尾のsに取ってかわったものと思われる．第2に，やはり話す際に，理解しやすいようにとの配慮で，同じような意味をもった字を重ね合せて新しい単語を造った．たとえば"看見"は"see"の意味になる一つの単語で，"看"（"look"の意）と"見"（"see"の意）を合わせて作ったものである．現代中国語は単音節の言語としてまとめあげることはできないが，古代中国語はそのような特徴を有していた．第3に，書きことばと話しことばが，どの地方でもほとんど類似点が見られなくなるほどに離れてしまった．上の表に示したそれぞれの言葉が異なる字で書かれていたころには，言語の古くて簡潔な形が記録上にはっきりと残っていた．この文語体は，1920年代までは書くときの最もふつうの手段として使われていた．その結果，1000年以上の間，行政上の書類，歴史や哲学，大部分の詩，大量の散文体小説などは，もしそれを声を出して読んだならば，一部あるいは全部の意味が理解できなかったのである．

　共通の源から分かれて差異が生じていった長い長い時間の経過のうちに，中国語の方言は全く別の言語といえるまでに違うものになっていった（地図参照）．華北平原は，人々のたえざる移動や循環によって，最も似かよった性質の言葉を話す地域である．南東の海岸沿いは，山岳部に少数民族が住んでおり，言語上最も変化に富んでいる．主要な方言を話すそれぞれの地域内に，その副次的方言もまたかなりの程度発達した．

　中華帝国内では，言語上の統一が伝統的な書きことばを通じて維持されてきた．そして，この書きことばは，教育を受けた者であれば，誰でも理解できた．政府内では，高級官僚はみずから"官話"とよび，西洋人は"マンダリン"とよんでいる一種の北京方言を話した．法律で，高級官僚は自分の出身地を統治してはならないことになっていたから，このことは，大ていの場合，かれらが自分の支配する人々と話し合っても容易に意志を通じ合えないことを意味した．

　今世紀のはじめ，"官話"を基礎にして"国語"を作ろうという運動がはじまった．そのねらいは，たとえ土地の住民にとってはもう一つの言語にすぎなくとも，誰もがこれを話すようにならなければならないという点にあった．はじめは国民党のもとで，そして今や現政府のもとでこのどちらかといえば人工的な言語がひろまっていった．この話しことばの統一に対する基本的な動機づけは，かつても今も政治的である．しかし，大きなメリットが潜在している――すなわち，みんなの発音がほぼ同じになるあかつきには，国民相互間の交流をそこなうことなしに，古い文字をアルファベットの方法に置きかえることができるようになるであろう．これが実現可能になるまでには，まだ時間を必要とするであろうが，もしその実施が決定されるならば，過去との劇的な文化上の断絶をまねくことになろう．国語化運動と平行して取り組まれた

もう一つの運動がある．すなわち書く際に，伝統的な文語を使わず，それをかなり簡単化したものを使うか，新しい国民的話しことばを使うか，のいずれかにするというものだった．中華人民共和国では，簡単化された文語体はもはや使われていない．しかし台湾や海外華僑の間では依然として用いられており，とくに行政上の文書や新聞などには顕著である．

言葉に関する二つの運動によって受けた最大の損失は，それぞれの地方言葉で書かれた想像力に富む文学が繁栄する可能性を圧殺されてきたことである．ほとんどの作家にとって，新しい言葉は，古い文語と同様にまことに不自然なものであり，地域社会特有の味わいはなく，そこの生活に根ざしたものではない．言葉の改革を進める先駆者たちのなかには，地方語によく通じ，それを大事にしている人がいる．これは悲しむべきことであり，皮肉なことでもある．

書体

字を書くことは，中国では長い間，特別に尊重されてきた．"civilization"の意味の"文"の字は，また，"pattern"（型）とか"script"（文字）の意味をもっている．古い時代においては，字の書いてある紙は神聖なものであり，それを粗末に扱うことは不敬なことだとされていた．老人は儀式用に字のいっぱい書いてあるくず紙を集める習慣があり，それを特別の寺院で焼くのによく使った．

最初に中国で字を書いた際は，その対象物を絵で表現する方法〈象形文字〉が用いられた．この方法は，多くの簡単な漢字に未だに見ることができる．たとえば，"口"，"林"（2本の木），"旦"（地平線より上にのぼる太陽）など．

すべての単語がはっきりと絵に描けるような形をもっているわけではないので，この方法は，まもなく音声上の援けを借りて拡大することになった．簡単に絵に描けそうにない単語は全く同じか，あるいはほとんど同じ音をもつ単語の象形文字であらわした．こうして"一万"の意味をもつ"wàn"は，"さそり"の意味の"wàn"にあたる萬の字で書かれたのである．関連する単語はしばしば同じ字で書かれた，たとえば，雄牛の角を形どった"生"は，家畜，いけにえの意味をもち，それゆえに，生命，生まれるの意味をもつが，これと，生まれつきの性質を意味する"性"は，かつて同じ字で書かれたことがあった．

しかし，人々がひとたび長くつづく文章を書き出すや，このように他の字を代用することによる混乱が生じるようになった．これを避けるため，一つの単語がいかなる一般的概念に属しているかを示す特別の文字の要素〈偏や旁〉が加えられた．こうして，"cattle"（牛，家畜）の要素〈偏の牛〉がいけにえになる動物を意味するshēng〈牲〉には加えられ，性質を意味するxìng〈性〉には，"heart"（心）の要素〈偏の忄〉が加えられたのである．ふつう"部首"として知られている概念をあらわす記号は200余ある．今日非常に多くの漢字が，音声上の要素と部首とをプラスして作られている．たとえば"洋"は，音声上のyáng（羊）と，その左側には概念をあらわす"水"〈さんずい〉とから組み合わされている．

紀元前3世紀末ごろ，中国の文字は激しくかわった．宰相李斯（?, ?）の勧めにより，秦の始皇帝は古い字のほぼ半分を廃止し，また残した漢字の多くを作り直した．こうして，それまで書きうつして伝承されてきた先秦時代の文字のテキストをすべて歪曲するという重大な結果をまねいたのである．当然ながら，碑文を除き，われわれが今日もっている先秦時代のテキストはすべて，それらのもともとの文字では書かれていない．廃止された文字は，書きうつす際のうつし間違いのもとになったにちがいない．もともとの象形文字の性格が，どれだけしばしば破壊されたことであろうか．一つの例をあげるとおそらく最初は卵を意味した"白"の場合がある．初期の形を知っていなければ，形をかえられた字の中からこのような例を見つけだすのはもはや不可能である．

秦の改革以来，公けに漢字を改造する動きは今世紀に至るまでなく，構造上はずっと定着したままできた．しかし，非公式に使うものとして，草書体や細字体が生み出された．そのため，象形文字の痕跡を留めていた字のほとんどが，それを留めぬほどに形をくずされ，もともとの形がはっきりしなくなってしまった．1950年代後半から70年代にかけて，中華人民共和国政府は，その数がますます増えつつあるこの簡略化した字〈簡体字〉を使うことを義務づけた．しかもいっそう簡略化した形を作り出してきた．この結果，中国語の字体は二つに分かれてしまった．台湾や海外の中国人の間では，伝統的な漢字〈繁体字〉がいぜんとして一般に使われている．中華人民共和国では，簡体字が必須であり，人々は以前の文字を読む際，もし新しい漢字で印刷し直さなければ理解しにくいと感じている．

漢字の形とか美しさは，どんな道具を用いてそれを刻んだのか，どんな材料の上に書かれたのかによって，大きく左右された．先のとがった鉄の道具で彫れば〈石刻文字〉，一定の太さで文字が刻まれることになり，彫り上げるスピードは比較的遅いが，そのかわり微妙な曲線まで表現することができる．刻む対象の盤面の配置にしたがって，作業は幾グループかに分かれて同時に進められる．字の形が鏡にうつったときのように反対になっていることがよくあり，時には字の真ん中の縦の線の左右にある形があべこべに刻まれていることもある．対照的に，青銅に刻む場合は，さまざまな太さで彫ることができる．印刷の最初の形態たる個々の小さな文字の鋳型は，限られた空間に彫る必要があった．組み合わせを容易にするために，それぞれの字を同一の大きさの四角いスペース内に収めなければならないのである．細長い板切れ〈木簡〉も，かなり規格化された幅に制限されている．筆を使う場合は，重ね書きしてはならず，また考えながらでなくすばやく仕上げる必要がある．もしも筆を紙につけたまま長いことぐずぐずしていると，吸収性のある紙がにじんでしまうからである．ほぼ直線の字体は，わずかに湾曲させつつ筆で書くのが最も容易である．上から下へ，左から右へが，筆順である．新たな美的表現法として，筆使いの幅を簡単に変えたり，墨の濃さを変えたりするやり方がある．

木版印刷は，筆で書いた文字をまねてやや生硬な形で刻みつけたもので，その作り方はまずうすい1枚の紙に筆で書き，次に彫る人がそれを鏡にうつる形で刻むことができるように紙の表を下にして版木にのりではりつけた．印刷は，木版にインクをつけ，それに紙をかぶせ，それを堅くてかわいた刷毛でこする方法をとった．17世紀には近眼用の眼鏡が紹介されて，かなり小さな活字に移行することも可能になった．

金属活字が作られて，タイプライターやコンピューターでは，それぞれの漢字につきただ一つの形でしか打ち出せないほどに規格化されているが，そのようなことは，木版印刷の場合にはなかったことだった．

さそりの意味をもつ萬の字の発展．左から右へ，象形文字，甲骨文字，現在の形．

羊の字の発展．左から右へ，象形文字，小篆，現在の活字の形で，筆記にも使われる形．

白の字，左は，卵の形をしたもともとの字，右は，前3世紀末ごろの文字変革のあとに用いられた字．

前6－5世紀，印刷用に使われた小鋳型文字．

書　道

上　宋代の皇帝徽宗（※，※）（在位1101–35）が書いた漢字"勅"（"皇帝の命による"の意）．

書道は，中国で長いこと独自の価値をもった芸術と見なされてきた．美に関する伝統的な理論では，四つの特色によって個々の筆使いに評価を与えてきた．非のうちどころのない字を書くためには，その四つの特色が完全にバランスよく生かされていなければならないとされているのである．

1. **骨**：何によっても壊されず，みずから砕けることもないと感じさせる筆使いの力強さをいう．
2. **肉**：栄養が十分にいきわたっていると感じさせる筆使い．しかし，勝手きままつまり肉太を意味しない．
3. **筋肉**：筆のひと振りがその次のひと振りに目に見えない絆で結ばれている様子．その様子は，一つの字から次の字につづく場合にもいえることである．
4. **血**：水でも泥のようでもない，墨のほどよい色あい．

書はまず"生きている"ように感じさせるものでなければならない．文字の配置も，まるで踊り手が頁を通して体をゆるがし歩いたりとんだりしているように，動きにバランスがとれていると感じさせるものでなければならない．中国の書道は世界最古の抽象芸術と考えていいであろうが，この芸術の着想の根元にあるのは自然である．筆のひと振りひと振りの形は，葉，蔓，茎，雲，岩，炎，水滴，さざ波などが備えている特徴のある部分を示している．近代活版印刷による標準化された字とその並び方は，書道のもつ美とは正反対のものである．

過去3000年間，四つに定義された字体が流行してきた．

言語，書体，書道

1. **篆書**：これは，字の両端が"垂れ下がっている"字体のことで曲線でかつ線の太さにはほとんど変化はない．これは，甲骨文字から，秦朝で公式に採用された小篆〈俗に篆書という〉へと変化してきたものである．
2. **楷書**：これは，筆使いの一種から考案されたものと思われ〈楷とは，きちんと整ったの意〉，一字一字が別々に分けて書かれている．これは，まず秦代に非公式に使われ，つづいて漢代に公式に使われた隷書〈隷吏＝下っ端の役人が事務に用いた字体〉から，今日印刷される漢字の字体の基礎になっている「楷書体」へと変化した．
3. **行書**：前述の楷書をぞんざいにつづけ書きしたもので，筆使いは互いの字の中に流れこんでいる．
4. **草書**：速記の走り書きで，それによって高度に簡略化された漢字は，専門に勉強せずには判読することができないほどである．これは，大らかにかつすばやく流れるような独自の優雅さを備えている．

右　文徴明（ぶんちょうめい，2ミング）（1470－1559）が書いたこの続け書きの字体は，"筆の舞い"とよばれてきた．この字体は，芸術的表現の一手段として使われており，漢字そのものの意味は，その感情に富む字体ほどには重要ではない．

下　"永久"の意味をもつ永の字は，中国の書道で使われている八つの基本的な筆使いを組み合わせている．これ以上に多くの筆使いを用いた漢字もあるけれども，いずれにせよ，書道の美しさは，1個1個の筆使いによって決定されるところが大きい．より洗練された分類法によれば，筆使いは少なくとも30から40の種類に分けられる．

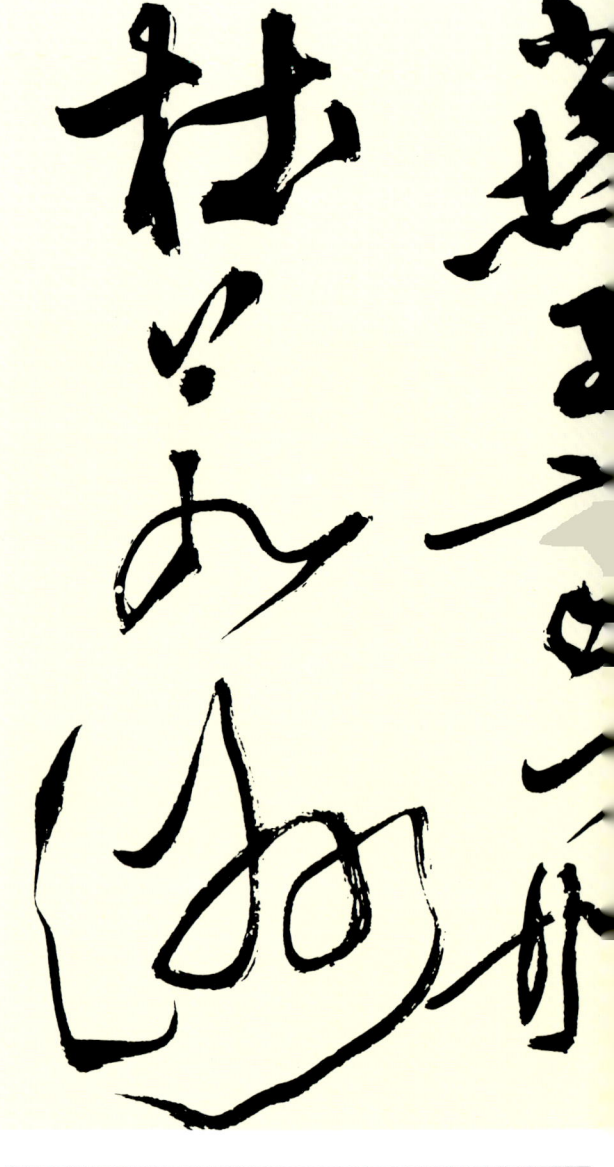

下左　篆書で書かれたこの例は，周代の青銅器に使われたもの．

下中　草書の例．この拓本は，中国の最も著名な書道家の一人であり，この字体をよく用いた王羲之〈おうぎし，ワン チー，4世紀の人〉の作品を石に刻みこんだものからとっている．筆使いはひとつながりになっており，いくつかの漢字は一筆の連続した流れからできていて，しばしばそれを判読しがたくしている．

下右　楷書は隷書に由来をもち，1世紀に発展した．筆使いはそれぞれきっちりと決まっており，ぴんと張る力強さ，つまり"骨"をもっている．

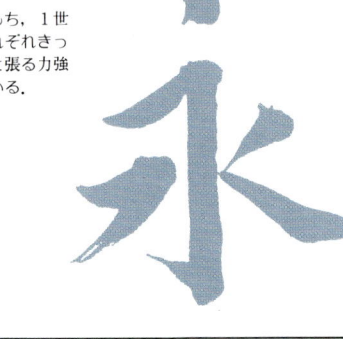

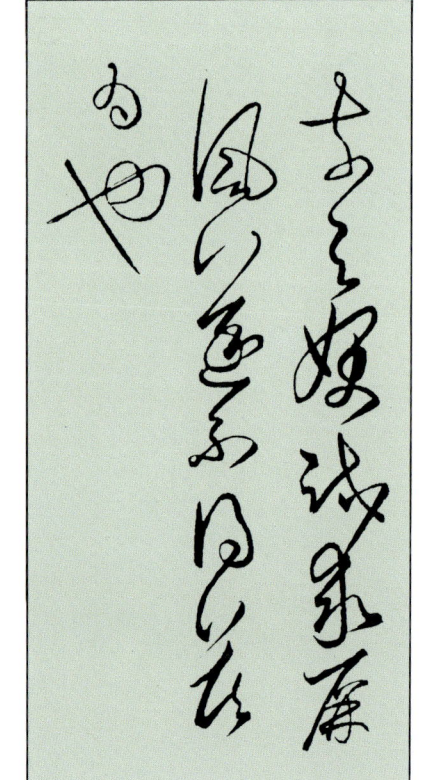

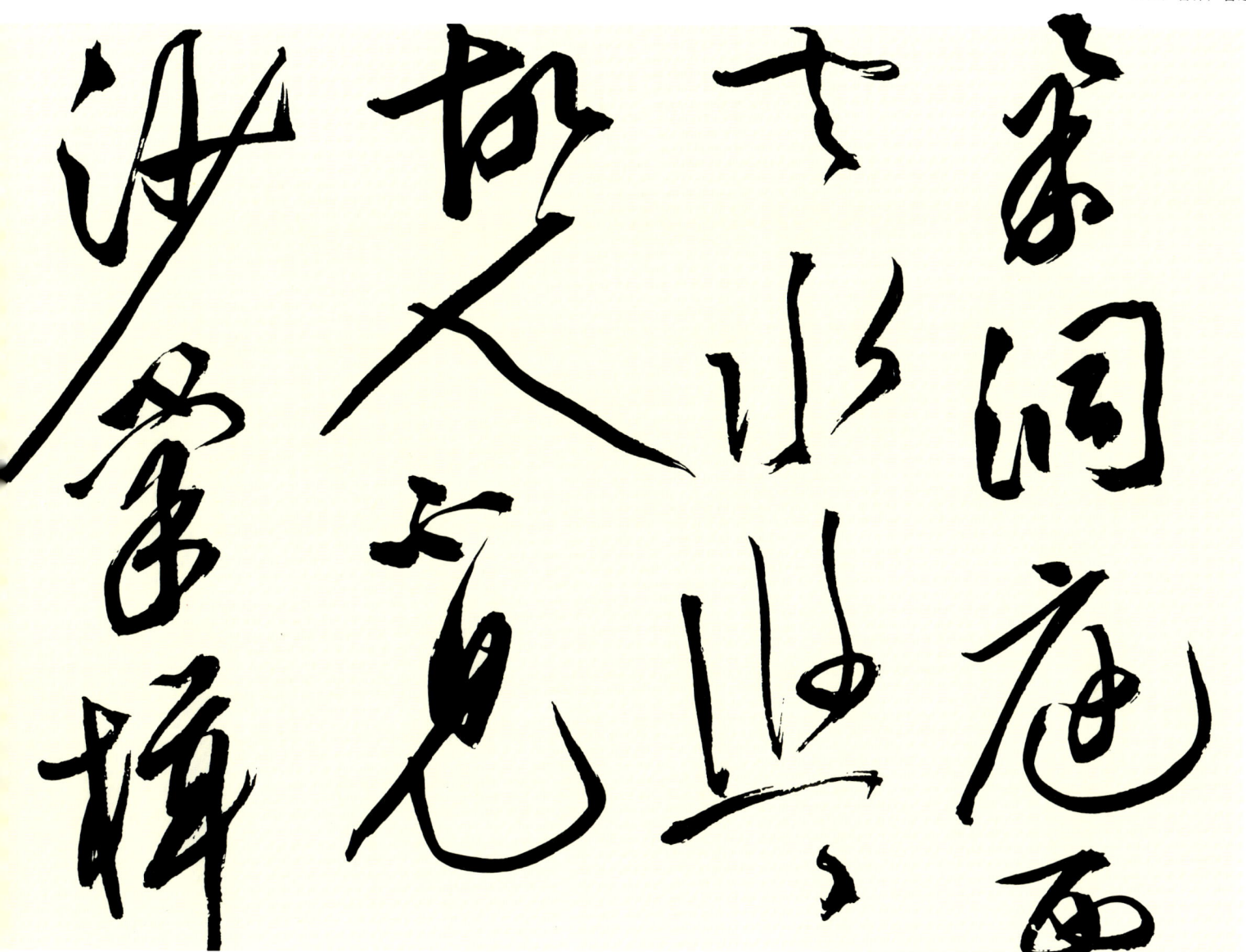

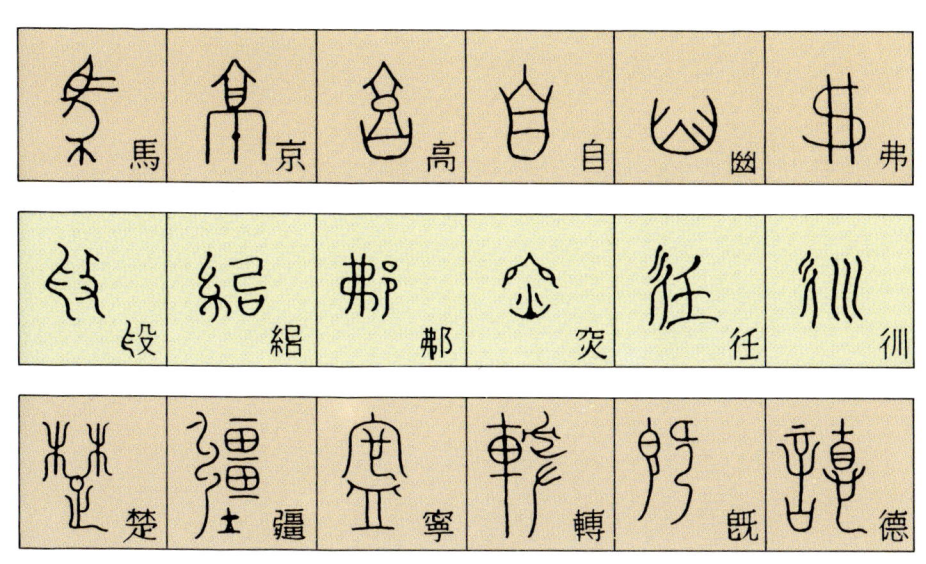

言語，書体，書道

冬 馬	帛 京	邑 高	自 自	凶 幽	弗 弗
段 段	絽 絹	邦 邦	突 突	任 任	沝 沝
楚 楚	疆 疆	寧 寧	轉 轉	既 既	德 德

上 3種類の甲骨文字．上段は，単独の部首からできているか，それに別の要素が加わってきているもので，現在の類似した形が，古代の形を直接に引き継いだ意味で使われている．中段は，いくつかの部首の組み合わせでできているもので，形が簡単なもの．現在はこれに相当する字がない．下段は，いくつかの部首の組み合わせでできているもので，形が複雑なもの．現在に引き継がれた形があるか，形は違うが同じ意味をもつ字がある．
甲骨文字はおそらく象形文字に端を発するが，多くの場合，形を見て，象形文字であらわした内容を理解するのはすでにとてもむずかしく，あるいは不可能な状況になっている．

右 アラビア人の場合と違って，中国の書道家は文字を組み合わせてある形象をあらわすことはめったになかった．西安博物館にある唐時代の石碑は，人の形を描くのに草書体の文字を使っているが，これは誠に珍しいものであり，生き生きとした形象になっている．

詩の傾向

　古代および中世の中国で，人々をゆり動かした喜怒哀楽の情を，今でも垣間見ることのできる窓がある．それはかれらの作った詩である．何世紀もの時間が経過する中で，異なる地域，異なる時代のスタイルの積み重ねが驚くほどに混み入った詩の伝統を産み出し，ついには洗練された広汎な表現方法や規則を詩人たちに供することになった．われわれは，このように複雑な内容を述べるかわりに，中国の詩人が語る場合にはおそらく四つの主要な傾向に分けることにならって，この芸術にアプローチし，なおかつその四つについて，それぞれ例をあげて若干の説明を加えたいと思う．

　最初の傾向は，詩人のテーマが集団的なものであれ個人的なものであれ，概して社会の感情を代弁しており，吟遊詩人的なものと呼ぶことができる．この傾向は，前9－7世紀にかけて北方で作られた詩を集めた最古の詩集である『詩経』と関係がある．それらの詩は，韻をふみ，民謡風の簡潔な表現をしており，常に調子が制御されて理性的である．それらは，恋歌，哀歌，風刺歌，讃歌，船歌，そして神や先祖を祭ったり，狩りをする際の頌詩などのような節をつけられ，しばしば宮廷や王侯の邸で歌われた．

　二つ目の傾向は，おおまかで暗示的な意味においてではあるが，その詩を詠む人々が霊魂世界と心が通い合っていると感じられる点で，"霊魂に魅入られている"ものとよぶことができよう．この傾向は古代後期に『楚辞』（そ，じ）を作った楚の国の詩人たちに特徴的なものである．それは長くて叙事詩的であり，官能的なものと敬虔さとが分かちがたく混じり合い，想像力は，シャーマンが恍惚状態にさまよっているのに影響を受けて，北方人には知られていない自由さで，時と空間を飛翔している．明らかにパラドックスといえることだが，われわれはこの傾向の中にまた，最も自覚的に自らを新しい環境に慣らそうとしている詩を置くことができる．

　三つ目の傾向は，"非人格化に専念している"詩のことであり，自然を描写する際，詩人が，自らをただ自然を説明するだけのぼんやりした存在にとどめているような詩を特徴としている．この傾向は，最初の5世紀の間に，後漢の散文詩に見られる海をテーマにしたような，パノラマ風に概観した寒々しいまでの壮大さから，5世紀初の謝霊運（しゃれい，シェリジェン）が述べている"賞心（山水を賞づる心）"，つまり多くの現象をもとに宇宙内部の論理あるいは内部の構造を感じとることのできる感覚の微妙な表現にまで発展した．

　最後の傾向は，唐代中頃の成熟し洗練された時代を代表するものであって，一言でその特徴を要約するのは困難であるが，"人道主義およびそれへの共鳴"を示す一つといっていいかもしれない．そこでは人間界と自然界が新たな均衡のもとにおかれるが，究局的には人間界に関することの方が優勢である．そして詩人は，敏感にかつ意識的に取りしきっている詩の構成の仕方とか，何を参照し何をたとえとして引用するかとかいう，それまでしばられていた事柄から，心理的にかなり解き放たれたところにいる．詩の題材として受け入れられるとみられる話題は，とりわけ杜甫（と，ほ）によってその数を増したが，かれの場合，仲のよい家族の微妙な心理描写や，自然災害時にわずか数ポンドの米を値切る状況を，より伝統的でより大きな問題と同様に，気軽に題材に取りあげた．

　五つ目の傾向として考えられうるのは，"日常生活"を反映したものである．この傾向の詩は次第に無視される状況にあるが，人生の不幸や人間としてなすべきことを，感情におぼれない程度の同情心をもって描いているがゆえに，これに注目する価値がある．

よそからきたあなたは，私にしきりに笑いかけて，
麻布をもって，糸と交換にきた．
でも絹糸があなたの目当てではなく，
私を連れて帰るのが本意だった．

私はあなたと一緒に淇水を渡り，
頓の丘までついていった．
私が結婚の日取りを延ばしたなぞといわないでおくれ，
あなたも，私たちの仲人をしてくれる人がいないと知っていたのだから．
そして，あなたに怒りを鎮めるように頼んだときに，
私たちは秋には結婚すると決めた．

くずれかけた垣にのぼった．
あなたが私のところに戻ってこないかと，関所の方を見つめていた．
関所を見つめていても，あなたの姿はあらわれなかった．
涙がとめどなく流れ落ちた．

やっと関所にあなたが戻ってくるのを見て，
私たちは笑い，そして語り合った．
あなたが占いをしたら，
不吉なことは何もあらわれなかった．
　　〈原詩　2行分省略あり〉
桑の葉がまだ落ちないときは，
その葉はつやつやして活気がある．
鳩よ，桑の実を食べてはならない．
娘よ，紳士と楽しみにふけってはならない．
もし男だったら，そうしてもまだ言いわけが立つ．
もし娘がそうしたら，何の言いわけもできないのだ．

桑の葉が落ちるとき，

その葉は褐色になり，あせた色になる
あなたと一緒の3年間は，
貧しい食事に甘んじてきた．

淇水の水はまんまんとたたえて，
私たちの車の帳もぬれている．
私は隠すことは何もなかったけれど，
あなたは隠してばかりいた．
自分のすることにとめどがなくて，
男はまったく自分勝手なもの．

　3年の間妻として，
苦労を苦労とせずに
早く起きて，遅く寝て，
1日とて身体を休めるときがなかった．
今それもおわりになって，
兄弟たちは知らぬふりして，
平気で笑っている．
黙って考えていると，
自分のことがあわれになってくる．

私はあなたのところにきた，行く末長く一緒にと願って．
私たちは年とってきて，私が恨むようなことをあなたはした．
少なくも淇水には岸が，沢には緑があるものを．
（あなたの心にはしまりがない．）
私がまだ娘のように髪を束ねていたころ，
私たちはいかに喜びを語り，笑って，真心からの誓いをしたものだったか，
それがこんなにも変わるなんて考えてもみなかった，
思いもよらなかった変わりよう，
起こってしまったこの変わりようを何としよう．

1

詩の傾向

2
初めての光が，まさに東方にあらわれ出て，
わが敷居や，扶桑の木を照らしている．
私の馬をなでて，ゆっくりと進ませると，
夜は明けて，もう朝になった．

竜を轅にして，雷の車に乗り，
雲の旗を立てて，なびかせている．
深く吐息をついて，小道を登りはじめる．
心ははずまずに，うしろをふり返る．
ああ音はここちよく，景色はうっとりさせる．
見る者は安らぎを覚え，帰るのを忘れる．

琴を奏で，鼓を打ち鳴らす．
鐘を鳴らし，その懸け木を揺るがす．
横笛を吹き，竽を共鳴させる．
巫女たちは輝くように美しく，
あちこちと，かわせみのように飛んでいき，
舞いに合わせて歌を歌う．
その節と拍子の完璧なことよ．
神が降ってくる，陽の光が目に入らぬようにさえぎりながら．

ああ私の青い雲の衣，白い虹の裳，
光に向って矢をつがえ，天狼星を射る．
弓を握って，天高く昇る．
北斗に至って，桂酒を注ぐ．
今や手綱をとって，家路へと下っていく．
闇の中に深く突き進んで，東方へと戻っていく．

4
この，泰山とは一体どんな山なのか．
真下の斉と魯には，限りなく緑がつづき，
ここには，創造主によって集められた超人的な美があり，
陰と陽の力が，明と暗を分けている．

胸をとどろかせて，層をなす雲の峰が生じるのを見，
目をこらして，鳥が寝ぐらに帰っていくのを追う．
かつてこの山の頂上に登ったとき，
一望のもと，周りの山々は下に小さくちぢこまっていた．

3
杖を頼りに，隠者に会いにきた，
草の生い茂った小道が，昔も今も行く手をさえぎり，
洞窟には人の住まいの構えがないが，
丘のどこかで，琴の音がする．

日かげの北斜面に，白雪いまだ残り，
日なたの森には，赤い花が輝いている．
岩にわき出る泉は，玉の小石を洗い，
ほっそりした魚が浮き沈みする．

楽の音は何も琴や笛とは限るまい，
山と水が清らかな調べをかなでる．
歌声もどうして人の囁き唱う歌に限る必要があろう，
灌木たちがみずから悲しい歌を口ずさんでいるではないか．
〈以下に4句省略〉

5
姑蘇の台上に鴉が休んでいるとき，
宮殿では呉王が西施に酒を勧めて酔わせている．
呉の歌，楚の舞いなど歓楽が尽きぬうちに，
今や緑の山は，太陽を半ば飲みこもうとする時間になった．

銀の針が金の壺に沈んでいき，
水時計の水がたちまちこぼれ出す，
2人は立って，秋の月が揚子江の波間に落ちていくのを見る．
東に太陽がゆっくり昇るころ，2人はどんな楽しみをえるのだろう．

上　安徽省にある黄山（ﾎﾞ，ｺｳｻﾞﾝ）．

左　『詩経』の中の最もすぐれた詩〔氓〕（といっても，"吟唱詩"的な調子が一番少ない詩の一つであるが）は，女性が書いたもので，結婚前のある出来事のあとに，不幸な結婚生活を送ったことが語られている（鳩は，引喩の役割を果たしていると解釈すべきである．つまり，鳩は，結婚前に恋愛に夢中な娘たちと同様，桑の葉を食べるのに夢中になって生長すると考えられたのである）．

右下　杜甫と同時代に生きた李白（ﾊｸ，ｼﾞ）は，たくみな表現，生き生きとしたイメージ，そして劇的な反語を駆使する点では並ぶ者がいない．唯一もう尽きようとしている時を暗示するためにのみ表現された"とまり木に止まる鳥の歌"〈烏棲曲〉は，読者はすでに知っている，あすには越国に滅ぼされようとしている事態に気づかされ，呉王〈夫差〉が愛妃西施（ｾｲ，ｼ）とともに過ごす最後の夜がテーマになっている．この表現効果は，クレオパトラの目をのぞきこみ，そこにかれらの破滅を予感するアントニーを歌ったエレディア〈キューバ生まれのフランス高踏派詩人，1842-1905〉のソネットの"一面の広い海，逃げていくガレー船"に匹敵する．

上端　"東君"と題したこの詩は，楚における宗教，つまり巫女と神との恍惚たる結びつきの様子に一瞥を与えている．このような言葉をともなって行われたであろう劇的な立ち振るまいが彷彿としてくる．

上　8世紀に生きた杜甫は，視覚的に感動的な背景をどたん場で転換させる名人だった．これは泰山（ﾀｲ，ｻﾞﾝ）に関して詠んだ初期の詩で，読者の視界を突然ひろげることで結んでいる．

左　この詩〈招隠詩〉は3世紀末の詩人左思（ｻ，ｼ）の作．社会に絶望して山中に不死の秘訣，あるいは悟りを求めた隠者を詠ったもので，これは当時論争のあったテーマである．

孔子から儒教まで

　前6世紀末から前3世紀はじめにかけて，中国の思想家たちは，道徳や真理の側面から生じた知的な問題に気づくようになった．それ以前には，とりわけ天の意志と神霊の願いに調和してうまく行動する秘訣は何かをさぐることに重点が置かれていた．それが，経験と反省を積むことによって，今や多少の懐疑が生まれ，人々は自分たちの確信の根拠をもっと堀り下げて考えることになったのである．

　四つの基本的な思想潮流があらわれた．孔子(こう，ヅン)，孟子(もう，ヅン)，荀子(じゅん，ヅス)の，やや不可知論的かつ非宗教的で保守的な人道主義は，諸個人間の有機的，社会的な結びつきを育て，この結びつきの中で適切な形で働く個人の徳を涵養しなければならないと説いた．墨子(ぼく，ヅス)は，道徳主義の違った側面，功利主義的，エリート主義的で，権威主義的な面を説いた．かれは，天はいつもよい行いをほめ悪い行いを罰するものだと確信していた．これとは対照的に，荘子(そう，ヅス)は，すべてを包括する宇宙のあるがままの過程("道")に自己を道徳とは無関係に没入させるといった想像力をもとに，かれの思想を作りあげた．かれは，論理的で倫理的な議論によるさまざまな区別立ては，かえって理解を妨げるもとになっていると考えた．最後に，政治手腕に長けた現実主義者，たとえば商鞅(しょう，ヨウン)(かれの作といわれ，実はそれよりあとに書かれた書物〈『商君書』〉によって知られる)や韓非子(かん，フェイヅス)などは，国家は全体として，習慣的に個人の側をよしとする価値基準とは全く反対のそれを必要としていると主張して，集団主義的で，マキャヴェリスト的でもあるような，反道徳主義を説いた．前3世紀に道家がまとめた『道徳経』〈老子ともいう〉は，人間の感情に左右されずに全体的にたくみに処理する点で，支配者の現実主義的な見解を共有しているが，世界はあまりにも逆説的でとらえどころがないがゆえに，法律的な方向によっては制御できないとした．また，聖人が一種の不可思議な自己否定によって，国力や経済発展のモデルを昔の生態学的な単純なやり方に求めることに反対した．

　孔子(前6世紀末)は，みずからを(輝かしい)過去の伝達者にすぎないと宣言したが，実際にはかれの理解は，過去とは決定的に断絶していた．かつての宗教と政治の結びつきや，周の封建制度が伝えてきた社会政治学的な役割のかわりに，かれは道徳的な体現者による支配を主張した．かれにとって最高の徳は仁であり，これはかれの前の時代にはほとんど触れられていない．仁はしばしば"善"の意味に解されるが，基本的には"他人への細かい心配り"を意味している．

　孟子(前4世紀後半)は，楊朱(よう，ヅュ)——かれは，人間の本性と社会が求めているものとの間に和解しがたい対立があるとし，社会の諸制度は人間の拷問の一形態であるとした——のややストイックな快楽主義の挑戦を受けたが，それとは反対に，人の性質は生まれつき善であり，悪はそれが堕落させられたために生じたにすぎないと主張した．かれは人間の"気"(精神のバイタリティー)を復活させ養成しようとして，性善説を強調した．多少楽天主義に欠ける荀子(前3世紀はじめ)は，天を聖なるものとせず，"自然"と同じ意味でとらえた．かれは人間の性質を中立的なものと見なし，それが修養の状況によって各自そのあるがままの姿にあらわれるとした．道徳は社会生物学的に解釈された．人間は社会的な組織のゆえに厳しい環境の中で生き残れたのであり，これは，人それぞれに違った役割をもち団結心があるなどの補足的な作用によるところが大きく，また"礼"(儀礼)や"楽"(音楽)それぞれの心理学的な効用によって支えられているとした．

　古代後期の最も悲しむべき哲学上の不幸は，墨子の後継者たちによって作りあげられ，かついくぶんかは公孫龍(こうそん，ろう)のような詭弁家たちの奇説(「白馬は馬ではない」，「親のない子馬には母親がいない」など)の中にも見出される，複雑な論理学であった．厳しい現実的な問題が山積する戦国期にあっては，この種の思考はせいぜい無用のものであり，最悪の場合は社会的に有害なものとなった．荘子も，神秘論者の立場から批判を加え，言葉によって経験をカテゴリー分けするのは，そもそも歪曲であり，現実を言葉で形式的に表現する方法はないのだと主張した．同様に荀子も，言葉はそれ自身にそなわる現実性をもたず，似かよった対象物をあるカテゴリーにグループ分けする手段として伝統的に承認されているのだと主張した．奇妙奇天烈な論法は，この言葉に対する伝統的な考え方を勝手に改竄したことからおこった．議論をする際に用いた厳密で理論的な方法はこの理由で，おそらくさらに他の理由も加わって，消滅した．

　最初の帝国〈秦〉が成立するまでの間に，儒教，道教，陰陽五行説，占いやその他の要素が，ごっちゃに入り混じって一つの形而上学を形成し，その後の中国哲学の基礎をなした．それが古典的な形で表現されたものが『易経』(えききょう，ジン)であり，それは古代周王朝の易断の手引きの上に貼った羊皮紙に記録された解説・注釈であった．易は，完全につづいている〈—〉か，まん中でとぎれている〈— —〉六つの線〈爻という〉の順列組合せによってできた合計64の六線形〈卦という〉に基づいて考えられている．それらはそれぞれ剛と柔，明るい力(陽)と暗い力(陰)を表現している．これらのどちらかが最大限に達するや，その反対に転化する．それぞれの六線形は，ある典型的な状況の表象(象)であり，特定の諸経験世界を結びつける秘密の通信網を形成している．今ではノコギリ草の茎を抜いたりコインを投げあげることで占うが，もともとは，優勢な状況を占めている実際の内容と本の中でのその象徴的な形との間で，相互に共鳴し合うがゆえに占いができると考えられていた．この完全に形而上学的な説は，数え切れないほどの対をなす対称的な事柄——たとえば，女性と男性，暖かいと冷たい，形とエネルギーなど——を基にした，多面的な二元論であった．このような思考方法は，機械論的というよりはむしろ系統的であって，64卦の循環は，直線的な発展を反映しているというよりも，植物の永遠のくり返しを反映していた．この世を支配している力は，その中に内在しており，西洋の伝統にあるような超自然的でかつ世界の外側にあるものではなかった．いかなる状況をもおおっているこのような傾向がうまく機能している間は，ふ

　これは，もともとは線描のたくみなことで知られる唐代の画家呉道子(ご，どうし)(720–60年に活躍)が描いた絵を再製しようと考えて彫刻した石碑からとった拓本．孔子は，ここでは日常生活の現実感を覚えさせる裁判官姿で描かれている．碑文の初めに，「原則を実践に移した最初の教師孔子の肖像」と刻まれている．石碑の右側一番上に対句が刻まれ「徳は天地に等しく，かれの道は今も昔も至上である，かれは六つの経典〈六経〉を編み，子々孫々にあるべき姿を伝えた」とある．

（ほう，ファー）（7世紀後半）などは，すべての現象の完全な融合と相互の浸透を強調した．この見解では，人（ある人が語ることのできる限りでの人）は，他人の苦悩や災厄に心を動かされないものはいないし，他人の善行や啓発から利益を受けないものもいない．また，一人が幻影や欲望から最終的に解き放たれるのは，全員がそうなるまでは不可能である．これが他人を救うためにこの世に留まっている将来の仏，菩薩を信仰する大乗仏教の教えの基礎にある観点であり，普遍性に乏しい小乗仏教がこの世にある時ですらこの世のことに冷然として枯木のような羅漢を強調するのと正反対である．

仏教徒が儒家の家族重視，政治的従順を低く見ることや道徳的ニヒリズムの傾向をもつことに対して，多くの中国人は嫌悪したが，この嫌悪の情が増長して，11-12 世紀には，古い論説統合主義の形而上学や生来の人間の善を信じる孟子，変形した仏教思想の多くの要素に基づく，合理主義者・世俗主義者の哲学的な反作用を生みだした．その中心的な思想家たちは古い伝統の中にみずからを位置づけ，儒教の経典に注釈を加えるという形で自分の考えの多くを表現したので，この反作用はふつう新儒教とよばれる．張載（ちょう，ツァイ）(11 世紀)は，従来"生命力"や"精神力"を意味した気の概念を発展させて，"模範の原理"（理）にしたがって諸現象をおこす"物質的エネルギー"，つまり潜在力を備えている本体（文字ではからっぽであることを示す"虚"をあてる）であるとした．かれは仁の概念を"他のすべての人のことを細かく配慮する力"へと拡大して解釈し，その結果，同時代で彼より若い程明道（ちゅん，チョンミン）が述べているように"それ自身でないものはない"ことになった．階級格差を求める儒者と，本能的に平等を求める仏教徒との間の緊張関係は，解決されないままに残った．その後，明道の弟の程伊川（ちぇい，チョンイ）は，"理"を自然なままのものと規範的なもの，ありのままを記述するものとあるべきものを規定するものとの両方の面をもっているとした．これは，実際の姿とあるべき姿とをつなぐという（解決できない）問題をたくみに解釈したことになる，というのは，もし一つの実在がそれにふさわしい何か（たとえば父）であるための特性（たとえば同情心）をもたなければならないとして，もしも実際にはこの特性をもたないとしたら，それは全くその何かではないことになってしまうからである．しかし，性質（そのすべて）が本来的に善であるという考えにとらわれたがゆえに，新儒家たちは，悪はどこから生じるかを説明できない状態にとどまった．偉大な集大成者・朱熹（じゅ，チュー）(12 世紀)は，模範の原理（いつも善）と物質的エネルギー（ときに善，ときに悪）との実質的な二元論を対置することを余儀なくされたが，これは，基本的な戦略を破壊するに任せることにほかならなかった．

このジレンマを避けるための最後の努力は，陸象山（りくしょう，シシャン）(12 世紀)と王陽明（おうよう，ツミン）(15 世紀末から 16 世紀はじめ)によってなされた．かれらは，道徳は個人の外にあるいかなるものからも引き出すことができないことを認めて，それは心で直接に感知することができると説いた．独断偏見は，普遍的な心――個々人の心はその一部であり，またはそうあるべきである――を対置することで避けられる，もし不道徳な行為がおこったら，それは，直覚的な道徳の知識が利己主義に汚されてきたからである，とした．理論面での論争は，この時点で放棄され，20 世紀張東蓀（ちょうとん，チシン）らによって再び取りあげられたときには，概念的背景となっているのは，もはや純粋に中国的なものではないし，中国的なものが優勢を占めるというのでもなかった．

つうの個々人はこの限度内では，いかなる生き方をすることも自由であった．聖人は，易のもつ英知をうまく利用できるので，発展の兆しがあるうちにそれを伸ばして成果を収めることができた．漢代およびそれにつづく帝国分裂期を通じて，この確信があるがゆえに中国の思想家たちは，現象の底を流れる，すべてを支配している原則とは何かを探求したのである．それは"不可思議なものの科学"とよばれた．

5-6 世紀，輸入宗教たる仏教の根本的な教えを中国人が徐々に把握するに至って，諸説入り混じった形而上学は，仏教の挑戦を受けるようになった．仏教の"空"の教義は，物質的なものか精神的なものかを問わず，因と果の無限の流転がある限り，どんな特定の存在物（テーブルとかあるいは魂とかのような）でも永続的に存在する――たとえある瞬間から次の瞬間までの短い時間にせよ――と信じることは，"ある画家が人の頭の中に描き出した"幻影に悩まされるもとになると説いた．最も鋭敏な思想家たち，たとえば法蔵

宗　教

下左　葬式を準備する際，この精霊信仰の道士が，供物台に籾や干した木の根やタバコをふくむさまざまな物をならべたところ．埋葬後，かれは，死者を記念して植えるために，多産のシンボルである米粒を会葬者一人一人に配る．

下　1959年，チベットに中華人民共和国の"自治区"がつくられて以来，2000以上のラマ僧の教団組織が解散させられ，その建物の大部分は破壊しつくされた．しかし信仰はたくましく生きのび，巡礼者たちは寺院での祈禱を引きつづき行っている．

　伝統中国における宗教を全体として包括して呼ぶのにふさわしい名称はない．どんな宗教でもさまざまな要素が溶けこんでおり，それがあるがままに受けいれられたのである．よくいわれている言葉に儒教，道教，仏教の「3教はもとは一つの教えである」〈三教帰一〉といういい方がある．また民衆の知恵は，日常生活の手引きとして儒教を受け入れ，儀式でお祓する時は道教の道士に頼り，葬式には仏教の僧侶を雇った．しかし，このようにきちんとそれぞれの仕事を分割してしまうことは，矛盾した，多くの信仰が共存しているように見える錯綜した実態をおおい隠すことになる．

　ふだんには目には見えないあらゆる性質とさまざまな程度の力をもつ精霊（神）たちの世界が存在した．このもう一つの世界は，目に見える日常的な世界の構造と密接に融合しており，その世界は多くの点で日常世界に似かよっていた．天界のトップの地位にある玉皇大帝および地獄の支配者閻羅（閻魔）は，北京に住む君主と似た権限や機能をもっていた．同様に県城ごとに建てられた城隍神は，霊界の県知事だった．先祖や亡霊とは全く別に，かつては人間として生涯を送った多くの精霊（つまり神，比較的重要な存在と認められたものは神とよばれる）がいた．清代の戦いの神〈関帝〉であった関羽は，3世紀の偉大な武将だった．時計の神，利瑪竇（リマトウ）は，まさに "運命の皮肉" というにふさわしいのだが，かつてはイエズス会派の宣教師の聖マテオ・リッチだった．神は，その役立ち方によって，あるいは皇帝の気まぐれのままに，格上げされたり格下げされたりした．中国人は，これら霊的存在と夢の中で交流をもったり，神がかりの状態にある精霊の媒介者を通じて，それに相談をもちかけたりした．

宗教

中 昆明の西北にある仏教寺院筇竹寺（そこにある各種の竹は四川産）の五百羅漢が置かれた部屋で、線香がたかれている。紀元後数世紀の間における中国への仏教の伝来は、110頁の地図に示されている。羅漢とは小乗仏教の伝統では悟りをひらいた僧侶のことで、小乗仏教では個人の解脱を強調した。しかし中国ではこれと対象的な全ての人々の窮極的な救いを約束する大乗仏教が普及した．

上右 祖先崇拝は、生者と死者とが互いに世話をし合うものだという信仰のもとに成立している。もし祖先の霊がないがしろにされると、その霊は"餓えた魂"となってもどってきて、生者のまわりに出没することになる。これと対照的に（ある特定の子孫に幸運をもたらすべく祖先の永遠の墓地を選択しようとする場合に行われる）地形占いは、祖先に敬意をはらうというよりは、自分たちの利益のためのやりくりという性格が強く、これがもとで、利益をめぐる兄弟げんかに発展することがしばしばだった。中華人民共和国になるとこういう考え方や習慣は衰退したが、この雲南の写真が示しているように、なおつづいている．

下中 中国に移住した最初のイスラム教徒は、アラブやペルシアの商人であり、かれらは唐代に海や陸を渡ってきた。その後の移入については、150頁の地図に示されている。昆明にあるモスクの説教壇の屋根は典型的な中国スタイルである．

上 文化大革命の間（1966-76年）、中国のキリスト教教会は非愛国的であり、また帝国主義者の遺物として批判され、その多くは閉鎖され、いくつかは破壊された。外国との結びつきをもたぬ"キリスト教宗派から自立したキリスト教"が強調され、また信仰の自由にもいくらかの制限がついてはいるが、文革以後、活動を再開する教会があらわれた．

左 シンガポールで、華僑の婦人が霊媒に相談しているところ．

189

寺廟と宮殿建築

　中国では，儒教の廟，道教の寺観と仏教の寺の建築には違いはなく，世俗の建物と同じような配置と構造で建設されている．

　宋代以降の伝統的な中国の建物は，高い基壇の上に立てられ，大量の瓦でふかれた重い屋根は精巧な構造，つまり持送りと壇上の石にたてられた木柱によって支えられている壁はほとんど屋根の重量を支えず，軽い材料で作られている．最も重要な建物は南に面し，南側に窓がある．他の側には窓はない．持送りのすべての部分は，釘を使わずに組み合わされ，建物の重要な装飾要素と見なされている．木材は保護と装飾をかねて塗装され，円柱はもし彫刻されていなければたいてい赤く，基壇は白く，壁は赤く，持送りは緑色と青色で，屋根瓦は黄色か緑色である．北京の紫禁城の宮殿は，宮殿風建築様式と装飾上の特徴において曲阜（きょく，ふ）の孔子廟と共通だ．両者とも明代に建てられている．また太原（たい，げん）近くの晋祠（しん，し）の宋代の寺とも共通である．

　仏塔はインドにはじまった．中国は仏教徒によって伝えられ，仏舎利を納める建物として使われた．仏教徒は石窟寺院も使った．中国の他の宗教的建物は，周代の文献に述べられている型にしたがって，天と地との関係を象徴し，儀式用の建物の上部は円形に下部は方形に定められた．この型の例は，チベットのギャンツェでみられる．北京の紫禁城の清代の天壇は円形で，方形の庭に据えられている．西安と昆明のモスクは中国の伝統的儀式の建物であるが，トゥルファンのモスクは中東のイスラム様式の輸入である．

寺廟と宮殿建築

左 北京の東側の王府井(ﾜﾝﾌｰﾁﾝ)のキリスト教会．1666年〈康熙5年〉に建てられて以来，何度も建てなおされた．現在は学校である．

下 トゥルファンのモスク，1776年〈乾隆41年〉建造．

上 山西省の南部の14世紀に建てられた道教の廟・永楽観(ﾖﾝﾛｳ，ｺﾞｼｮ　ｸｶﾝ，ｺﾞｼﾞｮ)．宮殿風の建築で中原で最も壮大な壁画を蔵している．

下左 現在の山東省の曲阜——前6世紀に孔子が生まれた——の孔子廟，清代のもの．ここに見られる〈大成殿〉は1724年〈雍正2年〉に建てられ，孔子に奉献された．廟には楽器のコレクションがあり，その中のいくつかの楽器は孔子廟でしか使われないものである．

下 甘粛省の敦煌の層状の建物は，崖を背にして建てられ，その中に400以上の仏教の石窟寺院が刻まれている．

上 ラサ〈チベット〉にある17世紀に建造されたポタラ宮，ダライ・ラマの冬宮で，かれはその紅宮の階上に住んでいた．

左奥 山西省の太原近郊の晋祠の仏寺の正殿．12世紀に建てられ精巧な持送りで有名．

左 15世紀に建てられシャンツェ(Gyantse)の大塔として知られるチベットのバルホルコルテン(Palkhor-chorten)．大乗教の支派である「黄帽」派の中心である．その配置は曼陀羅にしたがっている．内部には15世紀の注目すべきフレスコ壁画がある．塔の尖頂の輪は，人が仏性をえるために到達すべき13の段階をあらわしている．塔の四周にある仏の目は，すべての方向を見，すべての人に対する仏の関心をあらわしている．

医学と地相占い

中国人はずっとむかしから，世界で最も健康に気づかう人たちであった．身体は両親から授かったものであるから，それを危険に曝したり，傷つけたりしないことが，孝敬の念の一部をなす，と儒教は主張していた．これに対する唯一の例外は，病気の親を癒す魔術的な薬湯を作るために，己の腕や腿の肉，はなはだしいときには肝臓の一片までも切り取るという，異常なほど献身的な息子や娘たちのとる手段である．学者はしばしば親をみとるために医学を熱心に学んだし，医はたぶんまっとうな教養人が手を染めても恥ずかしくない職業であっただろう．

道教は身体はさまざまな神の住む，一つの"内なる国"と考えていた．これを身体とする自己に対して，神々の中には好意的なのもあれば悪意的なのもあった．道教的練金術（練丹術）は主として不老不死の霊薬の探求であり，これにくらべれば金を作ることは二次的であった．金への関心は単にそれが最も変化しにくい金属であるという事実にあり，富の追求にはなかった．皮肉なことに，霊薬の多くは致死的な毒物であり，水銀やヒ素の化合物をふくんでいたが，もっと健全だと思われる植物性の長寿食を攝っていた隠者もいた．

人体解剖に対する冷静な科学的探求は中国では気まぐれな運命をたどった．死体の解体は紀元後の第1千年紀のはじめごろに，囚人を用いてすでにはじめられていたが，やがて中断され宋代に一時再現した．そして，近代になるまで再び姿をあらかた消したのであった．それ以降の解剖に対する態度はお体裁ぶりとポルノ的楽しみの混合といってもよかろう．

伝統的中国医学は経験知識の二つの百科全書的集成に基づいている．それは薬用植物の知識と体のとくに敏感な個所に対する刺激の効果である．最初のものは一連の絵入り薬用植物書にまとめられており，宋代にはじめて印刷され，明代後期の李時珍（リ じちん，リー チェン）の体系的な『本草綱目』で絶頂に達した．近代になって，伝統的な薬用植物のいくつかから貴重な薬がえられている．植物性薬品と病気の相互作用を説明するために展開された精緻な中世の理論は，体液，"エーテル"（気），風味に基づくものであるが，今となっては恒久的な価値をもっているとは思えなそうだ．実際的情報のもう一つの集積は，神経系におもに働く針灸療法に関連したものである．この遺産の重要な部分を今日確認し，さらに拡張していくことは可能であることがわかっている．しかしながら，敏感な個所つぼを連結する経絡にそって生命エネルギーが循環するという古い理論は，今日，大部分の針灸専門家からさえ，疑いの目で見られている．とはいえ，これが決定的に放棄された，と述べるにはまだ時期が早すぎるだろう．

左　17世紀に製作された人体解剖像．針灸のつぼが描きこまれている．

中　明代後期の百科全書『三才図会』の蛇合すなわちオヘビイチゴの木版画．その乾燥させた根は蛇の咬傷や虫の刺傷の治療に用いられる．

下　伝統的な中国の薬用植物書（本草書）は10世紀後期以降印刷物として刊行されており，薬物を効能にしたがって列挙するとともに，その調製法も説明している．中国では今日でも，これらの薬用植物が西洋薬とならんで，薬屋で売られている．

右　針灸ははじめのころは，体内から病気をおこす邪悪な魔物を追いだすために行われたのかもしれない．伝統的な生命エネルギー理論になんらかの妥当性があろうとなかろうと，これらの技法は今日でも，この写真に示されている肩の苦痛の処置をほどこされている女性の場合のように，治療あるいは痛みの除去に用いられている．

右　経絡の一つ心包経にそったつぼの位置を示す伝統的な図式の，これは18世紀の水彩版．

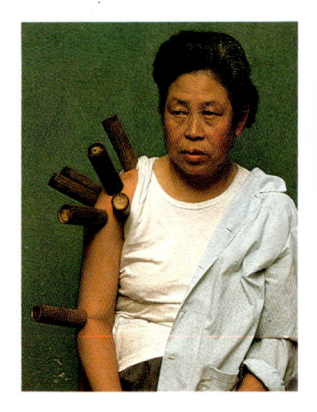

右上 上の方の図は左右いずれの手首でも触れることのできる六つの脈(三つの部位,それにそれぞれの部位で二つの深さ)を示す.これで計12通りの診断がなされる.中国の伝統医学の診断は患者の顔つき,声,食事,そして——なかんずく——脈に基づいてなされる.それぞれの脈の定位は,特定の器官と結びついた"経絡"に対応しており,脈搏の強さと性質が経絡系の当該部分の不調を示すものと考えられている.下の方の図は伝統的な図解である.

右中央 地相占い用の磁石.墓の最も適当な位置を定めるのに用いられる.地相占いという擬似科学は地上の景観の中をめぐる神秘的な力の流れを検出する.この流れはある意味では,伝統医学が想定している,体内の経絡にそった生命エネルギーの流れに類比されるものである.建物や墓は,この幸運あるいは悪運をもたらすと見なされていた神秘的な流れに,針治療の針が人体に影響をおよぼすのといささか似た仕方で影響するものと考えられている.

右下 丘のほとりにならんでいる棺の列.恒久的な2度目の埋葬を待っているが,その日時と場所は地相占いによって決定される.

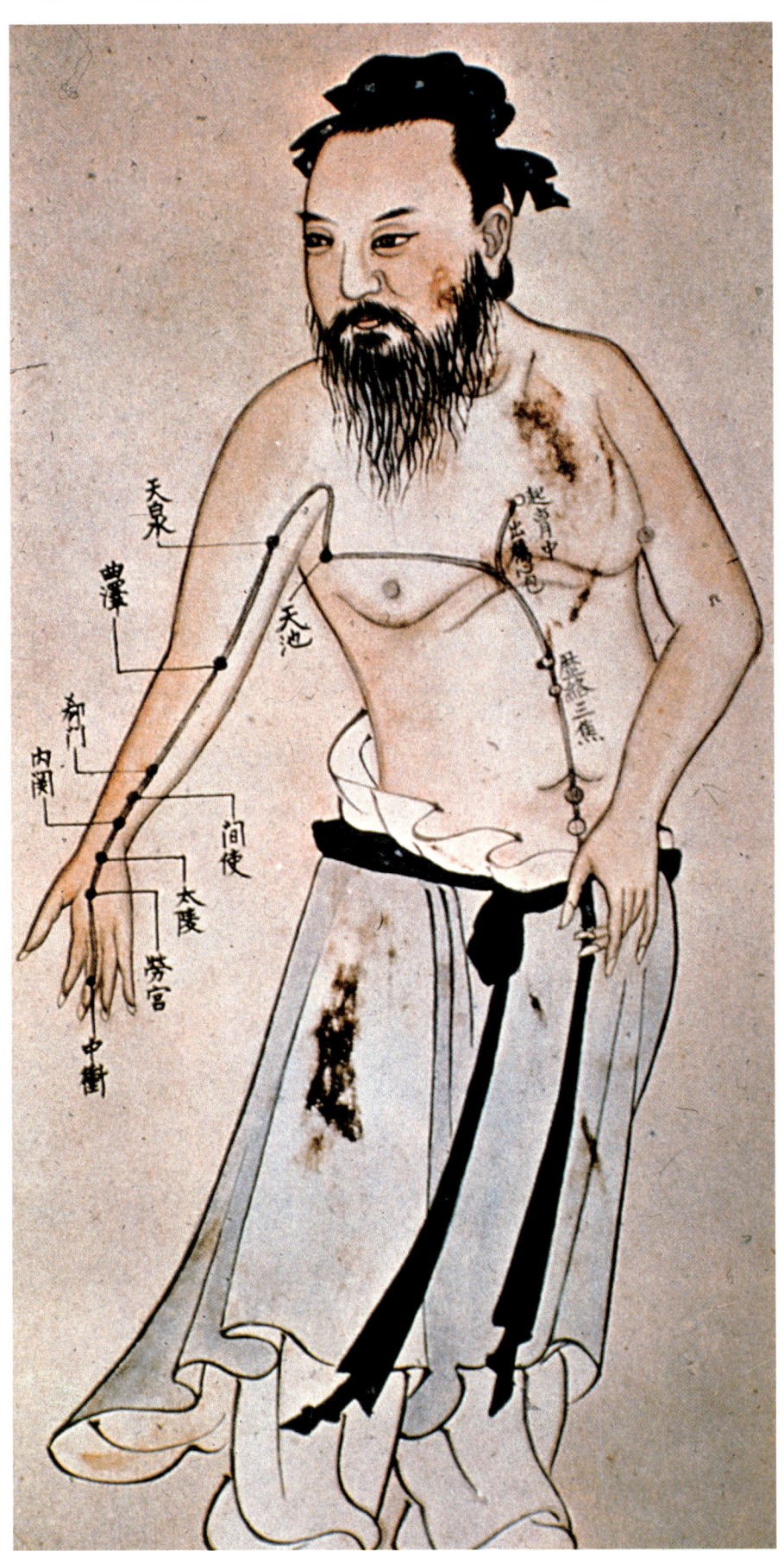

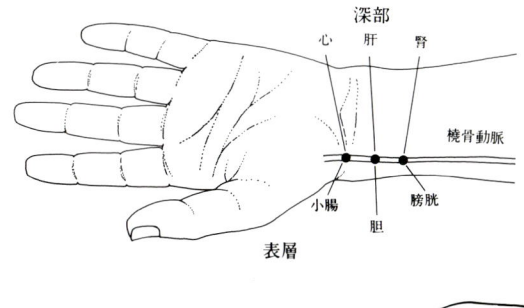

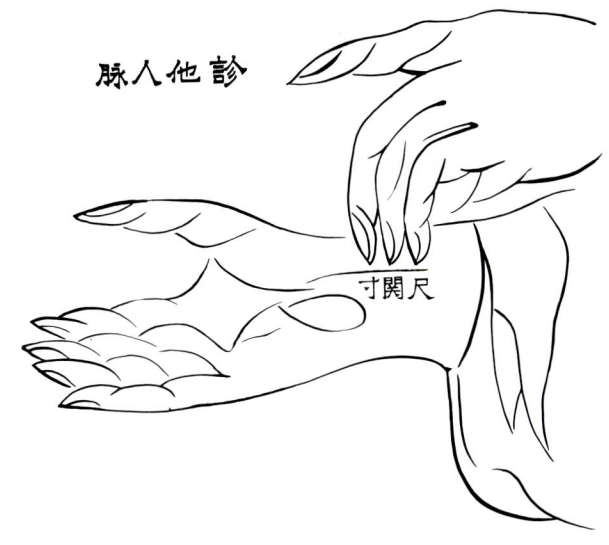

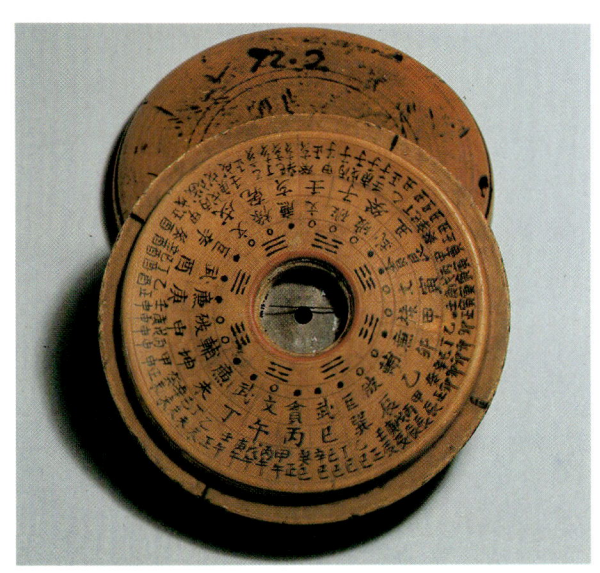

医学と地相占い

数学の原理

われわれの知る最初期の中国数学のおもなものは，戦国時代後期と漢代初期に由来する．その関心はあらかた実用的なものにあり，測量，工学および徴税といったことがらが扱われている．公理を定式化し，一歩一歩演繹するという形で証明を行う方向への試みも，墨子やその一派によってなされたが，このような考えはそれ以上発展しなかった．とくに，この当時素朴の域をでなかった幾何学は，ギリシアのそれとは著しい対照をなしている．様式の違いのよい例は，直角三角形の斜辺の平方が他の2辺の平方の和に等しいというピタゴラスの定理の中国的な証明である．最初期の証明は図Ⅰに示したように，辺が3，4，5の三角形という特殊な場合に基づいた数値的な例証と似たりよったりのものでしかなかった．しかし，3世紀までに，これは代数的な証明として一般化された．ユークリッドの証明にくらべると，演繹的厳密さは欠けているが，より簡明である．

紀元後最初の千年紀の中国数学の基本特徴は，計算に計算盤と算木を使用したことである．中国人は太古から10進数を用いていた．数字の後に10の何乗のべきであるかを示すために，(十，百，千，万などの)特殊な語が付けられた．この数体系では，数の位置だけで，10のべき数を示すことができ，数字の列と行からなる行列について計算するのは容易であった．算木は適当なマス目の中に定まったパターンにしたがってならべられたが，このパターンは数字を示すと同時に，読み取りやすいように，10の偶数べきと奇数べきとで形をかえてあった．この特殊な数字は図Ⅱに，文字と算木形式の2通りの仕方であらわした実例を添えて示してある．

最初，零は該当する行を空白にすることであらわされていたが，第2千年紀のはじめごろには，丸が用いられはじめた．同じころ，負数をあらわすために，正数をあらわす赤棒と対

図Ⅰ ピタゴラスの定理の中国の証明

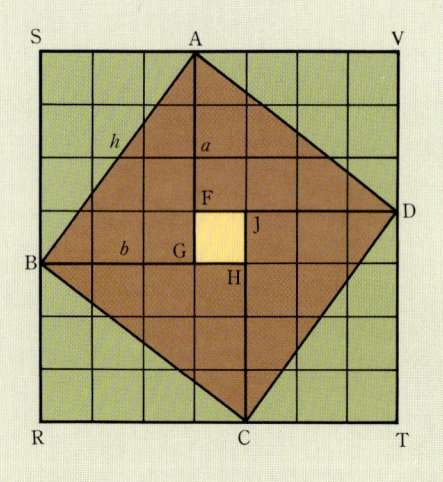

数値的例証 AG, BH, CJ および DF はいずれも4単位の長さであり，また AF, BG, CH および DJ はいずれも3単位の長さであるとする．そうすれば，対角線 AB, BC, CD および DA はいずれも5単位の長さとなる．このことは面積を用いて，次のように考えればわかる．

正方形 SRTV − 三角形 ASB, BRC, CTD および DAV
= 正方形 ABCD　したがって，
正方形 $ABCD = (7 \times 7) - (4 \times 6) = 25 = 5^2$

代数的証明 四つの斜辺の長さを h，直角三角形の他の2辺の長さを a，b とすれば

$$ABCD = FGHJ + ABG + BCH + CDJ + DAF$$

であるから，

$$h^2 = (a-b)^2 + 4 \cdot \left(\frac{ab}{2}\right) = a^2 + b^2.$$

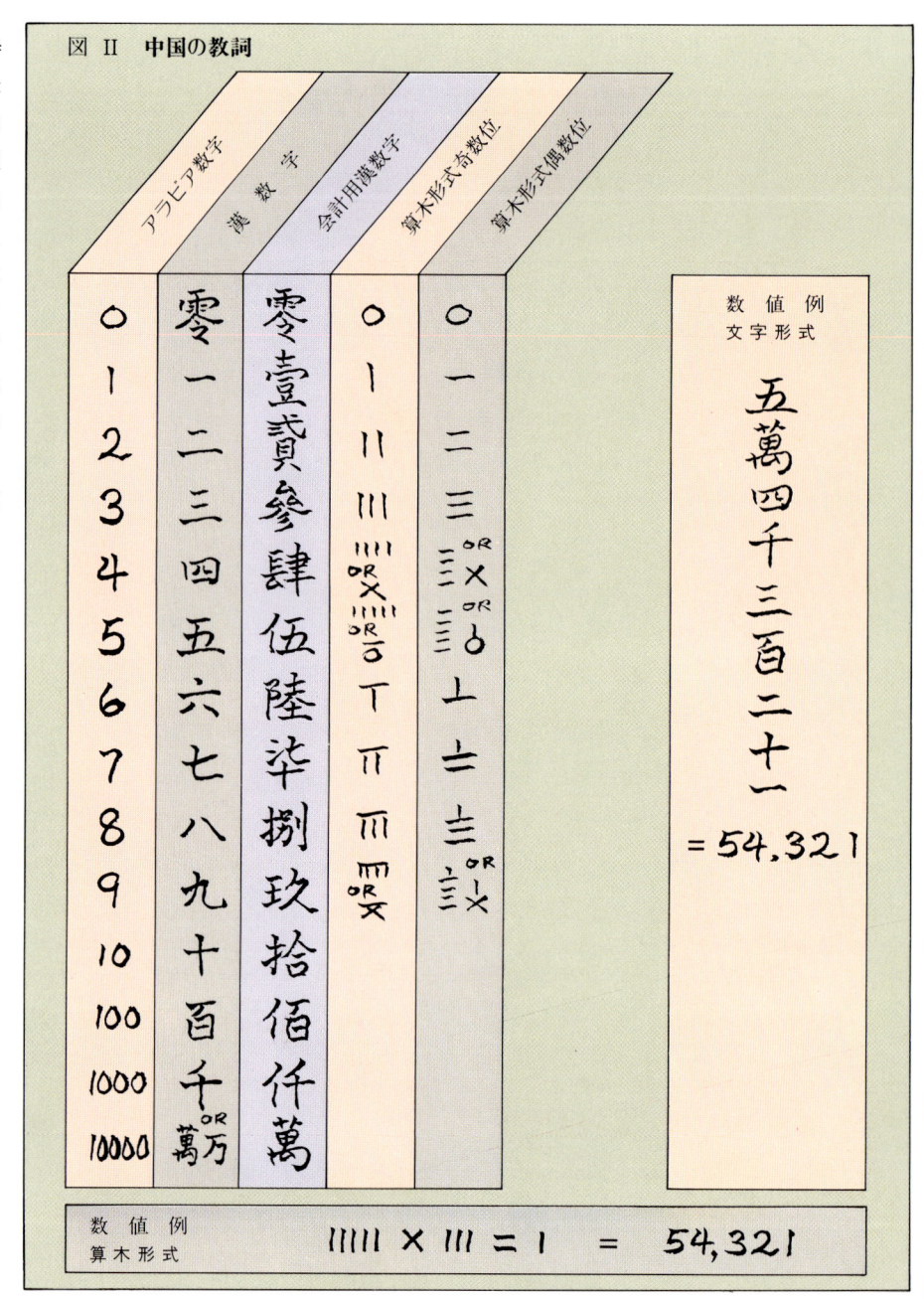

図Ⅱ 中国の数詞

アラビア数字	漢数字	会計用漢数字	算木形式奇数位	算木形式偶数位
0	零	零	○	○
1	一	壹	｜	一
2	二	貳	‖	二
3	三	參	‖｜	三
4	四	肆	‖‖ or ㄨ	亖 or ㄨ
5	五	伍	‖‖｜ or 吾	로 or 吾
6	六	陸	⊥	亠
7	七	柒	⊥｜	亠一
8	八	捌	⊥‖	亠二
9	九	玖	⊥‖｜	亠三
10	十	拾		
100	百	佰		
1000	千	仟		
10000	千 or 萬	萬		

数値例 文字形式

五萬四千三百二十一
= 54,321

数値例 算木形式

‖‖‖‖‖ × ‖‖‖ ⊥ ｜ = 54,321

右上　中国式そろばんは14世紀ごろに広く使用されるようになった．縦の列はそれぞれ10の1つのべきをあらわしており，左から右に読む．桁の上の欄の玉はそれぞれ5をあらわし，下の欄の玉はそれぞれ1をあらわす．桁にむかって動かされた玉だけが勘定に入るので，写真の例は数123456789を表示する．小数点は必要なところに置くことができる．一番上の五玉は長い割算の場合にだけ使用される．

右端　程大位（ﾃｲﾀｲ，ﾁｪﾝﾀﾞｨ）の1593年の著作中の木版画，"難問を論じ合う師弟"．

照をなすように，黒棒が導入された．

計算盤は素朴な手動計算器に似ている．各々の行は"番地"をもった記憶素子と見なせる．その内容は，オペレータが"プログラム"を遂行するにつれて，たえず変化していく．計算盤の特異性は，演算のための記号や"＝"のような関係をあらわす記号，あるいは別々の未知の量の目じるしの役目をする x, y, z などの記号さえもなしに，至極複雑な問題が処理できた点にある．

図IIIに示したのは，13世紀の楊輝（よう，きい）が述べた方法による乗法である．普通の西洋式のやり方に似ているが，筆木計算には筆算とは対照的な特徴が三つある．（1）被乗数中の数字は処理がすみ次第，順次除かれる．（2）乗数は順を追って右側に移動させられる．（3）用ずみになった演算は規則正しく消し去られる．われわれの算法と同じように，9×9に至る乗法表が前提とされている．この例および以下の例を読まれるときには，計算盤の上には数しかならんでおらず，図に示された行の見出しは（注釈同様），盤上にはあらわれておらず，説明のために書き添えたものであることを念頭に置いていただきたい．

長い割算は中世ヨーロッパではやっかいな演算として敬遠されていたが，中国ではそうではなかった．図IVにそのやり方を示した．この演算方式では計算が一段落するごとに一つずつ，商の数字を推定しなければならない．しかし，多くの場合には，掛算九九を知っていれば，被除数の最初の二つの数字と除数の最初の一つの数字を見るだけで片づく．3世紀あるいは4世紀より前に中国にあらわれたこの技法がヨーロッパに伝えられ，今日ヨーロッパの学校で教えられている方法の基礎になったといわれているが，いかにもありそうなこ

図III 247 掛ける 736

							注釈
被乗数					2	4	7	
乗　数			7	3	6			
		1	4					7×2
				6				3×2
					1	2		6×2

							注釈
被乗数						4	7	2を取除く
乗　数				7	3	6		736を右に1桁移す
中間集計		1	4	7	2			前段階の部分計算の和
			2	8				7×4
				1	2			3×4
					2	4		6×4

							注釈
被乗数							7	4を取除く
乗　数					7	3	6	736を右に1桁移す
中間集計		1	7	6	6	4		前段階の部分計算の和
				4	9			7×7
					2	1		3×7
						4	2	6×7
総　計		1	8	1	7	9	2	

図IV 256842 を 751 で割る

						注釈
答の行				3			視察による
被除数	2	5	6	8	4	2	
除　数		7	5	1			$751 > 256$．1桁右にならべる
除く数	2	2	5	3			3×751
余　り		3	1	5			被除数－除く数

						注釈
答の行			3	4			視察による
被除数		3	1	5	4	2	余り＋被除数の残り
除　数			7	5	1		右に1桁移す
除く数		3	0	0	4		4×751
余　り			1	5	0		被除数－除く数

						注釈
答の行			3	4	2		視察による
被除数		1	5	0	2		余り＋被除数の残り
除　数			7	5	1		右に1桁移す
除く数		1	5	0	2		2×751
余　り		0	0	0	0		余りなし．計算おわり

とである.

中国式の平方根の開き方には，さらに二つの特長があらわれている．(1)手順を考えだすのに幾何図式がしばしば利用されていること．(2)計算盤の特定の行が，別々の量を貯えるために保留されていること．この第2の特徴のおかげで，xやyなしに代数ができたのである．図Vは$x^2=1300$の計算盤上の解法（これには正数値をとらない平方根に対する近似が必要となる）とその幾何的な導出を示す．図VIに同じような考え方で二次方程式を解くやり方を示す．

図中に掲げた表のために，中国式の方法は実際以上にめんどうに見える．表を通覧するのは，一連の動く映像を静止写真で見るようなものだ．その一方では，異なった型の方程式に対しては，少々異なる手順が必要となる．それゆえ，中国の数学教科書には，もっと一般的な技法が利用できたとした場合に必要なものよりも，多くの"プログラム"がふくまれている．もっと深刻なのは，方程式がここに示した初等的なものに比べてよりむずかしくなっていくにつれて，必要な特殊の術語（"側面長方形"や"従属長方形"などを意味するもの）の数が急増することである．概念の把握はそれだけ困難になる．中世の中国人はここに示したような方法で，未知数のべきが10にも達する数値方程式を解いた．しかし，明示的な形式的記号なしにやっていける範囲には，おのずから制約が課せられていた．このような明示的な記号法の欠如は，負数や虚数を必要とする解法のような，方程式のより"実在的"でない側面を探究する道を封じてしまった．

近代以前の中国数学は，さらに不定解析においても目覚ましい成果をあげている．4世紀にすでに登場したいわゆる"中国剰余問題"は次のようなものである．"個数の知られていな

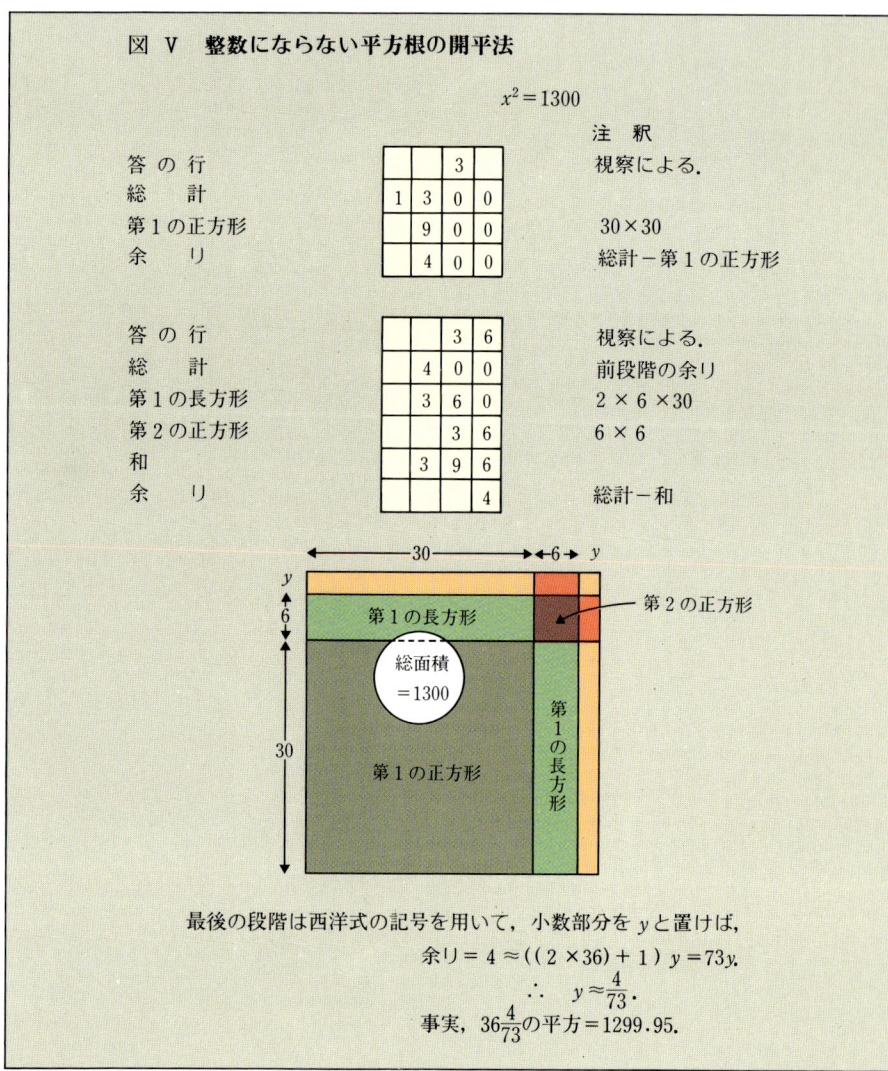

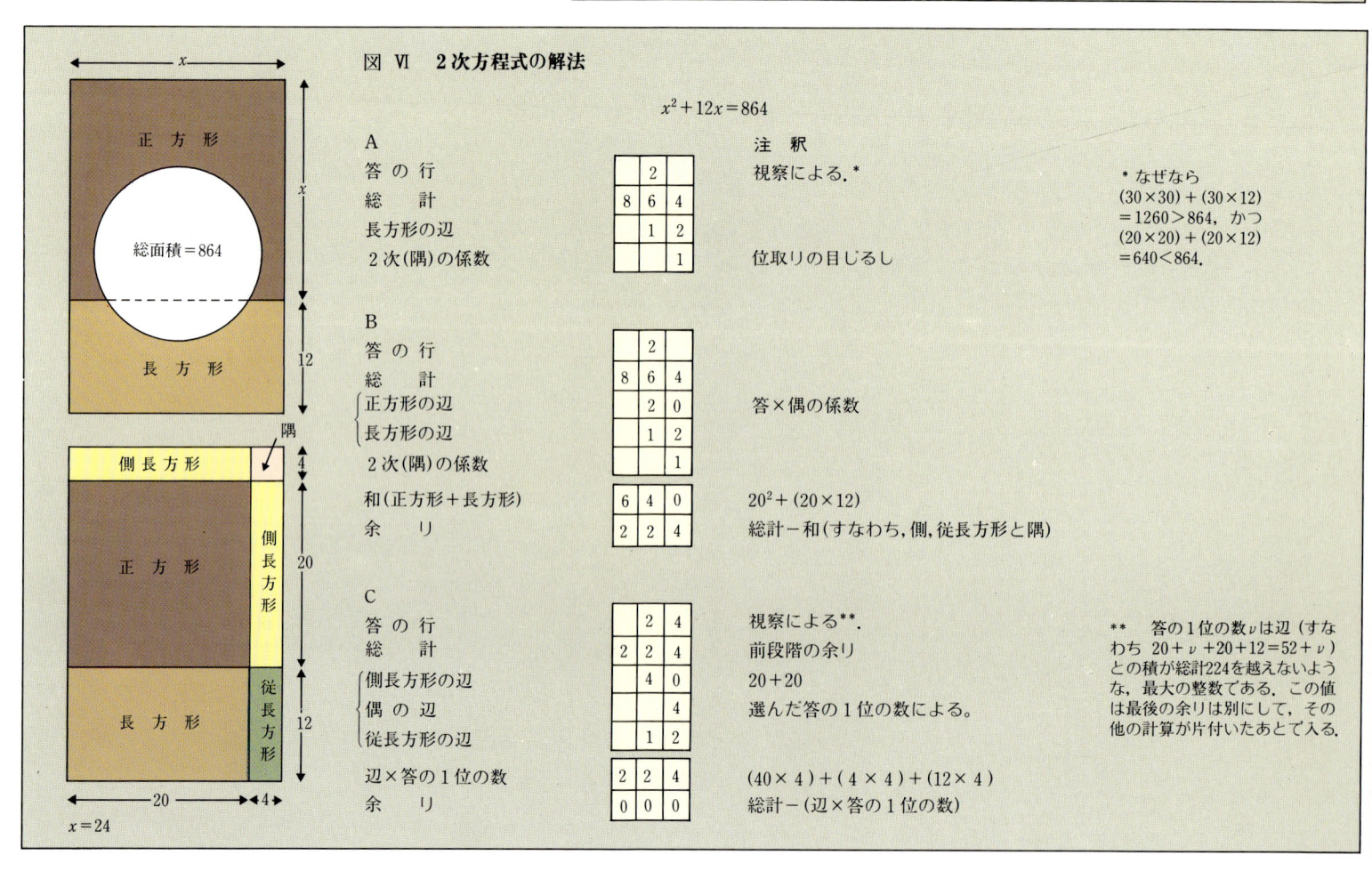

図 V 整数にならない平方根の開平法

$$x^2 = 1300$$

最後の段階は西洋式の記号を用いて，小数部分をyと置けば，

$$余り = 4 \approx ((2 \times 36) + 1)\,y = 73y.$$
$$\therefore\ y \approx \frac{4}{73}.$$

事実，$36\frac{4}{73}$の平方$=1299.95$.

図 VI 2次方程式の解法

$$x^2 + 12x = 864$$

* なぜなら $(30 \times 30) + (30 \times 12) = 1260 > 864$，かつ $(20 \times 20) + (20 \times 12) = 640 < 864$.

** 答の1位の数νは辺（すなわち $20 + \nu + 20 + 12 = 52 + \nu$）との積が総計224を越えないような，最大の整数である．この値は最後の余りは別にして，その他の計算が片付いたあとで入る．

$x = 24$

図VII

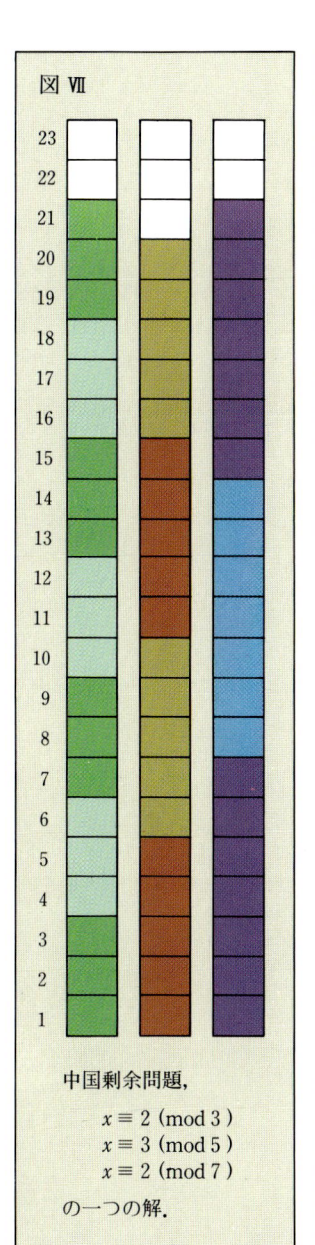

中国剰余問題,
$x \equiv 2 \pmod{3}$
$x \equiv 3 \pmod{5}$
$x \equiv 2 \pmod{7}$
の一つの解.

図VIII 一般的剰余問題に対する秦九韶の解法の概略

問題は近代的記号を用いていえば,

$$N \equiv r_1 \pmod{m_1} \equiv r_2 \pmod{m_2} \cdots \equiv r_n \pmod{m_n}$$

のとき, N の最小の正数値を求めよ, ということになる. ここで r は, N を対応する m ("法")* で割ったときの剰余である. なお, どの二つの m の間にも, 1より大きな公約数はないものとする. 秦および近代の数学者の用いた方法の骨子は, 一般的表現と図VIIの具体例にのっとって次のように述べることができる.

$$M = m_1 \times m_2 \times \cdots \times m_n \text{とすれば}$$
$$M = 3 \times 5 \times 7 = 105.$$

おのおのの m_i に対して次のような k_i を求める.

$$\frac{M}{m_i} k_i \equiv 1 \pmod{m_i} \equiv 0 \pmod{m_{j \neq i}}$$

たとえば $\frac{105}{3} \cdot 2 = 70 \equiv 1 \pmod{3}$ および
$\equiv 0 \pmod{5 \text{ および mod } 7}$,
$\frac{105}{5} \cdot 1 = 21 \equiv 1 \pmod{5}$ および
$\equiv 0 \pmod{3 \text{ および mod } 7}$,
$\frac{105}{7} \cdot 1 = 15 \equiv 1 \pmod{7}$ および
$\equiv 0 \pmod{3 \text{ および mod } 5}$.

($\frac{M}{m_i}$ は m_i 以外のどの m に対してもその整数倍であるから, k は必ず見出せる.)

上に述べた k_i の定義式から, その両辺に r_i を乗じて

$$\frac{M}{m_i} r_i k_i \equiv r_i \pmod{m_i}.$$

この種の項はいずれも, m_i 以外のあらゆる m の整数倍である. それゆえ, それらを加えれば, 次のような一つの解がえられる.

$$N = \sum_{i=1}^{n} \frac{M}{m_i} r_i k_i,$$

ここの例では, $N = (70 \times 2) + (21 \times 3) + (15 \times 2) = 233$. M を繰返し引けば, 最小の値がえられる. ここの例では $233 - (105 \times 2) = 23$ である.

* "$\equiv$" は "合同", "mod" は "法として" と読む.

秦は1対の m を互いに素にするために, 一方の合同式の項から公約数をすべて約し去った. (たとえば, 25と10の2つの m に対しては, 10から因数5を取除き, 関係式を25とは互いに素な $m=2$ を用いて書き直すことができる.) k を求めるために, 秦は近代的な連分数に似た方法を用いた. $65k \equiv 1 \pmod{83}$ を解くのに, 関係

$$\frac{a}{b} = \frac{1}{b/a}$$

を繰返し適用して, 係数と法の比を分解していく.

たとえば, $65/83$ は $\frac{1}{83/65}$ となり, さらに次のように展開される.

$$\frac{1}{1 + 18/65} = \frac{1}{65/18}$$
$$= \frac{1}{3 + 11/18} = \frac{1}{18/11}$$
$$= \frac{1}{1 + 7/11 \cdots} \frac{1}{1 + 1/3} = \frac{1}{3}$$

このような系列は分母の整数部分 d_i を用いて簡潔にあらわすことができる. 今の例では $(1, 3, 1, 1, 1, 1, 3)$ である. 秦はこれら分母の列の最後から一つ前のものを求めて k とするのに次の公式を用いた.

$$f_0 = 1 \text{ および } f_i = (d_i f_{i-1}) + f_{i-2} \quad (i > 0)$$

とすれば, 次の表に示すように, $f_{n-1} = k$ となる.

d	f	
	1	"天下りの1"
1	1	$(1 \times 1) + [\,0\,]$
3	4	$(3 \times 1) + 1$
1	5	$(1 \times 4) + 1$
1	9	$(1 \times 5) + 4$
1	14	$(1 \times 9) + 5$
1	23	$(1 \times 14) + 9$
3	83	$(3 \times 23) + 14$

したがって, $f_{n-1} = 23$. これが k であることは, 次のことに注目すれば検証できる. $65k = 65 \times 23 = 1495$ で, これは 83×18 よりも1だけ大きい.

図IX 秦九韶の行列式の使用

6人ごとに8反の木綿を使えば, 木綿は160反不足する. 7人ごとに9反の木綿を使えば, 木綿は560反余る. 木綿は何反あるのか, また人は何人いるのか?

西洋式の記号を用い, 木綿の反数を x, 人数を y と置く. そうすれば,

$$x = y\frac{8}{6} - 160 \quad \text{および} \quad x = y\frac{9}{7} + 560$$
$$x = y\frac{b}{a} - c \quad (1), \qquad x = y\frac{b'}{a'} + c' \quad (2)$$

の形の連立方程式に対する秦の規則は, 実質上, (2) の y を (1) 式の y に代入することであった. それを整理すると,

$$x = \frac{ab'c + a'bc'}{a'b - ab'} \quad (3)$$

これから木綿の反数 20,000 反と人数 15,120 人がえられる. いっそう興味深いのは秦の結果が, 二つの行列式の比を計算することによって n 元の連立方程式の x_i を求めるという近代的なクラマーの規則を適用してえられる式と同じだということである. このやり方では, "=" 記号の右辺の値の列は係数の i 番目の列に代入され, それで作られる行列の行列式をもとの係数の行列の行列式で割るのである. こうして, 次のように書き直された秦の方程式

$$ax_1 - bx_2 = -ac \quad (1')$$
$$a'x_1 - b'x_2 = a'c' \quad (2')$$

は x_1 (もとの "x") について, 次のように解かれる.

$$x_1 = \frac{\begin{vmatrix} -ac & -b \\ a'c' & -b' \end{vmatrix}}{\begin{vmatrix} a & -b \\ a' & -b' \end{vmatrix}} = \frac{ab'c + a'bc'}{-ab' + a'b} \quad (3')$$

い, ある物がある. 3つずつまとめていくと2つ余る. 5つずつまとめていくと3つ余る. 7つずつまとめていくと2つ余る. 物はいくつあるか?"(図VII 参照). しかしながら, この型の問題がすべて解ける方法を明確に述べるには, 13世紀の秦九韶(しんきゅうしょう, チンチュウシャウ)を待たねばならなった. 図VIII に秦の取り扱い方の概略を示しておく.

計算盤の行列的な性格もまた, 数や係数の配列を通じて早くから気づかれていた. だから, 13世紀に秦九韶が連立方程式を解くのに, 最も簡単な形の行列式といってよいものを用いたことは驚くにあたらない. 図IX に一例を示しておく.

以上の要約から明らかなように, 中世の盛期における中国数学は世界で最も進んだものであった. その後停滞しさらには衰退したことは, 知の歴史の一つの謎である.

発明の才

　印刷された書物を読む，お札を使う，磁器の茶碗で茶を飲む，試験を受ける，ライフルの引金を引いたり花火遊びをする，舵を備えた船が水閘を通ったり，詰め物でくるんだ首当てをつけた馬が畑を耕すのを眺める，サングラスを掛ける，……こうしたときには，そのことについて中国人に感謝，あるいはひょっとして，ときには苦情をいわなければならない．紙と紙幣，印刷，火薬その他すべて中国人の発明である．その多くは中世初期に発明され，ヨーロッパに伝えられた．発明の一覧表は，船の防水隔壁から2の12乗根に基づいた（驚嘆すべき）等分平均律音階に至るまで，ほとんど無限につづけることができる．

　中国人はむかしから，労力をびっくりするほど節約して同じ結果を達成するという才能に恵まれていた．自転車と同じように，運転者の脚の太い筋肉と体重を利用してペダルで動かす，むかしながらの樋と汲み板を備えたポンプの人間工学的な効率性，あるいは，腕で荷重の半分を担わなければならないヨーロッパの手押し車とは対照的な，中央に一つだけ車輪をもつ中国の手押し車が，バランスをとると軽く触るだけで真直ぐに立ち，動かすことができることを考えただけでも察しがつく．肩の上で釣り合い，担ぎ手の動きに合せて微妙，柔軟に共振する素朴な天秤棒や，サンパンの船尾でゆっくり裏返しながら漕ぐとも梶，あるいは，"枷(?)"つまり平らたい木製の首かせで，自分で食事することも，とらねばならない休息をとることも許さない，かつて考案された最も苦痛で対費用効果の大きな刑具，こうしたものにさえ省力の才能は見られる．2枚の板を用いて，囚人を首から吊し，背骨が重みに耐えられなくなるまで爪先で立たせるという古い処刑法についても同じことがいえる．

　中国人の発明の才は歴史的にこのようなものであったので，西洋に先んじて産業革命がおこらなかったのが不思議である．たとえば，中国人は部分的にはたぶん窯業から学んだ，高温技術や中国特有の連続送風複動式の箱型ふいごのおかげで，ヨーロッパ人よりもずっと前に，鉄の鋳造ができた．13世紀末以前に，すでに水力による糸より機械が存在していた．だが，14世紀の中ごろから19世紀の中ごろまで，ちょうどヨーロッパが怒濤のように前進していた期間に，中国人の創意には長い説明しがたい中断があった．古い才能は近年やっと，おずおずと再現しようとしている．

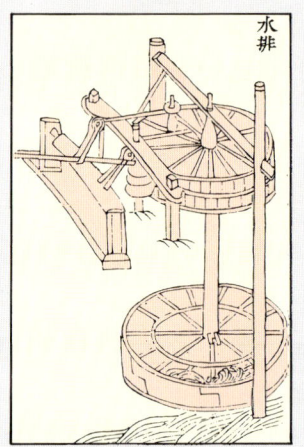

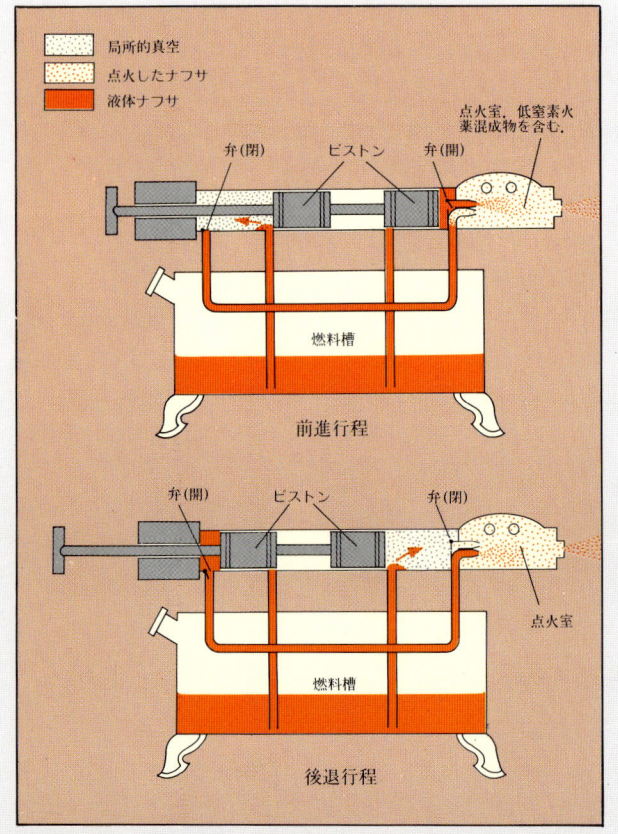

下　往復運動を行わせるために偏心つまみ（この14世紀初期の絵には不十分にしか描かれていない）を利用した，水力ふいご．

下右　この踏み板で動かす，樋と汲み板式の揚水装置は連なった汲み板が巨大な脊椎に似ているところから中国では"龍骨車"とよばれた．水流が自動ポンプを動かすのに速さが不足な地域で用いられる．利点は，自転車と同じように脚の太い筋力を利用した，人間工学上の効率性にある．

下中央　農業灌漑用の，高所へ竹筒で水を汲み上げる揚水装置．

左　ここに描かれているのは，11世紀の軍事百科全書に述べられた"放猛火油"（ピストンと弁を備えた火焰放射器）で，寄せ手を城壁から撃退するのに用いられたのであろう．その機構は復元図に示されているように，2連ピストン，弁および局所的真空を利用している．この技術が水にも蒸気にも応用されなかったのは不思議である．

右下　紀元後　第1千年紀のはじめごろに発明された中国式手押し車は，西洋のものにくらべて，使うのに労力が少なくてすむ．というのも，荷重が車輪と把手の間ではなく，車輪のまわりに均等に分散されているからである．

左　この踏み板で動かす絹糸繰り機に似た機械は，少なくとも北宋にまでさかのぼれる．単一の動力源で二つの異なる型の運動を生じさせるやり方が目をひく．一つは，リールの回転であり，これが湯ぶねに浸されている繭から生糸を巻き取る．もう一つは，傾斜した腕木の反復運動であり，それによって導き穴が移動し，それを通る生糸が枠の上に幅広く置かれることになる．

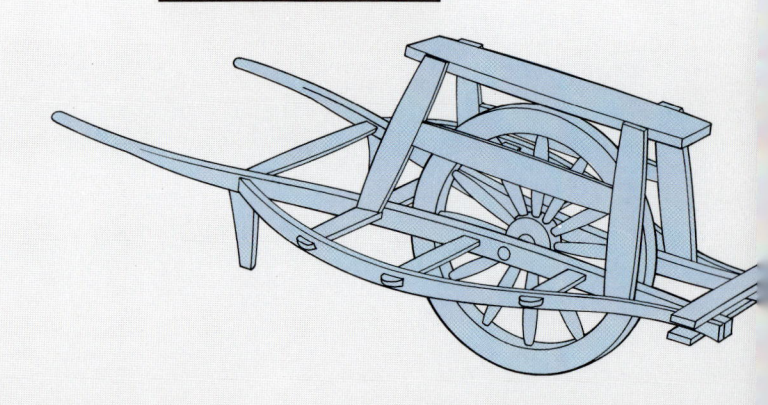

発明の才

上 中国では地震を記録する装置が紀元1世紀(漢代)に発明されていたが、ヨーロッパでは最初の近代的地震計は18世紀にやっと製作された。ここに図解されている機構は、原物の3通りの考える復元の中の一つである。口に球をくわえた8頭の竜が半球状の蓋を囲んでおり、それぞれの竜の下にはヒキガエルが置かれている。大地の揺れでこの装置がゆすられると、中央にある振子は、いずれかの方向に揺れ(あるいはむしろ倒れ)、どれか一つの球を下に坐っているヒキガエルの口の中に落とすので、擾乱の生じた方向を——少なくとも原理上——示すことになる。振子は一つの溝に入りこむので、元にもどされる(あるいは、別のやり方では、内部のレバーによって正常な位置に置かれる)まで他の球を動かすことはできない。しかしながら、この種の機構で果たして、P波とそれに垂直なS波とが識別できたかどうか、また、振動方向を震源の方角とは異なるものとして区別できたかどうか、疑問である。

下 図に示したのは、11世紀に蘇頌(そしょう)の指導下に製作された 水力時計仕掛けの復元である。これは小人形だけではなく、(1階の)天球儀と(屋上にあって、星の観測に必要な角度を決定するための)渾天儀をも、天の見かけの回転に合わせた速さで回転させる。"時計仕掛け"は垂直な水車の動きが元になっているが、水車の回転は、脱進機構によって制御されている。周辺にある水受けは一定の水圧に保たれた貯水槽から水を注がれているが、釣り合い錘よりも重くなってレバーを動かすのに必要なだけ水が満たされると、脱進機が短時間外れ、水車は小さな角度だけ回転するようになっている。

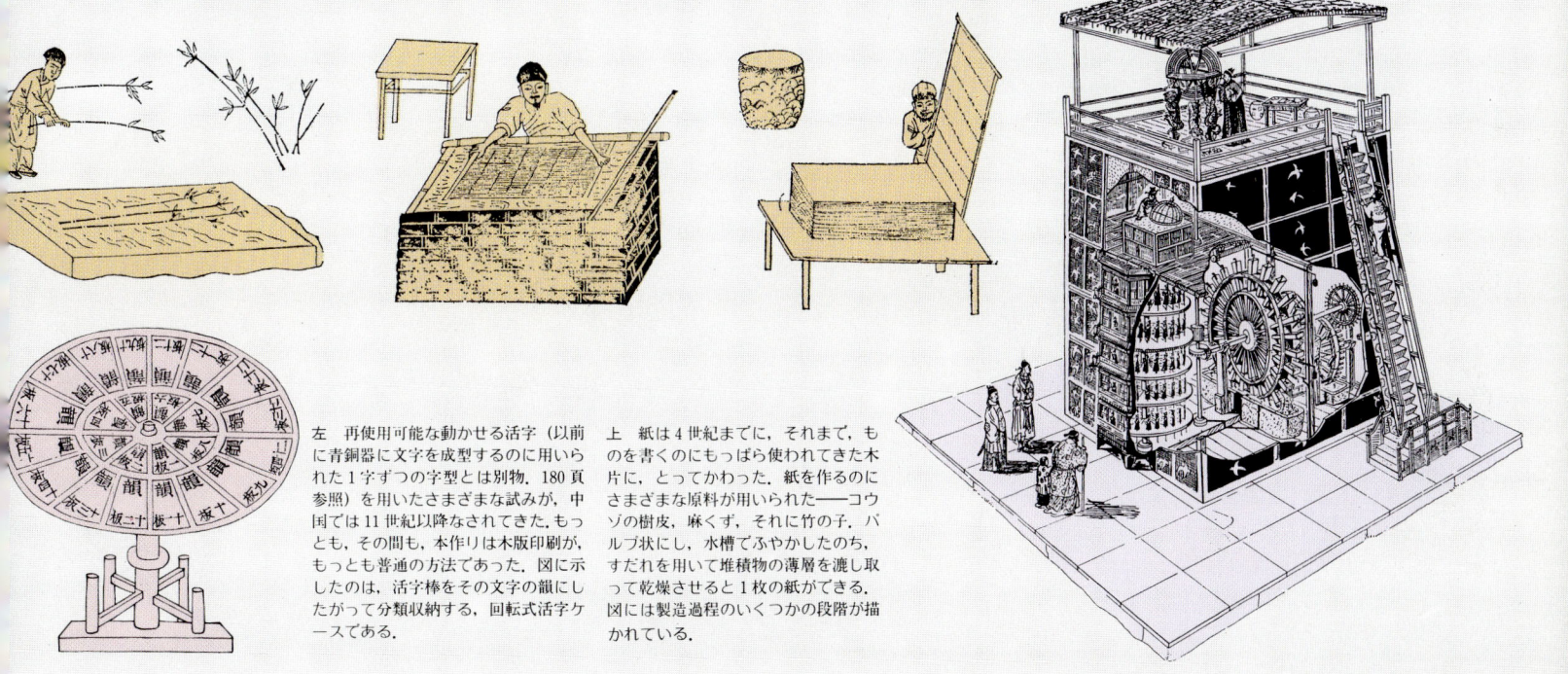

左 再使用可能な動かせる活字(以前に青銅器に文字を成型するのに用いられた1字ずつの字型とは別物、180頁参照)を用いたさまざまな試みが、中国では11世紀以降なされてきた。もっとも、その間も、本作りは木版印刷が、もっとも普通の方法であった。図に示したのは、活字棒をその文字の韻にしたがって分類収納する、回転式活字ケースである。

上 紙は4世紀までに、それまで、ものを書くのにもっぱら使われてきた木片に、とってかわった。紙を作るのにさまざまな原料が用いられた——コウゾの樹皮、麻くず、それに竹の子。パルプ状にし、水槽でふやかしたのち、すだれを用いて堆積物の薄層を漉し取って乾燥させると1枚の紙ができる。図には製造過程のいくつかの段階が描かれている。

陶磁器

中国の陶器の歴史は，刻紋や彩色のある新石器時代初期の土器〈印陶，彩陶〉まで数千年をさかのぼれるであろう．ろくろは遅くとも龍山（リュウザン，ロンシャン）文化の黒陶の時期には使われた．商代と周代の装飾のある青銅器用の複雑な型を作ることによって中国の陶工が粘土の性質についてより正確な知識をもつようになった．

釉薬は，青銅器時代の高温のアルカリ性のものから漢代の低温の鉛の緑釉や褐釉へと発展した．多色の鉛釉は唐代に普及し，明るい「三彩」製品は副葬品としても，日用品としても使われた．宋代に，半透明で叩くと金属的な冴えた音を発する本物の磁器が発展し，14世紀には炻器とともに，ほとんどは初期の陶器にとってかわった．

中国の書法が世界で最も早い意識的抽象線画であるように，中国の中世の陶磁器はたぶん最も早い抽象彫刻──純粋な形と色だけを追求する──であろう．この節では，紀元12世紀以降の陶磁器の装飾を図解する．

上　この磁州（ジシュウ，ツーチョウ）〈窯〉の絵付の壺の名称は，現在の河北省の磁県（ジケン，ツーシン）に由来している．意匠は白っぽい化粧掛け（スリップ）に茶色で描かれ，うすく透明な釉薬がかけられている．

左　11世紀または12世紀の青白（セイハク，チンパイ）磁（すきとおった白）の花瓶．青みがかった色は当時，中国南部の江西で作られた特徴的な磁器のものである．18世紀まで純白はえられなかった．

上右　「官窯」の花瓶，13世紀の優美な薄灰青色の釉．この釉には幅広いひびがはいっている．ひびの網目（貫入）は，素地と釉薬の膨張の度合のわずかな違いを利用して意図的に作られた．

中右　12世紀はじめの金属縁のある汝（ジョ，ル）窯の碗．これらの高熱〈で焼かれた〉器物の釉には，ほとんどいつもひびがはいっている．貫入のすばらしい網目は意図的に作られたのではなく，釉薬の混合の不均衡ないしは単に時代を経たため生じたものである．

下右　定（テイ，ティン）窯の皿，刻線の飾りがあり，12世紀はじめに中国北部の河北省で作られた．この白磁は，透明な象牙色の釉薬に特徴がある．

陶磁器

左奥 染付の青い絵の花瓶には、1351年〈至正11年〉の款がある。コバルト・ブルーは近東から伝えられ、釉薬をかけるまえに花瓶自体に直接描かれた。

左 龍泉（ﾛﾝﾁｭﾝ,ﾘｭｳｾﾝ）窯〈浙江省〉すなわち南の青磁の花瓶。古代の青銅器の簋（ｸﾞｲ,ｷ）の形をまねた13世紀のもの。14世紀には青磁は、より念入りに線刻で装飾されるようになった〈彫花〉。

上 染付（ﾌﾞﾙｰ・ｱﾝﾄﾞ・ﾎﾜｲﾄ）の宣徳（ｼｭｱﾝﾄﾞｱ,ｾﾝﾄｸ）年間（1426-35）の皿。龍の意匠は皿の中ですばらしい線と均衡の技術の極致を示している。

上左 15世紀はじめの銅系統の鮮明な紅釉の碗。14世紀の例では底面は釉薬がかけられていない〈郎窯〉。

左 成化（ﾁｪﾝﾌｧ,ｾｲｶ）年間〈1465-87〉の豆彩〈闘彩〉（ﾄｳﾂｧｲ,ﾄｳｻｲ）「鳩尾の色」の多彩の壺。壺は下絵付の青の絵と釉薬のエナメルの組合せを示している。

上 白磁の瓶。ファミーユ・ローズ〈粉彩〉、雍正（ﾖﾝﾁｪﾝ,ﾖｳｾｲ）年間（1723-35）のもの。エナメルは高熱〈で焼く〉磁器の皿にはほどこしにくかった。

左 明の酒瓶、嘉靖（ﾁｬﾁﾝ,ｶｾｲ）年間（1522-66）のもの。16世紀の青花、染付の重要な特徴は、きまりきった意匠から、たぶん木版画によったと思われる生きいきした模様へと変化したことである。

社会と音楽

　国家を経営していくにあたって，儒家は儀礼をとくに重んじた．音楽は儀礼の構成要素であった．それゆえに，音楽は，祖先崇拝の媒介者，すなわち天上と地上を結ぶ絆として，儒家の宇宙論の中で位置づけられた．このようにして音楽は重要な教育上の力になった．

　漢の武帝（前140−87）の時代に，儒教が公認のイデオロギーあるいは宗教になって以来，1911年の清朝の崩壊に至るまで，儀礼用音楽が国家の音楽であった．別の形式の宮廷音楽が，とくに宴会の際には演奏された．それは漢代にすでに十分発展していたが，唐代（後618−907）に最盛期を迎えた．宴会用音楽はすでに漢代から外国の影響を受けていたが，唐代の"十部楽"はとくに有名である．これらは，インドと朝鮮の音楽，中央アジアの五つの都市から伝わった多様な音楽，中国の通俗歌謡と踊りの曲で，外国的要素と中国的要素を結合したものであった．王朝期を通じて宮廷の宴会用音楽は，公式の儀礼用音楽よりもずっと国際的なものであった．

　宮廷音楽の楽器は音を出す原理によって8種類に分けられる．一つは金属で，それには鐘がふくまれる．次が石で編磬（ヘンケイ）がそうである．竹には真直ぐな笛や，末端に吹管のついた笛など，いろいろな笛がふくまれる．絹糸の弦楽器には，駒のない七弦の細長いツィター〈チロル地方の弦楽器〉ともいうべき琴が含まれる．

　3000年以上の歴史をもつ非常に古い楽器である七弦琴は，宮廷内やその他の儀礼の合奏に使われただけでなく，独奏楽器としても使われた．これは教養のあるエリートたちにとり身近な楽器であって，文人はこれを弾くことができなければならなかった．一般的にいってほとんどの中国の楽器よりも音調が低いので，琴はまた，倍音の静かな響きをひろく利用した．

　七弦琴は，古来の中国において，最も高度な記譜法を生み出した．これはリズムは示していないが，音調，弦の演奏法，テンポを示していた．中国の文人はこの楽器について多くの論文を書いている．最も古いものの一つに蔡邕（さい，ヨウ）（後133−192）の作といわれる『琴操』がある．この本には当時流行した琴の独奏曲と歌謡曲の伴奏の題名が，五十曲近くあげられている．

　北魏時代（後386−534）までに中央アジアから中国に伝えられた宴会音楽用の楽器に琵琶があった．それは演奏者が腿の上に垂直に抱える，四弦の西洋梨型のリュートである．唐代までは大きなばちが使われていたが，それ以後は使われていない．四弦の琵琶は独奏にも合奏にも用いられている．後者にはオーケストラによる演劇の伴奏と，語り物の伴奏がふくまれる．

　清代（1644−1911）の儀礼用でない宮廷音楽の中に，16世紀に江蘇省崑山（こん，ザン）ではじまった崑曲とよばれる貴族的な歌劇があった．おもな伴奏楽器は吹管付の笛であったが，四弦琵琶も使われていた．リズムは規則正しい4分の4拍子

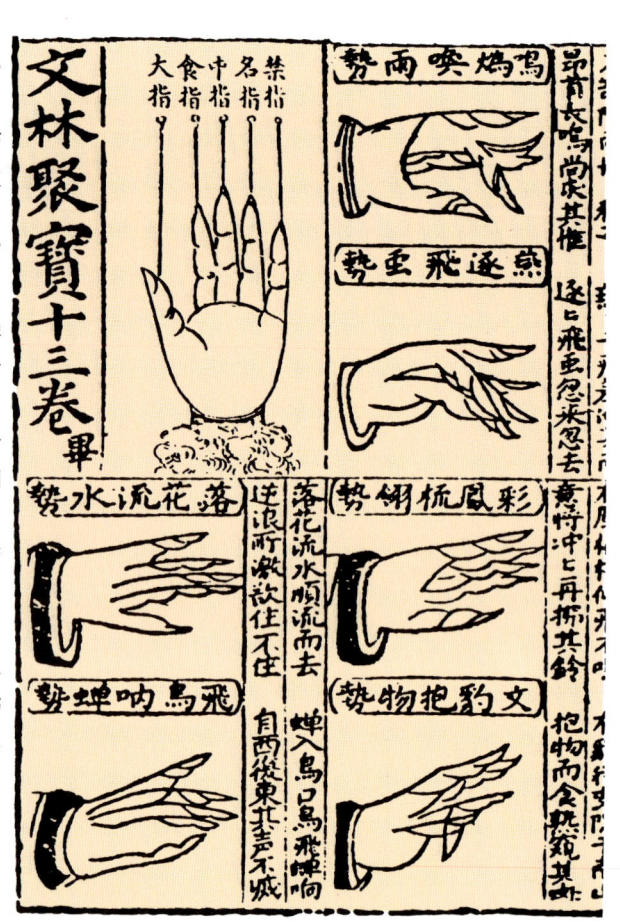

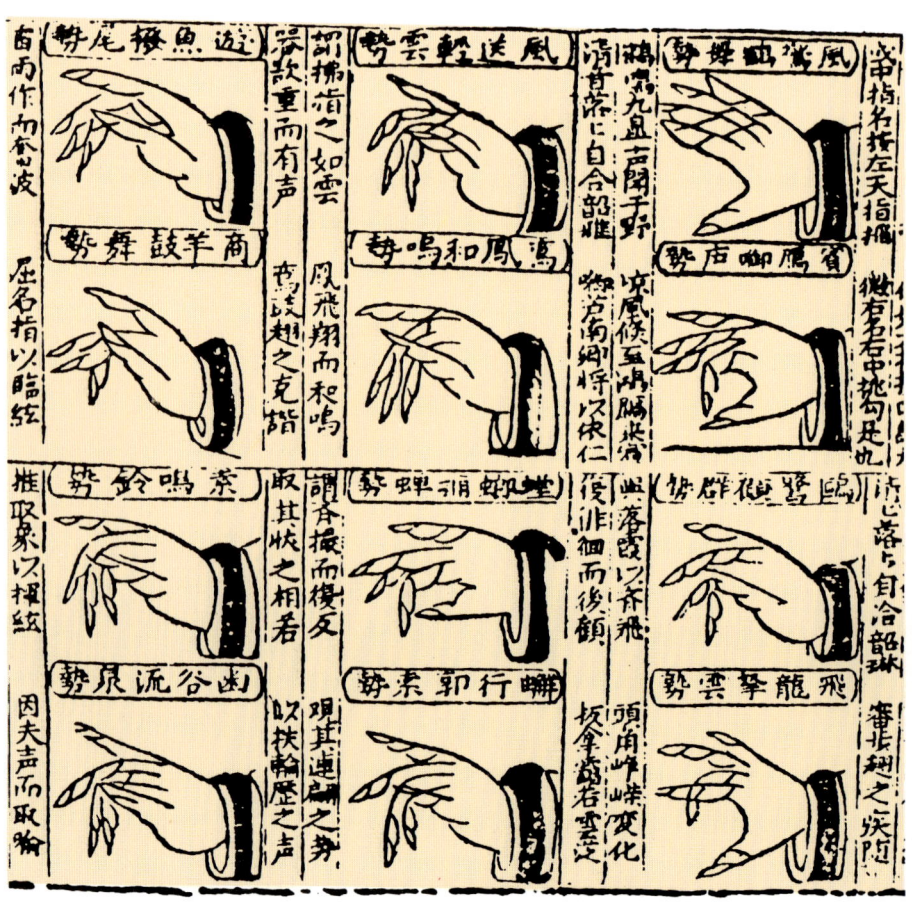

社会と音楽

上端 宮廷の女官が笛や竪琴などの各種の楽器で儀礼用ではない音楽を演奏している．

上 二つの青銅の鐘を打つ人物．今日の山東省にある沂南で発見された前3世紀の墓の彫刻の拓本．

左 琴を演奏する際の指の使い方の二つの手本．琴ははじめは五弦であったが，のちに七弦になった．中国で最も洗練された楽器である．

右 この周代の青銅器の紋様の模写には，儀礼や犠牲を供える際に演奏されたと考えられる鐘，編磬やその他の楽器が見られる．

であった．文人たちは崑曲の音楽を優雅さの極致であると考えていた．しかし，大多数の演劇の音楽は通俗的なものであり，そのために教養のあるエリートたちに軽蔑されていた．文化大革命の前夜にはおよそ300の地方劇があり，それぞれ使用される方言と音楽が異なっていた．

地方劇にはいくつかの系統があった．その一つは，それがおこった場所である江西省弋陽（よきう，ヤンヤン）にちなんで「弋陽腔（よきうちゃう，ヤンヤンチアン）」とよばれた．旅回りの一座がある土地から他の土地へそれを伝え，各地の民謡や楽器の影響を受けて多様な変化をとげた．弋陽腔から発展した様式に共通の特徴は，オーケストラの伴奏で一人の歌手あるいは複数の歌手によって説明的な一節が加えられていることであって，ギリシア劇のコーラスとは違っている．この様式は初期には打楽器しか使わず，弦楽器と管楽器は使わなかった．通俗劇のもう一つの系統は，この系統の劇のすべてにばちで叩く梆子（ぼう，ダン）〈拍子木〉が使われるので，梆子腔（ぼうちゃう，ダンチアン）とよばれるものである．梆子腔は，とくに陝西その他の中国の北方ならびに西北の諸省でさかんである．

この系統の中で最も有名なものが皮黄（ピホヮン）である．これは二黄（アルホヮン）と西皮（シピ）の二つの節回しが組み合わさって限りなく変化し，その調べの焦点を形作るのでこうよばれる．この系統の主要な様式が18世紀後半におこった京劇である．京劇の音楽は，速い，まったく自由なリズムもあるが，主と

社会と音楽

左奥　芭蕉の木の下に坐っている2人の文人．1人は四弦の琵琶を弾いている．16世紀中期の絵．

左中　笙（中国式ハモニカ）は，下端を風函〈パイプに風を送る箱〉に固定された，それぞれ末端を開閉自由な青銅の舌でふさがれた長さの違った13本の竹のパイプでできている．舌のそばに穴があり，パイプの音を出さないときには，そこから空気を逃がす．穴がふさがれると，空気が舌を震わせて音を出す．

左　太鼓に合わせて踊る昆明の像族の太鼓打ち．

して，単純な拍子である．拍子木は拍子をはずして打たれる．これは梆子腔のナツメヤシ製のものではなく，二つの部分がくくられている三つの部分からなるセコイヤ材製の拍子木である．演奏者が拍子木を左手にもち，手首を振ると高い調子のカチッという音がする．

　実際には梆子腔においてもそうなのであるが，京劇で最も特徴的な楽器は，一般に胡弓（中国式バイオリン）として知られる弓を使う弦楽器である．それは四弦琵琶と同様に腿の上に垂直に支えられる．胡弓には2本の弦しかなく，弓は2本の弦の間にはさまれる．そして演奏者は，1本の弦は弓を押して，もう1本の弦は弓を引いて音を出す．胡弓の起源は明らかではない．しかし「異民族」を意味する胡という字が，外国起源，おそらくはトルコ・モンゴル系文化起源を想像させる．胡弓は13世紀までには，ほぼ現在の形で中国に導入された．

　中国共産党は1949年に政権をとると，大衆の好む地方劇の音楽にとくに注目した．文化大革命の1966年から10年間，伝統歌劇は抑圧されたが，現在ではさかんに行われている．七弦琴は改良され，絹の弦は強度を増すために，スチールの弦にかえられた．かつて七弦琴の保護者であった文人階級はいまでは消滅してしまったが，七弦琴はいまでも演奏されている．古代の儀礼用と宴会用の宮廷音楽は中国本土では滅んでしまったが，台湾と韓国に生き残っている．

曲の構成

　中国の伝統音楽は，西洋の古典音楽と違って，和声の反復進行を構成的に使うことはなかった．それはむしろ旋律のバリエーション，リフレインならびに，楽節と楽節の間の，また個々の楽句と音符の間の音色と音域の微妙な対比を基礎にして成り立っている．この異なった型の曲の構成の例として梅花三弄（ばいかさんろう，メイホァサンヌン）を五線譜に写したものを下に示そう．これは紀元4世紀までさかのぼるといわれる笛のための曲を，七弦琴のために編曲した有名な曲である．現在伝わっている曲は多分15世紀のものであり，ブー・シュエチャイによって演奏されたものとされ，10の部分に分かれ，それぞれに標題音楽的な題がついている．西洋の楽譜の下に示された中国の楽譜は，演奏する弦とその演奏の仕方を指示している．音色に対する伝統的中国人の感受性は，少なくとも150年前までは西洋よりはるかに進んでいた．

左奥下　二弦の胡弓である二胡（アル）はこのように腿の上に垂直に支えて演奏される．京劇ではオーケストラは両翼に坐っているので一部しか見ることができない．胡弓の演奏者はふつう前に坐る．かれの手の動きは注目に値する．

右　「溪山夜月」梅花三弄の最初の部分．R・コーガンとP・エスコット，『曲の構成』，1976による．

演　劇

　中国の演劇は複合的な娯楽である．それと対照的に，西洋の演劇は明確に専門化している．すなわち劇，オペラ，パントマイム，バレー，サーカスとレビューは，それぞれ独自の世界をもつ．

　宋代後半から今世紀までつづいてきた中国演劇の主要な伝統——それは海外の中国人社会におけると同様に，中国本土と台湾でもかろうじてまだ命脈を保っている——について論ずるならば，そしてさらに地域的，階層的な変化について目をつぶるならば，中国の演劇について以下のような，ごく概括的な叙述をすることが可能である．その中心となっているのは，歴史あるいは仏教や道教の経典，ないしは昔からの説話からとられた物語で，つねに観衆になじみ深いものである．それは時代衣装を着け，メーキャップをして舞台上の俳優によって，単純に時代の経過に沿った仕方で上演される．舞台にはときに数本の柱が使われるが，背景は用いられない．時と場所は，シェークスピア風に役者によって説明される．ある場所から他の場所への移動を象徴的に演出することは共通している．特に中国的な慣習は，役者がはじめて登場するときに，観衆に直接自分を紹介することである．ときには自分自身について社会的，心理的な説明もする．

　使われている言葉は，独白，対話，口頭詩，広義の歌唱の混合物で，すべて口語であり，演劇以外のほとんどの文学的目的に使われているような古典的な文体ではない．アリア〈詠唱〉はジョン・ゲイの乞食オペラの中のアリアと同じように，特別に作曲された曲ではなくて，有名な曲に合わせて歌われる．アリアの作用は物語の進行を一時止めて，英雄的決断とか別離の悲しみといった特別の感情を強調することである．中国語のような声調言語の言葉で歌われる場合には，(事前に大まかに知っているのでなければ) その言葉を理解することはむずかしい．そこで今日の劇場では，舞台の両端に設けられたスクリーンにせりふを映写している．

　ここ100年ほどの間に，観衆の関心は物語の口上から歌唱，パントマイム，曲芸的な技術などの演技へと移ってきた．清代以来中国の演劇の歴史は，こうして，劇作家よりもむしろ有名な役者に重点が置かれてきた．プログラムは，ふつう，通して見せるのではなく，スターの才能を引き立てて見せるために選ばれた，劇のひとこま，ひとこまから構成される．もちろん，西洋の様式を模倣して「話劇」を創作しようという現代中国の試みや，共産党の指導下で作られた「革命京劇」については，このようにいうことはできない．

　伴奏は，弓や爪を使ってかき鳴らす弦楽器と，独自の鋭く切れる音を出す拍子木と銅鑼，および太鼓のような打楽器とからなっている．ときには，中国式オーボエや，少し鋭い音色を出すために穴の一つに上質の薄紙を貼った横笛のような管楽器も使われる．この伴奏は，それ自身が芸術的興味をそそるものとしてではなく，映画のサウンド・トラック〈フィルムの端の録音帯〉のように，適切な感情的背景を与える役

割を果たしている．並みの演奏家の手にかかれば，伴奏は音楽的な甘酢ソースも同然である．

中国における身体的演技は，特殊な感情や態度はもちろんのこと，そのうえに特殊な行為をも表現する，様式化された動きのレパートリーを基にしている．それは驚くほどに洗練されたものになってきている．そして，見なければとても信じられないような人を引きつける力をもっている．戦争の場面では壮観なかるわざが行われ，旗が打ち振られるが，それは体操の要素と，決まった手順の武術の型とサーカスの離れ技とを兼ね備えている．

昔の公演は，しばしばナイト・クラブの余興のような雰囲気をもっていた．初期の演劇は，高級娼婦と密接な関連をもっていた．そして，清代からごく最近までは，それは男色と結びついていた．というのは二，三の女だけの一座のほかでは，男が女役をする慣習ができあがっていたからである．

中国の演劇はまた，社会の上層と下層のどちらに対しても，時事問題に関する風刺の伝達手段としての役割を果たした．これが，当局が大衆演劇を憂慮の目で眺め，かれらにとって破壊的と思われた演劇を抑圧しようとした理由の一つであった．

演劇は中国の大衆の想像力を強力に支配していた．生活そのものが全く演劇と解された．ときには演劇が舞台から離れ，一時的に現実の中に入り込みさえした．1899－1900年の義和団運動では，多くの義和団の団員は，演劇風の喋り方をし，舞台で最も人気のある〈孫悟空のような〉人物を崇拝し，演劇の中の空想世界の常套手段である魔力をもっていると主張した．

都会の商業劇場は存在していたが，演劇は，正式には神々の祭日その他の機会に，村々でまた都市のギルド〈同業組合〉のしばしば豪華な屋敷で，神に捧げるために行われた．このように祭の儀式として行われた演劇は，しばしば蝗害のような自然災害を防ぐことができると信じられた．長江下流地方では葬式に演劇が上演されることすらあった．上層階級は演劇に対して鋭く矛盾する態度をとっていた．儒教道徳の守護者としてのかれらは，演劇を風俗紊乱，犯罪，そしてときには反乱的行為の温床とさえ見なして反対した．しかし，個人の立場としては，かれらのほとんどすべてが非常に演劇を好んでいた．

元曲と明曲の名作は，伝統的な観衆の心情に最も深い感動を与えるテーマを示している．最も鋭いテーマの一つは，法の名の下に行われる非道である．いろいろな形で扱われた最も一般的なテーマは，最後には破滅の結末を迎える恋愛感情であろう．白仁甫（はくじんぽ，ツンフー）の「梧桐雨」は，唐の明皇〈玄宗〉が楊貴妃に夢中になって政治を誤ったために安禄山の反乱がおこり，怒った皇帝自身の軍隊の主張によって楊貴妃が悲惨な死に方をしたことを描いている．すべての演劇の中でおそらく最も有名なものである王実甫（おうじっぽ，ワンシー）の『西廂記』では，若い書生が約束していた女性に拒絶されて恋の病に陥いるが，彼女の召使いの計らいで恋をとげることができ病が治る．忠義がもう一つの主要なテーマであった．また，政治家や裁判官であろうと娼婦であろうと，正当な目的を実現するためには，喜んで狡猾な策を弄する傾向があることも顕著である．

上 これらの卵大の彩色された面は，中国の伝統劇のなかの武士，神，道化といった男役のさまざまな登場人物をあらわしている．メーキャップと衣装は，ともに非常に規格化された形式にしたがっている．

左 中国の伝統劇は最小限の小道具しか使わないので，観衆の注意は，メーキャップと衣装でただちに誰であるかがわかる，役者の演技にむけられた．役者の高度な修行には，上演前に自分のメーキャップをすることがふくまれていた．

左 京劇「孫悟空大いに天宮を騒がす」は16世紀の呉承恩（ごしょうおん，ウーチェンオン）の小説「西遊記」のエピソードに基づいている．小説では遍歴の法師は猿と豚の精である守護者たちに守られている．その中でも猴の精〈孫悟空〉は主人公であって，中国の文学と戯曲で最も愛される人物の一人になった．この場面でかれは，仏陀に鎮圧される前に，玉皇大帝の部下たちの間で大騒動をおこそうとしている．文化大革命では，すべての伝統劇は「封建的」宣伝とされ，1966年から1971年までは，八つの革命模範劇のみが上演された．1976年の指導部の交代によって，伝統劇の復活が促進され，この劇は1980年に上海で上演された．

右 中国の伝統的な影絵用の人形．継ぎ目に付けられた棒がたくみに操られて，さまざまの生き生きとした動作ができるようにしてある．

農業と食物

過去の中国の農法は今日の欧米の農業と非常に異なっているので、それを理解するには想像力を働かせる必要がある。今日においても、中国の農業は、われわれの知っている西洋の農業とは非常に違ったものである。

中国の伝統的農業は園芸に近いものであった。狭い農地に大量の熟練労働が投入され、高収穫をえた。この熟練は科学的知識に基づくものではなく、土壌、気候、作物の種類といった、その地域の条件についての詳細で実際的な理解に基づくものであった。それは用心深いものであった。農民が冒険を試みるには、あまりに多くの危険があった。しかし、それはどうしようもなく保守的であったわけではない。小規模の実験や動植物の優秀な系統の選別が、たえまなく行われた。改良に成功した者はすばやく模倣された。

内中国が農業用に開墾されつつあった中世の時期には、少なくとも農業の一部に直接たずさわっていた大地主が、重要な役割を果たしていた。かれらは開拓者として行動する資力をもっていた。16,7世紀以来、概して小規模な農家が大規模な農場よりも、生産性が高かった。個々の農民とその家族は、土地を所有している場合でも賃借りしている場合でも、大農場の雇用労働者や奴隷的労働者には適さないこの園芸型の農業に、みずから献身的に打ち込んだ。前近代的な技術の制約の下では、この献身が、管理された労働力をもつ経営者が利用できる規模の経済にまさっていた。小数の例外を除いて、中国の地主は、土地を1.5〜2ヘクタールを越えることのめったにない区画に分けて賃貸することが、最も有利であることに気づいていた。

小規模の単位が有利であることの例外は、水の利用であった。中国の穀物生産高の半分近くは米であった（現在もそうである）が、稲は水田で栽培しなければならない。水を効果的に利用するためには、集団的な組織が必要であった。水路と貯水池が掘られ、浚渫されなければならなかった。堤、堰、水門が造られ、保守されなければならなかった。この組織を維持するために、責任が分担されなければならなかった。非常に大規模な計画が実行されるときには、中央の官庁が担当した。揚子江の峡谷から下流の両岸をまもる堤防、黄河下流域の排水、揚子江デルタの南半分を海から守る防波堤がその例であった。小規模の計画は地方政府、郷紳、地主と小作人の連合体の種々さまざまな組み合わせによって行われた。したがって伝統王朝時代の後半には、中国の農業の約半分が、小規模な個人的事業と大規模な公共的組織の結合の上に成り立っていた。

農業は1950年代はじめ、中国共産党政府によって全体的に集団化された。個人には小さな自留地が残されただけだった。その総計はおそらく耕作地の5％ぐらいであった。集団化の目的の一つは、「旧社会」の社会的、政治的基盤を破壊することであったが、それはまた生産性を増大させるとも信じられていた。いろいろな面からみて、これは誤りであった。治水を別にすれば、集団化は、近代的生産様式に広範囲に投資する十分な資金をもっている地域にのみ、利益をもたらした。中国は二、三の幸運な地域を除いて、そうするには全体的にあまりに貧しかったので、共産主義の下で農法が劇的にかわることはできなかったし、またかわらなかった。動機づけと、その地域固有の知識を注意深く適用することが、中国の園芸型農業にはあいかわらず重要であった。1960年代はじめ以来、より現実主義的な中国の指導者によって、このことが暗黙のうちに認識された。それが大規模集団経営の後退となった。まず、毎日の仕事の単位が、数万人の町ほどのものから、小さな村に相当する単位に縮小された。つい最近では、「生産責任制」の下で、集団は事実上、家族や数家族の小グループに小さな土地を貸し出す地主になっている。今日では、中国の全農地の4分の1以上がこの制度によって経営されており、そのパーセンテージは上昇しつつある。これと反対に、治水計画は、現代ではいっそう大規模なものになっている。今ではその多くは、配下の集団よりもはるかに大きい特別の行政部門によって行われている。

中国の伝統的農業と西洋の農業との間の、他の二つの一般的な相違は重要でない。一つは、中国には農耕用の大型の役畜が少ないことである。もう一つは、共有地が事実上ないことである。どちらも、人工が情容赦なく増加し、耕作可能な土地のすみずみまで埋め尽くした、という事実によってある程度説明できる。その結果、田園風景は西洋のものと異なる様相を見せることになった。内中国においては、いくらかの先祖伝来の保有地を除いて、この数世紀にわたって共有の放牧地と森が、たとえあるにしても、非常に少なかった。また素封家の個人的な土地も少なかった。そのかわりに、垣や囲いのない小さな保有地の、比較的単調なひろがりが生じた。その面影は集団化された今日でも残っている。この7世紀に

上端　稲の栽培過程。左から右へ、代掻（しろかき）、田植、刈り入れ。

上左　稲刈と脱穀。

上中央　チベットの草原を歩きまわるヤク。

上右　陝西省の黄土地帯の丘の上で脱穀されるトウモロコシ。トウモロコシは16世紀にアメリカからもたらされた。

右　北京の南にある人民公社でこの地方の特産品の「北京ダック」用に飼育されているアヒル。

右奥　中国南部の灕江で市場に連れていく前に洗われている豚。

農業と食物

わたって典型的な家畜であったのは，食物あさりをする豚，家禽，アヒルであった．伝統的な漢民族文化の歴史的な境界を越えた外中国にのみ，比較的最近では，馬，牛，ヤギ，羊，ラクダ，ヤクの大群が見られる．

過去の中国農業はある意味で原始的であったと考えられがちである．ヨーロッパ農業が19世紀まで科学的でなかったのと同じように，中国農業も科学的でなかったのは真実であるが，実像はもっと複雑である．ヘクタールあたりの産出高についていえば，おそらく中国は，1800年以前の大地域としては最高水準にあった．そして今日においても国際的には，いまでも高水準にある．しかし，人時労働あたりの産出高についていえば，機械化された西洋農法の水準から見て，中国の実績はいたましいほどに低い．過剰人口が事態をいっそう悪くしている．いくつかの直接管理される雇用労働者を使う農場と，1930年代の北中国の家族経営農家の比較は，少なくともこの地域，時代に，実際には半数の農業労働力で，同じ生産高をあげることができたであろうと指摘している．それにもかかわらず，食物としてえられるエネルギーと，それを生産するために使用される全エネルギーとの比率を見ると，中国の素朴な農家は，機械の運転と肥料や殺虫剤の製造を化石燃料に大きく依存している北アメリカの農家よりも，よい成果をあげている．

作 物

古代中国ではあわを常食していた．小麦は，それまでよりすぐれた製粉装置が開発された，紀元後最初の1000年間の中期に重要なものとなった．稲はその少しあと，揚子江流域と華南に灌漑農法がひろがるのにともなって，重要なものになった．さらにずっとおくれて16世紀の末に，いくつかの新しい作物がスペインの太平洋貿易組織を通じて，アメリカから中国にもたらされた．それは新大陸原産のトウモロコシ，さつまいも，じゃがいも，ピーナツ，タバコなどであった．1700年ごろには中国の農業は，近代以前の最終的なパターンを示した．小麦は揚子江流域より北ではどこでも作られる穀物であり，米はこの線より南の基本的な穀物であった．丘陵の斜面や山間部のやせた土壌では，その他のさまざまな作物が栽培されていた．

14世紀ごろまでは，一般の中国人は麻か，からむしの繊維で作った服を着ていた．富裕な人々は絹も着ていた．この時期以後，たいていの中国人の服は木綿で作られた．木綿はインド，または東南アジア，あるいはたぶんその両方からもたらされた．木綿は麻の織物より暖かく，吸湿性に富み，ヘクタール当りの栽培量が多い．

これらの基本的なもののほかに，中国人はその他の独特で実用的な作物を栽培していた．くろぐわい，さやえんどう，にがうり，白菜はよく知られている中国特有の野菜である．茘枝と龍眼は他所ではもともと栽培されていなかった作物の例である．他の重要な植物には，茶，桐（その油は防水と殺虫に使われた），大豆（豆腐，醬油，油粕を作った），漆，竹，（筍は食用になり，幹を用いて送水管から建築現場の足場まで何でも作った）があった．

タバコは17世紀以後ひろく栽培された．阿片げしの汁液は1000年以上もの間鎮痛剤を作るために使われてきたが，18世

左 ラサ近くの脱穀場で働く人民公社員．大麦はチベットの重要作物であったが，1959年に中華人民共和国政府が小麦に換えた．

紀はじめに麻薬として栽培されるようになった．その中毒は最初，タバコといっしょに吸われるようになってから，ひろまったようである．それは目方の割に非常に高価なので，僻地におけるしばしば唯一の金になる商品作物であった．そして19世紀と20世紀のはじめにおいて，中国南西部と満州の経済発展の開始に重要な役割を果たした．

耕作適地の供給がひどく不足していたので，可能なところではどこでも多毛作が行われた．ベトナムに起源をもつ早稲の使用により，暖かい地域では穀物の二毛作が可能となった．華南では稲の二期作が，華中では稲と小麦の二毛作が可能になった．ときには，野菜を加えて三毛作が行われた．土壌の肥沃さを保ち，害虫の繁殖を防ぐために，輪作が行われた．休閑地は事実上，最近の数世紀は見られない．最も複雑な耕作法には，共生を利用した耕作（木を「助ける」ために桑の木の周囲に豆を植えるのがその例である）と間作（実った稲のうねの間に後で収穫する豆をまくのがその例である）があった．

土地，肥料，耕作

中国の農地の大部分は自然のものではなく，人間の努力によって作られたものである．これは稲の栽培に使用される棚田に明瞭に示されている．棚田はほぼ完全に水平でなければならないし，ときには巨人の階段のように丘の斜面を登っている．また，連続して耕作される土地は，下肥や，石灰のような化学肥料を与えないと，たちまち養分がなくなってしまう．中国の伝統的な地力の保ち方は骨の折れるものであった．桑の木の周囲の土を稲田の土と手で取りかえるという苛酷な方法さえあった．

稲の苗を移動する田は，すき，重いまぐわ，歯の細いまぐわ，と順番に使って耕すのが理想的だった．しかし畜力が不足していたために，そのかわりにしばしば重いくわを使わなければならなかった．おもな肥料は5種類あった．いろいろな種子の絞り粕，土壌に直接すき込まれるクローバーのような緑肥，葦や草の灰，河川や運河を浚渫してすくわれる泥，いろいろな方法で熟成した人畜の排泄物，である．人糞の使用によっておこる深刻な問題の一つは，農民の素足の裏から感染する住血吸虫病のような病気の蔓延であった．この悩みは近年大幅に減少したようである．

高収穫は，あらゆる日常的な仕事の中で最も辛い，除草を繰り返すことによって維持されていた．除草には除草用の熊手も使われたが，ときには，指に金具の爪をつけて四つん這いになって行われることもあった．抜かれた草は緑肥として役立てるために，土壌に押し込まれた．ヘクタール当りの生産高を減少させないで，これらの技術を機械化することは，非常に困難であることは明らかである．

水

流水に関する伝統的な工事は，灌漑と，洪水の防止に大きく分けられるであろう．水を貴重な必需品として求めるか，あるいは敵として恐れるかによって，多様な型のシステムが必要になってきた．いくつかのシステムは，灌漑と洪水防止の両方の要素を結びつけていた．ことに四周を堤防で囲まれ，1年のうち少なくともある期間水面より低くなるような低地の農地と宅地である．デルタと湖沼地帯の干拓地とがそうであった．

最も簡単な河川灌漑システムは，水の配分用の水路の掘鑿と，各水路を流れる水量を調節する方法が必要なだけのものである．季節によって流量の変化する所では，貯水池も必要である．さらに，海に水を放出するシステムの場合には，高潮のときに海水が水路を逆流するのを防ぐために，下流にせきを作ることが必要である．どんなタイプのシステムでも，堆積した沈泥を浚渫するために，一部分ごとに，水門や一時的な堤防を設ける巧妙な工事をして，定期的に空にしなくてはならない．

河川のシステムは，重力の働きで水が流れることによって機能している．これはまた，畑までの相当な距離を水を引き上げなければならない高地においても同様である．大きな水流は，周囲に傾けてつぼをつけた，巨大な車輪をもつ水汲み水車を回すことができるからである．それと反対に，排水の必要な干拓地やその他の地域では，ポンプに頼らなくてはならない．伝統時代においては，それは主として，人間の足踏みや回転盤を回す畜力や風力によって，長方形の断面をもつ傾斜した槽にそってひとつながりの木製の爪が引き上げられる，いわゆる「龍骨車」であった．近代中国農業の最も顕著な進歩の多くは，この旧式の方法を動力ポンプ，金属製パイプ，コンクリートの灌漑水路に交換したことに基づいている．

右　幾世代にもわたって中国人は人糞を使って土地を肥沃にしてきた．西安の街を下肥汲みの車が引かれていく．

下　揚水にはいまでも踏み車が使われている．もっとも，多くのものは電動ポンプに置きかえられている．

農業と食物

左 北京付近の西山で雄牛に引かれるこの簡単なすきのデザインは何世紀も変化していない．

下 伝統的な鵜飼は，中国南部の漓江でいまでも見られる．舟に縄でつながれた鵜が魚を捕えるが，のどに輪を巻かれているために飲み込むことができない．

下端 集団農場でいっしょに働く生産隊員．

この面では近代化は技術的に急発展し，より利益をもたらしているようである．

動物，魚，家禽，昆虫

外中国は家畜の群の世界であった．食肉，乳，繊維，獣皮，輸送は高度，乾燥，その他の地域的条件によく順応した品種や雑種の飼われている牧場から供給された．これと対照的に内中国では，大型の動物は1頭または小さな群で飼われた．それは主にすきを引くとか，機械を回すとか，輸送とかいう際の畜力として貢献した．北部では「黄牛」が支配的であった．揚子江流域と華南は，忍耐強く泥や湿気を好む水牛の勢力範囲であった．馬，ロバ，ラバはあまり多くないが輸送に使われた．食肉は，豚と，南部および朝鮮国境沿いではのら犬が，供給した．

近代初期に，外国から入った種との交配によって，中国の伝統的な家畜の型が変化しはじめた．今日では古い血統の多くが，その純粋な形態をほとんど失ってしまった．この急激な変化は以前に，鮒から金魚を作り，ちんを仏陀の獅子の精のような外見に改良した，変異に対する敏感さと選択の勘の鋭さがもたらしたものであった．しかし，近代以前の中国の村では，群が小さくばらばらに飼われていたために，家畜の組織的な改良がむずかしかったと推測することはできるであろう．

畜力の利用が低水準にあったことは，中国の伝統的農業の弱点であった．ある農夫が畜力をどのくらい使うことができるかによって，かれの生産力と繁栄とに大きな違いがおこった．それは固い土壌を耕すとか，新しい土地を開墾するといった問題に限らなかった．畜力はたとえば，水力が利用できないときに砂糖きびを砕くといったように，多くの農村工業に欠くことのできないものであった．いくつかの地方には，地主が土地を賃貸するのとほとんど同じように，牛を貸し出す「牛主」がいた．しかし動物という形の富は，土地という形の富より不安定なものであった．多くの動物が飼われている非衛生的な環境にいくらか原因があるのだが，病気は深刻な損害を与えた．牽引用の動物の死は世帯の破産や，ときには村の破滅さえもたらした．

豚，羊，家禽，魚，蚕の古い中国式飼育方法に共通しているのは，少なくとも生活環の一部に，管理された人工的な環境を作り出すことであった．ある意味でそれは，工場農業への前近代的な接近であった．その顕著な例は，アヒルや鶏の卵に使われる孵卵器である．それは陶製の二重壁のつぼで，その間に置かれた炭で暖められた．大きいものは1000個以上の卵を入れられた．必要な温度に変化させていくには熟練した技術が必要であった．魚の養殖はまた別の技術が必要で，人工の島がある，いろいろな深さの，特別に用意された池で行われた．最もデリケートなものは蚕の飼育であった．それは覆い，通気孔，火鉢を使って，温度，湿気，明るさがすべて管理されている家の中で行われた．蛾はすぐれたものを選んで交尾させねばならなかった．蛾は粘つく紙に卵を産み，それが冬まで保存された．そして，塩水につけたり風雨にさらして，弱い卵は殺された．幼虫が孵化すると竹の皿で飼われ，桑の葉をたえまなく与えられた．繭は稲叢でおおわれた枠にかけられた．その多くは殺され，あとで糸を繰るために

保存された．残りは，新しい蛾が繭を壊して絹を台なしにする前に，ただちに熱湯につけて糸を繰った．蚕の飼育には病気，ネズミ，桑の葉の不足といった危険な要素が非常に多かったので，タブーや迷信に満ちあふれていた．今日では，近代的な道具（たとえば湿度計）と電気によって，環境の調節がより精確になり，機械繰りによって糸がより均質になったが，基本的な作業は昔いつもそうであったのとほとんど同じである．

農民の家族

中国の伝統的農業の中心になったのは農民の家族であった．家長にとって重要な問題は，かれの利用できる労働力をどのようにして最も有効に使うかということであった．家族は働こうが働くまいが，全員に食べさせなければならなかった．資本主義の工場の所有者とはちがって，かれは従業員を一時解雇することはできなかった．ほかにやるべきよい仕事がないならば生活維持費以下の賃金でも，子供や老人が働く方がまだ有利であった．そうすれば他の者の負担が軽減された．農民世帯の貧富は，強壮な成人と，かれらに頼って生活している老人，子供の相対的人数に相当左右された．そしてこの割合は，ほぼ規則的に周期的な変化をした．小作人に賃貸される農地の実質的な割合は，それによって一時的に労働力が豊富な家族と不足な家族が相互に調整されるに至り，各自の好機を最大限に利用することになるメカニズムとして見なさなければならない．これらの理由や他の理由によって，農民の経済学は，より発展した社会の経済学とはある程度異なっていた（そして現在もそうである）．共同体のすべてを包み込むという人民公社の経済の論理は，農民の家族のそれに近い．そして，1950年代後半から1970年代後半までの中国の状況におけるその役割は，貧困と不完全雇用を共同負担したことであると見ることができる．

農業ではまた，1年の間に必要な人手が変化した．熱気にあふれる活動は5月と6月に行われた．この時期には播種，移植，収穫，蚕の飼育のすべてがいちどきに行われた．この埋め合わせをするのが11月から2月にかけての農閑期であった．その他の月には中位の量の仕事があった．一般的に農民の家族は，二つの条件の間に拘束されていた．農繁期には重要な仕事をする人手がとても足りないことがしばしばあったし，その他の時期には労働力に対して農業の仕事があまりに少なかった．こういうわけで，農閑期の手工芸と副業は，昔の農民経済における経済的可能性の最も重要なものであった．

近年，近代的工業と輸送の発達が，多くの者の副業の利益を浸食している．そしてまた，地域の市場と計画のない原料の利用を制限している，過剰に管理された共産主義経済も，同様の役割を果たしている．その結果農民の家族は，しばしば農業生産の増加によって利益を受けながら，他の収入の損失のために，全体の収入はずっと低い成長率しか達成していない．また，旧時には世帯レベルでは労働力が富と安全を象徴していた農村社会で，人口の増加を制限することも容易ではない．ごく最近まで，政府はこの問題を真面目に取り扱わなかった．そこで，化学肥料の使用の増加，良質の種子の使用，灌漑面積の拡大によってもたらされた生産力の増大が，主として，養わなければならない人口の増加によって相殺されてきた．分配は，共産党政府が政権を取る前にくらべて，ずっと公平になった．しかし1980年代まで，平均的な農民の食料事情は，1930年代初期にくらべて，よくはなったにしても，ごく少ししか改善されなかった．

食 物

中国の食物は，冷凍食品や全国的規模の食品製造業がないので，いまでも地域的な多様性と特質をもっている．大きな相違の一つは，南部では米が主要な穀物であり，北部と東北では小麦，とうもろこし，あわが主要な穀物であることである．しかし，他の地域とてはなく，華南と結びつけて考えられている，全国に知られている料理がある．広東料理はその多様性で有名である．そのほとんどは柔らかな味つけであるが，にんにく，黒豆，唐辛子，かき油をベースにしたこくのある調味料もある．ふかひれ料理ではきめが尊ばれ，ヘビのような珍しい材料が使われる料理もある．ここの料理は大部分，高温の油ですばやく炒められる．福建料理はたくみに調理された魚や蟹，スープ，有名な醤油などの調味料で名高い．揚子江下流域では調理時間が長くなり，醤油と砂糖と酒で煮込む紅焼（ホンシャオ）という料理法がよく行われる．上海料理は油っこい．

西部では，四川と湖南料理は辛口で香辛料がきいており，唐辛子（16世紀に中央アメリカから伝わった植物）をふんだんに使用する．最も手の込んだものは，たとえば辛いもの，果物の風味のあるもの，酸っぱいもの，塩からいものというように，いくつかの香辛料を混ぜ合わせる．過去の宮廷料理は別として，北方の料理は非常に素朴で簡単であり，饅頭（マントウ）や麺類，餅（ピン）といっしょに食べる炒め物が主である．

地域的多様性は，生の材料が容易に輸送できるかどうかにもよっていた．果物はある場合には生産地から外に出ない．西北のウイグル式の料理はイラン料理と似ている．モンゴル式の料理は，ヨーグルトや発酵した馬乳とともに食べる素朴なマトン料理である．チベットとモンゴルの料理は酪農製品を大量にふくんでいて，多くの漢族の好みに合わない．チベットではふつう大麦のあらびき粉を，腐臭のあるヤクのバターで作るバター茶で混ぜて食べる．

右　上海の町で麺を料理している人．大多数の中国人はカロリーの85％を穀物から，残りをキャベツや大豆などの野菜からとっている．脂肪や蛋白質はごく少なく，肉は特別の行事のときにのみ食べる．

右奥の上　農民の非常に小さな自留地（耕作面積の5％を越えることはない）は集団耕作地よりはるかに生産性が高い．自留地は人民公社員の臨時収入源として，また都市住民の新鮮な野菜の供給源として，とても貴重である．

右奥の中央　特別な行事のために専門家が餃子を用意している．練り粉は薬味のきいた牛肉を中に密閉して，ひだをつけて注意深く包まれる．それからゆでられるが，1人が30個から40個も食べる．

右　小麦のパンは西北の主要な食物である．平たい固まりが，このトルファンのやり方と同じように，オーブンの側面で焼かれる．このパンは，はるか西のイランやエジプトまで含む中央アジア中で作られるものと，形や焼き方が同じである．

右奥の下　各人がこの食堂で食べる典型的な食事は，蒸し餃子か大きなお碗に入ったご飯と野菜炒め，そして最後にスープであろう．食べかすはすべて床かテーブルに吐き出す．ビールの醸造法は19世紀後半に山東省のドイツ人によって中国に紹介された．北京ビールは軽い味で渇きをいやしてくれる．

農業と食物

213

家族生活

　家族は，中国の全史を通じて，大多数の中国人にとっての社会的，心理的かつイデオロギー的な生活の中心に置かれていた．少なくとも，男性は自分が息子から父へと過去に限りなくさかのぼっていく父系に連なっていると感じており，したがって，それが将来へと継続するよう援助することが，かれらの義務となっていた．「家の永続性」への願いが宗教的な確信にまでなっていたといっても，けっして過言ではない．

　古代においては，生者と死者は相互に依存し合っていると固く信じられていた．祖先には生けにえのお供えが必要であり，子孫には祖先の庇護が必要であるという具合に．祖先と絶大な宗教的力（帝，のちには帝あるいは天）は，かつてはきわめて密接な関係をもったが，次第にその関係が弱くなった．神すなわち天帝はますます権威が高まり，祖先はそれに応じて力を失っていった．祖先が子孫の日常の出来事や福利の面に口出しする力があったことは，殷（い，ｲﾝ）代の王家の祖先に関する託宣の中に明らかなことだが，それはその後の数千年の間に徐々に少なくなっていった．女性は，男性ほどには父系観念の影響を受けなかった．それはおそらく，彼女たちが結婚の際自分の父親の系列から夫の系列へと移ったためであろう．彼女たちは，自分の子どもたちを通じて自分のまわりにつくることができる，たとえ一時的とはいえ直接に結びついた家族に，しばしば比較的大きな関心をいだいたのではないだろうか．しかし，息子をもたずに死んだ夫の跡取りの養子を育てようと懸命になっている多くの未亡人の姿に見られるように，家系への帰属は深まっていった．

　宇宙とむかい合っている個人の人間性という概念は中国社会の片すみにのみ存在した．道教の達人すなわち長寿食を摂る錬金術師は，個人の肉体の不滅を追求した．仏教の修行者は，みずからを教化し自我を徹底的に消滅すべく，家族をすて，家族の存続を絶とうとした．しかし，その仏教の修行者でさえも，家族というタームの中で断絶することの正統性が解釈され，かれが善行を積むことは，かれの死んだ両親がよりよく生まれかわるのを助けることになるのだとされた．

　中国の最も重要な徳行は，多く家族生活に関連して規定されていた．中でも，両親に対する息子の，義理の両親に対する妻の，子どもとしての服従すなわち孝は，その代表的なものであった．かれの両親（あるいは彼女の義理の両親）が死ぬまでは，誰でも相対的に独立した社会的存在となることさえもできなかったし，女性の場合は夫が生きている間はかれに従属する状態がつづいた．子としてよく親に孝養を積むと，枯れ木を蘇らせるとか，あるいは失われた耳や歯さえも再生させるといった奇跡をおこすことができ，また，孝行した者は火事や自然災害を避けることができると，ひろく信じられていた．帝国は子の親への服従を奨励し，父親，あるいは未亡人となった母親が息子に腹を立てた場合は，息子の処刑を求めることができ（のちにはただ追放することができるだけとなったが），県知事はそれに応じなければならず，息子は異議申し立てすることはありえなかった．同じ家族中の年少者の年長者に対する犯罪は，外部の者に対する同様の犯罪にくらべて重く罰せられた．逆に，目立って孝養を積んだ者は公けに認められてほうびが与えられ，その結果，他の者にとっての輝かしい模範となった．

　既婚の女性にとって重要な徳行となっていたのは貞操を守ることで，それは未亡人になったあとでさえ重視された．夫の死後再婚することは違法ではなかったし，実際には経済的圧力ゆえにそれはひろく行われた．しかし再婚は，道徳的にはのぞましいことではなかった．ある家族に嫁いだ女性は，死んだあとにもその家族の亡霊として留まるとひろく信じられていた．地獄について書かれた仏教の本には，再婚した未亡人の亡霊を2人の夫の亡霊に半分ずつ与えるために，悪鬼によって彼女の身体がまっ二つにされている姿が描かれている．11世紀以後，貞淑な未亡人への礼賛はますます高まり，詩や碑文，伝記〈節婦伝〉に書かれ，祝賀用のアーチ〈牌楼〉とか，記念碑，布きれに書いた聯の形で皇帝の賞讃にあずかるという制度ができあがっていった．

　家族のもう一つの徳行は，大家族のすべての成員が何世代にもわたって，財産を共有し食事をともにして，共同生活をすることであった．このような大家族は「有徳者」とよばれ，明代以前には皇帝からほうびをもらう資格があった．最大のものは何百人にものぼり，統制のとれた共同生活を送ったといわれている．こうしたある大家族に伝わることとして，かれらの徳が飼い犬にまで影響をおよぼして全部がそろって食べる習慣ができ，もし1匹でもメンバーが欠けていると食べはじめなかったという話がある．明朝の創立者は，何世代も共同生活することにほうびを出すことを中止した．支配がむずかしい大家族集団がますます増えることを奨励したいとは思わなかったからである．当時大家族の多くは，同族の男たちによる自らの軍隊をもち，他の家族と戦闘したり，徴税者に反抗したりして，自分の思い通りにふるまっていた．

　中国の家族制度は，のちの代が前の代に，弱年が高年に，女性が男性にそれぞれ従属することによって成り立っていたといえるであろう．親族関係の強さ，および共同で負う義務

上　宋代，12世紀の宮廷絵画の技法を用い，絹地に墨と顔料を使ったこの絵は，子どもを湯浴みさせている宮廷婦人たちを描いている．

右　漢代以来，中国の法律は引きつづき家族の忠誠心を強化しつづけ，家族は儒教倫理によって長いこと賞揚される対象となった．この写真の絵は，祖廟の前で感謝を捧げている家族を描いたものである．母と幼い娘がその行為に参加せずに仕切りのうしろで見守っているところが注目される．

右下　中国に独特な呼称は，図表に示されているあらゆる人間関係をあらわしており，しかもこの呼称は，各自の関係によっていかなる行動をとるのが適当かを定義するのにも役立った．自己の下の世代の女性を通じたつながりにもまた，独特の呼称が使われている．これによれば，自己の娘の子どもは"外孫子"，"外孫女"とよばれたが，これらはここでは表をわかりやすくするために示さなかった．喪に服することは，自己から見て縦か横，あるいはその両方を混ぜて四つの段階内にある人がなくなった場合にしなければならないとされた．これを縦の関係について見れば，自己は曽々祖父（この表では示されていない）に対しては喪に服さなければならなかったことになる．2人の親戚間でより合うときの呼称は，この表に示されている呼称とはいつも異なり，方言によっても違い，またやや簡単化されており，正確な人間関係が暗黙のうちに理解できるようになっていた．

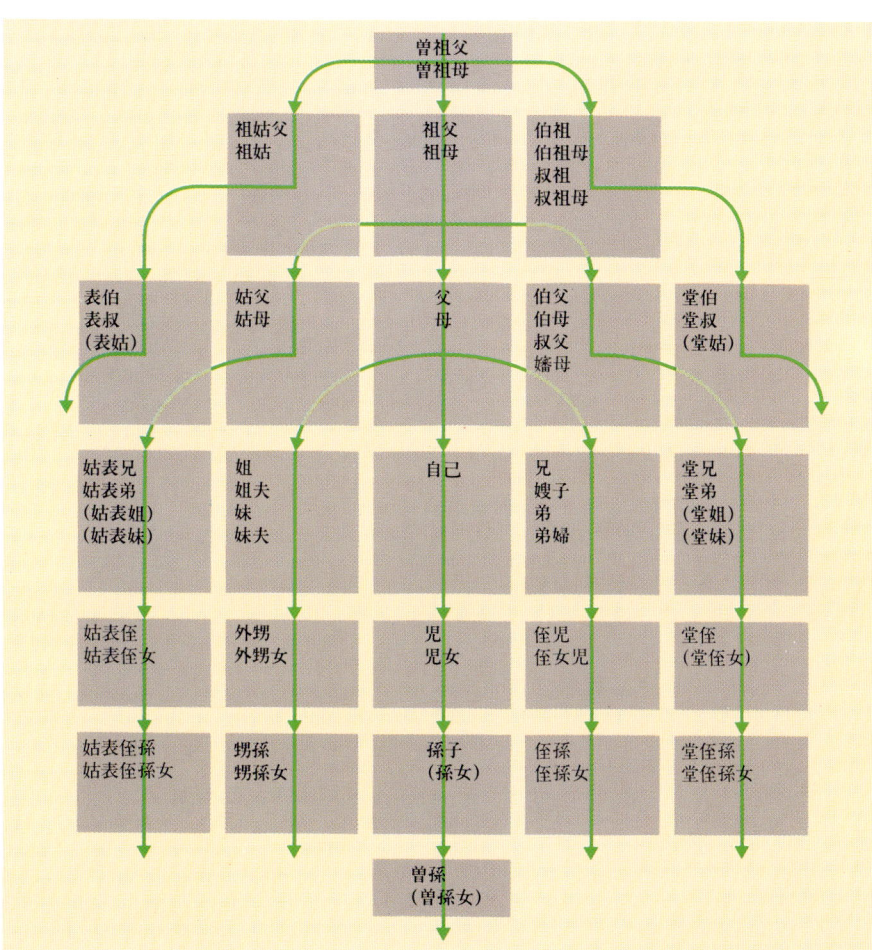

は，血縁の遠近によって綿密に分類された．基本的な骨組み（表を参照のこと）を見ると，義務はその当事者から各方面に4世代を通じ，等級化されてひろがっていったことがわかる．親族関係は，西欧では全く知られていない特殊なやり方で規定された．支配と服従に関する中国の体系では，一人のおじが，(1)父の兄弟であるか，母の兄弟であるか，(2)父の兄であるか，弟であるかで相違が生じるのである．中国の親族関係の伝統的な記述の仕方では，このような区別をはっきりさせるために，23の基本用語を使い，さらにこの23の用語の範囲内でその変形を処理するために，10の基本的な修飾語を用いた．もちろん，この体系は中国史の初期には十分に熟していたようには見えない．殷代には重点はもっぱら兄弟系列に置かれていたと考えられる根拠があるからである．それが父と子の関係へと重点が移行するには長い期間を要し，おそらくは東周時期になってから完成したと思われる．

ときにはまた，極端に異なる非漢族的な考え方との間に論争が行われた．紀元5世紀ごろに中国を支配した夷狄の王朝の中には，なくなった親戚の未亡人と結婚することが問題なく受けいれられ，その場合，排行を飛びこえて結婚することもできた王朝が複数あった．しかし，そうした行為は，上述のごとく分類された親族関係の骨組みを破壊するがゆえに，中国人には嫌悪すべきものとされた．概して，夷狄の女性は漢族の女性より自由を味わった．また，漢族の婦人が馬に乗るとか，その他解放された行動を追求したのは，唐（とう）王朝初期のように夷狄の強い影響を受けたときのみであった．南宋（なんそう）以後，女性の足を縛る恐ろしい習慣〈纏足（てんそく）〉が広がった理由は，まだ十分に解明されてはいない．それは宮廷の踊り子たちの間ではじまり，貴族社会にそれが流行し，ついには，足が段階的に小さくなるにつれて，ダンスという芸術がすたれていった．この習慣がほぼ最下層にまで達し，またほぼ最南端の地方にまでいきわたったことからすれば，これが礼儀知らずの夷狄から上品な中国の婦人を区別するものと自覚されていたのであろうか．専門家筋には，纏足は腔をしめつけるので，セックスをより刺激的なものにすると主張する者がいる．理由はどうだったにせよ，纏足は女性の行動を大いに制限した．宋代および元（げん）代のはじめには各地をまわって歩く女の商人がおり，揚子江下流絹織物工場を創設した道教の修道女黄のような女性企業家さえいたが，その後は同様の女性はほとんどあらわれなかった．

春秋時代，強力な国々が勃興したことによって，家族に匹敵するような忠誠の対象が生じた．孔子は，その特色として親への献身は国家への献身を越えたものであるべきであり，息子は罪を犯した父をかばうべきだとする考え方をとった．前4世紀なかば商公（しょう，こう）の指導下にあった秦（しん）王朝は，国の利益を守るべく，家族の結束を破るための最も効果的な政策を押し進めた．そして，2番目以下の息子たちは，もしそうしなければ税金の制裁があることを恐れて，大人になるといやいや父親のもとを離れて住んだ．のちのイデオローグたちは，もちろんこのことを，社会的に動揺をきたすことを理解しなかった秦の政策の典型的な失敗と見なした．漢（かん）以後の王朝は，役人たちに父親が死んだときには喪に服するために27カ月間引きこもることを義務づけることにより，家族が理論的に首位にあることを承認した．

家族生活

王朝は社会秩序，いいかえれば適度な家族関係を維持する保護者としての役割を果たすことで，ある程度はみずからの支配権をえたのである．これと対称的に，中国の相続法は家族の地位を弱めた．帝国期を通じて，男性の相続者たちは財産をほぼ均等に分けることが義務づけられた．これによって，巨大に蓄積した富は急速に解体された．これを避けるために，しばしば一族で共同して財産を築き，管理人を置いてそれを保護する手段にでたが，特定の相続者がその後何代にもわたって大々的かつ永続的に財産を保つことはなかった．

通過儀礼

男の子は女の子より価値が高かった．女の子を育てることは結局はどこかにいってしまう労働力に投資するということだった．それはことわざにあるように「他人の畑を耕す」に等しかった．ある割合の女の赤子は，生れたばかりのときに産婆の手で溺死させられた．そこで結婚適齢期の女性は常に不足していた．女性にとって結婚はほぼ100％に近いもので，ほんのわずかが年老いた親の世話，あるいは道教か仏教の尼寺に入るために結婚しないだけだった．中国の多くの地方で，母親たちは完全な形の結婚にかかる費用を切り詰めて息子のために妻を確保しようとし，またおそらくはより従順な嫁をえようとして，息子の婚約者をごく幼いころから家に引き取ってしつける場合があった．花嫁の不足は，息子がおらず娘が一人いるだけの母親が，若い男を誘って婿としてわが家に住まわせ，家の労働力として手伝わせることを可能にした．

女性は若くて結婚した．子どもが婚約したあとに，つづいて急ぎ結婚式をあげたという情報はほとんど伝わってはいないが，結婚年齢が17歳を大幅に越えることはなく，ほぼその前後に集中していた．男性の結婚年齢はまことに千差万別で，経済環境によって違った．一夫多妻は富裕な階層には慣習化され，2番目以下の妻やめかけは正妻の指図にしたがった．

男の子と女の子は，いささか異なる仕方で育てられた．男子は6歳までは母親と女性の親戚の手厚い庇護を受け，甘やかされて育った．それが許されるのは「かれはまだ物事がわかっていない」からというのであった．およそ7歳になると学校や父親など男性の支配下に移されて，厳格な訓練が課せられた．それにつづく数年は，むしろ反抗的になることが多く，その時期を経てやっとみずからの運命を受け入れることを学んだ．中国人の性格の中のある種の二重性は，おそらくはこの育て方に関係していると思われる．その二重性とは，一方では幼稚な全能者に対して道士のようなあこがれをもち，やさしい母親に性格が似ることであり，他方では儒学者のような礼儀正しさと，進歩せずにはおかない強い意志とをもつことである．女の子は男の子ほど甘やかされずに育ち，生涯における主要なショックは遅れて，結婚のときに襲ってきた．結婚は，ふつう親によって準備され，しかも個人同士のというよりは家族間の結合と見なされた．これらの儀式に国も寺（仏教あるいは道教）も何ら関与しなかったことは注目すべきである．また，花嫁が結婚式の当日以前に将来の夫や義理の親に会うというのもめったにないことだった．

兄弟や妻たちはたえず仲たがいをした．これが，中国のほとんどの家族が両親の死後に分裂し財産を分けることになったおもな理由である．拡大家族が理想的な形で残ることはあっても長く続くことはまれで，それは例外的な存在だった．

中国での葬式は，金のかかる，見せ物的でにぎやかな行事であって，ある面では死者の家族の社会的地位を誇示するものとして設定された．会葬者たちは，死んだ者との特別な関係を象徴するようなさまざまなタイプの服装をし，ときには，洋服の色でその関係を示した．このようにして葬式は，ある面ではまたこの死者との関係を再確認する機会ともなった．たとえば，息子の喪服を着た会葬者は，そうすることで遺産の分け前にあずかる権利を主張していたのである．

中国南部では，埋葬は暫定的なものと永久的なものと，あわせて2度行われた．土占いのエセ科学を信奉するあまり，人々は先祖代々の墓の位置がどこにあるかが人の運命に直接的な影響をおよぼすと信じた．伝えられるところでは，墓の敷地がもたらす影響は子孫によってそれぞれ異なるものであり，それゆえ兄弟はどこを墓に選ぶかでときどきいい争いをした．このように死者の骨をどう扱うかで分裂をおこしかねなかったのと違い，祖先への参拝は，血縁関係者が共同して行うべきことが強調された．家の中では，過去4代にさかのぼって死者の木造の位牌にお供え物がささげられた．また，少なくとも1年に1度春に，家族は祖先の墓にもうでた．勢力のさかんな家系の重要メンバーに対するさらに公式的な参拝は，祖廟で行われ，男性が取りしきった．有力な家柄の場合はいずれも，代々の血縁者として認められている者の名前を記した系図〈家譜または族譜〉をもっていた．もし血縁者中の一人が不適当と思える行動をとった場合は，その者を一族から追放することができ名前を記録から抹消した．

女性の地位と近代の家族

帝国期後期の少数の作家が，知性においても創造力におい

上 中国では，家族の結合が強く保たれている．家族は一緒に住み，子どもの親が外出しているときは祖父母が当然のごとくに子守り役を引き受ける．

左 南宋時代以後，ますますきつく足を縛る習慣が女性たちの歩行を著しく制限して，彼女たちを家とごく近隣だけに閉じこめることになった．この習慣はまず，新教の伝導師の妻たちによって攻撃され，次第に廃止されるにいたった．この写真は，今日まで生き残っている数少ない纏足女性をうつしたものである．

家族生活

かれらの考えに矛盾するような残酷な行動もあった．南のはてからきた太平天国軍は，纏足の女性に同情せず，捕虜にした揚子江流域の婦人を，身内の女性たちの監視のもと，女性捕虜収容所と覚しきところで，厳しい労働につかせた．ほかにも，反乱の指導者洪秀全（ホウシュウ，ホンシュウチュアン）は，大宮殿をもち，ベッドの愉しみにふけるという悪しき手本を示した．

19世紀後半，新教の伝導師たちが纏足を廃止し，少女たちに学校教育を与えるための運動をはじめ，二つとも中国人自身にいち早く受けいれられた．ほぼ同時期，中国の最もラディカルな2人の思想家によって，一つの制度としての家族に対して，理論面からの仮借ない攻撃が加えられた．譚嗣同（たんしどう，タンスス）は『仁学』（じんがく，ヒンシュエ）の中で，個々人の間の人としての自由と平等が必要であるゆえに，家族の完全なる廃止を求めたが，その一方で，トータルな社会的統一体の中にこれらの個人の意識を融合させるべきであるとも主張した．『大同書』（だいどうしょ，ターントンシュー）で述べた康有為（こうゆうい，カンヨウウエイ）のユートピアは，契約によって短期間同棲することや，子どもを育て老人の世話をするための専門的な機関を設けることなどを特徴としている．かれは，子としての孝養を積むことのかわりに，国の配慮に対して感謝し，国のために献身することを期待したのである．家族意識を根絶しようとする唯一の実際的な努力は，何人かの無政府主義者によってなされたが，かれらは苗字を使うことを拒否している．

中国共産党は権力を握って以来，家族や血縁者内の忠誠心を弱めるための努力をつづけてきた．ぜいたくな結婚式や葬儀は禁じられ，土占いによる埋葬も禁じられた．もっとも，これらのことはいずれも完全には成功を収めていない．また，子どもたちはさらに極端なまでに，反革命罪で訴えられた親たちを弾劾するように強いられてきた．親たちは，子どもたちが学校で教えこまれているがゆえに，かれらの前では言動に注意しなければならない状況を余儀なくされてはいるが，そのことはまた家族のきずなが依然としてかなり強いということをも示唆しているのである．

最近，中国の家族は従来とは対照的な方向に移行しつつある．中華人民共和国の地方にいくと，住宅のほとんどはあいかわらず個人の手中にあり，それゆえ，実質的な力は年配の世代が握っている．耐えうる限りの生活を送る上では，家庭経済が適度に機能している必要があるからである．結婚の相手を選ぶ権限は依然としておもに親の側にあるが，若者たちは拒否権をもっている．姑と嫁の関係は，微妙にかわりつつある．嫁は，もし自分が外に出て集団機構の中で働かなければならないときは，幼い子どもの世話に姑が必要となる．逆にいえば，嫁は建国初期にくらべて，今やもっとたくさん稼ぐことによって，年配の女性に匹敵する高い地位をえているのである．もっとも，子どもたちの世話を姑たちにゆだねることは，皮肉なことに子どもたちに古い価値感をつめこむ機会となっている．都市では，結婚した2人は常に男の両親と一緒に住むとか近くに住むとは限らず，むしろ自分たちの関係がうまくいくことの方に気を配っている．結婚相手を選ぶ権限は一般に若者自身にあるが，それは親やかれらが働く職場の指導者もある程度の拒否権をもっていることを条件にしている．世代間の経済的な相互依存はほとんどない．子どもたちは託児所の世話になる．それゆえ，（年長者に対してより

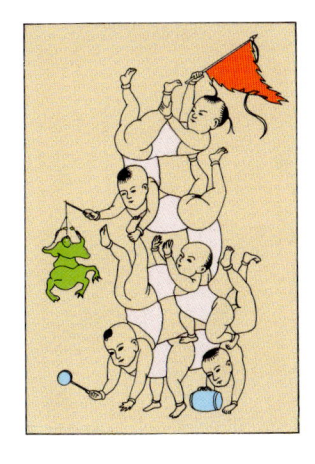

上端 このモデルになっている家族は，笑顔あふれる理想化された世界が描かれそこに政治的な中味がいっぱいつめこまれている農民画を傍らにして，注意深く注いでいる毛沢東の眼光の下で食事をしている．この写真は，一人っ子政策が宣伝される前のものである．

上 木版画印刷にならったこのデッサンは，健康で，金持ちで最高の名誉をえるような5人の男の子をさずかるようにという幸運をまねくお守りとして描いたものである．今日でも中国の家族はやはり男の子をもつことを望んでいる．農村では，産児制限キャンペーンにかかわらず，もし最初に生まれたのが女子ならば，2番目の子どもを作ろうとする家族が多い．

ても男性と平等であるとして，女性を弁護した．『石頭記』（せきとうき，シートウオジ）〈『紅楼夢』ともいう〉の著者曹雪芹（そうせつきん，ツァオシュエチン）はおそらくその最も有名な人であろう．風刺作家李汝珍（リじょちん，リールーチェン）は，伝統的な男女の役割を逆転した想像上の社会を舞台にした小説『鏡花縁』（きょうかえん，ジンホワユアン）を書いた．また，さらにのちの解放運動に影響を与えたと思われる，男装の女性騎士が遊歴する英雄物語とか，結婚を避けるために共に団結する中国南部の少女たちの結社のような，文学的，社会的な形象も散発的にあらわれた．

近代において婦人の地位の向上をはかる最初の試みは，1850年代の太平天国の反乱の際になされた．かれらはいくぶんキリスト教的な考え方をとり，男女は神の息子，娘として平等の価値を有しているという見解をもっていたが，儒教の影響も残っていて，最も重大ないくつかの罪の中に無知であることや性的にみだらであることをあげている．かれらは纏足と売春を禁止し，婦人が人前で動きまわれる自由を大幅に与えた．かれらの規則では，原則として男女平等に参戦する権利を有することをうたっていた．太平軍のある部隊は，すべて女性兵だけで構成されてさえいた．運動の初期の段階は，男女を別々に住まわせ，家族生活を中止したが，これを実施した一つの目的は，勝利にむけて兵士たちの精神を集中させることにあった．しかし，太平天国で発行した道徳主義的な印刷物では，最も伝統的な家族的な人間関係が正しいこと，婦人が従順，貞淑であるべきことが強調されている．また，

家族生活

も）同年輩の仲間に感情的に強く依存するという，一つの共通した性格が生まれ，この点で農村の子どもの性格とちがっている．託児所での集団訓練にはそら恐ろしさを感じるというレポートがあるくらいで，たとえば昼寝や用便は決まった時間に皆がいっせいに行うように訓練されている．

　子どもの数を制限せよとする国の圧力は，過去10年のうちにますます強まっている．これは，従わない者には福祉的な利益を減少させ，かつ他の制裁も加えるとする一人っ子政策にいたって，最高調に達した．工場で働く女性の場合，自分に認められた子どもを生んでよい年を割り当てられる事態さえ，ときどきおこっている．もしこの政策が成功を収めるならば，どの世代も家族の半分は男の跡取りがいないことになり，それゆえ父系の神秘な仮面の奥に残されているものが，根本から取り去られてしまうことは確実である．

　海外や台湾に住む中国人の間では，女子教育や女性が仕事につくことの重要性が確信されるようになって修正されてきているとはいえ，家族のもつ古くからの価値は，依然として根強いものがある．近代的な経済生活の与える衝撃が，伝統的な血縁関係をつねに破壊してきたわけではない．むしろ多くの例は，血縁のネットワークは，そのメンバーにとっては，コンタクトをとり，ノウハウをつかみ，信頼をえ，社会的，経済的支援を生みだす上での貴重な財産であることを証明している．そのネットワークが結果的に以前よりもっと強いものになっている例さえ少数だが見られる．

家の造り

　中国の金持ちの家は，都市であれ農村であれ，宮廷および宮廷風の寺院と同じような配列で並んでいる．中庭の数は地位や富の差で増減する．囲まれた空間の中央北側に，中心になる建物が南向きに建っている．ここには家長が住んだ．脇の建物および小ホールには，親族が住んだ．召し使いは入口に近い南側の壁沿いに住んだ．入口の内側にはプライバシーを守るための"精神の壁"（ついたて）があった．今日このついたては依然として北京の路地〔胡同〕から庭の中が見えるのを防いでいるが，大きな中庭のある家は，今や数家族が住んでいるか，公共の建物にかわっている．

　もっと貧乏な家の場合は，北側に中心になる建物を配して，一つの中庭があるのが伝統的な構造である．脇の建物はときどき仕事場に使われる．今日高層ビルから見られるごとく，北京や西安の中庭付きの家は，ほとんどがこのタイプである．

　さほど伝統的でない造りや少数民族の家の場合は，地方によって変化が見られる．南方では，草ぶきあるいは瓦ぶきの屋根をした泥レンガの家がかたまりになって建っている．壁に漆喰を塗ったり，切り妻壁に壁紙を張ったりしている家が安徽の山間部に建っているかと思えば，陝西省では，黄土地帯の黄砂が固まってきた崖の正面を堀り下げて家がつくられている．チベットでは家は泥でできており，漆喰か黄土が塗られている．地方にいくと，平らな木の屋根に干し草や飼葉が蓄えられて，草ぶき屋根の役割を果たしている．また家畜が1階に飼われていて，それが上の階の住人にぬくもりを与えている．蒙古と新疆では，遊牧の男たちは折りたためできる骨組になめし皮の丸いテントをしつらえ，中には絨毯や氈を敷きつめている．

上　雲南省昆明近くの彝族のメンバーが住んでいる村．

右　広州の独特な通りの光景．

右奥　雲南の昆明郊外にある草ぶき屋根の家に住む住民たちは，よく手入れした自分の小さな土地をもっている．

家族生活

下 陝西省では，黄土の土壌を切り開いて家ができている．

下右 このチベット風家屋の外に旗が見えるのは，家の一部分が寺院になっていることを示している．チベットの地の多くの家と同様，それはチベットの正月に備えて毎年壁が塗りかえられる．木造の屋根を造るのに，針は一切使わず，ありつぎによって結び合わされている．

下中央 中国西北の天山で，一人の遊牧民がテント組み立ての最後の仕上げを行っている．

中国と西洋

中国は伝統的にみずからを文明世界の中心に位置すると見なしてきた．もっとも唐・宋代までは外国から直接入ってくるものや間接的な影響には比較的門戸を開いており，たとえば中央アジアからは，仏教や今日では"中国的"と考えられている音楽の多くを吸収した．しかし13，14世紀のモンゴル人による支配は中国人の間に外国嫌いの要因を生み，その結果，明朝の初代皇帝によって海禁令〈中国商人の海外渡航禁止および朝貢貿易以外の貿易禁止〉がしかれるようになった．

ヨーロッパ人との接触は，初期には大部分が商人（たとえば16世紀に澳門（ホン／マカオ）に居住を許されたポルトガル人）と宣教師（とくにイエズス会士は17，18世紀には北京の宮廷にある程度受け入れられた）であった．双方の態度は複雑であったが，このころは概して，ヨーロッパが中国から（イエズス会士の報告の結果として）受けた感銘と影響の方が，中国がヨーロッパから受けたものより大きかった．〈17世紀末と18世紀中頃の〉2度おこった「中国趣味」の大流行も，西洋の芸術に多大の影響を与えた．イエズス会士の画家カスティリオーネ（中国名郎世寧，ろうせいねい，ラン シーニン）は，18世紀の清朝宮廷内に一時的に影響力をおよぼしたが，宮廷外に対しては，中国がヨーロッパ芸術に与えた影響に匹敵するようなヨーロッパから中国への逆方向の影響は見られなかった．

18世紀後半から19世紀前半にかけて，相互の無理解と敵意が著しく高まった．その理由の一つは，疑いなく中国と急速に近代化しつつあったヨーロッパとの間で，知識と国力のギャップが一層拡大したことである．中国の西洋に対する嫌悪の情は，いわゆる"アヘン"戦争——中華帝国はこの戦争によって強制的に自由貿易に対して国を開くことを余儀なくされた——と，その後の軍事的屈辱によって強められた．キリスト教の布教活動は，実際には中国の教育に実質的かつ有益な貢献をなすものではあったが，はじめのころは激しい文化的摩擦をひきおこした．

今世紀に入って，中国は西洋に対し精神的，文化的な同化をすすめてきたが，その過程はきわめて選択的である．中国の西洋に対する関心は，ごく新しいものに限られ，西洋中世には全く無関心，西洋古代にはわずかな関心がはらわれる程度である．その関心さえも，ほとんどアレルギー的な拒絶の期間によって中断された．その最も極端なものが，ベートーベンやシェークスピアを攻撃したかの「文化大革命」である．

右上 ブライトンのローヤル・パビリオンは中国風装飾をほどこしたもののうち最も精巧かつ大がかりなものである．これはジョン・ナッシュによって設計され，1815年から1821年の間に建設された．壁紙と美術品は中国から輸入された．パビリオンのインド風の外観と中国風の内装があまりひどい不調和を感じさせないのは，ある意味で両者がともに西洋人にとって"オリエント"の概念にふくまれるからである．左側のイスは竹製，右側のキャビネットは英国製で硬い木で造られ，竹を模して彫刻されている．

右 この銅版画はカスティリオーネ設計の北京郊外にある円明園の噴水と庭園を描いたもの．このバロック様式の宮殿と庭園は，1860年英仏連合軍によって破壊された．

中国と西洋

下左 ロンドンのストランド街にあるトワイニング茶商会の玄関の上にある中国人の彫像。このティーショップは創業が1787年であるから，1830年代にロバート・フォーチュンが中国の茶の苗を盗み出してカルカッタの植物園で栽培し，後年インドとセイロンで茶業が発展するようになるずっと前のことである。したがってここにはインド人の彫像はない。

下右 1855年の『植物学雑誌』(Botanical Magazine) に描かれたヒイラギナンテンの図。これは19世紀中葉，宣教師や旅行者の手で西洋にもたらされた多くの中国産植物のうちの一つである。

中左 1750年，ブリストルのベンジャミン・ルンドの工房で造られた磁製の中国人の像。

中右 ブリストルの磁器に描かれたヨーロッパ風のデザインは，清末に中国の職人によって細かいところまで正確に模倣され，西洋の輸出市場に出荷された。

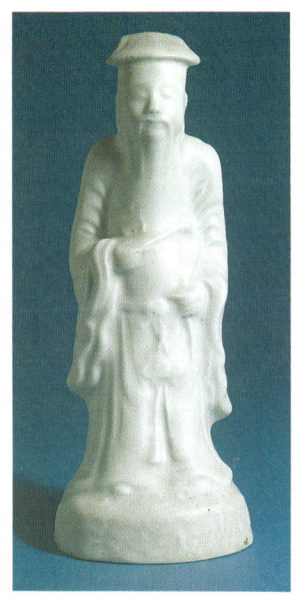

右 プッチーニの"中国"オペラ「トゥーランドット」のタイトル・ロールの衣装を着たマリア・ネーメト。ここでは中国の宮廷服が完全に西洋風になっている。

下 中国の愛玩犬であるペキニーズは，中国の皇室のために何世紀にもわたって特別に飼われてきたものである。この犬は1860年にイギリス軍が北京の紫禁城に侵入した際，イギリス軍将兵によって捕獲されヨーロッパにもち込まれた。これは今日，西洋ではよく見かける犬だが，中国ではいなくなってしまった。

上 シドニーの華僑社会が，威勢のよい竜灯の舞いで新年を祝っているところ。

右 ニューヨークのチャイナ・タウンにある公衆電話は，緑色の屋根と赤い柱という中国の伝統的な色彩に塗り分けられている。

図版リスト

略記：t＝上図, b＝下図, l＝左図, r＝右図, c＝中図, tl＝上段左図, 等.

見返しの図：中国南東部, 江西省の地図集から（18世紀）. Add. Ms. 16356, ブリティッシュ・ライブラリー, ロンドン.

頁
2–6. Chinese shadow puppets: Mark Fiennes, London.
8–9. Drawings by John Fuller, Cambridge.
13. From *The Water Margin* by Chen Hongshou.
14. Table: artwork by John Brennan, Oxford.
18tl. Russian man from Xinjiang: Claude Sauvageot, Paris.
18tc. Han group from Shanxi province: Caroline Blunden, London.
18tr. Dai girl from south Yunnan: Claude Sauvageot, Paris.
18cl. Miao minority: Claude Sauvageot, Paris.
18c. Hani woman and children, Yunnan: Claude Sauvageot, Paris.
18bl. Tibetan family, Lhasa: Claude Sauvageot, Paris.
18br. Uighur man from Xinjiang: Claude Sauvageot, Paris.
19c. Mongolian couple: Claude Sauvageot, Paris.
19b. Kazakh man from Xinjiang: David Thurston, London.
20t. Terraces plowed by oxen: Marc Riboud, Magnum/John Hillelson Agency, London.
20c. Guilin peaks: Richard and Sally Greenhill, London.
42t. Rape fields, Gansu province: Robert Harding Associates, London.
42cl. The Tianshan: Caroline Blunden, London.
42cr. Plains near Khurjit, Mongolia: Colorific! London.
42bl. Old Silk Road, Turfan: Han Juce, Beijing, Zefa, London.
42br. The Gobi: David Thurston, London.
43t. Loess region, Shanxi province: Caroline Blunden, London.
43cl. Mt Everest from Tibet: Zara Flemming, London.
43cr. Central plain, Shanxi province: Caroline Blunden, London.
43b. Yangzi gorges: Alan Hutchison Agency, London.
44–45. Guilin province: Bruno Barbey, Magnum, Paris.
46tl. Valley south of Sichuan, Guizhou: Caroline Blunden, London.
46tr. Shilin, stone forest, Yunnan: David Thurston, London.
46bl. Industrial complex, Anshan, Manchuria: Peter Carmichael, Aspect, London.
46br. Mountain peaks of Huangshan, Anhui: Caroline Blunden, London.
47. From *The Water Margin* by Chen Hongshou.
48–49. Shang ax head, Anyang: by courtesy of the Cultural Relics Bureau, Beijing, and the Metropolitan Museum of Art, New York.
51. Reconstruction of Neolithic village by Tang Muli, London.
52t. Yangshao pottery head: Museum of Far Eastern Antiquities, Stockholm.
53t. Fish motifs from Yangshao pottery: after *Hsi-an Pan-p'o*, Beijing 1963.
53c. Black pottery bowl, Longshan, c. 2000–1500 BC: Museum of Far Eastern Antiquities, Stockholm.
53bl. Painted jar from Gansu: Bulloz, Paris.
53bc. Spirally decorated pot, Yangshao: Musée Cernuschi, Paris (photo Giraudon, Paris).
55t. Pictographs after rubbings.
55b. Tortoise shell with Shang inscriptions: Institute of History and Philology, Academia Sinica, Taipei.
56–57. Reconstruction of a Shang hunt by Tang Muli, London.
58. Bronze wine vessel, Shang: Musée Cernuschi, Paris (photo Luc and Lala Joubert, Paris).
59b. Shang chariot burial, Anyang: Robert Harding Associates, London.
60t. *Taotie* mask motif, after rubbing.
61t. Bronze vessel, Zhou, 22·9 × 22·8 cm: by courtesy of the Freer Gallery of Art, Smithsonian Institution, Washington, D.C.
61b. Development of the *ding*: artwork by John Brennan, Oxford, after Phyllis Ward.
64. Hunting scenes after rubbings.
67. End support figure of Marquis Yi's *bian*-bells, from Hubei: from *Out of China's Earth* by Hao Qian, © 1981 China Pictorial, published, Harry Abrams Inc., New York.
68–69. Chinese warriors on horseback by Tang Muli, London.
70. Coins: Heberden Coin Room, Ashmolean Museum, Oxford.
71. A Zhou general by Tang Muli, London.
72. Gold dagger handle, 4th century BC, ht. 11·2 cm: British Museum, London.
73. Emblems of Shang kin groups, after rubbings.
75. Figures from a Chu tomb in Xinyang, Henan: drawing after *Wen Wu*, 1958/1.
76. Rectangular *ding*, Anyang, late Shang: by courtesy of the Cultural Relics Bureau, Beijing, and the Metropolitan Museum of Art, New York.
77tl. Casting techniques: artwork by Dick Barnard, Milverton.
77tr. Shang bowl, *pan*, 13th–12th century BC, 12·1 × 32·5 cm: by courtesy of the Freer Gallery of Art, Smithsonian Institution, Washington, D.C.
77b. Jade ritual disk, *pi*, from Jincun, Honan, Eastern Zhou, d. 16·5 × w. 21·9 cm: Nelson-Atkins Museum of Art, Kansas City, Missouri (Nelson Fund).
78tc. Monster mask and ring, coffin or door handle, from Yi Xien, 5th century BC, l. 45·5 × d. 29 cm: Robert Harding Associates, London.
78tr. Eastern Zhou basin, *chien*, 5th century BC, Liyu type, 22·8 × 51·7 cm: by courtesy of the Freer Gallery of Art, Smithsonian Institution, Washington, D.C.
78b. Lacquered stag from the tomb of Marquis Yi, Hubei, 5th century BC: Zefa, London.
78–79. Rhinoceros, wine-container, from Shaanxi province: by courtesy of the Cultural Relics Bureau, Beijing, and the Metropolitan Museum of Art, New York.
79t. Ritual vessel, Western Zhou, Kanghongui, 11th century BC: British Museum, London.
80. Qin infantry officer in armor: Caroline Blunden, London.
82–83. Qin Soldiers: artwork by John Brennan, Oxford.
85. Soldiers and horses from pit 1, tomb of the First Emperor of Qin: from *Out of China's Earth* by Hao Qian, © 1981 China Pictorial, published, Harry Abrams Inc., New York.
861. Warrior from pit 2, tomb of the first Emperor of Qin, clay: by courtesy of the Cultural Relics Bureau, Beijing, and the Metropolitan Museum of Art, New York.
86tr. Soldier's hairstyles: artwork by John Brennan, Oxford.
86bc. Location map of pits: artwork by John Brennan, Oxford.
87. Excavation of figures from pit 1, tomb of the First Emperor of Qin: Howard Nelson, London.
87b. Plan of pit 1 showing arrangement of the figures: artwork by John Brennan, Oxford.
88. Imperial Palace, Beijing: Marc Riboud, Magnum/John Hillelson, London.
90t. Han charioteer after stone rubbing.
91. *Emperor Ming Huang's Journey to Shu*, detail, anonymous copy of Tang scroll, ink and colors on silk: National Palace Museum, Taipei, Taiwan, Republic of China.
94. Han rubbings.
96–7. *Tatars Traveling on Horseback*, attributed to Li Zanhua, detail, later Tang, 10th century, handscroll 27·8 × 125·1 cm: by Courtesy of the Museum of Fine Arts, Boston, Mass. (Keith McLeod Fund).
99. Group of painted clay warriors, 6th century AD: by courtesy of the Royal Ontario Museum, Toronto.
100–01. Emperor Song Taizu's bridge of boats by Tang Muli, London.
104. Grand Canal, Suzhou: Peter Carmichael, Aspect, London.
106. Bronze lamp in form of a woman from the tomb of Dou Wan, Hebei: by courtesy of the Cultural Relics Bureau, Beijing, and the Metropolitan Museum of Art, New York.
107t. Bronze "flying horse" from Gansu, ht. 30 cm: Robert Harding Associates, London.
107b. Parcel-gilt bronze leopards, inlaid with silver, from the tomb of Princess Dou Wan, Hebei: Robert Harding Associates, London.
108tl. Model of a granary, glazed clay: Asian Art Museum of San Francisco, Avery Brundage Collection.
108tc. Farmyard, green glazed pottery, 206–221 AD, ht. 10·2 × 22·2 cm: Asian Art Museum of San Francisco, Avery Brundage Collection.
108tr. Archer and quarry, detail from Han tomb tile.
108cl. Genre scenes from tomb tiles, Sichuan.
108cr. Model lavatory and pigsty, gray earthenware, 1st or 2nd century AD, ht. 25 cm: Tenri Museum, Japan.
108bl. Stone chimera, 3rd or 4th century AD, ht. 130·8 × 1. 175·3 cm: Nelson-Atkins Museum of Art, Kansas City, Missouri (Nelson Fund).
108br. Tomb model of watchtower, glazed clay: by courtesy of the Royal Ontario Museum, Toronto.
109c. Guardian figures after rubbing from tomb tile.
109b. Fishmonger, red earthenware with iridescent green glaze, ht. 20·3 cm: Yale University Art Gallery (gift of Wilson P. Foss, Jr).
111. Wall paintings from the Mogao caves at Dunhuang, Gansu province: Caroline Blunden, London.
112tl. Head of monk, Longmen caves, Henan, c. 6th century, ht. 59·5 cm: Musée Guimet, Paris (photo Documentation photographique de la réunion des musées nationaux, Paris).
112tr. Relief carvings from cave interior, Yun'gang, 470–80 AD: Caroline Blunden, London.
112cl. Buddhas carved from cliff face, Yun'gang, 470–80 AD: Betty Lin, Oxford.
112c. Seated Lohan, pottery, 11th century: British Museum, London.
112cr. Prabhutaratna and Sakyamuni, gilt bronze, ht. 26 cm, dated 518: Musée Guimet, Paris (photo Documentation photographique de la réunion des musées nationaux, Paris).
113l. Development of the Buddha image: artwork by John Brennan after Mizuno.
113r. Carved Buddha at Leshan, Henan, 8th century: Colorific! London.
114. Limestone relief, charger of Tang Taizong, 649 AD, from Shensi: University of Pennsylvania, Philadelphia.
115l. Dancing woman, pottery funerary statuette, Tang, ht. 25·15 cm: Musée Guimet, Paris (photo Documentation photographique de la réunion des musées nationaux, Paris).
115r. Horse and lady rider, pottery, funerary figure: Office du Livre, Fribourg.
116t. *Early Spring*, detail, by Guo Xi, 1072 AD, ink and slight color on silk, hanging scroll: National Palace Museum, Taipei, Taiwan, Republic of China.
116c. *Running Water and Mountains*, detail, by Xia Gui, fl. 1180–1230, handscroll: National Palace Museum, Taipei, Taiwan, Republic of China.
116b. *Dwelling in the Fuchun Mountains*, detail, by Huang Gongwang, 1350: National Palace Museum, Taipei, Taiwan, Republic of China.
117t. *Seven Thuja Trees*, detail, by Wen Zhengming, ink on paper, handscroll, 1532, ht. 28·3 × w. 361·9 cm: Honolulu Academy of Arts (gift of Mrs Carter Galt, 1952).
117l. *Returning Home at Evening*, detail, by Dai Jin, 15th century: National Palace Museum, Taipei, Taiwan, Republic of China.
117cr. Landscape, detail, by Wang Hui in the style of Huang Gongwang, hanging scroll, ink on paper, ht. 174 × w. 89·6 cm, 1660: Art Museum, Princeton University, New Jersey.
117–18. *The North Sea*, detail, by Zhou Chen, c. 1450–1535, handscroll, ink and color on silk, 28·4 × 136·6 cm: Nelson-Atkins Museum of Art, Kansas City, Missouri (Nelson Fund).
120–21. *Going on the River at the Qingming Festival*, detail, by Zhang Zeduan, 1111–26, scroll: Beijing.
124. Famine victim, detail, from *Beggars and Street Characters* by Zhou Chen, 1516, handscroll, ink and color on paper, 252 × 31·8 cm: Cleveland Museum of Art (Purchase John L. Severance Fund).
125. Thirteen Emperors scroll by Yan Liban, 7th century, detail, Emperor Wu: Museum of Fine Arts, Boston, Mass.
126. Polo player, wall painting from tomb of Prince Zhang Huai, Tang: Shaanxi Provincial Museum, Xi'an.
128. Reconstruction of a Mongol theater by Tang Muli, London.
131. Portrait of Zhu Xi: National Palace Museum, Taipei, Taiwan, Republic of China.
132–33. Reconstruction of serf uprising of the Ming dynasty by Tang Muli, London.
134. Literary gathering, detail, handscroll, ink and color

on silk, 31·4 × 53·7 cm, Qing: by courtesy of the Freer Gallery of Art, Smithsonian Institution, Washington, DC.
135. The Great Wall: Robert Harding Associates, London.
136t. Plan of Beijing: artwork by John Brennan, Oxford.
136b. Plan of the Imperial Palace: artwork by John Brennan, Oxford.
137t. Skyline of Beijing: David Thurston, London.
137cl. Detail from dragon screen: Robert Harding Associates, London.
137c. Guardian figure of beast: Betty Lin, Oxford.
137cr. Temple of Heaven: Zefa, London.
137b. Forbidden City from above.
138. Guardian figure on the "Spirit Way" outside Beijing: Claude Sauvageot, Paris.
140t. Cloisonné tripod, enameled copper, Ming, ht. 18·1 cm: by courtesy of the Freer Gallery of Art, Washington, DC.
140b. Early morning at Zhuozhengyan: Zefa, London.
141t. Detail of imperial dragon mandarin's silk robe: Gulbenkian Museum of Oriental Art, University of Durham (photo Mike Smith).
141b. Details of characters incorporated into garment decoration: artwork by John Brennan, Oxford.
142–43. Building the Xi'an dam: Robert Harding Associates, London.
145l. Jesuit priest: Giraudon, Paris.
145r. Astronomical observatory: private collection.
146t. Farming scene, woodblock, showing use of vanishing-point perspective.
146b. Grasshoppers from the *Manual of Painting from the Mustard Seed Garden*.
147. Woodblock illustration from *Hongluo Meng* (*Dream of the Red Mansions*) by Cao Xueqin.
148. Opium smokers: School of Oriental and African Studies, University of London.
153tl. Empress Cixi, ladies-in-waiting and chief eunuch: Popperfoto, London.
153br. Boxer brave: artwork by Tang Muli, London.
154t. Railroad platform, Tianjin, 1908: School of Oriental and African Studies, University of London.
156tl. Young girl: School of Oriental and African Studies, University of London.
156tr. Affluent woman and servant: Popperfoto, London.
156b. Street scene: School of Oriental and African Studies, University of London.
157. Shanghai merchants: School of Oriental and African Studies, University of London.
159. Ruined street, 1911: School of Oriental and African Studies, University of London.
160. Prisoner in headblock: School of Oriental and African Studies, University of London.
161. "Roar," woodcut by Li Hua.
162t. Chinese soldiers on the Great Wall: Associated Press, London.
162b. Painting by Tang Muli, London: by courtesy of the artist.
163. "Flood of Wrath," woodcut by Li Hua.
164r. Diagram of the Communist Party after L. van Slyke.
164cl. Communist University in converted grain cellars: Popperfoto, London.
166t. Diagram showing inflation: John Brennan, Oxford, after Shunxin Zhou.
166b. Street scene: Henri Cartier Bresson, John Hillelson Agency, London.
167. Queue outside bank, Shanghai, 1948: Henri Cartier Bresson, John Hillelson Agency, London.
168. Paper cut-out of the Gang of Four.
169t. Cultural Revolution 1966–76: Alan Hutchison Agency, London.
169b. Political poster: Caroline Blunden, London.
170t. Shanghai street: Claude Sauvageot, Paris.
170c. Hair perming, Urumchi: Claude Sauvageot Paris.
170b. Nursery school: Caroline Blunden, London.
171t. Schoolchildren exercising: Alan Hutchison Agency, London.
171b. Woman shoulder-pushing a junk, Li River: Peter Carmichael, Aspect, London.
172t. New Summer Palace from album: British Museum, London.
172b. Summer Palace in winter: Robert Harding Associates, London.
173t. Marble barge, Summer Palace: Caroline Blunden, London.
173b. View across the roofs of the Summer Palace complex: Caroline Blunden, London.
174t. *Walking Bull* by Yuan Yunsheng, ink on paper: Tang Muli, London.
174bl. *Water Splashing Festival, Song of Life*, detail of mural at Beijing Airport: Caroline Blunden, London.
174br. *Drift* by Yuan Yunsheng, ink on paper: Tang Muli, London.
175t. *Pine and Cloud* by Chen Dehong: by courtesy of the artist.
175c. "Water from the Yellow River comes from the sky" (Li Bo) by Chen Dehong: by courtesy of the artist.
175bl. *Cradle Song*, by Tang Muli: by courtesy of the artist.
175bc. Mythological scene by Wang Jianan: by courtesy of the artist.
175br. *Beauty on the Perilous Peaks* by Fang Zhaoling, 1972.
176. Chairman Mao's mausoleum, Tiananmen Square, Beijing: Caroline Blunden, London.
177. From *The Water Margin* by Chen Hongshou.
180t. Character development of *wan* (scorpion).
180ct. Character development of *yang* (sheep).
180cb. Character development of *bai* (white).
180b. Piece-mold characters, after Shirakawa.
181. Single character written by Emperor Hui Zong.
182c. Stroke order of character *yong* (eternity), after E. Glahn.
182bl. Inscription from a *pan* of the San family of Chou, Seal style.
182bc. Example of Grass script from rubbing of stone engraving by Wang Xizhi, 4th century AD.
182br. Example of Regular script by Ouyang Xun, Tang dynasty.
183t. Poems and colophons from *Summer Retreat in the Eastern Grove* by Wen Zhengming, cursive style: Wango Weng, New Hampshire (Collection of John M. Crawford Jr.).
183bl. Single-, multi- and complex-element graphs, after Roy Barnard.
183br. Rubbing a Tang dynasty stele: G. Corrigan, Geoslides, London.
185. Huangshan, Anhui province: Caroline Blunden, London.
187. Confucius, after a stone rubbing.
188bl. Funeral offerings, Yunnan: Claude Sauvageot, Paris.
188r. Pilgrim at prayer, Lhasa: Peter Carmichael, Aspect, London.
189l. Burning incense at Qiong Bamboo Monastery, near Kunming: David Thurston, London.
189tr. Ancestor worship at grave, Yunnan: Claude Sauvageot, Paris.
189cr. Prayer at a mosque in Kunming: Claude Sauvageot, Paris.
189bl. Consulting a spirit-medium, Singapore: Richard and Sally Greenhill, London.
189br. Prayer at a Christian church, Beijing: Claude Sauvageot, Paris.
190t. Prayer fire, Potala Palace, Lhasa: Peter Carmichael, Aspect, London.
190bl. Hall of Buddhist temple at Jinci, near Taiyuan: Caroline Blunden, London.
190br. Palkhorchoten or Great Stupa of Gyantse, Tibet: Peter Carmichael, Aspect, London.
191tr. Christian church now a school, Beijing: David Thurston, London.
191ct. Emin mosque, Turfan: Robert Harding Associates, London.
191cb. Daoist temple of Yonglegong, Shanxi province: Caroline Blunden, London.
191bl. Confucian temple, Qufu: Zefa, London.
191br. Temple at Dunhuang caves: Caroline Blunden, London.
192t. Woman receiving cupping treatment: Richard and Sally Greenhill, London.
192l. Anatomical figure, carved wood, painted, marked with acupuncture points, 107 cm, 17th century: Crown copyright, Science Museum, London, on loan from the Wellcome Institute, London.
192c. Illustration from a Chinese herbal, *Sinica* 180/1: Bodleian Library, Oxford.
192c. Herbalist's table, Lanzhou: David Thurston, London.
193l. Acupuncture chart, figure showing points for controlling diseases of the heart and sexual organs, watercolor, 35 × 28 cm, 18th century: Wellcome Institute, London.
193tr. Taking pulses: artwork by John Brennan, Oxford.
193cr. Geomancy compass, lacquered wood, c. 1600: History of Science Museum, Oxford.
193br. Waiting for an auspicious day to bury the dead: Bill MacKeith, Oxford.
195tr. Abacus, 19th century, rosewood beads and frame, bamboo runners: History of Science Museum, Oxford.
195b. "Master and pupils discuss difficulties," woodcut by Cheng Dawei from the *Suan Thung Tsung*, 1593.
198tr. Treadle pump, after woodcut.
198ctl. Water-powered bellows, after woodcut.
198ctr. Water wheel, after woodcut.
198c. Treadle silk-reeling machine, after woodcut.
198bl. Flamethrower, drawing by John Brennan after Needham.
198br. Wheelbarrow, drawing by John Brennan after Needham.
199tr. Earthquake detector, drawing by John Brennan after *Wen Wu*.
199c. Papermaking, after woodcut.
199bl. Movable type case, woodcut from Wang Chen, *Nung Shu*, 1313.
199br. Hydraulic clockwork, after model by Wang Chen-To and the drawing by John Christiansen.
200–01. All photographs, Percival David Foundation of Chinese Art, London.
202. Finger exercises for the *qin*, after woodcuts.
203t. A musical performance from an original painting (now lost) by Zhou Wenzhu, fl. c. 970, ink and slight color on silk, ht. 25·6 cm: by courtesy of the Fogg Art Museum, Harvard University Purchase.
203c. Figure striking bells, after rubbing.
203b. Instruments, after designs on a Zhou bronze vessel.
204tl. *Playing Music under Banana Trees* by K'ieou Ying (1510–51), vertical scroll, ink and colors on paper, length 99 cm: National Palace Museum, Taipei, Taiwan, Republic of China.
204r. Boy playing the *sheng*: Alan Hutchison Agency, London.
204bl. *Erhu* player: Caroline Blunden, London.
205tr. Dai drummer: David Thurston, London.
205b. Transcription from *Three Variations on "Plum Blossom"* from *Sonic Design* by R. Cogan and P. Escot, 1976.
206–07. Actor making up: Zefa, London.
206b. Scene from "Monkey Creates Havoc in Heaven", Shanghai Opera, 1980: Caroline Blunden, London.
207t and c. Painted finger-puppet masks: Mark Fiennes, London.
207b. Shadow puppet: Mark Fiennes, London.
208t. Stages in rice growing, from rubbings.
208cl. Harvesting rice: Claude Sauvageot, Paris.
208cr. High grasslands, Tibet: Felix Greene, Alan Hutchison Agency, London.
209t. Stages in rice harvest, from rubbing.
209cl. Duck rearing: Caroline Blunden, London.
209cr. Washing pig: Peter Carmichael, Aspect, London.
209bl. Threshing, Tibet: Peter Carmichael, Aspect, London.
210t. Night soil man: Caroline Blunden, London.
210c. Foot-pumped waterwheel: Alan Hutchison Agency, London.
211t. Plowing with oxen: Caroline Blunden, London.
211c. Cormorant fishing: Bruno Barbey, Magnum, Paris.
211b. Collective farm workers: Eve Arnold, Magnum, Paris.
213tl. Noodles cook, Shanghai: Caroline Blunden, London.
213tr. Market scene: Claude Sauvageot, Paris.
213c. Making *juozi*: Caroline Blunden, London.
213bl. Breadmaking, Turfan: Caroline Blunden, London.
213br. Canteen meal: Marc Riboud, Magnum, Paris.
214. *Palace Ladies Bathing and Dressing Children*, 12th–13th century, silk, 22·7 × 24·4 cm: by courtesy of the Freer Gallery of Art, Smithsonian Institution, Washington, DC.
215t. "Giving Thanks for a Successful Harvest" from the *Gengzhidu* album, 17th century: British Museum, London.
216–17. Family meal: Marc Riboud, Magnum, Paris.
216bl. Woman with bound feet: Peter Carmichael, Aspect, London.
216br. Grandmother and child: Caroline Blunden, London.
217b. Charm for male children from Qing woodblock print.
218t. Yi village, Kunming: Peter Carmichael, Aspect, London.
218b. Street in Guangzhou: Claude Sauvageot, Paris.
219tl. Cave houses, Shanxi: Betty Lin, Oxford.
219tr. Ungkor Gompa, Lhasa: Zara Flemming, London.
219c. Building a tent, Tianshan: David Thurston, London.
219b. Farm with private plots, Yunnan: Caroline Blunden, London.
220t. Chinoiserie corridor, Brighton Pavilion, England: Royal Pavilion Art Gallery and Museums, Brighton.
220b. Summer Palace gardens, Beijing, by Castiglione: Bibliothèque Nationale, Paris.
221tl. Twinings Tea sign, London: Andrew Lawson, Charlbury.
221tr. *Mahonia bealii* from *Botanical Magazine*, 1855.
221cl. Porcelain figure, Benjamin Lund's factory, Bristol, 1750: Graham & Oxley (Antiques) Ltd., London.
221cr. Enameled saucer, 18th century: Ashmolean Museum, Oxford.
221bl. Pekingese dog: Paul Forrester, London.
221bcl. Maria Nemeth in *Turandot*: Mander and Mitchison Theatre Collection, London.
221bcr. Chinese New Year, Sydney: Andrew Lawson, Charlbury.
221br. Telephone booth, Chinatown, New York: Colorific! London.

引用文献

中国の文化と歴史を鋭く洞察し、詳細な情報をもたらしてくれる書物の多くは、中国研究者でない人々にはあまりに専門的すぎる。その他の多くの書物はかなり時代遅れになっていたり、皮相的なものであったり、誤解を生じやすいものであったりする。さらに進んだ知識を得ようとする人々のために以下に推薦する書物には、かなり専門的なものも除外するわけにはいかなかったが、その選択にあたっては、ただ事実がわかるばかりのものでなく、しろうとに理解することができ、精確度が高く、それ自体興味深く読めるもの、に可能なかぎり限定した。

概説

中国史の概説の最良の一冊はJ. Gernet著 A History of Chinese Civilization (Cambridge, 1982) である。これに代わるものとしては、W. Eberhard著 History of China (改訂版, London, 1977)、R. Dawson著 Imperial China (London, 1972)、C. Hucker著 China's Imperial Past (London, 1975) がある。中国文化を簡潔に興味深く紹介しているのはR. Dawson編 The Legacy of China (Oxford, 1964) である。M. Elvin著 The Pattern of the Chinese Past (Stanford, Calif., 1972) は、中国の長期にわたる社会的経済的発展の概説である。A. Toynbee編 Half the World: the History and Culture of China and Japan (London, 1973) には華麗な写真が掲載されており、Denis Twitchettが巧みに中国社会の歴史を簡潔に紹介している。血族制度のもっとも簡潔な概説はH. Baker著 Chinese Family and Kinship (London, 1979) である。階級と社会的地位の構造についての適当なものはないが、P. T. Ho著 The Ladder of Success in Imperial China : Aspects of Social Mobility, 1368−1911 (New York, 1962) は、後期伝統中国の顕著な特色の一つである高級官僚政治のすぐれた入門書である。

L. Sickmann と A. Soper著 The Art and Architecture of China (Harmondsworth, 1956) と、M. Sullivan著 An Introduction to Chinese Art (Berkeley, Calif., 1961)〔＊1〕はもっとも平易な美術の入門書である。W. Willetts著 Chinese Art (Harmondsworth, 1958) は、とくに技法に関心のある人に向いている。

中国思想史については一冊にまとめられたのぞましい入門書がない。しかし、次に述べる一連の書物を読めば、そのハイライトを十分に理解できるであろう。A. Waley著 Three Ways of Thought in Ancient China (London, 1939)、H. Wilhelm著 Change (London, 1960)、F. Cook著 Hua-yen (華厳) Buddhism (Philadelphia, Pa., 1977)、A. Graham著 Two Chinese Philosophers (London, 1958)、K. Schipper著 Le Corps taoïste (Paris, 1982)。宗教については、H. Maspero著 Taoism (道教) and Chinese Religion (Amherst, Mass., 1981) がある。

広範なよく研究されている分野である創作文学においても――驚くべきことあるが――同様の状態にある。事態をいっそう悪くしているのが翻訳の不足である。(正直に言って)翻訳はそれ自身が専門家でない人々に訴える力をもっているのである。中国の伝統になじみのうすい人に、いわばバイパス的な、補助的な材料となる作品をまずお勧めする。それは次のようなものである。A. Waley訳 Chinese Poems (London, 1946)、D. Hawkes と J. Minford訳 Cao Xueqin (曹雪芹), The Story of the Stone (紅楼夢), 5巻 (Harmondsworth, 1973−83)、P. Ryckmans訳, Shen Fu (沈復), Six Recits au fil inconstant des jours (浮生六記) (Bruxelles, 1966)、同上訳 Lu Xun (魯迅), La Mauvaise Herbe (野草) (Paris, 1970)、Waley の Wu Cheng-en (呉承恩), Monkey (西遊記) の翻訳 (Harmondsworth, 1942) は、このはじめてしかもこっけいな名作の自由な翻案であるが、――当然のことながら――長年愛読されている。補助的な作品の中で、Lu Hsun (魯迅) (Chou Shujen [周樹人]), A Brief History of Chinese Fiction (中国小説史略), H. and G. Yang訳 (北京, 1959) は20世紀中国の最高の文学者の評価の記録として言する価値がある。またP. Hanan著 The Chinese Vernacular Story (Cambridge, Mass., 1982) はこの主題についての西洋の学者のおそらく最良の作品である。J. J. Y. Liu著 The Art of Chinese Poetry (London, 1962) はいささか無味乾燥であるが、ためになる。C. Gardner著 Chinese Traditional Historiography (改訂版, Cambridge, Mass., 1961) は簡潔で明瞭だが読みづらい。W. Beasley と E. Pulleyblank編 Historians of China and Japan (London, 1961) によって補足するとよい。

おわりに、二つの大部の著作について言及しなければならない。どちらも出版が継続中である。J. Needham他著 Science and Civilisation in China (Cambridge, 1954−)〔＊2〕と、D. Twitchett と J. Fairbank編 The Cambridge History of China (Cambridge, 1978−) である。該当する巻や節を参照することは、関心のある新しい主題へのしばしば最良の導入となることであろう。

土地とその人民

G. Cressey著 China, The Land of the 500 Million (New York, 1955) は、ある意味では古い教科書であるが、いまでも独特の明瞭さをもち役に立つ。20世紀前半については、イギリス海軍情報部のChina Proper, 3巻 (1945, 現在は公開されている) が非常に貴重である。現在は類似の最新のものがない。Nagel's encyclopedia-guide China (Geneva, 1973) は、最良の (ほぼ) 最新のガイドで、多くの都市の道路計画を含む、おどろくべき情報の概説書である。USSR Academy of Science's Institute of Geography の二冊の内容ある詳細な Physical Geography of China (New York, 1969) は、大規模なフィールドワークに基づいているが、オリジナルの地図がなく読みづらい。しかし、ふつうの地理学の記述が詳細に扱わない多くの点について広範囲にわたって扱っている。

生活の質の変化を歴史的に眺めるには次の三冊を見るとよい。M. Loewe著 Everyday Life in Early Imperial China (London, 1968)；J. Gernet著 Daily Life in China on the Eve of the Mongol Invasion (London, 1962)；そして、A. Watson著 Everyday Life in Communist China (London, 1975) である。いっそう詳細に知るための一つの方法は、いろいろな機会に中国を訪れた外国人旅行者の報告を読むことである。たとえば、E. Reischauer著 Ennin's (円仁) Travels in Tang (唐) China (New York, 1955)〔＊3〕、R. Latham著 The Travels of Marco Polo (Harmondsworth, 1958)、C. R. Boxer編 South China in the Sixteenth Century [Pereira, da Cruz と de Rada の物語] (London, 1953)；Mémoires concernant les chinois (Paris, 1776−1814) という表題の14冊のイエズス会士の報告；R. Fortune著 Three Years Wandering in the Northern Provinces of China, including a visit to the silk and cotton countries … (London, 1847)、その他の著作；E. Huc著 A Journey through the Chinese Empire (New York, 1955；再版 1971)、さらに、High Tartary (Boston, Mass., 1930)、Pivot of Asia (Boston, Mass., 1950)〔＊4〕、The Desert Road to Turkestan (Boston, Mass., 1929)、Manchuria, Cradle of Conflict (New York, 1932) などの著作であるO. Lattimoreや、その他の20世紀の旅行家がいる。The Chinese Maze Murders (New York, 1958) のような、R. van Gulik のディー判事殺人ミステリーの描写のもつ価値は、それがフィクションだからといって見すごされるべきではない。van Gulikは中国学の造詣が深く、彼の描写は細部にわたって潔癖なまでに正確である。

中国の都市については、P. Wheatley著 The Pivot of the Four Quarters (Edinburgh, 1971) を参照。また初期については、P. Abrams と E. Wrigley編 Towns in Societies (Cambridge, 1978) 所収 M. Elvin著 "Chinese Cities Since the Sung (宋)" を参照。さらに詳細なものについては、スタンフォード大学出版の三冊シリーズである、G. W. Skinner編 The City in Late Imperial China (1978)、M. Elvin と G. Skinner編 The Chinese City between Two Worlds (1974)、そして、J. W. Lewis編 The City in Communist China (1972) を参照。R. Murphey著 The Outsiders (Ann Arbor, Mich., 1977) は、全体的な比較による開港場についての卓越した研究である。

人口に関しては、Bulletin of the Museum of Far Eastern Antiquities, 19 (1957) 所収 H. Bielenstein著 "The Census of China during the Period AD 2−742", Etudes Song 1 (1970) 所収 P. T. Ho著 "An Estimate of the Population of Sung—Chin (宋—清) China", 同上著 Studies on the Population of China, 1368−1953 (Cambridge, Mass., 1959) を参照。1600年頃の時期の統計の疑わしさの特徴については、Ch'ing-shih wen-t'i, 3 (1978) 所収 S. Y. Yim著 "Famine Relief Statistics as a Guide to the Population of 16th-century China" に論証されている。

漢族の植民については、H. Wiens著 China's March towards the Tropics (Hamden, Conn., 1954)、O. Lattimore著 Inner Asian Frontiers of China (New York, 1951)、J. Davidson著 The Island of Formosa, Past and Present (New York, 1903)、C. Lombard-Salmon著 Un Example d'acculturation chinoise : la province de Guizhou (Paris, 1972) を参照。以後の時代に関しては、A. Whiting著 Sinkiang, Pawn or Pivot? (East Lansing, Mich., 1958)、G. Moseley著 The Consolidation of the South China Frontier (Berkeley, Calif., 1973) を参照。

中国の海外貿易については、G. W. Wang著 "The Nanhai Trade", Journal of the Malayan Branch of the Royal Asiatic Society, 21 (1958)、J. Kuwabara, "On P'u Shou-keng (蒲壽庚), a Man of the Western Regions", Memoirs of the Research Department of the Toyo Bunko (東洋文庫), 2 (1928) と 7 (1935)〔＊5〕、J. Mills著 Ying-yai sheng-lan, 'Overall Survey of the Ocean's Shores (Cambridge, 1970)、W. Schurz著 The Manila Galleon (New York, 1939) を参照。中国人の植民社会についての定評ある紹介は、V. Purcell著 The Chinese in Southeast Asia (London, 1951) がある。さらに多くの専門書があるが、その中でG. W. Skinner著 Leadership and Power in the Chinese Community of Thailand (Ithaca, N. Y., 1958) はもっともおもしろいものの一つである。

文化の礎

W. Watson著 China before the Han (漢) Dynasty (London, 1961) と C. Li著 The Beginnings of Chinese Civilization (Seattle, Wash., 1957) の二冊は短くて読みやすい入門書である。より詳細なものには、K. C. Chang著 The Archaeology of Ancient China (改訂版, New Haven, Conn., 1968)、T. K. Cheng著 Archaeology in China, 3巻 (Cambridge)；1. Prehistoric China (1959)、2. Shang (商) China (1960)、3. Chou (周) China (1963)〔＊6〕がある。C. Li著 Anyang (安陽) (Seattle, Wash., 1977) は中国の考古学の誕生についての美しい写真入りの解説である。M. Loehr著 Chinese Bronze Age Weapons (Ann Arbor, Mich., 1956) は、初期中国文明の基礎になる新しい軍事技術の基本的な研究として重要である。

歴史上の物語には、H. Maspero著 China in Antiquity (原版、フランス語, 1927, 英訳, Amherst, Mass., 1978) がある。ある点でひどく時代遅れになったが、いまでも権威がある。忍耐強い人々には『春秋左氏伝』が春秋時代の魅惑的な絵巻を織り成してくれる。翻訳には、J. Legge著 The Chinese Classics, 第5巻, part 2: The Ch'un ts'ew (春秋) with the Tso Chuen (左伝) (London, 1872)、S. Couvreur著 La Chronique de la principauté de Lou (魯)、Tch'ouen-ts'iou (春秋) et Tso-tchouan (左伝) (Ho-Kien-fou, 1914；再版, Paris, 1951) がある。J. Crump訳 Chan-kuo-ts'e (戦国策) (Oxford, 1970) は、ずっと読みやすい、戦国時代の弁舌の士の逸話を集録した書物である。S. B. Griffith訳 Sun tzu (孫子), The Art of War (Oxford, 1963) は、もっとも有名な古代中国の兵法書のすぐれた翻訳である。

新石器時代の美術

概説は J. Rawson著 Ancient China, Art and Archaeology (London, 1980) 参照。M. Medley著 The Chinese Potter (Oxford, 1976) は基礎的な科学技術を論じていて、M. Sullivan著 The Arts of China (改訂版, Berkeley, Calif., 1978) は概括的説明を与えてくれる。より詳細な研究は、T. K. Cheng著 Archaeology in China, 第1巻, Prehistoric China と K. C. Chang著 The Archaeology of Ancient China〔＊7〕を参照。

同族関係と王権

K. C. Chang著 Shang (商) Civilization (New Haven, Conn., 1980) は、中国の歴史上の社会のもっとも古い段階を再現するという複雑な問題を考えるためにいちばんよい出発点である。いまのところ、この分野の日本人の研究の適切な要約がなされていない。その多くは Chang 教授とはかなり異なったアプローチをとっている。L. Chao著 The Socio-Political Systems of the Shang (商) Dynasty (Taipei, 1982) を有用な文献として付け加えておく。

周代について定評のある著作は H. G. Creel著 The Origins of State craft in China, 第1巻 (Chicago, Ill., 1970) である。大部であって専門的に厳密な指導的重要さをもつ著作に L. Vandermeersch著 Wangdao (王道) ou la voie royale, 2巻 (Paris, 1977−80) がある。同族関係と王権の両方にとって基礎資料となるのは、B. Karlgren訳 The Book of Odes (Stockholm, 1950) である。これは『詩経』の丹精をこらした逐語訳である。

青銅器時代の美術

W. Fong編 The Great Bronze Age of China (New York, 1980) にはすばらしいカラーの図版が見られる。J. Rawson著 Ancient China, Art and Archaeology のこの主題についての概説には大英博物館の青銅器の図版がある。様式については、W. Watson著 Ancient Chinese Bronzes (London, 1962)、Style in the Arts of China (Harmondsworth, 1974)、Art of Dynastic China (London, 1981) を参照。武器については、M. Loehr著 Chinese Bronze Age Weapons、W. Watson著 Cultural Frontiers in Ancient East Asia (Edinburgh, 1971) を参照。後者は中国の遊牧民の遺産について興味をおこさせる。殷墟の発掘についての詳細な研究は C. Li著 Anyang (安陽) を参照。玉については T. Lawton著 Chinese Art of the Warring States (戦国) Period, Change and Continuity, 480−222 B.C. (Washington, D.C., 1982) を参照。漆器の詳細な研究は Sir H. Garner著 Chinese Lacquer (London, 1979) 参照。

秦帝国

A. Cotterell著 The First Emperor of China (London, 1981) は少し不満足なものであるが、わかりやすく書かれてあり上品な図版がある。伝統的なアプローチを用いたより古い著作には李斯に関する D. Bodde著 China's First Unifier (Leiden, 1938) と、彼より重要でない三人の人物についての同上著 Statesman, Patriot, and General in Ancient China (New Haven, Conn., 1940) がある。

地下の軍団

等身大のテラコッタの軍隊のよいカラー図版が W. Fong 編 The Great Bronze Age of China (New York, 1980) と H. Qian, H. Chen と S. Ru 著 Out of China's Earth (London, 1981) に見られる．より詳細な秦朝の芸術についての説明は A. Cotterell 著 The First Emperor of China が与えてくれる．

政治と権力

中国の政治と政治文化に関する書物は，それがどういう読者を想定しているかによって，専門的知識の程度ははなはだしく異なっている．以下はほぼ扱っている年代順のリストである．H. Bielenstein 著 The Bureaucracy of Han (漢) Times (Cambridge, 1980) は，正確で専門的であり，参考書としてもほぼ最適である．M. Loewe 著 Crisis and Conflict in Han (漢) China (London, 1974) は，反対に，前漢の政治についてのすぐれた理解を与えてくれるおりおりの論文集である．Y. S. Yü 著 Trade and Expansion in Han (漢) China (Berkeley, Calif., 1967) は外交関係の叙述である．内部分裂の時期については，E. Balazs 著 Chinese Civilization and Bureaucracy (New Haven, Conn., 1964) と E.T.Z. Sun と J. de Francis 訳 Chinese Social History (Washington, D.C., 1956) 所収の数篇の論文が，とくに大荘園の発展について啓発的である．P. Ebrey 著 The Aristocratic Families of Early Imperial China (Cambridge, 1978) は 1000 年にわたるある大家族の家系の詳細な研究である．W. Eberhard 著 Das Toba-reich Nord Chinas (Leiden, 1949) は，その後の中国の制度の形成に大きな影響を与えた異民族王朝の定評のある記述である．南朝での魅惑的な政治絵巻と文学生活については J. Marney 著 Liang (梁) Chien-Wen ti (簡文帝) (Boston, Mass., 1976) を読むとよい．A. Wright 著 The Sui (隋) Dynasty (New York, 1978) 〔*8〕は，帝国の再統一の立役者の明快な多面的な紹介である．唐の前半に関しては E. Pulleyblank 著 The Background to the Rebellion of An Lushan (安禄山) (London, 1955) に匹敵するものがいまだにない．価値ある詳細な説明では D. Twitchett 著 Financial Administration under the Tang (唐) (Cambridge, 1963) と，A. Wright と D. Twitchett 共編 Perspectives on the Tang (唐) (New Haven, Conn., 1973) と J. Perry と B. Smith 共編 Essays on Tang (唐) Society (Leiden, 1976) 所収の専門論文が与えてくれる．唐につづく再分裂の時代について，G. W. Wang 著 The Structure of Power in North China during the Five Dynasties (五代) (Kuala Lumpur, 1963) が北部に関するそっけないが学問的な分析を提供してくれる．一方，E. Schafer 著 The Empire of Min (閩) (Rutland, Vt., 1954) は南部の王国の一つについてのきわめて豊富な記述である．議論好きなむきには，第一の 1000 年間の全期間にわたるおもしろい研究が，W. Eberhard 著 Conqueros and Rulers. Social Forces in Medieval China (改訂版, Leiden, 1965) がある．

宋に関しては，E. Kracke 著 Civil Service in Early Sung (宋) China (Cambredge, Mass., 1953) が，科学に基づく高級官僚政治の起源についてのいまでも基本的な参考書である．地方レベルの組織に関しては，B. Mcknight 著 Village and Bureaucracy in Southern Sung (宋) China (Chicago, Ill., 1971) が，ここでもこの時期にほぼ同じく重要な変化が起こったことを示している．王安石に関する多くの本の中で，J. Meskill 編 Wang Anshih (王安石), Practical Reformer (Boston, Mass., 1963) はもっとも短いが多くのことが述べられている．宋の北方の隣国に関しては，K. Wittfogel と C. S. Feng 著 History of Chinese Society : Liao (遼) (Philadelphia, Pa., 1949), J. S. Tao 著 The Jurchen (女真) in Twelfth-Century China (Seattle, Wash., 1976) を参照．中国における蒙古の政治組織のもっとも鋭い記述は，J. Dardess 著 Conquerors and Confucians (New York, 1973) である．蒙古――明の移行期の政治と公的生活の本質の無数の点に触れている魅力的なスケッチに，F. Mote 著 The Poet Kao Ch'i (高啓) (Princeton, N. J., 1962) がある．C. Hucker 著 The Traditional Chinese State in Ming (明) Times (Tuscon, Ariz., 1961) は簡潔な解説の有名な力作である．より詳細なものは C. Hucker 編 Chinese Government in Ming (明) Times (New York, 1969) を参照．R. Huang 著 Taxation and Governmental Finance in Sixteenth-Century Ming (明) China (Cambridge, 1974) は不必要に混乱しているが有用な考えと情報に富んでいる．彼の 1587, A Year of No Significance : The Ming (明) Dynasty in Decline (New Haven, Conn., 1981) はしかしすばらしい着想で――政治に焦点を合わせた 1 年の伝記――手際よく仕上げてある．清についての疑いなく突出した労作は，T. Metzger 著 The Internal Organization of the Ch'ing (清) Bureaucracy (Cambridge, Mass., 1973) で，後期帝国の役人の職業的，イデオロギー的，感情的な生活を解明しており，類書はない．地方政府と郷紳についてのいくつかの有用な研究のなかで，T. T. Ch'ü 著 Local Government in China under the Ch'ing (清) (Cambridge, Mass., 1962) がおそらく最良のものである．J.Watt 著 The District Magistrate in Late Imperial China (New York, 1972) と C. L. Chang の先駆的な The Chinese Gentry : Studies on their Role in Nineteenth-Century Chinese Society (Seatıle, Wash., 1955) もたいへん価値がある．法律については，T. T. Ch'ü Law and Society in Traditional China (Paris, 1961) と D. Bodde と E. Morris Law in Imperial China (Cambridge, Mass., 1967) を参照．教養娯楽として康煕帝の生涯を描いた J. Spence 著 Emperor of China (London, 1974) を落とすことはできない．もっとも著者の資料の扱い方に批判はあるが．

おわりに F. Kierman と J. Fairbank 編 Chinese Ways in Warfare (Cambridge, Mass., 1974) に言及しなければならない．これはこの項で取り扱っている全期間にわたるものである．

大運河

A. Hoshi 著, M. Elvin 訳 The Ming (明) Tribute Grain System (Ann Arbor, Mich., 1969) 〔*9〕．

王朝時代，中華帝国時代の美術

理解しやすく一般的な解説は M. Tregear 著 Chinese Art (London, 1980) と M. Sullivan 著 The Arts of China が与えてくれる．もっと贅沢に挿図を使った概説は W. Watson 著 Art of Dynastic China を参照．この本はうしろに役に立つ建築についての節があり，第 2 部は一連の白黒写真に記録された像からなっている．B. Smith と W. G. Weng 著 China, A History in Art (La Jolla, Calif., 1979) は，中華帝国時代の美術のとてもすばらしい視覚的な説明を提供している．壁画については Murals from the Han (漢) to the Tang (唐) Dynasty (Peking, 1974) と，P. Pelliot 著 Les Grottes de Touen-Houang (敦煌), 6 巻 (Paris and Brussels, 1925) を参照，彫刻については O. Siren 著 Sculpture from the Fifth to Fourteenth Centuries, 4 巻 (London, 1925) を参照．陶器については M. Medley 著 The Chinese Potter と M. Sato 著 Chinese Ceramics (New York and Tokyo, 1978) の概説を参照．より詳細な研究は M. Medley 著 T'ang Pottery and Porcelain (London, 1981) と, Yuan (元) Porcelain and Stoneware (London, 1981) と, Sir H. Garner 著 Oriental Blue and White (London, 1954) を参照．絵画のもっとも理解しやすく簡明な解説は J. Cahill 著 Chinese Painting (Geneva, 1960 ; New York, 1972) である．さらのより詳細な研究には Hills beyond a River (New York and Tokyo, 1976) 〔*10〕があり，元朝 (1279 －1368) の中国画を扱っている．元朝の芸術の専門的な研究は S. E. Lee と W. K. Ho 著 Chinese Art under the Mongols : The Yuan (元) Dynasty (1279—1368) (Cleveland, Ohio, 1968) を参照．

社会の発展

この項に関係のある資料の多くは上述の"政治と権力"の項に記載した著作の中ですでに取り扱われている．ここで扱う特有のテーマは (1) 科学技術，(2) 経済関係と制度，(3) 階層と身分の形成，(4) 血族関係と組織，であり，これら四つのすべてに関係する様式と考え方とともに扱われる．

M. Granet 著 Chinese Civilization (London, 1930) は, 時代遅れの学問に基づくものであるが示唆的洞察に富むものとして生命力を保っている．いまでも価値のあるもう一つの古い本は K. Wittfogel 著 Wirtschaft and Gesellschaft Chinas (Leipzig, 1931) で，これは同じ著者が後で書いた，水力学を過度に強調している Oriental Despotism (New Haven, Conn., 1957) よりはるかに優れている．中国社会における水の支配の占める位置についてのより公平な解説は C. T. Chao 著 Key Economic Areas in Chinese History as Revealed in the Development of Public Works for Water-Control (London, 1936) と, M. Elvin "On Water Control and Management during the Ming (明) and Ch'ing (清) Dynasties", Ch'ing-shih went'i III. 3 (Nov., 1975) を参照．L. S. Yang 著 Les Aspects économiques des travaux publics dans la Chine imperiale (Paris, 1964) はこのテーマおよび中国水力史についての手際よい四重奏である．マックス・ウェーバーの中国観は歴史的事実への根拠づけが不確かであるが，それにもかかわらず刺激的な出発点となる．たとえば彼の Religion of China (London, 1964) と，H. Gerth と C. Mills 訳 From Max Weber (New York, 1946) 所収の "The Chinese Literati" を参照．最近の一般的な評価については，W. Schluchter 編 Max Webers Studie über Konfuzianismus (儒教) und Taoismus (道教) (Frankfurt, 1983) 〔*11〕を参照．

東周の社会については，Hsu Cho-yun 著 Ancient China in Transition (Stanford, Calif., 1965) がいまでも役に立つ一般的な指針を提供してくれる．T. T. Chü 著 Han (漢) Social Structure (Seattle, Wash., 1972) は非常に貴重であり，また，翻訳文献の抜粋で裏付けされている．唐については，J. Gernet 著 Les Aspects économiques du Bouddhisme dans la société chinoise du Ve au Xe siècle (Saigon., 1956) もまた見事な労作である．Yoshinobu Shiba 著, M. Elvin 訳 Commerce and Society in Sung (宋) China (Ann Arbor, Mich., 1970) 〔*12〕は文献資料が豊富である．明については，E. Rawski 著 Agricultural Change and the Peasant Economy of South China (Cambridge, Mass., 1972) と H. Beattie 著 Land and Lineage in China (Cambridge, 1979) はともにある点で不十分なものであるが，情報が豊富である．不足の点のいくつかについての簡単な叙述は, M. Elvin 著 "The Last Thousand Years of Chinese History, Changing Patterns in Land Tenure", Modern Asian Studies IV. 2 (Apr., 1970) を参照．明から清への移行期については，美しく挿図された当時の技術の百科事典の翻訳である，Sung Ying-hsing (宋応星) 著, E. T. Z.と S. C. Sun 訳 T'ien Kung K'ai Wu (天工開物), Chinese Technology in the Seventeenth Century (Philadelphia, Pa., 1966) と，ある地域の質の高い研究である J. Dennerline 著 The Chia-ting Loyalists : Confucian Leadership and Social Change (New Haven, Conn., 1981) を参照．清以来の数世紀については，二つの優れた論文集，W. Willmott 編 Economic Organization in Chinese Society (Stanford, Calif., 1972) と，D. Perkins 編 China's Modern Economy in Historical Perspective (Stanford, Calif., 1975) がある．

特定の問題については下にあげるものに言及されている．L. Lanciotti 編 La donna nella Cina imperiale e nella Cina repubblicana (Firenze, 1980), この中の約半分は英語で書かれている．W. Eberhard 著 Social Mobility in Traditional China (Leiden, 1962) は，雑多ではあるがおもしろい項目や考えが豊富である．J. de Groot 著 Sectarianism and Religious Persecution in China (Leiden, 1901) は，日本の学者鈴木中正によって中国の宗教迫害における政治的要素を過少評価していると正当な批判を受けているにもかかわらずおもしろい．E. Ahern 著 Chinese Ritual and Politics (Cambridge, 1981) はところどころ不明瞭であるが非常に独創的である．M. Freedman 著 Lineage Organization in South eastern China と Chinese Lineage Society (London, 1958, 1966) は，中国人類学の他界した第一人者の二つの基本的な研究である．さらに彼のおりおりの論文の多くは彼の Study of Chinese Society (Stanford, Calif., 1979) に見られる．G. W. Skinner 著 "Marketing and Social Structure in Rural China", 2 parts, Journal of Asian Studies XXIV. 1 and 2 (Nov., 1964 and Feb., 1965) は，現在では著者自身にさえ分析が単純すぎると考えられているが，たぶん (そして正当に) 中国研究史の中でもっとも有名な論文である．

帝国後期の美術

北京の建築に関する記述は，O. Siren 著 The Walls and Gates of Peking (London, 1924) と The Imperial Palaces of Peking, 3 巻 (Paris and Brussels, 1926) に見られる．これらは主として著者による短い歴史的解説付きの図解から成っている．前者は 109 枚の著者の写したグラビアと 50 枚の中国人の画家の建築物の絵が挿図されている．これは城壁が取り壊される前の北京の素晴らしい絵を提供してくれる．明の墓のより最新の写真は，A. Paludan 著 The Imperial Ming (明) Tombs (New Haven, Conn. and London, 1981) が提供してくれる．これには白黒写真とカラー写真の美しい挿絵がある．庭園については，白黒の挿絵の O. Siren 著 Gardens of China (New York, 1949) と，カラーで挿絵されている M. Keswick 著 The Chinese Garden, History, Art and Architecture (London, 1978) を参照．後期帝国の絵画については，R. Whitfield 著 In Pursuit of Antiquity (Princeton, N.J., and Tokyo, 1972), J. Cahill 著 Painting at the Shore, Chinese Painting of the Early and Middle Ming (明) Dynasty, 1368— 1558 (New York and Tokyo, 1978), The Distant Mountains, Chinese Painting of the Late Ming (明) Dynasty, 1570—1644 (New York and Tokyo, 1982), そして，17 世紀中国絵画の性格と様式を扱っている The Compelling Image (Cambridge, Mass. and London, 1982) を参照．書道の美学と技法の一般的な紹介は Y. Chiang 著 Chinese Calligraphy (London, 1938) が与えてくれる．18 世紀の中国の宮廷で絵を描いたイエズス会士の画家についての興味ある研究は C. and M. Beurdeley 著, M. Bullock 訳 Giuseppe Castiglione (London, 1972) である．東洋の様式が西洋の美術と装飾に与えた衝撃は O. Impey 著 Chinoiserie (London, 1977) で論じられている．装飾美術はすでに言及した概説書で十分に扱われている．

回顧と展望

美術の典型と停滞については，M. M. Sze 著 The Tao of Painting … with a translation of the "Mustard Seed Garden Manual of Painting (芥子園畫傳)" (New York, 1956) を参照．微妙な美学観は P. Ryckmans 著 Les "Propos sur la peinture (畫語録)" de Shitao (石濤) (Bruxelles, 1970) がすぐれた手本である．19 世紀中葉の中国絵画の独創性の限界については，Ryckmans 著 Su Renshan (蘇仁山) (Hong Kong, 1970) は個別の画家についての先駆的研究である．異端の苦境は J. Billeter 著 Li Zhi (李贄), philosophe maudit (Geneva, 1979) が十分に明らかにしている．政治的に危険と考えられた著作に対する満州王朝の抑圧についての定評のある記述は L. C. Goodrich 著 The Literary Inquisition of Ch'ien-lung (乾隆) (Baltimore, Md., 1935) である．経済の高度な均衡のわなについては M. Elvin 著 The Pattern of the Chinese Past を参照．

事件の映像

近代中国史の概説書でこの主題の要求を十分に満たしているものはない．J. Chen 著 China and the West (London, 1979) はもっとも十分に近いものの一つである．参考書としては，J. Fairbank, E. Reischauer と A. Craig 著 East Asia, The Modern Transformation (London, 1965) が少し根拠のしっかりしたものとして価値がある．

中国の開国については J. Fairbank 著 Trade and Diplomacy on the China Coast (Cambridge, Mass., 1953) が定評がある．世紀なかばの主要な反乱は，F. Michael と C. L. Chang 著 The Taiping (太平) Rebellion, 3 巻 (Seattle, Wash., 1966—71), S. Y. Teng 著 The Nien (捻) Army and their Guerrilla Warfare (Paris, 1961), と W. D. Chu 著 The Moslem Rebellion in Northwest China (The Hague, 1966) に言及されている．

制度改革とその障害は，概観は S. Y. Teng と J. Fairbank 著 China's Response to the West (Cambridge, Mass., 1954), 特定の時期については，M. Wright 著 The Last Stand of Chinese Conservatism : The T'ung-chih (同治) Restoration, 1862—1874 (Stanford, Calif., 1957), Lloyd Eastman 著 Throne and Mandarines (Cambridge, Mass., 1967), M. Cameron 著 The Reform Movement in China 1898—1912 (Stanford, Calif., 1931), J. Fincher 著 Chinese Democracy (London, 1981) を参照．P. Cohen 著 China and Christianity

(Cambridge, Mass., 1963) は宣教師によって引き起こされた問題を描写している．超保守主義については M. Elvin 著 "Mandarins and Millenarians", Journal of the Anthropological Society of Oxford X.3(Michaelmas, 1979) が一般に受け入れられている神話のいくつかを打破している．最近の1911年革命の再評価についての最良の紹介は M. Wright 編 China in Revolution. The First Phase 1900—1913 (New Haven, Conn., 1968) である．この主題に関する莫大な量の業績を一瞥するには，片寄った議論ではあるが刺激的な Modern China (II.2, Apr., 1976) のこの主題についての特別号がよい．偉大な改革派の論客梁啓超についてすぐれた相補い合う研究は，H. Chang 著 Liang Ch'i-ch'ao (梁啓超) and the Intellectual Transition in China, 1890—1907 (Cambridge, Mass., 1971) と P. Huang 著 Liang Ch'i-ch'ao (梁啓超) and Modern Chinese Liberalism (Seattle, Wash., 1972) とである．この時期のより深層の知的風潮のいくつかについての簡潔な概観は M. Elvin 著 Self-Liberation and Self-Immolation in Modern Chinese Thought (Canberra, 1978) である．中国最初の大統領の二つの伝記がある．J. Chen 著 Yuan Shih-k'ai (袁世凱) (London, 1961) [＊13] と E. Young 著 The Presidency of Yuan Shih-k'ai (袁世凱) (Ann Arbor, Mich., 1977) である．軍閥についての手引きとなるのは，D. Gillin 著 Warlord : Yen Hsi-shan (閻錫山) in Shansi (山西) Province, 1911—1949 (Princeton, N. J., 1967) と，J. Sheridan 著 Chinese Warlord : The Career of Feng Yü-hsiang (馮玉祥) (Stanford, Calif., 1966) である．大衆運動については，J. Chesneaux 著 The Chinese Labor Movement (Stanford, Calif., 1968) と R. Hofheinz 著 The Broken Wave. The Chinese Communist Peasant Movement, 1922—1928(Cambridge, Mass., 1977)を参照．R. Myers 著 The Chinese Peasant Economy (Cambridge, Mass., 1970) は地主制度について民間に広まっている神話を打ち砕き，C. M. Hou 著 Foreign Investment and Economic Development in China (Cambridge,Mass., 1965) は，同じように経済"帝国主義"を打ち壊す仕事をした．もつれ合って興隆してくる国民党と共産党については，D. Jacobs 著 Borodin (Cambridge, Mass., 1981) が最近のすぐれた著作であり，H. Issacs 著 Trotskyist. The Tragedy of the Chinese Revolution (Stanford, Calif., 1951) [＊14] は思わずつり込まれる雄弁さがある．国民党政府については，Lloyd Eastman 著 The Abortive Revolution (Cambridge, Mass., 1974)が，鋭く覚醒を促す概説であり，P. Cavendish の二つの論文，"The 'New China' of the Kuomintang (国民党)", J. Gray 著 Modern China's Search for a Political Form (London, 1969) 所収と，"Anti-Imperialism in the Kuomintang (国民党) 1923—8", J. Chen と N. Tarling 編 Studies in the Social History of China and South-East Asia (Cambridge, 1970) 所収は，非常に洞察力に富む分析である．

J. Harrison 著 The Long March to Power. A History of the Chinese Communist Party 1921—1972 (London, 1972) は，読みづらい文体だが，完璧さと信頼できることとは類ないものである．次のものからはもっと容易に洞察が得られる．C. Johnson 著 Peasant Nationalism and Communist Power (Stanford, Calif., 1963)，L. van Slyke 著 Enemies and Friends. The United Front in Chinese Communist History (Stanford, Calif., 1967) と，J. W. Lewis 著 Leadership in Communist China (Ithaca,N.Y., 1963)．毛には二つのよい伝記がある．S. Schram 著 Mao Tse-tung (毛沢東) (London, 1967) [＊15] と，J. Chen 著 Mao (毛) and the Chinese Revolution (London, 1965) [＊16] である．毛思想について欠くことのできない入門書は S. Schram 著 The Political Thought of Mao Tse-tung (毛沢東) (London, 1963) であり，これは"思想"の創造をとりまく環境について書かれた R. Wylie 著 The Emergence of Maoism (Stanford,Calif., 1980) によって補足されるだろう．E. Snow 著 Red Star over China (New York, 1938) [＊17] は，延安における中国共産主義の英雄的な日々についての目撃者によるルポルタージュの傑作である．初期の共産主義革命を支えた熱狂は，W. Hinton 著 Fanshen(翻身), A Documentary of Revolution in a Chinese Village (New York, 1967) [＊18] の中の個人的な体験によって喚起される．人民共和国についてのほとんど際限のない文学を探究するスペースはここではないが，この20年の出来事に関心のある人は必ず "Simon Leys" (Pierre Ryckmans) の本，とくに The Chairman's New Clothes (London, 1977) と，Chinese Shadows (Harmondsworth, 1978) を読むべきである．それは非常に多くの西洋の知識人を捉えている幻想の呪文を解いた．N. Ing と H. Goldblatt 訳の Chen Jo-hsi (陳若曦) の短篇小説集，The Execution of Mayor Yin (尹県長) (Bloomington, Ind., 1978) は文化大革命下の生活を喚起させるすぐれた文学である．今日の中国についての最良の本はおそらく F. Butterfield 著，Alive in the Bitter Sea (London, 1983) であろう．

現代の芸術
現代の芸術は前述した概説書に簡単に紹介されている．20世紀芸術の包括的な研究はまだされていない．

シンボルと社会
この節の話題の多くについては他の場所ですでに文献が紹介されている．そこで特別の関心のあるいくつかの項目についてのみ以下に紹介する．
言語：P. Kratochvil 著 The Chinese Language Today (London, 1968) は現代中国語の非専門的な大要である．B. Karlgren 著 The Chinese Language (New York, 1949) は，その歴史的発展についての同様な仕事である．
書：Y. Chiang 著 Chinese Calligraphy は美しくかつためになる．
医学：F. Mann 著 Acupuncture. The Ancient Chinese Art of Healing (London, 1962)は開業医による簡単な紹介である．J. Needham 著 Celestial Lancets (Cambridge, 1980) は，詳細で歴史的科学的に論じている．
土占い：S. Feuchtwang 著 An Anthropological Interpretation of Chinese Geomancy (Vietiane, 1974)．
数学：V. Libbrecht 著 Chinese Mathematics in the 13th Century (Cambridge, Mass., 1973)．
発明のオ：J. Needham 著 Science and Civilisation (既出) のほかに，R. Hommel 著 China at Work (Cambridge, Mass., 1969) は道具と機械についての詳細で図解のある概説である．
音楽：L. Picken 著 "Music of Far Eastern Asia—1 : China", New Oxford History of Music, 1号 (London, 1957) 所収．
演劇：A. C. Scott 著 The Classical Theater of China (Westport, Conn., 1957) は役者，役割，衣装，技法の便覧である．W. Dolby 著 A History of Chinese Drama (London, 1970) は演劇の入門書である．
農業：R. Barker と R. Sinha 編 The Chinese Agricultural Economy (Boulder, Colo., 1982) 所収の論文はこの主題のほぼすべての面を扱っている．
食料：だれもが自分のお気に入りの中国料理の本をもっている．われわれのものは C. and A. Lee 著 The Gourmet Chinese Regional Cookbook (Secaucus, N. J., 1980) である．K. C. Chang 編 Food in Chinese Culture (New Haven, Conn., 1977) は魅力的な文集である．
家族生活：M. Wolf 著 Women and Family in Rural Taiwan (Stanford, Calif., 1972) は，中国人女性は男性とは違った家族の見方をしていると説いている．A. Wolf と C. S. Huang 著 Marriage and Adoption in China (Stanford, Calif., 1980) は，人類学と人口統計学を結合させた，この分野の最良の専門的研究である．
中国と西洋：W. Franke 著 China and the West (Oxford, 1967)はこの広範な主題への入門書である．D. Lach 著 Asia in the Making of Europe, 3巻 (Chicago, Ill., 1965, 1970, 1978) は，大きな領域にわたる研究で広く称賛を受けている．
多方面にわたるもの：A. H. Smith 著 Chinese Characteristics (New York, 1984) はビクトリア朝の宣教師による洞察力の鋭い観察の力作である．

参考文献
古いものではあるが，C. Hucker 著 China : A Critical Bibliography (Tucson. Ariz., 1962) はもっとも利用しやすい中国についての学術的文献の入門書である．17世紀中葉以降については，G.W. Skinner 編 Modern Chinese Society. An Analystical Bibliography, 第1巻：Publications in Western Languages (Stanford, Calif., 1973) は欠くことができない．最近の研究については，Journal of Asian Studies が毎年の参考文献目録の概説を掲載している．

すべての他の地図帳が大きく依存している地図帳は，A.Herrmann 著 Historical and Commercial Atlas of China (Cambridge, Mass., 1935 : numerous reprints) である．P. Geelan と D. Twitchett 著 The Times Atlas of China (London, 1974) は，新味に乏しいが内容のあるものである．The Central Intelligence Agency (米国中央情報局) の People's Republic of China, Atlas (Washington, D.C., 1971) は今日の中国の全域にわたる優れたものである．専門家は史料地図についての指針を J. F. Williams 著 China in Maps … A Selective and Annotated Cartobibliography (East Lansis, Mich., 1974) から得るだろう．

手頃な一般的参考書としては，B. Hook 編 The Cambridge Encyclopedia of China (Cambridge, 1982) が最初に役に立つものである．

人名辞典：H. Giles 著 A Chinese Biographical Dictionary (London, 1898)．H. Franke 編 Sung (宋) Biographies (Wiesbaden, 1976)．L. Goodrich と C. Fang 編 Dictionary of Ming (明) Biography (New York, 1976)．A. Hummel 編 Eminent Chinese of the Ch'ing (清) Period (Washington, D.C., 1943)．H. Boorman と R. Howard 編 Biographical Dictionary of Republican China (New York, 1967—71)．D. Klein と A. Clark 編 Biographic Dictionary of Chinese Communism (Cambridge, Mass., 1971)．

全体あるいは一部が中国を扱っている多くの定期刊行物の中で，もっとも利用しやすいものは次のものである．Journal of Asian Studies, Harvard Journal of Asiatic Studies, T'oung Pao, Bulletin of the School of Oriental and African Studies, China Quarterly (主に時事問題を扱っている), Philosophy East and West, Modern China．

邦訳書 (引用文献中 〔 〕数字と対応)
* 1　新藤武弘訳『中国美術史』(新潮社, 1973)
* 2　東畑・籔内監訳『中国の科学と文明』(思索社, 1974—81)
* 3　田村完誓訳『世界史上の円仁—唐代中国への旅』(実業之日本社, 1963)
* 4　中国研究所訳『アジアの焦点』(弘文堂, 1951)
* 5　桑原隲蔵「蒲壽庚の事蹟」『桑原隲蔵全集』第5巻所収 (岩波書店, 1968)
* 6　松崎寿和訳『先史時代の中国』中国考古学大系1，『殷の中国』同2，『周代の中国』同3 (雄山閣, 1974—76)
* 7　暈博滿訳『考古学上より見た中国古代』(雄山閣, 1980)
* 8　布目潮渢等訳『隋代史』(法律文化社, 1982)
* 9　星斌夫『明代漕運の研究』(日本学術振興会, 1963)
* 10　新藤武弘訳『江山四季—中国元代の絵画』(明治書院, 1980)
* 11　マックス・ウェーバーのこれらのものについては，マックス・ウェーバー著，木全徳雄訳『儒教と道教』(創文社, 1971) がある．
* 12　斯波義信『宋代商業史研究』(風間書房, 1970)
* 13　守川正道訳『袁世凱と近代中国』(岩波書店, 1980)
* 14　鹿島宗二郎訳『中国革命の悲劇』(至誠堂, 1966)
* 15　石川忠雄・平松茂雄訳『毛沢東』(紀伊國屋書店, 1967)
* 16　徳田教之訳『毛沢東：毛と中国革命』(筑摩書房, 1969)
* 17　松岡洋子訳『中国の紅い星』(筑摩書房〈エドガー・スノー著作集〉, 1972)
* 18　加藤祐三他訳『翻身—ある中国農村の革命の記録』(平凡社, 1972)

編・訳者のことば

　一衣帯水ということばがある．極めて近い距離をさす．1972年に日中国交が正常化した当時，中国側が日本人に対してこれを慣用句のように使ったことを記憶している人も多いだろう．単に距離が近いだけではなく，古来，日本と中国の文化的関係はすこぶる濃かった．総じて近代以前には，日本が中国から得たものの方が圧倒的に多かった．明治維新以後においては，日本が文化・学術面で中国に与えたものも多いが，そこから奪ったものもはなはだ多かった．日本と中国の近代史はメタルの裏と表のようなものであった．

　1972年以降，とくに78年末に中国が開放と改革の政策に大転換して以後，経済関係も，文化交流も，人の往来も日ましにさかんになり，中国は日本人がもっとも親近感をもつ国の一つとなっている．そして中国に関する本，映像，報道その他の情報が毎日，大量に提供されている．

　しかし，このような密なる関係や親近感が，直ちに対象についての正確な認識を保証するとは限らない．あまりにも自分に引きつけすぎて，対象を異質な他者として見ることを妨げてしまうことがままある．

　イギリス人にとって，中国は，日本人にとってよりも，はるかに異質な他者であるにちがいない．このちがいが本書の内容にもあらわれており，本書は日本で出版されている多くの中国関係図書と一味ちがった特色をもっている．まず内容がすこぶる包括的で，しかも視覚的である．

　全体を(1)空間（スペース），(2)時間（タイム），(3)シンボルと社会，の三部に大別し，およそ(1)で人文地理的・自然地理的内容，これとかかわる漢族と漢族以外の多くの少数民族との歴史的な関係，(2)で先史時代から1970年代末までの歴史，(3)で，日本ではふつう「文化」として分類される内容の中から，もっとも中国的なるものをとりだし，また農業と食物，家族生活，中国と西洋との関係など，中国社会の理解の鍵となるような諸問題を，集中的に，また通時的に叙述している．「文化」のうち，美術は(2)の「時間」の中で，各時代ごとにくわしく叙述されているが，この美術史の部分は本書の白眉の部分の一つである．全体をつうじて，具体的な事実をあげつつ生き生きと叙述されている．

　日本では，中国の地理，歴史，社会，文化などのそれぞれについてくわしく書かれている書物はかなりあるが，それらすべてを包括して，しかも学問的に高度な内容をもち，中国の文化，社会の特徴を，抽象的にではなく一般的かつ具体的に記述しているような本は，残念ながらほとんど見当たらない．

　「序文」によると，近年イギリスの中国研究は必ずしも隆盛ではないということである．だが本書はイギリスにおける中国研究の蓄積の豊富さを十分感受させてくれる．これは主な著者であるオックスフォード大学東洋研究所のマーク・エルヴィン，キャロリーン・ブランデン両氏の並々ならぬ力量に負う所も大きいと思われる．

　それに，ほとんど羨望を禁じ得ないほど豊富で，しかも大きな図版，写真類と地図，統計表，そしてこれに付された簡にして要を得た解説が本書の価値を高めている．代表的な建造物と美術品，遺跡，近年おびただしく出土した多くの重要な考古学上の発掘の成果が網羅されているだけではなく，民衆の日常生活にかかわる写真が多数収められている．これらを見，その解説を読むだけで，中国についてかなりの知識が得られるだろう．

　つぎに，とくに近・現代の中国についての記述に顕著であるが，著者たちの見方は非常にクールである．著者は「現代中国のタブー，禁制，臆説に囚われることが（中国の学者よりも）少ない」ことを，西欧の学者がもつ利点とし，「感情的・イデオロギー的偏見からおこる歪曲を回避しよう」（「序文」）と意識的に努めている．その結果，現在の中国――台湾を含めて――，また問題によっては日本でも一般に承認されているような近・現代史上のいくつかの事件や事象についての見方を，「神話」として否定し，かなり大胆で刺激的な見解を，これこそリアリスティックなものであるとして提起している．それらの中には首肯できるものもあるが，訳者にとって，にわかには受け容れ難いものも含まれている．近代ヨーロッパの拡大，ヨーロッパにとっての「自由と平等」のアジアへの拡張がそのままでアジアの進歩，アジアにとっての「自由と平等」の実現につながるという見方が随所に見え隠れする．こういう見方は現在の西欧の学者全体のものとは必ずしも言えないが，そこでかなり伝統的に受け容れられてきたもう一つの「神話」であるように思われる．こういう見方を知ることを含めて，イギリスの第一級の中国研究者の手に成り，近年の西欧における研究の成果を十分反映している本書を日本に紹介する意味は大きいと私たちは考えた．

　本書の編・訳者のひとりである戴國煇によると，本書は華人系アメリカ人をはじめ英語圏に住む「華僑」社会の間で備えられ，最も広く読まれている本の一つだという．中国人としての文化的アイデンティティを確認するための手引きとして読まれているらしいとのことである．彼の提案を受けて，多くの中国研究者が翻訳を引き受け，2年余にわたって検討会を開いてきた．各部分の担当者による訳稿を，順次全員で検討し，訳文の調整，統一をはかり，またごく部分的ではあったが，原文に含まれていた明らかな誤りを訂正して決定稿を作成した．英文表記の地名，人名のうち，不明箇所は原著者に問い合わせて正確を期した．

　翻訳担当者は以下の方々である．分担箇所はかなり細分化されているため，ここでは省略する．

　江夏由樹（一橋大学経済学部講師）
　大里浩秋（神奈川大学外国語学部講師）
　大沼正博（都立戸山高等学校教諭）
　阪谷芳直（神奈川大学短期大学部教授）
　佐藤　宏（日中学院講師）
　砂山幸雄（千葉工業大学講師）
　陳　正醍（茨城大学人文学部講師）
　林　正子（立教大学文学部講師）
　林　　一（昭和薬科大学教授）　　　（五十音順）

1988年4月　　戴　國　煇
　　　　　　　小　島　晋　治
　　　　　　　　　（代表執筆）
　　　　　　　阪　谷　芳　直

地名索引

ア 行

愛琿（あいぐん，アイクン）50°16′N 127°25′E　32, 33, 34
愛州（あいしゅう，アイチョウ）(ベトナム) 19°50′N 105°55′E　30
愛陽門（あいようめん，アイヤンメン）40°57′N 124°30′E　33
アカプルコ（メキシコ）16°51′N 99°56′E　39
アクス 40°10′N 80°20′E　34, 41, 150
アストラハン（ソ連）46°22′N 48°04′E　34
閼与（あつよ，アユイ）37°30′N 113°33′E　71
アテネ（ギリシア）38°00′N 23°44′E　34
アデン（南イエメン）12°47′N 45°03′E　34
アム・ダリヤ（オクソス川）(ソ連) 34, 92
アムール（ソ連）39°10′N 63°20′E　92
アムール川 →黒竜江
厦門（あもい，シアメン）(アモイ) 24°26′N 118°05′E　11, 24, 35, 38, 149, 158
アルグン川 11, 23, 33
アルタイ山脈 11
アルチュカ（阿勒楚喀）45°27′N 126°59′E　33
アルトゥン山脈 11
アルハンゲリスク（ソ連）64°32′N 40°40′E　34
アルマアタ（ソ連）43°19′N 76°55′E　34
アルマリク 43°55′N 81°10′E　150
啞魯（あろ，アールー）(インドネシア) 03°58′N 98°30′E　38
安（あん，アン）→安陸
アンカラ（トルコ）39°55′N 32°50′E　34
アンガラ川（ソ連）15, 34
安徽[省]（あんき，アンホイ）27, 150, 152, 158
安慶（あんけい，アンチン）(舒) 30°31′N 117°02′E　24, 27, 31, 123, 149, 150, 158
安康（あんこう，アンカン）→興安
安塞（あんさい，アンサイ）36°51′N 109°17′E　164
鞍山（あんざん，アンシャン）41°05′N 122°58′E　24
安州（あんしゅう，アンチョウ）→安陸
安（あん，アンチョウ）38°51′N 115°48′E　152
安順（あんじゅん，アンシュン）26°19′N 105°50′E　27, 149, 150
安西（あんせい，アンシー）(瓜州) 40°32′N 95°45′E　41, 93, 158
アンダマン諸島（インド）34, 38
安定（あんてい，アンティン）39°38′N 116°29′E　41
アンディジャン（ソ連）40°48′N 72°22′E　41
安東（あんとう，アントン）40°08′N 124°20′E　32, 34
安南（あんなん，アンナン）25, 26, 27, 150
安平（あんへい，アンピン）41°13′N 123°26′E　33
安平（あんへい，アンピン）(台湾) 23°01′N 120°08′E　33
安辺堡（あんべんほ，アンピエンパオ）37°36′N 108°11′E　41
アンマン（ヨルダン）31°57′N 35°56′E　34
安邑（あんゆう，アンイー）35°07′N 111°16′E　30, 54, 71, 164
安陽（あんよう，アンヤン）(大邑商, 彰徳) 36°04′N 114°20′E　24, 27, 52, 54, 164
安陸（あんりく，アンルー）→承天
安陸（あんりく，アンルー）(安, 安府, 徳安) 31°18′N 113°40′E　26, 27, 31, 149, 158
安陸府（アンルーフー）→安陸

威（い，ウェイ）31°24′N 103°25′E　31, 98
渭（い，ウェイ）→渭西
潍（い，ウェイ）→潍坊
威遠（いえん，ウェイユアン）36°50′N 101°59′E　41
威遠堡門（いえんほもん，ウェイユアンパオメン）42°38′N 124°12′E　33
渭河（いが，ウェイホー）(渭水) 11, 16, 23, 24, 27, 30, 31, 41, 52, 62, 95, 98, 102, 123, 149
威海衛（いかいえい，ウェイハイウェイ）37°28′N 122°07′E　35, 152, 158
郁（いく，ユイ）123, 149
易県（いけん，イーシエン）39°18′N 115°28′E　164
潍県（いけん，ウェイシエン）→潍坊

猗氏（いし，イーシー）35°22′N 110°52′E　151
イシク・クル湖（ソ連）11, 14, 34, 41, 92
渭州（いしゅう，ウェイチョウ）35°08′N 104°10′E　102
イスタンブール（トルコ）41°02′N 28°58′E　34
イスファハン（イラン）32°41′N 51°41′E　92
イスラマバード（パキスタン）33°40′N 73°08′E　34
イティ（ソ連）46°45′N 48°15′E　92
渭南（いなん，ウェイナン）34°30′N 109°30′E　41, 149, 164
威寧（いねい，ウェイニン）26°52′N 104°12′E　36, 149
威寧営（いねいえい，ウェイニンイン）41°19′N 123°52′E　33
潍坊（いぼう，フェイファン）(潍, 潍県) 36°43′N 119°06′E　152, 164
イラワジ川（ビルマ）11, 34
伊犂（いり，イーリー）(恵遠, クルジャ) 43°50′N 81°28′E　41
イルクーツク（ソ連）52°18′N 104°15′E　35
イルチ川（ソ連）11, 15, 34
彝路（いろ，イールー）42°06′N 123°45′E　33
殷（いん，イン）38°01′N 115°03′E　95
殷城（いんじょう，インチョン）31°58′N 115°10′E　103
潒水（いんすい，インシュイ）(商水) 33°30′N 114°40′E　103
インダス川（パキスタン）10, 34, 40, 92
インドラプラ（ベトナム）16°10′N 108°15′E　93

ヴィエンチャン（ラオス）17°59′N 102°38′E　11
ウィーン（オーストリア）48°13′N 16°20′E　34
ウェーク島（合衆国）19°17′N 166°37′E　39
烏江（うこう，ウーチアン）11, 31, 41, 102, 123, 149
烏撒（うさん，ウーサー）27°00′N 104°33′E　27
禹城（うじょう，ユイチョン）36°54′N 116°38′E　54, 152
ウスリー川 11, 33
ウチ・トゥルファン（烏什）41°11′N 79°15′E　41
内モンゴル高原 11
蔚県（うつけん，ユイシエン）39°50′N 114°32′E　164
鬱林（うつりん，ュイリン）22°37′N 110°07′E　30, 31
ウブサ湖（モンゴル）11
右北平（うほくへい，ヨウペイピン）40°47′N 119°17′E　30
烏蒙（うもう，ウーモン）27°15′N 103°40′E　27, 150
ウラジボストク（ソ連）43°09′N 131°53′E　32, 35
ウラル川（ソ連）34
ウランウデ（ソ連）51°50′N 107°37′E　35
ウランバートル（クーロン, ウルガ）(モンゴル) 47°54′N 106°52′E　11, 35, 41
ウリヤスタイ（モンゴル）47°42′N 96°52′E　41
ウルガ →ウランバートル
ウルムチ（迪化, 輪台）43°49′N 87°34′E　11, 28, 34, 150
ウルング・ノール湖（ブルント海）41
鄆（うん，ユン）(東平) 35°55′N 116°18′E　31, 62, 123
雲安（うんあん，ユンアン）31°01′N 108°58′E　31, 123
雲州（うんしゅう，ユンチョウ）39°55′N 113°00′E　30, 92
鄆州（うんしゅう，ユンチョウ）36°06′N 115°50′E　30
鄆城（うんじょう，ユンチョン）35°45′N 115°54′E　123
溳水（うんすい，ユンシュイ）103
雲台（うんだい，ユンタイ）31°00′N 107°10′E　27
雲南[省]（うんなん，ユンナン）26, 27, 36, 150, 158
雲南（うんなん，ユンナン）→昆明
雲南府（うんなんふ，ユンナンフー）→昆明
雲陽（うんよう，ユンヤン）30°58′N 108°53′E　158
鄖陽（うんよう，ユンヤン）32°03′N 112°01′E　27

英（えい，イン）→英徳
栄（えい，ロン）29°29′N 104°24′E　102

栄（えい，ロン）29°34′N 104°22′E　31
永（えい，ヨン）→永州
潁（えい，イン）→阜陽
瀛（えい，イン）→瀛州
郢（えい，イン）→承天
郢（えい，イン）30°10′N 112°24′E　62, 71
潁河（えいが，インホー）11, 23, 71, 103, 105
英額門（えいがくもん，インオーメン）42°14′N 125°14′E　33
衛輝（えいき，ウェイホェイ）(衛州) 35°30′N 114°18′E　26, 27, 30
永興（えいこう，ヨンシン）(宋代の路) 26
永康（えいこう，ヨンカン）31°32′N 103°35′E　31
営口（えいこう，インコウ）→牛荘
永済（えいさい，ヨンチー）(蒲州) 34°51′N 110°32′E　54
永済渠（えいさいきょ，ヨンチーチュイ）105
英州（えいしゅう，インチョウ）23°52′N 113°24′E　102
永州（えいしゅう，ヨンチョウ）26°20′N 111°45′E　27
永州（えいしゅう，ヨンチョウ）(永) 26°15′N 111°33′E　26, 30, 31, 98, 102
潁州（えいしゅう，インチョウ）→阜陽
瀛州（えいしゅう，インチョウ）(瀛) 38°10′N 116°04′E　31, 102
永従（えいじゅう，ヨンツォン）26°05′N 109°08′E　36
永昌（えいしょう，ヨンチャン）25°15′N 99°00′E　27
永昌（えいしょう，ヨンチャン）39°15′N 102°09′E　94
永城（えいじょう，ヨンチョン）33°54′N 116°23′E　54
潁上（えいじょう，インシャン）(潁) 32°38′N 116°15′E　95, 103, 123
永綏（えいすい，ヨンスイ）28°36′N 109°36′E　36
永清（えいせい，ヨンチン）39°05′N 115°52′E　152
永静（えいせい，ヨンチン）→永静軍
永静軍（えいせいぐん，ヨンチンチュン）(永静, 東光) 37°53′N 116°30′E　31, 123
潁川（えいせん，インチュワン）34°10′N 113°50′E　110
永定河（えいていが，ヨンティンホー）11, 31, 102
英徳（えいとく，イントー）(英) 24°12′N 113°24′E　31, 98, 123
永寧（えいねい，ヨンニン）25°53′N 105°29′E　36
永寧（えいねい，ヨンニン）28°14′N 105°25′E　36
永寧（えいねい，ヨンニン）27°47′N 100°38′E　27
永寧（えいねい，ヨンニン）38°48′N 103°20′E　98
永寧潤（えいねいかん，ヨンニンチエン）39°56′N 121°53′E　33
永平（えいへい，ヨンピン）39°55′N 119°28′E　27
永豊（えいほう，ヨンフォン）27°18′N 115°25′E　149
益（えき，イー）→蜀
益光（えきこう，イークワン）32°22′N 105°48′E　102
益州（えきしゅう，イーチョウ）→成都
益州（えきしゅう，イーチョウ）24°45′N 103°07′E　30
易州（えきしゅう，イーチョウ）39°32′N 115°07′E　30
益都（えきと，イートゥ）(青, 青州) 36°41′N 118°29′E　26, 27, 30, 31, 54, 95, 98, 102, 123, 152
エチナ 41°50′N 101°04′E　41, 150
越（えつ，ユエ）→越州
越州（えつしゅう，ユエチョウ）(越) 29°50′N 121°10′E　26, 30, 31
越巂（えつすい，ユエ）28°46′N 102°10′E　27
江戸（東京）(日本) 35°25′N 137°12′E　33, 35, 38
エニウェトク島（合衆国信託統治）11°30′N 162°15′E　39
エビ・ノール（湖）41
エルサレム（イスラエル）31°47′N 35°13′E　34
エレバン（ソ連）40°11′N 44°30′E　34

塩（えん，イエン）37°24′N 107°34′E　26, 98
延（えん，イエン）→延安
燕（えん，イエン）国　71
宛（えん，ワン）→南陽
袁（えん，ユアン）→袁州
兗（えん，イエン）→兗州
延安（えんあん，イエンアン）(延, 延州, 膚施) 36°35′N 109°27′E　11, 26, 27, 30, 31, 41, 98, 102, 123, 149, 150, 164
鄢郢（えんえい，イエンイン）(郢) 32°03′N 111°55′E　62, 71
兗海（えんかい，イエンハイ）(唐代の藩鎮) 26
塩関（えんかん，イエンクアン）34°17′N 105°27′E　41, 149
垣曲（えんきょく，ユアンチュイ）35°17′N 111°39′E　149
塩山（えんざん，イエンシャン）38°01′N 117°14′E　151, 152
偃師（えんし，イエンシー）34°43′N 112°48′E　54
延州（えんしゅう，イエンチョウ）→延安
袁州（えんしゅう，ユアンチョウ）(袁) 27°51′N 114°28′E　27, 94, 98, 102
兗州（えんしゅう，イエンチョウ）(兗) 35°33′N 116°50′E　26, 27, 30, 31, 95, 98, 102, 152, 164
鄢城（えんじょう，イエンチョン）33°32′N 114°02′E　54, 98, 103
塩井（えんせい，イエンチン）27°40′N 101°55′E　27
延川（えんせん，イエンチュワン）36°52′N 110°09′E　164
煙台（えんたい，イエンタイ）(芝栄) 37°31′N 121°23′E　11, 35, 153, 158, 164
塩茶（えんちゃ，イエンチャー）(海原) 36°32′N 105°22′E　41
延長（えんちょう，イエンチャン）36°31′N 110°04′E　41, 164
延平（えんぺい，イエンピン）26°40′N 117°50′E　27

横海（おうかい，ホンハイ）(唐代の藩鎮) 26
王閣村（おうこうそん，ワンコーツン）34°47′N 110°41′E　41, 149
旺清門（おうせいもん，ワンチンメン）41°42′N 125°26′E　33
横断（おうだん，ホンドアン）山脈 11
応天（おうてん，インティエン）34°29′N 115°32′E　31
鴨緑江（おうりょくこう，ヤールーチアン）11, 24, 33
オデッサ（ソ連）46°29′N 30°38′E　34
オノン川 11, 98
オビ川（ソ連）11, 34
オムスク（ソ連）55°00′N 73°22′E　34
温（おん，ウェン）→温州
恩県（おんけん，エンシエン）37°10′N 116°16′E　152
温州（おんしゅう，ウェンチョウ）(温, 瑞安) 28°00′N 120°37′E　11, 24, 26, 27, 30, 31, 34, 94, 98, 102, 158

カ 行

化（か，ホワ）21°27′N 110°41′E　31
河（か，ホー）→河州
嘉（か，チア）→嘉定
果（か，クオ）→広安
夏（か，シア）→夏州
華（か，ホワ）34°32′N 109°42′E　31, 95, 110
瓜（か，クア）→敦煌
賀（が，ホー）24°15′N 111°43′E　31, 98, 123
雅（が，ヤー）→雅州
海（かい，ハイ）→海州
会（かい，ホイ）→会州
開（かい，カイ）31°13′N 108°30′E　31
解（かい，シエ）(解州) 35°10′N 111°06′E　31, 151
階（かい，チエ）→階州
懐（かい，ホワイ）→懐慶
蓋（がい，カイ）→蓋州
懐安（かいあん，ホワイアン）30°47′N 104°35′E　31
懐安（かいあん，ホワイアン）40°22′N 113°28′E　27
懐遠（かいえん，ホワイユアン）32°56′N

117°29′E 31
懐遠(かいえん,ホワイユアン)(横山) 37°54′N 108°55′E 41
涂河(かいが,ハイホー) 103
海河(かいが,ハイホー) 105
洞曲(かいきょく,ホイチュ) 33°30′N 114°18′E 103
会稽(かいけい,クワイチー) 31°29′N 120°44′E 30
会稽(かいけい,クワイチー) 30°00′N 121°00′E 71,110
懐慶(かいけい,ホワイチン)(懐,河内) 35°18′N 113°42′E 27,30,31,95,98,150
開原(かいげん,カイユアン)(三万) 42°31′N 124°02′E 27,32,33,94
海口(かいこう,ハイコウ)(珠崖) 20°01′N 110°19′E 11,31
崖山(がいざん,ヤーシャン) 21°36′N 113°24′E 98
海州(かいしゅう,ハイチョウ) 40°50′N 122°30′E 27,33,94
海州(かいしゅう,ハイチョウ)(海) 34°32′N 119°11′E 26,31,34,95,98,102,123,152,158,164
会州(かいしゅう,ホイチョウ)(会) 36°32′N 104°44′E 30,31,92
開州(かいしゅう,カイチョウ) 30°58′N 108°58′E 102
開州(かいしゅう,カイチョウ) 27°02′N 106°59′E 36
解州(かいしゅう,チエチョウ)→解
階州(かいしゅう,チエチョウ)(階,福津) 33°21′N 105°05′E 31,98,102
蓋州(かいしゅう,カイチョウ)(蓋) 40°23′N 122°22′E 27,33,98
開城(かいじょう,ケーソン)(北朝鮮) 37°54′N 126°30′E 25,98
懐仁(かいじん,ホワイレン) 39°50′N 113°08′E 164
会川(かいせん,ホイチュワン) 26°40′N 102°20′E 27
会通河(かいつうが,ホイトンホー) 105
海南(かいなん,ハイナン)島 11
会寧(かいねい,ホイニン)→ハルピン
界藩(かいはん,チエファン) 41°56′N 124°21′E 33
開封(かいふう,カイフォン)(東京,汴,汴梁,汴州) 34°47′N 114°20′E 15,16,23,24,25,26,27,30,31,93,94,98,102,103,105,123,149,150
外方山(がいほうさん,ワイファンシャン) 103
海門(かいめん,ハイメン) 31°53′N 121°11′E 102
海陽(かいよう,ハイヤン) 36°45′N 121°10′E 153
懐来(かいらい,ホワイライ) 40°21′N 115°29′E 164
凱里(がいり,カイリー) 26°34′N 107°58′E 36,149
海林(かいりん,ハイリン) 44°34′N 129°22′E 32
海倫(かいりん,ハイリン) 47°27′N 126°56′E 32
カイロ(エジプト) 30°03′N 31°15′E 34
開魯(かいろ,カイルー) 43°36′N 121°15′E 32
華陰(かいん,ホワイン) 34°36′N 110°49′E 41,52,94
渦河(かが,クオホー) 103
嘉義(かぎ,チアイー)(台湾) 23°38′N 120°27′E 33
虢(かく,クオ) 34°34′N 110°59′E 31
郝(かく,クオ) 35°57′N 102°17′E 31
岳(がく,ユエ)→岳陽
鄂(がく,オー)→鄂州
獲嘉(かくか,フオチヤ) 35°15′N 113°37′E 54
鄂岳(がくがく,オーユエ)(唐代の藩鎮) 26,103
霍丘(かくきゅう,フオチウ) 32°20′N 116°16′E 123
鶴慶(かくけい,ホーチン) 26°30′N 100°12′E 27
崞県(かくけん,クオシエン) 38°52′N 112°48′E 164
霍山(かくさん,フオシャン)(天柱山) 31°24′N 116°25′E 110
岳州(がくしゅう,ユエチョウ)(鄂,寿昌) 30°23′N 114°50′E 26,30,31,103
濩沢(かくたく,フオツォ) 35°00′N 112°00′E 110
岳池(がくち,ユエチー) 30°31′N 106°25′E 158
鶴峰(かくほう,ホーフォン) 29°55′N 109°52′E 24
鶴峰(かくほう,ホーフォン) 30°20′N 108°57′E 24

鶴鳴山(かくめいざん,ホーミンシャン) 30°00′N 101°50′E 110
岳陽(がくよう,ユエヤン)(岳,岳州) 29°21′N 113°07′E 11,24,30,31,35,93,98,102,123,149,158
楽陵(がくりょう,ローリン) 37°43′N 117°13′E 152
花県(かけん,ホワシエン) 23°32′N 113°22′E 149
華県(かけん,ホワシエン)(華州) 34°33′N 109°48′E 41,52,54,149,164
嘉興(かこう,チアシン) 30°51′N 120°52′E 24,27,105,158
華山(かざん,ホワシャン) 34°30′N 110°02′E 71
河州(かしゅう,ホーチョウ)(河) 35°29′N 103°36′E 31,41,95,149
嘉州(かしゅう,チアチョウ) 29°45′N 103°37′E 102
果州(かしゅう,クオチョウ)→広安
夏州(かしゅう,シアチョウ) 38°03′N 109°42′E 150
夏州(かしゅう,シアチョウ)(夏) 38°09′N 109°08′E 30,95,98
華州(かしゅう,ホワチョウ)→華県
瓜州(かしゅう,クワチョウ) 40°34′N 95°44′E 41
瓜州(かしゅう,クワチョウ) 32°15′N 119°13′E 105
賀州(がしゅう,ホーチョウ) 24°49′N 111°23′E 102
雅州(がしゅう,ヤーチョウ)(雅) 30°03′N 103°02′E 26,31,102
カシュガル(疏勒) 39°28′N 75°58′E 14,34,40,92,150
カシュガル河 41
ガシュン・ノール(湖) 41
夏津(かしん,シアチン) 36°56′N 116°00′E 152
夏綏(かすい,シアスイ)(唐代の藩鎮) 26
化成(かせい,ホワチョン) 39°26′N 121°48′E 98
河内(かだい,ホーネイ)→懐慶
河中(かちゅう,ホーチョン)(唐代の藩鎮) 26
河中(かちゅう,ホーチョン) 34°51′N 110°20′E 31,98,123
滑州(かつしゅう,ホワチョウ) 35°20′N 113°50′E 30
括蒼山(かっそうざん,クオツァンシャン) 28°32′N 120°58′E 110
花庁(かてい,ホワティン) 35°00′N 118°30′E 52
嘉定(かてい,チアティン)(嘉) 29°40′N 103°36′E 31,98,123,158
華亭(かてい,ホワティン) 35°08′N 107°10′E 41
河東(かとう,ホートン)(唐代の藩鎮) 26
河套(かとう,ホータオ)(明代の省) 27
カトマンズ(ネパール) 27°42′N 85°19′E 10,34
河南(かなん,ホーナン)→洛陽
河南(かなん,ホーナン) 64°41′N 113°46′E 123
河南(かなん,ホーナン)(省) 26,27,150,158
河南(かなん,ホーナン)府→洛陽
花馬池(かばち,ホワマーチー)(寧夏後) 37°50′N 107°20′E 27,41
下邳(かひ,シャーペイ) 34°10′N 118°15′E 110
峨眉山(がびさん,オーメイシャン) 29°36′N 103°29′E 110
カピシャ(アフガニスタン) 34°25′N 69°55′E 92
カーブル(アフガニスタン) 34°30′N 69°10′E 34,92
河辺(かへん,ホービエン) 38°33′N 113°05′E 164
河北(かほく,ホーペイ)(省) 26
河陽(かよう,ホーヤン)(唐代の藩鎮) 26,103
嘉峪関(かよくかん,チアユイクアン) 39°47′N 98°14′E 41
カラコルム(和林)(モンゴル) 47°10′N 102°50′E 26,150
カラシャール(焉耆) 42°04′N 86°34′E 41,92
カラチ(パキスタン) 24°51′N 67°02′E 34
カラティギン(アフガニスタン) 38°15′N 70°10′E 92
ガラパゴス諸島(エクアドル) 39
噶嵐軍(からんぐん,クーランチュン) 38°42′N 111°34′E 102
カリカット(古里)(インド) 11°15′N 75°45′E 34,38
カリカル(インド) 10°58′N 79°50′E 34
嘉陵江(かりょうこう,チアリンチアン) 11,23,27,30,31,123,149
カルカッタ(インド) 22°35′N 88°20′E 11,34
カルガン→張家口
雅礱江(がろうこう,ヤーロンチアン) 11,15,27,30,41,94,98,149

贛(かん,カン)→贛州
甘(かん,カン)→甘州
簡(かん,チエン) 30°24′N 104°32′E 31,123
韓(かん,ハン) 43°18′N 124°13′E 98
韓(かん,ハン)[国] 71
漢(かん,ハン)(広漢) 31°06′N 104°17′E 31
桓(かん,ホワン) 42°12′N 115°32′E 98
驩(かん,ホアン)→驩州
観海衛(かんかいえい,コワンハイウェイ) 30°10′N 121°10′E 151
環県(かんけん,ホアンシエン) 36°40′N 107°20′E 41
冠県(かんけん,クアンシエン) 36°28′N 115°26′E 149,152
灌県(かんけん,クアンシエン) 31°00′N 103°37′E 41
漢原坡(かんげんは,ハンユアンポー) 32°03′N 105°31′E 102
贛江(かんこう,カンチアン) 11,23,30,31,98,123
関口(かんこう,クアンコウ) 31°18′N 103°42′E 102
漢口(かんこう,ハンコウ) 30°45′N 114°30′E 35,158
皖口(かんこう,ワンコウ) 30°22′N 117°02′E 102
咸興(かんこう,ハムフン)(北朝鮮) 39°54′N 127°35′E 32
邗溝(かんこう,ハンコウ) 105
函谷関(かんこくかん,ハンクークアン) 34°13′N 110°42′E 71
カンジー(スリランカ) 07°17′N 80°40′E 34
ガンジス川(インド) 11,15,34,40
贛州(かんしゅう,カンチョウ)(虔州,贛,虔) 25°50′N 114°55′E 11,24,27,30,31,98,102,158
環州(かんしゅう,ホアンチョウ) 24°40′N 108°27′E 102
甘州(かんしゅう,カンチョウ)(甘) 38°57′N 100°37′E 25,26,27,30,41,93,98,149,150
簡州(かんしゅう,チェンチョウ) 30°22′N 104°31′E 102
漢州(かんしゅう,ハンチョウ) 31°06′N 104°21′E 102
驩州(かんしゅう,ホアンチョウ)(驩)(ベトナム) 102
甘粛[省](かんしゅく,カンスー) 26,150,158
韓城(かんじょう,ハンチョン) 35°29′N 110°25′E 41
漢城(かんじょう,ハンソン)(ソウル)(韓国) 37°30′N 127°00′E 38
漢水(かんすい,ハンシュイ) 11,15,16,23,24,27,30,31,41,62,71,94,95,98,103,123,149
甘泉(かんせん,カンチュアン) 36°15′N 109°18′E 41,164
漢川(かんせん,ハンチュワン) 30°38′N 113°48′E 158
漢中(かんちゅう,ハンチョン)(南鄭,興元) 33°03′N 107°03′E 27,30,71,150
ガンダハール(アフガニスタン) 31°36′N 65°47′E 92
邯鄲(かんたん,ハンタン) 36°43′N 114°28′E 54,62,71,164
漢中(かんちゅう,ハンチョン)(南鄭,興元) 33°03′N 107°03′E 27,30,71,150
ガンディセ山脈 11
寛甸(かんてん,クアンテン) 40°45′N 124°31′E 33
館陶(かんとう,クアンタオ) 36°32′N 116°03′E 149
広東(かんとん,コワントン)→広州
広東[省](かんとん,コワントン) 27,150,158
関内(かんない,クアンネイ)(唐代の道) 26
咸平(かんへい,シエンピン) 42°30′N 124°13′E 98
柬埔寨南港(かんぼじあなんこう,チエンプーチャイナンカン)(ベトナム) 10°03′N 106°36′E 38
雁門(がんもん,イエンメン) 40°04′N 112°14′E 71
雁門(がんもん,イエンメン) 38°42′N 113°11′E 30,158
贛楡(かんゆ,カンユィ) 34°52′N 119°10′E 94
漢陽(かんよう,ハニャン)(ソウル)(韓国) 37°06′N 127°08′E 98
漢陽(かんよう,ハンヤン) 30°42′N 114°20′E 26,27,31,123,158
咸陽(かんよう,シエンヤン) 34°22′N 108°42′E 41,71

愛(き,クイ)→愛州
愛(き,クイ) 31°01′N 109°30′E 26
愛(き,クイ) 37°57′N 116°19′E 95
冀(き,チー)→冀州
紀(き,チー) 36°35′N 118°40′E 62
岐(き,チー)→岐山
帰(き,クイ)→帰州
帰(き,クイ) 31°04′N 110°51′E 31

祁(き,チー) 38°47′N 115°09′E 26,31
祁(き,チー)(武) 37°30′N 112°32′E 71,95
熙(き,シー)(鎮洮) 35°24′N 103°51′E 31
蘄(き,チー) 30°08′N 115°26′E 31
宜(ぎ,イー)(慶遠) 24°46′N 108°43′E 31
魏(ぎ,ウェイ)→魏県
魏(ぎ,ウェイ)[国] 71
沂(ぎ,イー)→臨沂
キエフ(ソ連) 50°25′N 30°30′E 34
帰化(きか,クイホワ) 40°24′N 111°37′E 33,150
宜君(ぎくん,イーチュン) 35°20′N 109°00′E 41
輝県(きけん,ホイシエン) 35°26′N 113°46′E 54
魏県(ぎけん,ウェイシエン)(魏,魏州) 36°21′N 114°57′E 26,30,152
綦江(きこう,チーチアン) 29°03′N 106°38′E 36
宜興(ぎこう,イーシン) 31°22′N 119°49′E 102
岐山(きざん,チーシャン)(岐,周) 34°25′N 107°40′E 25,41,62,95
愛州(きしゅう,クイチョウ)(愛) 31°05′N 109°37′E 27,30,31,98,102,123,158
冀州(きしゅう,チーチョウ) 37°20′N 115°07′E 152
冀州(きしゅう,チーチョウ)(冀) 37°35′N 115°30′E 31,102,152,164
貴州[省](きしゅう,クイチョウ) 26,27,150,158
帰州(きしゅう,クイチョウ)(帰) 31°00′N 110°42′E 98,102
桂州(きしゅう,クイチョウ)→桂林
徽州(きしゅう,ホイチョウ)→歙県
沂州(きしゅう,イーチョウ)→臨沂
義州(ぎしゅう,イーチョウ) 41°33′N 121°14′E 33
宜州(ぎしゅう,イーチョウ) 24°35′N 108°35′E 102
魏州(ぎしゅう,ウェイチョウ)→衛輝,魏県
宜昌(ぎしょう,イーチャン) 30°40′N 111°19′E 11,24,35,158
宜章(ぎしょう,イーチャン) 25°22′N 113°02′E 149
魏城(ぎじょう,ウェイチョン) 31°38′N 105°42′E 102
帰綏(きすい,クイスイ)→フホホト
沂水(きすい,イーシュイ) 35°46′N 118°37′E 152
義成(ぎせい,イーチョン)(唐代の藩鎮) 26,103
宜川(ぎせん,イーチュワン) 36°04′N 110°05′E 41,149,164
北直隷[省](きたちょくれい,ペイチーリー)→直隷
吉(きつ,チー)→吉安
吉安(きつあん,チーアン)(吉,吉州) 27°07′N 114°58′E 26,27,30,31,94,98,102,123
キッシュ(ソ連) 38°40′N 66°10′E 92
吉州(きつしゅう,チーチョウ)→吉安
吉蘭丹(きつらんたん,チーランタン)→ケランタン
吉林(きつりん,チーリン) 43°51′N 126°31′E 32,33,35
貴定(きてい,クイティン) 26°32′N 107°15′E 36
帰徳(きとく,クイトー)→商丘
冀寧(きねい,チーニン) 37°41′N 112°24′E 26
義寧(ぎねい,イーニン) 25°25′N 109°50′E 36
魏博(ぎはく,ウェイポー)(唐代の藩鎮) 26
宜賓(ぎひん,イービン)(戎,戎州,叙,叙州) 28°46′N 104°34′E 11,27,30,31,94,98,102
義武(ぎぶ,イーウー)(唐代の藩鎮) 26
キプロス島 34
淇門(きもん,チーメン) 35°22′N 114°34′E 105
キャフタ(ソ連) 50°08′N 106°32′E 33
汲(きゅう,チー) 35°35′N 114°10′E 94
九宮台門(きゅうきゅうだいもん,チウクンタイメン) 41°36′N 120°43′E 33
九嶷山(きゅうぎさん,チウイーシャン) 25°00′N 112°00′E 110
汲県(きゅうけん,チーシエン) 35°26′N 114°05′E 24
九江(きゅうこう,チウチアン) 29°41′N 116°03′E 24
九江(きゅうこう,チウチアン)(江,江州) 29°41′N 116°03′E 26,27,30,31,35,102,123,149,158
旧港(きゅうこう,チウカン)→パレンバン
九真(きゅうしん,チウチェン)(ベトナム) 18°55′N 105°44′E 30
牛荘(ぎゅうそう,ニュウチュアン)(営口) 40°39′N 122°13′E 32,33,35,164
穹隆山(きゅうりゅうさん,チョンロンシャン) 31°15′N 120°25′E 110
渠(きょ,チュイ)→渠県
莒(きょ,チュイ)→莒州

地名索引

鞏(きょう,コン) 34°45′N112°59′E 54
峽(きょう,シア) →峽州
邛(きょう,チオン) 30°26′N103°28′E 31,123
貴陽(きよう,クイヤン) 26°35′N106°40′E 24, 27,36,94,149,158
鄴(ぎょう,イェ) 35°10′N114°10′E 110
宜陽(ぎょう,イーヤン)(陽) 34°13′N112°15′E 71,95
峽口(きょうこう,シアコウ) 38°45′N101°12′E 41
峽州(きょうしゅう,シアチョウ)(峽) 30°46′N 111°24′E 26,31,98,102
邛州(きょうしゅう,チオンチョウ) 30°35′N 103°30′E 102
鄴州(ぎょうしゅう,イェチョウ) 36°08′N 114°12′E 102
鞏昌(きょうしょう,コンチャン) →隴西
京都(日本) 35°02′N135°45′E 33,35
羌白鎮(きょうはくちん,チャンパイチェン) 34°55′N109°48′E 41,149
曲江(きょくこう,チュイチアン)(韶州) 24°48′N113°17′E 94
局子街(きょくしがい,チュイツチエ)(延吉) 42°53′N129°30′E 12
曲周(きょくしゅう,チュイチョウ) 36°45′N 114°56′E 152
曲靖(きょくせい,チュイチン) 25°29′N 103°47′E 24,27,36,94
玉泉堡(ぎょくせんほ,ユイチュアンパオ) 38°10′N106°10′E 41
曲阜(きょくふ,チュイフウ) 35°34′N116°59′E 54,62,149
曲陽(きょくよう,チュイヤン) 38°36′N 114°40′E 54
曲沃(きょくよく,チュイウオ) 35°37′N 111°29′E 71
渠県(きょけん,チュイシェン)(渠) 30°49′N 106°56′E 31,158
許州(きょしゅう,シュイチョウ) →許昌
莒州(きょしゅう,チュイチョウ)(莒) 35°27′N 118°48′E 62,71,152
許昌(きょしょう,シュイチャン)(許州) 34°03′N113°48′E 103,110,158
巨野(きょや,チュイイエ) 35°23′N116°06′E 152
鉅陽(きょよう,チュイヤン) 32°47′N116°14′E 71
巨流河(きょりゅうが,チュイリウホ) 41°55′N 122°53′E 33
鉅鹿(きょろく,チュイルー) 36°52′N115°20′E 30
宜良(ぎりょう,イーリャン) 24°55′N103°07′E 149
ギルギット(パキスタン) 35°54′N74°20′E 92
基隆(きーるん,チーロン)(台湾) 25°10′N 121°43′E 33
祁連(きれん,チーリェン) 山脈 11
金(きん,チン) 32°35′N109°16′E 31,98
均(きん,チュン) 32°50′N111°15′E 31,98
欽(きん,チン) 21°54′N108°35′E 26,31,98
銀(ぎん,イン) 37°42′N110°03′E 98
金華(きんか,チンホワ)(務) 29°06′N119°40′E 24,26,27,31,123
金蓋山(きんがいさん,チンカイシャン) 31°10′N119°30′E 110
金郷(きんきょう,チンシアン) 35°04′N 116°19′E 152
金県(きんけん,チンシエン)(楡中) 35°47′N 104°00′E 41
忻県(きんけん,シンシエン)(忻州) 38°23′N 112°42′E 54,102,164
金沙江(きんさこう,チンシャーチアン) 11, 30,36,149
金州(きんしゅう,チンチョウ)(広寧中屯) 41°07′N121°07′E 11,27,32,149
忻州(きんしゅう,シンチョウ) →忻県
金商(きんしょう,チンシャン)(唐代の藩鎮) 26
金積堡(きんせきほ,チンチーパオ) 37°57′N 106°10′E 41,149
銀川(ぎんせん,インチュワン) 38°27′N 106°17′E 11
金壇(きんたん,チンタン) 31°45′N119°30′E 151
金田(きんでん,チンティエン) 23°27′N 111°28′E 149
金堂(きんどう,チンタン) 31°06′N104°06′E 102
金包里(きんぽうり,チンパオリー)(台湾) 25°15′N121°38′E 33
金陵(きんりょう,チンリン) →南京

衢(く,チュイ) →衢州
クアホイ(ベトナム) 18°25′N105°58′E 38

グアム(島)(合衆国) 13°31′N144°46′E 38
クアラルンブール(マレーシア) 03°08′N 101°42′E 35
肝貽(くい,シュイー) 33°02′N118°22′E 105
クイニョン(新州港)(ベトナム) 13°47′N 109°11′E 38
クシャーニャ(ソ連) 40°05′N66°15′E 92
衢州(くしゅう,チュイチョウ)(衢) 28°55′N 118°50′E 26,27,30,31,123,149
クチャ(安西) 41°43′N82°58′E 41,92,150
クチン(マレーシア) 01°32′N110°20′E 35
屈家嶺(くつかれい,チュイチアリン) 31°00′N 113°00′E 52
クバン(インドネシア) 10°13′S123°38′E 38
クーユー 45°40′N96°35′E 150
クーラオレー島(ベトナム) 15°56′N108°28′E 38
クリスマス島(キリバス) 02°00′N157°30′W 39
千島(クリル)列島(現ソ連) 35
クルクラウス 44°27′N84°37′E 41
庫倫(くーるん,クールン) →ウランバートル
グレシック(新村)(インドネシア) 07°12′S 112°38′E 38
クレタ島(ギリシア) 34
クンドゥズ(アフガニスタン) 36°25′N69°45′E 92

恵(けい,ホイ) →恵州
慶(けい,チン) →慶陽
桂(けい,クイ) →桂林
桂(けい,クイ) 23°11′N109°37′E 26,31
荊(けい,チン)(江陵) 30°20′N112°50′E 102
笑(けい,シー) 代々の路) 26
瓊(けい,チオン) →瓊山
薊(けい,チー) →北京
洺(けい,チンチョウ) →洺州
邢貽(けい,シン) →邢台
慶遠(けいえん,チンユアン) 24°35′N108°45′E 27,98,123,158
桂管(けいかん,クイクアン)(唐代の藩鎮) 26
京畿(けいき,チンチー)(唐代の藩鎮) 26
慶原(けいげん,チンユアン) 37°25′N114°45′E 98
慶元(けいげん,チンユアン) 30°00′N121°16′E 26
洺原(けいげん,チンユアン)(唐代の藩鎮) 26
京口(けいこう,チンコウ) 32°00′N119°25′E 105
桂江(けいこう,クイチアン) 23
荊湖南(けいこなん,チンフウナン)(宋代の路) 26
荊湖北(けいこほく,チンフウベイ)(宋代の路) 26
京山(けいざん,チンシャン) 31°01′N113°05′E 158
瓊山(けいざん,チオンシャン)(瓊,瓊州) 19°56′N110°30′E 24,26,27,30,35,98,123
恵州(けいしゅう,ホイチョウ)(恵) 23°05′N 114°20′E 26,27,31,98,123,149,158
荊州(けいしゅう,チンチョウ) →江陵
瓊州(けいしゅう,チオンチョウ) →瓊山
邢州(けいしゅう,シンチョウ) →邢台
洺州(けいしゅう,チンチョウ)(洺) 35°20′N 107°20′E 30,31,41,98
荊城(けいじょう,チンチョン) 31°00′N 112°00′E 110
京城(けいじょう,チンチョン) →ソウル
洺水(けいすい,チンシュイ) 11,71
京西南(けいせいなん,チンシーナン)(宋代の路) 26
京西北(けいせいほく,チンシーベイ)(宋代の路) 26
邢台(けいだい,シンタイ)(邢,邢州,耿) 37°03′N114°30′E 26,31,54,62,102
京兆(けいちょう,チンチャオ) →西安
景東(けいとう,チントン) 24°30′N100°50′E 27
京東西(けいとうせい,チントンシー)(宋代の路) 26
京東東(けいとうとう,チントントン)(宋代の路) 26
荊南(けいなん,チンナン)(唐代の藩鎮) 26,103
慶寧(けいねい,ホイニン)(バヤンダイ) 44°07′N81°00′E 41
慶符(けいふ,チンフー) 28°42′N104°20′E 149
桂平(けいへい,クイピン)(潯,潯州) 23°20′N 110°04′E 24,27,31
恵民(けいみん,ホイミン)(武定) 37°29′N 117°28′E 152,164
荊門(けいもん,チンメン) 31°06′N112°13′E 31,98,102
慶陽(けいよう,チンヤン)(慶) 36°06′N 107°47′E 26,27,94,98

桂陽(けいよう,クイヤン) 25°51′N112°31′E 24,30,31
涇陽(けいよう,チンヤン) 34°27′N108°46′E 41
迎鑾鎮(げいらんちん,インルアンチェン) 32°16′N119°11′E 102
桂林(けいりん,クイリン)(桂,桂州) 25°17′N 110°15′E 11,24,27,30,31,94,98,102, 123,149,150,158
ケランタン(吉蘭丹)(マレーシア) 06°13′N 103°10′E 38
ケルレン(克魯倫)川(ソ連/中国) 33,41,98
建(けん,チエン) 27°03′N118°27′E 31
建(けん,チエン) 41°24′N120°00′E 98
剣(けん,チェン) →剣州
剣(けん,チェン) 32°05′N105°28′E 31
虔(けん,チェン)(贛,贛州) 25°54′N115°06′E 26,123
黔(けん,チェン) →紹慶
原(げん,ユアン) →原州
沅(げん,ユアン) 27°46′N109°35′E 31,98
犍為(けんい,チエンウェイ) 29°13′N103°55′E 30,158
建業(けんぎょう,チエンイエ) →江寧
乾県(けんけん,チエンシエン) 34°30′N 108°15′E 24
献県(けんけん,シエンシエン) 38°10′N 116°07′E 152
建康(けんこう,チェンカン) →江寧
元江(げんこう,ユアンチアン) 23°30′N 101°59′E 27
元江(げんこう,ユアンチアン)(ホン川) 11,98
沅江(げんこう,ユアンチアン) 11,23,27,31, 36,94,102,149
元山(げんざん,ウォンサン)(北朝鮮) 39°07′N 127°26′E 32
恵州(けんしゅう,シエンチョウ) 38°27′N 111°06′E 102
乾州(けんしゅう,チエンチョウ) 27°50′N 109°40′E 36
剣州(けんしゅう,チエンチョウ)(剣) 32°20′N 105°45′E 30,98
虔州(けんしゅう,チェンチョウ) →贛州
原州(げんしゅう,ユアンチョウ)(原) 35°46′N 106°08′E 26,31,95,102
嚴州(げんしゅう,イェンチョウ) 29°30′N 119°30′E 27
建昌(けんしょう,チエンチャン) 27°41′N 116°39′E 27,31,151
鹸廠(けんしょう,チェンチャン) 41°12′N 124°25′E 33
鹸廠門(けんしょうもん,チエンチャンメン) 41°27′N124°58′E 33
黔西(けんせい,チエンシー) 27°04′N106°03′E 36
黔中(けんちゅう,チエンチョン)(唐代の藩鎮) 26
建徳(けんとく,チエントー)(睦) 29°34′N 119°33′E 26,31,98
剣南西川(けんなんせいせん,チエンナンシーチュワン)(唐代の藩鎮) 26
剣南東川(けんなんとうせん,チエンナントンチュワン)(唐代の藩鎮) 26
建寧(けんねい,チエンニン) 27°05′N118°20′E 26,31,98
原平(げんへい,ユアンピン) 38°41′N112°46′E 164
元謀(げんぼう,ユアンモウ) 25°42′N101°52′E 149
剣門(けんもん,チエンメン) 32°12′N105°31′E 26,102

湖(こ,フウ) →湖州
呉(ご,ウー) →蘇州
呉(ご,ウー) 31°13′N120°30′E 71
梧(ご,ウー) →梧州
ゴア(インド) 15°31′N73°56′E 34
固安(こあん,クーアン) 39°25′N116°23′E 150
鄗(こう,ハオ) 37°20′N114°25′E 71
高(こう,カオ) →高州
光(こう,コワン) 37°09′N120°03′E 95
江(こう,チアン) →九江
広(こう,コワン) →広州
興(こう,シン) →興州
恒(こう,ホン) →恒州
黄(こう,ホワン) →黄岡
衡(こう,ホン) →衡陽
衡(こう,ホン) 27°18′N112°40′E 26,110,123
杭(こう,ハン) →杭州
絳(こう,チアン)(晋) 35°38′N111°06′E 31,62
耿(こう,コン) →邢台
合(ごう,ホー) →合州,合肥
鄗(ごう,アオ) →鄭州
広安(こうあん,コワンアン)(果,果州,寧西) 30°28′N106°39′E 26,31,94,123,158

興安(こうあん,シンアン)(安康,東梁) 32°38′N 109°03′E 95,150,158
江陰(こういん,チアンイン) 31°54′N120°16′E 102
高苑(こうえん,カオユアン) 37°02′N118°25′E 123
光化(こうか,コワンホワ) 32°29′N111°40′E 31
江夏(こうか,チアンシア) →武昌
江夏(こうか,チアンシア) 31°03′N114°16′E 30
興化(こうか,シンホワ) 25°20′N118°40′E 26,27,31
黄河(こうが,ホワンホー) 11
洪(こう,ホンコウ) →洪
興凱湖(こうがいこ,シンカイフウ) 11,33
広漢(こうかん,コワンハン) 31°29′N105°00′E 30
興義(こうぎ,シンイー) 25°08′N104°52′E 36
孝義鎮(こうぎちん,シャオイーチェン) 34°32′N109°35′E 41
興京(こうきょう,シンチン) 41°41′N124°53′E 33
興慶(こうけい,シンチン) 38°24′N108°20′E 98
奥県(こうけん,シンシエン) 38°26′N111°09′E 164
広元(こうげん,コワンユアン)(利,利州) 32°23′N105°52′E 26,30,31,94,123
興元(こうげん,シンユアン) →漢中
興元(こうげん,シンユアン) 33°15′N107°35′E 26,30,31,98
光口(こうこう,コワンコウ) 24°00′N113°00′E 30
隆興(こうこう,ロンシン) →南昌
黄岡(こうこう,ホワンカン)(黄,黄州) 30°27′N 114°53′E 27,31,102,123,158
鴻溝(こうこう,ホンコウ) 105
合江(ごうこう,ホーチアン) 28°49′N105°48′E 158
昻昻溪(こうこうけい,アンアンチー) 47°09′N 123°42′E 32
興国(こうこく,シンクオ) 30°05′N115°06′E 31
香山(こうざん,シアンシャン) 22°25′N 113°14′E 158
恒山(こうざん,ホンシャン) 40°30′N114°00′E 110
交趾(こうし,チアオチー) →ハノイ
高州(こうしゅう,カオチョウ)(高) 21°50′N 111°45′E 27,31
光州(こうしゅう,コワンチョウ)(光,潢川) 32°08′N115°04′E 31,95,98,103
江州(こうしゅう,チアンチョウ) →九江
広州(こうしゅう,コワンチョウ)(広東,広) 23°07′N113°14′E 11,15,24,25,26,27,28, 30,31,35,38,94,98,102,123,149,151
弘州(こうしゅう,ホンチョウ) 40°12′N 114°30′E 150
興州(こうしゅう,シンチョウ)(興) 33°10′N 105°58′E 31,102
交州(こうしゅう,チアオチョウ) →ハノイ
恒州(こうしゅう,ホンチョウ)(恒,鎮) 37°24′N 115°05′E 26,30,92
晃州(こうしゅう,ホワンチョウ) 27°25′N 109°21′E 36
黄州(こうしゅう,ホワンチョウ) →黄岡
衡州(こうしゅう,ホンチョウ) →衡陽
洪州(こうしゅう,ホンチョウ) →南昌
杭州(こうしゅう,ハンチョウ)(杭,臨安,アル・カーンサ) 30°14′N120°11′E 11,23,24, 25,26,27,30,35,94,98,102,105,123,149, 151,158
絳州(こうしゅう,チアンチョウ) 35°42′N 111°22′E 102
膠州(こうしゅう,チアオチョウ)(膠) 36°16′N 119°59′E 105,152
合州(ごうしゅう,ホーチョウ)(合) 30°02′N 106°15′E 26,30,31,98,102,123
濠州(ごうしゅう,ハオチョウ) 32°50′N 117°34′E 102
恒春(こうしゅん,ホンチュン)(台湾) 22°03′N 120°45′E 33
広順(こうじゅん,コワンシュン) 26°05′N 106°22′E 36
藁城(こうじょう,カオチョン) 35°23′N 115°05′E 151
広信(こうしん,コワンシン) 28°28′N117°58′E 27
広仁(こうじん,コワンレン) 44°18′N80°55′E 41
濱水(こうすい,ホワンシュイ)(西遼河) 98
合水(ごうすい,ホーシュイ) 35°49′N108°02′E 41
紅水河(こうすいが,ホンシュイホー) 11
江西〔省〕(こうせい,チアンシー) 26,27

150, 158
広西(こうせい,コワンシー) 24°15′N 103°05′E 27
広西〔省〕(こうせい,コワンシー) 27, 36, 150, 158
口泉(こうせん,コウチュアン) 40°03′N 113°07′E 164
潢川(こうせん,ホワンチュワン) →光州
江蘇〔省〕(こうそ,チアンスー) 27, 150, 152, 158
洪沢湖(こうたくこ,ホンツォフゥ) 11, 24, 105
黄池(こうち,ホワンチー) 34°38′N 107°33′E 105
興中(こうちゅう,シンチョン) 41°36′N 120°32′E 98
広通渠(こうつうきょ,コワントンチュィ) 105
江都(こうと,チアントゥ) 32°14′N 119°23′E 105
交都(こうと,チァオトゥ)(ベトナム) 21°03′N 106°21′E 150
高唐(こうとう,カオタン) 36°50′N 116°14′E 62, 152
洪洞(こうどう,ホントン) 36°15′N 111°41′E 54, 149
広徳(こうとく,コワントー) 30°55′N 119°23′E 24, 31, 123
広南(こうなん,コワンナン) 24°10′N 105°05′E 27, 36
江南河(こうなんが,チアンナンホー) 105
広南西(こうなんせい,コワンナンシー)(宋代の路) 26
広南東(こうなんとう,コワンナントン)(宋代の路) 26
江寧(こうねい,チアンニン)(建康,建業,南京) 31°58′N118°50′E 26, 31, 95, 98, 110, 123
広寧(こうねい,コワンニン) 41°38′N 121°46′E 27, 33, 98
広寧前屯(こうねいぜんとん,コワンニンチエントン) 40°12′N120°06′E 27
広寧中屯(こうねいちゅうとん,コワンニンチョントン) →錦州
黄梅(こうばい,ホワンメイ) 30°04′N 115°56′E 94
黄陂(こうひ,ホワンピー) 30°51′N 114°23′E 158
合肥(ごうひ,ホーフェイ)(合,廬州) 31°50′N 117°16′E 11, 24, 27, 31, 94, 95, 98, 102, 123, 150
閤皁山(こうふざん,コーフーシャン) 27°00′N 115°00′E 110
高平(こうへい,カオピン) 35°42′N 113°06′E 98
広平(こうへい,コワンピン) 36°30′N 114°57′E 27, 149, 152, 164
黄平(こうへい,ホワンピン) 26°52′N 107°53′E 36
溝帮子(こうほうし,コウバンツ) 41°22′N 121°46′E 32
高密(こうみつ,カオミー) 36°23′N 119°44′E 152, 164
紅毛港(こうもうこう,ホンマオカン)(台湾) 24°55′N121°09′E 33
高郵(こうゆう,カオヨウ) 32°47′N 119°27′E 31, 123, 164
高郵湖(こうゆうこ,カオヨウフー) 105
高要(こうよう,カオヤオ) 22°28′N 112°12′E 151
高陽(こうよう,カオヤン) 38°44′N 115°47′E 110
衡陽(こうよう,ホンヤン)(衡,衡州) 26°59′N 112°22′E 24, 26, 27, 30, 31, 93, 98, 102, 123, 158
合陽(ごうよう,ホーヤン) 35°14′N 110°09′E 149
膠萊河(こうらいが,チャオライホー) 105
咬𠺕吧(こうりゅうは,チャオリウパー) →ジャカルタ
高陵(こうりょう,カオリン) 34°35′N 109°04′E 41
江陵(こうりょう,チアンリン)(荊州) 30°20′N 112°06′E 26, 27, 30, 31, 93, 94, 110, 123
広陵(こうりょう,コワンリン) 32°31′N 119°41′E 30
勾漏山(こうろうさん,コウロウシャン) 23°00′N110°40′E 110
黄蘆岡(こうろこう,ホワンルーカン) 42°32′N 94°00′E 41
厚和(こうわ,ホウホー) →フホホト
虎丘(こきゅう,フゥチウ) 32°00′N 120°50′E 110
黒河(こくが,ヘイホー) 98
克山(こくさん,コーシャン) 48°01′N 125°53′E 32
克爾素(こくじそ,クアルス) 43°15′N 124°46′E 33
黒城子(こくじょうし,ヘイチョンツ) 38°55′N 101°15′E 41
黒水城(こくすいじょう,ヘイシュイチョン) 41°48′N101°43′E 98
黒竜江(こくりゅうこう,ヘイロンチアン)(アムール川) 11, 15, 23, 33, 35
庫頁(こけつ,クゥイエ)島 →サハリン
固原(こげん,クーユアン) 35°56′N 106°15′E 41, 150
五原(ごげん,ウーユアン) 40°32′N 110°21′E 30
湖口(ここう,フゥコウ) 29°45′N 116°13′E 102, 123
湖広〔行省〕(ここう,フゥコワン) 26
五国城(ごこくじょう,ウークオチョン) 46°18′N130°00′E 98
ココ・ノール →青海湖
固始(こし,クーシー) 32°10′N115°41′E 103
古州(こしゅう,クーチョウ) 25°56′N 108°29′E 36
湖州(こしゅう,フゥチョウ)(湖) 30°50′N 120°05′E 26, 27, 30, 31, 98, 105, 123
梧州(ごしゅう,ウーチョウ)(梧) 23°32′N 111°20′E 11, 24, 27, 30, 31, 35, 98, 102, 149
古城(こじょう,クーチョン)(奇台) 44°02′N 89°33′E 41
故城(こじょう,クーチョン) 37°19′N 115°58′E 152
呉淞(ごしょう,ウーソン) 31°22′N 121°27′E 158
コソ湖(モンゴル) 11
五台山(ごだいさん,ウータイシャン) 38°42′N 113°11′E 110
滹沱河(こだが,フゥトゥオホー) 11
コタキナバル(マレーシア) 05°59′N 116°04′E 34
コチョ(高昌) 43°30′N91°05′E 150
コチン(インド) 09°56′N76°15′E 38
湖南〔省〕(こなん,フゥナン) 26, 27, 36, 150, 158
ゴビ(砂漠) 11, 15
コブド(ジェルガラント)(モンゴル) 48°00′N 91°43′E 41
呉堡(ごほ,ウーパオ) 37°36′N110°16′E 164
呉房(ごぼう,ウーファン)(遂平) 33°08′N 113°59′E 103
湖北〔省〕(こほく,フゥベイ) 27, 150, 158
古牧(こぼく,クームー) 44°00′N87°44′E 41
古北口(こほくこう,クーベイコウ) 40°38′N 117°15′E 164
呼蘭(こらん,フゥラン) 45°35′N125°51′E 33
古里(こり,クーリー) →カリカット
コルラ 41°48′N86°10′E 41
コロンボ(スリランカ) 06°55′N79°52′E 34
渾河(こんが,フンホー) 33
コンカ山 29°39′N101°49′E 11
琿春(こんしゅん,フンチュン) 42°55′N 130°28′E 33, 35
昆明(こんめい,クンミン)(雲南,雲南府) 25°02′N 102°42′E 11, 27, 28, 36, 94, 149, 150, 158
昆嵛山(こんゆさん,クンユーシャン) 37°00′N 121°50′E 110
昆陽(こんよう,クンヤン) 24°39′N 102°35′E 149
崑崙(こんろん,クンルン)山脈 11

サ 行

沙(さ,シャー) 40°03′N95°00′E 25, 98
蔡(さい,ツァイ) →汝南
蔡(さい,ツァイ) 33°07′N114°24′E 31
柴河(さいが,ツーホー) 42°20′N124°06′E 33
サイゴン(現ホーチミン)(ベトナム) 10°46′N 106°43′E 35
ザイサン湖 41
蔡州(さいしゅう,ツァイチョウ) →汝南
済州河(さいしゅうが,チーチョウホー) 105
済南(さいなん,チーナン)(斉,歴城) 36°39′N 117°00′E 11, 16, 24, 26, 27, 28, 30, 31, 35, 54, 94, 95, 105, 149, 151, 152, 158, 164
済寧(さいねい,チーニン)(済州) 35°23′N 116°34′E 54, 149, 151, 152, 164
済陽(さいよう,チーヤン) 36°59′N 117°11′E 123
左江(さこう,ツオチアン) 11
沙市(さし,シャーシー) 30°16′N112°20′E 35, 158
沙州(さしゅう,シャーチョウ) →敦煌
薩爾滸(さつじこ,サアルフ) 41°55′N 124°15′E 33
サトレジ川(パキスタン) 11, 34
サハリン(庫頁島)(ソ連) 33, 35
サマルカンド(ソ連) 39°40′N66°57′E 34, 92
サムドラ(蘇門答剌)(インドネシア) 04°95′N 97°32′E 38
サララ(祖法児)(オーマン) 17°00′N 54°04′E 38
ザランジュ(アフガニスタン) 36°06′N 61°53′E 92
サルウィン川(怒江)(ビルマ) 11, 15, 35, 41, 98
サルハッド(アフガニスタン) 36°59′N 73°31′E 92
山海関(さんかいかん,シャンハイクアン) 39°59′N119°45′E 32, 33, 94, 152, 164
三峡(さんきょう,サンシア) 24
三原(さんげん,サンユアン) 34°33′N 108°59′E 41
三合(さんごう,サンホー) 25°59′N 108°02′E 36
ザンジバル島(タンザニア) 38
三水(さんすい,サンシュイ) 35°10′N 108°40′E 41
山西〔省〕(さんせい,シャンシー) 27, 150, 158
三台(さんたい,サンタイ) 44°08′N88°53′E 41
サンタバーバラ(合衆国) 34°25′N 119°41′W 39
山丹(さんたん,シャンタン) 38°50′N 101°08′E 27, 41
山東〔省〕(さんとう,シャントン) 27, 150, 152, 158
山東(さんとう,シャントン)半島 16
三都澳(さんとおう,サントゥアオ) 26°40′N 119°35′E 35
山南西道(さんなんせいどう,シャンナンシータオ)(唐代の藩鎮) 26
山南東道(さんなんとうどう,シャンナントンタオ)(唐代の藩鎮) 26, 103
三万(さんばん,サンワン) →開原
サン・ビセンテ(大港)(フィリピン) 18°30′N 122°09′E 38
サンフランシスコ(合衆国) 37°45′N 122°27′W 39
三門峡(さんもんきょう,サンメンシア)(陝,陝県) 34°42′N 111°12′E 26, 31, 54, 95, 123, 164
三門峡(さんもんきょう,サンメンシア) 34°42′N110°00′E 16, 24, 105
山陽(さんよう,シャンヤン) 33°32′N 119°00′E 105
山陽瀆(さんようとく,シャンヤントゥ) 105

資(し,ツー) →資州
思(し,スー) →思南
施(し,シー) →施州
梓(し,ツー)(三台,潼川) 31°04′N 105°03′E 26, 31, 123
泗(し,スー) →泗県, 泗州
淄(し,ツー) 36°42′N118°00′E 31
慈(じ,ツー) →慈州
シェーアーン(ソ連) 38°20′N69°30′E 92
ジェッダ(サウジアラビア) 21°30′N 39°10′E 38
思恩(しおん,スーエン) 23°32′N108°58′E 27
子牙河(しがが,ツーヤーホー) 23, 105
泗県(しけん,スーシエン)(泗) 33°28′N 117°53′E 54, 123
磁県(じけん,ツーシエン) 36°20′N 114°23′E 54
シシャパンマ峰 28°21′N85°47′E 11
資州(ししゅう,ツーチョウ)(資) 29°50′N 104°57′E 31, 158
思州(ししゅう,スーチョウ) 27°10′N 108°52′E 27, 36
施州(ししゅう,シーチョウ)(施) 30°18′N 109°26′E 26, 27, 102
梓州(ししゅう,ツーチョウ) 路(宋代の路) 26
泗州(ししゅう,スーチョウ)(泗) 32°55′N 118°45′E 26, 30, 31, 98
淄州(ししゅう,ツーチョウ) 36°46′N 118°03′E 102
慈州(じしゅう,ツーチョウ)(慈) 36°02′N 110°48′E 31, 102
泗城(しじょう,スーチョン) 24°25′N 106°15′E 36
資水(しすい,ツーシュイ) 23
淄青(しせい,ツーチン)(唐代の藩鎮) 26
四川〔省〕(しせん,スーチュワン) 26, 27, 36, 150, 158
四川(しせん,スーチュワン)盆地 11
淄川(しせん,ツーチュワン) 36°45′N119° 40′E 30
師宗(しそう,シーツォン) 24°52′N 103°59′E 36
七星関(しちせいかん,チーシンクアン) 27°03′N104°51′E 36
日照(じつしょう,リーチャオ) 35°25′N 119°27′E 54, 152, 164
思南(しなん,スーナン)(思) 27°54′N 108°18′E 27, 31, 36, 98
芝罘(しふ,チーフー) →煙台
施秉(しへい,シーピン) 27°01′N108°02′E 36
四平街(しへいがい,スーピンチエ) 43°10′N 124°23′E 32
始豊(しほう,シーフォン) 29°10′N 121°00′E 110
思茅(しぼう,スーマオ) 22°42′N101°23′E 35, 149
思明(しめい,スーミン) 22°10′N107°25′E 27
ジャカルタ(咬𠺕吧)(インドネシア) 06°08′S 106°45′E 35, 38
弱水(じゃくすい,ルオシュイ) 11, 41, 98
若耶山(じゃくやさん,ルオイエシャン) 29°30′N121°00′E 110
ジャワ島(インドネシア) 35, 38
上海(しゃんはい,シャンハイ) 31°14′N 121°27′E 11, 15, 16, 24, 28, 35, 149, 150, 158
ジャンバリク 44°38′N86°30′E 150
寿(じゅ,ショウ) →寿州
秀(しゅう,シウ) 30°49′N120°43′E 31, 98
戎(じゅう,ロン) →宜賓
周家口(しゅうかこう,チョウチアコウ) 32°58′N114°36′E 149
岫岩(しゅうがん,シウイエン) 40°15′N 123°13′E 33
集慶(しゅうけい,チーチン) →南京
重慶(じゅうけい,チョンチン)(渝,渝州,恭,巴) 29°39′N 106°34′E 11, 15, 23, 24, 26, 27, 28, 30, 31, 34, 62, 71, 94, 98, 102, 123, 149, 158
秀山(しゅうざん,シウシャン) 28°27′N 108°58′E 36
戎州(じゅうしゅう,ロンチョウ) →宜賓
終南山(しゅうなんさん,チョンナンシャン) 33°57′N109°03′E 110
珠崖(しゅがい,チューヤー) →海口
宿(しゅく,スー) →宿県
粛(しゅく,スー) →粛州
宿県(しゅくけん,スーシエン)(宿,宿州) 33°36′N 116°58′E 30, 31, 94, 98, 105, 123, 149, 152, 164
宿州(しゅくしゅう,スーチョウ) →宿県
粛州(しゅくしゅう,スーチョウ)(粛,酒泉) 39°45′N 98°34′E 26, 27, 30, 41, 93, 95, 98, 110, 150
宿遷(しゅくせん,スーチエン) 33°56′N 118°16′E 152
寿州(じゅしゅう,ショウチョウ)(寿,寿春) 32°32′N 116°44′E 26, 30, 31, 71, 102, 103, 105, 123, 151, 158
寿春(じゅしゅん,ショウチュン) →寿州
ジューズジャーン(アフガニスタン) 36°09′N 66°05′E 92
酒泉(しゅせん,チウチュアン) →粛州
循(じゅん,シュン) 24°08′N115°15′E 31, 98
潤(じゅん,ルン) →鎮江
循化(じゅんか,シュンホワ) 35°48′N 102°35′E 41
遵化(じゅんか,ツンホワ) 40°11′N 117°57′E 152
ジュンガル盆地 11
遵義(じゅんぎ,ツンイー) 27°39′N 106°57′E 27, 36
潤州(じゅんしゅう,ルンチョウ) →鎮江
順塔(じゅんとう,シュンター) →バンテン
順徳(じゅんとく,シュントー) 36°56′N 114°30′E 27, 151, 164
順寧(じゅんねい,シュンニン) 24°50′N 100°03′E 27, 150
処(しょ,チュー) 28°30′N120°10′E 26, 31, 98
徐(じょ,シュー) →徐州
徐(じょ,シュー) 34°06′N117°50′E 26, 31
叙(じょ,シュー) →宜賓
汝(じょ,ルゥ) 34°18′N112°48′E 31, 98
舒(じょ,シュー) →安慶
松(しょう,ソン) →松潘
昭(しょう,チャオ) 24°06′N110°45′E 98
勝(しょう,ション) →勝州
商(しょう,シャン) →商県
昌(しょう,チャン) 29°25′N105°34′E 31, 102
象(しょう,シアン) 24°00′N109°44′E 31
韶(しょう,シャオ) →韶関
歙(しょう,ショー) →歙県
邵(しょう,シャオ) →宝慶
譙(しょう,チアオ) 32°17′N118°11′E 95
瞧(しょう,チアオ) 33°12′N117°25′E 95
漳(しょう,チャン) →漳州
資陽(しよう,ツーヤン) 30°07′N104°38′E 158
常(じょう,チャン) →常州
饒(じょう,ラオ) →饒州
襄(じょう,シアン) →襄樊
浄煙堡(じょうえんほ,チンイエンパオ) 41°57′N 123°23′E 33
彰化(しょうか,チャンホワ)(台湾) 24°06′N 120°31′E 33, 149
上河(じょうが,シャンホー) 38°05′N 105°56′E 30
松花江(しょうかこう,ソンホワチアン)(スンガリ) 11, 23

地名索引

韶関(しょうかん,シャオクワン)(韶,韶州) 24°49′N 113°35′E 11, 26, 27, 30, 31, 98, 102, 123, 149
章義站(しょうぎたん,チャンイーチャン) 41°40′N123°07′E 33
昌吉(しょうきつ,チャンチー) 44°00′N 87°20′E 41
商丘(しょうきゅう,シャンチウ)(商邱,睢陽,南京,帰徳) 34°23′N 115°55′E 27, 54, 62, 71, 98, 102, 105, 123, 164
上郡(じょうぐん,シャンチュン) 37°03′N 109°46′E 30
紹慶(しょうけい,シャオチン)(黔) 29°07′N 108°14′E 26, 31, 98, 123
商県(しょうけん,シャンシエン)(商) 33°50′N 109°52′E 24, 31, 98, 123
歙県(しょうけん,ショーシエン)(歙,徽,徽州) 29°53′N118°27′E 24, 26, 27
松江(しょうこう,ソンチアン) 31°01′N 121°14′E 26, 31, 98, 158
紹興(しょうこう,シャオシン) 30°00′N 120°35′E 27
湘江(しょうこう,シアンチアン) 11, 23, 30, 31, 98, 102, 123, 149
上杭(じょうこう,シャンハン) 25°06′N 116°25′E 94
小興安嶺(しょうこうあんれい,シャオシンアンリン)山脈 11
上谷(じょうこく,シャンクウ) 40°13′N 115°45′E 30, 71
襄国(じょうこく,シアンクオ) 36°30′N 113°50′E 24
小黒山(しょうこくさん,シャオヘイシャン) 41°42′N122°09′E 33
松州(しょうしゅう,ソンチョウ)→松潘
昭州(しょうしゅう,チャオチョウ) 24°36′N 110°28′E 102
勝州(しょうしゅう,ションチョウ)(勝) 39°55′N111°03′E 26, 30, 93, 98
象州(しょうしゅう,シアンチョウ) 24°00′N 109°05′E 102
韶州(しょうしゅう,シャオチョウ)→韶関
邵州(しょうしゅう,シャオチョウ)→邵陽
漳州(しょうしゅう,チャンチョウ)(漳) 24°31′N 117°40′E 26, 27, 30, 31, 98, 102, 123, 151, 158
常州(しょうしゅう,チャンチョウ) 31°36′N 120°21′E 26
常州(じょうしゅう,チャンチョウ)(常) 31°47′N119°57′E 27, 30, 31, 98, 102, 105
襄州(じょうしゅう,シアンチョウ)→襄樊
饒州(じょうしゅう,ラオチョウ)(饒) 28°58′N 116°38′E 27, 30, 31, 102
上饒(じょうじょう,シャンラオ) 28°28′N 117°54′E 24
湘潭(しょうたん,シアンタン) 27°51′N 112°54′E 94
昭通(しょうつう,チャオトン) 27°12′N 103°40′E 150
承天(しょうてん,チョンティエン)(安陸,鄂) 31°15′N112°46′E 26, 27, 31, 94
上都(じょうと,シャントウ)(開平) 42°20′N 116°13′E 26, 151
松桃(しょうとう,ソンタオ) 28°08′N 109°12′E 36
彰徳(しょうとく,チャントー)→安陽
承徳(しょうとく,チョントー) 40°50′N 117°55′E 164
常徳(じょうとく,チャントー)(鼎) 29°03′N 111°35′E 26, 27, 31, 94, 123
商南(しょうなん,シャンナン) 33°32′N 111°49′E 164
松潘(しょうはん,ソンパン)(松)(松州) 32°40′N 103°24′E 26, 27, 94, 150
襄樊(じょうはん,シアンファン)(襄,襄陽,襄州,樊城,雍) 31°59′N112°09′E 26, 27, 30, 31, 93, 95, 102, 103, 110, 123, 149, 150, 158
邵武(しょうぶ,シャオウー) 27°20′N 117°28′E 26, 27, 31
彰武台門(しょうぶだいもん,チャンウータイメン) 42°22′N122°46′E 33
襄平(じょうへい,シアンピン) 41°13′N 122°50′E 71
邵陽(しょうよう,シャオヤン)(邵州) 26°59′N 111°16′E 102, 149
上庸(しょうよう,シャンヨン) 32°13′N 110°25′E 71
襄陽(じょうよう,シアンヤン)→襄樊
昇龍(しょうりゅう,ションロン) 20°48′N 105°38′E 31, 98
小凌河(しょうりょうが,シャオリンホー) 41°00′N121°19′E 33
小凌河(しょうりょうが,シャオリンホー) 33
諸葛担藍(しょかつたんらん,チューコータンラン)→スカダナ
蜀(しょく,シュー)〔国〕 71

蜀(しょく,シュー)(益) 30°47′N 104°10′E 30, 31, 95
処州(しょしゅう,チューチョウ) 28°25′N 119°50′E 26, 27, 102
徐州(じょしゅう,シュイチョウ)(徐,銅山) 34°15′N 117°11′E 11, 24, 26, 30, 31, 94, 95, 98, 102, 105, 123, 149, 152
叙州(じょしゅう,シュイチョウ)→宜賓
汝州(じょしゅう,ルウチョウ)→臨汝
舒州(じょしゅう,シューチョウ) 30°38′N 116°32′E 102
汝南(じょなん,ルウナン)(汝寧,蔡,蔡州) 32°59′N 114°20′E 24, 27, 71, 95, 98, 102, 103, 151, 164
汝寧(じょねい,ルウニン)→汝南
自流井(じりゅうせい,ツーリウチン) 29°19′N 104°46′E 158
シルカ川 33
シル・ダリヤ(ソ連) 34, 92
新(しん,シン) 22°45′N112°13′E 31
信(しん,シン)→信州
信(しん,シン) 44°00′N124°28′E 98
真(しん,チェン)(儀真) 32°16′N 119°12′E 26, 123
辰(しん,チェン) 28°02′N110°12′E 31, 98, 123
晋(しん,チン)→平陽
秦(しん,チン)→秦安
秦(しん,チン)〔国〕 71
潯(じん,シュン)→桂平
新庵(しんあん,シンアン) 23°00′N 115°07′E 158
秦安(しんあん,チンアン)(秦,秦州,天水) 34°45′N 105°42′E 26, 31, 41, 62, 71, 95, 102, 123, 150
仁懐(じんかい,レンホワイ) 27°49′N 106°20′E 36
シンガポール 01°30′N103°40′E 35
新義州(しんぎしゅう,シンイジュ)(北朝鮮) 40°04′N124°25′E 32
新郷(しんきょう,シンシアン) 35°12′N 113°49′E 54, 164
新絳(しんこう,シンチアン) 35°32′N 111°11′E 164
秦皇島(しんこうとう,チンホワンタオ) 39°55′N119°37′E 16, 35, 164
新蔡(しんさい,シンツァイ) 32°42′N 114°55′E 62, 103, 151
新州(しんしゅう,シンチョウ) 23°00′N 113°00′E 30
信州(しんしゅう,シンチョウ)(信) 28°23′N 117°57′E 26, 30, 31, 98, 102
真州(しんしゅう,チェンチョウ)(儀徴) 32°15′N 119°10′E 105
深州(しんしゅう,シェンチョウ) 38°08′N 114°33′E 102
辰州(しんしゅう,チェンチョウ) 28°15′N 110°05′E 27, 36, 102, 149
申州(しんしゅう,シェンチョウ) 32°00′N 114°10′E 103
晋州(しんしゅう,チンチョウ) 35°50′N 111°46′E 30, 120
晋州(しんしゅう,チンチョウ) 36°10′N 112°58′E 102
秦州(しんしゅう,チンチョウ)→秦安
潯州(じんしゅう,シュンチョウ)→桂平
新州港(しんしゅうこう,シンチョウカン)→クイニョン
新昌(しんしょう,シンチャン) 29°32′N 120°50′E 151
晋城(しんじょう,チンチョン)(沢,沢州) 35°33′N112°50′E 31, 54, 102, 164
沁水(しんすい,チンシュイ) 103
新村(しんそん,シンツン)→グレシック
新泰(しんたい,シンタイ) 35°52′N 117°45′E 164
新竹(しんちく,シンチュー)(台湾) 24°48′N 120°59′E 33
新鎮(しんちん,シンチェン) 39°00′N 116°22′E 152
新鄭(しんてい,シンチョン) 34°10′N 113°40′E 71, 164
真定(しんてい,チェンティン)(正定) 38°15′N 114°39′E 26, 27, 30, 31, 94, 98, 123, 151, 164
新店(しんてん,シンティエン)(台湾) 24°58′N 121°31′E 33
尋甸(じんてん,シュンテエン) 25°40′N 103°20′E 27
新都(しんと,シントウ) 30°50′N 104°11′E 150, 158
晋寧(しんねい,チンニン) 36°14′N 111°37′E 26
新繁(しんはん,シンファン) 31°06′N 103°48′E 102
振武(しんぶ,チェンウー)(唐代の藩鎮) 26
震武(しんぶ,チェンウー) 37°36′N 102°30′E 31

秦鳳(しんほう,チンフォン)(宋代の路) 26
神木(しんぼく,シェンムー) 38°54′N 110°19′E 41
尋麻林(じんまりん,シュンマーリン) 41°20′N 113°54′E 151
新野(しんや,シンイェ) 32°29′N112°20′E 150
信陽(しんよう,シンヤン) 32°06′N 114°03′E 54, 103, 123
晋陽(しんよう,チンヤン)→太原
沁陽(しんよう,チンヤン) 35°06′N 112°57′E 24
瀋陽(しんよう,シェンヤン)(奉天,盛京) 41°47′N 123°25′E 11, 27, 28, 32, 33, 35, 94, 158
秦嶺(しんれい,チンリン)山脈 11, 22

遂(すい,スイ)→遂州
嶲(すい,スイ)→嶲州
瑞(ずい,ルイ)→瑞州
随(ずい,スイ)→随州
綏遠(すいえん,スイユアン) 40°47′N 111°58′E 33
遂州(すいしゅう,スイチョウ)(遂,遂寧) 30°31′N105°33′E 26, 31, 102, 123
綏州(すいしゅう,スイチョウ)→綏徳
嶲州(すいしゅう,スイチョウ)(嶲) 27°20′N 101°21′E 26, 30
瑞州(ずいしゅう,ルイチョウ)(瑞) 28°25′N 115°20′E 27, 31, 98
随州(ずいしゅう,スイチョウ)(随) 31°47′N 113°42′E 31, 62, 71, 98, 103
水城(すいじょう,シュイチョン) 26°34′N 104°45′E 36
綏定(すいてい,スイティン) 44°03′N 80°49′E 41
綏徳(すいとく,スイトー)(綏州) 37°35′N 110°05′E 31, 41, 94, 98, 102, 123, 164
遂寧(すいねい,スイニン)→遂州
綏寧(すいねい,スイニン) 26°40′N 109°50′E 36
綏芬河(すいふんが,スイフェンホー) 44°30′N 130°45′E 32
綏陽(すいよう,スイヤン) 27°58′N 107°12′E 36
崇慶(すうけい,チョンチン) 30°40′N 103°29′E 31
嵩県(すうけん,ソンシエン)(嵩山) 34°01′N 112°02′E 54, 110
鄒県(すうけん,ツォウシエン) 35°20′N 116°58′E 54, 149, 164
嵩山(すうざん,ソンシャン)→嵩県
崇徳(すうとく,チョントー) 30°55′N 120°25′E 150
鄒平(すうへい,ツォウピン) 36°51′N 117°45′E 152
スカダナ(諸葛担藍)(インドネシア) 01°15′S 109°58′E 38
ストレチェンスク(ソ連) 52°15′N117°52′E 32
スマトラ島(インドネシア) 35, 38
スモレンスク(ソ連) 54°47′N32°03′E 34
スラバヤ(インドネシア) 07°14′S112°45′E 38
スールー諸島(フィリピン) 35, 38
汕頭(すわとう,シャントウ) 23°23′N 116°42′E 11, 35, 158
スンバ島(インドネシア) 38

成(せい,チョン)→成州
青(せい,チン)→青県
斉(せい,チー)→益都
斉(せい,チー)→済南
斉(せい,チー)〔国〕 62, 71
済(せい,チー) 35°28′N116°10′E 31, 95
靖(せい,チン) 26°43′N 109°40′E 31, 98
西安(せいあん,シーアン) 36°35′N 105°31′E 31
西安(せいあん,シーアン) 42°28′N 125°10′E 32
西安(せいあん,シーアン)(長安,京兆,雍) 34°12′N108°57′E 11, 15, 16, 23, 24, 26, 27, 28, 30, 31, 35, 41, 52, 54, 93, 94, 95, 98, 102, 110, 123, 150
正安(せいあん,チョンアン) 28°25′N 107°28′E 36
西安平(せいあんへい,シーアンピン) 40°03′N 124°11′E 95
清苑(せいえん,チンユアン)→保定
靖遠(せいえん,チンユアン) 36°34′N 104°46′E 31
西河(せいが,シーホー)→汾陽
清河(せいが,チンホー) 33°48′N 119°24′E 31
清河(せいが,チンホー) 37°03′N 115°41′E 152
清河(せいが,チーホー) 36°47′N 116°44′E 152
静海(せいかい,チンハイ) 38°56′N 116°54′E 152

青海湖(せいかいこ,チンハイフウ)(ココ・ノール) 11, 15, 30, 34, 41, 94, 98, 149, 150
清河鎮(せいがちん,チンホーチェン) 35°11′N 112°52′E 164
清河門(せいがもん,チンホーメン) 41°45′N 121°26′E 33
盛京(せいきょう,ションチン)→瀋陽
西京(せいけい,シーチン)→大同,洛陽
西京(せいけい,シーチン)(鴨緑府) 41°58′N 122°49′E 25
青県(せいけん,チンシエン)(青) 38°32′N 116°48′E 151, 152
西江(せいこう,シーチアン) 11, 15, 23, 24, 27, 30, 31, 35, 94, 98, 102, 149, 150, 151
清江(せいこう,チンチアン)→淮陰
成皋(せいこう,チョンカオ)(北子) 34°47′N 113°14′E 71, 95
静江(せいこう,チンチアン) 24°52′N 110°53′E 26
清江浦(せいこうほ,チンチアンブウ)→淮陰
西沙(せいさ,シーシャー)諸島 18°00′N 112°00′E 35
西山(せいざん,シーシャン) 28°30′N 115°10′E 110
セイシェル諸島 34
星子鎮(せいしちん,シンツーチェン) 29°40′N 115°45′E 151
成州(せいしゅう,チョンチョウ)(成) 33°42′N 105°36′E 31, 98, 102
青州(せいしゅう,チンチョウ)→益都
斉州(せいしゅう,チーチョウ) 36°47′N 116°27′E 30, 102
靖州(せいしゅう,チンチョウ) 26°35′N 109°36′E 36
青城山(せいじょうさん,チンチョンシャン) 30°50′N102°00′E 110
清津(せいしん,チョンジン)(北朝鮮) 41°50′N 129°55′E 32
青神(せいしん,チンシェン) 29°50′N 103°50′E 149
済水(せいすい,チーシュイ) 62, 105
青苔崎(せいたいよく,チンタイユィ) 40°54′N 123°38′E 33
正定(せいてい,チョンティン)→真定
成都(せいと,チョントウ)府→成都
成都(せいと,チョントウ)(成都府,益州) 30°39′N 104°04′E 11, 15, 24, 25, 26, 27, 28, 30, 31, 35, 71, 93, 94, 98, 102, 110, 123, 158
成都(せいと,チョントウ)(宋代の路) 26
成徳(せいとく,チョントー)(唐代の藩鎮) 26
西寧(せいねい,シーニン) 36°35′N 101°46′E 11, 27, 31, 41, 149, 150
正寧(せいねい,チョンニン) 35°25′N 108°19′E 41
静寧(せいねい,チンニン) 35°25′N 105°56′E 41
西淝河(せいひが,シーフェイホー) 103
西平(せいへい,シービン) 33°21′N 113°59′E 103
清平(せいへい,チンピン) 26°38′N 107°47′E 36
清平(せいへい,チンピン) 36°27′N 116°20′E 152
清平(せいへい,チンピン) 34°03′N 108°24′E 152
靖辺(せいへん,チンビェン) 37°25′N 108°21′E 41
靖辺(せいへん,チンビエン) 37°00′N 103°57′E 41
井里汶(せいりぶん,チンリーウェン)→チェリボン
西涼(せいりょう,シーリャン)→武威
西遼河(せいりょうが,シーリャオホー) 33
青蓮崗(せいれんこう,チンリエンカン) 34°00′N119°00′E 52
セイロン(スリランカ) 34
赤斤(せききん,チーチン) 40°45′N 95°55′E 150
石州(せきしゅう,シーチョウ)(石) 37°42′N 111°08′E 31, 102
石城(せきじょう,シーチョン) 41°08′N 123°20′E 33
石城堡(せきじょうほ,シーチョンバオ) 40°23′N124°16′E 33
赤水(せきすい,チーシュイ) 28°29′N 105°44′E 36
石泉(せきせん,シーチュアン) 32°22′N 104°47′E 31
石阡(せきせん,シーチエン) 27°31′N 108°20′E 27, 36
石島(せきとう,シータオ) 36°52′N 122°27′E 152
赤峰(せきほう,チーフォン) 42°16′N 118°58′E 11
析木城(せきぼくじょう,シームーチョン)

40°32′N122°28′E 33
石門(せきもん,シーメン)→石家荘
石楼(せきろう,シーロウ) 36°58′N 110°49′E 54
薛(せつ,シュエ) 34°53′N116°46′E 62,71
薛(せつ,シュエ)〔国〕 71
石家荘(せっかそう,シイチアチョワン)(石門) 38°02′N144°30′E 11,54,164
浙江〔省〕(せっこう,チョーチアン) 27,150,158
浙西(せっせい,チョーシー)(唐代の藩鎮) 26
浙東(せっとう,チョートン)(唐代の藩鎮) 26
セミパラチンスク(ソ連) 50°26′N80°16′E 34
セレベス島(インドネシア) 35,38
セレンゲ川 11,98
泉(せん,チュアン)→泉州
宣(せん,シュアン)→寧国
陝(せん,シャン)→三門峡
澶(せん,シャン) 29°00′N120°30′E 110
剡(せん,シャン) 29°00′N120°30′E 110
全(ぜん,チュアン) 26°07′N111°04′E 31
全(ぜん,チュアン) 43°42′N118°15′E 98
鄯(せん,シャン)→鄯州
宣威(せんい,シュアンウェイ) 26°13′N 104°06′E 149
陝虢(せんかく,シャンクオ)(唐代の藩鎮) 26,103
陝県(せんけん,シャンシエン)→三門峡
単県(ぜんけん,シャンシエン) 34°47′N 116°05′E 152
千山(せんざん,チエンシャン) 42°30′N 122°00′E 110
泉州(せんしゅう,チュアンチョウ)(泉,ザイトン) 24°53′N 118°36′E 24,26,27,30,31,98,102,123,151
宣州(せんしゅう,シュアンチョウ) 31°15′N 118°45′E 30
鄯州(せんしゅう,シャンチョウ)(鄯) 36°21′N 102°27′E 26,30,93,95
澶州(せんしゅう,シャンチョウ)(澶) 35°24′N 115°12′E 31,102
宣歙(せんしょう,シュアンショー)(唐代の藩鎮) 26
陝西〔省〕(せんせい,シャンシー) 26,27,150,158
瞻徳(せんとく,チャントー) 44°05′N 80°42′E 41
宣府(せんふ,シュアンフー) 40°28′N 113°29′E 27,151
宣武(せんぶ,シュアンウー)(唐代の藩鎮) 26,103

蘇(そ,スー)→蘇州
楚(そ,チュー)→淮安
楚(そ,チュー) 32°55′N117°43′E 95
楚(そ,チュー)〔国〕 71
相(そう,シアン) 36°19′N114°18′E 31,54,164
曹(そう,ツァオ)→曹県
滄(そう,ツァン)→滄県
宋(そう,ソン) 34°25′N115°39′E 102
宋(そう,ソン)〔国〕 71
倉垣(そうえん,ツァンユアン) 34°50′N 113°10′E 110
草河(そうが,ツァオホー) 40°55′N 124°02′E 33
曹県(そうけん,ツァオシエン)(曹,曹州) 34°50′N115°35′E 30,54,62,98,152,164
滄県(そうけん,ツァンシエン)(滄) 38°19′N 116°51′E 24,31,95,98,123,151,158
蒼梧(そうご,ツァンウー) 23°29′N111°42′E 30
相州(そうしゅう,シアンチョウ)(相) 36°42′N 113°44′E 30,31
曹州(そうしゅう,ツァオチョウ)→曹県
宋州(そうしゅう,ソンチョウ)→登封
ソウル(韓国) 37°30′N127°00′E 35
荘浪(そうろう,チュワンラン) 36°26′N 102°59′E 27
蘇澳(そおう,スーアオ)(台湾) 24°33′N 121°48′E 33
即墨(そくぼく,チーモー) 36°30′N 120°28′E 55,71,152
ソコトラ島(南イエメン) 34,38
蘇州(そしゅう,スーチョウ)(蘇,呉,平江) 31°21′N120°42′E 24,26,27,30,31,35,94,102,105,110,123,151,158
楚州(そしゅう,チューチョウ) 33°38′N 119°01′E 102
祖法児(そほうじ,ツーファーアル)→サララ
蘇門答剌(そもんとうらつ,スーメンターラー)→サムドラ
楚雄(そゆう,チューション) 25°00′N 101°25′E 27,149
疏勒(そろくが,シューローホー) 41
ソロモン諸島 39

タ 行

太(たい,タイ)→太原
台(たい,タイ)→臨海
棣(たい,ティ)(恵民) 37°29′N 117°29′E 31,123
代(だい,タイ)→代州
泰安(たいあん,タイアン) 36°10′N 117°07′E 152,164
大安(だいあん,ターアン) 32°53′N 106°22′E 31
大運河(だいうんが,ターユンホー) 105
台拱(たいきょう,タイコン) 26°38′N 108°21′E 36
タイゲン(太原)(ベトナム) 21°30′N 105°50′E 27
代郡(だいぐん,タイチュン) 39°40′N 113°17′E 71
太原(たいげん,タイユアン)府 →太原
太原(たいげん,タイユアン)(太,大原府,晋陽,并,陽曲) 37°50′N 112°33′E 11,24,25,26,30,31,54,71,93,94,95,98,123,151,158,164
太湖(たいこ,タイフゥ) 11,15,24,30,35,62,71,94,150
太行(たいこう,タイハン)山脈 11
太康(たいこう,タイカン) 34°04′N 114°50′E 123
大港(たいこう,ターカン)(アバリ)→サン・ビセンテ
大興安嶺(だいこうあんれい,ターシンアンリン)山脈 11
大興城(だいこうじょう,ターシンチョン) 34°06′N108°38′E 105
泰山(たいざん,タイシャン) 36°15′N 117°10′E 16,71,110
太子池(たいしが,タイツーホー) 33
台児荘(たいじそう,タイアルチョワン) 34°30′N117°42′E 164
台州(たいしゅう,タイチョウ) 28°55′N 120°42′E 26,102
台州(たいしゅう,タイチョウ)→臨海
代州(だいしゅう,タイチョウ)(代) 39°04′N 112°56′E 26,31,94,98,102,123,158
大石橋(だいせききょう,ターシーチャオ) 40°37′N122°30′E 32,164
大泉(だいせん,ターチュアン) 41°18′N95°22′E 41
大台(だいだい,タータイ) 39°55′N 115°49′E 164
大竹(だいちく,ターチュー) 30°43′N 107°12′E 31
台中(たいちゅう,タイチョン)(台湾) 24°09′N 120°41′E 24
大通(だいつう,タートン) 36°56′N 101°40′E 41
大定(だいてい,ターティン) 41°39′N 118°41′E 98
大定(だいてい,ターティン) 27°10′N 105°31′E 36
大泥(だいでい,ターニー)→パタニ
大都(だいと,タートゥ)→北京
大同(だいどう,タートン) 40°05′N 113°17′E 11,27,94,98,102,150,164
大東溝(だいとうこう,タートンコウ) 39°52′N 124°08′E 35
大稲埕(だいとうてい,トゥアトウティア)(台湾) 25°07′N121°30′E 33
大渡河(だいとが,タートゥホー) 41,149
台南(たいなん,タイナン)(台湾) 23°01′N 120°12′E 24,33,35
大寧(だいねい,ターニン) 41°43′N 119°03′E 26,27
大寧(だいねい,ターニン) 31°28′N109°39′E 31
大寧監(だいねいかん,ターニンチエン) 31°28′N109°39′E 31
大巴(だいは,ターパー)山脈 11,22
太白山(たいはくさん,タイパイシャン) 33°40′N108°00′E 11
ダイバル(パキスタン) 24°58′N67°10′E 92
太平(たいへい,タイピン) 22°25′N 107°20′E 27
太平(たいへい,タイピン) 29°30′N120°58′E 110
太平(たいへい,タイピン) 31°42′N 118°30′E 27,31,98
大別山(だいべつざん,ターピエシャン) 103
大浦(だいほ,ターブー) 34°41′N119°12′E 164
台北(たいほく,タイペイ)(台湾) 25°05′N 121°32′E 11,24,28,33,35
大名(だいめい,ターミン) 36°19′N 115°06′E 27,31,98,123,151,152,164
大冶(だいや,ターイエ)沼沢地 35°10′N 115°10′E 16
大邑商(だいゆうしょう,ターイーシャン)→安陽
大羅(だいら,タールオ)→ハノイ
大理(だいり,ターリー) 25°50′N100°10′E 25,27,98,149,150
大梁(たいりょう,ターリャン) 34°20′N 114°43′E 71
大凌河(だいりょうが,ターリンホー) 41°06′N 121°21′E 33
大凌河(だいりょうが,ターリンホー) 33
大荔(だいれい,ターリー)(同,同州) 34°47′N 109°55′E 24,31,54,71,93,102,164
大連(だいれん,ターリエン)→旅大
大妻山(だいろうさん,ターロウシャン) 11
太和(たいわ,タイホー) 33°09′N115°35′E 54
台湾(たいわん,タイワン)(瑠求) 11,15,26,27,35,38,158
沱河(だが,トゥオホー) 103
高雄(たかお,カオション)(台湾) 22°38′N 120°19′E 33
高雄(たかお,カオション)(打狗)(台湾) 22°36′N120°17′E 33
沢(たく,ツォ)→晋城
涿(たく)→北京
涿郡(たくぐん,チュオチュン)→北京
涿県(たくけん,チュオシエン)(涿) 39°27′N 115°58′E 94,151,152,164
沢潞(たくろ,ツォルー)→晋城
タクラマカン砂漠 11
沢潞(たくろ,ツォルー)(唐代の藩鎮) 26
沱江(だこう,トゥオチアン) 41
タシケント(ソ連) 41°20′N69°18′E 34,92
タシュクルガーン(中国) 37°10′N74°30′E 92
大箭炉(だせんろ,ターチエンルー)(康定) 30°00′N102°50′E 149
達(たつ,ター) 31°08′N107°32′E 31,98,123
ダッカ(バングラデシュ) 23°42′N90°22′E 11,34
タブリーズ(イラン) 38°05′N46°18′E 34
ダマスカス(シリア) 33°30′N36°19′E 34
タームラリブティ(インド) 22°10′N 88°20′E 92
タラス(ソ連) 42°30′N72°13′E 92
打拉池(だらち,ターラーチー) 36°36′N 105°36′E 41
タラワ島(キリバス) 01°30′N173°00′E 39
ターリカーン(アフガニスタン) 35°10′N 65°40′E 92
タリム川 34,41,150
タリム盆地 11
タルバガタイ 46°42′N82°00′E 41
丹(たん,タン) 36°02′N110°12′E 31
単(たん,タン) 34°54′N116°31′E 31
潭(たん,タン) →長沙
鄡(たん,タン) 35°18′N108°48′E 62,71
丹噶爾(タンカーアル) 36°40′N 101°27′E 41,149
タングラ山脈 11
鄡県(たんけん,タンシエン)→鄡城
丹江(たんこう,タンチアン) 26°03′N108°22′E 36
湛江(たんこう,チャンチアン)(雷州) 21°11′N 110°22′E 11,27,30
潭州(たんしゅう,タンチョウ)→長沙
鄡城(たんじょう,タンチョン)(鄡県) 34°36′N 118°21′E 152,164
淡水(たんすい,タンシュイ)(台湾) 25°13′N 121°29′E 33,35,149
丹徒(たんと,タントゥ) 31°50′N119°55′E 150
団柏鎮(だんぱくちん,トゥアンパイチェン) 37°24′N112°10′E 98
団風(だんふう,トアンフォン) 30°38′N・ 114°51′E 94
丹陽(たんよう,タンヤン) 31°55′N 119°50′E 110,151
丹陽(たんよう,タンヤン) 31°07′N 111°04′E 71

池(ち,チー)→池州
チェリボン(井里汶)(インドネシア) 06°46′S 108°33′E 38
雄河集(ちがしかしゅう,チーホーチー) 33°32′N116°18′E 149
竹嶼(ちくしょ,チューシュイ)(タイ) 13°12′N 99°59′E 38
チグリス川(イラク) 34
池州(ちしゅう,チーチョウ)(池,貴池) 30°40′N 117°28′E 26,27,31,98,102,123
斉斉哈爾(チチハル) 47°20′N123°58′E 11,32,33,35
チッタゴン(浙地港)(バングラデシュ) 22°20′N 91°48′E 38
チベット高原 11
チムサール 44°01′N89°10′E 41
チモール島(インドネシア) 35,38
チャイダム盆地 11
チャガーニヤーン(ソ連) 38°05′N67°40′E 92

茶陵(ちゃりょう,チャーリン) 27°03′N 113°49′E 31
チャルチャン 37°55′N85°45′E 150
チャルチャン川 11,41
忠(ちゅう,チョン)→忠州
中衛(ちゅうえい,チョンウェイ)(寧夏中) 37°31′N105°13′E 27,41,149
中興(ちゅうこう,チョンシン) 30°18′N 112°00′E 26
中后所(ちゅうこうしょ,チョンホウスオ) 40°24′N120°31′E 33
中山(ちゅうざん,チョンシャン)→定県
中山(ちゅうざん,チョンシャン)〔国〕 71
忠州(ちゅうしゅう,チョンチョウ)(忠)(咸淳) 30°20′N108°01′E 31,102
中書〔省〕(ちゅうしょ,チョンシュー)(元代の省) 26
中都(ちゅうと,チョントゥ) 39°48′N 116°32′E 98
中寧(ちゅうねい,チョンニン) 37°00′N 105°23′E 98
中部(ちゅうぶ,チョンブー) 35°40′N 109°20′E 41,149,164
忠武(ちゅうぶ,チョンウー)(唐代の藩鎮) 26
中牟(ちゅうぼう,チョンモウ) 35°43′N 114°01′E 71
中溧(ちゅうらん,チョンロワン) 34°41′N 113°55′E 105
中壢(ちゅうれき,チョンリー)(台湾) 25°01′N 121°11′E 33
チュメニ(ソ連) 57°09′N65°32′E 34
滁(ちょ,チュー) 32°19′N118°21′E 31,98,123
潮(ちょう,チャオ)→潮安
趙(ちょう,チャオ)→趙州
趙(ちょう,チャオ)〔国〕 71
肇(ちょう,チャオ) 44°58′N126°12′E 98
長安(ちょうあん,チャンアン)→西安
潮安(ちょうあん,チャオアン)(潮,潮州) 23°42′N 116°32′E 24,26,27,30,31,94,98,123,149,151
張掖(ちょうえき,チャンイエ) 38°51′N 100°22′E 95
張掖(ちょうえき,チャンイエ) 38°57′N 100°41′E 30
朝歌(ちょうか,チャオコー) 35°23′N 114°04′E 54
張家口(ちょうかこう,チャンチアコウ) 40°46′N114°52′E 150,158,164
張家川(ちょうかせん,チャンチアチュワン) 34°56′N106°26′E 41
長葛(ちょうかつ,チャンコー) 34°12′N 113°46′E 54
肇慶(ちょうけい,チャオチン) 23°05′N 112°27′E 27,31,149
長江(ちょうこう,チャンチアン)→揚子江
漖江(ちょうこう,チョンチアン) 24°25′N 102°20′E 27
長沙(ちょうしゃ,チャンシャー)(潭,潭州) 28°15′N112°59′E 11,24,25,26,27,30,31,35,93,94,98,102,123,149,158
長治(ちょうじ,チャンチー)(潞,潞安,隆徳) 36°09′N113°08′E 26,31,54,164
長寿(ちょうじゅ,チャンショウ) 29°50′N 107°03′E 158
潮州(ちょうしゅう,チャオチョウ)→潮安
趙州(ちょうしゅう,チャオチョウ)(趙) 37°44′N114°47′E 30,31,123
長春(ちょうしゅん,チャンチュン)(寛城子) 43°53′N125°18′E 11,32,35
長清(ちょうせい,チャンチン) 36°32′N 116°43′E 152
長江(ちょうてい,チャンティン)(汀,汀州) 25°51′N116°22′E 26,27,31,98,123
長甸(ちょうでん,チャンテエン) 40°38′N 125°09′E 33
長白(ちょうはく,チャンパイ)山脈 11
長武(ちょうぶ,チャンウー) 35°09′N107°42′E 41
朝邑(ちょうゆう,チャオイー) 35°00′N 110°09′E 41
長楽(ちょうらく,チャンロー) 25°55′N 119°31′E 38,94
チョギル峰(K2) 35°47′N76°30′E 10
直沽(ちょくこ,チークー) 39°08′N 117°10′E 105
直隷〔省〕(ちょくれい,チーリー)(北直隷) 27,150,152,158
チョモランマ峰(エヴェレスト峰) 28°00′N 86°58′E 11,15
郴(ちん,チェン)→郴県
鎮(ちん,チェン)→恒州
陳(ちん,チェン)→淮寧
陳(ちん,チェン) 33°44′N115°25′E 71
鎮安(ちんあん,チェンアン) 23°15′N 106°45′E 27
鎮遠(ちんえん,チェンユアン) 26°53′N

108°19′E 27, 36
沈丘(ちんきゅう,チェンチウ) 33°21′N 115°10′E 103
郴県(ちんけん,チェンシエン)(郴,郴州) 25°48′N 113°02′E 24, 30, 93, 98, 102, 123, 149
鎮原(ちんげん,チェンユアン) 35°44′N 107°41′E 41
鎮沅(ちんげん,チェンユアン) 23°55′N 100°55′E 27
鎮江(ちんこう,チェンチアン) 40°17′N 124°24′E 33
鎮江(ちんこう,チェンチアン)(潤,潤州) 32°08′N 119°30′E 24, 26, 27, 30, 35, 98, 102, 105, 123, 151, 158
鎮朔(ちんさく,チェンシュオ) 40°05′N 117°25′E 27
郴州(ちんしゅう,チェンチョウ)→郴県
陳州(ちんしゅう,チェンチョウ)→淮陽
鎮戎(ちんじゅう,チェンロン) 36°02′N 106°16′E 31
青島(ちんたお,チンタオ) 36°04′N 120°22′E 24, 35, 55, 152
チンブー(ブータン) 27°32′N 89°43′E 11, 34
鎮雄(ちんゆう,チェンション)(芘布) 27°25′N 104°55′E 27
陳留(ちんりゅう,チェンリウ)(梁) 34°39′N 114°35′E 95, 110

ツァリツィン(ソ連) 48°44′N 44°24′E 34
通(つう,トン) 32°01′N 120°58′E 31, 98
通遠(つうえん,トンユアン)(鞏) 35°10′N 104°40′E 31
通恵河(つうけいが,トンホイホー) 105
通州(つうしゅう,トンチョウ)(通州) 39°43′N 116°32′E 105, 150, 152, 164
通済渠(つうさいきょ,トンチーチュイ) 105
通州(つうしゅう,トンチョウ)→通県
通遼(つうりょう,トンリャオ) 43°36′N 122°16′E 32

定(てい,ティン)→定県
鄭(てい,チョン)→鄭州
鼎(てい,ティン)→常徳
汀(てい,ティン)→長汀,汀州
定遠営(ていえんえい,ティンユアンイン) 38°45′N 106°00′E 41
丁家廬(ていかろ,ティンチアルー)→トレンガヌ
定県(ていけん,ティンシエン)(定,定州,中山) 38°28′N 114°57′E 30, 31, 62, 95, 102, 110, 123, 151, 164
鄭県(ていけん,チョンシエン)→鄭州
定興(ていこう,ティンシン) 39°12′N 115°50′E 151
定州(ていしゅう,チョンジュ)(北朝鮮) 39°18′N 127°11′E 98
定州(ていしゅう,ティンチョウ)→定県
庭州(ていしゅう,ティンチョウ)(ビシバリク,北庭) 43°50′N 90°40′E 92, 150
鄭州(ていしゅう,チョンチョウ)(鄭,鄭県,管) 34°44′N 113°41′E 11, 16, 24, 31, 52, 54, 94, 95, 102, 103, 110, 151, 164
汀州(ていしゅう,ティンチョウ)(汀長汀) 25°51′N 116°22′E 26, 27, 31, 98, 102, 123
定蕃(ていばん,ティンファン) 26°03′N 106°49′E 36
定辺(ていへん,ティンビエン) 37°39′N 107°40′E 41, 149
貞豊(ていほう,チェンフォン) 25°22′N 105°32′E 36
ティルミド(アフガニスタン) 36°55′N 67°15′E 34
迪化(てきか,ティホア)→ウルムチ
鉄嶺(てつれい,ティエリン) 42°18′N 123°50′E 27, 33
テヘラン(イラン) 34°40′N 51°26′E 34
デマク(インドネシア) 06°53′S 110°40′E 38
デリー(インド) 28°40′N 77°14′E 34
沾益(てんえき,チャンイー) 25°39′N 103°45′E 36
天京(てんきょう,ティエンチン)→南京
墊江(てんこう,ティエンチアン) 30°19′N 107°20′E 158
天山(てんざん,ティエンシャン)山脈 10
天城(てんじょう,ティエンチョン) 40°20′N 113°35′E 27
天津(てんしん,ティエンチン) 39°08′N 117°10′E 11, 15, 16, 23, 24, 32, 35, 151, 152, 164
天台山(てんだいさん,ティエンタイシャン) 29°31′N 121°03′E 110
天柱(てんちゅう,ティエンチュー) 26°52′N 108°11′E 36
碾伯(てんばく,ニエンポー)(楽都) 36°32′N 102°25′E 41

天平(てんへい,ティエンピン)(唐代の藩鎮) 26
天臨(てんりん,テエンリン) 28°09′N 113°04′E 26
都勻(といん,トゥユン) 26°16′N 107°29′E 24, 27, 36, 149
登(とう,トン)→蓬萊
唐(とう,タン)→唐州
滕(とう,トン)→滕県
鄧(とう,トン)→鄧州
洮(とう,タオ)→臨潭
道(どう,タオ)→道州
同(どう,トン)→大荔
東阿(とうあ,トンアー) 36°06′N 116°16′E 105
湯陰(とういん,タンイン) 35°55′N 114°21′E 54
騰越(とうえつ,トンユエ) 24°50′N 100°50′E 35
騰越(とうえつ,トンユエ) 24°59′N 98°26′E 158
東燕(とうえん,トンイエン) 40°02′N 118°49′E 95
唐河(とうが,タイホー) 103
東海(とうかい,トンハイ) 36°52′N 118°22′E 30
東観(とうかん,トンクアン) 37°21′N 112°27′E 164
潼関(どうかん,トンクアン) 34°32′N 110°18′E 41, 164
東京(とうけい,トンチン)→開封
滕県(とうけん,トンシエン)(滕) 35°04′N 117°11′E 54, 62, 71
塘沽(とうこ,タンクー) 39°01′N 117°39′E 164
東江(とうこう,トンチアン) 11, 23
東港(とうこう,トンカン)(台湾) 22°28′N 120°28′E 33
東沙(とうしゃ,トンシャー)諸島 20°45′N 116°43′E 35
湯山(とうざん,タンシャン) 40°21′N 124°18′E 33
唐山(とうざん,タンシャン) 39°38′N 118°11′E 24, 152, 164
碭山(とうざん,タンシャン) 34°24′N 116°21′E 152
銅山(どうざん,トンシャン)→徐州
銅山(どうざん,トンシャン) 31°10′N 106°24′E 102
東州(とうしゅう,トンチョウ) 41°41′N 123°57′E 33
登州(とうしゅう,タンチョウ)→蓬萊
唐州(とうしゅう,タンチョウ)(唐) 32°34′N 112°43′E 102, 123
鄧州(とうしゅう,タンチョウ)(鄧) 32°41′N 112°07′E 30, 31, 62, 93, 98, 103, 123
洮州(とうしゅう,タオチョウ)→臨潭
道州(どうしゅう,タオチョウ)(道) 25°31′N 111°27′E 31, 102, 123
同州(どうしゅう,トンチョウ)→大荔
東昌(とうしょう,トンチャン)→聊城
同心(どうしん,トンシン) 37°01′N 106°08′E 41
銅仁(どうじん,トンレン) 27°38′N 109°03′E 27, 36
東勢角(とうせいかく,トンシーチャオ)(台湾) 24°21′N 120°44′E 33
東川(とうせん,トンチュワン) 26°10′N 103°10′E 24, 27, 149
潼川(どうせん,トンチュワン) 30°54′N 105°00′E 98
洞庭湖(どうていこ,トンティンフー) 11, 15, 22, 23, 30, 31, 35, 62, 71, 94, 102, 123, 149
東都畿(とうとき,トントゥーチー)(唐代の藩鎮) 26
洮南(とうなん,タオナン)(洮安) 45°19′N 122°46′E 32
桐柏(とうはく,トンパイ) 32°18′N 113°22′E 103, 110
トゥバン(杜板)(インドネシア) 06°55′S 112°01′E 38
東平(とうへい,トンピン) 35°53′N 116°19′E 105, 151
登封(とうほう,トンフォン)(宋州) 34°27′N 113°03′E 30, 54
闘六(とうりく,トウリウ)(台湾) 23°42′N 120°32′E 149
東梁(とうりょう,トンリャン)→興安
銅陵(とうりょう,トンリン) 30°57′N 117°40′E 102
東遼河(とうりょうが,トンリャオホー) 33
トゥルファン(カラホージョ,西州) 42°55′N 89°45′E 41, 92, 150
トゥルファン盆地 11
桐廬(とうろ,トンルー) 29°48′N 119°40′E 123
都畿(とき,トゥーチー)(唐代の道) 26
徳(とく,トー)→徳州

徳安(とくあん,トーアン)→安陸
徳慶(とくけい,トーチン) 23°11′N 111°49′E 31
徳県(とくけん,トーシエン)→徳州
徳江(とくこう,トーチアン) 28°15′N 108°10′E 36
督亢(とくこう,トゥカン) 39°07′N 115°13′E 71
独山(どくさん,トゥシャン) 25°49′N 107°32′E 149
徳州(とくしゅう,トーチョウ)(徳,徳県) 37°29′N 116°16′E 24, 31, 94, 123, 149, 151, 152, 164
徳順(とくじゅん,トーシュン) 35°29′N 105°37′E 31
トクスン 42°45′N 87°38′E 41
トグト 40°20′N 111°10′E 41, 149
トクマク(砕葉城)(ソ連) 42°55′N 74°45′E 92
トケラウ諸島(ニュージーランド) 39
怒江(どこう,ヌーチアン)(サルウィン川) 11, 15, 34, 41, 98
ドナウ川(中央ヨーロッパ) 34
杜板(とはん,トゥパン)→トゥバン
トビリシ(ソ連) 41°43′N 44°48′E 34
トムスク(ソ連) 56°30′N 85°05′E 34
トラック諸島(合衆国信託統治) 38
トリビュリュク 42°55′N 108°30′E 41
トレス諸島(イギリス,フランス) 13°15′S 166°37′E 39
トレンガヌ(丁家廬)(マレーシア) 05°20′N 103°07′E 38
ドロンノール 42°36′N 114°11′E 33
敦化(とんか,トゥンホワ) 43°21′N 128°12′E 32
敦煌(とんこう,トゥンホワン)(沙州,瓜) 40°10′N 94°45′E 27, 41, 93, 95, 98, 150
嫩江(どんこう,ネンチアン) 11

ナ 行

ナウル 00°31′S 166°56′E 39
長崎(日本) 32°45′N 129°52′E 34, 38
ナガパティナム(インド) 10°46′N 79°51′E 38
ナグール(那姑児)(インドネシア) 05°11′N 96°00′E 38
ナコーン(六昆)(タイ) 08°24′N 99°58′E 38
那覇(日本) 26°10′N 127°40′E 38
南安(なんあん,ナンアン) 25°36′N 114°24′E 31
南営(なんえい,ナンイン) 39°19′N 116°11′E 95
南兗(なんえん,ナンイエン) 32°27′N 119°41′E 95
南恩(なんおん,ナンエン) 21°51′N 111°56′E 31, 123
南海(なんかい,ナンハイ)(番禺) 23°00′N 113°03′E 30, 110
南宮(なんきゅう,ナンコン) 37°21′N 115°23′E 152
南京(なんきん,ナンチン)(金陵,集慶,天京,江寧) 32°02′N 118°47′E 11, 15, 23, 24, 26, 27, 35, 38, 94, 102, 149, 150, 151, 158
南郡(なんぐん,ナンチュン) 30°11′N 112°47′E 30
南京(なんけい,ナンチン)→商丘
南京(なんけい,ナンチン)(折津府) 40°03′N 115°53′E 102
南剣(なんけん,ナンチエン) 26°38′N 118°05′E 26, 31, 98, 123
南康(なんこう,ナンカン) 29°10′N 116°01′E 27, 31, 123
南徐(なんじょ,ナンシュイ) 32°15′N 119°39′E 95
南昌(なんしょう,ナンチャン)(洪,洪州,隆興,豫章) 28°40′N 115°52′E 11, 24, 26, 27, 30, 31, 94, 102, 110, 123, 151, 158
南詔(なんしょう,ナンチャオ) 26, 92
南襄(なんじょう,ナンシアン) 23°21′N 112°17′E 102
南通(なんつう,ナントン) 32°00′N 120°53′E 158
南鄭(なんてい,ナンチョン)→漢中
南東莞(なんとうかん,ナントンワン)→無錫
南寧(なんねい,ナンニン) 22°50′N 108°19′E 11, 24, 27, 35, 94, 149, 158
南盤江(なんばんこう,ナンパンチアン) 11, 30, 31, 94, 149
南皮(なんひ,ナンピー) 38°01′N 116°44′E 152
南巫里(なんふり,ナンウーリー)→ランブリ
南平(なんへい,ナンピン) 29°05′N 107°11′E 31
南雄(なんゆう,ナンション) 25°10′N 114°20′E 27, 31, 123, 149
南子(なんよ,ナンユィ) 31°42′N 118°21′E 95
南陽(なんよう,ナンヤン)(宛) 33°06′N

112°31′E 24, 27, 30, 54, 71, 164
南蘭陵(なんらんりょう,ナンランリン) 31°52′N 120°15′E 95
南梁(なんりょう,ナンリャン) 30°35′N 106°31′E 95
南嶺(なんれい,ナンリン)山脈 11
ニェンチェンタングラ山 11
ニコバル諸島(インド) 34
西サモア 39
ニジニ・ノヴゴロド(ソ連) 56°20′N 44°00′E 34
ニューギニア島(パプア・ニューギニア,インドネシア) 38
ニューデリー(インド) 28°37′N 77°13′E 11
任丘(にんきゅう,レンチウ)(莫,莫州) 38°41′N 116°05′E 31, 102, 152, 158
寧(ねい,ニン)→寧州
寧安(ねいあん,ニンアン) 44°21′N 129°28′E 32, 33
寧遠(ねいえん,ニユアン) 34°28′N 104°51′E 41
寧遠(ねいえん,ニユアン) 28°13′N 102°12′E 158
寧遠(ねいえん,ニユアン)(寧遠州) 40°38′N 120°46′E 27, 33, 158
寧遠州(ねいえんしゅう,ニンユアンチョウ)→寧遠
寧化(ねいか,ニンシア)(中国人都市) 38°30′N 106°18′E 26, 27, 41, 94, 150
寧夏(ねいか,ニンシア)(満州族都市) 38°20′N 106°17′E 41
寧夏後(ねいかこう,ニンシアホウ)→花馬池
寧夏中(ねいかちゅう,ニンシアチョン)→中衛
寧江(ねいこう,ニンチアン) 45°05′N 126°15′E 98
寧国(ねいこく,ニンクオ)(宣) 30°38′N 118°58′E 27, 31, 123, 149
寧州(ねいしゅう,ニンチョウ)(寧) 35°30′N 108°05′E 31, 41
寧条梁(ねいじょうりょう,ニンティャオリャン) 37°42′N 108°19′E 41
寧年(ねいねん,ニンニエン)(呼裕) 47°46′N 124°21′E 32
寧波(ねいは,ニンポー)(明,明州) 29°54′N 121°33′E 24, 26, 27, 35, 38, 94, 98, 102, 123, 149, 151, 158
寧番(ねいばん,ニンファン) 28°40′N 102°00′E 27
寧武(ねいぶ,ニンウー) 39°00′N 112°18′E 158
寧陽(ねいよう,ニンヤン) 35°45′N 116°47′E 152
熱河(ねっか,ローホー) 40°53′N 118°01′E 32, 33, 150
ネルチンスク(尼布楚)(ソ連) 52°02′N 116°38′E 32, 33

ハ 行

覇(は,バー)→覇州
巴(は,バー)→重慶,巴州
ヴァヌアトゥ 14°00′S 165°00′E 39
沛(はい,ペイ) 34°11′N 115°36′E 30
梅(ばい,メイ) 24°21′N 116°20′E 31
巴燕戎格(バーイエンロンコー) 36°30′N 102°10′E 41
バイカル湖(ソ連) 11, 15, 33, 34, 98
拝城(はいじょう,バイチョン) 41°48′N 81°50′E 41
ハイデラバード(インド) 17°22′N 78°26′E 34
売買城(ばいばいじょう,マイマイチョン) 49°29′N 106°19′E 32
ハイラル(海拉爾) 49°15′N 119°41′E 32
バインハル山脈 11
バガン(ビルマ) 21°12′N 95°19′E 98
亳(はく,ボウ)→亳県
莫(ばく,モー)→任丘
白河(はくが,パイホー) 103
亳県(はくけん,ポーシエン)(亳,亳州) 33°52′N 115°45′E 31, 54, 102, 149
博山(はくさん,ボーシャン) 36°23′N 117°50′E 164
亳州(はくしゅう,ボーチョウ)→亳県
莫州(ばくしゅう,モーチョウ)→任丘
バグダード(イラク) 33°20′N 44°26′E 34
白土廠門(はくどしょうもん,バイトゥチャンメン) 41°49′N 121°50′E 33
博羅(はくら,ポールオ) 23°10′N 114°16′E 158
馬逕(ばけい,マーチン) 23°12′N 113°06′E 102
馬湖(ばこ,マーフウ) 28°15′N 103°45′E 27
馬根単(ばこんたん,マーケンタン) 41°33′N 123°56′E 33
覇州(はしゅう,パーチョウ)(覇) 39°05′N 116°49′E 31, 152
巴州(はしゅう,パーチョウ)(巴) 31°50′N

地　名　索　引

106°49′E　98, 102
馬厰(ばしょう, マーチャン)　36°00′N 102°00′E　52
馬跡山(ばせきさん, マーチーシャン)　28°00′N 114°00′E　110
パタニ(大泥)(タイ)　06°50′N 101°20′E　38
バダフシャン(アフガニスタン)　36°25′N 70°05′E　92
パータリプトラ(インド)　25°20′N 85°35′E　92
ハタン川　41
発庫門(はっこもん, ファクーメン)　42°32′N 123°22′E　33
ハノイ(大羅, 交趾, 交阯)(ベトナム)　21°01′N 105°52′E　11, 24, 25, 26, 27, 30, 35, 110
ハバロフスク(ソ連)　48°32′N 135°08′E　32, 35
パハン(彭亨)(マレーシア)　03°50′N 103°19′E　38
ハミ(伊州)　45°55′N 93°32′E　34, 41, 93, 150
バーミヤン(アフガニスタン)　35°05′N 67°50′E　92
波陽(はよう, ポーヤン)　29°00′N 116°38′E　24
鄱陽湖(はようこ, ポーヤンフゥ)　11, 15, 22, 23, 31, 35, 71, 94, 102, 123, 149, 150
ハリコフ(ソ連)　50°00′N 36°15′E　34
ハルオス湖　41
バルコル　43°46′N 93°02′E　41
バルハシ湖(ソ連)　10, 41, 40, 92
ハルビン(哈爾濱)(会寧)　45°44′N 126°37′E　11, 28, 32, 35, 98
バルフ(アフガニスタン)　36°40′N 66°50′E　92
バレンバン(旧港)(インドネシア)　02°59′S 104°45′E　38
ハワイ諸島(合衆国)　39
播(はん, ポウ)　27°43′N 106°58′E　31, 98
万(ばん, ワン)　→万県
万安(ばんあん, ワンアン)　18°44′N 110°19′E　98
範河(はんが, ファンホー)　42°12′N 123°48′E　33
ハンガイ山脈　11
バンガシナン(彭佳施蘭)(フィリピン)　15°59′N 120°22′E　38
板橋(ばんきょう, パンチャオ)(台湾)　25°03′N 121°28′E　33
板橋鎮(はんきょうちん, パンチャオチェン)　36°30′N 120°25′E　13, 123
バンキムシン村(台湾)　22°35′N 120°43′E　33
万県(ばんけん, ワンシエン)(万, 万州)　30°54′N 108°20′E　24, 31, 102, 123, 158
バンコク(タイ)　13°44′N 100°30′E　34
バンジェルマシン(文郎馬神)(インドネシア)　03°22′S 114°33′E　38
万州(ばんしゅう, ワンチョウ)　→万県
板橋(ばんしょ, パンチュ)　34°48′N 113°10′E　105
樊城(はんじょう, ファンチョン)　→襄樊
万全(ばんぜん, ワンチュワン)　40°52′N 114°45′E　27
万全右(ばんぜんう, ワンチュアンヨウ)　40°26′N 114°32′E　27
バンテン(順塔)(インドネシア)　06°00′S 106°09′E　38
ハンテングリ峰　42°13′N 80°16′E　11
半坡(はんぱ, パンポー)　34°00′N 109°00′E　52

邳(ひ, ピー)　→邳県
眉(び, メイ)　→眉州
ビカル島(合衆国信託統治)　12°13′N 170°05′E　39
ビキニ島(合衆国信託統治)　11°35′N 165°20′E　39
比景(ひけい, ピーチン)(ベトナム)　17°30′N 106°20′E　33
費県(ひけん, フェイシエン)　35°15′N 117°58′E　152
邳県(ひけん, ピーシエン)(邳)　34°23′N 117°58′E　62, 164
郫県(ひけん, ピーシエン)　30°48′N 103°52′E　158
微山湖(びざんこ, ウェイシャンフゥ)　105
眉州(びしゅう, メイチョウ)(眉)　30°02′N 103°43′E　31, 98, 102, 123
ビシュバリク　→庭州
肥城(ひじょう, フェイチョン)　36°13′N 116°47′E　152
畢節(ひっせつ, ピーチエ)　27°18′N 105°20′E　27, 36, 94
泌陽(ひつよう, ピーヤン)　32°49′N 113°21′E　103
卑南(ひなん, ピナン)(台湾)　22°45′N 121°10′E　33
ヒバ(ソ連)　41°25′N 60°49′E　34
ヒマラヤ山脈　11
兵庫(ひょうご)(神戸)(日本)　34°40′N 135°12′E　38
廟底溝(びょうていこう, ミャオティコウ)

34°30′N 111°50′E　52
飛竜山(ひりゅうさん, フェイロンシャン)　31°00′N 115°00′E　110
豳(ひん, ピン)　23°21′N 108°46′E　31
邠(ひん, ピン)　→彬県
岷(びん, ミン)　→岷州
彬県(ひんけん, ピンシエン)(邠, 邠州, 周)　34°59′N 108°04′E　31, 41, 52, 54, 62
閩江(びんこう, ミンチアン)　11, 23, 31, 123
岷州(びんしゅう, ミンチョウ)(岷)　34°20′N 104°09′E　31, 41, 93, 94, 98, 102
邠州(ひんしゅう, ピンチョウ)　→彬県
賓川(ひんせん, ピンチョワン)　25°49′N 100°34′E　149
ヒンドゥクシ山脈　11
邠寧(ひんねい, ピンニン)(唐代の藩鎮)　26

涪(ふ, フー)　29°45′N 107°27′E　31, 98
普(ふ, プー)　29°52′N 106°30′E　31, 102
武(ぶ, ウー)　→祁
撫(ぶ, フー)　41°12′N 115°00′E　98
普安(ふあん, プウアン)　25°48′N 104°57′E　36, 149
撫安堡(ぶあんほ, フーアンパオ)　42°14′N 124°05′E　33
武威(ぶい, ウーウェイ)(涼, 涼州, 西涼, エルギヌル)　37°55′N 102°50′E　25, 26, 27, 30, 41, 93, 95, 98, 110, 150
武夷(ぶい, ウーイー)山脈　11
撫彝(ぶい, フーイー)(臨沢)　39°10′N 100°10′E　41
武夷山(ぶいさん, ウーイーシャン)　27°00′N 117°20′E　110
封(ふう, フォン)　23°30′N 111°33′E　31
楓港(ふうこう, フォンカン)(台湾)　22°12′N 120°41′E　33
武関(ぶかん, ウークアン)　33°27′N 110°00′E　71
武漢(ぶかん, ウーハン)　30°33′N 114°17′E　11, 15, 24, 28, 149, 158
伏牛山(ふぎゅうさん, フーニウシャン)　103
福(ふく, フー)　→福州
福州(ふくしゅう, フーチョウ)(福, 閩県)　26°03′N 119°17′E　11, 24, 25, 26, 27, 28, 30, 31, 35, 38, 94, 98, 102, 123, 149, 151, 158
復州(ふくしゅう, フーチョウ)(復)　39°37′N 122°01′E　27, 98
蕪湖(ぶこ, ウーフゥ)　31°23′N 118°25′E　24, 35, 149, 150, 158
阜康(ふこう, フーカン)　44°10′N 87°56′E　41
埠口(ふこう, プーコウ)　32°21′N 112°26′E　158
武岡(ぶこう, ウーカン)　26°50′N 110°49′E　31
府谷(ふこく, フークー)　39°15′N 111°18′E　123
釜山(ふざん, プサン)(韓国)　35°05′N 129°02′E　32, 33
巫山(ふざん, ウーシャン)　31°05′N 109°48′E　94
鄜施(ふし, フーシー)　→延安
鄜州(ふしゅう, フーチョウ)　36°02′N 109°17′E　41, 94
撫州(ぶしゅう, フーチョウ)(撫)　28°03′N 116°15′E　24, 26, 27, 31, 94, 102, 123
富順(ふしゅん, フーシュン)　29°19′N 104°57′E　31
撫順(ぶじゅん, フーシュン)　41°54′N 123°54′E　33
武昌(ぶしょう, ウーチャン)(江夏)　30°20′N 114°17′E　26, 27, 94, 110, 123, 151, 158
武城(ぶじょう, ウーチョン)　37°11′N 116°05′E　152
武清(ぶせい, ウーチン)　39°22′N 117°04′E　152
布袋嘴(ふたいすい, ブータイツイ)(台湾)　23°21′N 120°07′E　33
ブダペスト(ハンガリー)　47°30′N 19°03′E　34
福建(省)(ふっけん, フーチエン)　26, 27, 150, 158
仏山(ぶつざん, フォシャン)　23°04′N 113°05′E　149
普定(ふてい, プウティン)　26°12′N 105°42′E　36
武定(ぶてい, ウーティン)　→恵民
武定(ぶてい, ウーティン)　25°35′N 102°15′E　27, 149
武当山(ぶとうさん, ウータンシャン)　32°30′N 110°50′E　110
フトビ(呼図壁)　44°11′N 86°54′E　41
武寧(ぶねい, ウーニン)(唐代の藩鎮)　26
撫寧(ぶねい, フーニン)　39°53′N 119°14′E　32
ブノンペン(カンボジア)　11°35′N 104°55′E　34
鄜坊(ふぼう, フーファン)(唐代の藩鎮)　26
フホホト(厚和, 帰綏)　40°51′N 111°40′E　11, 41, 164
富民(ふみん, フーミン)　25°13′N 102°29′E　149
武邑(ぶゆう, ウーイー)　37°47′N 115°54′E　110, 149

阜陽(ふよう, フーヤン)(潁, 潁州, 順昌)　32°54′N 115°51′E　26, 31, 54, 95, 103, 158
無陽(ぶよう, ウーヤン)　33°25′N 113°35′E　103
ブラゴエシチェンスク(ソ連)　50°19′N 127°30′E　32
ブラマプトラ川　→ヤルツァンボ川
ブラワ(ソマリア)　01°02′N 44°02′E　38
布隆吉(ふりゅうきつ, プーロンチー)　40°15′N 95°28′E　41
涪陵(ふりょう, フーリン)　29°43′N 107°19′E　123
フルン・ノール〔湖〕　11
汾(ふん, フェン)　→汾陽
文(ぶん, ウェン)　32°54′N 104°46′E　31, 98
汾河(ふんが, フェンホー)　11, 16, 41, 62, 103, 105, 123, 149, 150
聞喜(ぶんき, ウェンシー)　35°21′N 111°13′E　54
汾州(ふんしゅう, フェンチョウ)　→汾陽
文城(ぶんじょう, ウェンチョン)　33°02′N 113°48′E　103
汶上(ぶんじょう, ウェンシャン)　35°44′N 116°29′E　94, 152
汾陽(ふんよう, フェンヤン)(汾, 汾州, 西河)　37°18′N 111°47′E　26, 27, 30, 95, 102, 164
文郎馬神(ぶんろうばしん, ウェンランマーシェン)　→バンジェルマシン

平(へい, ピン)　→平州
并(へい, ピン)　→太原
汫(へい, ピン)(秦)　34°33′N 106°50′E　62, 71
平彝(へいい, ピンイー)　25°42′N 104°17′E　36
平陰(へいいん, ピンイン)　36°17′N 116°27′E　54, 152
平越(へいえつ, ピンユエ)　26°35′N 107°20′E　27, 36
平遠(へいえん, ピンユアン)　26°40′N 105°48′E　36
平原(へいげん, ピンユアン)　37°09′N 116°26′E　152, 164
平江(へいこう, ピンチアン)　→蘇州
平山(へいざん, ピンシャン)　38°15′N 114°10′E　54
米脂(べいし, ミーチー)　37°50′N 110°03′E　41, 164
平州(へいしゅう, ピンチョウ)(平)　39°34′N 118°44′E　30, 93, 95
平壌(へいじょう, ピョンヤン)　39°05′N 125°54′E　33
平壌(へいじょう, ピョンヤン)(北朝鮮)　39°00′N 125°47′E　11, 33, 35, 98
平泉(へいせん, ピンチュアン)　40°55′N 118°45′E　164
平定(へいてい, ピンティン)　37°50′N 113°28′E　31
平度(へいど, ピントウ)　36°47′N 119°54′E　94, 152, 164
平度山(へいどさん, ピントゥシャン)　30°30′N 107°30′E　110
平番(へいばん, ピンファン)(永登)　36°45′N 103°16′E　41
丙妹(へいまい, ピンメイ)　25°42′N 108°52′E　36
平陽(へいよう, ピンヤン)　33°53′N 107°36′E　71
平陽(へいよう, ピンヤン)(晋, 臨汾)　36°05′N 111°30′E　31, 71, 95, 98, 123, 151, 164
平遙(へいよう, ピンヤオ)　37°11′N 120°09′E　102
平羅(へいら, ピンルオ)　38°57′N 106°35′E　41, 149
平楽(へいらく, ピンロー)　24°38′N 110°40′E　27
平涼(へいりょう, ピンリャン)　35°27′N 106°31′E　27, 41, 149, 150
平廬(へいろ, ピンルー)(唐代の藩鎮)　103
ベオグラード(ユーゴスラビア)　44°50′N 20°30′E　34
北京(ぺきん, ペイチン)(幽, 薊, 大都, 泳京, カーンバリク)　39°55′N 116°26′E　11, 15, 16, 23, 25, 26, 27, 28, 30, 32, 33, 35, 38, 94, 98, 104, 105, 149, 151, 164
別羅里(べつらり, ピエオリリー)　→ベルワラ
ペテルブルク(現レニングラード)(ソ連)　59°55′N 30°25′E　34
ベトナ(白都納)　45°04′N 125°28′E　33
ペトロパブロフスク(ソ連)　53°03′N 158°43′E　35
ベム　36°50′N 81°35′E　150
ヘラート(アフガニスタン)　34°20′N 62°10′E　92
ヘルシンキ(フィンランド)　60°08′N 25°00′E　34
ベルミ(ソ連)　58°01′N 56°10′E　34
ベルワラ(別羅里)(スリランカ)　06°29′N 79°59′E　38

汴(べん, ピエン)　→開封
汴河(べんが, ピエンホー)　103, 105
汴州(べんしゅう, ミエンチョウ)　30°33′N 114°20′E　30, 93
汴州(べんしゅう, ピエンチョウ)　→開封
渑池(べんち, ミエンチー)　34°45′N 111°45′E　54
偏頭関(へんとうかん, ピエントウアン)　39°25′N 111°05′E　94
汴陽(べんよう, ミエンヤン)　30°22′N 113°27′E　158
汴梁(べんりょう, ピエンリャン)　→開封

保(ほ, バオ)　→保定
蒲(ほ, プウ)　→蒲州
保安(ほあん, バオアン)　36°45′N 108°47′E　31
豊(ほう, フォン)　→豊州
豊(ほう, フォン)　40°54′N 111°35′E　26, 98
鳳(ほう, フォン)　→鳳県
蓬(ほう, ポン)　31°30′N 106°32′E　31
彭(ほう, ポン)　30°58′N 103°54′E　31, 123
房(ほう, ファン)　32°10′N 110°52′E　31, 98
坊(ほう, ファン)　35°31′N 109°18′E　31
鳳凰(ほうおう, フォンワン)　27°58′N 109°35′E　36
鳳凰城(ほうおうじょう, フォンホワンチョン)　40°24′N 123°57′E　33, 158
彭佳施蘭(ほうかしらん, ポンチアシーラン)　→バンガシナン
宝慶(ほうけい, バオチン)(邵)　27°22′N 111°29′E　27, 31, 123
宝鶏(ほうけい, バオチー)　34°21′N 107°23′E　41, 52
豊県(ほうけん, フォンシエン)(豊)　34°42′N 116°34′E　152, 164
鳳県(ほうけん, フォンシエン)(鳳, 鳳州)　33°52′N 106°34′E　26, 31, 94, 102, 123
奉元(ほうげん, フォンユアン)　35°25′N 109°50′E　76
澎湖(ほうこ, ポンフゥ)列島(台湾)　38
彭亨(ほうこう, ポンホン)　→パハン
枋山(ほうさん, ファンシャン)(台湾)　22°32′N 120°25′E　33
茅山(ほうざん, マオシャン)　30°10′N 120°22′E　110
豊州(ほうしゅう, フォンチョウ)(豊)　40°36′N 107°23′E　26, 30, 93, 98
豊州(ほうしゅう, フォンチョウ)(唐代の藩鎮)　26
鳳州(ほうしゅう, フォンチョウ)　→鳳県
奉集堡(ほうしゅうほ, フォンチーパオ)　41°41′N 123°31′E　33
豊潤(ほうじゅん, フォンルン)　39°51′N 118°10′E　164
鳳翔(ほうしょう, フォンシアン)　34°30′N 107°30′E　27, 30, 31, 41, 93, 98, 123, 158
鳳翔(ほうしょう, フォンシアン)(唐代の藩鎮)　26
彭城(ほうじょう, ポンチョン)　34°00′N 116°00′E　62, 110
襃信(ほうしん, パオシン)　32°33′N 114°58′E　103
豊台(ほうだい, フォンタイ)　39°50′N 116°17′E　152
宝坻(ほうてい, パオティ)　39°43′N 117°18′E　152
奉天(ほうてん, フォンティエン)　→瀋陽
豊都(ほうと, フォントウ)　29°58′N 107°42′E　123
包頭(ほうとう, バオトウ)　40°33′N 110°01′E　11, 41, 164
抱犢山(ほうとくさん, バオトウシャン)　37°50′N 115°35′E　110
鳳鼻頭(ほうびとう, フォンピートウ)(台湾)　22°30′N 120°30′E　52
蚌埠(ほうふ, ポンプー)　32°55′N 117°23′E　11
宝豊(ほうほう, バオフォン)　39°03′N 106°45′E　41
鳳陽(ほうよう, フォンヤン)(臨濠)　32°52′N 117°34′E　27, 164
蓬莱(ほうらい, ポンライ)(登, 登州)　37°48′N 120°42′E　27, 30, 31, 33, 94, 98, 102, 123, 153, 164
枋寮(ほうりょう, ファンリャオ)(台湾)

彭蠡(ほうれい, ポンリー)　29°40′N 116°12, E　71
蒲河(ほが, プウホー)　42°03′N 123°41′E　33
濮(ぼく, プウ)　35°18′N 115°30′E　31
濮(ほく, ブウ)　→濮陽
睦(ぼく, ムウ)　→建徳
北荊(ほくけい, ペイチン)　34°20′N 112°44′E　95
北江(ほくこう, ペイチアン)　11
睦州(ぼくしゅう, ムーチョウ)　29°11′N 119°26′E　30, 102

235

地名索引

北徐（ほくじょ，ベイシュイ）35°15′N 118°12′E　95
北汝河（ほくじょが，ベイルーホー）103
ボグタ峰 43°45′N 88°32′E 11
北庭（ほくてい，ベイティン）→庭州
北盤江（ほくばんこう，ベイパンチアン）36
北票（ほくひょう，ベイピャオ）41°48′N 120°44′E 32
北子（ほくよ，ベイユイ）→成皋
濮陽（ぼくよう，プーヤン）（濮）35°48′N 115°01′E　71, 123, 164
蒲州（ほしゅう，プーチョウ）（蒲）34°50′N 110°25′E　26, 30
ボステン湖 10, 41
ホータン（于闐）37°07′N 79°57′E　34, 40, 150
牡丹江（ぼたんこう，ムータンチアン）44°34′N 129°36′E 11
北海（ほっかい，ベイハイ）21°29′N 109°10′E 34
涬泥（ぼつねい，ボーニー）（ブルネイ）04°56′N 114°58′E 38
保定（ほてい，バオティン）38°54′N 115°01′E　16, 26, 27, 31, 123, 149, 150, 152, 164
保徳（ほとく，バオトー）39°02′N 111°05′E 164
保寧（ほねい，バオニン）31°30′N 105°55′E 27
蒲坂（ほはん，プーバン）36°00′N 111°00′E 110
蒲與路城（ほよろじょう，ブウィルーチョン）48°44′N 127°48′E 98
ボルガ川（ソ連）34
ボルネオ島（インドネシア）34, 38
ホルム（アフガニスタン）36°15′N 68°10′E 92
ホン川 →元江
香港（ホンコン）（イギリス）22°20′N 114°15′E　11, 24, 35, 158
ポンディシェリー（インド）11°59′N 79°50′E 34
ボンベイ（インド）18°56′N 72°51′E 34

マ 行

マイマナ（アフガニスタン）35°54′N 64°43′E 92
マーイムルグ（ソ連）38°35′N 65°30′E 92
マカオ（ポルトガル）22°16′N 113°30′E　11, 24, 35, 38, 158
磨黒（まこく，モーヘイ）23°10′N 101°21′E 149
マーシャル諸島（合衆国信託統治）39
麻城（まじょう，マーチョン）31°11′N 115°02′E 103
マドラス（インド）13°05′N 80°18′E 34
マナス 44°16′N 86°02′E 41
マニラ（呂宋）（フィリピン）14°37′N 120°58′E　35, 38
マヌス諸島（パプア・ニューギニア）2°00′S 147°00′E 38
マラッカ（満剌加）（マレーシア）02°14′N 102°14′E 38
マリアナ諸島（合衆国信託統治）38
マルケサス諸島（フランス）39
満洲里（まんしゅうり，マンチョウリー）49°34′N 117°30′E　32, 35
マンダレー（ビルマ）31°57′N 96°04′E　11, 35
満剌加（まんらつか，マンラーチア）→マラッカ

密（みつ，ミー）→密州
密雲（みつうん，ミーユン）40°23′N 116°47′E 164
密州（みつしゅう，ミーチョウ）（密，諸城）36°06′N 119°24′E　27, 31, 62, 102, 123
ミッドウェー諸島（合衆国）39
南直隷（みなみちょくれい，ナンチーリー）（明代の省）27
彌勒（みろく，ミーロー）24°10′N 102°42′E　36, 149
岷江（みんこう，ミンチアン）11, 15, 23, 71, 123, 149

婺（む，ウー）→金華
無為（むい，ウーウェイ）31°20′N 117°50′E　31, 123
無錫（むしゃく，ウーシー）（南東莞）31°35′N 120°19′E　24, 95, 105, 158
婺州（むしゅう，ウーチョウ）29°20′N 120°05′E 30
ムスタークアタ山 38°15′N 75°05′E 11
ムスタグ山 36°28′N 87°29′E 11
務川（むせん，ウーチワン）28°25′N 108°05′E 36
無棣（むてい，ウーティ）37°58′N 117°39′E　62, 123
無量山（むりょうさん，ウーリャンシャン）11
ムルターン（パキスタン）30°10′N 71°36′E 92

明（めい，ミン）→寧波

名山（めいざん，ミンシャン）30°04′N 103°05′E 149
明州（めいしゅう，ミンチョウ）→寧波
メキシコシティー（メキシコ）19°25′N 99°10′W 38
メコン川（瀾滄江）11, 15, 27, 35, 41, 98
メッカ（サウジアラビア）21°26′N 39°49′E 34, 38
メリンディ（ケニア）03°14′S 40°05′E 38
メルヴ（マルリ）（ソ連）37°42′N 61°54′E 92
メルゲン（墨爾根）49°25′N 125°15′E　32, 33
メレドゥ（黎代）（インドネシア）05°14′N 96°14′E 38
綿（めん，ミエン）→綿州
綿（めん，ミエン）31°12′N 104°33′E　31, 98
綿州（めんしゅう，ミエンチョウ）（綿）31°29′N 104°45′E　30, 123
冕寧（めんねい，ミエンニン）28°33′N 102°09′E 149
綿陽（めんよう，ミエンヤン）（綿州）31°30′N 104°50′E 94

茂（も，マオ）31°36′N 103°52′E　31, 98
孟（もう，モン）→孟県
蒙化（もうか，モンホワ）25°20′N 100°25′E　27, 150
孟県（もうけん，モンシエン）（孟）35°05′N 112°41′E　31, 54
蒙自（もうじ，モンツー）23°20′N 103°21′E 35
蒙城（もうじょう，モンチョン）33°16′N 116°32′E 149
毛目城（もうもくじょう，マオムーチョン）（鼎新）40°21′N 99°42′E 41
モガディシオ（ソマリア）02°02′N 45°21′E 38
モスクワ（ソ連）55°45′N 37°42′E 34
茂名（もめい，マオミン）21°50′N 110°56′E 24
モルジブ諸島 34, 38
モルデン島（イギリス）04°00′S 155°00′W 39
モンバサ（ケニア）04°04′S 39°40′E 38

ヤ 行

ヤクサ（アルバジン）53°23′N 123°16′E 33
ヤクーツク（ソ連）62°13′N 129°49′E 35
ヤシン（パキスタン）36°23′N 72°23′E 92
ヤブロノヴォ山脈 11
ヤルカンド（莎車）38°27′N 77°16′E　41, 92, 150
ヤルカンド川 11
ヤルツァンポ川（ブラマプトラ川）11, 15, 34
ヤンギシャール 42°50′N 89°10′E 41

渝（ゆ，ユィ）→重慶
幽（ゆう，ヨウ）→北京
熊岳（ゆうがく，ションユエ）40°12′N 122°10′E 33
雄基（ゆうき，ウンギ）（北朝鮮）42°19′N 130°24′E 32
雄県（ゆうけん，ションシエン）38°58′N 116°05′E 152
雄州（ゆうしゅう，ションチョウ）25°13′N 114°21′E 102
幽州（ゆうしゅう，ヨウチョウ）→北京
幽州（ゆうしゅう，ヨウチョウ）（唐代の藩鎮）26
西陽（ゆうよう，ヨウヤン）28°48′N 108°45′E 36
楡次（ゆじ，ユィツー）37°39′N 112°45′E 164
渝州（ゆしゅう，ユィチョウ）→重慶
ユーフラテス川（イラク）34
楡林（ゆりん，ユィリン）38°16′N 109°49′E　27, 41, 94, 149, 164
榆林（ゆりん，ユィリン）39°22′N 112°41′E 164

洋（よう，ヤン）→洋州
洋（よう，ヤン）（梁）33°14′N 107°35′E　31, 95
葉（よう，イェ）33°40′N 113°26′E 71
陽（よう，ヤン）→宜昌
容（よう，ロン）22°54′N 110°34′E　26, 31
揚（よう，ヤン）→揚州
雍（よう，ヨン）（秦）34°23′N 107°58′E　62, 71
耀（よう，ヤオ）34°46′N 109°13′E 31
邑（よう，ヨン）22°42′N 108°22′E　26, 31, 98, 123
姚安（ようあん，ヤオアン）25°40′N 101°10′E 27
葉赫（ようかく，イェホ）43°01′N 124°19′E 33
容管（ようかん，ロンクアン）（唐代の藩鎮）26
邕管（ようかん，ヨンクアン）（唐代の藩鎮）26
邕江（ようこう，ヨンチアン）23
陽谷（ようこく，ヤンクゥ）36°06′N 115°46′E 152
洋州（ようしゅう，ヤンチョウ）（洋）33°02′N 108°10′E　30, 98, 123
揚州（ようしゅう，ヤンチョウ）（揚，江都）32°24′N 119°26′E　26, 27, 30, 31, 98, 102, 105, 123, 151, 158
明州（めいしゅう，ミンチョウ）→寧波
耀州（ようしゅう，ヤオチョウ）40°32′N 122°27′E 33
姚州（ようしゅう，ヤオチョウ）26°40′N 101°45′E 93
揚州運河（ようしゅううんが，ヤンチョウユンホー）105
揚子江（ようすこう，ヤンツーチアン）（長江，江）11
陽和（ようわ，ヤンホー）40°10′N 113°30′E 27
余杭（よこう，ユィハン）30°30′N 120°22′E　105, 110
預章（よしょう，ユィチャン）28°00′N 117°30′E 110
豫章（よしょう，ユィチャン）→南昌

ラ 行

雷（らい，レイ）20°48′N 110°06′E　31, 98
萊（らい，ライ）→萊州
ライアン村（台湾）23°05′N 121°09′E 33
雷州（らいしゅう，レイチョウ）→湛江
萊州（らいしゅう，ライチョウ）（萊）37°13′N 120°04′E　27, 31, 71, 98, 102, 105, 152, 164
淶水（らいすい，ライシュイ）39°23′N 115°41′E 152
来蘇（らいそ，ライス−）32°18′N 105°46′E 102
萊陽（らいよう，ライヤン）36°58′N 120°41′E 164
楽（らく，ロー）36°32′N 102°36′E 31
洛水（らくすい，ルオシュイ）41, 62, 71
洛川（らくせん，ルオチワン）35°55′N 109°28′E　41, 164
洛寧（らくねい，ルオニン）34°24′N 111°39′E 54
楽平（らくへい，ローピン）（平定軍）37°19′N 113°32′E 102
洛陽（らくよう，ルオヤン）（西京，河南，河南府，周）34°47′N 112°26′E　16, 23, 25, 26, 27, 30, 31, 52, 54, 62, 71, 93, 94, 95, 98, 102, 103, 105, 110, 123, 158, 164
楽浪（らくろう，ローラン）（北朝鮮）38°52′N 125°17′E 30
羅斛（らこく，ルオフウ）25°23′N 106°45′E 36
ラサ 29°39′N 91°07′E　11, 15, 28, 34, 93, 98
ラッカジブ諸島（インド）34
刺散（らっさつ，ラサ）（南イエメン）14°34′N 49°07′E 38
羅定（らてい，ルオティン）22°32′N 111°30′E 149
羅浮山（らふざん，ルオフーシャン）110
ラホール（パキスタン）31°34′N 74°22′E 34
蘭（らん，ラン）→蘭州
濼河（らんが，ルアンホー）11, 24, 105, 149
ラングーン（ビルマ）16°47′N 96°10′E 35
蘭溪（らんけい，ランシー）29°25′N 120°50′E 94
濼県（らんけん，ルアンシェン）39°43′N 118°44′E　32, 164
嵐州（らんしゅう，ランチョウ）39°16′N 111°37′E 102
蘭州（らんしゅう，ランチョウ）（蘭）36°01′N 103°47′E　11, 15, 24, 25, 26, 27, 30, 31, 35, 41, 52, 93, 94, 149, 150, 158
瀾滄江（らんそうこう，ランツァンチアン）（メコン川）11, 15, 27, 34, 41, 98
ランブリ（南巫里）（インドネシア）05°55′N 95°18′E 38

利（り，リー）→広元
利（り，リー）41°12′N 119°11′E 98
陸渾（りくこん，ルーフン）33°00′N 111°30′E 110
利州（りしゅう，リーチョウ）→広元
利州（りしゅう，リーチョウ）（宋代の路）26
離石（りせき，リーシー）（永寧）37°33′N 111°10′E　71, 164
リマ（ペルー）12°06′S 77°03′W 39
隆（りゅう，リウ）44°30′N 125°00′E 98
柳（りゅう，リウ）24°19′N 109°34′E　31, 98
竜（りゅう，ロン）→竜安
隴（りゅう，ロン）→隴県
竜安（りゅうあん，ロンアン）（竜）32°40′N 104°20′E　26, 27
竜宇図山（りゅううずさん，ロンユイトウシャン）25°40′N 100°15′E 93
劉河港（りゅうがこう，リウホーカン）31°28′N 121°16′E 105
琉球（りゅうきゅう，リュウチウ）→台湾
琉球諸島（日本）35, 38
柳口（りゅうこう，リウコウ）37°41′N 120°18′E 35
龍江（りゅうこう，ロンチアン）36
竜虎山（りゅうこさん，ロンフウシャン）28°30′N 116°45′E 110
柳州（りゅうしゅう，リウチョウ）24°17′N 109°15′E　27, 36, 102, 149
龍州（りゅうしゅう，ロンチョウ）22°24′N 106°59′E　35, 158
竜泉（りゅうせん，ロンチュアン）30°52′N 105°48′E 158
瀧頭（りゅうとう，ロントウ）23°41′N 113°24′E 102
隆徳（りゅうとく，ロントー）35°38′N 106°06′E 41
竜尾関（りゅうびかん，ロンウェイクアン）25°30′N 100°10′E 30
竜門（りゅうもん，ロンメン）35°40′N 110°38′E 110
竜里（りゅうり，ロンリー）26°23′N 106°57′E 36
梁（りょう，リャン）→洋，陳留
涼（りょう，リャン）→武威
淩雲柵（りょううんさく，リンユンチャー）33°35′N 114°10′E 103
遼河（りょうが，リャオホー）11, 24, 105, 149
涼州（りょうしゅう，リャンチョウ）→武威
遼州（りょうしゅう，リャオチョウ）（遼）37°03′N 113°12′E　31, 98
霊鷲山（りょうじゅせん，リンチウシャン）24°00′N 113°00′E 110
良渚（りょうしょ，リャンチュー）30°23′N 120°03′E 52
聊（りょうじょう，リャオチョン）（東昌）36°26′N 115°58′E　27, 105, 151, 152, 164
両城鎮（りょうじょうちん，リャンチョンチェン）36°10′N 119°00′E 52
両浙（りょうせつ，リャンチョー）（宋代の路）26
両当（りょうとう，リャンタン）33°52′N 106°21′E 41
遼東（りょうとう，リャオトン）（明代の省）27
遼陽（りょうよう，リャオヤン）〔行省〕26
旅順（りょじゅん，リュイシュン）38°46′N 121°15′E　32, 35, 153, 158, 164
呂宋（りょそう，ルソン）→マニラ
旅大（りょだい，リュウター）（大連）38°53′N 121°15′E　11, 32, 35, 153, 158, 164
呂梁（りょりょう，リュイリャン）山脈 11
蘭（りん，リン）38°07′N 111°05′E 71
臨安（りんあん，リンアン）→杭州
臨安（りんあん，リンアン）23°20′N 103°10′E　27, 149
臨潁（りんえい，リンイン）33°48′N 113°58′E 103
臨海（りんかい，リンハイ）（台，台州）28°54′N 121°08′E　24, 26, 27, 31, 98, 123
臨沂（りんぎ，リンイー）（沂，沂州）35°03′N 118°20′E　31, 98, 102, 149, 152, 164
臨江（りんこう，リンチアン）28°02′N 115°20′E　27, 31
臨潢（りんこう，リンホワン）44°29′N 119°58′E 98
臨淄（りんし，リンツー）36°43′N 118°20′E　62, 71
臨汝（りんじょ，リンルー）（汝州）34°09′N 112°55′E　54, 102, 103, 164
臨城（りんじょう，リンチョン）34°43′N 117°13′E 164
臨清（りんせい，リンチン）36°51′N 115°42′E　24, 105, 150, 152, 164
臨潭（りんたん，リンタン）（洮，洮州）34°41′N 103°25′E　27, 31, 41, 150
臨潼（りんどう，リントン）34°25′N 109°10′E 41
臨洮（りんとう，リンタオ）（狄道州）35°19′N 103°50′E　27, 41
臨汾（りんふん，リンフェン）→平陽
臨淮（りんわい，リンホワイ）32°20′N 116°16′E 149

ルアンプラバン（ラオス）19°53′N 102°10′E 35

霊（れい，リン）37°54′N 106°40′E　95, 98
黎（れい，リー）→黎州
醴（れい，リー）34°30′N 108°13′E 31
澧（れい，リー）→澧州
霊塩（れいえん，リンイエン）（唐代の藩鎮）26
礼県（れいけん，リーシェン）34°05′N 105°00′E 41
麗江（れいこう，リーチアン）26°57′N 100°15′E 27
霊寿（れいじゅ，リンショウ）38°16′N 114°22′E 54
霊州（れいしゅう，リンチョウ）38°06′N 106°21′E 41
黎州（れいしゅう，リーチョウ）（黎）29°10′N 102°20′E　26, 30, 31
澧州（れいしゅう，リーチョウ）（澧）29°41′N

111°51′E　31, 98, 102, 123
礼泉(れいせん,リーチュアン)　34°23′N 108°40′E　41
霊台(れいだい,リンタイ)　35°05′N 107°54′E　41
黎代(れいだい,リータイ)→メレドゥ
嶺南(れいなん,リンナン)(唐代の藩鎮)　26
霊武(れいぶ,リンウー)　37°00′N 102°54′E　26
黎平(れいへい,リーピン)　26°16′N 109°08′E　24, 36
霊宝(れいほう,リンバオ)　34°31′N 110°53′E　54
零陵(れいりょう,リンリン)　26°04′N 111°28′E　30
連(れん,リエン)→連州
廉(れん,リエン)→廉州
連雲(れんうん,リエンユン)→連雲港
連雲港(れんうんこう,リエンユンカン)(連雲)　34°42′N 119°26′E　11, 164
蓮花(れんか,リエンホワ)　35°47′N 106°00′E　41, 149
蓮花山(れんかさん,リエンホワシャン)　24°43′N 113°35′E　102
連山(れんざん,リエンシャン)　40°59′N 123°41′E　33

連州(れんしゅう,リエンチョウ)(連)　24°48′N 112°26′E　30, 31, 102, 123
廉州(れんしゅう,リエンチョウ)(廉)　21°45′N 109°10′E　27, 31, 149
漣水(れんすい,リエンシュイ)　33°47′N 119°16′E　123

魯(ろ,ルー)〔国〕　71
潞(ろ,ルー)　35°34′N 116°22′E　30
廬(ろ,ルー)→合肥,廬州
濾(ろ,ルー)→濾州
潞(ろ,ルー)→長治
潞安(ろあん,ルーアン)→長治
閬(ろう,ラン)　31°44′N 105°55′E　31
隴右(ろうう,ロンヨウ)(唐代の道)　26
隴県(ろうけん,ロンシエン)(隴)　34°48′N 106°53′E　31, 123
崂山(ろうざん,ラオシャン)　36°30′N 121°00′E　110
郎山(ろうざん,ランシャン)(確山)　32°50′N 114°02′E　103
朗州(ろうしゅう,ランチョウ)　29°01′N 111°32′E　30, 102
隴西(ろうせい,ロンシー)(鞏昌,渭)　34°58′N 104°43′E　27, 41, 95, 149, 150

郎岱(ろうたい,ランタイ)　26°06′N 105°20′E　36
老埤(ろうひ,ラオピー)(台湾)　22°38′N 120°41′E　33
瑯邪(ろうや,ランヤー)　35°40′N 119°53′E　30, 71, 110
六安(ろくあん,リウアン)　31°48′N 116°30′E　27, 123
六昆(ろくこん,リウクン)→ナコーン
鹿邑(ろくゆう,ルーイー)　33°50′N 115°28′E　54
廬江(ろこう,ルーチアン)　31°50′N 117°41′E　30
廬山(ろざん,ルーシャン)　29°20′N 115°00′E　110
廬州(ろしゅう,ルーチョウ)→合肥
廬州(ろしゅう,ルーチョウ)(廬)　31°45′N 116°35′E　26, 27, 30
濾州(ろしゅう,ルーチョウ)(濾)　28°55′N 105°25′E　24, 26, 30, 31, 36, 98, 123, 149, 158
ロストフ(ソ連)　47°15′N 39°45′E　34
蘆台(ろだい,ルータイ)　39°20′N 117°48′E　152
ロブ　39°55′N 89°50′E　150
ロブ・ノール〔湖〕　11, 34, 92

ワ　行

和(わ,ホー)→和県
淮安(わいあん,ホワイアン)(楚,楚州)　33°30′N 119°09′E　24, 26, 27, 31, 105, 123, 158, 164
淮陰(わいいん,ホワイイン)(清江,清江浦)　33°36′N 109°01′E　24, 105, 150, 158, 164
淮河(わいが,ホワイホー)　11, 16, 23, 24, 27, 30, 31, 62, 71, 94, 98, 102, 105, 110, 123, 149
淮西(わいせい,ホワイシー)(唐代の藩鎮)　103
淮南(わいなん,ホワイナン)　32°32′N 116°58′E　103
淮南〔省〕(わいなん,ホワイナン)　26, 103
淮陽(わいよう,ホワイヤン)　34°32′N 118°02′E　31
淮陽(わいよう,ホワイヤン)(陳,陳州)　33°44′N 114°55′E　24, 31, 102, 103, 164
和県(わけん,ホーシエン)(和)　31°42′N 118°21′E　24, 31
ワシントン島(キリバス)　04°43′N 160°24′W　38
ワルシャワ(ポーランド)　52°15′N 21°00′E　34

索　引

イタリック数字の頁は,図版または地図の説明文に対応する.

ア 行

赤絵　136
秋播小麦　21
アスタナ　114
——の唐墓　114
アダム・スミス　152
アバシッド・カリフ　114
あぶみ　94
アヘン戦争　148,220
アムール川　14
厦門(あもい,シアメン)　40
アルタイ系　18
粟　50
安徽(あんき,アンホイ)　20
安西(あんせい,アンシー)　93
安南(あんなん,アンナン)　40,152
安陽(あんよう,アンヤン)　53,55,58,70,76,76
安禄山(あんろくざん,アンルーシャン)　92,99
——の乱　26,91,93,97,99,103

イエズス会　145,220
イエズス会士　144,220
夷(い,イー)　59
威(い,ウェイ)王　70
医学　192
彝器(いき)　76,76,78
囲棋仕女図　114
毓賢(いくけん,ユーシェン)　153,154
渭水(いすい,ウェイシュイ)　20
イスラム教　151
彝族　218
一枚刷　138
乙(いつ,イー)侯　67,78
乙侯墓　78
夷狄　215
稲作　54
維摩詰(ヴィマラキィルティ)　114
異民族　61
頤和園　172,172
殷(いん,イン)　214
陰影法　114
インディヴィジュアリスト　140
インド　110
インド式　114
印陶　200
インド・ヨーロッパ系　18
陰陽　186
陰陽五行説　186

禹(う,ユィ)　54
盂(う,ユィ)　75
ウイグル　92,93
ウイグル族　19
渦巻文　109
烏楼曲　185
馬ひき戦車　54,55,58,61
占い　56,59
漆　77
釉薬　200,201
運河　104
運軍衛所　104
雲岡(うんこう,ユンカン)　109,112
雲南(うんなん,ユンナン)　38,77
雲南省　147
雲文　20
雲夢沢　20

衛(えい,ウェイ)　63
郢(えい,イン)　71,72
衛所制　93
永定門(えいていもん,ヨンティンメン)　136
永楽(えいらく,ヨンラ)年間　136
永楽観(えいらくかん,ヨンルコン)　191
永楽帝　136
栄禄(えいろく,ロンルー)　153
エヴェレスト　14
嶧(えき,イー)　80
『易経』　146,186

駅伝　91
駅伝制　91,94
益都(えきと,イートゥー)　50
越(えつ,ユエ)　20,37,65,71
エナメル〈珐瑯〉　136,201
絵巻　116
絵文字　55
燕(えん,イェン)　20,71,72
延安(えんあん,イエンアン)　163,165
袁運生(えんうんせい,ユアンユンション)　174,174,176
閻錫山(えんしゃくざん,イエンシーシャン)　25,159,166
袁世凱(えんせいがい,ユアンシーカイ)　153,157,162
円銭　70,70
袁大総統　158
袁枚(えんばい,ユアンメイ)　160
円明園　220
鉛釉　200
閻羅〈閻魔〉　188
閻立本(えんりっぽん,エンリベン)　114,114,125

オイラート・タタール　103
王安石(おうあんせき,ワンアンシー)　94,130,131
王位継承　58
王概(おうがい,ワンカイ)　146
王革(おうかく,ワンコー)　122
王佳楠(おうかなん,ワンチァナン)　174,175,176
王鑑(おうかん,ワンチェン)　140
王翬(おうき,ワンフイ)　117,140
王羲之(おうぎし,ワンイズ)　110,182
王権　73,75
王原祁(おうげんき,ワンユァンチ)　140
王洪文(おうこうぶん,ワンホンウェン)　168
王克平(おうこくへい,ワンカーピン)　176
王実甫(おうじっぽ,ワンシーフ)　207
王実味(おうじつみ,ワンシーウェイ)　165
王時敏(おうじびん,ワンシミン)　140
泓水(おうすい,ホンシュイ)　66
王楨(おうてい,ワンチェン)　122
王府井(おうふせい,ワンフーチン)　191
王蒙(おうもう,ワンモン)　116,118
王莽(おうもう,ワンマン)　125,130
王陽明(おうようめい,ワンヤンミン)　145,187
王綰(おうわん,ワンワン)　82
オストロ・アジア系　18
オルコック　152
恩蔭　115
『瘟疫論』　145

カ 行

夏(か,シア)　54,59
卦　186
海関税　99
回教徒　19
——の独立運動　40
海禁令　124,220
会稽(かいけい,クイチー)山　81
カイコのまゆ　52
解索皴　118
『芥子園画伝』　138,146,146
艾思奇(がいしき,アイスーチー)　167
楷書　182,182
外城　136,136
外范　77
開封(かいほう,カイフォン)　19,91,95,99,120,122
海豊(かいほう,ハイフォン)　161,162
外モンゴリア　103
海陸豊ソビエト　162,165
画院　138
火器　103
賈誼(かぎ,チャーイー)　74
科挙　95,120,124,125,131,153,155
格　178
楽　66,186
学会　153
郭熙　116,116
楽穀(がくき,ユエイー)　71
疆(がく,オー)侯　59
学者紳士　139
革命京劇　206
『革命軍』　157
革命同盟会　159
夏珪(かけい,シアグイ)　116,116,139
何啓(かけい,ホーカイ)　152
華国鋒(かこくほう,ホアクオフォン)　170
『画語録』　146
騎兵隊　67
騎兵のよろい　68
カザック族　19
カシミール　110
キャーサバ　112
キャフタ　144
ギャンツェ　190
仇英(きゅうえい,チウイン)　139
旧石器時代　50
旧石器文化　50
宮廷画家　116,139,140
宮廷窯　136
宮廷様式　140
「鳩尾の色」　201
九龍壁　137
許(きょ,シュイ)　63
筥(きょ,チュイ)　65
姜(きょう,チャン)　73
堯(ぎょう,ヤオ)　54
『鏡花縁』(きょうかえん,ジンホワユァン)　160,217
強学会　153
京劇　203
鄒県(きょうけん,ジャーシェン)　114
龔賢(きょうけん,コンシェン)　140
共産主義　74
共産主義者　159,165,166
共産党　155,159,160,161,162,163,165,166,168
仰韶(ぎょうしょう,ヤンシャオ)　50,52,52,53,53
仰韶式遺跡　52
——の土器　50,53
仰韶文化　52,53,53
郷紳　131,132,134,157,161
行政　59,64
姜(きょう,チャン)族　73
兄弟継承　58
匈奴(きょうど,シュンヌー)　37,83,125
共同租界　160
巨猿(Gigantopithecus blacki)　50
居延　93
玉　140
玉衣　106,109
玉器　76
玉皇大帝　188
局地的奴隷貿易　39
玉彫　140
曲阜(きょくふ,チューフー)　190,191
玉門関(ぎょくもんかん,ユメンクァン)　16
玉璽　106,109
巨然(きょねん,チューラン)　116,118
居庸関(きょようかん,チュヨンクァン)　115
霧　115,116,118
キリスト教　148,149,162
キリスト教会　191
虬龍　76
儀礼　56
義和団　152,153,153,154,160
金　124
金アマルガム　109
金属活字　180
金属象嵌　77
欽天監　115
均田制　127
均田法　127
筋肉　181
金農(きんのう,チンノン)　140

——の朱巳(しゅき,チューチー)　69
——の法典　70
キエフ・ロシア　95
魏絳(ぎこう,ウェイチャン)　61,63,64
貴州(きしゅう,グイゾウ)　38
キジル　109
淇水　184
犠牲　59
徽宗(きそう,フィツン)　116,181
吉　141
契丹(きったん,チダン)　39,91,100
契丹族　95,96
絹　109
磬　67
恵(けい,ホェイ)王　70
計画経済　168
景(けい,チン)公　63
経済革命　91
経済的帝国主義　155
景山　137
倪瓚(げいさん,ニザン)　116
渓山行旅図　115
計算盤　194
恵施(けいし,ホェイシー)　70
景徳鎮(けいとくちん,チントーチェ)　136,144
景徳鎮窯　136
荊南(けいなん,チンナン)　100,102
刑法　64
経絡　192
計量体系　56
化粧掛け〈スリップ〉　201
桀(けつ,チェ)王　55
砡石(けっせき,チエシー)市　81
県(シエン)　83
元　124,127,128
——の世祖　96
——の四名匠〈四大家〉　116,139
限界的乾地農法　14
言語と文字　55
現実主義　64,66,69
県城　155
「玄宗皇帝の蜀への旅」　91
現代中国語　179
厳復(げんぷく,イェンフー)　152
券門　115
乾陵(けんりょう,チャンリン)　114

壺(こ,フー)　65
呉(ご,ウー)　20,64,65,122,139
呉偉(ごい,ウウェイ)　139
公　74
炙　186
項羽(こう,シアンユー)　84
紅衛兵　168,169
高遠,仰視　115
康(こう,カン)王　75
航海禁止令　39
黄河回廊　96
高鶚(こうがく,カオオー)　146
広東(こうかん,コワンハン)　106
康熙帝　145
高其佩(こうきはい,カオチベイ)　140
紅宮　191
皇極殿　137
紅巾軍　149
黄巾の乱　125
高句麗　95
鎬(こう,ハオ)京　59
向警予(こうけいよ,シアンジンユイ)　161
孝謙女帝　114
黄公望(こうこうぼう,ホワンコンワン)　116,116,117,118
甲骨文字　183
黄彩瑠璃瓦　136
黄山(こうざん,ホワンシャン)　185
孔子(こうし,コンス)　59,61,64,74,75,186,191
交子　122
皇室学院〈書画学〉　116
孔子廟　190,191
公車上書　153
杭州(こうしゅう,ハンチョウ)　19,99,116,116,139

「空」　187
孔雀石　77
百済　95
クチャ　109,110
屈家嶺(くつかれい,チュイチアリン)　52
屈建　61
首輪式　138
クラトチヴィル,P　179
郡(チュン)　83
軍事遠征　56,59
軍屯田　93
軍閥　159,161,162,163

索　引

広州(こうしゅう,コワンチョウ)　100,144,157,161,167,*218*
洪秀全(こうしゅうぜん,ホンシュウチュアン)　149,151,217
洪仁玕(こうじんかん,ホンレンカン)　151
「高水準均衡のワナ」　147
江西(こうせい,チアンシー)　*168*,170
江青(こうせい,チアンチン)　*168*,170
句践(こうせん,コウチェン)　65
江蘇(こうそ,チアンスー)　20
高宗(こうそう,カオツン)　114
黄巣の乱　26
抗租闘争　40
公孫竜(こうそんりゅう,コンスンロ)　70,186
行中書省　20
黄鎮(こうちん,ホワンチェン)　176
皇帝(ホワンティー)　73,80
紅陶　53
黄道(こうどう,ホアンタオ)　114
紅燈照　160
江南(こうなん,チアナン)　100,*116*,139
弘仁(こうにん,ホンレン)　140
侯馬(こうば,ホウマ)　76
功筆　116
工筆(コンピー)　176
後氷期　50
光復会　157
洪武帝　136
黄帽派　191
光明皇后　114
閘門　19
閘門式　104
紅釉　201
康有為(こうゆうい,カンヨウウェイ)　153,217
庚輿(こうよ,コンユイ)　65
高麗　95
膠菜(こうらい,チャオライ)運河　19
『紅楼夢』　146,*147*,217
呉越　100,*102*
呉王　185,*185*
顧愷之(こがいし,クカイズ)　110
コーカシア系　18
後漢墓　106
胡漢民(こかんみん,フーハンミン)　155
胡弓　205
五行(ごぎょう,ウーシン)　80
国語　179
国語化運動　179
縹糸(こくし,クシ)　138
国姓爺(こくせんや,コウシンガ)　40
黒陶　*52*,53,*53*,200,*52*
国民党　155,159,161,162,*162*,163,*163*,165,166,170
黒竜江(こくりゅうこう,ヘイロンチアン)　14,*32*
胡宏(ここう,フーホン)　128
ココノール湖　17
五彩　135,140
呉作人(ごさくじん,ウーツォレン)　176
呉三桂(ごさんけい,ウーサンギィ)　97
五・三〇運動　160
五代十国　25
五代十国時代　20
古代中国語　179
古代中国の音楽　*67*
コータン　110
呉直方(ごちょくほう,ウーチーファン)　131
呉鎮(ごちん,ウーツェン)　116,118
国家資本主義　163
「梧桐雨」　207
呉道子(ごどうし,ウータオズ)　114,*186*
呉(ご,ウー)派　*116*,139
呉佩孚(ごはいふ,ウーペイフー)　158
コバルト・ブルー　201
ゴビ　14
コミンテルン　160
小麦　50
米　50
子安貝　*70*,76
呉有性(ごゆうせい,ウーヨウシン)　145,146
古陽(こよう,クヤン)窟〈洞〉　110
暦　56
鼓楼　136

渾天儀　*199*
魂魄　66,73
昆明　190,*218*
崑崙(こんろん,クンルン)山脈　17

サ　行

彩陶　*52*,53,200
蔡墨(さいぼく,ツァイモー)　65
蔡邕(さいよう,ツァイヨン)　202
載灃(さいれい,ツァイフォン)　157,158
左思(さし,ツオス)　185
左宗棠(さそうとう,ツオソンタン)　41,93
雑劇　128
サマラ　114
サラワクにおける1857年の中国人蜂起　40
サルタン・スレイマン　38
三遠　115
山海関(さんかいかん,シャンハイクアン)　38
算木　194
三教帰一　188
サングレイス　40
三合会(さんごうかい,サンホーホェ)　157
三国時代　*122*
三彩　114,*115*,136
『三才図会』　*192*
産児制限　217
山水　*117*,118,139
山水画　115,116,*116*,139,140,*140*
山西(さんせい,シャンシー)　159,166
山西省　*219*
山東(さんとう,シャントン)　39
桟道　20,*43*
三反五反運動　167
三宝太監　40
三門峡　16,*104*

市易法　131
ジェームス・ブルック(「白人ラージャ」の最初の人間)　40
四王　139,140
子夏(しか,ツーシア)　70
『史記』　106
磁器　114,200,*201*
諮議局　155
慈禧太后(じきたいごう,ツーシータイホウ)　153,*153*,155
子魚(しぎょ,ツーユイ)　66
『詩経』　59,61,66,74,75,184,*185*
紫禁城　90,136,*137*,190
甚可楨(じくかてい,ズウケツェン)　21,*29*
磁県(じけん,ツーシエン)　*200*
始皇帝(しこうてい)　71,72,80,82,83,84,85,87,106,*134*
始皇陵　84,*86*,87
子産(しさん,ツーチャン)　64,65,66
獅子　106
磁州(じしゅう,ツーチョウ)　*200*
士紳　157
自新局　154
地震計　*199*
時制　178
資政院　155
四川(しせん,スーチュワン)　21,77,122,130
「自然」　186
思想改造　167
氏族　56
士大夫　124,131,*125*
自治区　16,*17*
自治州　16,*17*
湿点法　140
漆墨(瀋墨)　116
祠堂　106
指頭画　140
シニッド　16
司馬遷(しばせん,スマチェン)　106
芝罘(しふ,チーフー)山　81
シベリア横断鉄道　*32*
子木(しぼく,ツームー)　61,66
島邦男　59
シャカ　112
——の前世を描くジャータカ物語〈本生図〉　109
社会主義　161
社会進化論　152
鵲華秋色図　116
社稷壇　136
謝霊運(しゃれいうん,シェリンユン)　184

シャンツェ　191
上海(しゃんはい,シャンハイ)　147,155,*167*,170
周(しゅう,チョウ)　55,59,*60*,82
——の君主制　75
——の将軍の画像　*70*
——の中後期の青銅器　*73*
——の封建制度　75,186
戎(じゅう,ロン)　59,63,75
周王室　75
周恩来(しゅうおんらい,チョウエンライ)　160,*162*,170
銃器の個人所有の禁止　103
住居　50,*50*
宗教　81
秋瑾(しゅうきん,チゥチン)　160
重慶(じゅうけい,チョンチン)　19,163
周公(しゅうこう,チョウコン)　59
13陵　136,*138*
周臣(しゅうしん,チョウチェン)　118
集団化　169
自由農民層　83
集約的農業経営　14
儒家　81,82
朱熹(しゅき,チューシー)　124,131,*131*,187
儒教　186,188
——の廟　190
儒教イデオロギー　158,159
儒教的ユートピア思想　149
儒教的倫理　151
朱元璋(しゅげんしょう,チュユアンチャン)　102
朱耷(しゅとう,チュータ)　140
朱徳(しゅとく,チュートー)　167
『周礼』　125,130,134
狩猟　56
舜(しゅん,シュン)　54
ジュングル　39,103
荀子(じゅんし,シュンス)　186
『春秋』　61
春秋時代　61,66,74
春秋戦国時代　63
純粋コバルト　136
鼓(しゅん,ツン)の筆法　115
巡撫　153
「春遊晩帰」　*117*,139
書院　145
省(しょう,シェン)　20
商(しょう,シャン)　53,54,55,*55*,58,59,*60*,73,82
——の占い　55
——の王権　73
——の神々と霊魂　59
——の建築　*61*
——の興起　54
——の地位継承　56
——の地誌　59
——の政治・統治体制　56
——の青銅器　60,*73*
——の同族集団　73
——の文化　52,54
葉(しょう,ショー)　63,74
笙　205
小鋳型文字　180
荘園　102
昭(しょう,チャオ)王　59
商鞅(しょうおう,シャンヤン)　68,71,74,130,186
招隠詩　185
蒋介石(しょうかいせき,チャンチェシー,チャンカイシェク)　55,159,160,162,163,167,170
章懐(しょうかい,チャンホアイ)太子　114
章懐太子陵　*127*
松花江　*32*
商業税　99
商業の興起　70
商君　68
『商君書』　186
蒋経国(しょうけいこく,チャンチンクオ)　170
象形文字　180,*183*
商公(しょうこう,シャンコン)　215

59
小篆　182
小刀会　149
小屯(しょうとん,シャオトゥン)　52,76
城僕(じょうぼく,チヨンプー)の戦い　63
聖武天皇　114
条約港　40,154,155
『昭夜白図』　114
昭陵博物館　114
初期の運河　104
『書経』　66
蜀(しょく,シュー)　19,71,72,100,*102*,122
——の桟道　20,*43*
職役制　128,130
徐光啓(じょこうけい,シュイクワンチー)　145
女子参政同盟会　160
「女史蔵図」　110
徐州(じょしゅう,シィチョウ)　167
女真(じょしん,ジュルジェン)族　19,90,91,95,96,97,101,102,103
書体　180
書道　181
徐悲鴻(じょひこう,シュィペイホン)　172
徐市(じょふつ,シュィフー)　83
叙法　178
汝(じょ,チュ)窯　*201*
ジョン・スチュアート・ミル　152
新羅　95,*95*
自留地　208,*212*
シルクロード　14,*110*
施踉(しろう,シーラン)　103
晋(しん,チン)　20,61,63,64,70
秦(しん,チン)　20,63,66,68,71,72,80,82,*122*
——の改革　68
——の興起　71
——の始皇帝　80,90,180
——の政治制度　82
——の破滅　83
——のよろい　80
仁　186,187
岑毓英(しんいくえい,センユウイン)　38
辛亥革命　157
沈括(しんかつ,シェンクオ)　145
神機砲　103
鍼灸　*192*
秦九韶　197
新疆(しんきょう,シンジャン)　20
新疆維吾爾自治区(しんきょう・ういぐる・じちく,シンジャン・ウェイウェル・ツーチーチュー)　17
申(しん,シェン)侯　59
晋祠(しんし,チンチ)　190,*191*
沈周(しんしゅう,シェンチョウ)　139
新儒学　124,125,131
新儒教　187
新石器時代　50,*50*
新石器文化　53
神宗(しんそう,シェンツン)　130,131
親族関係　214
人体解剖　*192*
新法　132
人民解放軍　168
人民公社　169,212
「清明上河図」　*120*
『新民説』　155
晋陽(しんよう,チンヤン)　70
信陽(しんよう,シンヤン)　74
秦嶺(しんれい,チンリン)山脈　17
隋(ずい,スイ)　127
——の運河　104
——の文帝　99,100
——の煬帝　104
水田農法　99
水力時計　*199*
水力ふいご　*198*
鄒(すう,ツォウ)　80
鄒容(すうよう,ツォウロン)　157
スキナー,G．W　21
スターリン　160,163
スペイン・ガレオン船　39
スライク,L．ヴァン　165,*165*
スール王国　40
斉(せい,チー)　20,61,66,70,71,72
——の魯蓮(ろれん,ルーリェン)　69

西安(せいあん,シーアア)　84,190
聖イグナチオ　165
政(せい,チョン)王　72,80
西夏(せいか,シーシア)　39,91,96,97,*99*,122
成化(せいか,チェンホワ)年間　201
青花　201
青〈花〉白磁　136
西夏文字　97
西魏(せいぎ,シーウェイ)　127
斉彦槐(せいげんかい,チーイェンホアイ)　144
聖庫　149
生産責任制　169,208
西施(せいし,シーシー)　185
青磁　201
西周　61,*63*,73
西晋(せいしん,シーチン)　37,125,127
性善説　186
『西廂記』　207
西太后　153
制置三司条例司　131
製鉄の技術　97
成都(せいと,チョントゥ)　*122*
青銅　61,65
青銅器　55,*60*,76
——の窯　*201*
——の登場　50
——の武器　56
青銅鋳造法　*50*
青白磁〈影青〉　136,*201*
斉白石(せいはくせき,チーパイシー)　172
青苗法　131
成文法　64
清真王　40
西洋の絵　140
青緑山水　139
精霊信仰　188
青蓮崗(せいれんこう,チンリエンカン)　52
石窟寺院　109,190,*191*
石刻文字　180
石磚　106,*108*
石達開(せきたつかい,シーダアカイ)　149
関帝　188
赤陶　52
石濤(せきとう,シータオ)　140,146
『石頭記』　217
炻器　200
節度使　103
浙(せつ,チョー)派　*117*,139
節婦伝　214
セルゲイ・ウィッテ　32
陝甘寧辺区　165
陝国時代　20,*65*,66,74
戦車　94
禅宗　114,140
洗心会　159
陝西(せんせい,シャンシー)　78,163
陝西省　19
銭選(せんせん,チエンシェン)　116
占田・課田法　125,127
宣徳(せんとく,シュアントー)年間　201
鮮卑(せんぴ,シェンピ)　37,96,109,127
楚(そ,チュー)　19,61,63,64,66,71,72,74,100
——の闘拳(いくけん,ユイチユエン)　65
——の芸術　74
——の信仰　74
宋(そう,ソン)　63,64,66
——の楽祁(がくき,ユエチー)　66
——の子罕(しかん,ツーハン)　64
宋　128,130
——の太祖　99,100,*101*,102
——の太宗　99,100,*102*
——の地方市場　122
相　178
曹(そう,ツァオ)　63
〈曽〉乙侯　77
漕運　19,100,104
荘(そう,チュワン)王　63
宋応星(そうおうせい,ソンインシン)　145,146
象嵌青銅器　77,78
象牙　140
荘(そう,チュワン)公　61
総工会　160
荘子(そうし,チュワンス)　70,186

239

索　引

宗主国 148
早春図 115, *116*
草書 110, 180, 182, *182*
曹雪芹(そうせっきん, ツァオシュエチン) 146, 160, 217
曹操(そうそう, ツァオツァオ) 99, 125
宗族 19, 161
漕米 104
ソグディアナ 92
ソグド人 99
族譜 216
側面影像(シルエット) 77, 106
素三彩 140
『楚辞』 74, 184
蘇州(そしゅう, スーチョウ) 104, 138, 139, 147
蘇秦(そしん, スーチン) 66, 68
蘇仁山(そじんさん, スーレンシャン) 146
祖先崇拝 73, *189*
祖廟 102
蘇代(そだい, スータイ) 69
蘇埠屯(そふとん, スーフートゥン) 50
染付(ブルー・アンド・ホワイト〈ウエア〉) 136, 201
ソ連共産主義 167
そろばん 194
孫悟空 207
孫伝芳(そんでんぼう, スンチョアンファン) 160
孫文(そんぶん, スンウェン) 155, 157, 159, 161

タ 行

態 178
大孟鼎(だいうてい, ターユィティン) 75
大運河 19, 91, 100, 103, 104, *104*, 121, *122*, 152, 153
大越(だいえつ, ターユエ) 39, 95
大雁塔 110
傣(タイ→チワン) 37
傣系 18
太原(たいげん, タイユアン) 70, 100
太湖(たいこ, タイフー) 122
大興安嶺(だいこうあんれい, ターシンアンリン) 14
大興城(だいこうじょう, ターシンチョン) 19
軑(たい, タイ)侯〈利蒼〉 106
泰山(たいざん, タイシャン) 56, 80, 185, *185*
大衆動員 169
大衆路線 166
太上皇(たいじょうこう, タイシャンホワン) 80
大乗仏教 187
戴進(たいしん, タイチン) 117, 139
大成殿 191
大総統 157
大都(だいと, タートゥ) 19
大刀会 152
『大同書』 217
第二次大戦 163
大巴(だいは, ターバー)山脈 17
「太平詔書」 149
太平天国 134, 149, *149*, 151, 157, 160, 217
大躍進 168, 169
大理(だいり, ターリー) 38, 39, *149*
台湾(たいわん, タイワン) 152, 155, 170
拓跋魏(たくばつぎ, トーバウェイ) 109
拓跋族 95, *95*, 96, 127
拓本 186
タクラマカン 14
多色印刷 138
多宝仏 112
ダライ・ラマ 191
タラス河畔 96
――の戦い 92, 93
タリム盆地 16, *29*
単位 168
段ダン木(だんかんぼく, トワンカンムー) 70
檀機(だんき, タンチー) 154
段祺瑞(だんきずい, トゥアンチールイ) 158
タングート王国 96, *99*
端郡王(たんぐんおう, トワンチュインワン) 154
譚嗣同(たんしどう, タンストン) 217

タントラ派の仏教〈ラマ教〉 115
団練 149
地域市場圏 *122*
治外法権 148
池州 101
地相占い 193
チベット 16, 40, *92*, 93, 99, 188, 219
チベット式の仏像 110
西蔵自治区(ちべっと・じちく, シーザアン・ツーチーチュー) 17
チベット・ビルマ系 18
忠 155
紂王 55
中央集権 82
中央美術学院 137
中華人民共和国 167
中国革命同盟会 157
中国共産主義 168, 169
中国共産党 134, 159, 167, 217
中国語 19
中国趣味 220
中国剰余問題 196
『中国女報』 160
中国人(華僑)の虐殺(1960年代のインドネシア) 40
中国人蜂起(マニラ) 40
中国庭園 140
中国同盟会 155
中国で発明された火器 103
中国の宗教 151
中山(ちゅうざん, チョンシャン) 72
中世経済革命 120
中世における戦略武器輸出禁止 95
中石器時代 50
中石器文化 50
儲安平(ちょあんへい, チューアンピン) 168
趙(ちょう, チャオ) 20, 67, 70, 71, 72
張安治(ちょうあんち, チャンアンチー) 176
朝歌(ちょうか, チャオコー) 59, *63*
彫花 201
張儀(ちょうぎ, チャンイー) 69, 70
張居正(ちょうきょせい, チャンチュチョン) 145
趙高(ちょうこう, チャオカオ) 83
長江(ちょうこう, チャンチアン) 157
朝貢国 95
朝貢貿易 124, 220
朝貢制度 148
長江デルタ地帯 23
張載(ちょうさい, チャンツァイ) 145, 187
張作霖(ちょうさくりん, チャンツオリン) 25, 159
彫漆 140
張春橋(ちょうしゅんきょう, チャンチュンチャオ) 168
長信宮灯 106
長信(ちょうしん, チャンシン)侯 82
朝鮮 40
張擇端(ちょうたくたん, チャンツォトアン) 120
張東蓀(ちょうとうそん, チャントンスン) 167, 187
張徳華(ちょうとくか, チャントーホワ) 176
趙文子(ちょうぶんし, チャオウェンズ) 65
趙孟頫(ちょうもうふ, チャオモンフ) 116
張立辰(ちょうりっしん, チャンリーチェン) 176
直立猿人(Homo erectus) 50
直隷(ちょくれい, チーリー) 158
チョモランマ 14, *43*
陳 176
陳雲(ちんうん, チェンユィン) 165
チンギスハーン 96, *99*
陳烔明(ちんけいめい, チェンチュンミン) 161
陳毅(ちんき, チェンジー) 152, 153
陳丹青(ちんたんせい, チェンタンチン) 176
陳徳弘(ちんとくこう, チェントーホン) 174, *175*
陳独秀(ちんどくしゅう, チェンドゥシュウ) 159
陳伯達(ちんはくだつ, チェンポータ) 167
青幇(ちんぱん, チンパン) 160
鎮墓獣 106, 114

ツァイダム盆地 14
通過儀礼 216
ツオロンガ 40

鼎(てい, ティン) 58, *60*
鄭(てい, チョン) 61, 63, *63*, 64, 70
帝(てい, ティー) 73, 214
程伊川(ていいせん, チョンイチュワン) 187
庭園 139, 140
「帝王図巻」 114
鄭国渠(ていこくきょ, チョンクオチュイ) 72
帝国主義 163
帝辛(ていしん, ティーシン) 55, 59
鄭成功(ていせいこう, チョンチェンコン) 40
程大位 194
程廷祚(ていていそ, チョンティンツオ) 144, 146
程明道(ていめいどう, チョンミンタオ) 187
定(てい, ティン)窯 201
鄭和(ていわ, チョンホ) 39, 40
狄(てき, ティー) 63
鉄製の道具と兵器 67
天(てん, ティエン) 56, 59, 66, 75, 155, 214
天安門広場 136
田(でん, ティエン)一族 70
天下 59, 152
田乞(でんきつ, ティエンチー) 70
佃戸 130
天工開物』 145
篆書 182, *182*
田常(でんじょう, ティエンチャン) 70
天津(てんしん, ティエンチン) 155
纏足 215
天壇 136, *137*, 190
田単(でんたん, ティエンタン) 71
天朝上献制度 134
天帝 214
天命 59, 80

湯(とう, タン) 55, 59
唐(とう, タン) 127
――の憲宗 101
――の玄宗 91
――の太宗 114
道(どう, タオ) 20
統一戦線 163, 165
唐寅(とういん, タンイン) 139
道家 81
朝貢国 95
道器 200
董其昌(とうきしょう, トンチチャン) 139, 140
『農書』 122
道教 110, 186, 188
――の寺観 190
竇憲(とうけん, ドウシェン) 99
童源(とうげん, トンユアン) 116, *118*
悼(とう, ティアオ)公 63, 64
道済(どうさい, タオチー) 140
豆彩(闘彩)(とうさい, トウツァイ) 201
陶磁器 200
東周 61
鄧小平(とうしょうへい, トンシアオピン) 169, 170
東清鉄道 32
投石器 95
刀 70, 70
闘争会 165
同族関係 73
――のきずな 74
『十竹斎画譜』 138
饕餮(とうてつ, タオティエ) 60, *60*, 70, 73, 76, 78
『道徳経』 186
道武帝 95
湯沐黎(とうもくれい, タンムーリー) 174, *175*
陶模法 76, 77
覇者 65
トゥルファン 109, 114, 190, *191*
トゥルファン盆地 14
鬧鞜(とうわん, トウワン) 106, 107, *107*
トゥンギット 16
土器 50, 52
徳 65, 66
――に基礎を置く王権 80
トクタ 131
脱脱(トクト) 103
都市国家 61, *63*

土地改革 166, 167, 169
突厥の沙陀部族出身の支配王家(後唐) 25
吐蕃(とばん, トゥファン) 39, 92
杜文秀(とぶんしゅう, トウェンシュウ) 38, 149
杜(とぼ, トフ) 73, 214
程伊川(ていいせん, チョンイチュワン) 187
杜甫(とほ, トフ) 184, 185
トルキスタン 35, 93
トルコ語 19
トルコ石象嵌 76, 78
敦煌(とんこう, トゥンホワン) 109, 110, *191*
――の金剛経 138
曇曜五窟 109

ナ 行

内蒙古自治区(ない・もうこ・じちく, ネイ・モンゴウ・ツーチーチュー) 17
ナショナリズム 152, 153, 164
奈良の法隆寺 114
南(なん, ナン) 73
南漢(なんかん, ナンハン) 20, 95, 100
南京(なんきん, ナンチン) 19, 139, 149, 160
南京政府 162, 163
南詔王国 92
南宋 131, 139
南宋画院 116, *139*
南唐(なんとう, ナンタン) 20, 25, 100

二胡(アルフー) 205
二重首都制 19
日用算法 122
日清戦争 152, 153
二里頭(にりとう, アルリトウ) 76
二流帝国主義者 40
ニルヴァナ 111

ヌルハチ 103

寧遠(ねいえん, ニンユアン) 103
寧夏 16
寧夏回族自治区(ねいか・かいぞく・じちく, ニンシア・フイズウ・ツーチーチュー) 17
寧夏平原 97
寧郷(ねいしょう, ニンシャン) 58
ネストリウス派キリスト教 151
ネルソン・ギャラリー 110
捻軍 149

農業集団化 208
農耕 50, 68
『農書』 122
農村根拠地 163
農民運動 161
農民運動講習所 161
農民協会 161
農民組合 161, 162
農民反乱 134
のど輪-腹帯式馬具 138

ハ 行

『梅花喜神譜』 138
梅花三弄(ばいかさんろう, メイホアサンノン) 205
灰陶 52
牌楼 214
馬遠(ばえん, マユアン) 116, 139
馬夏派 116, *118*
馬夏様式 139
馬化龍 40
帛画 77
莫高窟 110, *111*
白磁 136, 201
白仁甫(はくじんぼ, バイレンフ) 207
バクトリア 16
バザクリク 109
覇者 61
八大山人(はちだいさんじん, バーシャンレン) 140
八カ国連合軍 154
バック, J.L 21
ハックスレー 152
八達嶺(はったつれい, バーターリン) 134
バトゥ 95
哈尼族 18
はねハンマー 108
馬の一角 116

パミール高原 92, 93
伯顔(バヤン) 102, 103, 127, 128
バルホルコルテン 191
春播小麦 21
范寬(はんかん, ファンクワン) 115
反曲弓 108
反キリスト教運動 153
潘紫茲(はんけつじ, パンチェツ) 176
樊若水(はんじゃくすい, ファンルオシュイ) 101
繁体字 180
半坡(はんぱ, パンポー) 53
半坡遺跡 52
潘美(はんび, パンメイ) 101
反満州感情 157
反満主義 157
万里の長城 38, 134, *136*
蟠螭文 76
皮黄(ピーホアン) 203
東トルキスタン 16, 40, 93, 103
ビシバリク 92, 93
ピタゴラスの定理 194
畢条勒特汗 41
ヒト(Homo sapiens) 50
ヒトラー 163
一人っ子政策 16
飛白 116
秘密結社 157, 160, 161
白蓮教 102
「百家斉放・百家放鳴」 168
氷河期 50
苗(びょう, ミアオ)族 38
苗一系系 18
昆盧舎那(ヴァイロカーナ) 114
ビルマ 40
閩 25

ファミーユ・ヴェルト 140
ファミーユ・ローズ〈粉彩〉 201
武威(ぶい, ウウェイ) 107
ふいご 198
馮玉祥(ふうぎょくしょう, フォンユーシャン) 159
馮国璋(ふうこくしょう, フォンクォジアン) 158
風水 17, 151
フェルガナ 16
フェルビースト, F 145
武王(ぶおう, ウーワン) 59
フォーチュン, R 144, 221
武漢(ぶかん, ウーハン) 157
婦好(ふこう, フーハオ) 70, 76, *76*, 77
武(ぶ)后 114
夫差(ふさ, フーチャイ) 65, *185*
普洱 191
父子継承 58
武氏祠 106
富春山居図巻 116, *118*
婦女協会 161
婦人運動 160, 161
斧切銭〈斧銭銭〉 116
武林(ぶりん, ウリン) 116
布銭 70, *70*
扶蘇 83
部族組織 50
仏教 110, 187, 188
――の寺 190
仏教絵画 111
福建(ふっけん, フーチエン) 37, 151
仏山(ぶつざん, フオシャン) 147
仏舎利 190
仏像彫刻 114
『物理小識』 146
武丁(ぶてい, ウーティン) 70
不平等条約 148
フビライハーン 96, *136*
府兵制 93, 127
傅抱石(ふほうせき, フーパオシー) 172
武林(ぶりん, ウリン) 116
フルシチョフ 169
ブルツェワルスキイ馬 43
武霊(ぶれい, ウーリン)王 71
フレスコ壁画 191
文化圏 50
文化大革命 154, 168, *168*, 169, 170, 189, 220
文(ぶん, ウェン)公 63
文(ぶん, ウェン)侯 70
焚書 145
文人画 139, 140
文人画家 116, 139, 140
文信(ぶんしん, ウェンシン)侯 82

索　引

文徴明(ぶんちょうめい,ウェンツェンミン) *116,182*
文(ぶん,ウェン)帝　99,100,127
文廷式(ぶんていしき,ウェンティンシー)　153
文王(ぶんのう,ウェンワン)　59
平均律音階　198
米作の普及　101
平城　95,*95*
兵馬俑　87,106
米芾(べいふつ,ミフェイ)　116
辟雍(へきよう,ピーヨン)　75
北京(ぺきん,ベイチン)　*136*,153
北京原人　50
汴(べん,現在の開封)　99
編鐘　67,77
辺文進(へんぶんしん,ビェンウェンチン)　139
「氓」　*185*
方以智(ほういち,ファンイーチー)　146
法家　81
封建制　82
椰子腔(ほうしこう,バンツチァン)　203
方召麐(ほうしょうりん,ファンチャオリン)　174,*175*
紡錘石　52
法蔵(ほうぞう,ファーザン)　187
封土　56,59
彭湃(ほうはい,ポンハイ)　161,162
琺瑯　140
望楼　109
ボエ　99
募役法　130
穆(ぼく,ムー)王　60
北漢　100
北魏(ほくぎ,ヘイウェイ)　109,127
穆(ぼく,ムー)公　63
墨子(ぼくし,モース)　186,194
北宋　122,139
──の路　27
北庭　92,93
北伐　159,160
北涼図　118
牧野(ぼくや,ムーイエ)　59
保甲法　131
補子　138
ボタラ宮　*191*
ホータン　77
渤海(ほっかい,ボーハイ)　14
北海(ほっかい,ベイハイ)公園　140
ホッジ人族　*41*
保定(ほてい,バオティン)　*179*
仏シャカの生涯の物語<仏伝図>　109
歩兵のよろい　68

ホリンゴル　106
ボルシェビキ　159
ポルトガル　220
ボロディン　159
香港　155
本生図　*112*
『本草綱目』　145,*192*
本草書　145
ホンタイジ　97

マ　行

埋葬　52
馬王堆(まおうたい,マーワントィ)　106
澳門(まかお,アオメン)　220
──のポルトガル商人　*39*
捲き上げ製つぼ　52
マテオ・リッチ　188
マニラ　40
マライ・ボリネシア系　*18*
マルクス主義　165
満州(まんしゅう,マンチュ)　140,155,163
満州王朝　157
満州植民　*38*
満州族　90,97,103
満州文字　97
満城(まんじょう,マンチョン)　106,109
曼陀羅　*191*
マンダリン　*179*
マンチュリア　95
「水かけ祭り,生命の賛歌」　*176*
南満州鉄道　*32*
弥勒仏　*113*
明　127,131,*136*,220
「民」　155
民軍　157
岷江(みんこう,ミンチアン)　20
岷江水系　72
『民報』　155
無錫(むしゃく,ウシー)　139
無政府主義　161
明器　106,*109*,*115*
明皇(めいこう,ミンホァン)　114
猛安・謀克　124
蒙山(もうざん,モンシャン)　56
孟子(もうし,モンス)　70,186,187
毛主席記念堂　*136*,*176*
毛沢東(もうたくとう,マオツォートン)　82,161,*162*,167,*169*,170,217
毛沢東思想　167
毛沢東主義　169

木梆　106
木簡　*180*
木製戦車　109
木版印刷　122,138,*180*
木版画　*201*
文字　54
モスク　*190*,*191*
牧谿(もっけい,ムチ)　114
モンゴル　*16*,*39*,220
──のジャワに対する大規模な遠征　95
──の中国征服　95
──の日本に対する大規模な遠征　95
モンゴル族　95,*96*
モンゴロイド　*16*

ヤ　行

ヤ・アルン・ザンポ川　*14*
ヤークーブ・ベク　41,*41*
野戦砲　94
卣(ゆう,ヨウ)　58,*61*
幽(ゆう,ヨウ)王　59
遊牧の騎馬戦術　94
有翼動物　114
有翼の獅子　106,*108*,114
ユク神父　144
ユダヤ教　151
ユルト　*42*
俑　109,*109*,*110*,*114*,*115*
楊輝(ようき,ヤンホエイ)　122,195
楊貴妃　*91*
容漆画法　*118*
楊朱(ようしゅ,ヤンチュ)　186
揚州(ようしゅう,ヤンチョウ)　139,140
揚州八怪　140
『庸書』　152
揚子江　167
雍正(ようせい,ヨンチェン)年間　*201*
姚文元(ようぶんげん,ヤオウェンユァン)　*168*
傭兵　97,99
弋陽腔(よくようこう,イーヤンチアン)　203
四人組　*168*

ラ　行

擂鼓墩(らいことん,レイクトン)　77,*78*
雷台(らいだい,レイタイ)　109
雷紋(らいもん,ライウェン)　76
羅漢(らかん,ローハン)　112,187,*189*

羅漢像　*112*,114
楽山(らくさん,ルシャン)　*113*
洛陽(らくよう,ルオヤン)　*19*,*95*,109
ラサ　*18*,*191*
羅瑞卿(らずいきょう,ルオロイチン)　167
羅聘(らへい,ルオピン)　140
藍衣社　163
蘭州(らんしゅう,ランチョウ)　41,*93*
藍田(らんでん,ランティエン)原人　50
理　187
李王朝(ベトナム)　95
李樺(りか,リーホワ)　160,*163*,*173*
釐金　163
六柿図　114
六駿　114
陸象山(りくしょうざん,ルーシャンシャン)　187
六朝　110
六部　*16*
陸豊(りくほう,ルーフォン)　161
李元昊(りげんごう,リーユァンハオ)　97
李鴻章(りこうしょう,リーホンチャン)　151
里甲制　132
隷書　*110*,*182*
李克(りこく,リーコー)　70
李愬(りさく,リースー)　101,103
李斯(りし,リースー)　72,80,82,*180*
李贄(りし,リージー)　145,*146*,160
李時珍(りじちん,リーシーチェン)　145,*146*,192
李汝珍(りじょちん,リールーチェン)　160,217
李成(りせい,リチェン)　116
李大釗(りたいしょう,リーターチャオ)　159
李唐(りとう,リタン)　116
李白(りはく,リーポ)　114,*185*
李白吟行図　114
理藩院　*16*
李秉衡(りへいこう,リービンハン)　153
利瑪竇(リマトウ)　188
龍　76,*138*,*201*
──の礼服　*138*
龍骨車　210
龍山(りゅうざん,ロンシャン)　52,*52*,*53*,53
龍山式遺跡　52
龍山文化　53,200
劉勝(りゅうしょう,リュウシェン)　109
劉少奇(りゅうしょうき,リュウシャオチー)　165,169
柳条辺墻　*33*,*38*
龍泉(りゅうせん,ロンチュアン)窯

201
柳宗元(りゅうそうげん,リュウツォンユェン)　82,*83*
笠竹寺　*189*
龍袍　*138*
竜門(りゅうもん,ロンメン)　*109*,*112*
遼(りょう,リャオ)　*112*
遼河(りょうが,リャオホー)　*14*,*38*
梁楷(りょうかい,リャンカイ)　114
梁啓超(りょうけいちょう,リャンチーチャオ)　155
遼東半島　*32*
李峋(りよく,リーユ)　76
緑釉　200
呂不韋(りょふい,リュイブーウェイ)　70,72,82
臨安　99
臨淄(りんし,リンツー)　66
林彪(りんぴょう,リンビァオ)　170
類人猿　50
瑠璃釉磚　*137*

礼　65,66,186
──に基づく王権　75
鴉(れい,リー)王　59
隷書　*110*,*182*
錬金術師　214
連珠文　114
練丹術　192
魯(ろ,ルウ)　20,*61*
路(ろ,ルウ)(北宋)　20
『老子道徳経』　109
蠟消去法　72
労働組合　157,160
蠟模法　77,*77*
琅邪(ろうや,ランヤー)　81
郎窯　*201*
ろくろ　52,200
ロシア革命　159
盧生　83
魯迅(ろじん,ルーシュン)　*173*
ローマ帝国　37
ローヤル・パビリオン　220
『論気』　145

ワ　行

淮西　101,*102*,103
淮西遠征(唐)　*103*
淮西封鎖網構築　103
淮南(わいなん,ホワイナン)　21
倭仁(わじん,ウォレン)　152
ワッハービズム　40

編・訳者

戴　國　輝
1931年　中国台湾省に生まれる
1966年　東京大学大学院農学系研究科博士
　　　　課程修了
現　在　立教大学文学部教授
　　（専攻　中国近代〔台湾・華僑〕史・近代日
　　　　中関係史）

小　島　晋　治
1928年　茨城県に生まれる
1952年　東京大学文学部東洋史学科卒業
現　在　神奈川大学外国語学部教授
　　（専攻　中国近代〔太平天国〕史・日中関係史）

阪　谷　芳　直
1920年　愛知県に生まれる
1943年　東京帝国大学法学部卒業
現　在　神奈川大学短期大学部教授
　　（専攻　アジア近現代史・低開発国援助
　　　　問題）

図説 世界文化地理大百科
中　　国（普及版）

1988年 6 月25日　初　版第 1 刷
2000年 4 月10日　　　　第 5 刷
2008年11月20日　普及版第 1 刷

編・訳者　戴　　國　　輝
　　　　　小　島　晋　治
　　　　　阪　谷　芳　直
発行者　　朝　倉　邦　造
発行所　　株式会社　朝　倉　書　店
　　　　　東京都新宿区新小川町6-29
　　　　　郵便番号　162-8707
　　　　　電　話　03(3260)0141
　　　　　FAX　03(3260)0180
　　　　　http://www.asakura.co.jp

〈検印省略〉

© 1988 〈無断複写・転載を禁ず〉　　凸版印刷・渡辺製本

Japanese translation rights arranged with EQUINOX (OXFORD) Ltd.,
Oxford, England through Tuttle-Mori Agency Inc., Tokyo

ISBN 978-4-254-16874-7　C 3325　　　　　　Printed in Japan

屏風山
筆架山
山川壇
太虛亭
湖口
東石山
大谷山
湖口縣
上鐘山
水師營
下鐘山
皇亭
武曲港
山川壇
當馬
八里江
湖口
涇江